위기의 삼성과 한국 사회의 선택

# 위기의 삼성과 한국 사회의 선택

1판1쇄 | 2014년 11월 3일

엮은이 | 조돈문, 이병천, 송원근, 이창곤
기획 | 삼성노동인권지킴이, 참여사회연구소, 함께하는시민행동, 한겨레사회정책연구소

펴낸이 | 박상훈
주간 | 정민용
편집장 | 안중철
책임편집 | 최미정
편집 | 윤상훈, 이진실, 장윤미(영업)

펴낸 곳 | 후마니타스(주)
등록 | 2002년 2월 19일 제300-2003-108호
주소 | 서울 마포구 양화로 6길 19(서교동) 3층
전화 | 편집_02.739.9929 제작·영업_02.722.9960 팩스_0505.333.9960
홈페이지 | www.humanitasbook.co.kr

인쇄 | 천일_031.955.8083 제본 | 일진_031.908.1407

값 35,000원

ⓒ 조돈문·이병천·송원근·이창곤 2014
ISBN 978-89-6437-217-3 03300

이 도서의 국립중앙도서관 출판시도서목록(CIP)은 e-CIP 홈페이지(http://www.nl.go.kr/ecip)에서
이용하실 수 있습니다.(CIP제어번호: CIP2014030608)

# 위기의 삼성과 한국 사회의 선택

조돈문 / 이병천 / 송원근 / 이창곤 엮음

삼성노동인권지킴이 / 참여사회연구소 /
함께하는시민행동 / 한겨레사회정책연구소 기획

후마니타스

# 차
# 례

# 다시 삼성을 묻는다

## 우리는 왜, 다시 삼성을 묻는가?

조돈문·이병천·송원근은 2008년 『한국 사회, 삼성을 묻는다』를 공동 편저로 출간했다. 동 책자의 문제의식은 시민들이 삼성을 한편으로는 성공한 세계적 기업이라는 국민적 자존심으로, 다른 한편으로는 불법행위를 일삼는 후안무치한 범죄 집단으로 받아들이고 있다는 사실이었다. 이런 시민들의 이중적 시각은 '빛과 그늘'을 동시에 지닌 삼성의 실체를 반영하는 것으로 확인되었다. 그래서 『한국 사회, 삼성을 묻는다』는 삼성이 불법·비리의 '그늘'에서 벗어나기 위해서는 삼성그룹의 지배 구조 개혁이 절실하다고 지적했다.

2008년에는 김용철 변호사의 양심선언으로 삼성그룹의 비자금 조성 등 불법 비리 행위들이 폭로되며 '삼성 비자금 의혹 관련 특별검사'(약칭 삼성 특검)가 실시되었고 이건희 회장은 대국민 사과 성명을 발표했다.

2008년 4월 22일 이건희 회장이 직접 발표한 사과 성명은 2년 전인 2006년 2월 발표된 사과 성명과 마찬가지로 삼성의 성장은 "국민 여러분과 사회의 도움"으로 가능했음을 인정하며 이건희·이재용 등 총수 일가의 퇴진, 전략기획실 해체, 차명계좌 재산의 사회 환원 등을 약속했다. 이건희 회장의 사과 성명은 더 나아가서 "오늘 발표한 것으로 삼성의 쇄신이 완성되었다고 생각하지 않으며, 단지 시작일 뿐이라는 것을 잘 알고 있습니다. 앞으로도 고칠 것이 있으면 적극 고쳐 나가겠습니다"로 끝을 맺었다. 삼성 재벌이 불법·비리를 중단하고 어두운 '그늘'을 걷어 낼 수 있을 것으로 기대되었다.

하지만 삼성 재벌과 이건희 회장은 약속을 지키지 않았다. 이건희·이재용 부자는 사과 성명 직후 경영 일선에서 퇴진하는 듯했으나 2년도 안 되어 각각 삼성전자 회장과 부회장으로 복귀했는데, 그것도 막강한 권력을 행사하면서도 법적 책임을 지지 않는 비등기 임원직이었다. 전략기획실도 해체되었다가 총수 일가가 복귀한 뒤 미래전략실로 부활했다. 불법적으로 조성·관리되던 차명계좌 재산을 사회 환원하겠다는 약속도 아직껏 이행되지 않았다.

이처럼 삼성그룹은 이건희 회장의 사과 성명을 발표하며 그룹 계열사들을 전문경영인의 책임 경영 체제로 전환하겠다고 공언했지만, 총수 일가가 복귀하고 불법·비리 경영의 사령탑을 복원함으로써 삼성그룹의 지배 구조 개혁은 실현될 수 없었다. 이건희 회장의 대국민 사과 성명과 퇴진 선언은 국민을 우롱한 사기극으로 끝났고, 삼성 재벌의 변화는 없었다.

이건희 회장의 대국민 사과 성명과 퇴진 선언이 불법 비자금 조성과 조세 포탈 등 불법·비리에 대한 국민적 비난을 모면하기 위한 기만행위로 판명되었음에도, 국가는 물론 언론도 침묵했다. 한국 사회는 삼성 재벌의 책임을 묻지 않았다. 그래서 우리는 다시 삼성을 묻는다. "변화를 거부하는 삼성, 미래가 있는가?"

## 이건희 시대는 어떻게 기억될까?

삼성 재벌과 총수 일가는 변화를 거부했다. 변화를 거부한 이건희 시대는 지금 막을 내리고 있다. 이건희 시대는 어떻게 기억될까?

삼성 재벌은 일제강점기 총독부 비호하에 정미소·양조장으로 시작해 군사독재 정권 시기 각종 불법행위와 특혜로 굴지의 대재벌로 성장했는데, 경제적 성공을 완성한 것은 반도체와 스마트폰을 앞세워 국내시장을 넘어 세계시장을 평정한 이건희 시대라 할 수 있다. 이건희 시대는 민주화 과정을 겪으며 선대 회장의 일제강점기와 권위주의 독재 정권 시기에는 은폐될 수 있었던 불법 비자금 조성, 뇌물 수수, 입법 과정 개입, 국가기구 조사 활동 방해, 노동자 활동가 납치·감금, 휴대폰 불법 위치 추적 행위 등이 공개되며 국민적 지탄을 받게 되었다.

삼성그룹 성공의 상징인 삼성전자도 이 같은 삼성그룹 '빛과 그늘'의 표상이라 할 수 있다. 삼성전자 중심 전자 계열사들의 백혈병 등 산업재해(약칭 산재) 사망 건수가 70명을 넘어서고 최고의 에프터서비스(AS)를 자랑하는 삼성전자서비스의 경우 노동자들이 과로로 사망하거나 열악한 노동조건과 잔혹한 노조 탄압을 규탄하며 자결하는 현상은 경제적 성공의 비용을 노동자들에게 전담시켰음을 확인시켜 준다. 이렇게 이건희 회장을 정점으로 하는 총수 일가의 황제적 지배하에서 경제적 성공과 인권유린이 극대화되었다는 점에서 이건희 시대에 완성된 삼성그룹 지배 구조, 즉 이건희 체제는 '성공한 킬링 필드killing field'로 기억될 것이다.

삼성 재벌이 한국 사회에 드리운 그늘은 삼성그룹 임직원들이 저지른 불법·비리 행위들의 결과물이다. 시민들이 삼성의 불법·비리를 원하지 않듯이 삼성그룹 임직원들도 범죄자가 되는 것을 원치 않을 것이다. 그들은 범죄를 저지르기 위해 삼성그룹이라는 범죄 조직에 가입한 것이 아니라 삼성그룹의 경제적 성공과 함께 자기실현을 이루고자 치열한 경쟁을 뚫고 삼성그룹에 입사한 대한민국 최고의 엘리트들이다. 그렇다면, 무엇이 대한민국 최고 엘리트들을 범죄자로 만들었을까?

삼성그룹 임직원들이 저지르는 불법·비리 행위들은 자신들을 위한 것이 아니고, 삼성그룹을 위한 것도 아니다. 총수 일가에 의해 강제된 것일 뿐이다. 삼성그룹 계열사들과 임직원들을 불법·비리 행위로 내모는 것은 총수 일가의 지배·경영권의 독점·세습 의도와 무노조 경영 방침이다. 하지만 삼성그룹의 이 같은 불법·비리의 구조적 요인들은 1993년 6월 "마누라와 자식 빼고 다 바꾸라"던 이건희 회장의 프랑크푸르트 선언은 물론 2008년 4월 이건희 회장의 대국민 사과 성명에서도 언급되지 않았다. 총수 일가의 지배·경영권 탐욕과 무노조 편집증을 위해 삼성그룹 임직원들을 범죄 행각에 동원하겠다는 의지는 이처럼 확고부동하다. 이건희 체제하에서 삼성그룹의 지배 구조 개혁 같은 자정 기능은 애초부터 기대할 수 없는 것이었다.


# 삼성 재벌은 왜 변화하지 않는가?

삼성그룹의 변화는 사회적으로 강제되지도 않았다. 그것은 삼성그룹의 경제적 성장과 함께 삼성 재벌의 사회적 지배력이 더욱더 강화되었기 때문이다.

삼성 재벌이 킬링 필드 노동자들의 무덤 위에서 경제적 성공을 이룩했다는 점을 고려하면 삼성그룹의 경제적 성공은 삼성 재벌이 한국 사회에 미치는 부정적 영향을 극대화할 수 있다. 김용철 변호사는 삼성 재벌이 관리한 비자금 규모가 10조 원에 달한다고 증언했고, 삼성 재벌에 면죄부를 준 '삼성 특검'이 확인한 차명 재산 규모만 하더라도 4조5천억 원에 달했다. 삼성 재벌이 경제부처, 검찰, 국가정보원, 금융감독원, 청와대, 국회는 물론 언론기관과 개혁 성향 시민단체들까지 농락할 수 있었다는 사실은 삼성 재벌이 불법 조성한 비자금의 위력을 실감할 수 있게 한다.

진보 언론도 예외가 아니었다. 한겨레경제연구소는 2013년 10월 백혈병 산재 사망과 불법 위치 추적 등 온갖 인권유린과 불법행위를 자행해 온 삼성전자와 삼성SDI를 사회책임경영 우수 기업으로 선정 발표했다. 출판사들은 삼성에 비판적인 책자들의 출판을 거부하고, 변호사들은 삼성전자 백혈병 산재 사건 수임을 거부하고, 극장들이 영화 〈또 하나의 약속〉 상영을 거부하는 현상은 삼성 재벌의 한국 사회 지배가 완성되고 있음을 의미한다.

국정원 엑스파일의 삼성 재벌 뇌물 수수 내용을 폭로한 노회찬 의원이 유죄판결을 받아 국회 의원직을 상실했지만, 떡값 수뢰 검사들은 처벌되기는커녕 승승장구했다. 삼성그룹 계열사에서 노동조합을 결성하거나 노조 활동을 하는 노동자들은 납치·감금·해고되거나 자결로 내몰리지만, 공정거래위원회 조사 활동 방해 등 법질서를 문란케 하거나 노조 탄압과 노동자 인권유린에 앞장선 임직원들은 고속 승진한다. 삼성그룹 임직원뿐만 아니라 사회 구성원들까지 삼성 재벌의 규율을 내면화해 자기 계시와 자기 검열을 일상화하는 것은 자연스런 귀결이다. 이렇듯 한국 사회 전체가 삼성 재벌의 감시·감독을 관철하는 하나의 거대한 원형감옥panopticon

이 되었는데, 왜 삼성 재벌이 굳이 사회적 규제를 수용하고 자기 개혁을 추진하겠는가?

## 삼성 그룹, 지속 가능성을 포기할 것인가?

이건희 체제는 경제적 성공을 이룩했다. 하지만 이건희 체제가 이룬 킬링 필드의 성공은 더 이상 반복될 수 없다.

한국 사회가 퇴행의 모습을 보이고 있는 것은 사실이지만, 머지않아 정치적 민주화에 이어 사회·경제적 민주화가 진전되고 법치주의 질서도 확립되는 방향으로 사회 변화를 진행하게 될 것이다. 결국, 불법 조성된 비자금으로 법질서를 농단하고 헌법적으로 보장된 노동 인권을 유린하는 행위는 사회적으로 수용되기 어려워진다. 시장과 생산 부문을 넘어선 세계화 추세 속에서 모든 정보와 뉴스가 실시간으로 공유되고, 시민들은 이미지와 상징을 소비한다. 그런데 삼성 재벌이 한국에서는 노동자들을 백혈병 산업재해로 살육하고 노동 탄압으로 노동자들을 자살로 내몰면서 구미 선진 자본주의 국가들에서는 인간 생명을 담보하는 의료 바이오 제품을 판매하는 것이 용납될 수 있겠는가? 그것이 변화를 거부하는 이건희 체제가 지속 가능하지 않은 이유다.

이제 이건희 시대를 마감하며 이건희 체제도 함께 폐기되어야 한다. 그것이 국민들이 원하고 삼성그룹 구성원들이 원하는 것이다. 이를 위해서는 삼성 재벌·불법·비리의 구조적 요인 두 가지를 제거해야 하는데, 그것은 총수 일가의 지배·경영권의 독점·세습과 무노조 경영 방침이다.

삼성그룹 지배 구조 개혁은 두 단계로 진행되어야 하는데, 먼저 총수 일가가 소유권은 보유하되 지배·경영권의 독점·세습은 포기하며 전문경영인의 책임 경영 체제로 이행하고, 그런 다음 이해 당사자 중심 기업지배구조를 수립하는 것이다. 삼성그룹 총수 일가의 3세는 경영 능력이 검증되지 않았고, 이재용 부회장의 경우 2000년대 초 e-삼성 사업 실패로 2백억여 원의 적자를 삼성그룹 계열사들에 떠넘긴 모습밖에 보여 주지 못했다. 삼성전자 세계시장 제패의 아이콘인 스마트폰의 시장점유율 감소와 이윤율 하락 추세가 지속되고 신수종사업의 전망이 불투명해 삼성그룹 주력 기업인 삼성전자의 미래에 대한 불안감이 확산되고 있는 시점에, 재벌 창업주의 3세라는 이유로 검증되지 않은 인물에게 삼성그룹의 미래를 맡기는 것은 지나치게 위험한 도박 행위다. 이는 삼성 구성원들과 국민들은 물론 당사자에게도 큰 불행만 안겨 줄 뿐이다. 그런 점에서 창의성과 경영 능력이 검증된 전문경영인들에게 경영을 책임지도록 하고, 주주, 경영진, 노동자, 협력 업체, 지역사회 등 이해 당사자 대표들이 지배권을 공유해 사회적 책임성을 제도적으로 담보하도록 하는 것이 바람직한 지배구조 개혁 방향이라 할 수 있다.

또한 창업 초기부터 시작되어 이건희 체제의 각종 불법행위와 인권유린을 유발한 무노조 경영 방침을 폐기하고 민주 노조를 인정하고 민주 노조와 공존·공생하도록 해야 한다. 헌법이 보장한 노동기본권을 부정하고 노동 인권을 유린하는 반헌법적 행태를 경영 방침으로 설정하는 행위는 법치주의 국가에서 용납되어서는 안 된다. 삼성그룹의 경제적 성공은 총수 일가의 지배·경영권 독점·세습의 성과가 아니듯이 무노조 경영 방침과 인권유린의 성과도 아니다. 백혈병 산재 사망, 노동조합 탄압과 노동 인권 유린은 경제적 성공의 원인이 아니라 경제적 성공의 결과에 불과하다. 삼성그룹 계열사 노동자들은 세계 최고 수준의 제품과 서비스를 생산해 전문경영인들과 함께 삼성그룹의 경제적 성공을 이루어 낸 역군들이다. 노동자들이 인격적 대우와 쾌적한 노동조건 속에서 노동하며 직무 만족과 상호 공정성 같은 긍정적 정서를 배양할 수 있게 된다면 헌신성과 창의성을 극대화하며 책임 경영을 맡은 전문경영인들과 함께 삼성그룹의 경제적 성공에 지속 가능성을 담보할 수 있을 것이다.

## '이건희 없는 이건희 체제'를 원하는가?

이건희 시대는 끝나지만, 이건희 체제가 저절로 사라지는 것은 아니다. 이건희 체제의 악습이 폐기되지 않는다면 이건희 시대가 끝나도 '이건희 없는 이건희 체제'는 지속될 것이다. 그런 점에서 삼성 재벌 소유권의 3세 이전은 그 자체가 변화를 의미하는 것이 아니며, 이건희 체제를 고수한다면 그것은 변화를 거부하는 3대 세습일 뿐이다.

지배 구조 개혁이 지분 상속 및 분할, 순환출자 해소, 금산 분리, 지주회사 체제 전환 등과 연관되어 있어 상당 기간에 걸쳐 단계적 제도 변화와 함께 진행되어야 하는 반면, 무노조 경영 방침 폐기는 당장 실행할 수 있다는 점에서 3대 세습 여부, 즉 삼성 재벌의 변화 여부를 판단할 수 있는 시금석이 된다. 그와 관련해 아직 실질적 변화는 확인되지 않았지만, 변화 가능성은 목격되고 있다. 삼성전자 백혈병 등 산재 사망 희생자들에 대한 사과와 함께 '반도체노동자의건강과인권지킴이, 반올림'(약칭 반올림)과의 교섭을 재개했고, 삼성전자서비스 노동조합과 단체교섭을 진행해 기본 협약을 체결한 점은 삼성의 변화처럼 비쳐진다. 하지만 반올림과의 교섭 과정에서 산재 사망의 직접적 책임 인정을 거부하고 재발 방지 대책 수립에 미온적 태도를 취하는 한편, 반올림 측 요구안에 대한 구체적 입장과 대안 제시 없이 시간을 지연시키며 피해자·가족들의 분열을 획책해 왔고, 삼성전자서비스 노동조합과의 단체교섭 과정에서는 AS 기사들에게 사번을 부여하고, 직접 제공한 피디에이(PDA)를 통해 작업 지시를 하고, 직무 수행 평가를 실시하는 실질적 사용자이면서도 사용자성을 인정하지 않고, 기본 협약의 이행을 확실하게 담보할 수 있는 제도적 장치들을 구축하지 않고, 기본 협약 체결 이후 전개된 서비스센터 수준의 단체협약 체결을 지지부진하게 방치하는 등 상당한 문제점을 노출한 것도 사실이다.

백혈병 산재 사망 교섭과 삼성전자서비스 기본 협약 체결은 작지만 의미 있는 변화일 수도 있지만, 2008년 4월 이건희 회장의 사과 성명처럼 사회적 비난을 모면하기 위한 또 다른 기만행위에 불과할 개연성도 배제할 수 없다. 무엇보다도 삼성전자 백혈병 등 산재 사망과 영화 〈또 하나의 약속〉을 통한 사회적 공분 확산, 그리고 삼성전자서비스 노동자들의 열악한 노동조건, 노동자들의 자결과 노동조합의 40여 일에 걸친 총파업·노숙 투쟁 등 외적 여건들에 의해 강제된 측면이 크다. 그런 점에서 삼성그룹 차원에서 무노조 경영방침 폐기를 선언하고, 그동안 헌정 질서와 노동 인권을 유린하고 노동조합을 탄압한 데 대해 사과하고, 진정성 있는 전향적 조치를 취해야 한다.

삼성그룹의 내부 문건 "2012년 'S그룹' 노사전략"은 에버랜드에서 노동조합 설립 움직임을 포착하고 삼성 측이 직접 나서서 어용 노조를 조직해 단체협약을 체결했음을 확인해 주고 있다. 삼성 재벌이 이건희 없는 이건희 체제가 아니라 국민적 사랑을 받는 변화와 혁신의 기업집단으로 거듭나고자 한다면, 에버랜드의 소위 '알박기' 어용 노조를 해산하고 민주노조와 단체협약을 체결하는 실천부터 보여 주어야 한다. 그것이 '킬링 필드'의 오명을 벗고 노동자들의 신뢰와 국민적 공감을 일구어 가는 시발점이다.

# 집필 의도와 책의 구성

우리는 이건희 체제를 분석해 이건희 시대의 삼성 재벌이 어떤 문제점을 지니고 있으며, 왜 그런 문제점들이 재생산되는지를 확인함으로써 빛과 그늘이 병존하는 '이건희 없는 이건희 체제'가 아니라 어두운 그늘 없이 밝게 빛나는 '이건희 이후 체제'를 수립하기 위한 변화를 견인하는 데 이바지하고자 한다.

이 책은 2008년『한국 사회, 삼성을 묻는다』의 후속 작업으로 다수의 필자와 단체들이 2년여의 기간에 걸쳐 함께 기획하고 토론하며 만들어 낸 집합적 노력의 산물이다. 우리는 삼성 재벌의 일거수일투족을 지켜볼 것이며 바람직한 변화를 촉구하고 견인하기 위한 학술적·실천적 노력을 포기하지 않을 것이다. 이 책의 출판은 그 노력의 끝이 아니라 시작이라는 점을 분명히 한다.

제1부 "삼성 재벌의 지배 구조와 축적 체제"와 제2부 "삼성의 무노조 경영 방침과 노동 인권 유린"은 삼성그룹의 불법·비리 행위들의 구조적 요인을 구성하고 있는 총수 일가의 지배·경영권의 독점·세습 문제와 무노조 경영 방침 문제를 다룬다. 제3부 "삼성의 사회적 책임", 제4부 "삼성의 사회적 지배력", 제5부 "삼성의 지배와 사회적 비용"은 삼성 재벌이 사회적 책임을 거부하며 우리 사회를 어떻게 지배하는지를 검토하고, 그런 삼성의 사회적 지배력이 삼성 재벌의 불법·비리를 확대재생산하며 삼성그룹에 요구되는 바람직한 방향의 변화를 어렵게 하는 과정을 분석한다.

이 책은 삼성노동인권지킴이가 참여사회연구소, 함께하는시민행동, 한겨레사회정책연구소와 공동 기획해 2013년 12월부터 2014년 2월까지 여섯 차례에 걸쳐 진행한 "다시, 삼성을 묻는다: 삼성과 한국 사회의 선택" 토론회의 성과물을 기초로 만들어졌다. 토론회를 지원해 준 정의당 국회

의원단(심상정, 정진후, 김제남, 박원석, 서기호), 한국비정규노동센터, 민주화를위한전국교수협의회, 전국교수노동조합, 학술단체협의회, 한국비정규교수노동조합에 감사를 드린다. 그리고 2008년 출간된 『한국 사회, 삼성을 묻는다』에 이어 이번에도 좋은 책을 만들어 준 후마니타스 관계자들께도 감사의 마음을 전한다.

2014년 10월

조돈문

# 제1부

# 삼성 재벌의 지배 구조와 축적 체제

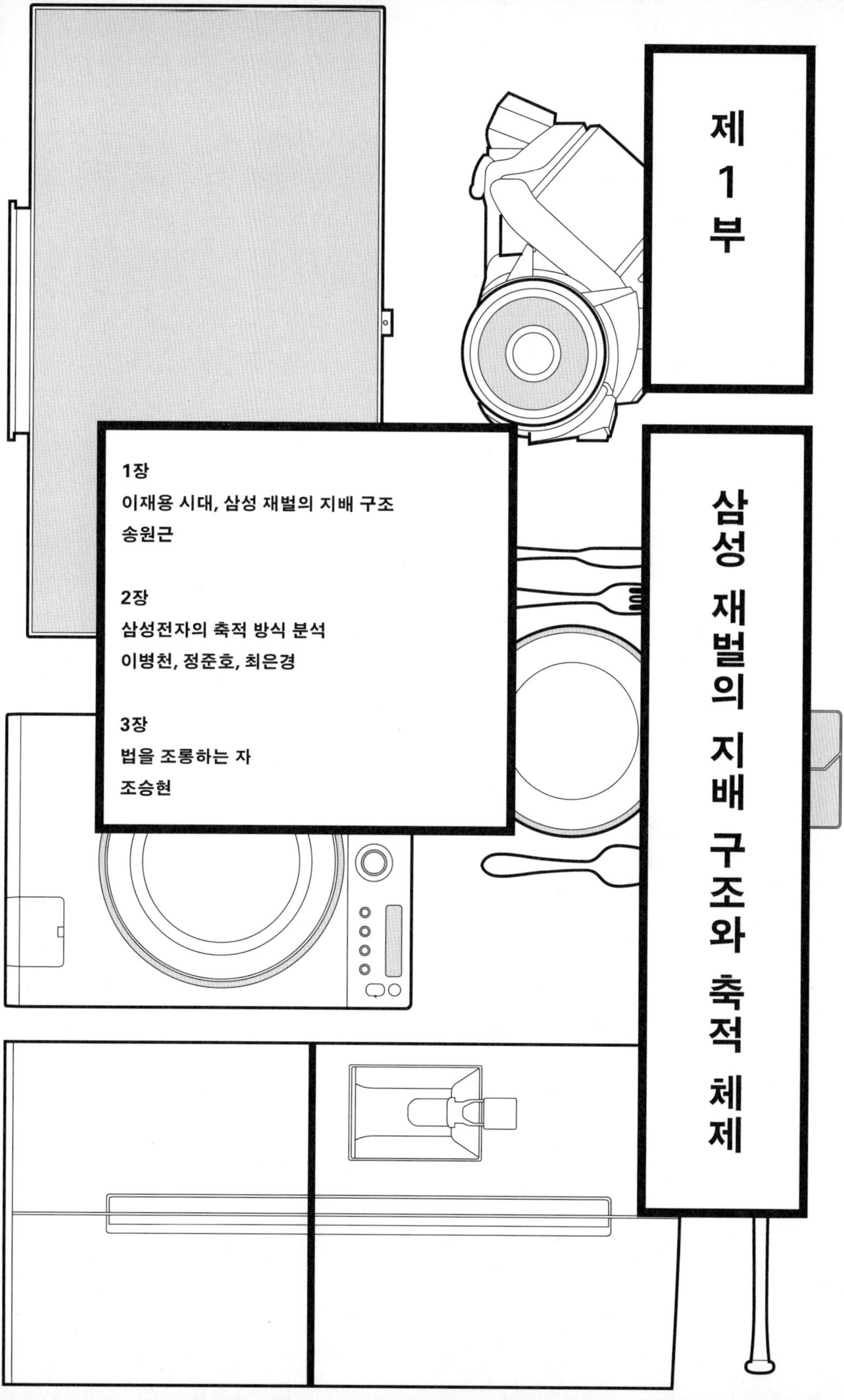

1장
이재용 시대, 삼성 재벌의 지배 구조
송원근

2장
삼성전자의 축적 방식 분석
이병천, 정준호, 최은경

3장
법을 조롱하는 자
조승현

제1부는 삼성그룹은 어떻게 자본을 축적하며 총수 일가가 그룹과 계열사들을 지배하는지를 분석한다. 삼성그룹은 총수 일가의 지배·경영권의 독점·세습을 위해 불법·비리를 일삼고 있으며, 삼성그룹은 다수의 희생을 수반하며 경제적 성공을 이루었지만, 그 혜택은 총수 일가를 중심으로 한 소수에게 집중되고 있다는 점을 집중적으로 조명한다.

1장 송원근의 "이재용 시대, 삼성 재벌의 지배 구조"는 이건희 이후 이재용 시대를 준비하는 삼성의 지배 구조의 변화가 '위기의 삼성'에 대처하는 삼성의 사업 구조 재편과 어떤 관련이 있으며, 삼성전자 중심의 사업 구조 재편이 삼성의 경영권 승계에 어떤 의미를 가지는가를 살펴보았다. 나아가 그간 빠른 추격자로서 삼성전자의 기업 경영 방식, 혹은 삼성 웨이가 이재용 시대를 맞이해 어떻게 변해야 하는가를 제시했다.

무엇보다도 첫째, 이재용 시대는 이건희 시대의 1인 총수 체제가 남긴 낡은 유산과 결별해야 한다. 그 유산들이란 계열사 간 출자 및 순환출자를 바탕으로 한 소유권과 의결권 사이의 괴리 심화, 권한과 책임의 괴리, 주주 중심의 영미식 기업지배구조 개선에 대한 형식적 대응, 무노조 경영 등 이해 당사자를 철저히 배제한 기업 경영 및 미래전략실을 통한 계열사 통제와 불법과 편법을 동원한 지배권의 승계와 재산 상속이다. 둘째, 삼성 재벌은 너무나 많은 영역에서, 너무나 거대한 조직을 유지하고 있다. 따라서 여기에서 생기는 관리 부재 문제를 해소해야 하며, 이는 이재용의 능력을 보여 주는 시금석이 될 것이다. 셋째, 삼성의 '후계자' 이재용이 보여야 할 능력은 신수종사업을 찾아 천문학적 비용을 투자하는 데보다 이병철과 이건희 회장 시대를 이어 오면서 굳어진 내부의 한계를 극복하는 것이다. 이 힘은 과거와 같은 1인

지배의 폐쇄적인 지배 구조하의 '결단력'이나 '지도력'으로는 불가능해 보인다. 넷째, 삼성의 표현대로 '또 하나의 세상'을 창조하기 위해서는 과거 반도체나 자동차에 대한 투자와 다른 새로운 투자가 필요하다. 그런데 사상 유례없는 유보금을 쌓아 놓고 규제 때문에 투자를 할 수 없다거나, 이재용과 자녀들에 대한 분할 상속을 목표로 투자 계획을 세우고 실행하는 한 이런 일은 거의 불가능에 가깝다고 할 수 있다.

2장 이병천·정준호의 "삼성전자의 축적 체제 분석"은 2008년 이명박 정부 집권과 세계 금융 위기 이후 변화를 중심으로 삼성전자의 축적(생산과 분배) 방식을 분석한다. 수출과 주식시장 두 측면에서 삼성전자가 한국 경제에서 차지하는 비중은 2008년을 분기점으로 훨씬 더 높아지고 주도력도 강화되었다. 이 두 가지 추세는 상호 강화되면서 같은 흐름을 타고 있다. 삼성전자는 실물 경쟁력을 증강하고 이 힘으로 수출 주도 성장으로 나아가며 투자자 요구에도 부응하는 금융시장 친화적 '신개발주의' 전략을 추구했다.

그렇지만 삼성전자의 생산 체제에서 무엇보다 주목해야 할 특성은 외주 생산을 활용하는 애플과 달리, 핵심 공정을 자체 생산하는 수직 계열화 전략을 추구한다는 것이다. 나아가 협력 업체까지 포함하는 철저한 공급망 관리를 추구한다. 바로 여기에 한국 최고 재벌계 대기업체로서 삼성전자의 빛과 그늘이 잘 담겨 있다. 삼성전자의 생산 전략에는 생산과정을 통제하기는 용이한 반면, 경기침체 시 위험부담이 크다는 중대한 약점이 있다. 따라서 자체 생산의 장점을 극대화하는 한편 그 약점을 보완하기 위해 하청 업체를 포괄하는 철저한 공급망 관리가 중요하다. 하청 업체 관리의 핵심은 생산의 일체화, 비용과 위험의 외부화에 있다. 이 방식으로 삼성전자는 '재벌 내부 경제'의 이점을 십분 활용하는 한편, 비용과 위험부담 그리고 책임을 부품 업체에 전가하며 공생의 생태계와 '외부경제' 발전을 억압한다.

분배 체제는 주주, 노동자, 협력 중소기업, 조세 납부 등 네 가지 측면에서 분석했다. 삼성전자의 성공과 이익이 다수 이해 당사자에게 파급되고 확산되는 기제는 매우 취약하며 내부자와 외부자 간 격차와 분열을 심화시켰다. 주주들은 배당보다는 급등한 주가 차익으로 이익을 얻기는 했다. 그러나 주식 보유 계층구조로 볼 때 이는 '1%의 잔치'에 불과하다. 보수 격차, 노동소득분배율, 생산직 비중 등으로 본 주요 노동 지표들은 모두 크게 악화되었다. 2008년 이후 대다수 협력 업체들의 이익률은 삼성전자와 극심한 격차를 보일 뿐만 아니라 이전 시기보다 더 낮아졌다. 그리고 삼성전자의 실효 법인세율은 법정 최고 세율의 절반 수준에 불과했다. 이는 이명박 정부 시기의 대대적 감세, 각종 세액공제의 지속, 그리고 글로벌경영의 심화에 기인한다.

3장 조승현의 "법을 조롱하는 자"는 총수 일가의 지배·경영권 세습을 둘러싼 탈법행위와 특권들을 분석한다. 이건희-이재용으로 이어지는 부의 축적과 경영권 승계 과정, 내부거래와 일감 몰아주기, 부당한 도급과 갑을 계약, 근거 없는 과잉 배당, 무노조-비정규 정책의 대부분을 한국의 재벌들은 모방해 왔거나 아니면 따라 배워 왔다. 1996년부터 지금까지 재벌들의 행태를 창조하고 리드한 것은 이건희-이재용 사례였다. 전환사채와 신주인수권부사채로 삼성 비서실이 이건희의 자녀들에게 천문학적 부를 안겨다 주는 프로그램을 시행하자마자 현대, SK, LG 등이 이를 모방하거나 변형된 형태로 '따라 하기'를 해왔고 삼성이 새로운 유형의 탈법을 창조하면 사회 여론에 못 이겨 국가는 뒤늦게 구멍 난 법들을 땜질하기에 바빴다.

이건희-이재용 부자의 행태는 경영권 세습과 관련해 탈법의 원조라 칭할 만하다. 차명과 명의 신탁을 통해 국가의 금융 통제를 무력화했고, 자본 조달의 필요성에서 만들어 놓은 전환사채와 신주인수권부사채 제도를 교묘하게 악용해 세금을 내지 않는 세금 없는 부의 세습 방식을 창조했다. 도급과 프랜차이즈 대리점 계약 제도 등을 악용해 〈노동법〉과 〈공정거래법〉을 허당으로 만들었다. 합병 등을 통해 일감 몰아주기 규제를 교묘하게 회피하고 있다. 한마디로 한껏 법을 조롱하면서 법치주의를 희롱하고 있는 것이다. 부의 축적 과정 및 그 방식에서도 독점과 불공정거래를 규제하기 위한 강행 법규들을 사내 하청이나 합병 등으로 교묘하게 회피하고 빠져나가는 편법들이 동원되고 있다. 나아가 삼성을 포함한 재벌들은 도급이나 페이퍼 컴퍼니를 동원한 교묘한 방법으로 〈노동법〉을 교묘하게 회피하면서 각종 의무로부터 벗어나고 있다. 이런 탈법적 현상은 글로벌한 배경을 갖고 있지만, 특히 대한민국의 재벌들이 거의 관행 아닌 관행으로 일삼고 있고 이에 따른 후유증으로 강행 법규의 형해화, 노동자들의 기본권 침해 문제가 심각하게 대두되고 있다.

삼성 재벌의 불법에 대해서는 법 집행자의 단호한 의지가 무엇보다 중요하다. 탈법에 대해서는 과감한 입법 행위가 필요하다. 입법이 곤란하거나 불가능한 경우에는 법관은 법질서 전체의 규범력을 가지고 실정에 맞는 해석(민심에 맞는 해석)을 통해 총수 일가들의 탈법행위를 엄단해야 한다. 만약 그런 의지가 없다면 국가에 대한 국민의 신뢰는 상실되고 한국 사회는 부패와 반칙이 만연하는 금전 만능주의의 무질서한 사회가 될 것이다.

# 1장

# 이재용 시대, 삼성 재벌의 지배 구조

송원근

## 1. 들어가는 말

2013년 신경영 20주년을 지난 삼성 재벌의 지배권은 이건희로부터 이재용으로 넘어간 것일까? 현재의 지분 구조를 고려하면 불완전하기는 하지만 적어도 그렇게 말할 수는 있다. 그러나 이 불완전하다는 사실 때문에 삼성 재벌은 향후 3~4년 내에 이재용에 대한 승계를 마무리해야 하고, 이병철 회장이 그랬던 것과 비슷한 방식으로 다른 자녀들에게도 분할 승계

---

● 이 글은 『사회경제평론』 44호에 게재된 필자의 원고를 수정·보완한 것이다. 수정 게재를 허락해 준 한국사회경제학회에 감사드린다.

를 해야 하는 과제를 안고 있다.

사업 영역에서도 이건희 회장 스스로 고백했듯이 스마트폰 사업을 제외한 나머지 사업 부문은 한계에 이르렀고, 구글Google Inc.에 운영 체제를 종속당한 채 단순히 폰 잘 만드는 제조 기업으로 전락할 가능성이 많다. 삼성전자가 다양한 정보통신기술(IT) 융합 기술을 활용할 수 있는 도로way를 놓고 이 도로를 이용해 끊임없이 사업 모델을 개발하고 있는 애플사를 따라갈 수 있을까? 애플Apple, 구글 등과 경쟁하기 위해서 자체적으로 시도한 적이 있었던 바다Bada 시스템은 실패로 끝이 났고, 인텔Intel과 공동 개발 중인 타이젠Tizen 운영 체제 기반 스마트폰 역시 그리 성공적이지 못하다는 평가다. 구글의 모토로라Motorola 인수, 마이크로소프트Microsoft의 노키아Nokia 인수도 아직은 심각한 정도는 아니라 해도 분명 삼성의 사업 영역을 위협하는 일이 될 것이다. 또 중국의 저가 스마트폰 제조사들이 안드로이드 시장점유율을 빠른 속도로 잠식해 가고 있고(*Business Insider* 2013), 레노보Lenovo 그룹 등 하드웨어 업체들의 도전으로 '중저가 전략'의 핵심인 가격경쟁력도 심각한 위협에 직면해 있다.

한편에서는 '삼성 방식'(삼성 웨이)이라는 새로운 단어를 만들어 총수 이건희의 경영 철학을 신화화하는 동안(송재용·이경묵 2013), 다른 한편에서는 삼성의 몰락이 5년 안에 시작될 것이고, 이것이 우리 경제를 '제2의 외환 위기'로 몰고 갈 것이라는 경고도 심심치 않게 등장한다(최윤식 2013). 이런 경고가 불필요한 위기의식을 조장해서 삼성 재벌 등에 과도하게 의존하고 있는 기형적 경제구조를 고착화시키고, 대재벌에 볼모잡힌 한국 경제의 위기 탈출을 어렵게 하는 원인이 되기도 하지만, 저널리즘의 관심은 이건희 이후 '이재용 시대'의 지배 구조가 어떤 모습일지에 집중되어 있다. 그러나 그 누구보다 삼성그룹 스스로가 정체성 변신이 필요함을 절실히 느끼고 있을 것이다.

이 글은 이재용 시대를 준비하기 위한 여러 노력들이 위기의 삼성 ― 그것이 조장된 것이든 아니든 ― 을 타개해 가기 위해 필요한 사업 구조 개편이나 이에 동반하는 소유 지배 구조의 변화들과 서로 부합할 수 있을 것인가 하는 질문에서 출발했다. 이런 질문에 답하기 위해서 먼저 '이재용 시대'를 준비하면서부터 삼성 재벌의 소유 지배 구조에 어떤 변화가 있었는지를 살펴볼 것이다. 나아가 이런 경영권 상속과 분할 승계를 위한 시도들이 향후 삼성 재벌의 사업 구조와 지배 구조에 어떤 변화를 초래할지를 예측하는 여러 시나리오들을 제시한다. 그리고 이런 변화가 제조업체 삼성을 넘어서는 새로운 비즈니스 모델을 창조해 가기 위해 필요한 사업 방향이나 구조 개편과 어떤 정합성이 있는지를 평가해 본다. 이런 평가를 바탕으로, 진정한 의미의 이재용 시대를 위해서 기업 경영이나 지배 구조 측면에서 삼성 재벌이 고민하고 해결해야 할 점들을 제시했다. 이런 일들은 이건희의 경영 철학이자 기업 경영 방식으로서 신경영 시스템, 혹은 삼성웨이에 대한 탈신화화의 출발점이 이루는 것이 될 것이다. 동시에 이는 포스트 이건희, 즉 이재용 시대의 의미를 분명하게 해주는 것이 될 것이다. 따라서 새롭게 시작되어야 할 변화들은 마땅히 이병철, 이건희로 이어지는 총수의 독단적인 지배 체제, 무노조 경영과 사내 하청, 불법 파견과 같은 불법적이고 부당한 노동 관행, 협력 업체에 대한 수탈과 통제 같은 과거의 낡은 유산을 청산하는 것이어야 할 것이다. 그러나 불법과 편법으로 그 서막을 알린 이재용 시대에 아직 그런 징후는 보이지 않는다. 또 고착된 총수 경영 체제와 신화화된 '신경영' 시스템하의 기업 경영과 조직 문화가 짧은 기간 안에 바뀌는 것도 쉽지만은 않은 일일 것이다. 그러나 소유나 사업 구조 측면에서 새로운 선택을 해야 하는 삼성 재벌이 '이재용 시대'에도 과거와 같은 정체성에서 헤어나지 못한다면 삼성은 애플과 경쟁에서는 물론, 중국 기업들에게도 추월당하게 될 것이다.

## 2. 삼성 재벌의 지배 구조와 그 변화(1997~2014년)

### 소유·지배 구조

삼성 재벌의 소유·지배 구조를 한마디로 요약하면 이건희와 이재용 등 총수 일가가 삼성에버랜드를 소유하고, 에버랜드가 삼성생명 지배하고 있으며, 삼성생명이 다시 삼성전자를, 이 두 계열사가 타 계열사들을 지배하고 있는 구조이다. 이런 삼성 재벌 소유 구조의 핵심은 1996년 이후 현재에 이르기까지 크게 변하지 않고 있다.

1996년 당시 삼성그룹의 소유 구조는 삼성생명이 삼성전자와 삼성물산의 지분을 보유하고 이 두 계열사가 대부분의 계열회사 지분을 보유하고 있다는 점에서는 순환출자가 줄어든 현재와 유사하다. 다만 당시에는 삼성에버랜드가 중간 고리 역할을 하지 않고 이건희 회장이 직접 삼성생명을 그리고 삼성생명이 삼성전자의 지분을 보유하는 구조였다. 당시 삼성생명은 이건희 회장이 10%, 삼성에버랜드가 2.25% 등 이건희 회장 및 특수관계인이 73%의 지분을 보유하고 있었다(이은정 2004). 그러다가 이재용의 에버랜드 지분 확보 후인 1998년 삼성에버랜드가 삼성생명 주식을 대량 취득해 20.7%의 대주주가 됨으로써 에버랜드를 중간 고리로 한 지배 구조가 형성되었다. 삼성 재벌은 2004년까지 이재용이 25.1%의 지분을 소유하고 있는 삼성에버랜드를 사실상의 지주회사로 하여 삼성생명, 삼성물산, 삼성전자, 삼성SDI 등 주요 계열사를 동원해 순환출자 고리를 형성했다.

2005년에는 삼성에버랜드를 대신해 삼성카드가 사실상의 지주회사 역할을 했다. 그러면서 삼성의 순환출자 고리는 더 많아졌고, 그런 만큼 소유와 지배 사이의 괴리도(소유 지배 괴리도와 의결권 승수가 각각 26.72%, 7.06배)가 더 커졌다. 이는 삼성카드의 삼성캐피탈 합병, 그리고 삼성카드

유상증자에 금융 부문을 비롯한 계열사들이 대거 참여했기 때문이다.[1] 그러나 무엇보다 중요한 변화는 2004년에 비해 2005년에는 상장 계열사의 개입 없이도 순환출자가 가능한 고리가 새로 만들어졌다는 것이다. 비상장 계열사만의 순환출자를 이용해 이건희-이재용으로 이어지는 경영권을 유지하려는 의도가 드러난 것이다.

이 구조는 2010년 5월 12일 삼성생명이 상장되기까지 계속되었다.[2] 당시 삼성생명의 최대 주주는 이건희로 20.76%를 소유하고 있었는데, 이는 이른바 김용철 사건 이후 삼성 특검이 찾아낸 차명 주식을 실명 전환해 확보한 것이었다.[3] 이로써 삼성은 삼성생명 최대 주주인 에버랜드가 금융지주회사가 되어 삼성생명이 삼성전자를 지배하지 못하게 되는 〈금융산업의 구조개선에 관한 법률〉(약칭 〈금산법〉) 규제를 피해 갈 수 있었다.[4] 삼성생명 상장 당시에도 이건희는 이 지분을 매각하지 않음으로써 삼성생명의 최대 주주 지위를 유지했다. 또 2011년 12월 12일 삼성카드가 보유 중인 에버랜드 지분 25.6% 가운데 17%를 KCC에 매각함으로써 이재

---

1_총 1조2천억 원으로 삼성전자 5,576억 원, 삼성생명 4,173억 원, 삼성전기 567억 원, 삼성물산 378억 원이다(『이데일리』 2005/03/11).

2_당시 공모가 11만 원으로 이 지분을 계산해 보면 약 4조6천억 원에 이르는 금액이다.

3_1997년 말 이건희의 삼성생명 지분은 9.34%, 실명 전환 전인 2007년 말에는 4.54%였다.

4_삼성은 에버랜드가 〈금융지주회사법〉 제2조에서 정한 금융지주회사가 되는 것을 회피하기 위해 여러 방법을 동원했다. 먼저 금융기관의 단기자금 차입으로 자산 총액을 늘려 일시적으로 금융지주회사 적용을 회피했다. 또 삼성생명 지분 일부를 신탁해 최대 주주 지위를 벗어나고자 했으나 이 방법은 인정되지 않았다 나아가 에버랜드는 자사 보유의 삼성생명 주식 19.34%를 새로운 회계 처리 기준에 적용, 지분법 평가 대상 주식이 아닌 매도 가능한 일반 유가증권으로 분류하는 방식으로 금융지주회사가 될 위기에서 벗어났다(이수정·이창헌 2012, 24).

그림 1-1 | 삼성 재벌 지배 구조의 변화(1997~2013년)

단위: %

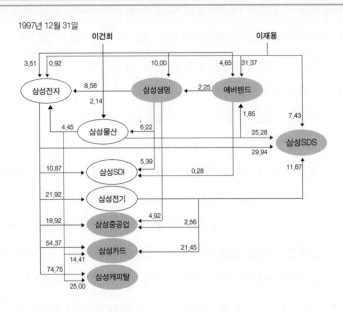

1997년 12월 31일

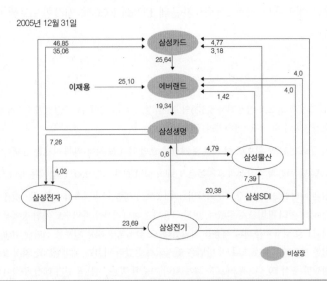

2005년 12월 31일

비상장

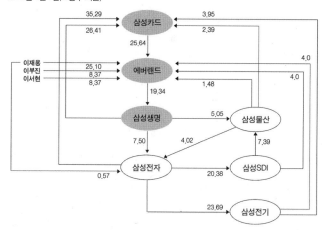

2010년 4월 1일(보통주 기준)

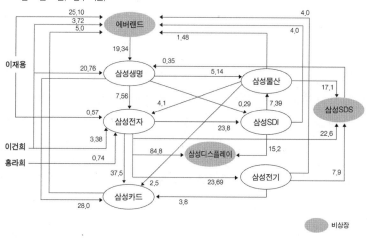

2013년 12월 31일(보통주 기준)

비상장

용은 에버랜드 최대 주주가 되었고 이로써 삼성 재벌 전체 계열사를 지배하는 현재의 지배 구조가 형성되었다.

## 적은 지분, 많은 의결권

삼성 재벌만이 아니지만 재벌들의 일반적인 특성은 총수(동일인) 및 총수 일가가 적은 지분만으로도 전체 계열사를 지배할 수 있다는 데 있다. 계열사 간 (순환)출자를 통해 형성된 이 지배 구조는 그룹 총수의 '1인 지배 체제'를 유지하고 강화시킨다. 이런 체제는 터널링tunneling[5]과 같이 총수(일가)의 사적 이익 도모에 유리한 환경을 조성하고 이를 기반으로 한 부富의 편법적인 상속 및 경영권 승계를 가능하게 만든다는 점에서 경제적으로나 사회적으로 바람직하지 못하다.

총수 일가가 가진 적은 지분에 비해 실제 행사하는 의결권의 차이를 보여 주는 전통적인 지표는 소유 지배 괴리도와 의결권 승수이다. 2008년 4월 이후로는 이 자료를 발표하지 않고 있지만 공정거래위원회에 따르면 2008년 4월 삼성의 소유 지배 괴리도는 25.19%이고 의결권 승수는 8.09이다. 소유 지분의 8배에 이르는 의결권을 행사하고 있다는 말이다.

재벌 총수가 소유한 절대적인 지분 크기를 보면 이런 괴리가 더욱 분명해진다. 공정거래위원회 발표에 따르면 2012년 말 기준으로 이건희의 지분은 0.69%로 총수 있는 대기업집단(43개)의 총 지분율 2.09%의 3분의

---

5_존슨 등에 따르면 터널링은 지배주주가 자신의 사적 이익을 증대시키기 위해 회사나 계열사의 자산, 또는 이익을 외부로 유출시키는 행위로 정의하고 있다(Johnson et al. 2000).

표 1-1 | 삼성 동일인(이건희)의 소유 지분율과 의결 지분율

단위: %, 배

| | | 2001 | 2002 | 2003 | 2004 | 2005 | 2006 | 2007 | 2008 |
|---|---|---|---|---|---|---|---|---|---|
| 전체 | 소유 지분율 | 3.44 | 3.76 | 4.12 | 4.50 | 4.41 | 4.20 | 3.55 | 3.57 |
| | 의결 지분율 | 28.22 | 28.61 | 29.89 | 28.73 | 31.13 | 29.00 | 28.74 | 28.88 |
| | 소유 지배 괴리도 | 24.78 | 24.85 | 25.77 | 24.22 | 26.72 | 24.80 | 25.19 | 25.31 |
| | 의결권 승수 | 8.20 | 7.61 | 7.25 | 6.39 | 7.06 | 6.90 | 8.10 | 8.09 |
| 삼성전자 | 의결권 승수 | 4.65 | 4.60 | 4.96 | 5.01 | 4.98 | 4.97 | 5.17 | 5.16 |
| 에버랜드 | 의결권 승수 | 1.74 | 1.73 | 1.71 | 1.74 | 1.74 | 1.74 | 1.96 | 1.96 |
| 삼성물산 | 의결권 승수 | 8.04 | 7.92 | 7.99 | 8.01 | 9.87 | 9.93 | 10.07 | 1.13 |
| 삼성생명 | 의결권 승수 | 4.70 | 4.13 | 4.51 | 4.51 | 4.51 | 3.31 | 6.71 | 6.71 |
| 삼성SDS | 의결권 승수 | 5.53 | 3.38 | 3.38 | 3.38 | 3.38 | 3.38 | 4.22 | 4.10 |

자료: 공정거래위원회 대규모기업집단 정보공개시스템(OPNI).

1 수준이었다(공정거래위원회 2013). 반면 이재용이 소유하고 있는 지분은 0.23%로 훨씬 더 작다. 이재용의 경우에는 상장사인 삼성전자 이외에 비상장 계열사인 삼성SDS, 삼성에버랜드, 삼성SNS(구 서울통신기술), 삼성자산운용(구 삼성투자신탁운용)의 지분을 소유하고 있다. 특히 계열사 중에서도 삼성자산운용을 제외하고는 모두 삼성전자와의 거래 규모가 아주 크다. 이를 통해 이재용은 이건희가 그럴 수 있는 것처럼 계열사 전체를 지배할 수 있고, 그뿐만 아니라 계열사 간 거래에서 생기는 이익을 통해 막대한 부를 챙길 수 있다.

〈그림 1-2〉는 1998년 4월 이후 자본금 기준으로 따진 동일인 이건희와 이재용의 소유 지분을 나타낸 것이다. 이재용의 경우도 지분율이 대체적으로 낮아지는 추세를 보이고 있다. 2001년 e-삼성 등 e비즈니스 관련 계열사 지분을 소유해 급격히 높아졌고 2004년에는 삼성자산운용 지분 소유, 2009년 말에 삼성SDS 증자 등으로 지분이 높아졌다. 2010년에는 삼성SDS가 삼성네트웍스를 합병해 지분율은 낮아졌다. 그러나 자본총계 기준으로는 오히려 지분율이 크게 높아졌다.

그림 1-2 | 이건희와 이재용의 소유 지분

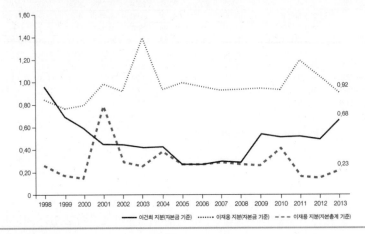

주: 각 연도 4월 현재.
자료: 공정거래위원회, 각 연도 대기업집단 주식소유 현황 및 해당 계열사 사업보고서.

## 이사회 등의 견제 장치

외환 금융 위기의 원인이 재벌들의 왜곡된 소유 지배 구조에 있었다는 인식과 이를 바탕으로 한 정부의 기업지배구조 개선 정책은 주주 중심의 영미식 지배 구조를 모델로 한 것이었다. 이른바 '글로벌스탠더드'가 된 영미식 지배 구조는 기업 경영의 투명성을 높이고, 이사회 중심의 투명 경영 혹은 책임 경영 체제를 구축하는 데 주된 목적이 있었다. 이를 위해 사외이사 비중을 전체 이사 절반 수준으로 확대하고 기존의 감사 제도를 바꾸어 감사위원회를 구성하고 위원장을 사외이사로 선임해 감사의 독립성을 높이도록 했다. 여기에는 이사 등재, 감사위원회 이외에 다른 위원회(사외이사후보추천위원회, 보상위원회, 내부거래위원회 등) 설치, 집중투표제나 서면투표제의 시행 등도 포함되어 있었다.

**표 1-2 | 재벌 총수 가의 이사 등재 현황(2012년 4월 30일)**

단위: 개, 명, %

| | 계열회사 수 (a) | 이사 수 (b) | 동일인 이사 수 (c) | 친족 이사 수 (d) | 총수 일가 이사 수 (e=c+d) | 이사회 내 총수 일가 비중 (f=e/b) |
|---|---|---|---|---|---|---|
| 삼성 | 78 | 354 | 0 | 1 | 1 | 0,28 |
| 현대자동차 | 55 | 264 | 6 | 15 | 21 | 7,95 |
| 에스케이 | 94 | 422 | 3 | 11 | 14 | 3,32 |
| 엘지 | 61 | 270 | 2 | 2 | 4 | 1,48 |
| 롯데 | 79 | 356 | 12 | 34 | 46 | 12,92 |
| 현대중공업 | 24 | 110 | 0 | 3 | 3 | 2,73 |
| 지에스 | 73 | 293 | 3 | 44 | 47 | 16,04 |
| 한진 | 43 | 207 | 8 | 26 | 34 | 16,43 |
| 한화 | 53 | 198 | 7 | 1 | 8 | 4,04 |
| 두산 | 23 | 121 | 0 | 14 | 14 | 11,57 |
| 합계 | 1,413 | 5,844 | 157 | 378 | 535 | 9,15 |

자료: 공정거래위원회 OPNI.

그러나 기업 경영을 감시하기 위한 기업지배구조 관련 장치들은 명목에 불과한 것들이 많았다. 삼성전자는 2004년 13명의 이사 가운데 7명을 사외이사로 두고, 전원 사외이사로 구성된 감사위원회를 두고 있었지만 그 이전 4년 동안 이사회 상정 안건 중에서 반대 안건은 한 건도 없었다 (『세계일보』 2005/02/15). 또 공정거래위원회의 대기업집단 지배 구조 공개 현황에 따르면 삼성 재벌은 2012년 4월 30일 현재, 17개 상장회사의 이사(112명) 중 사외이사 수가 절반(59명)을 넘어서고 있어 형식적인 요건을 갖추었지만,[6] 78개 계열사의 (등기)이사 354명 가운데 동일인이나 친족, 즉 총수 일가의 등기이사 수는 1명에 지나지 않았다. 이는 현대자동차나 에스케이, 엘지 재벌들에 비해서도 매우 낮은 것이다. 호텔신라 이부

---

6_이사회 내 위원회는 17개 상장회사 중 감사위원회와 사외이사후보추천위원회가 각각 12개 회사, 보상위원회 5개 회사, 내부거래위원회가 7개 회사에서 설치되어 있다(공정거래위원회 OPNI)

진 사장을 제외하고는 이건희, 이재용, 이서현 모두 비등기이사이다.[7] 삼성전자만 보면 회장 1명, 부회장 3명, 사장 16명, 부사장 54명, 전무 및 연구위원 약 4백 명 등이 모두 비등기 집행 임원이다(천경훈 2013). 이는 이건희와 이재용 등 총수 일가가 수십 개의 계열사 전체에 대해 막강한 권한은 행사하되 책임은 회피하겠다는 의도를 단적으로 보여 주는 것이다. 또 주주총회에서 주주들이 지배주주나 기업 경영에 관한 법적 책임을 물을 수 있는 의결권 관련 집중투표제나 서면투표제의 경우도 삼성 재벌 17개 상장기업 가운데 하나도 없다.

### 그룹 비서실-구조조정본부-전략기획실-미래전략실

총수 중심의 지배 구조를 유지하기 위해 계열사 지분을 관리하고 계열사들을 통제하는 역할을 하던 그룹 총괄 조직도 이름이 바뀌기기는 했지만 그 기능에는 큰 변화가 없다. 1959년 이병철 회장의 지시로 삼성물산 내의 한 개의 과課 조직으로 설립되었던 삼성 비서실은 출범 당시 20여 명에 불과한 소규모 조직이었다. 그러나 1970년대 경제 규모의 성장과 함께 비서실은 막강한 조직으로 성장했고 1990년경에는 그 규모가 15개 팀, 250여 명에 달했다. 이후 정부의 기획실 축소 정책으로 1991년에는 10개 팀 130여 명으로 인력과 조직이 줄었다. 이어서 자율 경영을 강조하는 이건희 회장 취임 이후, 특히 이른바 신경영 선언 이후 그 기능과 역할이 더 축소되었다. 외환 금융 위기 이후인 1998년 그룹 비서실은 구조조정본부로

---

7_2004년 이재용은 소니와 합작으로 설립한 S-LCD 등기이사로 등재되었다가, 삼성 특검 이후 경영 쇄신안에 따라 2008년 5월 등기이사직에서 사임했다.

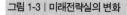

**그림 1-3 | 미래전략실의 변화**

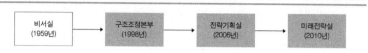

| 비서실<br>(1959년) | → | 구조조정본부<br>(1998년) | → | 전략기획실<br>(2006년) | → | 미래전략실<br>(2010년) |

**그림 1-4 | 미래전략실 조직도**

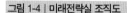

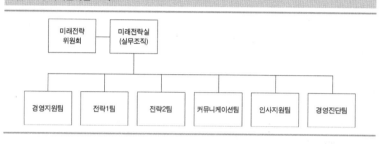

대체되었는데 기업 구조조정본부는 법무실, 재무팀, 경영진단팀, 기획팀, 인사팀, 홍보팀, 비서팀 등 7개 실·팀으로 구성되어 있었다. 규모는 각 계열사에서 파견한 120여 명 정도였다. 이 비서실과 구조조정본부는 이재용에 대한 승계 작업을 주도했고, 또 이재용의 인터넷 사업을 기획했고, 실패 후에도 그것을 마무리하는 역할을 했다.[8]

그러다가 구조조정본부는 2006년 전략기획실로 전격 개편되었고 2007년 초에는 인사, 재무, 기획홍보, 비서, 경영관리 등 5개 팀에 1백 명

---

8_구조조정본부가 이재용 상무의 인터넷 사업을 주도했다는 증거는 삼성 재벌이 피인수 회사들을 정리하는 과정에서도 드러났다. 구조조정본부는 '삼성, e비즈니스 사업 개편'이라는 보도자료를 통해 "삼성이 e비즈니스 사업의 도입기를 끝내면서 주주사 변경과 철저한 수익 위주 사업 개편 등 2단계 성장 계획을 추진하기로 했다"고 공표했다. 이에 대해서는 송태수(2007)에 자세하게 소개되어 있다.

정도로 다시 축소되었다. 이 전략기획실은 이건희 회장 퇴진 이전까지 삼성그룹 계열사 전반의 인사와 재무, 전략 수립 등을 총괄하던 조직이었다. 그러나 2008년 7월 삼성의 비자금 의혹에 대한 특검 수사를 계기로 전략기획실은 해체의 운명을 맞았다. 그러다가 2010년 11월 19일 미래전략실로 부활했다. 과거 전략기획실의 이미지를 털어 내고 미래 신성장 사업을 발굴하면서 다른 계열사들을 지원하기 위해서 만들었다는 이 미래전략실은 그동안 사장단협의회 산하에 있던 투자심의·브랜드관리·인사위원회를 '미래전략위원회'로 통합하고 이를 뒷받침하는 기구로 알려져 있다. 팀수도 전략1팀을 포함해 다시 6개로 증가했다. 그러나 미래전략실의 면면을 보면, 6개 팀장 중 김명수 전무를 제외하고는 모두가 과거 전략기획실 또는 구조조정본부 출신이라는 사실 하나만으로도 미래전략실이 신성장 사업 발굴을 위한 것이 아니라 새로운 권력자 이재용의 계열사 지배권을 확보하고 유지함으로써 '관리의 삼성'[9]을 지속하기 위한 조직이 아닌가 하는 의심을 갖기에 충분하다.

### 소결: 이건희 시대의 기업지배구조

요약하면 이건희 1인 지배 체제로 대변되는 삼성의 지배 구조는 이재용 시대의 서막이라 할 수 있는 1997년 이후에도 큰 변화가 없다. 이는 계열사 간 출자 및 순환출자를 바탕으로 한 소유권과 의결권 사이의 괴리 심

---

9_그룹 총괄 조직에 의해 통제되는 계열사 혹은 사업 부문별 책임 경영 체제와 인사관리 시스템을 말하는 것으로 삼성 재벌의 이미지를 표현할 때 자주 사용되는 용어이다. 이에 대해서는 신용인(2009)을 참조할 것.

화, 권한과 책임의 괴리, 주주 중심의 영미식 기업지배구조 개선에 대한 형식적 대응, 미래전략실로 이어지고 있는 그룹 총괄 조직의 계열사 통제와 이재용 승계 작업 주도를 특징으로 한다. 이 지배 구조 장치는 무노조 경영 등 이해 당사자를 철저히 배제한 기업 경영과 불법과 편법을 동원한 지배권의 승계, 재산 상속의 토대가 되었다. '총수 지배 체제'로 불리는 이런 지배 구조는 '이건희 시대'의 낡은 유산으로서 견제받지 않는 무소불위의 경제 권력을 탄생시켰고, 마침내 이 권력은 경제 전체를 볼모로 잡는 상황을 연출하고 있다.[10]

재벌 소유·지배 구조하의 총수나 경영자들의 빠른 의사 결정이 대기업과 국민경제의 성장을 가능하게 했다는 진단이 부분적으로 옳은 것이라고 하더라도, 이 유산은 기업 경영이나 경제 전체에 더 많은 폐해를 낳았으며, 따라서 청산되어야 할 유산이다. 이 같은 유산을 청산하지 않는 한 삼성 재벌은 지배 구조나 기업 경영 측면에서 진정한 의미의 세계 1등 기업, '가장 존경받는 기업'으로 성장할 수 없을 것이다. 그러기 위해서는 무엇보다도 노동조합을 인정함으로써 불법적 노동 관행으로부터 벗어나야 하며, 협력 업체들과도 진정한 파트너십을 형성하고 그것을 지속할 수 있어야 하며, 권한과 책임이 일치하는 최소한의 지배 구조 장치들을 제도화해, 실질적으로 운영할 수 있어야 한다. 그뿐만 아니라 경영권 승계와

---

10_2014년 들어 보험사의 계열사 지분 보유 한도를 시가 기준으로 바꾸자는 〈보험업법〉 개정안이 의원 입법으로 발의된 것을 놓고 삼성은 삼성전자의 경영권이 〈보험업법〉 개정 문제로 위협받는다면 국민경제에도 악영향을 줄 수 있다는 논리를 내세우고 있다. 현재 〈보험업법〉은 보험사가 자사의 대주주나 계열사의 유가증권을 보유할 때 보유 한도를 총자산의 3%까지로 제한하되, 기준은 유가증권을 사들일 당시의 '취득가액'을 적용하고 있다(『연합뉴스』 2014/04/08).

재산상속만을 위한 것이 아닌 글로벌 리더 사업자에 부합하는 사업 구조 개편 작업 등을 통해 글로벌 위기에 대처할 수 있어야 한다. 이재용 시대는 이런 과제들을 어떻게 해결하는가에 달려 있다고 할 것이다.

## 3. 이재용 시대의 서막과 지주회사 전환

### 서막

1995년 말 이건희 회장이 이재용에게 60억8천만 원을 증여하면서 시작된 경영권 승계 작업은 계열사 주식의 시세 차익을 이용한 재산 증식과 이를 통한 계열사 지배로 요약된다. 이재용이 삼성에버랜드(구 중앙개발)의 최대 주주가 되는 것으로 승계 작업은 일단락된 듯했다.[11]

이 작업의 서막은 1995년 비상장기업이던 에스원과 삼성엔지니어링 주식을 매입하는 일에서 시작되었다. 즉 이재용은 비상장사인 에스원 주식을 7,877원에 매입해 35,593원에 매각하면서 260억 원의 시세 차익, 삼성엔지니어링 주식을 1,860원에 매입해 28,099원에 매각하면서 197억원의 시세 차익, 제일기획 주식을 2,016원에 매입해 16,116원에 매각하면서 182억 원의 시세 차익을 보았다.[12] 이 과정을 거쳐 확보한 자금을 바

---

11_이재용은 1996년 12월 주식 전환 가격이 7천7백 원인 전환사채에 48억3천만 원을 투자, 지분 31.9%를 가진 에버랜드 최대 주주가 됐다. 곧이어 에버랜드는 삼성생명 지분을 매입했다. 당시 에버랜드는 주당 9천 원에 삼성생명 주식을 대량으로 사들여 지분을 2.25%에서 20.7%로 높였다.

**표 1-3 | 이재용의 삼성그룹 지분 확보 과정**

| | 시기 | 거래 내역 | 현금흐름 | 비고 |
|---|---|---|---|---|
| 기초 자금 | 1995년 | 증여 | 44.8억 원 | 증여 60.8억 원<br>증여세 16억 원 |
| 에스원 | 1995년 말<br>1996~97년 초 | 주식 매입<br>주식 상장 후 매각 | −23억 원<br>+375억 원 | 자금 확보 |
| 삼성엔지니어링 | 1995년 말<br>1997년 초 | 주식 매입<br>주식 상장 후 매각 | −19억 원<br>+230억 원 | 자금 확보 |
| 제일기획 | 1996년<br>1998년 | CB(전환사채) 매입<br>CB주식전환/상장 후 매각 | −18억 원<br>+150억 원 | 자금 확보 |
| 삼성에버랜드 | 1996년 12월 | CB매입 후 주식 전환 | −96.2억 원 | 지분 확보 |
| 삼성전자 | 1997년 3월 | CB매입 후 주식 전환 | −450억 원 | 지분 확보 |

자료: 이은정(2004), 참여연대(1999).

탕으로 이재용은 1996년 12월 주식 전환 가격이 7천7백 원인 전환사채에 48억3천만 원을 투자, 지분 31.9%를 가진 에버랜드의 최대 주주가 됐다. 곧이어 에버랜드는 주당 9천 원에 삼성생명 주식을 대량으로 사들여 지분을 2.25%에서 20.7%로 높였다. 물리적인 승계 기반을 마련한 것이다.[13]

**면죄부**

이재용 시대의 물적 기반을 갖추는 데는 정부, 입법부 및 금융감독위원회

---

12_이외에도 이재용은 1996년 11월 서울통신기술(현 삼성SNS)의 전환사채 20억 원 중 15억2천만 원을 주당 5천 원에 인수한 다음, 그해 12월 이를 주식으로 바꿔 지분 50.7%를 확보해 최대 주주가 되었다. 이 가격은 삼성전자의 인수 가격인 1만9천 원의 4분의 1에 불과한 헐값이었다(『한겨레신문』 2005/10/21).

13_이재용이 에버랜드의 최대 주주가 되기 전인 1996년 말 에버랜드는 중앙일보사가 최대 주주(48.24%), 이건희(13.16%), 삼성문화재단(3.11%) 순이었다. 이 승계 과정에서 삼성 계열사들이 행한 불법행위에 대해서는 조승현(2008)을 참조.

그림 1-5 | 이재용의 계열사 지분 확보 과정

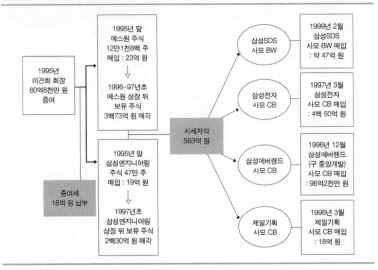

자료: 경제개혁연구소(2005).

의 삼성 면죄부도 커다란 역할을 했다. 먼저 에버랜드가 금융지주회사가 되는 것을 피하기 위해 삼성생명 주식을 지분법이 아닌 원가법으로 평가하려고 했을 때, 금융감독위원회는 에버랜드 지주회사화가 '비자발적'인 것이었는지를 심사하지도 않았다. 또 에버랜드 반기보고서가 제출(8월 15일)되기 이전(7월 2일)에 미리 이 사건을 고발하지 않을 것임을 밝혀 면죄부를 주었다. 이로써 2004년 말 에버랜드 소유 삼성생명 주식 장부가액이 취득 원가로 고정되어 에버랜드 총자산의 50%를 넘을 가능성은 사라졌다.

두 번째 면죄부는 2007년 〈금산법〉을 개정하면서 국회가 삼성카드에 5년간 지분 매각을 위한 유예 기간을 부여한 것이다. 이에 따라 삼성카드는 2011년 12월 12일 보유 중인 에버랜드 지분 25.6% 중 17%를 KCC에 매각했고, 이로써 이재용이 에버랜드의 최대 주주가 되었다. 이어 또한 번의 유예가 있었는데 금융 위원회는 삼성카드의 에버랜드 지분 5% 초과분 매각 시한(2012년 4월)을 8월 16일로 다시 연기해 주었다. 이 초과분(3.64%)은 6월 11일 에버랜드가 자사주 형식으로 매입해 이재용이 최대 주주가 된 에버랜드의 지배력을 더욱 강화했다.

마지막 면죄부는 이미 잘 알려져 있듯이 2009년 5월 29일 대법원은 삼성 경영권 편법 승계 의혹에 대해 '무죄'판결을 내린 것이다.[14] 이 판결로 그룹 경영 전면에 나서지 못하고 있던 이재용은 그동안 발목을 잡고 있다고 여겼던 '편법 승계'의 족쇄를 벗어나게 되었다.


## 후계자 이재용의 능력

그렇다면 당사자인 이재용은 어떤가? 이재용은 1991년 삼성전자 총무그룹에 입사했고 10년 만인 2001년 삼성전자 경영기획팀 상무보로 승진했다. 이어 2003년 상무, 2007년 초 삼성전자 전무, 2009년 말 부사장, 2010년 말 사장 승진, 2012년 말 그룹 부회장이 되었다. 이재용의 능력을 시험하는 첫 번째 계기는 e-비즈니스 사업을 떠맡은 것이었다. 이재용이 e-삼성이라는 신설 회사를 맡은 것은 2000년 5월이었는데 이 당시는 과거 이재용이 삼성에버랜드 주식을 취득하는 과정에서 있었던 편법적 과정에 대한 비판 여론이 고조되고 있을 때였다. 이와 같은 부정적인 여론은 환기

---

14_삼성에버랜드의 전환사채(CB) 헐값 발행에 대한 〈특정경제범죄가중처벌법〉 위반에 관한 대법원의 최종 상고심에 대한 무죄판결을 말하는 것으로 이 판결에서 대법원은 삼성SDS의 신주인수권부사채(BW)의 헐값 발행 건에 대해서는 유죄 취지로 고등법원으로 돌려보낸 바 있다.

시키기 위해서는 어떤 계기가 필요했고 그것을 e-비즈니스에서 찾으려 했던 것이다. 삼성은 벤처 지주회사인 e-삼성(주), e-삼성인터내셔널(주), 시큐아이닷컴(주) 등을 설립해 인터넷 관련 사업을 이재용에게 맡겼다. 그리고 6개월여 만에 두 지주회사 산하에 총 16개의 계열사를 편입시켰다. 그때까지만 해도 삼성 재벌 안에 'e-삼성그룹'이 만들어지는 듯했다. 그러나 당시 벤처 투자를 변칙 상속·증여 수단으로 이용하려 한다는 비난과 그룹 내 다른 계열사들의 인터넷 사업부들과의 마찰 등으로 인해 이 사업은 실패로 돌아갔고, 이재용의 지분은 다른 계열사들이 헐값에 떠안았다.[15] 물론 지분을 인수한 계열사들은 5천억 원이 넘는 주가 하락을 손실을 입었다(참여연대 2001). 실패의 책임을 계열사들과 그 계열사 주식을 가진 주주들에게 전가한 것이다.

이어 이재용은 2004년 소니와 합작 법인인 S-LCD의 등기이사로 등재되어 본격적인 경영 수업에 들어갔다. 그러나 2008년 4월 22일 삼성그룹 비자금 관련 특검 이후 경영 쇄신 일환으로 이 등기이사직과 삼성전자의 최고고객책임자(CCO) 자리를 내놓고(5월) 해외시장 개척에 주력하겠다고 했다. 2년도 채 지나지 않아 2009년 12월 부사장으로 승진하면서 다

---

15_e-삼성 지분 75%는 제일기획이, e-삼성인터내셔널의 지분 60%는 삼성SDS·삼성SDI·삼성전기가, 가치네트의 지분 57.2%와 시큐아이닷컴 지분 45.5%도 삼성증권·삼성카드·삼성캐피탈 등 금융 계열사들이 나누어 인수했다. 당시 총 인수 대금은 초기 투자금 505억 원을 상회하는 511억 원 규모로 알려졌는데, 이는 주당 인수 가격을 미래 기업 가치를 감안하지 않고 보수적으로 산출한 결과이다(『내일신문』 2000/08/02). 이에 대해 당시 메릴린치 증권은 삼성SDI 분석 보고서를 통해 "e-삼성인터내셔널과 같은 벤처 회사는 현재 순자산 가치에서 30~40% 할인되어 팔리고 있다"면서 삼성SDI가 이재용으로부터 주당 순자산 가치를 기준으로 삼아 인수하는 것은 적절하지 못하다고 평가했다(『한겨레21』 353호).

시 계열사 경영에 복귀했고, '글로벌 기업들과 전략적 관계를 강화하고 반도체, 디스플레이Display 부문의 선행 투자를 주도함으로써 시장 지배력과 경쟁력을 높이는' 일에 주력하겠다는 포부를 밝히게 된다. 박근혜 정부가 들어선 이후 이재용은 이건희 회장을 대신해 대통령의 방중을 수행하는 등 부회장으로서 활동을 하고 있다. 현재로서는 포스트 이건희로 그리고 그룹 부회장이자 경영자로서 그가 어떤 능력을 보여 줄 지는 여전히 미지수이다. 일례로 중국 LCD 공장 신규 투자 프로젝트인 '이재용 프로젝트'를 보면, 삼성과 언론에서는 중국 정부의 허가권과 관련해 이재용의 역할을 부풀리고 있다. 그러나 실상을 들여다보면 공장을 짓기도 전에 LCD사업과 연관 TV 사업에서 고전을 면치 못하고 있어 이 프로젝트의 성공 여부는 불투명해지고 말았다. 단순한 예이긴 하나 두 사례 모두 삼성그룹 후계자 이재용의 경영자로서의 권한과 책임감이 어떻게 행사될지를 가늠해 보는 척도가 될 수 있을 것이다.

## 이재용 시대를 위한 지배 구조 개편 시나리오들

### 금융과 전자 그룹의 분리(시나리오 1)

삼성 재벌의 사실상의 지주회사인 에버랜드가 〈금융지주회사법〉 규제 대상에서 제외된 현재, 삼성이 이재용의 완전한 경영권 승계를 위해서 해결해야 할 문제는 금산 분리의 문제이다. 물론 박근혜 정부의 순환출자 금지 규제가 어떤 식으로 되는가에 따라서도 승계 시나리오는 달라질 수도 있다. 먼저 금산 분리와 〈금융지주회사법〉 규제를 적용한다고 할 때 가장 직관적으로 떠오르는 시나리오는 전자 계열사를 완전하게 분리하는 것이다. 실제로 2012년 대선 전까지 재벌 개혁에 대한 사회적 요구가 높아지면서 삼성전자와 삼성생명을 두 축으로 그룹을 분할하는 것이 〈금산법〉과 〈금융지주회사법〉의 취지에 부합하는 것이라 인식도 많았다. 그러나 이런 분리나 분할이 가능하려면 순환출자의 금지(해소), 금산분리 원칙의 강화 등이 정책적으로 강제되어야 한다. 이런 정책이 강제될 경우 삼성전자의 최대 주주인 삼성생명은 삼성전자 지분을 매각해야 하고 따라서 전자 계열사와 금융 계열사의 분리가 가능하게 되는 것이다. 게다가 대선에서 제기되었던 계열 분리 명령제와 같은 더 강력한 법이 시행될 경우 금융업과 제조업의 분리는 물론이고 제조업 내 업종 간 계열 분리도 불가피했을지도 모를 일이다. 잘 알다시피 삼성은 금융업(10개), 전기·전자, 조선, 에너지·건축, 호텔, 섬유, 물류, 화학 등에 진출해 있다.[16] 그러나 이 방법은 결국 삼성 재벌이 제조업과 금융업 중 하나, 혹은 제조업 중 일부 업종을 포기하고 나머지 업종을 이재용이 담당하는 식의 지배 구조 개편을 의미하며, 따라서 삼성 재벌로서는 받아들이기 어려울 것이다.

### 현재의 지배 구조 유지(시나리오 2)

그렇다면 가능한 두 번째 시나리오는 이재용의 지분, 특히 삼성전자에 대한 지분을 강화하면서 현재와 같은 순환출자를 유지하는 시나리오이다. 이것은 삼성 재벌의 입장에서는 더 이상 바랄 게 없는 시나리오일 것이다. 실제로 현재의 삼성 재벌의 입장에서는 지배 구조 변화를 모색할 유인이 거의 없다고 해도 과언이 아니다. 문제는 경제민주화 논쟁에서 가장 핵심적인 사안 가운데 하나였던 순환출자에 대한 박근혜 정부의 입장이다. 박

---

16_2013년 현재, 삼성은 총 76개 계열사를 통해 37개 업종에 진출해 있다(공정거래위원회, 대규모기업집단정보공개시스템 OPNI).

**표 1-4 | 삼성 재벌의 기존 순환출자 해소 비용**

| 출자 기업 | 피출자 기업 | 보유 주식 수(주) | 지분율(%) | 지분 가치(백만 원) |
|---|---|---|---|---|
| 삼성카드 | 삼성에버랜드 | 124,999 | 5.00 | 200,086 |
| | 제일모직 | 2,449,713 | 4.70 | 214,595 |
| 삼성전자 | 삼성SDI | 9,282,753 | 20.38 | 1,494,523 |
| | 삼성전기 | 17,693,084 | 23.69 | 1,288,057 |
| 삼성SDI | 삼성물산 | 11,547,819 | 7.39 | 683,631 |
| | 삼성물산 | 7,476,102 | 4.79 | 442,585 |
| 삼성생명보험 | 삼성전자 | 10,622,814 | 7.21 | 15,031,282 |
| | 삼성화재해상 | 4,905,718 | 10.36 | 1,246,052 |
| | 전체 | - | - | 20,600,811 |

주: 보통주 기준(2013년 12월 24일 종가 기준).
자료: 『The CEOScoreDaily』.

근혜 정부는 대선 전부터 기존 순환출자는 손대지 않고 신규만 제한하겠다는 입장을 밝혀 왔고, 결국 2013년 말 신규 순환출자만을 금지하는 〈독점규제 및 공정거래에 관한 법률〉(약칭 〈공정거래법〉) 개정안이 통과되었다. 이로써 삼성은 20조6천억 원에 가까운 부담을 덜게 되어 이 법 개정의 가장 큰 수혜자가 되었다.[17]

또 금산 분리와 관련해 박근혜 정부 인수위는 대선 공약에서 약속한 금융·보험회사 보유 비금융 계열사 주식에 대한 의결권 상한 기준(5%)[18]을 단일 금융회사에서 금융회사 전체 지분의 합계 기준으로 5% 이상을

---

17_이로서 삼성은 20조6천억 원에 가까운 부담을 덜게 되어 가장 큰 혜택을 본 재벌 그룹이 되었고, 기존 8개에 이르는 순환출자 고리는 계속 유지될 수 있게 되었다(『The CEOScoreDaily』 2014/01/02).

18_금융 산업의 구조 개선에 관한 법률(〈금산법〉) 제24조는 동일 계열 금융기관이 타 회사 의결권 주식을 20% 이상 소유하거나 주식을 5% 이상 소유하면서 최다 출자자, 지배 관계 형성이 되는 경우 금융위원회의 사전 승인이 필요하다고 규정하고 있고 이에 따라 금융 계열사는 동일 계열 비금융 계열사의 의결권 있는 주식을 최대 5%까지만 소유할 수 있다.

제한하겠다고 했다(『경향신문』2013/02/21). 그럴 경우 2013년 현재, 삼성
전자에 대한 삼성생명 지분(7.21%)과 삼성화재 지분(1.26%)을 합한 총
8.47% 가운데 3.47%는 의결권을 행사할 수 없게 된다. 그러나 이 같은 금
산 분리 강화 방안은 이후 국정 과제에 포함되지 않았다. 그리고 취임 1년
도 안 되어 경제 활성화를 내세우며 경제민주화 조기 종료 선언을 해버린
박근혜 정부가 이를 약속대로 이행할지는 불투명한 상황이다. 따라서 삼
성카드가 가진 에버랜드 지분(25.64%) 중 5% 초과분을 이미 매각한 상황
에서 현재와 같은 지배 구조를 유지하기 위해 삼성 재벌이 해소해야만 하
는 법적인 제약은 삼성생명이 보유한 삼성전자 지분 중 5%를 초과한 지
분 2.56%이다. 그런데 삼성은 이 초과분을 삼성에버랜드가 가진 삼성생
명 주식(19.34%)과 맞교환하는 방식으로 처리할 가능성이 크다. 이렇게
되면 이재용이 대주주인 에버랜드가 삼성생명을 통하지 않고 직접적으로
1.92% 정도의 지분을 보유할 수 있다.[19]

지주회사를 통한 삼성전자 지배력 강화: 금융에 대한 불완전 지배(시나리오 3)

2013년 말 신규 순환출자만 규제한다는 〈공정거래법〉 개정안 통과로 현
재의 8개 고리를 형성하고 있는 순환출자를 해소해야 하는 부담은 없어졌
지만 여전히 문제가 되는 것은 이재용의 삼성전자에 대한 지배력이 너무
약하다는 점이다. 이재용의 삼성전자 지분은 0.57%에 불과하고 이건희
회장이 가진 지분(3.38%)을 상속한다고 해도 막대한 금액의 상속세를 대
가로 치러야 한다.[20] 상속세를 부담하면서까지 지분을 인수하는 방법이

---

19_에버랜드가 소유하고 있는 삼성생명 주식 19.34%는 대략 삼성전자의 주식 1.92%에 해
　　당한다. 따라서 이런 맞교환 후에 삼성전자에 대한 삼성생명 지분은 5.66%로 줄어든다.

아니라면 이재용의 지배력이 확실한 삼성에버랜드를 지주회사화하거나 혹은 에버랜드 밑에 순수 지주회사로 만들고 이를 통해 삼성전자를 지배하는 방법이 있을 수 있다.

그러나 여전히 남는 문제는 어떤 방법을 통해 에버랜드의 삼성전자 지분을 더 늘리고, 이재용의 경영권을 안정시킬 것인가 하는 것이다. 총수 일가의 에버랜드 지분은 이재용과 두 자매 지분 등을 합치면 46.04%가 되어 별 문제가 없지만, 삼성전자에 대한 에버랜드의 지분이 너무 낮다. 이를 해결하기 위해서는 두 단계가 필요하다. 먼저 총수 일가가 가지고 있는 삼성전자 지분(4.72%)을 에버랜드의 기업공개 시 현물 출자하고 그 대가로 유상증자에 참여해 에버랜드 지분을 크게 높인다. 그렇게 되면 에버랜드는 앞에서 언급한 대로 삼성생명으로부터 받은 1.9%와 총수 일가가 현물 출자한 4.72%를 더해 삼성전자 지분 6.71%를 확보하게 되는 셈이다.

그럼에도 삼성전자에 대한 에버랜드의 낮은 지분은 에버랜드를 정점으로 한 지주회사 체제를 불안하게 할 수 있다. 그래서 두 번째 단계는 삼성전자 분할을 통한 지배력 강화이다. 즉 삼성전자를 지주회사와 사업 회사로 분할해, 인적 분할을 실시하면 에버랜드는 전자 지주회사와 전자 사업 회사 지분을 각각 6.72%씩 갖게 되고 이럴 경우 약 8조 원에 달하는 전자 사업 회사 지분을 덤으로 얻을 수 있다. 이 8조 원의 자금은 전자 지주

---

20_삼성전자뿐만 아니라 이건희가 소유하고 있는 삼성에버랜드(3.72%), 삼성생명 지분(20.76%), 그리고 삼성물산, 삼성종합화학 보유 지분의 주식 가치는 약 12조 원에 이르며 현재 〈상속세법〉에 따라 상속세를 계산하면 6조 원 규모에 이른다. 삼성전자 지분(3.38%)만을 상속할 경우는 7조2천억 원의 시가총액에 대한 상속세는 약 3조 원이 된다.

그림 1-6 | 에버랜드 지주회사화, 삼성 지주회사 설립

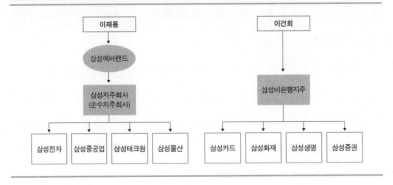

회사 지분을 강화하는 데 활용하려고 할 것이다(삼성그룹 2012).[21] 여기에
삼성전자가 보유한 자사주 12.65%를 더하면 삼성전자에 대한 지배력은
상당히 높아진다. 금융업에 대한 지배는 삼성생명을 금융지주회사로 만
들어 금융을 지배하는 방식이 가장 알기 쉬운 방식이다.

### 금융과 제조업의 동시 지배(시나리오 4)

이재용의 삼성 지배와 관련해 세 번째 시나리오에서 해결되지 않는 또 하
나의 문제는 금융 계열사에 대한 이건희의 지배력이다. 따라서 어떤 식으

---

21_삼성에버랜드가 삼성전자를 7.3% 정도 보유하고 있지만 삼성전자를 2 대 8로 인적 분
할하면, 삼성전자 시가총액 120조 원일 때 삼성에버랜드는 삼성전자지주회사를 28%
보유하며, 삼성전자 지주회사는 삼성전자 사업회사를 7.3%+15.1% = 22.4%만큼 보유
하게 된다. 지분 매입을 위해 추가 소요되는 비용은 거의 없다. 삼성물산에서 분할된 지
주회사와 삼성전자에서 분할된 지주회사가 합병하는 방식으로 삼성물산의 지배력 확
보가 가능하기 때문이다(메리츠증권 2010).

그림 1-7 | 삼성전자 분할을 통한 삼성전자지주회사 설립

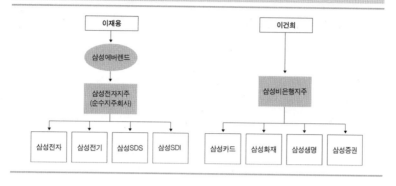

로든 이 문제를 해결해야만 비로소 삼성 재벌에 대한 이재용의 지배력은 완성된다고 말할 수 있을 것이다. 여기서 금융과 제조업의 동시 지배라는 네 번째 시나리오를 생각해 볼 수 있다. 여기서도 마찬가지로 이재용이 최대 주주인 에버랜드를 이용하는 방법과 삼성 지주회사 설립을 통한 방식이 가능하다. 처음 방식은 에버랜드가 순수 일반 지주회사와 (비은행) 금융지주회사를 동시에 지배하고, 비은행 지주회사는 금융을, 순수 일반 지주회사는 제조업을 지배하는 방법이다. 그러나 현재로는 〈공정거래법〉상 순수 중간 지주회사가 허용되지 않고 있으며, 〈금융지주회사법〉에서는 금융지주회사의 중간 지주 보유는 중간 지주회사의 지분을 90% 이상 보유하는 한에서 허용되고 있어, 경영권 승계에 매우 유리한 구조이지만 현행 법률 체계에서는 매우 어려운 구조이다.

다만 일반 지주회사가 보유할 수 있는 금융기관에 비은행 금융지주회사도 포함하고, 또 순수 중간 지주회사를 허용하는 〈공정거래법〉이 개정되면 이 시나리오도 불가능한 것은 아니다. 현재 법에 따르면 중간 지주회사로서 사업 지주회사는 일정한 요건하에서만 허용되고 있기 때문에 순

그림 1-8 | 제조업과 금융업 동시 지배(에버랜드 활용)

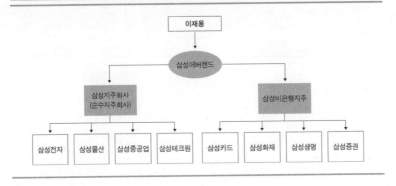

수일반 지주회사를 사업 지주회사로 전환하는 방법도 고려해 볼 수 있다.

다른 방식은 신설하는 삼성 지주회사 밑에 에버랜드를 비롯한 다른 제조업 계열사뿐만 아니라 비은행 금융지주회사를 두고 이 금융지주회사로 하여금 금융 계열사들을 지배하는 방법이다. 삼성 지주회사 밑에 다시 금융지주회사를 두어 이재용이 삼성 지주를 지배하고 이 삼성 지주가 다시 금융지주회사를 이용해 삼성생명, 삼성카드 등 금융 계열사들을 지배하는 방식이다.

이 두 방식 모두 중간 금융지주회사를 이용하는 것인데 중간 금융지주회사 제도는 일반 지주회사가 금융 계열사를 소유·지배할 수 있게 허용하되, 금융 자회사 수나 규모가 일정 정도를 넘을 경우 반드시 중간 금융지주회사를 두도록 의무화하는 제도이다. 그러나 이와 관련해서는 논란이 많다. 한편에서는 현실적으로 금융 계열사를 다수 소유하고 있는 우리나라 재벌의 소유 지배 구조를 인정하고 지분만큼의 권한과 책임을 다하도록 하고, 이를 통해 금융 건전성 감독이나 특수관계인과의 거래 등에 대한 감독을 강화하자는 주장이 있다(김상조 2013). 실제로 이 중간 금융지

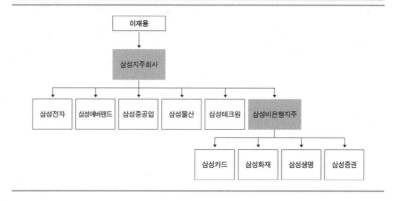

그림 1-9 | 제조업과 금융업 동시 지배(삼성 지주회사 신설)

주회사를 의무화 하면 '이재용 → 삼성에버랜드 → 삼성생명 → 삼성전자'로 이어지는 삼성의 소유 구조 고리가 끊어질 수도 있기 때문에 삼성 재벌에게는 사활이 걸린 문제이다.

그뿐만 아니라 이 방법은 순환출자 금지를 통해 이를 단순 해소하는 것에 비해 비용 면에서도 감당하기 쉽지 않다는 문제가 있다.[22] 한 연구에 따르면 삼성 재벌이 이 두 방법을 통해서 현행 금산 분리 규제를 지키고, 순환출자를 해소하며, 또 해소에 필요한 지주회사 설립 요건(상장사 20%, 비상장사 40%)을 충족시키려면 약 39조 원에 필요할 것으로 추정했다(박승록 2012).

---

22_순환출자 해소 비용은 연구 기관이나 연구자에 따라서, 그리고 분석 시기, 순환출자의 고리 중 어떤 계열사 지분을 어떻게 처리하는가에 따라, 그리고 해당 계열사가 비상장 기업일 경우 그 기업의 주가 산정 방식에 따라서 많은 차이가 존재한다. 우리나라 재벌들의 순환출자 해소 비용에 대해서는 박승록(2012)을 참조할 것.

**표 1-5 | 삼성 재벌의 지배 구조 유지 비용**

단위: 10억 원

| | 해소 비용 | 관련 세금 | 합계 |
|---|---|---|---|
| 순환출자 해소 | 6,845.0 | 1,355.2 | 8,200.2 |
| 금산 분리 | 4,176.6 | 794.2 | 4,970.8 |
| 지주회사 설립 요건 충족 | 1,263.3 | | 1,263.3 |
| 삼성전자 지분 확보 | 25,057.8 | | 25,057.8 |
| 총계 | 37,342.7 | 2,149.4 | 39,492.1 |

자료: 박승록(2012).

그러나 막대한 해소 비용에 관한 강조는 의도하지 않게 기존의 순환출자, 현재의 재벌 소유 지배 체제를 인정하자는 주장으로 이어지기 쉽다. 나아가 중간 지주회사를 인정하는 것은 원칙적으로 산업자본의 금융 자본 지배를 허용함으로써 금산 분리의 정신을 위배하는 것이다. 현재의 〈공정거래법〉은 일반 지주회사가 금융 자회사를 두지 못하도록 되어 있고, 〈금융지주회사법〉도 비은행 금융지주회사가 비금융 자회사를 소유할 수 없게 되어 있다. 게다가 삼성생명이 보유한 삼성전자 지분은 삼성생명보험 가입자들의 보험금을 통해 획득한 것이기도 하다. 더 근본적으로는 어떤 형태의 지주회사 체제든 그 자체로는 재벌 총수의 지배권을 약화시킬 수 없는 한계를 가진다는 점에서도 신중하게 고려할 문제이다(송원근 2012).

# 4. 계열사 통합 등 사업 구조 개편과 '삼성 웨이'

## 계열사 통합

완전한 의미의 이재용 시대를 위한 몇 가지 시나리오는 지주회사화, 계열사 분할과 합병, 계열사 간 통폐합 등의 복잡한 과정이 수반된다는 것을 전제로 한다. 이는 이재용의 지배력을 높이기 위한 계열사 간 지분 이동과 자사주 매입 등도 불가피하게 만들 것이다.[23] 동시에 이 작업은 이부진과 이서현 등 다른 자녀들에 대한 재산 분할의 의미를 가지고 있다. 이병철 회장이 자녀들에게 전자와 유통, 식품과 제지 부분을 각각 분할 승계했듯이 이건희도 이 방식에 따라 분할 승계할 가능성이 높다. 이런 생각들에 기대어 2010년 말 이재용의 삼성전자 사장 승진 당시에도 이재용이 전자와 금융 계열사를 이어 받아 그룹을 이끌고, 이부진 사장이 유통과 레저, 화학, 무역 등을, 그리고 이서현이 광고와 패션 사업을 맡을 것이라는 예측들이 많았다. 이와 같이 자녀들 사이의 계열 분리를 전제로 했을 때, 삼성 재벌은 계열사 간 분할과 합병이 어느 다른 재벌들보다 빈번하고 많을 것으로 예측된다. 최근 1~2년 사이에 이루어진 계열사 흡수합병과 사업부 이관은 이런 예측을 현실화하기 위한 준비 작업이 아닌가 하는 추측을 낳기에 충분하다. 제일모직에서 삼성에버랜드로 패션 사업 부문을 이관한 것이나 삼성SDS가 삼성SNS(구 서울통신기술)를 흡수합병한 것, 그리고 삼성물산이 삼성엔지니어링 지분을 매입(1.82%)한 것 등이 그 예이다. 삼성 SNS는 이재용이 45.8%, 삼성전자가 35.55% 지분을 소유하고 있던 회사였다. 또 최근 소재 부문을 남긴 제일모직을 삼성SDI에 합병했다.[24]

---

23_2012년 6월 삼성에버랜드는 삼성카드(3.64%), CJ(2.35%), 한솔케미칼(0.53%), 한솔제지(0.27%), 신세계(0.06%), 삼성꿈장학재단(4.12%), 한국장학재단(4.25%) 등이 보유하던 지분을 매입해 2013년 1분기 현재, 자사주 15.23%를 확보한바 있다. 기업의 자사주 확대는 여러 용도가 있지만 지주회사 전환을 위한 지배권 강화 목적으로 활용되어 왔다(SK증권 2012).

24_제일모직 패션 사업부를 에버랜드에 이관한 것이 2013년 12월이었고 이번 합병은 이

2013년 말 기준으로 삼성전자가 최대 주주(20.38%)인 삼성SDI는 삼성물산(7.4%)과 에버랜드(4.0%)의 지분을 소유하면서 순환출자 고리에서 핵심적인 역할을 하고 있다. 또 삼성SDI는 삼성전자와 함께 삼성디스플레이의 지분을 소유(15.2%)하고 있고, 제일모직의 소재 부문을 합병해 계열사 내에서 위상이 높아졌고, 삼성정밀화학(11.5%)과 삼성종합화학(10.7%)의 지분을 소유하면서 소재, 화학 분야를 이끌고 있다.

결국 '이재용에 의한 안정적인 지배 구조의 형성', 그리고 '자녀들에 대한 분할 승계에 의한 계열 분리'라는 두 목적을 동시에 달성하기 위해 삼성 재벌은 향후 3~4년에 걸쳐 단계별로 지주회사 체제 전환을 목표로 몇 단계 인적 분할과 통폐합을 거치면서 지분을 확대해 갈 것이다. 왜냐하면 이런 인적 분할이 없는 지주회사 전환에는 막대한 자금이 소요될 것이기 때문이다. 지주회사 전환 이후에는 다시 지주회사를 분할해 자녀들에 대한 계열 분리 작업에 착수할 것으로 예상해 볼 수 있다.

그러나 이 두 가지 목표를 동시에 달성하는 것은 삼성의 규모, 혹은 삼성전자의 사업이 너무 커지고 방대해졌다는 의미에서, 그리고 계열사 통폐합 및 사업 조정의 핵심인 삼성전자에 대한 이재용의 지분이 너무 적다는 점에서 서로 상충되는 목표일 수 있다. 따라서 현재 삼성 재벌은 사업 구조조정 과정에서 삼성전자의 몸집을 더욱 키우고 이후 삼성전자를 분할함으로써 이런 모순을 해결하려고 할 것이다. 이를 위해 삼성 재벌은 우리 사회에 '삼성전자 위기론'을 더욱 확산시킬 것이다.

실제로 그동안 수많은 계열사를 분사·신설하거나 반대로 흡수합병하

---

후 3개월 만에 이루어진 것이었다("삼성SDI, 제일모직 흡수합병," 『경향신문』 2014/03/31).

**표 1-6 | 삼성 재벌의 사업 구조 개편 시나리오**

| 사업 분야 | 시나리오 |
|---|---|
| 제일모직 | 제일모직: 케미칼, 전자 재료, 패션 부문 → 케미칼 및 전자 재료 타 계열사와 합병, 패션 부분 분리 |
| 디스플레이 사업 | 삼성LED : 삼성전자(50%)+삼성전기(50%) → 삼성전자 투자 확대 및 지분율 상향 |
| | 2. 삼성LED+삼성모바일디스플레이 합병 → 신설 법인 설립, 삼성전자와 시너지 강화 |
| 건설 사업 | 삼성물산+삼성엔지니어링 합병: 삼성물산 신성장 동력 확보 |
| | 삼성물산 분리(건설, 상사) → 건설 부문은 삼성에버랜드 합병 |
| | 삼성물산 분리 → 건설 부문+삼성에버랜드+삼성중공업 토목, 건축 부문+삼성엔지니어링: 설소그룹 분리 |

는 등 사업 구조 개편 작업의 중심에는 삼성전자가 있었다. 예를 들면 삼성SDI에서 시작된 LCD 사업은 삼성전자로 이관되었으며, LED 사업에서도 삼성전자는 삼성전기와 1 대 1 합작으로 삼성LED를 설립했고 이후 삼성LED를 흡수 통합했다. 삼성SDI와는 아몰레드AMOLED 합작사인 삼성모바일디스플레이(SMD)를 만들었다. 2010년에는 삼성테크원에서 분사한 삼성디지털이미징을 합병했고, 11월에는 삼성광주전자를 흡수했다. 이 시나리오에 따라 2012년 4월 삼성디스플레이를 설립하고 7월에는 삼성모바일디스플레이와 S-LCD를 흡수합병했다.[25] 제일모직의 케미칼과 전자재료 계열사 합병이 이루어졌고[26] 건설과 상사 분리를 통해 소그룹화 및 경쟁력 강화도 모색하고 있다.

---

25_이에 따라 삼성디스플레이의 주주는 삼성전자(84.8%)와 삼성SDI(15.2%) 두 계열사이다.

26_실제로 패션 부문은 독립보다는 삼성에버랜드로 이관하는 방식을 취했다. 이를 놓고도 해석이 분분하지만 이것이 과연 사업 부문 간 시너지 확보를 통한 경쟁력 강화에 도움이 될지는 아직 판단하기 이르다.

## 신수종사업 투자와 기업인수합병M&A

이런 사업 구조 재편은 삼성이 신수종사업 분야 육성을 위해 실행하고 있는 투자나 인수합병과도 맞물려 있다. 2010년 미래전략실을 부활시키면서 삼성이 내놓은 5대 신수종사업은 태양전지, LED, 의료기기, 제약바이오, 자동차용 전지이다. 당시 삼성은 이 5개 분야에 총 23조 원가량의 투자 계획을 세웠다. 이후 태양전지는 삼성전자에서 삼성SDI로 이관해, 그리고 LED는 삼성모바일디스플레이와 삼성LED를 삼성전자로 흡수합병하는 방식으로 육성한다는 계획을 세웠다.[27] 의료기기는 (주)레이, (주)메디슨, 미국 넥서스와 같은 피인수 회사를 통합한 후 삼성SDS나 삼성전자가 합병할 가능성이 높다. 바이오는 2011년(5월) 삼성바이오로직스를 설립해 본격 진출했다. 자동차용 전지는 독일 보쉬와 SB리모티브를 설립한 상태이다.

그뿐만 아니라 삼성은 애플은 물론이고 구글이나 마이크로소프트 같은 게이트웨이 혹은 플랫폼 사업자들과 경쟁에서 살아남기 위해서 기업 간 제휴는 물론이고[28] 기업인수합병M&A을 통해 핵심 사업을 성장시키고 신규 사업을 개척해 나갈 것이라고 한다.[29] 2013년 초 삼성은 이스라엘의

---

27_2013년 말 삼성LED는 삼성전자에 흡수합병되었지만 삼성LED보다 훨씬 규모가 더 큰 삼성SMD의 경우에는 사정이 달랐다. 최초에는 삼성전자가 삼성SMD를 합병할 계획이었지만 이렇게 되면 삼성SMD의 또 다른 주주인 삼성SDI가 주식을 소유하게 되고 그럴 경우 〈공정거래법〉에서 금지하고 있는 삼성전자와 삼성SDI간 상호 출자가 현실화된다. 따라서 삼성전자에서 LCD 사업부를 분사해 삼성디스플레이를 설립한 후, 여기에 삼성SMD와 S-LCD를 합병하는 방식을 취했다.

28_구글의 모토로라 인수에 대한 대응으로 삼성은 자체 OS(블랙베리OS, QNX)를 2개나 보유한 림(RIM)과 팜(Palm) 인수로 웹 운영체제(OS)를 보유하게 된 휴렛패커드(HP)가 제휴 상대로 고려되었던 것으로 알려졌다.

**표 1-7 | 삼성의 신수종사업 투자**

단위: 원

| 사업 분야 | 주력 계열사 | 투자 금액 | 매출 목표 |
|---|---|---|---|
| 태양광 | 삼성전자 | 6조 | 10조 |
| 바이오·헬스 | 삼성전자, 삼성테크윈 | 3조3천억 | 약 12조 |
| 2차전지 | 삼성SDI | 5조4천억 | 10조 |
| LED·OLED | 삼성LED+삼성모바일디스플레이 | 8조6천억 | 17조 |

지도 검색 서비스 관련 기업인 웨이즈Waze Ltd. 인수전에 참여한 적이 있었는데 합병 시도 이전부터 대규모 투자 및 파트너십 형성을 희망했던 것으로 알려져 있다.[30] 그동안 삼성전자는 정보 기술 업체 중에는 드물게 부품에서 완제품까지 일괄 생산능력을 갖추고, 서비스까지 제공하는 회사였기 때문에 인수·합병에 그렇게 적극적이지 않았다. 그러나 신수종사업 육성 계획 발표 이후 삼성은 2013년까지 최근 3년간 10억 달러를 투자해 의료기기 회사인 메디슨, 뉴로로지카를 비롯해 14개 기업을 인수했다.[31]

여기에 2013년 3분기 말 기준으로 53조 원에 달하는 현금성 자산을 바탕으로 인수합병에 더욱 적극적으로 나설 계획이라고 한다. 이 인수합병은 그동안 삼성의 약점이라고 알려진 소프트웨어를 보강하기 위한 것이기도 하다. 현재는 소프트웨어, 그중에서도 특히 게임, 모바일 검색, 소셜 미디어, 지도 검색 관련 서비스 기업들에 대한 인수나 실리콘밸리 진출

---

29_2013년 11월 6일 삼성 '애널리스트데이' 행사에서 권오현 삼성전자 부회장은 모바일 TV반도체 시장은 계속 성장할 것이며 인수합병 등으로 주도적인 위치를 유지하겠다고 밝힌 바 있다(『한국경제신문』 2013/11/07).

30_웨이즈는 2013년 7월 11억 달러에 구글에 의해 인수되었다.

31_삼성의 기업 인수·합병은 1994년 미국의 AST리서치 인수를 시작으로, 이스라엘 반도체 업체 트랜스칩(2007년), 폴란드 가전 업체 아미카(2009년) 인수 등 3건에 불과했다.

**표 1-8 | 삼성의 잠재적 M&A 및 투자 대상 기업 목록**

| 기업명 | 소재지(국) | 사업 분야 |
|---|---|---|
| Unity Technologies | 미국 샌프란시스코 | Gaming platform developer |
| Green Throttle Games | 미국 캘리포니아 산 산타클라라 | Mobile-gaming platform |
| Glympse | 미국 시애틀 | Location-sharing software |
| Rounds | 이스라엘 | Video chat app developer |
| Everything.me | 이스라엘 | Mobile-search technology |

자료: Wall Street Journal(2013/10/07).

등의 계획이 추진 중에 있다.

결국 최근까지 진행되고 있는 사업 재편을 위한 계열사 간 합병 및 비계열사 인수합병이 주력 계열사인 삼성전자에 대한 집중도를 더욱 높이는 방식으로 진행되고 있음을 알 수 있다. 아직 궤도에 오르지 못한 신수종사업 분야 계열사들도 삼성SDS 같은 회사에 넘겨 이를 통해 대주주의 지분을 높이고 재산 상속을 도모할 수도 있다. 다른 한편, 삼성 재벌에서 차지하고 있는 삼성전자의 사업상의 지위, 그리고 반도체 수출, 스마트폰 판매를 통해 만들어진 막대한 현금흐름과 내부 유보를 고려하면 이것은 오히려 당연한 것으로 보인다. 그러나 삼성전자 지분을 적게 가진 이재용에게 그룹 전체에 대한 지배력을 어떻게 강화할 것인가 하는 문제는 여전히 남는다. 그리고 이재용의 지배력은 삼성전자에 대한 지분을 늘림으로써 강화될 수 있다. 지금 현재로는 어떤 판단이나 추정도 정확할 수 없지만, 삼성전자를 더욱 확대하는 방식의 그룹 사업 구조 개편이 추후 삼성전자의 분할을 염두에 둔 것은 아닌지 고려해 볼 필요가 있다. 앞에서 언급했듯이 삼성전자의 분할은 당장에는 삼성전자의 주식 가치를 높일 것이지만,[32] 이재용이 대주주로 있는 에버랜드의 삼성전자 지분을 높이는 방법이기도 하다. 만일 이런 추측이 현실화되면 남는 문제는 두 가지이다. 하나는 현재 이건희가 장악한 금융 부문에 대한 이재용의 지배력 확보이고, 다른 하나는 삼성전자의 경영 방식, 이른바 삼성 웨이를 통해 삼성 재벌이, 더 정확하게는 삼성전자가 현재 직면한 위기를 어떻게 극복해 갈 수 있을 것인가 하는 문제이다.

## 그룹 경영 방식으로서 삼성 웨이

일부 경영학계에 국한된 것이긴 하지만 신경영 이후의 삼성식 경영 방식과 시스템을 가리켜 '삼성 웨이'로 부르면서 이것이 오늘날 삼성의 성공을 가져온 요인이라고 주장한다.[33] 이에 따르면 삼성 웨이의 근간을 이루는 것은 세 가지 패러독스 경영 방식이다. 즉 삼성은 대규모 조직이면서도 스피디하고, 다각화·수직화되어 있으면서도 동시에 전문화되어 있고, 일본식 경영과 미국식 경영 요소가 조화롭게 공존하는 독보적인 기업이라는 것이다. 그뿐만 아니라 이건희 회장은 신경영을 통해 오너 경영의 진수를 보여 줬다고 평가한다. 오너가 삼성이 나아갈 방향과 비전을 제시하고 반도체 등에 대한 대규모 투자를 직접 결정했지만 일상적인 경영은 전문경영인에게 위임하는 역할 분담으로 공동 경영을 시도했고 지금도 그렇다는 것이다. '삼성이 잘나가는 건 이병철 창업 회장 시절부터 전문경영인에게 권한을 이양하고 책임을 지게 했기 때문'이다. 달리 말해 삼성 웨이가

---

32_삼성전자를 부품(반도체)과 셋트(스마트폰 등)로 분할할 경우 중장기적으로 부품에 대한 기업 가치가 150조 원을 상회할 것이며, 분할된 시가총액의 합은 현재보다 50% 이상 증가할 것이라고 분석했다(KDB대우증권 2014).

33_송재용·이경묵(2013)은 1993년 일명 프랑크푸르트 선언으로 알려진 이건희 회장의 신경영 이후의 삼성의 경영 방식을 삼성 웨이로 명명하고 있다.

가능했던 것은 오너, 미래전략실, 계열사 전문경영인으로 이루어진 삼각 편대 경영 덕분이라는 것이다. 특히 비서실은 그룹 총수의 결정을 보좌하고, 회장과 삼성전자 등 사장단, 경영진 사이를 매개함으로써, 총수의 중 앙집권적인 의사 결정 구조가 형성되었다.[34]

그러나 오너의 비전과 선견에 관해 말하자면, 사업 전망이 있고 '돈 되는' 사업에 투자하는 것은 굳이 회장이 아니더라도 전문경영자들의 판단과 이에 따른 신속한 결정으로도 가능한 일이다. 또 반도체 라인에 대한 대규모 투자가 이건희 개인 돈이 출자되는 것도 아닌 상황에서 이 회장의 지시를 기다릴 필요가 있었을까 하는 의문도 든다. 또 신규 사업 투자는 자동차 사업 분야에서와 같은 실패 위험을 항상 가지고 있고 그 결과 선견 지명과 모험이 대규모 손실을 초래할 수도 있다. 문제는 이런 판단과 결정이 '1인 지배 체제'하의 견제 받지 않는 폐쇄적인 기업지배구조에서 비롯된 것이며, 또 삼성차 사례에서 보았듯이 실패에 대한 어떤 책임도 지지 않으려 한다는 데 있다. 그래서 다른 한편에서는 이건희 회장의 경영 스타일을 '일방적 커뮤니케이션과 은둔의 경영 기법'이라고 평하기도 한다.

그렇다면 삼성 웨이가 말하는 오너와 미래전략실 같은 그룹의 컨트롤 타워, 전문경영인들 사이의 삼각편대 경영은 어떤가? 그 중심에는 비서실이 있고, 이 비서실은 그룹의 사업을 총괄하고, 노동이나 자본 등 자원을 배분하며, 승진 등 인사고과를 수행하면서 여러 사업체들이 공존하면서 발생할 수 있는 사업이나 투자의 과도한 중복을 최소화하는 역할을 수행

---

34_이 삼각 편대, 혹은 삼각 체제는 1인 지배 체제하의 의사 결정 구조와 기업 경영 사이의 괴리를 메꿔 주는 역할을 했던 그룹 총괄 조직, 즉 비서실의 역할을 부각하기 위한 것이었다. 이에 대해서는 김영욱(2000), 조현재 외(2005), 신장섭·장성원(2006) 등을 참조.

하는 것으로 알려져 있다. 과연 비서실을 중심으로 한 이런 삼각편대 경영이 오너로 하여금 '탁월한 판단'을 할 수 있게 하고, 이런 판단이 성공할 수 있게 각 계열사 및 사업 부문을 조정·관리하며, 각 계열사 전문경영자들은 이런 계획을 잘 실행할 수 있었는가? 이미 알려진 대로 2010년 이건희가 경영에 복귀하면서 내린 지시에 따른 것이었다는 신수종사업의 예를 들어 보자. 5개 사업 분야 중 LED 사업의 경우 그룹 차원에서 8조6천 억원의 투자 계획을 세우는 등 야심찬 계획을 세우고 추진했다. 그러나 중소 업체들이 조달 시장에 집중적으로 뛰어들면서 저가 입찰 경쟁이 불가피해졌고, 그 결과 수익성이 악화되어 참여조차 못했다. 또 가정용 시장에선 브랜드를 내세운 오스람과 필립스 등의 외국 경쟁 기업에 밀려 가시적인 성과 없이 2011년 삼성전자에 편입되고 말았다. 또 태양전지 사업 역시 정부 지원 축소, 중국 업체들의 공급 과잉으로 인한 단가 하락으로 양산을 사실상 포기한 상태다. 3년 만에 5대 사업 중 2개를 사실상 접은 것이다(『The CEOScoreDaily』 2013/10/25). 이런 사례는 삼성의 컨트롤 타워가 오너의 '선견지명'을 보좌하지도 못하고, 최고경영자들도 그룹 차원에서 이미 결정된 투자를 이행하는 수준의 단순하고 제한된 역할만을 했다는 것을 말해 준다. 이런 한계는 이건희 시대의 전략기획실이 전통적으로 재무 관련 인사들로 구성되었고, 또 현재의 미래전략실 역시 이재용의 승계를 준비하는 조직이라는 평가에서 충분히 예측 가능한 것이다. 이런 상황에서 보이지 않는 비즈니스에 대한 가치를 제대로 평가하고, 이를 투자로 연결할 수 있도록 '회장'을 보좌하고, 사업 영역을 조정하는 능력을 보여 줄 수 있을지 의문이다.

최근 삼성이 기업인수합병에 적극적인 관심을 보이고 있지만 이와 같은 한계는 인수합병에 대한 과거 삼성 경영진의 대응에서도 잘 드러난 바 있다.[35] 또 인수 대상 기업을 정하면서도 눈에 보이지 않는 자산을 평가하거나 그렇게 인수한 기업을 어떻게 활용해서 그 이상의 가치를 만들어 갈 것인가에 대한 안목은 삼각편대 그 어느 쪽에서도 찾기 힘들다. 하물며 반도체 사업을 시작할 때와는 완전히 다른 글로벌 환경 속에서, 그리고 그 어느 때보다 더 경쟁이 격화되는 상황에서 창의적인 비즈니스 모델을 만들거나 새로운 트렌드를 창출하는 사업 분야를 결정하고 이에 대한 투자를 감행하는 일은 더욱 불가능해 보인다.

　미래 사업 방향을 결정하고 이를 실행하는 경영 말고도, 세계시장 1위를 고수하기 위한 전략 등에서 보여 준 전문경영자들의 역할도 유사한 경험을 보여 주었다. 2011년 8월 구글이 모토로라를 인수한다는 발표 이후 삼성이 제시한 '중저가 전략'이 그 대표적인 예이다. 선진 시장에서는 프리미엄 제품을, 신흥 시장(이머징 마켓)에서는 2백 달러 이하의 중저가 제품을 팔아 스마트폰 1위 시장점유율을 고수하겠다는 이 전략은 오히려 현재 삼성전자의 경쟁 우위를 단축시키는 결과를 가져올지 모른다. 이 전략은 경쟁사 간 가격경쟁을 심화시킬 것이며, 영업이익을 악화시킬 것이다. TV 부문에서 시장점유율 세계 1위를 하고서도 영업이익을 내지 못하듯, 현재의 스마트폰도 시장점유율 1위를 하더라도 이익을 내지 못할 가능성이 높다. TV 시장점유율을 지키기 위해서는 더 많은 공급량을 밀어내야 하고 또 가격경쟁을 주도하기 위해서 더 싸게 제품을 내놓아야 하는 상황은 계열사 사장들로 하여금 국내 협력 업체들을 쥐어짜서 단가를 낮추는 갑의 횡포를 지속하도록 만들 것이다.

---

35_안드로이드를 삼성에 매각하러 찾아왔다가 돌아간 사례뿐만 아니라(Levy 2011, 215), 그 이전에 퀄컴사가 CDMA 기술을 팔려고 왔을 때도 삼성은 이를 인수하지 않았다. 지금은 당시 제시된 인수 가격 이상의 금액을 매년 퀄컴에 로열티로 지급하고 있다.

이런 점들을 고려했을 때 한 경영학자의 다음과 같은 지적은 전적으로 타당하다. "삼성전자는 지금까지 누군가가 앞으로의 기술 트렌드를 제시해 주고 킬러 애플리케이션을 만들면 그것을 모방해서 필요한 자원을 영입하고 생산수율을 높이고 비용을 절감하는 데 주력해 경쟁 제품을 빨리 만들어 냄으로써 경쟁력을 확보해 왔다. 그러나 이런 과거의 사업 모형은 적용하기 어렵게 되었다. 삼성전자의 기술은 소니sony보다 다양성이 부족하고 벤치마킹할 수 있는 선도 주자가 없을 때 성장을 주도할 수 있는 새로운 기술을 개발하는 능력이 부족하다"(장세진 2008, 141).

## 삼성전자의 수직 계열화 심화와 협력 업체 통제

삼성 재벌의 총수 지배 체제와 이에 기반을 둔 그룹 경영 방식으로서 '삼성 웨이'는 삼성 계열사들과 협력 업체 간 관계에서도 잘 드러난다. 즉 발빠른 추종자fast follower 전략으로서 삼성 웨이는 계열사 및 협력 업체에 대한 통제와 수탈에 의해서만 가능한 것이었다. 이런 통제와 수탈은 사내 하청과 불법적인 파견 노동, 그리고 하청 중소기업에 대한 납품 단가 후려치기 등 비정상적인 갑의 횡포로 나타났다. 물론 그 일차적인 원인은 글로벌 경쟁 격화가 압박하는 기업들의 수익성 제고 압력에 있을 것이다. 그러나 삼성 재벌 계열사 전체를 통해 관철되는 무노조 경영과 마찬가지로 이런 횡포는 총수 1인 중심의 지배 구조에 기인한다.

삼성전자의 경우, 대부분의 공정을 내부화해 다단계 하청 구조가 필요 없던 메모리 반도체에서 비메모리 반도체(혹은 시스템 반도체)와 휴대폰 생산으로 주력 제품이 이동하면서 계열사 및 협력사 간 수직 계열화는 더욱 심화되었다.[36] 수직적 원·하청 관계를 통한 다단계 하청 구조를 가진 휴대 폰 사업(한지원 2012)은 핵심 부품은 삼성전자 내 사업부와 퀄컴, 인

그림 1-10 | 삼성전자 스마트폰의 수직통합

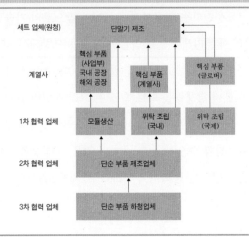

피니언, 브로드컴 같은 외국 기업들과[37] 삼성디스플레이, 삼성SDI, 삼성전기 같은 그룹 내 계열사들[38]이 공급한다.

　그 아래에는 핵심 부품들을 모아 모듈로 조립해 납품하는 협력 업체들, 그리고 스마트폰 커버와 같은 단순 가공 부품 납품 기업(1차 협력 업체), 단순 조립을 담당하는 다수 중소기업들, 즉 2차 협력 업체들이 있다.

---

36_김혜용(2013)에 따르면 갤럭시폰의 경우 계열사 납품을 포함한 부품 내재화율은 69%에 달한다. 애플의 경우에는 그 비율이 0%이며, LG전자의 경우는 50% 수준이다.

37_CDMA 통신을 담당하는 베이스밴드 칩, 무선 신호 처리를 담당하는 RF 리시버/트랜시버, 와이파이를 담당하는 무선통신 칩, 터치스크린 핵심 센서인 ITO 필름 등은 모두 국외에서 수입.

38_디스플레이 기능을 담당하는 LCD 패널, 저장 기능을 담당하는 플래시 메모리, 카메라 핵심 기능을 담당하는 카메라 센서, 배터리 핵심 부품인 배터리 셀 등.

물론 이들 중소기업에 부품을 납품하는 중소기업들이 존재하며 이들은 3차 협력 업체로 분류하기도 한다.

이와 같은 수직 계열화는 정보통신기술의 발달과 암묵지tacit knowledge 확대를 기반으로 더욱 촉진된다. 또 전 부품을 외주에 의존하는 애플과 달리[39] 삼성전자의 풀라인업Full-lineup 전략은 수직 계열화를 통해 시장 구매 비율과 사업부 또는 다른 계열회사로부터의 구매 결정을 조합하는 의사 결정을 가능하게 하여 제품 경쟁력을 유지하고 시장을 선도할 수 있었다 (최승재 2013). 나아가 성숙기에 접어든 스마트폰 산업을 감안할 때, 외주 전략보다 시장 요구에 더 빠르게 대응하고 원가 경쟁력을 높일 수 있다는 장점도 있을 것이다(김혜용 2013).

그러나 이와 같은 삼성전자의 경쟁력은 협력 업체에 대해 가해지는 다양한 형태의 횡포를 기초로 하고 있다는 점에서 문제이다. 삼성의 글로벌 공급 사슬 관리Global SCM는 수직 계열화를 통한 자체 생산방식의 단점을 보완하기 위한 것으로서, 그 본질은 생산의 일체화, 비용 부담의 외부화이다(이유미 2013). 즉 삼성전자는 자체 생산뿐만 아니라 하청 업체의 생산 과정까지 통제하는 것은 물론, 하청 시스템을 통해 리스크를 외부화하며 비용을 협력 업체에 전가한다.[40] 그뿐만 아니라 일방적 거래 단절을

---

39_ 애플의 이런 사업 모델 혹은 사업 방식을 가리켜 virtual integration이라고 부르기도 한다("Samsung versus Apple: Dueling business models," Domicity.com).

40_ 공정거래위원회에 따르면 삼성전자가 정보통신 사업 분야의 2003년 원가 절감 목표액 가운데 1조2천 억 원을 납품 단가 인하를 통해 달성하기로 하고 7개 충전기 부품 납품 업체에 지급할 납품 가격 총액을 상반기 6.6%, 하반기 9.8%씩 일률적으로 낮췄다. 또한 삼성전자는 2003년 휴대폰 단종이나 설계 변경 등에 따라 6개 업체의 부품을 폐기 처리했다는 이유로 납품 업체 지급 대금을 깎았다. 삼성전자의 필요에 따라 부품을 폐

통해 다른 협력 업체들을 통제하기도 한다. 이미 잘 알려져 있듯이 주성엔지니어링의 사례가 대표적인 사례이다. 삼성전자는 2001년 반도체 공정에 쓰는 저압화학기상증착장치LPCVD 장비를 국내 최초로 개발해 탄탄한 협력 관계를 유지하던 주성과의 거래를 단절했다. 삼성전자가 밝힌 이유는 삼성전자 감사에서 밝혀진 주성엔지니어링의 비리 때문이라고 하지만 (『한국경제신문』 2013/03/26), 사실상의 이유는 바로 주성이 삼성의 경쟁 재벌이자 계열사인 현대전자에 납품을 했다는 것이었다.[41] 하나의 사례이기는 하지만 삼성전자는 다른 협력 업체들에 대해서도 자신에게만 의존하는 구조를 통해 납품 협력 업체의 생사여탈권을 행사한 바 있다.[42] 그 결과는 시스템 반도체 핵심 중추를 이루는 중소 팹리스 업체들의 취약한 구조를 온존시킴으로써 중소기업의 성장을 억압하는 것이었다(한국수출입은행 2013). 일방적인 거래 단절 등 거래상의 우월한 지위를 이용한 횡포는 스마트폰 제조에서도 동일하게 반복되고 있으며 이는 결국 삼성전자에 대한 협력 업체들의 종속을 심화시키는 결과를 낳는다.[43]

---

기하고 그 비용을 협력 업체에 전가한 것이다(공정거래위원회 2008).

41_삼성전자는 납품을 중단시킨 후에 일본계 반도체 장비 업체와 합작회사를 설립해 주성에서 납품했던 화학 증착 장비(CVD)를 대신 납품받았다(한정화·이춘우 2007).

42_예를 들면, 2004년 최초로 팹리스 업체 가운데 1천억 원 매출을 기록했던 모 중소기업은 생산하던 부품을 삼성전자가 직접 개발하면서 협력사에서 제외돼 법정관리를 신청했으며, 역시 1천억 원 클럽에 가입했던 또 다른 협력 업체도 삼성전자 협력사에서 제외되면서 매출액 급감을 경험했다(한국수출입은행 2013).

43_삼성전자와 협력 업체 간 이른바 '비밀 서약'을 통한 협력 업체 통제가 대표적인데 이는 갤럭시 S4 출시 이후 더욱 강화되었다. 즉 출시 이전에는 없던 서약 불이행에 따른 금전 보상 부분이 갤럭시 S4 개발 당시 작성한 협약에서 위약금 조항으로 추가되었다. 제품 및 기술 정보 외에도 삼성전자와 관련된 어떤 정보도 언론에 유출되어서는 안 된다.

**표 1-9 | 삼성 재벌 계열사가 지분 투자한 주력 협력 업체들**(2013년 말 현재)

| 회사명 | 투자자 | 지분율 | 업종 |
|---|---|---|---|
| 에이테크솔루션 | 삼성전자 | 15.92% | 금형, LED부품 |
| 에스에프에이 | 삼성디스플레이 | 10.15%(이전 삼성전자 지분) | 자동화, 태양광, 반도체, OLED 장비 |
| 원익아이피에스 | 삼성전자 | 4.48% | (CB 225억 전환 시 발행주식의 9%, 주당 발행가격 3,047원, 2대 주주) 태양전지 양산 장비 |
| 에스엔유프리시젼 | 삼성디스플레이 | 5.26% | 태양전지, OLED 증착 장비 |
| 화인칩스 | 삼성전자 | 3.81% | MCU(Micro Controller Unit) |
| 신화인터텍 | 삼성전자<br>삼성증권<br>삼성물산 | 삼성전자 BW 3백억 원<br>삼성증권 CB 1백억 원<br>삼성물산(오성LST컨소시엄) | 디스플레이 광학 필름 |
| 에이스디지텍 | 제일모직에 합병<br>(2011년 8월 9일) | 23.46% | LCD패널용 편광 필름 |
| 알파칩스 | SVIC 14호<br>신기술사업투자조합 | 16.46%(2대 주주) | SVIC 14호 신기술사업투자조합의 99%를 삼성전자가 보유 |

주: 신화인터텍은 2013년 5월 효성재벌의 계열사로 편입됨. 수치는 2011년 8월 현재.
자료: 각 사 사업보고서.

거래상의 우월한 지위 이외에도 삼성전자는 다양한 방법을 통해 협력 업체들을 통제하고 있다. 그 대표적인 예는 바로 협력 회사에 대한 주식이나 신주인수권부사채BW 혹은 전환사채CB 등의 소유를 통해 통제력을 행사한다. 삼성전자 등은 이들 협력 업체에 대해 적게는 5%에서 많게는 25%에 상당하는 지분을 소유하고 있다. 그리고 이들 협력 업체들은 에이스디지텍처럼 제일모직 등 지분 소유 계열사에 의해서 흡수 통합되거나 삼성 재벌의 계열사로 편입되기도 한다.

협력 업체에 대한 통제는 각 계열사별로 존재하는 협력 업체 협의회를 통해서도 이루어진다. 삼성전자의 1차 협력 업체는 약 780개, 2차 협력 업체는 약 3천4백 개에 이르고 있는데,[44] 삼성전자는 이들 협력 업체들

---

이런 위약금 이외에도 물량 감소·계약 해지 등의 패널티도 받게 되어 있다(『아시아투데이』 2013/04/05).

그림 1-11 | 삼성전자 협력 업체에 대한 종합 평가(사례)

**2010年 협력사 종합평가 결과**

□ '10年 평가 결과

종합 결과

| 업체명 | (주)이젠 (DGSZ) | 종합평가등급 | A |
|---|---|---|---|
| 주거래 사업부 | DI | 종합평가점수 | 90 |
| 업종 | 전기 | 전년도 평가등급 | PC |

우수한점 및 지적사항

| 우수한 점 | 1 | 生产线和资材仓库5S管理的好 |
|---|---|---|
| | 2 | 作业者的教育良好(作业标准化) |
| 지적사항 | 1 | 资材仓库标签中没有资材编号(只有品名,日期,数量) |
| | 2 | 部分的文件编号管理不完善(如:入库检查基准标准编号没有) |
| | 3 | 业体的ERP系统还未使用,系统管理不完善 |

<참조>

　1. 항목별 득점은 세부평가결과 메뉴를 참조하십시오

　2. 평가 부진업체에 대해서는 하기의 사후관리 조치가 진행됩니다

　　1) 2년 연속 C 또는 '10년 D등급 취득 업체 - Business 확대 제한

　　　① 신규 개발 참여 제한　② 他 사업부 추가 거래 제한

　　2) 2년 연속 D등급 취득 업체 - 거래 중단

자료: (주)이젠(http://www.egens.co.kr/board/read.php?uid=2459092&pid=29860).

을 기술 능력과 협력 정도에 따라 '핵심', '협업', '일반'으로 구분해 관리하며, 전담 조직을 두고 매월 한 번 모임을 갖는다. 핵심 업체는 미래 선도형 기술을 많이 개발하는 업체로 기술력과 원가 경쟁력을 갖추고, 연구개발 활동도 왕성한 업체들이다. 이 핵심 업체들의 연합회가 바로 협성회이다. '협업'은 삼성전자의 요구를 별 어려움 없이 받아들여 납품을 행할 수 있

―――――――――

44_『한국경제신문』 2013/06/06.

는 업체들이다. 기술이든 가격이든 요구하는 대로 모두 맞춰 주는 수준이다. '일반'은 해당 업체가 아니라도 어디서든 조달할 수 있는 부품이나 자재를 생산하는 범용 기업들이다. 언제든지 거래를 끊을 수 있고 삼성의 그런 대우에 대해 상대방도 부담이 없다.

1981년 발족한 이 협성회에는 2014년 현재, 삼성전자 CE 부문 64개 사, IM 부문 46개 사, DS 부문 55개 사, 삼성디스플레이 33개 사 등 협력사 198개 사가 회원사로 등록되어 있다. 협성회는 협력사를 대표해 협력사 혁신 활동 견인, 상생 협력 발전 방향 협의, 협력사 애로 사항 수렴 및 건의 등을 수행하는 조직이다. 삼성전자는 이들 협성회 회원사 중에서 매년 10%가량은 우수 협력사로 교체해 협력사들의 경쟁력을 유지하고 있다.

또한 이들 중에서 '올해의 강소 기업'을 선정해[45] 여러 가지 지원을 통해 육성하는 프로그램을 시행하고 있다. 삼성은 이런 조직과 활동을 통해 협력사의 혁신 활동과 기술 개발에 협력함으로써 상생에 기여하고 이해관계자 참여 활동을 확대하고 있음을 강조하고 있다.[46] 그러나 협성회 회원사나 강소 기업에 선정되려면 엄격한 심사를 거쳐야 하고, 매년 협력 업체 평가를 통해 탈락시키기도 한다. 물론 회원사가 되려면 삼성 말을 고분고분 듣고 충성도가 높아야 한다. '위성 그룹'으로 불리는 이들 협력 업체

---

45_삼성전자 협력사 중에서 글로벌 부품·설비 업체로 성장 가능성을 가진 기업을 선정해 글로벌 경쟁력을 확보할 수 있도록 다양하게 지원하는 프로그램이다. 2011년부터 '강소 기업 후보사'를 선발해(2011년 39개, 2012년 28개 육성 대상 후보 선정) 자금·기술·인력 등 종합적인 맞춤형 지원을 실시하고, 차별화된 기술력과 세계시장 지배력, 제조 역량 등을 평가해 2013년 14개 사, 2014년 10개 사를 '강소 기업'으로 인증한 바 있다(『머니투데이』 2014/03/20).

46_삼성전자, 『지속가능보고서』(각 연도).

**표 1-10 | 삼성 재벌 계열사별 협력 업체 협의회**

| | 기업명 | 협의회명 | 비고 |
|---|---|---|---|
| 1 | 삼성전자 | 협성회, 혁기회 | |
| 2 | 삼성광주전자㈜ | 삼광회 | 삼성광주전자 합병으로 협성회와 통합 |
| 3 | 삼성엔지니어링 | SEGA | |
| 4 | 삼성코닝정밀유리㈜ | 삼성코닝정밀유리 협력회사협의회 | |
| 5 | 삼성테크윈㈜(제1사업장) | 성일회, 성진회, 성협회 | |
| 6 | 삼성디스플레이 | 삼성디스플레이파트너(SDP) | 2013년 4월 협성회와 통합 |
| 7 | 삼성SDI㈜ | SSP. | |
| 8 | 삼성전기주식회사 | 협부회 | |
| 9 | 삼성중공업 | 성조회 | |

는 사장이 본사의 임원 출신이거나 도급계약서상 '갑'인 본사가 협력 업체 경영과 인사 전반에 수시로 개입할 수 있으며, 심지어는 협력 업체 감사를 본사가 직접 수행하는 등 본사로부터 독립할 수 없는 구조를 가지고 있다 (『매일경제』 2004/10/11).

반면 혁기회는 '혁신기술협의회'의 약자로서 '혁기회'는 뛰어난 기술과 역량을 보유한 중소기업을 발굴하고 비즈니스 파트너로 육성하기 위해 삼성전자가 2010년부터 실시하고 있는 중소기업 지원 제도의 하나이다. 이에 속한 회원사들에게는 기술 개발 자금 지원, 공동 개발, 신제품 개발 참여 등의 기회가 제공된다. 혁기회는 삼성전자와 거래 관계가 없는 이른바 비협력사도 다수 포함되어 있다는 점에서 협성회와는 약간 다른 조직이다.[47]

그러나 이와 같은 긍정적인 역할에도 혁기회 역시 삼성전자가 기존

---

47_2011년에는 제2기 31개, 2012년 3기 25개, 2013년 4기 혁기회는 25개 기업, 2014년에는 5기 30개 기업 등이 참여하고 있다. 2009년 출범 이후 총 56개 사가 참여하고 있다 (http://blog.samsung.com/4569).

및 미래의 협력 업체들을 관리하고 통제하는 수단임은 분명하다. 이와 같은 협력 업체 관리와 통제를 통해 일부 협력 업체들의 경쟁력이 강화되었다고는 하지만 부품 산업 발전이나 대·중소 기업간 협력 강화에는 오히려 역효과가 발생하기 쉽다. 물론 그 효과는 삼성전자의 계열사 명단이나 이른바 '업무상 비밀'이라는 납품 계약서가 공개될 때만 객관적으로 평가할 수 있을 것이다. 그러나 삼성전자나 다른 계열사들이 이들 협력 업체의 명단을 공식적으로 공개하지 않고 있고, 협력 업체들마저 자신이 협력 업체임이 드러나는 것을 꺼리고 있는 상황에서도 알 수 있듯이 이런 비밀주의 자체만으로도 부품 생태계를 파괴할 수 있으며, 삼성에 대한 협력 업체들의 종속을 심화시킨다는 문제를 안고 있다.

## 5. 맺음말

1996년 편법으로 시작된 이재용에 대한 경영권 승계의 서막은 '나이스'하지 못한, 삼성답지 않은 서투른 행동이었다. 전 계열사를 동원해 이재용이라는 후계자 상속을 위해 온 힘을 쏟았지만 돌아온 결과는 법원이 발부한 면죄부 한 장, 이건희 회장의 지키지 않은 사재 출연 약속, 그리고 글로벌 기업 삼성의 경쟁력 상실이었다. 1993년 신경영 선언에도 불구하고 신수종사업 운운하며 신성장 동력을 추구해야 하는 이유는 바로 여기에 있다. 나아가 삼성이 제조 기업에 머무르지 않고 게이트웨이나 플랫폼 사업자, 혹은 '제품을 팔고나서도 시작할 수 있는 비즈니스'(다테이시 야스노리 2011) 사업자로서 하드웨어는 물론이고 소프트웨어 분야에서도 경쟁력을 가지기 위해서는 다음과 같은 점들을 고려해야 할 것으로 보인다.

무엇보다도 첫째, 이재용 시대는 이건희 시대의 1인 총수 체제가 남긴 낡은 유산과 결별해야 한다. 그것은 계열사 간 출자 및 순환출자를 바탕으로 한 소유권과 의결권 사이의 괴리 심화, 권한과 책임의 괴리, 주주 중심의 영미식 기업지배구조 개선에 대한 형식적 대응, 무노조 경영 등 이해당사자를 철저히 배제한 기업 경영 및 미래전략실을 통한 계열사 통제와 불법과 편법을 동원한 지배권의 승계와 재산 상속이다. 이런 총수 지배 체제와 결별 없이 삼성이 새로운 비즈니스 모델을 만들고 여기에 필요한 사업 구조 개편이나 이에 필요한 대규모 투자를 과감하게 해갈 수 있을까? 현재까지의 답은 부정적인 것으로 보인다.

현재와 같이 이재용에게 경영권을 '안정적으로' 넘겨주려는 작업과 자녀들에 대한 분할 승계를 '탈 없이' 한다는 모순적인 목표를 동시에 이루려고 하는 한, 또 집중화된 경제 권력을 통해 경제 전체를 볼모로 잡고 왜곡된 총수 지배 체제 개혁에 대한 요구들을 거부하는 한, 삼성 재벌은 지배 구조나 기업 경영 측면에서 진정한 의미의 세계 1등 기업으로 성장할 수 없을 것이다. 이런 요구들은 그렇게 멀리 있는 것이 아니다. 노동조합 인정, 불법적 노동 관행 금지, 수탈 대상으로서 아니라 협력 대상으로서 협력 업체들과의 파트너십 형성, 그리고 삼성전자 반도체 공장 노동자들의 죽음에 대한 사과와 재발 방지 제도화 등이다. 또 권한과 책임이 일치하는 최소한의 지배 구조 장치들을 제도화해, 그것을 실질적으로 운영할 수 있어야 한다. 그뿐만 아니라 경영권 승계와 재산상속만을 위한 것이 아닌 글로벌 리더 사업자에 부합하는 사업 구조 개편 작업 등을 통해 글로벌 위기에 대처할 수 있어야 한다. 이재용 시대는 이런 과제들을 어떻게 해결하는가에 달려 있다고 할 것이다.

둘째, 삼성 재벌은 너무나 많은 영역에서 너무나 거대한 조직을 유지하고 있다. 따라서 여기에서 생기는 관리 부재 문제를 어떻게 해소할 것인가 하는 문제이다. 이 역시 세 자녀에 대한 상속과 경영권 승계를 염두에 두는 한 어려운 작업이 될 것이다. 과연 삼성SDS에서 분사한 삼성네트웍스나 삼성SNS를 합병하는 식의 계열사 확대와 축소가 진정으로 '사업 시너지'를 높이는 것일까 하는 의문을 지울 수 없다. 삼성전자에 대한 의존도를 확대하는 방식으로 전개되고 있는 신수종사업도 마찬가지이다. 거대 기업 내 사업부 간 업무 조정이 긴밀히 이루어지고, 각 사업부의 기술적 강점이나 경쟁력 있는 자원이 결합되지 않는다면, 지금의 '제조업 세계 1등 기업'의 지위도 약해질 수밖에 없다. 겉으로는 반도체나 LCD, 정보통신, 디지털 미디어 사업부 등이 잘 어울려 있는 것 같아도 실상은 그렇지 않은 경우도 많다. 심지어 정보통신 총괄이나 DM 총괄이 반도체나 LCD 등 원자재 수급 과정에서 이를 전자 그룹 내보다는 '가격이 더 저렴한' 외부 업체에서 사 쓰는 일이 허다한 것으로 알려져 있다.[48]

셋째, 지금까지 투자해 놓은 제조 라인과 브랜드파워만으로도 충분히 이익을 낼 수 있는 탄탄한 수익 구조, '제조업'으로 돈을 버는 데 성공한 현 경영진, 단기 수익을 더 선호하는 주주들, 또는 다음 경영진들이 지금의 방식으로도 수익을 내서 자신의 기득권을 유지할 수 있는데 굳이 모험을 감수하며 '새로운 개념'의 비즈니스에 도전하려 할까?[49] 어쩌면 이재용이

---

48_애플 사의 전략은 여러 개의 부품을 주문하는 것보다 효율적인 일체의 부품으로 통일한 대량 주문의 원가 절감을 아이폰의 수익으로 극대화 시키자는 전략이었다. 이 전략의 핵심 인물이 바로 지금 애플을 이끌고 있는 최고운영책임자인 티머시 쿡(Timothy Cook)이었고 이후 애플은 거대한 덩치보다는 효율적인 고부가가치의 영역에 힘을 쏟게 된다. 디자인 영역이나 핵심 부품의 연구 신제품 개발 등 효율적으로 대처할 수 있는 부분에 더 역량을 집중하게 된다.
49_삼성 재벌 계열사 경영진들의 이런 모습은 이른바 삼성 위기에 대한 윤종용 전 삼성전

보여야 할 능력은 신수종사업을 찾아 천문학적 비용을 투자하는 데보다 이런 안으로부터의 한계, 즉 비대해진 조직 관리 부재와 삼성 재벌 내 기득권의 반발을 극복하는 데 있는지도 모른다. 이를 극복하는 힘은 과거와 같은 1인 지배의 폐쇄적인 지배 구조하의 이건희의 '결단력'이나 '지도력'으로는 불가능해 보인다. 이재용 시대를 맞이하면서 삼성의 지배 구조가 개혁되어야 하는 이유는 바로 여기에 있지 않을까?

넷째, 새로운 투자가 필요하다. 그러나 이 새로운 투자는 과거 반도체나 자동차 사업과 같은 분야에 대한 투자와는 다른 것이다. 반도체나 LCD 제조 라인을 하나 세우는 데 대략 20~30억 달러가 들었다면, 올해 60억 달러 이상을 연구개발에 투자하겠다는 마이크로소프트(MS) 계획은 그 두 배를 넘는다. '또 하나의 세상'을 창조하기 위해서 삼성이 이 정도 혹은 그 이상을 투자할 수 있을까? 사상 유례없는 유보금을 쌓아 놓고도,[50] 규제를 완화하지 않아서 투자를 할 수 없다고 하거나, 이재용과 자녀들에 대한 분할 상속을 위한 염두에 두고 투자 계획을 세우고 실행하는 한 이런 일은 거의 불가능에 가깝다.

강준만은 이건희 시대의 테제를 ① 경제 권력 우위 ② 삼성 공화국 ③ 이건희 1인 지배 체제를 근거로 한 것이라고 했다(강준만 2005). 그럼에도

---

자 부회장의 회고에도 잘 나타나 있다. "변화하지 않으면 살아남지 못한다가 화두였지만 변화는 생각도 못했고 그 어떤 위기의식도 없었다. 1995년 반도체 메모리의 호경기로 삼성전자가 사상 최대의 이익을 내자 삼성그룹까지 버블에 빠져 신경영의 추진은 퇴색돼 갔고, 혁신에 대한 저항이 나타났다"(윤종용 2004).

50_2013년 6월 말 현재, 기업별 사내유보금으로는 삼성전자가 137조8천억 원으로 2위 현대자동차(48조 원)와 세 배 가까운 차이를 보였다. 삼성 재벌 13개 상장사를 모두 합하면 162조 원을 넘는다(『The CEOScoreDaily』 2013/11/20, 인터넷).

이건희 시대는 선대 이병철 회장이 깔아 놓은 판과 인재들에 의해서 이루어졌고, 그래서 '삼성 웨이'가 그토록 강조하는 '천재론'과 인재의 중요성은 큰 설득력이 없다. 오히려 이런 인재론은 총수 1인의 재량권이 크면 클수록, 인사와 관련된 제도와 공식적 절차가 무시되고 있다는 반증이 아닐까? 이런 상황에서 삼성 계열사들은 총수의 의사 결정에 반하는 제도나 절차에 의해 인재를 등용하기가 어렵다. 또 이건희 시대는 대개의 개발도상국 발전 모델이 거쳤던 '시장에 대한 정부 우위' 시대의 산물이었다는 점에서 그의 예지적 판단력도 큰 의미를 가진다고 보기 어렵다. 그래서 삼성의 성장은 한국 경제의 성장이라는 등식을 합리화하기 위해 시장의 규율마저 면죄부로 대체해 버렸던 관료들, 정치인, 언론, 그리고 어쩌면 우리 모두가 이 이건희 시대를 만들어 낸 것은 아닐까? 삼성이 처한 위기가 조장된 것이든 아니면 현실화될 가능성이 높은 것이든 이재용 시대를 준비하는 삼성이 고민해야 할 것은 어떻게 하면 이건희 시대의 낡은 유산에 기대지 않고, 새로운 비즈니스 사업자, 창조적 기업으로 향해 갈 것인가 하는 것이다. 그 답은 바로 전면적으로 새로워져야만 하는 이재용 시대일 것이다. 이것이야말로 삼성 재벌, 혹은 세계 1등 기업 삼성이 신경영 시스템에 대한 신화를 벗어나, 진정한 삼성 웨이를 만들어 가는 방법이 아닐까?

# 2장

# 삼성전자의 축적 방식 분석

세계화 시대 한국 일류 기업의 빛과 그림자

이병천·정준호·최은경

## 1. 들어가는 말

한국 경제는 소수의 재벌, 특히 삼성 재벌을 중심으로 작동한다. 삼성 재벌의 중심에는 삼성전자가 있다. 좋든 싫든 세계화 시대 한국 경제의 작동과 진로에서 삼성전자가 차지하는 위상은 실로 막중하다. 그런 위치 때문에 삼성전자가 울면 한국 경제도 울게 된다. 그러나 삼성전자가 웃으면 한국 경제도 웃고 직간접적 이해 당사자들 모두가 웃는가. 그렇게 생각하는

---

● 이 글은 『동향과 전망』 92호에 수록된 글을 약간 수정·보완한 것이다.

사람들은 적다. 오히려 한국 경제 전반에 쏠림이 매우 심한데 바로 그 쏠림을 초래하는 중심부에 삼성전자가 놓여 있다고 생각한다. 또 대부분의 사람들은 바늘구멍 같이 좁은 일자리를 두고 서로 서바이벌 경쟁을 하느라 정신이 없다. 그러나 의외로 삼성전자에 대한 구체적 분석은 빈약하며 스마트폰 도약기 삼성전자의 연구는 특히 그러하다.[1] 이는 삼성 재벌의 연구뿐만 아니라 '한국 자본주의의 미시경제학'에서도 큰 공백 지점이 아닐 수 없다. 이 글은 이런 생각 위에서 삼성전자의 두 얼굴, 그 강렬한 빛과 그림자를 함께 살펴보고자 한다. 2008년 세계 금융 위기 이후 시기 — 이는 이명박 정부 집권 시기와 중첩된다 — 새로운 변화에 초점을 맞춰 삼성전자의 생산과 분배 두 측면을 중심으로 축적 방식을 분석하면서 직간접적 이해 당사자, 나아가 다수 국민의 삶과 한국 경제의 진로에 삼성전자가 어떤 의미를 던지는지를 밝혀 보려고 한다.

세계화 시대 특히 2008년 위기 이후 휴대폰 분야에서 이룬 삼성전자의 압축 성장성과는 실로 대단한 것이었다. 이는 지난 시기 반도체 분야에서 이룬 제1차 추격 성공에 이은, 제2차 추격 성공이라 할 만하다. 그러나 삼성전자의 압축적 초고속 성장 성공은 소수 '내부자' 들만의 잔치인가 아니면 그들에 좋은 것이 다수 이해 당사자 대중에도, 전체 한국 경제의 선순환에도 좋은가. 삼성전자의 수출이 급증하고 주가가 치솟을 때 '내부자'의 이해와 '외부자'의 이해 간에는 어떤 연결 또는 단절 지점들이 있는가. 나아가 삼성전자에 좋은 것이 직간접적 이해 당사자 대중에도, 국민경제 전반의 선순환을 위해서도 좋은 것이 되려면 삼성전자에, 정부 정책에 어

---

1_기존 연구로는 신장섭·장성원(2006), 장세진(2008), 조돈문 외(2008), 송재용··이경묵 (2013) 등이 있다.

떤 새로운 선택이 필요할까.

　이 글은 삼성전자의 생산방식과 분배 방식의 두 측면을 분석함으로써 위에서 제기한 삼성전자의 빛과 그림자를 구체적으로 밝혀 보고자 한다. 2절에서는 주요 거시 지표를 중심으로 삼성전자와 한국 경제와의 관계에 대해 일별한다. 3절과 4절에서는 삼성전자의 생산방식을 분석한다. 먼저 3절에서 투자(설비투자 및 연구개발 투자) 동향의 분석을 통해 삼성전자가 성장성과 수익성을 어떻게 조절하고 있는지를 살펴본 다음, 4절에서 공급망 관와 수직 계열화 동향에 대해 검토한다. 이어 5절은 분배 방식의 분석에 할애되는데 주주, 노동자, 협력 중소기업, 세금 납부 등 네 가지 측면에서 분석한다. 마지막으로 6절은 연구 결과를 요약하고 삼성전자 경제 민주화의 기본 방향에 대해 간단히 언급한다.


## 2. 삼성전자와 한국 경제: 2008년의 분기점

외환 위기 이후 한국 국내총생산GDP 지출 구조에서 나타나는 기조적 특징은 단연코 수출 독주의 경향이다(그림 2-1). 수출과 내수(투자+소비) 간 연계는 현저히 약화되었다. 그렇지만 수출 주도와 설비투자가 일정하게 동행하고 있는 현상도 간과할 수 없다. 가장 증가세가 둔화되었고 바닥에서 침체 상태에 놓여 있는 것은 민간 소비다. 2008년 금융 위기 이후 민간 소비 증가율이 경제성장률보다 더 낮은 소비 침체 국면이 6년째 지속되고 있다. 소비 침체 추세는 가계소득 대비 기업소득 비율의 급증과 극명한 대조를 이루고 있다. 외환 위기 이전 장기적으로 일정한 수준에 머물러 있던 기업소득 비율은 위기 이후 급격히 반전되었는데(강두용·이상호 2012),[2]

그림 2-1 | GDP 대비 수출 비중 추세

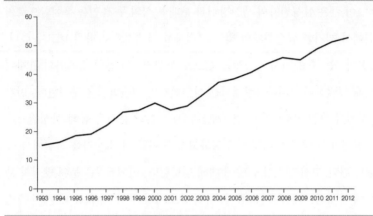

자료: 한국은행.

그림 2-2 | 가계소득 몫과 기업 소득 몫의 추세

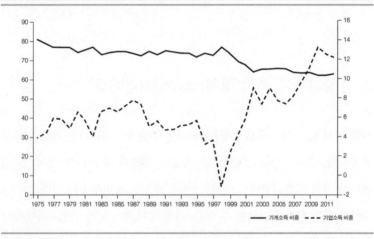

자료: 한국은행.

─────────

2_가계소득과 기업소득은 한국은행 국민계정에서 제도 부문별 소득 통계의 개인 가처분
소득과 법인 가처분소득 자료(모두 순가처분소득 기준)에서 산출한 것이다. 강두용·이
상호(2012)를 함께 참조할 것. 이들의 연구는 '외환 위기발 양극화론' 비판(유종일 2011)
에 대한 강력한 반비판 근거를 제공하는 것으로 보인다.

그림 2-3 | 주가지수

자료: 한국거래소.

2000년 5.9%, 2005년 11.9%, 2008년 15.4%, 2012년 19.6%로 높이 치솟
았다(그림 2-2). 이는 기업의 수중에 얼마나 잉여가 집중되었는지 잘 보여
준다.

'수출 독주-설비투자 동행-민간 소비와 가계소득 침체'의 경향은 이
명박 정부 시기와 세계 금융 위기 이후 두드러지게 강화되고 있는 한국 경
제 축적 체제의 구조적 특성이다. 또 다른 한편 금융 체제 측면에서 주식
시장의 동향이 중요하다. 외환 위기 이후 주가지수는 노무현 정부를 거치
면서 2005년 1천 지수를 넘어 지속적으로 상승해 2007년 7월 처음으로 2
천 지수를 돌파했다. 외환 위기 이후 영업이익 증가를 추구하는 새로운 기
업 경영 방식이 정착되면서 투자자, 특히 외국인투자자들이 이에 호응한
결과다. 2008년 위기 국면 이후 2011년 중반까지 회복세를 보이던 주가
지수는 그 이후에 다시 침체 상태로 들어간다. 민간 소비 및 가계소득 침
체와 동전의 양면을 이루고 그것을 불러오는 수출 독주와 주가 상승, 바로
이 두 추세에서 외환 위기 이후 그리고 2008년 금융 위기 이후 한국 경제

그림 2-4 | 삼성전자에서 매출액 대비 수출액 비중

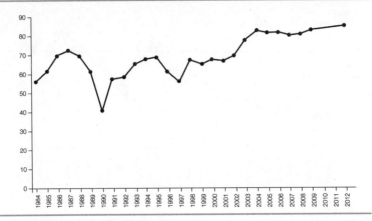

자료: 한국신용평가, kis-value; 삼성전자 40년사 편찬팀(2010).

성장 체제의 가장 중요한 특성이 담겨 있다고 생각된다. 그것은 다름 아니라 '재벌 가치'와 주주 가치가 공생하는 특성, 그리고 국가가 이를 지원하고 비용과 위험을 서민 대중 및 국민경제 전반에 사회적으로 전가시키는 양극화 축적 체제의 특성을 말한다.

삼성전자는 외환 위기 이후 그리고 2008년 금융 위기 이후 재편된 한국 경제 작동의 정점에 터 잡고 있다. 이 슈퍼 재벌계 기업은 이 시기 양극화 축적 체제의 압축적 판본이자 그 주도적 재벌 대기업이다. 먼저, 삼성전자는 수출 독주 체제의 선도 기업이다. 삼성전자(본사 기준)의 전체 매출액에서 수출이 차지하는 비중은 1993년 65.7%, 2000년 68.2%에서 2004년에 82.9%로 급증했다. 이 수출 주도 경향은 2008년 세계 금융 위기 이후 더욱 강화되어, 2009년 83.3%, 85.5%로 증가했다. 한국 경제 총수출에서 차지하는 삼성전자 수출 비중의 추세는 좀 더 예각적이다. 수출 비중(상품 수출)은 외환 위기 이후 2004년까지 지속적으로 상승하다가(1993년

그림 2-5 | 한국 경제 총수출 대비 삼성전자 수출 비중

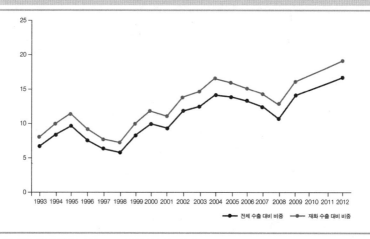

자료: 한국은행; 한국신용평가, kis-value; 삼성전자 40년사 편찬팀(2010).

8% → 2004년 16.4%) 이후 감소했는데, 세계 금융 위기 후에는 다시 2009
년 16.3%, 2012년 19.1%로 크게 높아졌다. 2012년 수출 비중 19%는 삼
성전자 역사상 최고치다. 삼성전자의 주가 동향은 더 드라마틱하다. 특히
2008년 이후 높이 치솟고 있다(그림 2-6). 이는 상장기업 주가의 침체와는
크게 대조적이다. 또한 시가총액에서 삼성전자의 비중은 2007년을 전후
로 매우 대조적인 추세를 보인다. 2000년(19.2%)에서 2007년(8.6%)까지
그 비중은 줄곧 하락했다. 반면에 2008년 금융 위기 이후 오히려 급반전
해 2012년에는 19.4%까지 올라갔다. 주목해야 할 것은 이 추세가 외국인
지분율 변동과 높은 동조 경향을 보이고 있다는 점이다(그림 2-8). 그런데
세계화 시대 삼성전자의 고투는 글로벌 시장경쟁에서 IT 업체들의 상대
주가[3] 추이를 보면 잘 알 수 있다(그림 2-7). 먼저 애플의 나홀로 승승장구
행진이 극명하게 나타난다. 이와 완연한 대조를 보이면서 폭락하고 있는
것은 노키아의 상대 주가 추이이다. 한편 인텔은 겨우 버티고 있는 모양새

그림 2-6 | 삼성전자의 월별 주가 추세

자료: 한국거래소.

이다. 그런 와중에 삼성전자가 애플을 '압축 추격'하고 있는 것이다. 삼성
전자의 상대 주가는 2008년 이후 상승세를 타기 시작해 2011년 중반 이
후 급격히 치솟고 있다.

　이상을 요약하면, 수출과 주식시장 두 측면에서 삼성전자가 한국 경
제에서 차지하는 위상은 2008년 세계 금융 위기를 분기점으로 한층 더 높
아지고 그 주도력도 강화되었다. 2012년 현재, 삼성전자의 수출 비중, 주
가 총액 비중은 거의 동일하게 약 19% 비중을 차지하고 있다. 두 가지 추
세는 상호 강화되면서 같은 흐름을 타고 있다. 그뿐만 아니라 글로벌 시장
에서 삼성전자는 노키아의 추락과 대비되면서 빠른 추격자로서 새로운

---

3_특정 시점을 100으로 할 때, 삼성과 다른 경쟁사들 간의 주가이다. 예컨대 삼성이 기준
　이 되면 애플 주가/삼성 주가를 특정 시점을 100으로 나타낸 값이 된다. 삼성 주가와 경
　쟁사 주가는 각 거래소의 종합지수 대비 각 회사의 주가이다.

그림 2-7 | 글로벌 IT 기업들의 상대 주가 추세

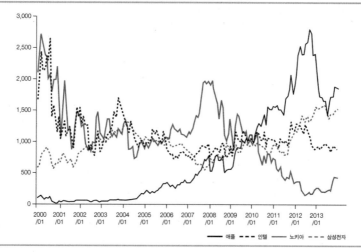

자료: 각종 자료에서 저자 작성

그림 2-8 | 시가총액에서 비중과 외국인 지분율(삼성전자)

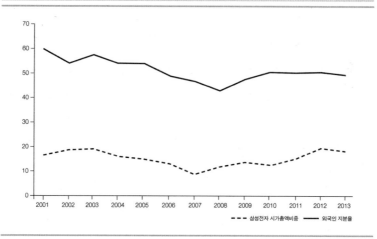

자료: 한국거래소 ;한국신용평가, kis-value

도약을 과시했다. 이는 국내적으로는 이명박 정부의 집권기, 대폭적 규제 완화와 재벌 지원 시기와 중첩된다.


## 3. 생산 체제(1): 성장 지향과 수익 추구의 조절

2008년 글로벌 금융 위기 및 나라 안의 규제 완화를 분기점으로 선명하게 나타나는바, 삼성전자의 실물 분야에서 수출 주도 추세, 그리고 금융 분야에서 주가 급등 추세는 설명을 필요로 한다. 이 두 가지 추세는 어떻게 맞물려 있는가? 우리의 문제는 2008년 이후 삼성전자의 축적 체제 변화를 응축하고 있는 이 두 가지 특성이 상호보완 관계에 설수도 있으나 경우에 따라 상반 관계에 놓일 수도 있다는 것이다. 예컨대 주식시장의 투자자 요구에 대해 배당 퍼주기로 부응한다면, 이는 실물 투자 잉여 여력을 약화시키며 수출 주도 성장 체제의 진전을 저해할 수 있다. 그러나 투자자 요구에 부응하는 방식이 자사주를 매입해 주가를 부양한다거나 실물적 '기업 가치'를 제고해 주가를 끌어올리는 방식이라면, 수출 주도와 주가 등귀는 상호 보완하면서 선순환 관계를 가질 수 있다. 이 대목과 관련해 우리는 삼성전자가 삼성 재벌 그룹의 핵심 제조 기업이라는 것, 나아가 수출 독주 한국 자본주의를 주도하는 제조업 분야의 초일류 기업이라는 사실을 염두에 둘 필요가 있다. 삼성전자가 전형적인 미국식 기업처럼 배당 퍼주기로 자신의 축적 방식을 끌고 가지는 않았을 것이라는 이야기이다. 이 부분은 이하에서 이 글이 밝히고자 하는 중심적 문제이다.

먼저, 삼성전자의 설비투자가 어떻게 이루어졌는지부터 살펴보자. 〈그림 2-9〉가 이를 보여 준다. 한국 경제 전체(국민계정)에서 차지하는 삼

그림 2-9 | 총 설비투자 대비 삼성전자 비중(본사 기준, 연결 기준)

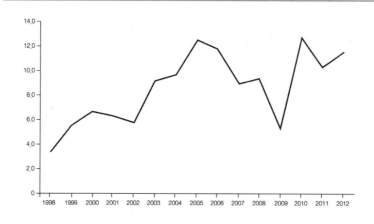

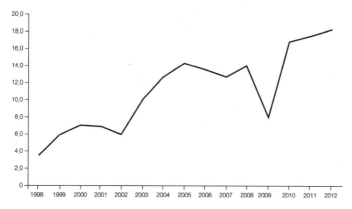

자료: 한국은행; 한국신용평가, kis-value.

성전자의 설비투자 비중은 외환 위기 이후 2005년 12.4%로 최고치를 찍은 바 있다. 이후 줄곧 감소해 세계 금융 위기 국면에서는 2009년 5.3%까지 하락했다. 그러나 이를 전환점으로 이후 큰 폭으로 회복해 2010년에는 12.7%로, 2005년의 최고치와 거의 같은 비중에 도달했다. 2012년에도 11.5%의 높은 비중을 유지했다. 이 추세는 연결 기준으로 보면 더욱 강력

그림 2-10 | 삼성전자의 연구개발비 추세

삼성 연구개발비/민간 연구개발 투자

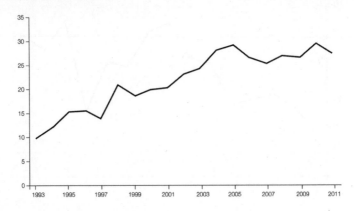

삼성전자 연구개발비/무형 고정투자

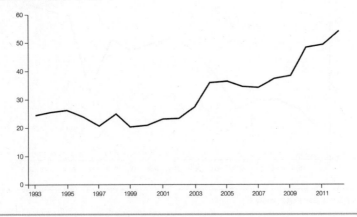

자료: 삼성전자 사업/감사보고서, 한국은행 국민계정, 미래창조과학부 연구개발활동조사.

하다. 연결 기준 설비투자 비중 역시 2005년부터 약화되고, 금융 위기 국면에서는 2009년 11.8%로 떨어진다. 그러나 본사 기준에 비해 약화 추세가 덜할 뿐더러, 2010~12년에는 18%대까지 높아졌다. 이는 수출 비중, 주가 비중 19%와 거의 같은 수치이다. 설비투자 비중에서 본사 기준과 연

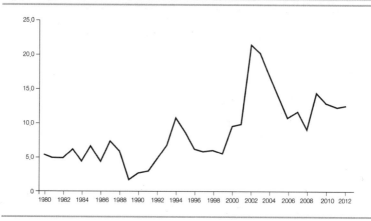

**그림 2-11 | 현금성 자산 비중**

자료: 한국신용평가, kis-value.

결 기준의 이런 차이는 다름이 아니라 삼성전자의 해외투자 급증, 즉 글로벌화의 심화를 말해 준다고 해석할 수 있다.

그런데 삼성전자의 투자 동향을 설비투자로만 보아서는 안 된다. 이 기업은 한국 최대의 연구개발 투자 기업이다. 2000년 이후 민간 연구개발 투자 전체에서 차지하는 삼성전자의 비중(연결 기준)은[4] 설비투자 비중보다 훨씬 높을 뿐만 아니라, 수출 비중 및 증시 비중보다도 더 높다. 그 비중은 1993년 10.3%였던 수준에서 외환 위기 후 2000년에는 그 두 배인 20.1%로 높아졌고 2005년에는 무려 29.6%로까지 높아졌다. 즉 민간 전체 연구개발 투자의 약 30%를 삼성전자가 차지하고 있는 것이다. 그 비중은 금융 위기 국면에서도 설비투자만큼 큰 감퇴를 보이지 않는다. 2007년

---

4_본사 기준 수치는 구하기 어렵다. 그러나 연구개발 투자는 주로 본사에서 수행되고 있다.

그림 2-12 | 잉여 현금흐름 추세

단위 십억

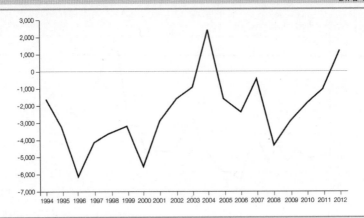

자료: 한국신용평가, kis-value.

이후 꾸준히 높아져 2010년 29.8%로서 2005년의 최고치를 회복한다. 또 다른 지표로는 한국 경제 전체 무형 고정투자(국민계정)에서 차지하는 삼성전자 연구개발 투자(연결 기준)의 비중을 볼 수 있다. 이 비중은 훨씬 더 높게 나타난다. 2000년 20.9% 비중에 그쳤던 비중은 2008년 37.6%, 2012년에는 54.4%로 대폭 높아졌다. 이 비중 역시 금융 위기 국면에서 현저한 감소를 보이지 않는다.

이제 삼성전자 안으로 한 걸음 더 들어가 보자. 삼성전자는 현금 창출 능력이 최량의 수준으로 뛰어나기도 하면서 현금 보유를 중시한다. 총자산 대비 현금성 자산 비중은 2002~08년 위기 때까지는 감소 국면이었으나 그 이후 다시 높아진다(그림 2-11).유사하게, 현금흐름표상으로도 음 (-)의 잉여현금흐름을 줄이기 위해 애쓰고 있다(그림 2-12).그러나 앞서 본 바와 같이 삼성전자는 산업 특성상 또 개발주의 재벌 대기업의 속성상, 대규모 설비투자를 감행하는 대표 기업체다. 2008년 위기 이후 설비투자

그림 2-13 | 영업활동 현금흐름 대비 설비투자

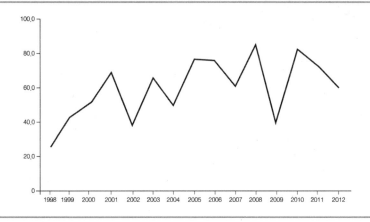

자료: 한국신용평가, kis-value.

성향이 궁금할 수밖에 없다. 현금흐름표상 영업활동 현금흐름 대비 설비투자의 경우, 외환 위기 이후 2002년 저점(38.2%)을 거치며 상승세가 꾸준히 지속되었는데, 2008년 이후 여전히 이 추세가 이어지고 있다(그림 2-13).

한편, 영업잉여 대비 설비투자 성향은 2005~08년 시기 만큼 높지는 않다 해도 상당히 높은 성향을 보인다(그림 2-14). 즉 여전히 영업이익을 초과하는 액수의 설비투자가 이루어지고 있다는 사실에 주목할 필요가 있다. 2008년 이후 유례없이 대규모 영업이익이 창출되고 있다는 점, 지속적으로 매출액 영업이익률을 끌어올리기가 쉽지 않다는 점을 생각할 때 이런 투자 성향은 상당히 높은 수준으로 봐야 한다. 외환 위기 이후 수출 지향 설비투자는 전기 전자 부문에 초집중되어 있는데, 이는 거의 삼성전자의 투자를 대리 표현하는 것으로 보아도 과언이 아니다.

요약하면 삼성전자의 설비투자 동향에서 우리는 이 슈퍼 대기업이 단

그림 2-14 | 영업이익 대비 설비투자

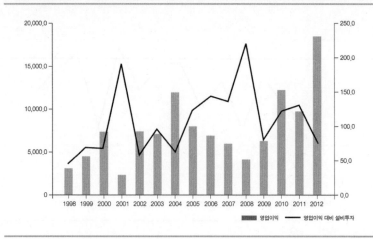

자료: 한국신용평가, kis-value.

기적 수익 추구에 얽매이는 것이 아니라 초일류 제조 기업으로서 투자 전략을 추구하면서 성장성과 수익성을 자기 방식으로 조절해 나가고 있음을 알 수 있다. 다시 말해 실물 경쟁력을 증강하고 이 힘으로 수출 주도로 나아가는 '신개발주의'적 전략, 또 이에 기반을 두고 투자자 요구에도 부응하는 전략을 추구하고 있다고 볼 수 있다.[5]

_____

5_이병천(2011, 19; 43)을 같이 참조할 것.

# 4. 생산 체제(2): 공급망 관리 및 수직 계열화의 빛과 그림자

삼성전자는 세계화 시대 한국 경제의 최선두에 선 빠른 추격자다. 제1차 반도체 추격 성공에 이어 그 바탕 위에서 다시 애플이 열어 놓은 신산업 및 신시장의 기회의 공간에서 제2차 휴대폰 추격에 성공했다. 이는 그리 쉬운 일은 아니다. 특히 노키아의 추락과 삼성의 도약은 선명하게 대조된다. 무엇이 이것을 가능케 했나. 축적 방식 측면에서 삼성의 경쟁 우위 요소는 무엇일까. 논의들이 분분하다. 대체로 다음과 같은 네 가지 요인을 꼽을 수 있을 것 같다.

① 과감한 투자(설비, 연구개발, 인적 자원)와 스피드 경영,[6] 이를 가능케 하는 오너 경영과 그룹식 조정group coordination, 그리고 강력한 성과주의 보상 체계.
② 부품에서 완제품까지의 수직 계열화와 이에 기반한 효율적인 공급망 관리 능력. 이 역시 스피드 경영의 구성 부분이다.
③ 새로운 기술 패러다임(부품의 모듈화가 대표적이다)이 출현함으로써 IT 제품의 경쟁 환경이 근본적으로 달라진 새로운 조건 속에서, 글로벌 가치사슬 내에 적절히 자리매김하는 적극적 추격 대응전략을 추구한 것.
④ 노동자, 협력 업체 등 기업 수준에서 직·간접적 이해 당사자의 이해, 나아가 시장 질서와 국민경제 운영 방식도 개별 기업 심지어 총수 가족의 특수 이익에 종속시키는 바, 위험과 비용을 이해 당사자와 사회 전반에 전가시키며

---

6_삼성전자의 윤종용 전 부회장은 다음과 같이 '디지털 사시미 이론'에 대해 말하고 있다. "스피드는 사시미에서 휴대폰까지 모든 일상재에 공통되는 핵심이다. 아무리 비싼 사시미라도 하루 이틀 지나면 가격이 떨어진다. 사시미 가게와 디지털 제품에 재고는 치명적이고, 스피드가 모든 것이다"(장세진 2008, 106).

사회적 무책임을 밀고 가는 권력의 지배력.

위 네 가지 요소 가운데 여기서는 두 번째 요소에 대해 좀 더 자세히 살펴보겠다.[7] 삼성전자의 경영 방식의 특징을 짚는 말에는 여러 가지가 있다. 자신들은 창조 경영, 소프트 경영, 스피드 경영, 인재 경영, 디자인 경영, 감성 마케팅 등등을 내세운다(삼성전자 40년사 편찬팀 2010, 530-539). 그러나 특히 스마트폰 추격 성공이 일어나면서 삼성전자 경영 및 생산 체제의 특징으로서 효과적인 공급망 관리supply chain management, SCM와 그 중심에 놓여 있는 부품의 수직 계열화 경쟁력이 크게 부각되었다. SCM 혁신 경쟁력이야말로 삼성전자의 성공 비결이며, 이에 힘입어 삼성전자가 휴대폰 시장에서 노키아를 추격하고 애플에 도전하는 발판을 마련했다(2013년 공급망 관리 수준 세계 8위, 재고 회전율 세계 4위)고 말해질 정도다(김동준 외 2013, 59; 199-200).

일반적으로 글로벌 시장경쟁 속의 기업은 전략적 통제력과 유연한 다양성을 어떻게 결합할 것인가 하는 생산 전략의 문제에 직면한다. 통상적으로 전략적 통제력과 유연한 다양성은 상충 관계에 놓이며 그 결합 방식은 기업에 따라 다양하게 나타난다. 전략적 통제력이 강한 전략은 유연성이 낮을 수 있고, 유연성이 높은 전략은 통제력이 약할 수 있다. EMS는 주문자의 제조 기능 전체를 담당하는 장기적 파트너십, 즉 '계약 제조'contract manufacturing, CM 형태다. 이것은 특정 모델이나 제품에 대한 개별 주문 형태

---

7_이해당사자와의 관계 문제는 5절에서 다룬다. 경영 방식에 대한 전반적 설명으로는 송재용·이경묵(2013) 및 장세진(2008)을, 소유 지배 구조 문제에 대해서는 송원근(2014)을 참조.

그림 2-15 | 기업 경영에서 전략적 통제와 다양성의 결합 방식

| 통제 | 계열, 하청 | |
|---|---|---|
| | | EMS(=CM) |
| | OEM, ODM | 아웃소싱 |

유연성

인 OEM 또는 ODM에 비해서는 전략적 통제력이 높지만, 계열화 형태에 비해서는 훨씬 뒤진다(그림 2-15 참조). 흔히 전자 분야에서 애플과 삼성은 위탁 생산과 부품의 수직 계열화vertical intergration라는 대조적 생산 전략을 추구하는 것으로 대비된다. 애플의 생산 전략은 100% 위탁 생산(EMS)이다. 미국(캘리포니아)에서는 설계 및 디자인만 할 뿐이다. 아이폰은 중국에 생산 거점을 두고 있는 대만 업체 폭스콘과 페가트론이 위탁 생산하고 있다. 그리고 부품은 한국, 대만, 일본 등에서 공급된다. 반도체는 삼성전자, 디스플레이는 LG전자가 주된 공급처이다. 이런 방식으로 애플은 글로벌 가치 사슬의 최상위를 장악한 위에서 시장 수요 변화에 따라 생산을 탄력적으로 조절, 위험을 분산하고 비용을 절감한다. 그렇지만 이 방식은 생산의 전략적 통제력이 약하다는 약점을 갖고 있다. 반면에 삼성전자는 주요 생산과 부품을 수직 계열화했으며 이에 기반을 두고 '글로벌 스피드 SCM'을 구축하는 길로 나아갔다.

삼성전자의 SCM 시스템은 다음과 같이 네 개의 하부 시스템으로 구성되어 있다(김동준 외 2013, 199-224).

• 수요 예측 시스템(DP): 영업 사원들이 4개월 동안 판매할 수 있는 예상 매출액을 시스템에 올리는 장치이다. 매주 4개월 단위로 수요 동향을 분석하면

서 판매 예상액 수정 작업을 한다.

- 주생산 계획(MP): 수요 예측 자료를 토대로 12개의 전 사업부별로 주 단위 생산 계획을 수립한다(SCM 시스템 수립 이전에는 월 단위 생산 계획). 생산 계획은 모두 수원 공장의 글로벌 오퍼레이션 센터(GOC)에서 이루어지고 이곳의 의사 결정이 해외 공장과 판매 법인에 전달된다.
- 납기 이행 시스템(DP): 삼성전자 제품의 구매자들에게 제공한 정보를 제공하는 곳이다. 이를 통해 영업 사원들은 구매자가 요구한 제품이 약속 날짜에 제대로 공급되었는지 확인할 수 있다.
- 생산 계획 시스템(PP): 주 생산 계획에 따라 공장에 생산 주문을 하는 시스템이다. 수원 공장의 GOCGlobal Operation Center에서 결정된 생산 의사 결정이 해외 공장과 판매 법인에 광속도로 전달된다.

이런 시스템을 통해 제품의 제조와 유통 과정에서 제품 흐름에 대한 가시성이 확보된다. 삼성전자의 최고 경영진과 핵심 임원들은 자기 자리에서 PC를 통해 매일 전 세계 법인의 판매·재고 정보를 확인하면서 의사 결정을 한다. SCM이 갖고 있는 강점으로는 수요에서 원자재까지 공급망 내의 불확실성과 불투명성을 감소시켜 위험과 기회 손실을 최소화한다는 점, 조직 및 프로세스의 벽을 극복하는 판매 → 물류 → 제조 → 구매의 동기화 계획이 실현된다는 점, 글로벌 운영 최적화를 고려한 전략적 동시 공급 계획이 가능하다는 점이 들어진다. 글로벌 SCM은 전 세계 사업장의 정보를 실시간 의사 결정의 데이터로 삼으면서 '3일 확정 체제'로 발전되었는데, 이는 일정 구간 생산 계획은 변동할 수 없도록 해 원가를 절감할 뿐더러 납기일과 재고를 빠른 속도로 줄인다. 동시에 SCM은 과감하게 마케팅 비용을 투입해 시장점유율을 확대하고 브랜드 이미지를 높이는 전략도 추진한다(삼성전자 40년사 편찬팀 2010, 303; 377).

그런데 삼성전자는 스마트폰의 핵심 부품을 자체 조달하거나, 그룹 내 계열사(삼성디스플레이, 삼성전기, 삼성SDI 등) 그리고 국내 중소 부품 협력 업체로부터 공급받는다. 국내 중소 부품 협력사들은 삼성전자와 스마트폰 로드맵과 매출 목표를 공유하는 등 긴밀한 관계를 유지하고 있기 때문에 삼성전자는 사실상 중소 부품 업체들까지 끌어들여 수직 계열화를 도모하고 있다고 해도 과언이 아니다. 삼성전자는 반도체 생산 경쟁력을 발판으로 애플의 부품 공급사가 되었고 애플과 협력을 통해 단기간에 모바일 AP 설계 역량을 키울 수 있었다. 외주 생산을 활용하는 애플과 달리, 삼성전자는 핵심 공정을 자체 생산하는 전략을 추구한다. 그뿐만 아니라 협력 업체까지 포함하는 철저한 공급망 관리를 추구한다(해외에서는 OBM, EMS 방식도 볼 수 있다). 바로 이 강력한 수직 계열화 체제에 한국 최고의 재벌계 대기업체로서 삼성전자의 빛과 그늘이 고스란히 담겨 있는 것이다. 삼성전자의 생산 전략에서는 생산과정을 통제하기는 용이한 반면, 경기침체 시 위험부담이 크다는 중대한 약점이 있다. 따라서 자체 생산의 장점을 극대화하는 한편 그 약점을 보완하기 위해 하청 업체를 포괄하는 철저한 공급 사슬 관리가 결정적으로 중요해진다. 하청 업체 관리의 핵심은 생산의 일체화, 비용과 위험의 외부화에 있다고 할 수 있다(이유미 2013; 희정 2013b).

위와 같은 방식으로 삼성전자는 규모를 확대하면서 위계적 조직 내부의 협력을 도모하는 이른바 '재벌 내부 경제'의 이점을 십분 활용하고 발전시킨다. 다른 한편 그 폐쇄적 독식성과 경직성에 기인하는바, 비용과 위험부담 그리고 '책임'을 부품 업체에 전가시키고 사업 기회를 전유하며 공생의 '외부경제' 발전을 억압한다(단가 인하 압박과 업체 간 경쟁, 빠른 납기 요구, 설비 증설 요구 등). 그리고 중요한 것은 그 비용과 위험부담 전가가 결국 협력 업체 노동자의 임금 압박과 고용 불안으로 이어진다는 사실이

**표 2-1 | 삼성전자의 스마트폰 공급망**

| 부품 | 세부 제품 | 업체 |
|---|---|---|
| 디스플레이 | Glass | 삼성코닝, Asahi Glass |
| | LCD패널 | 삼성디스플레이, Sharp, Japan Display |
| | Display Film | 엘엠에스, 미래나노텍, 신화인터텍, 상보 |
| | Driver IC | 실리콘 웍스, 아나패스 |
| | BLU | 이라이콤, 디아이디 |
| | 터치패널(터치센서) | 삼성디스플레이, 에스맥, 일진디스플레이, 태양기전, 시노펙스, 멜파스 |
| | 터치 IC | 멜파스, Atmel, Cypress 등 |
| 반도체 | AP | 삼성전자, Qualcomm, Broadcom, Nvidia 등 |
| | BB | Qualcomm, Broadcom |
| | Mobile DRAM | 삼성전자, 하이닉스, Micron |
| | NAND | 삼성전자, 하이닉스, Toshiba, SanDisk |
| PCB | Main PCB | 삼성전기, 대덕전자, DAP, Unimicron |
| | FPCB | 인터플렉스, 플렉스컴, 비에이치 |
| 카메라 | 카메라 모듈 | 삼성전기, 삼성광통신, 파트론, |
| | IR필터 | 나노스, 옵트론텍 |
| 케이스 | | 인탑스, 피앤텔, 참테크 |
| 안테나 | | 파트론, 와이솔 |
| 배터리 | | 삼성SDI, LG화학, Sony, ATL, Lishen |
| | | Battery Package: 이랜텍 |
| 기타 부품 | 스피커, 리시버 | 부전전자, 블루컴, 이엠텍 |
| | 마이크 | 비에스이 |
| | 진동모터 | 삼성전기, 자화전자 |

자료: 김혜용(2013).

다. 따라서 삼성전자에서 노동문제란 그 기업 수준에서 '무노동' 문제로만 그치지 않게 되어 있다.[8]

〈표 2-1〉에서 삼성전자 스마트폰의 부품별 공급망 실태를 볼 수 있다. 삼성전자는 스마트폰의 두뇌인 애플리케이션 프로세서(AP), 디스플레이, 카메라, 저장 공간 등 주요 부품을 자체 조달한다. 베이스밴드칩(통신칩)까지 만든다. 그런데 정확히 삼성전자가 어느 정도 부품을 자체 생산하는지 알기는 어렵다. 한 증권사의 보고서에 따르면 삼성전자의 부품 내

---

8_이유미는 "삼성전자가 이룩한 경영 성과의 원천이 사실상 중소 하청 업체 노동자를 출혈적으로 착취한 결과"라고 지적한다(이유미 2013).

**표 2-2 | 삼성전자 스마트폰의 부품 수직 계열화 비율**

| 삼성전자 전체 | 주요 부품 | 수직 계열화 비중(10억 원, %) |
|---|---|---|
| 69% | AP | 3,400(45) |
| | Mobile DRAM | 5,770(70) |
| | NAND | 5,450(70) |
| | SSD | 850(10) |

자료: 김혜용(2013).

**표 2-3 | 계열사 조달 스마트폰 부품 원가 비중**

단위: %

| | 계열사 외 | 계열사 | AP/메모리 | 디스플레이 | 카메라 | PCB | 배터리 |
|---|---|---|---|---|---|---|---|
| 삼성전자 | 24 | 76 | 31 | 28 | 7 | 7 | 3 |
| LG전자 | 55 | 45 | | 28 | 7 | 7 | 3 |

자료: 권애라(2013); KDB 산업은행.

재화 비율은 69%로 나타났다(표 2-2). 이는 50% 정도인 LG전자보다 훨씬 높은 것이다. 특히 모바일 드램과 낸드 플래시 메모리의 내재화 비율이 높다. 또 다른 자료로는 KDB 산업은행의 추계가 있다(표 2-3). 스마트폰 부품 원가에서 계열사가 차지하는 비중이 76%로 우리투자증권 추계보다 더 높은 수치이다. 물론 LG전자의 45%보다 훨씬 높다. 그러나 AP/메모리에서 그 비중은 더 낮게 나와 있다.

다음으로, 스마트폰 분야를 넘어 삼성전자 내부거래 전반의 추이가 어떤지 궁금하다. 금융감독원에 공시된 감사보고서상의 자료를 이용해 내부거래 비중을 산출해 본 결과 〈그림 2-16〉과 같은 추세가 나타났다. 먼저 매출, 매입을 합산한 내부거래 전체 비중은 2006년 69.3%에서 2009년 77.7%, 2012년 81.6%로 높아졌다. 반면 2000년대 초반에 삼성전자의 내부거래 비중은 2000년 66.7%, 2001년 60.0%, 2002년 57.9% 등으로 하락하고 있었다(송원근 2008b, 416). 이로부터 2008년 위기 이후 내부거래 경향의 강화가 2000년대 초와는 대조적 추세를 보여 주는 것임을 알

그림 2-16 | 삼성전자의 내부거래 비중 추이

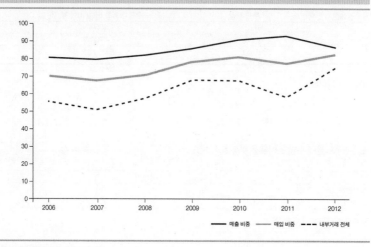

자료: 삼성전자, 사업 및 감사보고서.

수 있다. 둘째, 매입 비중은 매출 비중보다 낮은 수준이기는 하지만 역시 2008년 이후 높아졌다. 매입이 주로 계열사로부터의 부품 매입을 의미한 다고 본다면 이는 2008년 이후 삼성전자가 스마트폰에 주력하면서 동시에 부품 수직 계열화 비율도 높이는 전략을 추구했음을 말해 주는 것이다.

## 5. 파이의 분배: 내부자와 외부자 분열, 이익 독식과 비용 사회화

이 절에서는 2008년 이후 휴대폰을 중심으로 한 삼성전자의 2차 추격 성 공이 직간접적 이해 당사자에 대한 분배 방식에서는 어떻게 나타나고 있 는지에 대해 살펴보고자 한다. 주주, 노동자, 부품 협력 업체, 정부에 대한 납세 등 네 가지 사항에 대해 분석할 것이다.

그림 2-17 | 배당 성향

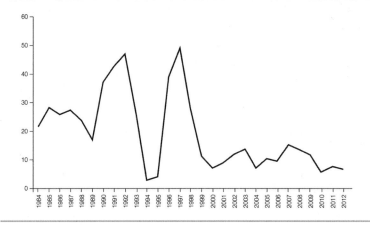

자료: 한국신용평가, Kis-Value.

## 배당 성향, 총 배당 성향, 총주주수익률, 그리고 사내유보

먼저 주주에 대한 배당이 어떻게 되고 있는지 보기로 하자. 2000년 이후 2008년 위기 이전 시기 삼성전자의 배당 성향은 낮은 편이었다. 높아도 15% 수준에 그쳤다. 그러던 것이 2008년 후에는 더욱 하락해 2011년 6% 대까지 내려갔다. 그렇지만 배당 지급에 자사주 매입을 더한 총 배당 성향으로 보면 더 높아진다. 총 배당 성향은 2007년까지 30%에서 50%대까지 높아진 적도 있었다. 그러나 매우 놀랍게도 삼성전자는 2008년 이후 자사주 매입을 일체 하지 않았다. 이는 2000년대 초중반 대량의 자사주 매입을 보였던 시기와 전혀 딴판이다. 외환 위기 이후 삼성전자는 상장기업 중에서 자사주를 가장 대량으로 취득, 주가를 끌어올리며 투자자 요구에 부응했던 기업이었다.[9] 그러나 2008년 이후는 전혀 다른 분배 전략을 취하고 있다. 2011년 총 배당 성향은 배당 지급 기준 배당 성향과 똑같다. 이

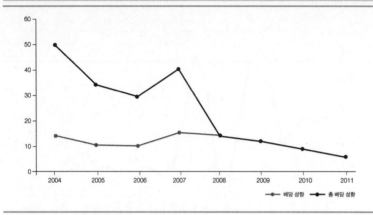

**그림 2-18 | 배당 성향과 총 배당 성향**

자료: 삼성전자, 『지속가능보고서』.

**표 2-4 | 배당 성향과 총 배당 성향**

단위: 10억 원, %

| | 2004 | 2005 | 2006 | 2007 | 2008 | 2009 | 2010 | 2011 |
|---|---|---|---|---|---|---|---|---|
| 배당 총액 | 1,564 | 834 | 820 | 1171 | 809 | 1,185 | 1,497 | 827 |
| 배당 성향 | 14.5 | 10.9 | 10.4 | 15.8 | 14.6 | 12.4 | 9.5 | 6.2 |
| 자사주 매입 | 3,792 | 1,779 | 1,545 | 1,825 | 0 | 0 | 0 | 0 |
| 배당 및 자사주 | 5,356 | 2,613 | 2,365 | 2,996 | 809 | 1,185 | 1,497 | 827 |
| 총 배당 성향 | 49.7 | 34.2 | 29.8 | 40.4 | 14.6 | 12.4 | 9.5 | 6.2 |

자료: 삼성전자, 『지속가능보고서』.

것은 다름 아니라 2008년 세계 금융 위기 이후 삼성전자가 얼마나 수익 잉여의 기업 외부 유출을 통제하면서 혹독하게 성장 지향 전략으로 치달 았는지를 여실히 보여 주는 것이다.[10]

9_이병천(2012a, 110-118))을 참조할 것.

10_그러나 사내 스톡옵션 지급은 이루어진다.

그림 2-19 | 총주주수익률

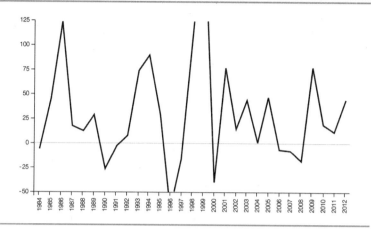

자료: 한국신용평가, kis-value.

2008년 이후 삼성전자는 이전처럼 자사주 취득과 이를 통한 주가 부양을 하지 않더라도 스마트폰 기초 경쟁력이 추동하는 주가 상승에 힘입어 투자자 요구에 부응할 수 있다고 보았던 것 같다. 따라서 주가 상승을 고려한 투자자 수익률을 생각해 볼 필요가 있다. 〈그림 2-19〉는 주가 상승 차익을 포함한 총주주수익률TSR(배당 수익률 + 주가 차익률)을 추계해 본 것이다. 예상대로 2008년 이후 TSR은 상당히 높게 나타나고 있다. 주식시장에서 삼성전자는 대표적인 '성장주'로 통한다. 즉 막대한 설비투자 및 연구개발 투자를 단행하고 이를 통해 경쟁력과 기업 실적을 높이고, 이 힘으로 주가를 끌어올려 고배당에 대한 주주들의 요구 및 불만에 대해 삼성 스타일의 성장 지향 체제로 대응해 온 것이다.[11] 삼성전자의 주주 정책이 총 주주 수익에 있음은 자신들도 공언한 바이다.

낮은 배당 성향에 더해 '자사주 매입 제로' 전략까지 취하면서 수익 잉여의 대외 유출을 통제했다면 그 많은 돈은 다 어디 갔을까. 물론 앞서 본

그림 2-20 | 사내유보율 추이

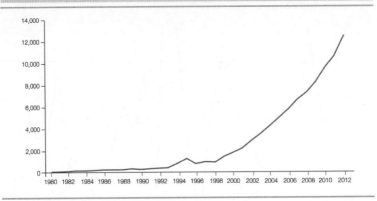

자료: 한국신용평가, kis-value.

바와 같이, 삼성전자는 대규모 설비투자와 연구개발 투자를 감행한다. 그러나 그것은 사태의 한 측면이다. 다른 한 측면은 사내유보의 축적이다. 〈그림 2-20〉은 삼성전자의 사내유보율[12]이 특히 2008년이 가파르게 상승하고 있음을 잘 보여 준다. 이 대목에서 유의해야 할 것이 있다. 투자자 주주에게조차 배당 지급을 억제하고 창출된 잉여(특히 현금)의 기업 내부 확보를 추구해 온 이런 패턴을 고려한다면, 단지 지니계수 같은 통상적 분배지표로만 소득분배 동향을 파악하는 것은 실질적 분배 불평등과 양극화를 크게 과소평가하게 된다는 것이다. 통상적인 분배 지표와 기업소득/

---

11_ 다음 기사를 참고할 것. "삼성전자 주가 오르면 배당 더 많이"(『매일경제』 2013/11/07).

12_ 잉여금을 납입자본금으로 나눈 비율(reserve ratio)을 말한다. 재무제표상에 '사내유보금'이라는 계정은 따로 존재하지 않는다. 통상적으로 자본금 항목의 자본잉여금과 이익잉여금을 합친 잉여금을 사내유보금이라 부른다.

가계소득 비중의 추이 간에는 매우 큰 간극이 존재한다. 삼성전자를 비롯한 재벌계 대기업들은 수익 잉여의 창출과 사용 방식의 통제권을 장악한 채 투자자 요구에 부응하고 이들과 상호 공생하고 있다. 이것은 삼성전자 경우뿐만 아니라 거시적 국민경제 분배 동향의 분석과 평가에서도 유의해야 할 지점이다.

## 지분 구조

삼성전자 주식의 지분 구조는 〈표 2-5〉에서 보는 바와 같다. 총계(우선주 포함)로 보면 이건희(공식 직함은 '회장'이다) 지분이 3.43%(특검으로 차명계좌 전환한 결과)이며 이를 포함해 가족 전체 4.74%, 계열사 지분은 삼성생명 7.58%를 포함해 10.56%, 총수 가문과 계열사 지분의 합계 15.32%이다. 여기에 자사주 11%를 합한 26.32%가 내부 지분이다. 국내 기관은 16%인데 그중 국민연금이 6.5%를 차지하고 있다. 한편 외국인 지분은 52%이며[13] 그중에서 씨티은행Citi Bank이 5%이다.

지분 구조를 전체적으로 볼 때, 총수 가족을 비롯한 삼성 재벌의 직접적 내부자(계열사에도 배당이 지급된다), 외자, 그리고 국민연금을 비롯한 국내 기관이 삼성전자 지분과 이익을 삼분하고 있다고 볼 수 있다. 이와 함께 주목해야 할 것은 국내 개인(소액주주) 지분이 5%(주주 수 비율은 96%)에 불과하다는 사실이다. 이것은 1998년 시점의 개인 지분율 45%(주주 수

---

13_씨티은행 외에 외국인 대주주들은 각각 1% 내외 지분을 보유하고 있는 것 같다. GOV/ SPORE 1.54%, EURO-PACIRC GROWTH FND 1.16%, ABU DHABI INVESTMENT AUT 0.85%, SSB-GITH FD AME 0.68%(삼성전자 2007년 『지속가능보고서』).

**표 2-5 | 삼성전자 지분 구조(2013년 상반기 현재)**

단위: %

| | 총계<br>(우선주 포함) | 보통주 | 총수 가족과<br>계열사 지분 | 구분 | 비율 |
|---|---|---|---|---|---|
| 총수 가족과 계열사 | 15.3 | 17.7 | 이건희 | 보통주<br>(우선주) | 3.38<br>(0.05) |
| 자사주 | 11 | 11 | 삼성물산 | 보통주 | 4.06 |
| 국내 기관 | 16 | 19 | 삼성물산 | 보통주 | 4.06 |
| (국민연금) | 6.5 | 7.4 | 삼성복지재단 | 보통주 | 0.06 |
| 국내 개인 | 5 | 5 | 삼성문화재단 | 보통주 | 0.03 |
| 외국인 | 52 | 48 | 홍라희 | 보통주 | 0.74 |
| (Citibank N.A.) | 5 | | 이재용 | 보통주 | 0.57 |
| | | | 삼성생명 | 보통주<br>(우선주) | 7.57<br>(0.1) |
| | | | 삼성화재 | 보통주 | 1.26 |
| | | | 제일모직 | 보통주 | 0.01 |
| | | | 권오현 | 보통주 | 0 |
| | | | 이상훈 | 보통주 | 0 |
| | | | 계 | 보통주<br>(우선주) | 17.67<br>(0.16) |
| | | | 계 | 합계 | 15.32 |

자료: 삼성전자, 사업보고서.

비율은 99.6%)와 비교하면 금석지감이 있다. 다시 말해 삼성전자 주식은 보통 중산층이 접근하기 매우 어려운 부자들의 금융자산이 된 것이다. 소액주주 개인 지분율이 10% 이하대로 내려간 것은 2005년 8.5%(주주 수 비율 95.2%) 때부터였던 것으로 확인된다.

우리는 〈표 2-6〉에서 훨씬 자세한 삼성전자 주식 보유의 계층구조를 알 수 있다. 이에 따르면, 2012년 현재, 주주 주 1만 주 이상 보유자 1%가 주식 주 90.5%를 보유하고 있는 것으로 나타난다. 그 반면에 50주 이하 보유자는 주주 수의 82.3%, 주식 수의 0.7%를 보유하고 있다(사실 보통 노동자 및 중산층은 50주를 갖기도 매우 어렵다). 2005년 시점에서도 1.7%의 주주가 89.8%의 주식을 독점적으로 보유하고 있었던 것은 유사했지만 2008년 위기 이후 이 경향은 좀 더 심화되었다. 따라서 주식 보유의 계층구조로 볼 때, 삼성전자의 성과 분배는 그야말로 '1%의 잔치'라 해도 과언

표 2-6 | 삼성전자 주식 보유 계층구조

단위: 명, %

| | | 1만 주 이상 | 5천~1만 주 | 1천~5천 주 | 5백~1천 주 | 1백~5백 주 | 50~1백 주 | 10~50 주 | 10주 미만 | 합계 |
|---|---|---|---|---|---|---|---|---|---|---|
| 2005 | 주주 수 | 1,487 | 692 | 2,643 | 2,342 | 12,817 | 10,284 | 35,273 | 21,968 | 87,507 |
| | 비율 | 1.7 | 0.8 | 3.0 | 2.7 | 14.7 | 11.8 | 40.3 | 25.1 | 100.0 |
| | 주주 수 | 152,800,421 | 4,976,084 | 6,014,667 | 1,694,085 | 2,911,097 | 824,505 | 826,922 | 72,091 | 170,132,764 |
| | 비율 | 89.8 | 2.9 | 3.5 | 1.0 | 1.7 | 0.5 | 0.5 | 0.0 | 100.0 |
| 2006 | 주주 수 | 1,397 | 685 | 2,842 | 2,704 | 15,478 | 13,761 | 51,085 | 35,803 | 123,756 |
| | 비율 | 1.1 | 0.6 | 2.3 | 2.2 | 12.5 | 11.1 | 41.3 | 28.9 | 100.0 |
| | 주주 수 | 151,019,605 | 4,890,920 | 6,407,547 | 1,960,912 | 3,442,289 | 1,089,234 | 1,173,954 | 127,628 | 170,132,764 |
| | 비율 | 88.8 | 2.9 | 3.8 | 1.2 | 2.0 | 0.6 | 0.7 | 0.1 | 100.0 |
| 2007 | 주주 수 | 1,298 | 671 | 2,671 | 2,586 | 15,326 | 14,216 | 54,739 | 41,793 | 133,301 |
| | 비율 | 1.0 | 0.5 | 2.0 | 1.9 | 11.5 | 10.7 | 41.1 | 31.4 | 100.0 |
| | 주주 수 | 151,619,714 | 4,751,018 | 5,987,804 | 1,867,670 | 3,380,857 | 1,120,586 | 1,244,313 | 153,634 | 170,132,764 |
| | 비율 | 89.1 | 2.8 | 3.5 | 1.1 | 2.0 | 0.7 | 0.7 | 0.1 | 100.0 |
| 2008 | 주주 수 | 1,168 | 632 | 2,523 | 2,354 | 14,619 | 14,424 | 64,365 | 56,453 | 156,539 |
| | 비율 | 0.8 | 0.4 | 1.6 | 1.5 | 9.3 | 9.2 | 41.1 | 36.1 | 100.0 |
| | 주주 수 | 152,390,395 | 4,482,863 | 5,624,909 | 1,695,673 | 3,190,039 | 1,122,197 | 1,418,487 | 201,579 | 170,132,764 |
| | 비율 | 89.6 | 2.6 | 3.3 | 1.0 | 1.9 | 0.7 | 0.8 | 0.1 | 100.0 |
| 2009 | 주주 수 | 1,248 | 628 | 2,527 | 2,051 | 11,153 | 10,571 | 44,468 | 44,678 | 117,325 |
| | 비율 | 1.1 | 0.5 | 2.2 | 1.8 | 9.5 | 9.0 | 37.9 | 38.1 | 100.0 |
| | 주주 수 | 154,006,306 | 4,464,376 | 5,758,040 | 1,487,986 | 2,440,548 | 818,475 | 986,168 | 163,797 | 170,132,764 |
| | 비율 | 90.5 | 2.6 | 3.4 | 0.9 | 1.4 | 0.5 | 0.6 | 0.1 | 100.0 |
| 2010 | 주주 수 | 1,239 | 676 | 2,604 | 1,997 | 10,876 | 10,889 | 54,525 | 61,715 | 144,522 |
| | 비율 | 0.9 | 0.5 | 1.8 | 1.4 | 7.5 | 7.5 | 37.7 | 42.7 | 100.0 |
| | 주주 수 | 153,233,828 | 4,921,623 | 5,897,272 | 1,451,055 | 2,362,654 | 822,377 | 1,182,255 | 245,810 | 170,132,764 |
| | 비율 | 90.1 | 2.9 | 3.5 | 0.9 | 1.4 | 0.5 | 0.7 | 0.1 | 100.0 |
| 2011 | 주주 수 | 1,228 | 696 | 2,531 | 1,841 | 9,450 | 9,355 | 51,828 | 72,635 | 149,565 |
| | 비율 | 0.8 | 0.5 | 1.7 | 1.2 | 6.3 | 6.3 | 34.7 | 48.6 | 100.0 |
| | 주주 수 | 153,877,635 | 4,989,421 | 5,759,520 | 1,324,258 | 2,049,103 | 699,772 | 1,118,551 | 302,594 | 170,132,764 |
| | 비율 | 90.4 | 2.9 | 3.4 | 0.8 | 1.2 | 0.4 | 0.7 | 0.2 | 100.0 |
| 2012 | 주주 수 | 1,274 | 701 | 2,653 | 1,839 | 8,621 | 8,046 | 44,017 | 63,398 | 130,550 |
| | 비율 | 1.0 | 0.5 | 2.0 | 1.4 | 6.6 | 6.2 | 33.7 | 48.6 | 100.0 |
| | 주주 수 | 153,994,200 | 4,959,147 | 6,121,514 | 1,337,894 | 1,903,561 | 605,174 | 943,324 | 251,753 | 170,132,764 |
| | 비율 | 90.5 | 2.9 | 3.6 | 0.8 | 1.1 | 0.4 | 0.6 | 0.1 | 100.0 |

자료: 한국예탁결제원, 〈증권정보포털〉.

이 아니다.[14] 삼성전자의 이런 내부자 독식의 지분 구조는 상장기업 전체의 구조와도 상당히 다른 것이다. 상장기업 평균을 보면(2010년), 10만 주

---

14_박근혜 정부는 가계소득 증대 세제 3대 패키지 중 하나로 기업소득환류세제를 실시한다고 했다. 그러나 극단적 주식 보유 집중 구조를 보이고 있는 삼성전자의 경우 그런 정책은 상위 1%의 배만 더 불리는 결과를 낳을 것이다. 『한겨레신문』의 계산에 따르면기업소득환류세제 실시에 따른 삼성전자 세부담은 "0"원으로 나타났다("투자 줄여도세부담 안 늘어 … …사내유보금 과세 사실상 말뿐," 『한겨레신문』 2014/08/06).

이상 보유자가 주주 수 0.7% 시가총액의 88%이고, 1만 주 이상 보유자는 주주 수 7.0% 시가총액의 87.8%임에 반해, 1천 주 미만 보유자는 주주 수 67.2%, 시가총액의 1.7%로 나타나고 있다.[15]

## 임금과 고용

먼저 임금 부분부터 살펴보자. 앞서 말한 바와 같이 삼성전자의 경영 성과는 특히 임원들에 대한 미국식 성과주의 보수 체계에 의해 뒷받침되었다. 이 기업에서 극심한 보수 격차는 상장기업에서 최고 수준을 자랑한다. 직원 평균 보수는 연봉 7,149만4천 원, 등기이사 평균 보수는 연봉 52억1천만 원으로 그 격차는 72.7배나 된다. 한편 삼성전자 협력사의 경우, 직원 평균 연봉 2,961만 원, 연봉 2억5,460만 원으로 격차는 8.6배에 불과하다.[16]

　　노동소득분배율은 어떤가. 1992년까지 40%대를 유지하고 있던 노동소득분배율은 외환 위기 이후 1999년부터 10%대로 추락했고, 다시 2004년부터는 한 자리 숫자인 5~6%대로 떨어졌다(2008년 6.8%, 2011년 6.5%). 이 추세에는 한편으로는 격심한 보수 격차가, 다른 한편으로는 직접 고용의 절약적이고 하청 의존/간접 고용 의존적인 생산 전략의 효과가 반영되어 있다. 직접 고용 절약 전략의 대표 지표로 볼 수 있는 전체 종사자 대비 생산직의 비중을 보면 1987~92년까지는 70%대를 유지하고 있었지만

---

15_자세한 것은 이병천(2012b)을 참조할 것.
16_『한겨레신문』의 류이근, 김경락 기자가 제공한 자료임.

그림 2-21 | 노동소득분배율과 취업 계수

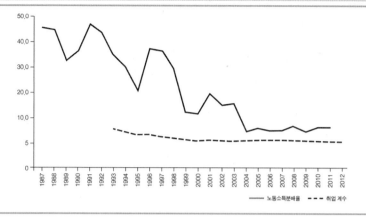

자료: 한국신용평가, kis-value; 한국상장회사협의회, 기업정보 TS 2000.

1993~96년에는 40%대로, 이어서 1997년 외환 위기 이후는 30~20%대로 급락했다. 2009년 생산직의 비중은 29.5%에 불과하다. 박정희 시대 이래 한국 경제는 기술 패러다임에서 고용 엔지니어가 큰 비중을 차지하는 숙련 절약형 성장 체제의 특징을 보였고(물론 산업에 따라 차이가 있다), 이후 빠르게 '노동 절약적' 패턴으로 나아갔다(服部民夫 2005; 정준호·이병천 2007). 삼성전자는 이 현상을 극명하게, 선도적으로 보여 준다. 삼성전자에서 연구개발 인력의 비중은 2009년 28%, 2010년 26.3%, 2011년 25% 수준으로 매우 높다.

　삼성전자 노동 지표의 악화는 글로벌경영에 의해서도 크게 영향을 받았다. 총 고용 가운데 국내 고용 비중은 지속적으로 감소하고 있다. 1998년 73.6%이던 국내 고용 비중은 2008년 52.2%로, 이어 2011년에는 46%로까지 감소했다.

그림 2-22 | 전체 종사자 대비 생산직 비중

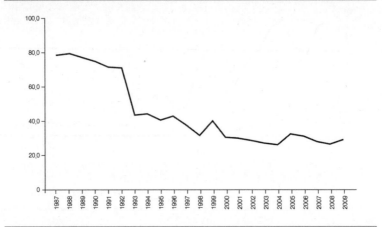

자료: 한국신용평가, kis-value.

그림 2-23 | 총고용 대비 국내 종사자 비중

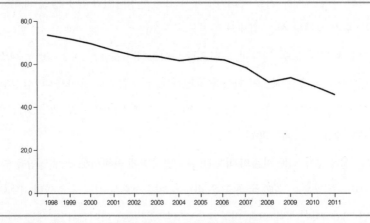

자료: 삼성전자, 사업 및 감사보고서; 『지속가능보고서』; 삼성전자 40년사 편찬팀(2010).

**협력 업체에 비용 및 위험 전가, 생태계 파괴**

삼성전자와 협력 업체의 관계는 생산 체제와 함께 이익 분배 면에서도 그 핵심적 특징을 보여 준다. 중소 부품 협력사들은 삼성전자와 스마트폰 로드맵과 매출 목표를 공유하면서 그 혹독한 스피드 경영과 비용 절감 요구에 부응한다. 심지어 삼성전자서비스의 사례가 잘 보여 주듯이, 삼성전자의 협력사 '관리' 방식은 그 인사 및 경영 전반을 실질적으로 관리해 협력사 사장은 이른바 '바지사장'에 불과한 경우도 적지 않다.[17] 이처럼 삼성전자는 수직 계열화를 통한 부품 내재화를 추구하는 한편, 협력 업체까지 포함하는 철저한 공급망 관리를 추구하면서 그 비용 절감과 위험 감수 부담을 부품 업체에 전가한다. 단가 인하로 원가 부담 떠넘기기, 빨리빨리 납품하기, 일방적인 납품 계약 변경하기 등의 압박이 대표적이다(성현석 2008). 또 이 부담은 하청 노동자에 출혈적 저임금, 살인적인 장시간 노동, 과로사, 노동시간 유연화 등으로 전가된다. 협력 업체의 처지와 삼성전자와의 관계를 수량적으로 파악할 수 있는 체계적 데이터는 취약하다. 그러나 다행히 『한겨레신문』(2013)의 조사 자료가 있다(표 2-7). 이에 따르면 2012년 현재, 삼성전자가 2006년 이익률을 능가하는 높은 실적을 거둔 것과 대조적으로, 협력 업체(680개)는 오히려 2006년 이익률보다 더 낮은 이익률을 보이고 있다. 2012년 삼성전자의 영업이익률은 협력 업체의 6.45%p나 더 높다. 또 달리 공정거래위원회의 자료가 있다(표 2-8). 이에 따르면 삼성전자의 영업이익률은 2007년 9.41%에서 2010년 1분기 14.56%로 상승한 반면, 같은 기간 협력 업체의 이익률은 6.51%에서

---

17_이에 대해서는 김주일(2008)을 참조할 것.

표 2-7 | 삼성전자와 협력 업체 매출액 영업이익률

|  | 2006 | 2008 | 2010 | 2012 |
|---|---|---|---|---|
| 삼성전자 | 11.76 | 5.76 | 11.03 | 13.11 |
| 협력 업체 | 7.02 | 5.67 | 7.09 | 6.66 |

자료: 『한겨레신문』(2013).

표 2-8 | 삼성전자 현대차와 부품 업체 매출액 영업이익률 비교

|  |  | 2007 | 2008 | 2009 | 2010 1/4 |
|---|---|---|---|---|---|
| 삼성전자 | 모기업 | 9.41 | 5.67 | 8.23 | 14.56 |
|  | 부품 업체 | 6.51 | 6.50 | 5.66 | 4.87 |
| 현대자동차 | 모기업 | 6.35 | 5.83 | 7.01 | 8.35 |
|  | 부품 업체 | 3.34 | 2.19 | 2.48 | 4.62 |

자료: 공정거래위원회.

4.87%로 하락했다. 이 하락세는 2008년 이후 현대차 부품 업체의 영업이익률이 (수준은 더 낮지만) 꾸준히 상승하고 있는 것과도 대조된다.[18]

물론 협력 업체 실적 악화의 모든 요인이 결코 삼성전자와의 하청 관계 때문이라고는 할 수 없다. 그러나 우리는 『한겨레신문』의 추계와 공정거래위원회의 추계가 유사한 경향을 보여 주고 있는 사실에 주목하고자 한다. 그것은 삼성전자와 협력 업체 간의 이익률 격차가 극심할 뿐만 아니라 2008년 이전에 비해 협력 업체의 이익률은 정체되거나 오히려 더 낮은 수준을 보여 주고 있다는 것이다. 따라서 2008년 이후 삼성전자가 스마트폰 대박을 터트리는 시기에 적어도 다수 협력 업체는 그 이익을 공유하지 못했다는 이야기가 가능하다.

---

18_김주일(2008)은 삼성전자가 자랑스럽게 내세우는 강소 협력 업체의 수익률조차도 2009년 이후 삼성전자와 격차가 확대되고 있음을 보여 준다.

표 2-9 | 삼성전자 협력 업체의 영업이익률과 매출액 증가율

| | | | 2005 | 2006 | 2007 | 2008 | 2009 | 2010 | 2011 | 2012 | 2013 |
|---|---|---|---|---|---|---|---|---|---|---|---|
| A | 이노칩 | 영업이익률 | 29.9 | 32.3 | 6.8 | 7.9 | 22.7 | 14.4 | 24.8 | 26.2 | |
| | | 매출액 증가율 | 84.3 | 51.1 | -27.4 | 1.8 | 29.9 | 5.7 | 31.8 | 2.2 | |
| B | (주)아모텍 | 영업이익률 | 13.0 | 12.7 | 13.5 | 7.5 | 8.2 | 6.4 | 2.6 | 9.6 | 10.2 |
| | | 매출액 증가율 | 3.4 | 26.4 | 11.6 | -11.2 | 10.2 | 19.9 | 2.7 | 93.1 | 31.2 |
| C | (주)캠시스 | 영업이익률 | 4.2 | 4.4 | -8.7 | 1.0 | 5.6 | 3.9 | 3.9 | 2.4 | 5.3 |
| | | 매출액 증가율 | 170.0 | 16.9 | -15.5 | 49.5 | 47.0 | -21.1 | 18.2 | 29.2 | 48.8 |
| D | 신양 | 영업이익률 | 6.8 | 5.5 | 3.2 | -2.9 | -6.5 | 1.9 | 3.5 | 0.4 | -19.8 |
| | | 매출액 증가율 | -2.9 | -1.7 | -2.1 | -11.1 | 23.8 | -12.0 | 2.8 | 31.5 | -4.1 |

자료: 한국신용평가, Kis-value.

그럼에도 불구하고 삼성전자와 협력 업체의 관계를 단지 일방적 수탈 관계로만 보는 것은 너무 단순하다. 협력 업체의 지위도 갑-을-병-정 …… 으로 이어지는 다단계 하청 고리상의 위치에 따라 다양하다. 그중에는 비록 소수에 불과하지만 우량 업체도 존재한다. 그뿐만 아니라 열악한 업체라 하더라도 삼성전자를 주요 납품처로 한다 함은 적어도 다른 업체들에 비교해 안정적 시장을 갖게 된다는 점을 고려할 필요가 있다. 대다수 전자 부품 업체들은 삼성 아니면 애플에 제품을 납품하는데, 삼성에 납품하지 못하는 업체들은 애플을 두고 치열한 시장경쟁을 해야 한다(권애라 2013). 이런 상황이 삼성전자 협력 업체의 한 가지 이점이다. 따라서 협력 업체 내부로 한 걸음 더 들어가 볼 필요가 있다. 시론적으로 우리는 〈표 2-9〉에서 삼성전자 협력 업체의 유형을 몇 가지로 나누어 보았다. 먼저 이노칩(A)인데 2011, 2012년에 25~26%의 높은 영업이익률을 기록한 강소 기업으로 삼성전자가 우량 협력 업체의 하나로 내세우는 기업이기도 하다. 삼성전자의 이익률보다도 훨씬 높다. 하지만 매출액 증가율은 그리 높은 편이 아니다. 둘째, 아모텍의 경우(B) 삼성전자 이익률보다는 낮고 2008년 이전에 비해 이익률이 낮아졌지만 그런대로 견고한 이익률을 유지하고 있다. 매출액 증가율은 이노칩보다 양호하다. 셋째, 캠시스의 경

우(C) 영업이익률은 매우 낮다. 그렇지만 매출액 증가율은 높다. 마지막으로 신양(D)인데 영업이익률이 바닥 수준일 뿐더러 매출액 증가율조차 부진하다. 이런 유형들 중에 수적으로는 C와 같이 영업이익률은 낮지만 매출액 증가율은 높은 기업체군들이 매우 많을 가능성이 있다. 다시 말해 공정거래위원회나 『한겨레신문』 조사에서 나타난 평균 이익률에 미달하는 협력 업체군들이 매우 많고 그들은 상대적으로 안정적 납품이 주는 이득 때문에 낮은 이익률의 불이익을 감수하고 있을 것이다.[19]

마지막으로 B 유형 아모텍에 대해 추가적으로 언급하려고 한다. 이 업체는 삼성전자에 세라믹칩과 안테나를 납품하는데, 노동자들의 과로사 사망 사건이 발생해 〈근로기준법〉 위반으로 고발된 바 있다.[20] 이 업체의 상황에 대해 한 비판적 관찰자는 다음과 같이 쓰고 있다.

요 몇 년간 전자 산업은 가장 큰 수출산업이 되었고, 그에 따라 필요한 제품의 수량도 크게 늘었다. 대기업에 물건을 납품하는 중소기업 아모텍 또한 물량 압박에 시달렸다. 공장은 자꾸 커졌다. …… 공장 노동자들은 한 달에 한 번 쉬기도 어려워졌다. 공장이 팽팽 돌아갔다. 내려오는 물량 주문서에 '긴급'을 넘어 '초', '초초'이라는 말이 붙어 왔다. …… 삼성전자의 연 순이익이 10조 원인 요즘, 전자 제품 부품 회사들 또한 이 향연에 동참하고 있다. 이들의 돈 잔치는 대기업이 납품 업체를 고를 때 내세운다는 '저가 생산'에서 비롯한 것이었다. 저가

---

19_『한겨레신문』의 조사를 보면, 삼성전자 지정 10개 강소 기업의 매출액 신장률은 높으나 영업이익률은 지속적으로 하락했다(곽정수, "삼성전자 지정 강소기업들, 매출 뛰는 데 수익성은 내리막," 『한겨레신문』 2014/05/12).

20_"삼성전자 하청 업체 아모텍, 과로사 방지 대책 마련해야"(『매일노동뉴스』 2013/06/27); "삼성 스마트폰에는 노동조합이 필요하다"(『매일노동뉴스』 2013/07/10).

그림 2-24 | 아모텍의 영업 상황

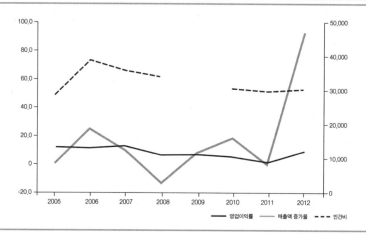

자료: 한국신용평가, Kis-value.

생산을 위해 빈 차장 자리를 메우지 않았다. 원래 생산비용 중 으뜸가는 것인 인력 비용이기 때문이다(희정 2013a).

아모텍은 A급 협력 업체라고는 할 수 없지만, 이익률이 비교적 견고하며 매출액 증가도 양호하다. 그렇지만 이 업체에서 일하는 노동자들은 살인적인 스피드와 장시간 노동에 시달리고 과로사로 죽어 나가기도 한다. 〈그림 2-24〉에서 보듯이, 매출액이 크게 증가 추세를 보이고 영업이익률도 호전되고 했음에도 불구하고 인건비(종업원 1인당, 1천 원)는 거의 변화되지 않았다. 생산 총비용 대비 인건비 비중은 크게 감소했다. 위의 인용문이 말하듯이 아모텍은 전자 사업 호황의 '향연에 동참'하고 있음에도 불구하고 저가 생산을 위해 인건비 절감 전략을 추구하고 있다. 아니 인건비 절감을 통해 향연에 동참하고 있다고 할 수 있다. 이런 아모텍의 사례는 우량 부품 업체에서 노동문제는 단지 모기업의 수탈에만 귀착시

킬 수는 없으며 부품 업체 자체 수준의 독자적 노사관계 문제로 접근해야
함을 말해 준다.


## 납세 무책임

삼성전자는 대한민국 기업 중에서 가장 많이 세금을 내는 기업이기는 하
다. 적어도 이 부분에서 우리는 삼성전자가 한국 국적을 가진 기업인 것을
다행스럽게 생각한다. 삼성전자는 앞으로도 계속 국적 기업으로 남아야
한다. 삼성전자의 납세 기여도는 매우 크다. 그렇다 해도 삼성전자가 납
세 책임을 다하고 있다고 할 수 있는가. 이 문제는 전혀 그렇지 않다. 삼성
전자는 세금을 제대로 내지 않고 있다. 공정한 납세 책임이란 소득 대비
세율로 따져야 한다. 누진과세 원칙은 삼성전자에는 전혀 적용되지 않고
있다. 삼성전자의 실효 법인세율은 웬만한 중소기업보다 더 낮다.

　법정 최고 법인세율은 24.2%이다. 그러나 삼성전자의 법인세 실효세
율은 이명박 정부 5년 동안 평균 12.8%로 그 절반 수준에 불과했다. 외환
위기 이후 전반적 추이를 보자면, 1998~2002년 김대중 정부 시기 평균
20.4%에서 2003~07년 노무현 정부 시기 15.0%로, 다시 2008~12년 이명
박 정부 시기 12.8%로까지 엄청나게 낮아졌다(그림 2-25). 그런데 왜 이렇
게 실효세율이 낮아졌을까. 그 이유는 무엇보다 각종 명목의 세액공제와
감면 때문이다. 특히 이명박 정부 시기 대대적인 감세 조치가 단행되었는
데 삼성전자가 단연 그 최대 혜택을 누렸다. 삼성전자가 2008~12년 사이
에 공시한 세액공제 금액은 6조7천억 원인데, 이는 같은 기간 부담한 법
인세비용 7조8천억 원의 무려 86%에 달하는 수준이다. 또 삼성전자의 세
액공제 금액은 같은 기간 법인세 전체 공제 감면액(40조7백억 원)의 16.7%
를 차지했다. 2012년만 보면 삼성전자 세액공제 감면액은 1조9천억 원으

그림 2-25 | 삼성전자의 실효 법인세율 추이

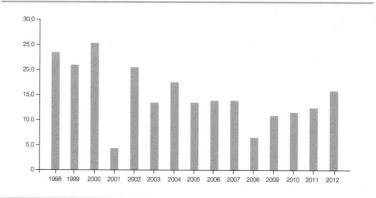

자료: 강병구(2013).

로 전체 감면액 9조5천억 원의 19.7%에 이른다.[21]

그런데 세액공제 내역으로 한 걸음 더 들어가 보면 또 다른 흥미로운 대목이 나타난다. 가장 큰 비중을 차지하는 공제 항목은 임시투자세액공제, 연구 인력 개발비 세액공제, 그리고 외국납부세액공제다. 그중에서도 오랫동안 임시투자세액공제 항목이 가장 컸다. 그러나 2008년부터는 외국납부세액공제가 임시 투자 공제 항목을 제치고 최대 항목으로 부상했다(그림 2-26). 임시 투자 공제가 20% 내외로 정체하고 있음에 반해 외국납부세액공제는 2007년 20.6%, 2008년 23.2%에서 2012년 무려 38.1%로 뛰어 올랐다. 이는 대기업 전체 상황이긴 하지만, 2008년 이후 삼성전자의 글로벌화 또는 초국적화가 그만큼 급속하게 진전되었음을 반영한

---

21_박원석 의원실 분석에 의존한다.

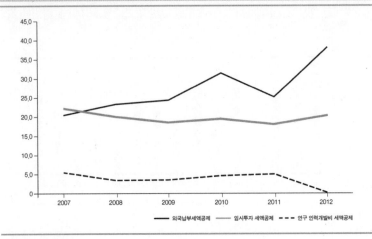

그림 2-26 | 세액공제 내역 추이(대기업)

자료: 국세청, 『국세통계연보』.

다. 또 다른 지표로 삼성전자의 전체 납세액(해외 납세 포함)에서 차지하는 한국 납세액 비중이 어떻게 변화했는지를 볼 수 있다. 그 비중은 2007년 81%에서 2008년 66%, 2009년 55%로 격감했다. 2012년에는 65%로 높아지긴 했지만 2007년에 비해 16%p나 낮은 수준이다.

외국납부세액공제는 이중과세를 방지하기 위한 것이긴 하지만, 이 제도는 세금이 더 낮은 해외 지역으로 투자를 유도하면서 국가 간 세금 인하 경쟁, 그리하여 기업의 납세 무책임을 조장하는 경향이 있다. 이상을 요약하면 세액공제 내역으로 보나 납세 내역의 변화로 보나, 2008년 이후 삼성전자의 글로벌화가 삼성전자의 납세 무책임을 심화시키고 있는 것이다.

## 5. 맺음말: 삼성전자에서 경제민주화와 동반 성장의 길

이 글은 이명박 정부 집권과 거의 겹치는 2008년 세계 금융 위기 이후 변화를 중심으로 삼성전자의 축적(생산과 분배) 방식을 분석하는 것이었다. 수출과 주식시장 두 측면에서 삼성전자가 한국 경제에서 차지하는 비중은 2008년을 분기점으로 훨씬 더 높아지고 주도력도 강화되었다. 이를 가능케 한 생산 체제 측면의 기반으로는 먼저 높은 투자 성향을 들 수 있다. 삼성전자의 설비 및 연구개발 투자 동향에서 우리는 이 기업이 단기 수익 추구에 얽매이는 것이 아니라 슈퍼 제조 기업으로서 투자 전략을 추구하면서 성장성과 수익성을 자기 방식으로 조절해 나갔음을 볼 수 있다. 삼성전자는 실물 경쟁력을 증강하고 이 힘으로 수출 주도 성장으로 나아가며 투자자 요구에도 부응하는 금융시장 친화적 '신개발주의' 전략을 추구했다.

그렇지만 삼성전자의 생산 체제에서 무엇보다 주목해야 할 핵심적 특성은 외주 생산을 활용하는 애플과 달리 핵심 공정을 자체 생산하는 수직 계열화 전략을 추구한다는 것이다. 나아가 협력 업체까지 포함하는 철저한 공급망 관리를 추구한다. 바로 여기에 한국 최고 재벌계 대기업체로서 삼성전자의 빛과 그늘이 잘 담겨 있다. 하청 업체 관리의 핵심은 생산의 일체화, 비용과 위험의 외부화에 있다. 이 방식으로 삼성전자는 '재벌 내부 경제'의 이점을 십분 활용하는 한편, 비용과 위험부담 그리고 책임을 부품 업체에 전가하며 공생의 생태계와 '외부경제' 발전을 억압한다.

분배 체제는 주주, 노동자, 협력 중소기업 그리고 조세 납부 등 네 가지 측면에서 분석했다. 삼성전자의 성공과 이익이 다수 이해 당사자에게 파급되고 확산되는 기제는 매우 취약하며 내부자와 외부자 간 격차와 분열을 심화시켰다. 주주들은 배당보다 급등한 주가 차익으로 이익을 얻기는 했다. 그러나 주식 보유 계층구조로 볼 때 이는 거의 '1%의 잔치'에 불과하다. 보수 격차, 노동소득분배율, 생산직 비중 등으로 본 주요 노동 지표들은 모두 크게 악화되었다. 2008년 이후 대다수 협력 업체들의 이익률은 삼성전자와 극심한 격차를 보일 뿐만 아니라 이전 시기보다 더 낮아졌다. 그리고 삼성전자의 실효 법인세율은 법정 최고 세율의 절반 수준에 불과했다. 이는 이명박 정부 시기의 유례없는 감세 정책, 각종 세액공제의 지속, 그리고 글로벌경영의 심화에 기인한다.

지금까지 이 글의 분석에 따르면 삼성전자의 성공과 성과가 다수 이해 당사자에게 파급되고 확산되는 기제는 취약하다. 한편으로 삼성전자의 수출 독주와 주가 상승, 그에 따른 거대한 이익 창출 그리고 다른 한편으로 다수 대중의 삶의 개선 간의 연결 고리는 미약하다. 삼성전자의 일방적 독주는 '1%' 소수 내부자의 협소한 이익을 대변하는 것은 아닌지 하는 의문까지 갖게 된다.

각도를 바꾸어 한국 상황을 일본 상황과 비교해 보자. 우리는 그간 한국 경제가 일본 모델을 모방 추격했다는 이야기를 많이 해 왔다. 그러나 일본과 비교할 때 세계화 시대 한국 경제는 또 다른 대목들이 있다. 삼성전자가 소니를 추월하는 사태가 일어나는 등 일본을 넘어 선 부분이 있다. 또 다른 측면으로 한국 경제는 여전히 무소불위 재벌이 지배하고 있고 쏠림이 너무 심하다. 일본처럼 재벌을 규율하는 주거래 은행제와 내부 노동시장을 발전시키지 못했다. 또 경제의 허리인 중소기업의 경쟁력이 취약하기 짝이 없다. 그리고 수출 주도 첨단 조립형-고용 절약형 산업 발전 패턴으로 인해 그 국내 파급효과가 미약할 뿐더러 대외 충격에 취약하다. 이 모두 일본 보다 뒤떨어진 대목이 아닐 수 없다. 바로 삼성전자에 한국 경제의 이 약한 고리들이 잘 응축되어 있는 것이다.

우리의 분석은 삼성전자의 경제민주화의 길, 즉 그 지배 구조, 생산 체제 및 이익 분배 방식을 민주적으로 재구성함에 있어서 우선적으로 '무노조' 경영의 타파와 함께, 연기금의 중요성을 다시금 깨닫게 한다. 삼성전자에 대한 국민연금 지분 7%는 결코 가볍게 볼 일이 아니다. 만약 오늘의 한국이 지난 시기 일본이 걸어간 경로처럼 주거래은행제를 통한 금융 감시 방식을 발전시키기 어려운 상황이라고 한다면, 국민연금이라는 공공 금융을 지렛대로 한 지배 구조의 새 틀 짜기는 매우 중요한 대안으로 떠오른다. 이 대목에서 노동 및 시민운동의 시야 확대와 시선 집중이 필요하다. 물론 이를 위해서는 국민연금의 운용 목표를 공공성을 중시하는 방향으로 전환하고 기금운용위원회도 가입자 대표성을 강화하는 방향으로 개편할 것이 요구된다.

오늘날 우리는 스마트폰 이후 삼성전자의 미래가 매우 불안하다는 소식을 듣고 있다. 특히 휴대폰 분야에서 중국이 무섭게 추격하고 있다. 태양전지, 자동차용 전자, 발광다이오드LED, 바이오제약, 의료 기기 등 5대 신수종사업을 내걸고 있지만 그 미래는 불확실하다. 그러나 삼성전자의 미래란 단지 새로운 사업, 새로운 기술을 개척하는 문제만은 아니다. 삼성전자가 이익을 독식하면서 비용은 사회화하는 무책임 기업에서 민주적 책임을 이행하고 이익을 공유하는 시민 기업으로 거듭나려면 노동자와 협력 중소 부품 업체를 비롯해 다수 이해 당사자와 함께 상생하는 확실한 연결 고리가 만들어져야 한다. 시대착오적 무노조 경영을 탈피하는 노동 기본권의 확실한 보장, 백혈병 등 직업병 피해자에 대한 진정한 사과와 보상 및 재발 방지의 제도화, 협력 업체들과 상생의 생태계 구축, 공정한 납세 책임 이행과 복지국가 건설에의 기여, 편법 불법적 경영권 승계와 부의 세습 지양, 해외투자의 국민경제 연계(산업 연관, 일자리 창출) 효과의 제고, 휴대폰을 비롯한 제품의 공정한 소비자가격 보장 등의 문제에서 획기적인 진전이 이뤄져야 한다. 삼성전자 스스로 형식적인 '사회 책임 기업' 홍보[22]가 아니라 생산과 분배 체제의 민주적 새 틀을 짜는 일에, 노동기본권을 보장하고 기업/산업의 생태계 규율이 제대로 세워져 있으며, 수출과 내수의 두 발로 걷는, 민주적이고 균형잡힌 조정시장경제를 구축하는 일에 앞장서야 한다. 삼성 자신의 노력과 함께, 삼성에 끌려다니며 이를 비호해 온 정부의 정책에 획기적 변화가 있어야 함은 두말할 것도 없다. 특히 조세정책의 기본 방향에서 삼성의 사회적 책임을 강제하는 근본적 변화가 절실하다.

최근 예외적인 '삼성특별법'을 만들어야 한다는 주장이 제기되기도 했다.[23] 왜 삼성에 그런 예외적 조치가 필요한지 납득하기 어렵다. 지금 우리에게 절실히 필요한 것은 삼성을 특별 우대하는 그 어떤 예외 법을 만드는 것이 아니라 위와 같은 일련의 대목들에서 '비정상의 정상화' 조치다. "창조 경제가 꽃을 피우려면 경제민주화가 이루어져야만 합니다." 이는 다름 아니라 현 시기 대한민국 대통령이 했던 말이다. 명실상부한 경제민주화 그리고 이와 선순환하는 모두를 위한 경제 살리기의 길, 독식 성장에서 공유 성장으로 가는 길은 다름 아닌 삼성전자 그리고 삼성 재벌에서부터 시작되어야 한다.

---

22_한겨레신문사는 2013년 아시아미래포럼에서 삼성전자를 사회책임경영 우수 기업으로 선정했다. 이에 대한 문제 제기로는 이병천(2013)을 보라.
23_다음 기사를 참조. "장하준 교수 삼성특별법 제안 논란"(『한겨레신문』 2014/07/29).

# 3장

# 법을 조롱하는 자

## 삼성 재벌의 탈법행위와 특권

조승현

## 1. 들어가는 말

**재벌의 족벌 경영과 세습 그리고 초법적 계약 관행**

삼성SDS의 상장 예정 소식이 나온 지 얼마 되지도 않아 2014년 6월 3일 삼성에버랜드 이사회는 에버랜드의 상장을 발표했다.[1] 이들의 상장 소식

---

• 이 글은 2008년에 이루어진 일차 작업의 성과인 조돈문 외(2008)의 후속 작업 중 하나로 기획된 것으로, 2013년 12월에 발표되었고 개인 사정으로 민주사회정책연구원에서 발간하는 『민주사회와 정책연구』 7월호에 이미 게재되었고 여기의 내용은 그것과 대부분 동일한 내용임을 밝힌다.

1_법학 교수들이 에버랜드 전환사채 저가 발행을 배임 혐의로 2000년 6월 1일 고발한 지

은 다시금 세간을 떠들썩하게 했던 사채의 저가 발행 사건을 떠올리게 한다.[2] 삼성 재벌은 2014년 현재에도 "위기 탈출을 위한 경영의 효율화와 글로벌 경쟁력 확보"라는 구호 아래 합병 등을 포함한 기업의 구조조정을 끊임없이 단행하면서 3대에 걸친 경영권의 세습을 거의 마무리하고 있다.[3] 삼성에버랜드와 삼성SDS 사건은 국민들 사이에서뿐만 아니라 법학에서도 커다란 파장을 불러일으켰다.[4]

재벌의 '경영권 대물림의 방식'과 '기업 조직 운영 방식' 및 '초법적 거래 관행'에 대한 사법부의 판단을 놓고 여러 가지 견해가 나왔고 나름대로 근거가 있는 것이지만 그런 평론들은 사건들 개개에 관한 평가였다고 말할 수 있다. 논리의 충돌 지점은 항상 극과 극의 형태인 합법과 불법이었다. 중간 지대는 없는 것처럼 보인다. 극렬한 대립의 원인은 무엇인가? 누가 법을 왜곡하고 있는 것일까? 이에 대해서 필자는 이 문제를 좀 더 현실

---

15년이 막 지난 시점이다. 이로써 이재용은 7천7백 원에 인수한 에버랜드 주식과 7,150원에 인수한 삼성SDS 주식을 각각 187만 원(예상)과 18만 원에 상장 처분할 수 있게 되어 대략 5조 내지 6조 원에 달하는 자본이득을 취할 수 있게 되었다("에버랜드 상장 결의…'삼성 3세 경영' 가속도." 『한겨레신문』 2014/06/03).

2_법학 교수 43명들이 에버랜드 이사진을 고발한 사건에서 1심(서울지법 2005.10.4., 2003고합1300)과 2심(서울고법 2007.5.29., 2005노 2371)은 유죄 그리고 대법원은 무죄를 선고했다(대법원 2009.5.29. 선고 2007도4949 전원합의체 판결). 그리고 조준웅 특별검사의 기소에 대해 대법원은 에버랜드 건은 무죄, 삼성SDS건은 유죄를 인정했다(대법원 2009.5.29. 선고 2008도9436 판결).

3_2013년의 삼성SDS와 삼성 SNS네트워크의 합병에 이어 2014년에도 삼성SDI와 제일모직, 삼성종합화학과 삼성석유화학, 삼성물산과 삼성엔지니어링 간 합병이 진행 중이다. 삼성의 소유 지배 구조에 관한 자료로는 송원근(2013) 참고.

4_이 사건들의 회사법상 의미와 관련해서는 장덕조(2006; 2007)를 참고.

적인 시각에서 정밀하게 분석하고 그 규범적 성격을 규명하지 않는다면 애매한 경계 속에 규범의식이 형해화될 것이라고 생각해 왔다. 이 문제에 대한 필자의 대답은 간단하다. 합법의 영역이라면 행위의 자유를 최대한 보장하되 문제점을 제도적으로 보완해야 할 것이고, 불법이라면 정의의 칼날로 단호하고 명확하게 선을 그어야 한다는 것이다. 그런데 문제는 만약 합법과 불법의 판단이 명확하지 않고 보는 관점에 따라 결과가 달라질 수 있는 애매한 영역의 문제가 본질적으로 놓여 있다면 이에 대한 판단은 좀 더 분석적이고 종합적으로 규범적 판단 속에서 결론을 내려야 한다는 것이다. 이 문제에 대한 해답을 찾기 위한 노력은 이미 오래되었다. 이 문제에 대한 고민은 이미 2000년 6월 법학 교수들이 에버랜드 전환사채발행 문제를 놓고 배임죄로 고발하면서 이미 시작되었다. 그리고 시민단체에서 민사상의 효력을 다투는 무효 소송을 제기하면서 삼성의 문제는 한국의 규범의식과 법치주의 수준을 가늠하는 척도가 되었다. 전환사채발행에서 시작된 문제는 일감 몰아주기와 불공정거래 관행을 통한 〈공정거래법〉의 문제, 도급을 통한 근로관계의 부정과 〈노동법〉의 회피 문제로 확산되었다.

## 합법인가 불법인가?

삼성 등의 사례들은 합법인가 불법인가? 민사사건으로 진행된 사건들에서는 합법으로서 유효하다는 판단을 받았고 형사사건으로 대표적인 사례가 되는 에버랜드 사건은 무죄로 판단되었다.[5] 그리고 세법이 개정되기 전에 이미 전환사채(CB)나 신주인수권부사채(BW) 발행과 주식의 처분이 이루어졌기 때문에 불법적 탈세라고 말할 수도 없었다.[6] 회사기회 이익의 편취(또는 몰아주기)에 의한 부의 축적이나 승계 방식에 대해서도 이를 규제하는 직접적인 법이 없는 상태였기 때문에 대법원의 판단을 인정하면서 동시에 법 실무적 관점에서 본다면 이를 바로 불법이라고 말하기에는 힘들게 되었다.[7] 그렇다면 불법이 아니기 때문에 합법인가? 특히 법률 회피적 행위가 두드러진 경우 이를 어떻게 평가할 것인가? 필자는 지난 삼성 보고서에서 불법이 아니라고 해서 모두 합법이 되는 것은 아니기 때문에, 사실행위와 법령의 취지에 대한 해석이 필요한 탈법의 세계가 아닌가 하는 의문을 제기했고(조돈문 외 2008), 지금에 이르러서는 이 개념이 경영권 세습과 비정상적 경영 조직 운영 및 거래 관행을 쉽게 설명하고 형상화하는 개념이라고 판단한다. 즉 불법이 아니라고 해서 그 행위가 합법적으로 정당화될 수 없고 그런 행위는 또 다른 차원에서 다시 한번 규범 판단의 대상이 되어야 하고 이를 탈법행위 영역으로 분류할 수 있다고 본다.[8]

---

5_비록 특검이 제기한 삼성SDS 사건에 대해서 법원은 배임에 관한 유죄를 인정했지만 그 사법적(私法的) 효과와 관련해서는 이미 발행된 사채발행이 무효가 되는 것도 아니어서 민사적으로는 합법성을 부정하고 무효를 이끌 만한 법 형식은 현재까지 없다. 만약 이 중 대표소송이 받아들여진다고 하더라도 이는 마찬가지라고 판단된다.

6_이는 주관적 해석 방법론인 입법자의 의사를 최대한 확장하더라도 조세 법률주의상 포섭될 수 없는 사례이다.

7_필자 개인적으로는 대법원의 판단은 분명 문제가 있다고 판단되지만 그렇다고 배임죄의 취지나 법률 성격상 위법성이나 배임죄의 경계가 명확한 것은 아니라고 생각된다.

8_우리나라에서 탈법행위라는 개념은 일본의 하도야마 히데오가 처음 사용한 탈법행위의 개념으로 이해되고 있다. 하도야마에 따르면 탈법행위란 "법률이 금지하고 있는 법률 행위 수단을 회피함으로써 그 금지된 법률행위의 효과와 동일한 법률효과를 다른 우회 수단을 통해 달성하는 법률행위"를 의미한다고 한다(鳩山秀夫 1910, 84).

## 탈법행위를 어떻게 보아야 하는가?

탈법행위와 관련해서 가장 중요한 문제는 이 현상이 개인의 자유로운 행위 영역(행위 형성 가능성의 자유 영역)에 속하는 것인지, 아니면 법적 차원에서 그 효력을 다투어 규율할 수 있는가를 가름하는 기준이 있는가이다.[9] 만약 이 문제가 법적 차원에서 그 효력을 다툴 수 없는 문제라면 탈법행위 현상은 규범적 차원의 문제가 아니라 도덕적 차원의 문제로서 '부도덕하거나 정의의 감정에 비추어 비난 받아' 마땅한 것이지만 법적으로 규제할 수 없는 자유로운 영악한 행위에 속할 뿐일 것이다. 그와는 달리 이 문제가 법적 차원에서 규율되어야 하는 문제라면 그 성격을 명확히 하여 보호할 행위의 자유는 최대한 보호하고 그렇지 않는 행위에 대해서는 엄격하게 법을 적용함으로써 법의 안정성과 실효성을 기해야 한다.

## 탈법행위의 대표적 사례

탈법행위와 관련된 사례는 독일[10]이나 영미[11]에 오래 전부터 알려져 왔다. 탈법행위에 대한 이해를 위해 하나의 예를 들어 보자. 중세 시대에는 이자를 금지하는 〈이자금지법〉이 있었다고 한다. 그런데 이런 〈이자금

---

9_독일의 과거 학설 중에는 이런 탈법행위를 일종의 가장행위로 이해하는 견해도 있었으나 지배설은 이를 부정한다. Flume(5판, 408) 참고.

10_독일의 사례로는 BAGE 10,65. NJW 196; BFH BStB1. 1999; BGH RdL 57, 173(176); BGHZ 2,176; BVerfGE 25, 371(407); BVerfGE 95, 267(303) 등을 참고. 이에 대한 자세한 설명은 Teichmann(1962); ders, JZ 2003, 15/16 참고.

11_영미 특히 미국의 사례로는 United States v. milwaukee Refrigertor Transit Co. (1905); Hoggings v. California Petroleum and Asphalt Co, etal(1905); United States v. Lehigh Vally Rail-road Co.(1910) 등을 참고.

지법〉을 회피하기 위해 소를 매매 형식(일종의 양도담보나 환매조건부 매매)으로 팔고 점유 개정 형식으로 매도인이 임차인이 되어 소를 계속 점유하면서 매달 이자에 해당하는 임차료를 매수인(임대인)에게 지불하는 방법을 통해 실질적으로 〈이자금지법〉 내지 〈이자제한법〉의 적용을 피할 수 있었다.[12] 이런 법률관계를 어떻게 평가할 것인가? 실질적으로는 이자의 효과를 거두는 것이지만 이런 매매 계약과 임대차 계약은 행위 형식의 자유에 속하기 때문에 〈이자금지법〉의 적용을 받지 않는다고 보아야 하는가? 아니면 해석상 실질적으로 이자에 해당하기 때문에 행위 형식의 자유에도 불구하고 〈이자금지법〉을 적용해 금지법에 따른 형벌을 부과하고 이런 계약을 무효로 할 것인가? 일찍이 독일에서는 탈법행위에 대한 격렬한 논쟁이 있었다. 이 논쟁에서는 탈법행위 현상이 일반적인 위법행위와 어떻게 다르고, 제도적으로 이런 개념을 독자적인 개념으로 인정하고 법으로 규율할 수 있는가의 문제가 다루어졌다. 이 문제에 대한 결론이 명쾌하게 내려진 것은 아니지만 대체로 독일의 학설은 이는 법률 흠결의 문제이자 해석의 문제로 파악하고 있다.[13] 법률이 흠결되어 있을 경우 이 문제에 대한 대응은 먼저 국회 등 입법자가 법을 잘 만들어서 이런 현상이 발생하지 않도록 하는 것이 가장 현명한 해결 방식이다. 그런데 문제는 '구멍 난 데가 없이 완벽한 법이란 없다'라는 것과 법이 흠결되어 있는 동안 나타난 탈법행위 현상이라고 하더라도 규범적 판단을 미룰 수 없는 끊임없는 법관의 임무가 존재한다는 사실이다. 즉 법이 흠결되어 있고 따라서

---

12_Neumann, Geschichte des Wuchers in Deutschland, S. 443f. Teichmann, a.a.O., S. 6f에서 재인용.

13_Teichmann, a.a.O., S. 93ff. 자세한 것은 조승현(2011) 참고.

법적 제재를 가할 수 없다는 견해가 있다고 해서 법의 흠결이 합법을 보장하지는 않는다는 점이다. 법의 흠결이 있더라도 법관은 현행법의 정신과 법의 목적과 취지를 감안해 해석을 하고 이를 규율할 수 있어야 한다. 문제는 법을 교묘히 이용하고 강행 규정들을 의도적으로 회피함으로써 탈법이 일반화되면 이는 곧 규범의식의 해체와 법의 지배를 허무하게 만든다는 사실이다. 삼성의 사례는 그 극점에 서있음을 구체적인 소송 사건과 거래 관행이 보여 주고 있다고 생각한다.

## 왜 삼성인가?

재벌들의 경영권 세습과 비정상적 경영은 삼성만의 문제는 아니다. 이 글에서 문제 삼고자 하는 비정상적 부의 축적과 경영권 승계 과정, 내부거래와 일감 몰아주기, 부당한 도급과 갑을 계약의 횡횡, 노조 배제 정책은 한국의 10대 재벌의 공통의 문화라고 보인다. 그럼에도 불구하고 이 글에서 삼성을 대상으로 삼은 것은 다음과 같은 이유에서이다.

첫째, 대한민국에 대한 삼성의 지배력과 영향력이 어느 재벌보다 강하고 광범위하다는 점이다.[14]

둘째, 전환사채를 경영권의 승계 내지 세습 목적으로 이용한 것은 삼성이 최초였다는 점이다. 즉 에버랜드나 삼성SDS 등 삼성 계열사들의 전환사채 또는 신주인수권부사채 사건은 사채를 통한 3세 승계의 길을 터준

---

14_삼성의 경제적 지배력과 관련해서는 경제개혁연구소(2014); 김상조(2007); 송원근 (2008) 참고. 사회·정치적 지배력과 관련해서는 송태수(2008) 참고. 언론의 지배력에 관해서는 이정훈(2008, 97-131). 안은주(2008, 132-163); 이병천(2013) 참고.

시발점이 되었다.

셋째, 삼성 앞에서 사법 정의가 무력하다는 점이다. 떡값 시비부터 각종 차명 주식이나 비리 의혹 등 배임죄로 시작된 삼성 문제는 특검까지 가기에 이르렀지만 대부분 법적 면죄부를 받기에 이르렀는데, 이 면죄부가 일반 법상식의 관점에서 전혀 설득력이 없고 형평에 반한다는 점이다. 예를 들어, 비슷한 사건에서 전환사채에 대한 저가 발행을 이유로 어떤 기업은 유죄 선고를 받은 반면, 삼성은 무죄를 선고 받았다는 사실이다.[15]

넷째, 글로벌경영을 추구한다는 삼성이 가장 두드러지게 〈노동법〉과 〈공정거래법〉 및 〈세법〉 등을 교묘하게 회피하고 무시하고 있다는 점이다(조돈문 2014).

### 법을 조롱하는 삼성가, 그리고 그들을 따라가는 재벌들(탈법의 벤치마킹)

이건희-이재용으로 이어지는 부의 축적과 경영권 승계 과정, 내부거래와 일감 몰아주기, 부당한 도급과 갑 계약, 근거 없는 과잉 배당,[16] 무노조-

---

15_동일한 사안임에도 불구하고 에버랜드 등에서는 무죄를 선고한 반면, 다른 사건에서는 유죄를 인정한 사례가 있다. 대법원 2001.9.28. 선고 2001도3191 판결 참고.

16_2014년 금융감독원 전자공시시스템에 게재된 33대 기업집단 소속 비상장사 1,098개의 2013년도 감사보고서를 분석한 결과에 따르면, 총수와 친인척들은 적게는 1인당 수천만 원에서 많게는 수백억 원대의 배당을 챙겼다. 심지어는 적자인 기업(현대 등)의 경우에도 수십억씩 배당을 하는 사례가 있었다. 삼성그룹 비상장사인 삼성SDS와 삼성자산운용은 이재용 삼성전자 부회장에게 각각 22억 원과 14억 원을 배당했다. 삼성 SDS는 이부진 호텔신라 사장과 이서현 삼성에버랜드 사장에게도 7억5천만 원씩을 배당금으로 지급했다( 2014년 금융감독원 전자공시시스템 각 기업별 2013년 결산보고서 참고).

비정규 정책의 대부분을 한국의 재벌들은 모방해 왔거나 아니면 따라 배우기를 해왔다. 1996년부터 지금까지 재벌들의 행태를 창조하고 리드한 것은 이건희-이재용 사례였다. 전환사채와 신주인수권부사채로 삼성 비서실이 이건희의 자녀들에게 천문학적인 부를 안겨다 주는 프로그램을 시행하자마자 현대, SK, LG 등이 이를 모방하거나 변형된 형태로 "따라 하기"를 해왔고 삼성이 새로운 유형의 탈법을 창조하면 사회 여론에 못 이겨 국가는 뒤늦게 구멍 난 법들을 땜질하기에 바빴다. 이건희-이재용 부자의 행태는 경영권 세습과 관련해 탈법의 원조라 칭할 만하다. 차명과 명의 신탁을 통해 국가의 금융 통제를 무력화했고, 자본조달의 필요성에서 만들어 놓은 CB와 BW 제도를 교묘하게 악용해 세금을 내지 않는 신종 탈세(세금 없는 부의 세습) 방식을 창조했다(경제개혁연구소 2012). 도급과 프랜차이즈 대리점 계약 제도 등을 악용해 〈노동법〉과 〈공정거래법〉을 허당으로 만들었다. 합병 등을 통해 일감 몰아주기 규제를 교묘하게 회피하고 있다. 한마디로 한껏 법을 조롱하면서 법치주의를 희롱하고 있는 것이다. 세습 과정은 이미 여러 번 소개되었으므로 여기서는 기억을 새롭게 하고 법적 의미를 되짚는 차원에서 약술하고 최근에 새롭게 제기되는 문제는 좀 더 상술하는 방법으로 탈법 과정을 논증해 보고자 한다.

삼성 사례들이 탈법의 극치를 보여 주고 있음이 명확함에도 불구하고 헌법기관의 세 권력인 입법부·행정부·사법부가 삼성의 관리를 받았다는 혐의로부터 자유롭지 못했고 그런 연유로 이 문제에 대해 관용적이었고 심지어는 우호적이기까지 했다는 사실, 그리고 언론들도 대부분 시장의 보호라는 명목으로 이를 감쌌다는 사실은 규범의식의 해체이자 한국 법치주의의 위기가 아니고 무엇이겠는가?

삼성 사례를 면밀히 살펴 여기서 나타난 법적 문제점들을 분석하고 그 대안을 고민하는 것은 재벌 집단에 대한 올바른 법치의 실현 및 대한민국 법질서 전반에 대한 법적 정당성의 회복과 치유를 위해서 중요한 과정이 될 것이다.

## 2. 이재용의 탈법적 부의 축적 및 승계 과정과 그에 대한 법적 평가

삼성의 승계 과정을 개별적으로 보게 되면 단순한 법리 논쟁 같지만 사건들을 전체적인 맥락에서 보면 경영권 세습을 위해 의도적으로 탈법이 기획되었다는 사실을 흐름을 통해 파악할 수 있다.[17] 이재용의 탈법적 세습 과정을 정리하면, 삼성 비서실[18]의 종자돈 불리기(1단계),[19] 불어난 자금으로 핵심 회사 장악하기(2단계: 불어난 자금으로 핵심 회사인 에버랜드,[20] 삼

---

17_민사 법원은 소송의 대상에 한정되어서 판단하기 때문에 전체적인 맥락에서 탈법을 판단할 수 없는 소송 구조상의 한계가 있지만 특검은 그런 한계를 충분히 뛰어넘어 이 사건을 파헤칠 수 있었다.

18_삼성 비서실은 이재용의 승계 과정에서 삼성구조조정본부로 바뀌었다가 엑스파일 사건이 불거진 이후 전략기획실로 변신했다. 이에 관해서는 『오마이뉴스』 06/03/08, 『한겨레21』 576호 참고.

19_종자 불리기에 대한 자세한 설명은 조승현(2008, 348-353) 참고.

20_에버랜드 1,292,800주를 7천7백 원에 발행. 에버랜드 이사회는 1996년 12월 3일 이재용(당시 28세, 유학 중)에게 48억3천91만 원, 이부진(26세), 이서현(23세), 이윤형(17세)에게 각 16억1천30만 원을 각 배정·전환 후 이재용 등은 에버랜드 지분 64.7%를 취득(당시 이재용의 지분은 31.37%). 2014년 현재, 에버랜드의 발행주식 총수는 250만 주이고 그 지분 구조는 이재용 25.10%, 이부진 8.37%, 이서현 8.37%, 이건희 3.72%,

성전자,[21] 삼성SDS[22]의 주식, 전환사채나 신주인수권부사채를 저가로 인수하는 단계), 순환출자 구조를 통해 그룹에 대한 지배력을 확장하기(3단계),[23] 지배 구조의 강화 및 안정화(4단계), 차기 경영 전면에 등장 및 황제 이미지 구축하기(5단계)로 세분할 수 있다.


**2세 승계의 불안정과 이재용의 저조한 경영 성적, 그리고 삼성의 고민**

이재용은 위에서 이루어진 5단계 과정을 통해 핵심 계열회사의 지분을 장악했지만 몇 가지 점에서 불안한 취약점을 드러냈다.

---

KCC 17%, 자사주 15.23%, 삼성카드 5% 기타 계열사 합계 14.3% 등이다.

21_1997년 3월 이재용은 사모전환사채 90만 주를 주당 5만 원으로 할인받아 약 450억 원에 삼성전자가 발행한 사모전환사채를 통해 주식을 인수했다(당시 지분율 0.78%). 삼성전자 사모전환사채발행에 대해 참여연대는 '지배권강화를 위한 사채발행은 무효'라며 전환사채발행무효소송을 제기했으나 이에 법원은 제1심(1997년 12월 17일), 제2심(2000년 6월 23일), 대법원(2004년 6월 25일) 모두 기각 결정을 내린바 있다.

22_이재용은 삼성SDS의 신주인수권부사채(BW)를 주당 7,150원 총액 47억 원에 인수했다. 서울고등법원 제12민사부에서 2000년 5월 9일 이재용 등에 대해 신주인수권행사 금지 가처분신청을 인용한 바가 있었다. 그런데 삼성SDS의 신주인수권부사채 발행의 무효소송에서 법원은 "제3채무자 회사의 이사회가 1999. 2. 25. 이건 신주인수권부사채의 발행에 관한 이사회결의를 거쳤으니 이건 신주인수권부사채 발행에 있어 절차적, 형식적 요건상의 하자는 없다"고 판시했다. 그러나 이후 조준웅 특별검사에 의해 제기된 〈특정경제범죄가중처벌 등에 관한 법률〉 위반(배임) 등에 대해서 법원은 에버랜드와는 다르게 유죄를 선고했다(대법원 2009.5.29. 선고 2008도9436 판결).

23_이재용이 에버랜드의 최고 대주주가 되자 1998년 말 에버랜드는 주당 약 9천 원에 20%의 삼성생명 지분을 획득했다. 이를 통해 사실상 에버랜드 나아가 이재용은 삼성생명의 최대 주주가 되었다.

### 승계의 불안정(핵심 회사에 대한 지분 취약과 법의 제약)

삼성전자는 이미 상장된 회사였기 때문에 초저가로 CB나 BW 등을 발행하기 어려웠고 삼성전자에 대한 이재용의 지분은 매우 취약하게 되었다.[24] 한마디로 승계는 마쳤으나 가장 핵심적인 회사의 지분이 취약한 형태가 된 것이다.

### 순환출자 구조의 균열

삼성 재벌의 승계 구조 목표 가운데 하나가 에버랜드-삼성생명-삼성전자-삼성카드-에버랜드라는 견고한 순환출자 구조를 통한 삼성그룹의 장악이었고, 여기서 에버랜드는 지주회사의 성격을 갖고 대규모 기업집단의 지배 구조에서 핵심적 역할을 차지하는 것이었다.[25] 그런데 이런 순환구조에 장벽이 발생하게 되었다. 그것은 바로 〈금융산업의 구조개선에 관한 법률〉(약칭 〈금산법〉) 제24조였다.[26] 동법 제24조 제1항 2호에서 정

---

24_현재 지분율은 더 떨어져 2014년 6월 30일 현재, 0.57에 이른다. 금융감독원 전자공시 시스템, 삼성전자 2014년 6월 반기보고서 참고(http://dart.fss.or.kr/dsab001/main. do?autoSearch=true#next).

25_삼성그룹은 15개의 순환출자를 가지고 있으며 그중 14개가 삼성에버랜드 → 삼성생명이 포함된 순환출자로 삼성에버랜드의 삼성생명 지분 취득은 승계를 위한 것이었다. 순환출자는 단순히 가공 자본을 창출해 주식회사 제도의 근간을 흔든다는 원론적인 비판뿐만 아니라 실제로 경제력 집중, 지배권 강화, 지배권 승계, 부실기업 지원 등에 악용되고 있다. 경제개혁연구소(2013) 참고.

26_제24조(다른 회사의 주식 소유 한도) ① 금융기관(---) 및 그 금융기관과 같은 기업집단에 속하는 금융기관(이하 "동일 계열 금융기관")은 다음 각 호의 어느 하나에 해당하는 행위를 하려면 대통령령으로 정하는 기준에 따라 미리 금융위원회의 승인을 받아야 한다. 다만, 그 금융기관의 설립 근거가 되는 법률에 따라 인가·승인 등을 받은 경우에는 그러하지 아니하다.

한 규제 기준에 삼성카드(당시 지분율 25.6%)가 해당했고 이에 삼성카드는 지분을 5% 이하로 재조정하지 않으면 안 되게 되었던 것이다. 이와 같은 문제들에 대해 삼성 재벌은 모든 역량을 동원해 이 문제를 정면 돌파하려고 했으나 소기의 성과를 달성하지 못했다.[27] 그 결과 삼성카드는 〈금산법〉 제24조 규제 등의 이유로 KCC 등에게 지분을 양도할 수밖에 없었다. 그 결과 현재 순환출자 구조는 어느 정도 희석되었다고 말할 수 있지만,[28] 다단계 출자 구조를 통한 문어발식 기업 지배는 여전히 많은 문제점을 안고 있다. 그리고 최근에 삼성SNS와 삼성SDS의 합병도 넓게 본다면 〈공정거래법〉상 특수관계인에 대한 부당 지원 규정을 회피함과 동시에 핵심 기업 중 하나인 삼성SDS에 대한 취약한 지분율을 만회하고자 하는 삼성 재벌 총수 일가의 의도가 반영된 것이라 할 수 있다.[29]

## CEO로서 이미지 구축에 실패한 이재용

이재용의 경영자로서의 실력과 가능성은 그렇게 긍정적이지 못하다. 삼성전자의 부회장이란 지위가 본인의 실력과 업적에서 비롯된 것이 아닌 그룹 차원의 지원에 의한 것이라고 보는 것이 타당하다. 이재용에 대한 그

---

1. 다른 회사의 의결권 있는 발행주식 총수의 100분의 20 이상을 소유하게 되는 경우
2. 다른 회사의 의결권 있는 발행주식 총수의 100분의 5 이상을 소유하고 동일 계열 금융기관이나 동일 계열 금융기관이 속하는 기업집단이 그 회사를 사실상 지배하는 것으로 인정되는 경우로서 대통령령으로 정하는 경우

27_ 삼성이 선택한 방법은 〈공정거래법〉 제11조와 〈금산법〉 제24조에 대한 위헌 소송 제기였으나 기각당했다.

28_ 2013년 6월 30일 현재, 금융감독원 전자공시시스템 참고.

29_ 이에 대한 법적 문제점은 뒤에서 논의하기로 한다.

룹 차원의 승계 작전과 지원에도 불구하고 이재용의 경영 학점은 형편없었기 때문이다. 예를 들어, 2000년대 초·중반 삼성 구조조정 본부는 이재용에 대한 승계 작전이 일단락되었다고 보고 이재용의 황제 등극에 필요한 작업에 착수하게 되었는데 그 첫 작업이 바로 삼성의 이미지 쇄신과 세대교체였다. 즉 삼성 재벌 총수 일가와 삼성 구조본은 이를 위해 기존의 삼성물산의 이미지를 대신할 e-삼성 전략을 세우고 벤처기업 몇 개를 이재용이 인수하도록 하여 e-삼성 드라이브를 시도하고 이재용이 화려하게 데뷔하도록 했던 것이다.[30] 다시 말해 이재용이 경영 전면에 나서기 위한 이미지 쇄신을 기한 것이다. 이미지 쇄신을 위한 카드로 사용한 것이 e-삼성이었다. e-삼성은 이재용의 황제 등극을 위해서는 언론에 알려진 것보다 매우 중요했던 것 같다. 정신적 지주 회사격인 삼성물산의 이미지를 혁신하고 승계 과정의 약점을 전환시키는 계기로 e-삼성 경영을 통해 이재용은 보무도 당당하게 삼성그룹의 리더로 부상, 경영 전면에 나섬과 동시에 삼성가의 승계를 공식화하려 했던 것이다. 그러나 예상 밖에도 e-삼성

---

30_이재용은 2000년 초 인터넷 사업에 뛰어들었고 그룹 구조조정본부의 조직적인 지원에 힘입어 모두 16개의 인터넷 기업을 거느리게 되었다. 그러나 불과 1년 후 벤처 거품이 꺼지고 인터넷 기업이 부실화되자 삼성그룹 계열사들이 이재용의 지분을 인수해 이재용의 손실을 떠안은 적이 있다(2001년 당시 이재용의 지분을 인수하는 대가로 제일기획은 167억 원, 삼성SDI는 37억 원을 지불했다). 즉 삼성에버랜드 등 삼성 계열사 6개 회사는 2001년 인터넷 전문 기업 '엠포스'의 지분 79.9%를 전량 매각함으로써 이재용 삼성전자 상무가 대주주로 참여하면서 시작한 삼성의 인터넷 사업을 완전히 정리했는데, 참여연대가 부실 인터넷 기업의 지분을 취득한 제일기획, 삼성SDS등 삼성 계열사 등의 지분 취득 원가와 2004년 말의 공시된 장부가액 또는 순자산가액를 비교한 결과, 삼성 계열사들은 이재용의 지분 인수로 인해 380억 원 이상의 손실을 기록했음을 확인할 수 있었다고 한다(자세한 내용은 참여연대 경제개혁센터 2001년 4월 2일자 보도자료 참조).

이 2백억 원이 넘는 적자를 기록하자 이재용은 이를 포기했는데(삼성 계열사에서 인수), 이로 인해 이재용의 황제 등극 이미지 쇄신에 상당한 타격이 가해졌다.[31] 결국 이재용이 직접 회사를 성공시키는 노선은 폐기되고 가장 핵심적인 기업인 삼성전자에 직접 둥지를 트는 것으로 실패한 이미지를 만회하려 하고 있고, 이런 사정이 반영되어 이재용은 삼성전자 부회장 자리까지 오르게 되었지만 여전히 불안감을 지을 수 없다는 게 중론이다.[32]


## 탈법적 승계에 대한 법적 규제와 그 문제점

2000년 6월 법학 교수들이 삼성에버랜드가 이재용에게 사모 전환사채를 초저가로 발행한 것에 대해 배임죄로 고발한 이후 수많은 법적 문제 제기가 있었는데, 이 글의 전체적인 취지를 고려해 지금까지 다투어진 법적 쟁점의 핵심과 흐름을 종합적으로 짚어 보고자 한다.

　① 삼성의 승계 문제와 관련해서 제기된 법적 평가는 네 가지 측면에서 진행되었다. 첫째 탈세 여부, 둘째 민사상 무효 여부, 셋째 〈공정거래

---

31_당시 참여연대 경제개혁센터는 e-삼성 주식 매수 발표를 전후한 7일 동안 지수 변동분을 제외하고도 ① e-삼성 주식 75.00%를 인수한 제일기획은 760억 원의 시가 하락분이 발생했으며(16.33% 하락), ② e-삼성 주식 11.25%를 인수한 삼성SDI는 4,440억 원의 시가 하락분이 발생(14.74% 하락)해 주주에게 막대한 재산상의 손해를 끼친 사실을 지적한 바 있다(자세한 내용은 참여연대 경제개혁센터 2001년 4월 2일자 보도자료 참조).

32_최근 이건희의 횡보에서 첫째 딸 이부진의 활약이 두드러지게 평가받고 있는 것도 이재용 이미지에 부정적 영향을 미치고 있다고 생각된다.

법〉 위반에 따른 시정 명령과 과징금 여부, 넷째 형법상 배임 여부가 그것이다. 탈세 여부는 조세 법률주의로 인해 기소되지 못했고, 민사상 무효와 〈공정거래법〉 위반 여부도 대부분 법원에 의해 기각되었다.[33] 형사상 배임의 문제와 관련해서도 1심과 2심에서는 유죄가 인정되었지만, 김용철 변호사의 양심선언과 특검에도 불구하고, 결국 법원은 삼성 재벌 총수 일가에게 무죄를 선고했다.[34] 특히 이 과정에서 이건희는 면죄부를 받음과 동시에 차명으로 있던 삼성생명 주식마저 실명 전환하는 혜택을 누림으로써 무소불위 삼성 공화국의 황제임을 재확인했다.

결국 이 문제는 사법부의 삼성 편들기라는 법의 형평성 문제 그리고 법률적 대안 마련이라는 과제를 남겼다.[35] 정부는 포괄적 증여의제를 마련하고 상법을 개정하는 등 대응 조치를 취했으나 여전히 탈법적 요소를 막지 못하고 있다. 그런데 여기서 명확하게 짚고 넘어가야 할 것은 앞으로

---

33_앞의 각주들 참고.

34_특히 에버랜드 사건에서 2005년 10월 4일 서울중앙지방법원 제25형사부는 피고인들에게 유죄를 선고했다(서울지법 2005.10.4, 2003고합1300). 항소심에서도 유죄가 인정되었다(서울고법 2007.5.29, 2005노2371). 그러나 대법원은 배임혐의에 대해 무죄를 선고 했다(대법원 2009.5.29. 선고 2007도4949 전원합의체 판결). 비록 나중에 특검이 기소한 삼성SDS의 신주인수권부사채 발행 사건에서 대법원은 유죄를 선고했지만 그런 판례가 오히려 예외가 되어 버린 상황이다.

35_삼성 편들기 문제는, 비리 부패 또는 정치자금 사건 그리고 전환사채 저가 발행에 대한 다른 사례의 경우에는 유죄를 인정한 반면, 삼성의 경우 증거 불충분 또는 경영상의 영리 행위 내지는 비상장회사의 주식 평가 방법에 대한 임의성 등을 이유로 무죄를 선고한 데에서 극명하게 대비되었다. 즉 앞에서도 살펴봤듯이 대법원 2001.9.28. 선고 2001도3191 판결에서는 유죄를 인정한 반면, 이 판결 이후 대법원은 삼성에버랜드 사건 등에서 대부분 무죄를 선고했다(2009.5.29. 선고 2007도4949 전원 합의체 판결). 이런 판결이 차이가 왜 나는지 명확하지 않고 따라서 형평에 어긋난다.

도 다양한 형태를 통해 계속해서 조세회피행위와 불순한 자본조달 방식이 지속될 것이라는 것이다.[36] 이런 문제에 대처하기 위해서 가장 현실적인 방법은 법의 해석을 통해 사안들을 탄력적으로 운영하는 것이다.[37] 물론 법률의 해석과 유추라는 방법이 불가능한 경우, 효과적인 방식은 흠결된 법망을 손질하거나 새로 마련하는 것인데, 삼성에 대한 입법부나 사법부의 태도로 보아 쉽지는 않아 보인다. 그렇지만 그와는 별개로 어찌되었든 이 문제를 통해 국가법 체계의 정비를 야기한 영역은 무엇보다 총수 일가에 대한 부당 지원 행위에 대한 규제 분야라고 할 수 있다.

### 고려해야 할 문제들

첫째, 회사법의 재·개정이 필요하다. 회사법상 총수 일가가 장악하고 있는 이사회의 권한이 여전히 불투명하고 신뢰할 수 없는 영역이 존재한다. 따라서 자본조달 목적이나 방법과 관련해 그런 내용이 특수 이해관계인 등과 관련되어 있었을 때에는 이사회의 자본조달 권한을 축소하고 주주총회로 하여금 그 기능을 수행하게 해야 한다. 설령 이사회에 자본조달 권한을 부여하더라도 특수 이해관계인에게 주식 등을 발행하는 형식일 때에는 그 발행 요건을 현행법보다 더 엄격하게 해야 한다. 그리고 주주총회에서 소액 투자자들의 발언권을 강화하는 방법(실체법상 소송법상의 방법)을 모색해야 한다(시민단체에서 제안한 여러 가지 방안을 검토하는 것이 필요).[38]

---

36_그 대표적인 사례가 바로 조세회피지역을 이용한 새로운 방식의 조세회피행위와 합병이나 분할을 통한 자본 지배 방식의 변형된 형태의 등장이다.

37_문제는 대한민국의 사법부가 자본 권력으로부터 과연 자유로울 수 있겠는가인데, 현재까지의 모습으로 보아서는 기대하기 힘들다 하겠다.

둘째, 비상장 주식 평가 방법에 대한 보다 면밀한 검토가 있어야 하고 관련 규정이 보다 현실적인 규제력을 갖도록 보완되어야 한다. 또한 현재 세법에 규정되어 있는 증여의제 조항에 대한 문제점들을 수렴해 관련 조항을 좀 더 구체화하고 CB나 BW 등의 발행이 경영권 승계 목적이었을 경우 이를 규모와 평가익 등 단계별로 엄밀하게 구분해 누진하거나 배가해 추징하는 입법을 고려해야 한다. 나아가 투기적 목적의 CB나 BW의 발행에 대한 규제와 그로 인한 세수 추징도 마찬가지로 입법화해야 한다.

셋째, CB나 BW 등이 경영권 승계 또는 투기나 기타 탈법의 목적으로 발행된 경우 현행 사법 질서 속에서는 이를 현실적으로 무효로 할 수 있는 규정이 없으므로 이를 사법적으로 무효화하는 절차가 반드시 필요하다. 즉 상장사인 경우 일반 주주들이 자신의 주주권 침해를 이유로 해서 이런 주식 발행을 무효로 할 수 있는 방법은 있지만, 비상장사의 경우에는 무효가 불가능하다. 또한 상장사라고 하더라도 소액주주들이 무효 소송을 하기에는 그 소송가액 규모나 절차를 볼 때 거의 불가능하다. 따라서 현실적으로 무효 소송이 가능하도록 하는 입법 조치, 나아가 궁극적으로 특별규정 등을 통해 불법 경영권 승계 목적이나 주가조작 등을 이용한 투기적 목적의 전환사채나 신주인수권부사채 발행을 무효화시키는 것이 요청된다.

## 새로운 탈법의 불씨

〈자본시장과 금융투자업에 관한 법률〉(약칭 〈자본시장법〉) 제165조의 6 제1항 2호의 문제이다. 이 규정은 2013년 5월 〈자본시장법〉 개정 당시

---

38_경제개혁연구소(2013) 참고.

신설된 조항이다.[39] 이 조항에 따르면 신기술의 도입, 재무구조의 개선 등 회사의 경영상 목적을 달성하기 위해 필요한 경우 기존 주주를 포함한 특정인에게 신주인수권을 부여해 주식을 인수시킬 수 있도록 하고 있다. 상법상 허용되지 않았던 주주에 대한 제3자 배정 유상증자의 예외를 규정한 것이다. 이 조항을 정관에 반영할 경우 재벌 2·3세에 대한 경영권 승계에 악용될 가능성이 크다.[40] 에버랜드 전환사채(CB)를 헐값에 발행해 이재용에게 그룹 지배권을 넘겨줬던 삼성과 비슷한 사례가 재발할 수 있는 것이다. 이 조항에 대해 재무구조 개선 등의 장점이 많다는 주장이 있지만 만약 경영권 승계 등으로 악용될 경우 어떻게 할 것인가? 이에 대해 증여세법 등에 따라 합당한 과세를 하거나 주주들이 피해를 보면 손해배상을 통해 피해를 보상받을 수 있는 수단 등을 사후적으로 마련할 수도 있지만 탈법의 요소가 강하다면 재·개정을 논의하는 것이 바람직할 것이다.

---

39_제165조의6(주식의 발행 및 배정 등에 관한 특례) ① 주권상장법인이 신주(제3호의 경우에는 이미 발행한 주식을 포함한다. 이하 이 항 및 제4항에서 같다)를 배정하는 경우 다음 각 호의 방식에 따른다.

1. 생략

2. 신기술의 도입, 재무구조의 개선 등 회사의 경영상 목적을 달성하기 위해 필요한 경우 제1호 외의 방법으로 특정한 자(해당 주권상장법인의 주식을 소유한 자를 포함한다)에게 신주를 배정하기 위해 신주인수의 청약을 할 기회를 부여하는 방식

40_국내 30대 재벌 상장 계열사 190개 사 가운데 35개 사(18.4%)가 2014년 올해 정기 주주총회에서 〈자본시장법〉 제165조의 6 제1항을 정관에 반영할 계획이라고 한다. 그룹별로는 30개 그룹 가운데 16개 사(53.3%)가 여기에 해당한다(『연합뉴스』 2014/03/20).

## 탈법적 지원 행위에 대한 규제와 그 문제점

재벌 2·3세에 대한 경영권 승계 논쟁이 마무리 될 시기에 이제는 소위 몰아주기라는 방법이 동원되었다. 몰아주기 자체가 형법 또는 회사법을 정면으로 위반하지 않는 것이어서 이에 대한 세간의 인식도 음흉하고 영악한 행위라고만 생각했지 그것이 법적으로 어떤 문제점이 있는지 인식하는 데는 시간이 걸렸다. 몰아주기는 시장을 교란하고 공정한 거래 질서를 해치기 때문에 주로 경쟁 관계법에서 규율하고 있다. 〈공정거래법〉에서는 이를 부당 지원 행위로 규정하고 이를 규제하고 있는데,[41] 개정 전 〈공정거래법〉상 이를 세분하면 부당 지원 행위란 일반적으로 "특수관계인 또는 다른 회사에 대해 가지급금·대여금·인력·부동산·유가증권·상품·용역·무체 재산권 등을 제공하거나 현저히 유리한 조건으로 거래하는 행위"를 말했다. 즉 간단히 정리하자면 유리한 조건 등의 거래를 통해 회사의 특수관계인 또는 다른 회사를 지원하는 것을 부당 지원 행위라고 할 수 있고, 이런 부당 지원 행위에 대해서 일감 몰아주기, 회사기회 이익의 편취, 내부자거래 등의 용어가 사용되기도 한다.

### 재벌 기업들의 부당 지원 행위와 이에 대한 규제의 한계

위와 같은 〈공정거래법〉의 규정에도 불구하고 재벌 기업들은 위 규정에 의한 규제로부터 자유로웠다. 예를 들어, 삼성에버랜드의 경우 15년간 매출이 6천억 원에서 2조7천억 원(2011년)으로 성장했고, 그 성장은 상당 부분 평균 43%의 내부거래에 기인하고 있다.[42] 이는 일반인의 눈으로 볼

---

41_김윤정(2013) 참고.

때 내부거래를 통한 부당 지원이 있지 않으면 안 되는 매출 증가임이 분명하다. 그러나 지금까지의 〈공정거래법〉은 이에 대처하기에 한계가 있었다. 에버랜드는 이런 한계에다가 비상장회사란 점 때문에 시민단체에서 이를 문제 삼아 소송을 제기하기에는 어려웠다. 이리하여 삼성 계열회사 중에서 시민단체가 부당 지원 행위를 문제 삼아 공정거래위원회가 나서서 소송을 제기한 것은 삼성SDS 신주인수권부사채 발생 사건과, 삼성생명보험 주식 우회 매매 사건 등이 있었다. 이 사건들에서 공정거래위원회는 패소했는데[43] 패소의 주된 이유가 경쟁 제한성의 입증이 어렵다는 점이었다.[44]

### 2013년 〈공정거래법〉의 개정과 문제점

2013년 초부터 재벌 개혁과 관련된 최대 관심사는 일감 몰아주기로 통칭되는 기업 간 부당 지원 문제였고 그 결과 〈공정거래법〉 제5장에서는 이에 관한 규정이 개정되거나 신설되었다.[45]

새로 개정된 〈공정거래법〉상 부당 지원 행위는 크게 두 개로 나뉜다.

---

42_삼성에버랜드의 여러 사업 부분 중 단체 급식 업종은 특히 내부거래의 비중이 높고 (55%), 해당 산업 시장점유율 상위 5위 업체는 모두 재벌의 소속 계열사이거나 친족 기업으로, 이들이 약 80%의 시장을 장악하고 있다고 한다. 경제개혁연구소(2013) 참고.

43_삼성SDS 사건은 2004년 9월 24일 부당성 입증 실패로 패소, 삼성생명보험 사건은 2006년 8월 24일 역시 부당성 입증 실패로 패소.

44_삼성SDS 사건에서도 대법원은 부당 지원 행위의 위법성 판단 기준을 "공정거래 저해성"으로 보았고 그 표지를 "경쟁 제한성"에서 찾았다(대법원 2004.9.24, 선고 2001두 6364).

45_개정 〈공정거래법〉은 2014년 2월 14일부터 시행.

하나는 일반 기업에서의 부당 지원 행위이고,[46] 다른 하나는 상호출자제
한 기업집단의 부당 지원 행위이다. 논제와 관련해 총수 일가에 대한 부당
지원 행위란 〈공정거래법〉상 상호출자제한 기업집단을 말하고 이에 대
한 규제는 동법 제23조의 2에 신설되었다.[47] 그리고 공정거래위원회는

---

46_ 〈공정거래법〉 제23조 제1항 7호에서는 "특수관계인 또는 다른 회사에 대해 가지급금·
대여금·인력·부동산·유가증권·상품·용역·무체재산권 등을 제공하거나 상당히 유리
한 조건으로 거래하는 행위" 또는 "다른 사업자와 직접 상품·용역을 거래하면 상당히
유리함에도 불구하고 거래상 실질적인 역할이 없는 특수관계인이나 다른 회사를 매개
로 거래하는 행위"를 규제한다.

47_ 〈공정거래법〉 제23조의 2(특수관계인에 대한 부당한 이익 제공 등 금지)

① 일정 규모 이상의 자산 총액 등 대통령령으로 정하는 기준에 해당하는 기업집단에
속하는 회사는 특수관계인(동일인 및 그 친족에 한정한다. 이하 이 조에서 같다)이
나 특수관계인이 대통령령으로 정하는 비율 이상의 주식을 보유한 계열회사와 다
음 각 호의 어느 하나에 해당하는 행위를 통해 특수관계인에게 부당한 이익을 귀속
시키는 행위를 하여서는 아니 된다. 이 경우 각 호에 해당하는 행위의 유형 또는 기
준은 대통령령으로 정한다.

1. 정상적인 거래에서 적용되거나 적용될 것으로 판단되는 조건보다 상당히 유리한 조
건으로 거래하는 행위

2. 회사가 직접 또는 자신이 지배하고 있는 회사를 통해 수행할 경우 회사에 상당한 이
익이 될 사업 기회를 제공하는 행위

3. 특수관계인과 현금, 그 밖의 금융상품을 상당히 유리한 조건으로 거래하는 행위

4. 사업 능력, 재무 상태, 신용도, 기술력, 품질, 가격 또는 거래 조건 등에 대한 합리적
인 고려나 다른 사업자와의 비교 없이 상당한 규모로 거래하는 행위

② 기업의 효율성 증대, 보안성, 긴급성 등 거래의 목적을 달성하기 위해 불가피한 경
우로서 대통령령으로 정하는 거래는 제1항제4호를 적용하지 아니한다.

③ 제1항에 따른 거래 또는 사업 기회 제공의 상대방은 제1항 각 호의 어느 하나에 해
당할 우려가 있음에도 불구하고 해당 거래를 하거나 사업 기회를 제공받는 행위를
하여서는 아니 된다.

④ 특수관계인은 누구에게든지 제1항 또는 제3항에 해당하는 행위를 하도록 지시하거
나 해당 행위에 관여하여서는 아니 된다.

2013년 10월 2일 일감 몰아주기 시행령(특수관계인에게 부당한 이익 제공 금지 행위 세부 기준 등)을 입법 예고했다.[48] 그런데 새로 입법 예고된 시행령에도 불구하고 여전히 법적 불안전성이 존재한다. 그 대표적인 예가 삼성 SNS와 삼성SDS의 합병 사례이다.

삼성SDS 및 삼성SNS간 합병과 법적 문제점[49]

삼성SNS와 삼성SDS의 합병을 형식적인 절차 과정에서만 바라본다면 법적 문제가 없는 것으로 여길 수 있다. 그러나 양 회사의 합병 과정을 보면 실질적으로 〈공정거래법〉을 교묘하게 빗겨 나가는 수순을 밟고 있음을 알 수 있다. 이런 것도 안정적 승계를 위한 의도가 있다면 〈공정거래법〉의 규제를 회피하기 위한 합병 관련 회사법의 취지를 탈법적으로 운영한 것으로 해석할 수 있다.

2013년 6월 현재, 이재용은 삼성SNS의 지분 45.75%와 삼성SDS의 지분 8.81%를 갖고 있다. 이 점만 본다면 삼성SNS는 일감 몰아주기 규제 대상에 포함되는 것을 피할 수 없다.[50] 여기서 동원되는 수법이 합병이라는

---

48_시행령에서 일감 몰아주기 규제 대상에 들어가는 기업은 자산 총액 5조 원 이상의 43개 기업집단, 1,519개 사이다. 그중 상장사는 총수 일가 지분 30% 이상, 비상장사는 20% 이상인 경우 일감 몰아주기 규제 대상이 된다. 공정거래위원회가 이를 바탕으로 규제 대상에 포함된다고 적시한 기업은 삼성에버랜드, 현대글로비스 등 208개 사이다.

49_삼성SDS는 2013년 9월 27일 네트워크 장비 기업인 삼성SNS를 흡수합병하기로 했다고 밝혔다.

50_시행령 개정안에서는 금지 규정이 적용되는 거래 상대방의 범위(안 제37조의2 제2항)는 동일인(총수)이 단독으로 또는 동일인의 친족과 합해 발행주식 총수의 30%(비상장사는 20%) 이상을 소유하고 있는 계열회사(208개 사, 상장사 30개 사, 비상장사 178개 사)이다. 따라서 삼성SNS는 지분 구조상 규제 대상에 포함된다. 삼성SNS(구 서울통신

그림 3-1 | 삼성그룹 지배 구조(2013년 12월 현재)

단위: %

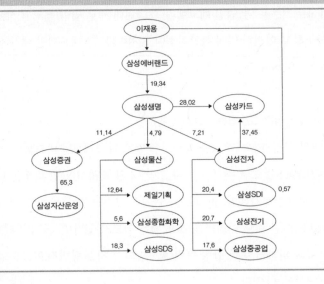

카드였다. 합병 전 삼성SDS의 총수 일가 보유 지분 비율은 17.17%이고 삼성SNS는 45.75%에 달한다. 2008~12년 삼성SDS와 삼성SNS에서 총수 및 가족이 받아 간 배당금은 각각 141억3천6백만 원과 25억2천5백만 원이었다. 이 기간 삼성SDS와 삼성SNS의 내부거래 비율은 각각 72.45%, 55.62%였다.[51] 삼성SDS는 지난해 매출액이 6조 원을 넘는 대기업으로 매출액 중 계열사 의존도는 삼성SNS를 능가했지만 일감 몰아주기 규제 대상에선 벗어나 있다. 삼성SNS와 삼성SDS는 모두 내부거래 비중이 워

기술)는 연 매출 5천억 원대다.

51_공정거래위원회(http://kftc.tistory.com/4879) 참고.

낙 높아서 합병을 해도 이를 낮추는 효과가 없지만 일감 몰아주기 규제 대상에 오르는 일은 피할 수 있게 됐다. 일단 두 회사의 합병으로 이재용은 통합 삼성SDS의 지분율이 8.81%에서 11.26%로 조정된다. 알짜배기 회사를 지배하기 위한 지분 구조가 튼튼해지는 효과가 있는 것이다. 게다가 합병 이후 이부진 호텔신라 사장과 이서현 제일모직 부사장의 지분율이 각각 3.9%이고 이 세 사람의 지분을 더하더라도 총수 일가 지분이 19.06%에 그쳐 합병으로 인해 삼성SDS가 일감 몰아주기 규제 대상에 들어가지는 않게 되는 것이다.[52]

### 대안

이런 합병을 불법이라고 할 수 없지만 분명한 것은 〈공정거래법〉상의 규제 대상에서 탈피하기 위한 의도가 아예 없다고는 평가하기 힘들다. 따라서 일감 몰아주기 규제 대상을 현실에 맞게 고쳐야 한다. 현재 제기되고 있는 의견으로는 매출액이 1조 원 이상인 기업은 총수 일가 지분율이 5%를 넘으면 모두 포함시키는 방안이 유력하다 하겠다.

---

52_『The CEOScoreDaily』(2013/09/27)에선 삼성SDS와 삼성SNS의 합병으로 "이재용 부회장 등 3남매의 주식 평가액이 7,609억 원에서 1조1천억 원으로 1.45배 뛴다"고 분석했다(http://www.thebell.co.kr/front/free/contents/news/article_view.asp?key= 20130927010003896002173).

## 3. 하도급과 관련된 삼성 재벌의 탈법

삼성전자서비스 협력사 수리 기사 최모 씨가 2013년 10월 31일 "너무 힘들었다"는 내용의 글을 남기고 자살했다. 최 씨의 죽음에는 사용자 지위에 있는 모기업 또는 원청 기업의 하도급과 비정규직 그리고 노조에 대한 반감이라는 우리 사회가 풀어야 할 거대한 벽이 존재한다.[53] 그는 삼성TPS(주)라는 사내 하청 기업의 근로자이다. 삼성전자서비스는 그가 삼성전자서비스 회사 직원이 아니고 하청 기업인 삼성TPS(주)의 직원임을 들어 어떤 보상이나 책임이 없다고 주장했다.[54] 근로계약 관계의 형식으로만 본다면 최 씨는 삼성TPS(주)의 비정규직 근로자이다. 이에 대해 금속노조 측은 삼성TPS(주)는 실질적으로 삼성전자서비스의 위장 협력 업체에 불과하기 때문에 삼성전자서비스가 교섭 당사자가 되어야 한다고 주장하고 있다. 최 씨의 사건은 삼성전자서비스의 문제에 국한되는 게 아니다. 위와 같은 사례는 삼성을 포함한 대한민국의 거대 재벌 기업들에게 모

---

53_삼성전자서비스 협력사 수리 기사 최 씨가 숨지기 전날인 2013년 10월 30일 밤 사회관계망 서비스 대화방에 "그동안 삼성서비스 다니며 너무 힘들었어요. 배고파 못 살았고 다들 너무 힘들어서 옆에서 보는 것도 힘들었어요. 그래서 전태일님처럼 그러진 못해도 전 선택했어요"라는 글을 남겼다고 한다. 이 글만을 보더라도 삼성전자서비스의 근로조건이 평범하지 않게 열악하다는 사실을 쉽게 추정할 수 있다. 나아가 삼성전자서비스 협력사 수리 기사 최 씨는 노조를 결성한 노조원 신분이었는데 노조 결성 이후 삼성 쪽의 협력사 폐쇄 협박, 조합원 탈퇴 종용, 표적 감사 등이 전국적으로 거듭되어 왔다고 했다. 이것은 경영진의 노조에 대한 반감이 뿌리 깊게 박혀 있다는 것을 단적으로 보여 준다.

54_최 씨 사안과 관련한 금속노조의 교섭 요구에 삼성전자서비스는 당사가 교섭 당사자가 아님을 주장하며 교섭 요구를 거절했다.

두 해당되는 문제이다.

대부분의 재벌 기업들의 계열회사들은 수많은 하도급 회사들과 계약 관계를 맺고 있다. 우리나라 중소기업의 3분의 2가 대기업과 하도급거래 관계에 있고 그런 하도급 회사들을 대기업에서는 협력 업체라고 부른다. 삼성 또한 마찬가지이다. 민사법상 기업 간 도급계약은 기업 대 기업의 수평적 독립 관계임이 원칙이다. 그러나 현실은 그렇지 못하다.

재벌들의 전환사채발행이나 일감 몰아주기 또는 회사기회 이익의 편취라는 수단을 통한 경영권 세습이 부를 대물림하기 위한 회사법과 〈공정거래법〉 또는 세법의 탈법이라고 한다면, 정상적인 계약 또는 거래 관행이나 〈노동법〉을 무력하게 하고 노동자 기본권[55]을 무시하는 하도급은 부의 특권적 유지와 안정화 및 축적을 위한 탈법이라고 할 수 있다.

## 삼성 재벌의 도급 또는 하도급 유형과 법적 문제점

삼성 재벌 계열사들이 도급 또는 하청 기업들과 맺고 있는 도급 또는 하도급의 유형을 보면 매우 복잡한 형태를 띠고 있다. 필자는 이를 다섯 가지 유형으로 분류하려 한다.[56] 즉 일반형, 갑을관계형, 분사형, 용역형, 위장형이 그것이다. 유형을 굳이 이렇게 나누는 것은 각 유형에 맞는 법적 구제 수단이나 대응이 다른 형태로 진행되어야 한다고 생각되기 때문이다. 이렇게 나누는 근거는 다음과 같다. 즉 여기서 일반적인 도급 관계는 형식

---

55_삼성의 노동 인권의 실태와 문제점에 관해서 조돈문(2014), 김진희(2014) 참고.

56_도급 관계도 문제이지만 이 글에서는 특히 하도급에 관한 법적 문제점을 대상으로 하므로 이하에서는 하도급을 대상으로 한다.

적으로나 실질적으로 평등한 수평적 관계가 유지되는 유형이다. 갑을관계형은 실질적으로 현저한 힘의 불균형이 존재하는 관계가 특징이다. 분사형은 모기업으로부터 경영상의 이유 등으로 특정 사업 분야가 분사되어 나온 게 특징이다. 용역형은 근로자를 파견하는 형식으로 용역을 주는 것이 특징이다. 위장형은 실질적으로 모기업이나 원청이 경영을 지배하고 근로관계를 지시하지만 형식적으로 유령회사가 법적 주체로서 전면에 나서는 게 특징이다. 일반형의 경우 특별히 문제 삼을 게 없다. 갑을관계형과 분사형은 각 특징에도 불구하고 하청 기업이 원청 기업에 속박되고 종속적이라는 데서 공통점을 갖는다. 용역형과 위장형은 주로 비정규 근로자의 문제점, 특히 원청 기업의 〈노동법〉 위반 내지 회피라는 법적 문제점이 제기된다는 공통점을 안고 있다. 따라서 이하에서는 갑을관계형과 분사형을 한 묶음으로 하고 용역형과 위장형을 다른 묶음으로 하여 각각의 법적 문제점을 파악하기로 한다.


**삼성 재벌과 거래하는 하청 기업들의 종속적 도급(하도급) 관계의 법적 문제점**

다음 삼성전자의 사례를 보면 도급 내지 하도급 관계가 평등한 관계가 아니라 을이 갑에게 속박될 수밖에 없음을 보여 준다.

사례로, 삼성전자에 전자 부품을 공급하던 A 업체는 2년 전인 2010년 초 삼성전자 구매 담당자로부터 "제품 생산 계획이 축소돼 부품 발주를 취소했으니 동의해 달라"는 전화를 받았다. 이 업체는 이미 제품을 모두 만들어 놓은 상태였고, 호환이 안 돼 다른 기업에 대체 납품을 할 수 없는 상태였다. 이에 동의를 하지 않고 계약대로 납품을 받아 달라고 요청하고 싶었지만, 거래 관계가 끊길까 두려워 어쩔 수 없이 동의를 해줬다. 삼성은 며칠 후 다른 부품으로 대체 발주를 해줬다. 하지만 주문 금액이 원래

보다 절반 정도에 불과해 이 기업은 결국 수억 원의 피해를 입었다.[57]

위와 같은 사례의 경우 법적 해결책은 민법상 계약 책임을 생각할 수 있다. 즉 수급 업체는 도급 회사인 삼성전자에 대해서 채무불이행 책임을 물어 납품 취소에 대한 손해배상 청구 등을 요구할 수 있다. 그러나 현실적으로 사례에서처럼 도급인(=원사업자)인 삼성전자와 수급인(=하청업자)인 A 사업자 사이는 거래상 경제적 힘으로 인한 현저한 불균형이 존재한다. 따라서 일반 민법으로는 정당한 해결을 기대할 수 없다. 따라서 이런 경우 민사법 영역이 아닌 민사 또는 경제 관계 특별법으로 힘의 불균형을 만회할 수 있는 방법이 모색되었고 그 결과 만들어진 법리가 소위 '우월적 지위의 남용 행위 규제 법리'이고 이를 토대로 만들어진 법이 〈하도급거래 공정화에 관한 법률〉(이하 〈하도급법〉)이다. 〈하도급법〉을 통해 수급 사업자를 보호하고자 하는 주된 내용은 대금 관련 규제, 서면 교부 관련 규제, 기타 부당 거래의 규제로 구분할 수 있는데,[58] 그중에서도 가장 핵심적인 부분은 '대금'과 관련된 규제이다. 즉 하청 회사들은 대금 결정과 적절한 대금 지급과 관련해 가장 부당한 취급을 받고 있다고 평가받고 있고 이에 대응해서 〈하도급법〉도 대금 결제의 부당성에 관한 규제 및 '대금 지급의 적정성'에 관한 규제를 중심으로 수급 업자인 하청 회사들을 보호하려 하고 있다.

57_ "'하도급 횡포' 삼성전자 과징금, '물타기' 나선 언론"(『미디어오늘』 2012/05/23) 참고.
58_ 지철호(2011) 참고.

### 〈하도급법〉을 통한 규제

〈하도급법〉에서는 도급 회사가 수급 회사에게 물품 등의 구매를 강제한 경우(제5조), 위탁 사항을 부당하게 취소한 경우(제8조), 부당하게 반품한 경우(제10조), 물품 구매 대금 결제와 관련해 부당하게 청구하는 경우(제12조), 경제적 이익을 부당하게 요구하는 경우(제12조의 2), 부당하게 경영에 간섭하는 경우(제18조), 보복 조치를 취한 경우(제19조) 등을 규제하고 있다. 이런 금지 규정에 위반한 경우 공정거래위원회는 시정 권고 또는 명령을 내리거나,[59] 과징금 부과 처분[60]을 통해 제재를 가할 수 있다.

### 공정거래위원회를 통한 규제의 실효성과 한계

공정거래위원회의 시정 조치나 명령 또는 과징금 부과에도 불구하고 삼성 재벌 계열회사들은 이를 개의치 않고 반복하는 경우가 비일비재하다. 이런 태도의 이면에는 〈하도급법〉에 의한 제재의 미약함, 제재의 일회성, 증명 책임의 어려움[61] 등의 원인이 존재한다. 따라서 이에 대한 법적 대응

---

59_공정거래위원회는 〈하도급법〉의 일정한 조항을 위반한 발주자와 원사업자에 대해 하도급 대금 등의 지급, 법 위반 행위의 중지, 향후 재발 방지, 그 밖에 시정에 필요한 조치를 권고하거나 명할 수 있다(〈하도급법〉 제25조 제1항).

60_공정거래위원회는 부당하게 대금 결정을 하거나, 대금 지급에 대한 규정을 위반한 발주자와 원사업자 및 수급 사업자에 대해 수급 사업자에게 제조 등의 위탁을 한 하도급 대금이나 발주자·원사업자로부터 제조 등의 위탁을 받은 하도급 대금의 2배를 초과하지 아니하는 범위에서 과징금을 부과할 수 있고, 과징금에 관하여는 〈공정거래법〉 제55조의3부터 제55조의7까지의 규정을 준용하도록 하고 있다(〈하도급법〉 제25조의 3).

61_증명 책임의 곤란함을 극복하고자 〈하도급법〉에서는 나름대로 보완 장치를 마련하고 있는데, 동법 제4조 제2항이 그 한 예이다. 즉 동 규정에서는 원사업자가 특정한 행위를 하는 경우에는 이에 대한 현저성 여부를 판단하지 않고도 하도급 대금이 부당하게

방안도 수급 사업자의 보호를 위해 불공정거래행위에 의한 제재를 강화하거나[62] 또는 단순한 금지보다 적극적인 과징금 부과를 통해 문제를 해결하는 방법들이 강구되어야 한다.[63] 보다 근본적으로는 하도급 관행이 만연하게 되는 경제구조에 대한 보다 근본적인 개혁이 필요한데, 예를 들어, 전자, 조선, 건설, 자동차, 서비스 등의 산업에 있어서 하도급 사슬 구조와 재벌 기업 중심의 경제력 집중 구조를 과감하게 개선하고자 하는 노력이 무엇보다 중요하다. 그런데 삼성 재벌의 경우에는 몇 가지 특수한 사정이 덧붙여져서 하청 기업을 더욱더 어려운 상황으로 내몰고 있다. 공정거래위원회가 삼성 재벌에 대해 유난히 적극적인 시정 명령이나 과감하고 엄정한 과징금 부과 조치를 취한 경우가 드문데, 그 근저에는 삼성의 정관계에 대한 로비와 인사관리가 상당한 영향력을 미치고 있다고 볼 수 있다. 예를 들어, 삼성은 공정거래위원회 핵심 간부들을 수시로 채용함으로써 공정거래위원회의 활동이 상당히 위축되고 있다는 비판이 있다.[64] 따라서 삼성 재벌처럼 정계, 관계, 법조계, 언론계 등에 광범위한 영향력을 행사하고 있는 재벌 문화 분위기에서는 보다 근본적인 시장구조의 개혁과 더불어 부패 비리 근절, 전관예우 금지, 퇴직 공직자의 일정 기간 기업 임용 제한과 개혁이 선행되지 않으면, 부분적인 〈하도급법〉의 개정만 가지고는 문제를 해결할 수 없다 할 것이다.

---

결정된 것으로 간주하는 규정을 두고 있다.

62_박정구(2007) 참고.

63_황태희(2012) 참고.

64_박갑수(2014) 참고.

## 용역형 또는 위장형 하도급 관계의 법적 문제점

앞에서 언급한 최 씨 사건처럼 삼성 재벌에서 가장 많이 문제가 되는 것이 소위 용역형 또는 위장형 하도급의 문제이다. 삼성전자서비스 최 씨 사건이 던진 문제점을 법적으로 본다면 다음과 같다. 첫째, 용역형 또는 위장형 하청 회사를 어떻게 보아야 하고 그런 경우 모기업에 대한 가장 적절한 규제 수단은 무엇인가? 둘째, 위장형 하청 회사가 양산되는 근본 원인과 그에 대한 현실적인 대책은 무엇인가? 셋째, 원청회사와 하청 근로자들 사이에 근로계약이 존재하는가? 둘째, 사내 하도급 회사와 하청 근로자들 사이의 법적 관계는? 넷째, 사내 하도급 회사와 원청회사와의 법률관계는 어떻게 되는가? 등이다. 특히 셋째와 넷째의 쟁점은 비정규 근로자를 어떻게 보호할 것인가의 문제와 직결되는 문제이다.


## 삼성 재벌 계열회사에 용역형 또는 위장형 하청 회사가 많은 이유는 무엇이고 이를 어떻게 보아야 하는가?

삼성 재벌 총수 일가를 비롯한 삼성의 가신 그룹 경영자들은 한국에서 법망을 교묘히 잘 빠져나가는 선수들이다. 삼성 재벌의 가신 경영진들은 각종 조세법, 〈공정거래법〉, 〈약관법〉, 〈소비자보호법〉의 규제를 벗어나기 위해 다양한 수법을 동원해 왔다. 〈노동법〉의 회피 현상도 시작은 삼성으로부터 시작되었다고 볼 수 있다. 삼성은 초대 회장 이병철부터 지금까지 무노조 정책을 경영 철학으로 유지해 오고 있다. 이런 경영 마인드로부터 필연적으로 나온 것인지는 모르지만, IMF 이후 삼성 계열회사들은 위에서 살핀 바와 같이 구조조정이라는 명목하에 수많은 아웃소싱과 분사를 통해 소위 노동의 유연화를 이루어 냈다. 삼성 계열회사들은 가장 많은 비정규직, 무기제, 단기 근로자들을 사용하고 있으며 가장 많은 비전형 근로 형태를 유지하고 있다. 삼성의 이런 경영 형태는 고용 비용을 최대한 절감하는 효과를 거둘지는 모르지만 산업 위험을 증가시키고[65] 불안정한 근로자들을 양산할 뿐만 아니라 근본적으로는 법치주의의 근간을 훼손하는 것이다. 삼성 재벌 총수 일가와 가신 경영진들이 용역형 또는 위장형 하도급 회사들을 양산해 내는 것은 본질적으로 그들이 노동관계법(헌법, 노동기본법, 기타 사회법)에서 도망가고 싶기 때문이다. 삼성의 다양하고 복잡한 형태의 비전형 근로관계들은 법원에서 근로자가 사용자와의 근로관계 증명을 어렵게 하는 데 이용된다. 삼성 계열회사들의 구체적인 현실적 역학 관계와 종속관계를 보지 못한다면 법관은 근로계약 관계가 전형적이지 못하다느니, 형식상의 근로계약 관계가 존재하지 않는다느니, 하도급 회사(실체가 있건 없건)의 근로자는 당연히 하도급 회사(정확히는 하수급 회사)의 근로자라는 등의 혼돈의 함정으로 빠져들게 될 수밖에 없다. 그런 함정들은 법관으로 하여금 용역형 또는 위장형 회사들에서 취하고 있는 비전형 근로가 일종의 고도의 탈법행위이고 〈노동법〉으로부터 도피를 수월하게 한다는 사실을 망각하게 만든다.

### 법적으로 어떻게 풀어 왔는가?

이런 문제들에 대해 대법원과 법학자들은 어떤 태도를 보이는가? 대다수 노동 법학자들과 대법원은 도급 회사와 하청 회사 근로자들 사이의 직접

---

65_2013년 1월 18일 발생한 삼성전자의 유독가스 누출 사고는 기본적으로 일하는 근로자들의 근로 불안정과 비정규성에 기인하는 측면도 부인할 수 없다. 이날 숨진 근로자를 포함한 직원들은 모두 유독 물질 관리 하도급 업체 (주)STI서비스의 비정규 직원들이다.

적 근로관계를 부정하고 다음과 같은 논리로 용역형 또는 위장 하도급 문제를 해석한다.

즉 원청회사와 사내 하도급 근로자들 사이에 직접적인 근로계약은 존재하지 않는다. 따라서 그 효과로서 원청회사와 사내 하도급 근로자들 사이에는 어떤 〈노동법〉적 책임도 없다. 즉 부당 해고를 다투는 것은 소의 이익이 없으므로 각하되고, 원청회사를 상대로 노조를 설립하는 것은 불가능하므로 노조 설립 및 이를 위한 투쟁의 일환으로 전개되는 모든 쟁의는 불법 쟁의가 된다. 결국 원청회사는 원청회사와 사내 하도급 회사와의 사이에 존재하는 계약에 따른 책임만을 부담하게 된다는 것이다.[66]

이와 같은 판례에 맞서는 이론이 법인격 부인론이다. 이 이론은 도급인과 하도급 근로자 사이에 형식상의 근로계약서 등이 없으니 하도급 회사가 실질적으로 법인격이 없는 페이퍼 컴퍼니(유령회사)에 불과하다는 점을 들어 문제를 해결하려는 견해이다. 위장형 하청 회사는 유령회사이기 때문에 도급계약의 주체가 될 수 없고 따라서 결과적으로 사내 하도급 회사의 근로자는 도급 회사의 근로자가 될 수밖에 없다는 논리인 것이다.[67]

---

66_그리하여 도급의 경우에 적용될 수 있는 근로자 보호 법규인 파견근로자의 보호 등에 관한 법률과 그 시행령이 부각되게 된다. 과거 판례에 의하면 불법 파견인 경우에는 동법의 적용이 배제되어 결국 사내 하도급 근로자는 어떤 보호도 받지 못하게 되어 파견법은 있으나 마나 한 법률로 전략되어 있었는데 현대중공업 사건 판결에서는 불법 파견(파견 업무의 대상이 아니고 노동부의 허가를 받지 않은 점에서 불법 파견)이라도 동법 제6조의2가 하도급 근로자들에게 적용된다는 점을 밝혔다는 점에서 전향적인 대법원의 태도로 평가된다. 이 문제는 이 글의 본지와 별개의 문제이므로 설명을 생략하기로 한다.

67_법인격 부인론을 통해 원청회사가 실질적인 사용자 자격을 갖는다는 것을 간접적으로

현행 법체계를 형식적으로만 해석하거나 대법원의 판례의 경향성을 본다면 어찌 되었든 외형적으로 근로계약 관계 형식을 갖고 있지 않는 한 사내 하도급 근로자들은 하도급 근로자로 끝날 운명에 처해 있다. 묵시적 계약 이론도 이런 운명을 바꾸기에는 부족하다.

그리고 정말 심각하게 생각해야 하는 것은 이런 각종 변형 근로에 대응해 근로자를 보호한다고 만들어 놓은 각종 특별법들(기간제법, 근로자파견법, 직업안정법 등등) 들이 이런 회피 현상에 일조할지도 모른다는 것이다. 예를 들어, 파견근로자를 보호하기 위해 만든 파견법을 생각해 보자. 파견법이 파견근로자의 근로 조건을 개선하고 고용 안정을 촉진한다는 입법 목적에 전혀 반대할 생각은 없다. 다만 이렇게 생각해 보자. 파견법이 있으니 노동 용역 회사가 근로자로부터 수수료를 받고 장사하는 것을 너무나 정당한 것으로 인식하게 만든 것은 아닐까? 중간 마진 착취라는 관점에서 바라본다면 파견법은 근로자를 팔아먹는 것을 법 제도화한 것이고 이는 마치 봉건시대의 땅 없는 소작인에게 더욱 고리의 소작료가 메겨지는 현상을 북돋는 기능을 하고 있는 것으로 해석할 수도 있는 것이다.

## 문제의 본질과 해석 표지의 개발

기본적으로 법원의 태도는 방향에서 잘못된 것이다. 대법원의 판례는 다

---

보여 줄 수 있겠지만 이런 법인격 부인론은 자칫 근로자를 근로관계의 미아로 전락시켜 그나마 하도급 회사로부터 받을 수 있는 혜택마저도 박탈할 수 있는 위험성을 갖고 있어 정확한 하도급 관계의 유형을 탐색해 이에 적절한 대응 법 이론을 적용하는 것이 중요하다 할 것이다.

양한 형태로 체결되고 있는 노동 용역 제공을 위한 도급계약은 실질적으로 근로계약에 따른 노동관계 법령 등을 회피하고자 하는 사업주의 의도에서 비롯되고 있다는 점을 간과 하고 있다. 이를 어떻게 극복할 것인가?

먼저 〈노동법〉을 악의적으로 회피하려는 현상에 대한 해석론적 대안을 생각해 볼 수 있다. 이런 해석론의 기초 자료로 독일의 사례들이 좋은 시금석이 될 수 있다.

첫째, 문제가 되고 있는 사용자와 근로자들 사이의 근로관계를 징표할 수 있는 객관적인 요소들에 대한 평가 지표들을 활용해 계약과 근로관계를 실질적으로 파악할 수 있는 표지들을 마련할 수 있다. 그 표지들을 나열하면 다음과 같다.

- 하도급 회사와의 도급계약 여부 실체성
- 하도급 회사의 실체 여부(모회사와의 관계, 경영과 회계의 독립성, 모회사와 임원의 관계 등)
- 근로 장소
- 사용자의 지시 여부와 그 정도 횟수
- 정규직 또는 비정규직으로 일하는 동종 동일 노동 근로자들과의 비교(근로시간, 근로의 전문성, 근로 형태, 숙련도, 전형성 휴식, 휴가 등 모든 점에서)
- 지속성과 대체성에 대한 평가
- 임금 지급과 관련된 문제(형식적으로 누가 임금을 주느냐도 중요하지만 여기서는 법인격 부인론이나 남용 이론을 적용해 실질적인 임금 지급 주체를 준별할 필요)

둘째, 사용자의 회피 의도에 대한 평가.

회피가 지속적이고 전형적인 경우 이는 〈노동법〉을 배제하기 위한 것이므로 근로관계 존속에 추정효(객관적 표지가 충족되면 묵시적 계약 추정)를 주고 증명에 있어서 사용자에게 이를 반증하도록 해야 한다.

셋째, 사용자의 회피가 전형적인 영역을 평가해 회피가 전형화된 변형 근로는 유형화된 실체로 인정해야 한다.


## 4. 맺음말

**의도적 탈법은 불법이다.**

탈법행위에 대한 처방은 다양한 관점에서 이루어질 수 있는데, 필자 나름대로의 결론은 의도된 탈법은 불법이라는 것이다. 이 글에서는 재벌들의 탈법적 세습과 부의 축적이 순수하게 합리적 경영과 상식 수준에서 충분히 이해할 정도에서 진행된 방법들이라면, 다시 말해서 '어쩌하다 보니 그런 것'이라면 법적 제재가 불필요한 윤리의 세계에 맡길 수 있다고 생각한다. 그렇지 않고 그런 탈법행위가 재벌들의 부의 축적과 경영권 세습을 위해 처음부터 의도되고 기획된 것이라면 이는 비난의 문제가 아니라 법으로 엄단해야 할 문제라고 보았다. 법률 회피를 위법행위로 전환시키는 매개는 "고의적인 의도"dolose Absicht를 통한 "회피의지"Umgehungsvorsatz가 있는지가 중요한데 이와 관련해 "고의적인 의도"dolose Absicht란 정상적인 방법에 기한 수단을 통해 통상 해당 규범이 적용될 수 없는 그런 유형의 사례들과 구별될 수 있는 회피의 요소로서의 기능을 담당한다. 이런 표지(요소)가 충족되면 회피의 법률효과(무효 또는 그 법률에 정하고 있는 법률효과)가 발생한다. 반면에 그렇지 않는 경우에는 그런 법률행위는 유효하다. 회피 의지가 법률 회피의 특징적 요소로서 중요하다는 사실은 독일의 연방 민사 법원의 판례와 독일의 특별법[68]에서 확인된다. 즉 독일 연방 민사 법원은 공동 유언의 손상의 문제와 관련해 유언에 의한 의무들을 회피하려는 의도는 동일한 형식을 갖고 있는 허용되지 않는 법률행위와 허용된 법률행위를 구별하는 기준이 된다고 강조했다.[69]

**민심에 반한 사법부의 판단과 삼성 재벌의 탈법으로 인한 법질서의 왜곡**

기업이 정당한 방법으로 절세를 하고 경영의 효율화를 꾀하면서 부를 대물림한다면 그것을 가지고 뭐라 하지는 않을 것이다. 그러나 불행하게도 대한민국의 족벌 재벌들 대부분은 법을 교묘히 악용하거나 회피하면서 떳떳하지 못한 방법으로 부를 축적하고, 탈법을 동원해 자식들에게 경영권을 물려주고 부를 세습하고 있음을 삼성을 통해 살펴보았다. 초법적인 방법으로 경영권을 교묘히 물려주는 과정에서 만들어진 부의 축적과 탈세는 기형적 자본 지배 구조를 확대하고 법치주의의 근간을 무너뜨린다.

---

68_과거 〈독일경쟁법〉(GWB) 제38조 2항2 규정에서는 고의적인 회피만이 위법한 것으로서 처벌을 받는 반면, 비고의적 법률 회피 행위는 대상이 아니었다.

69_Teichmann(1962, S. 93ff) 이 외에도 탈법행위를 규율하기 위한 방법론에 관해 Benecke(2004, S. 373ff. 참고. 독일에서는 여러 법 영역에서 탈법행위 또는 법률 회피 (Gesetzesumgehung)에 대한 문제를 규율하기 위한 규정들이 만들어졌다. 예를 들어 BGB §306a(전에는 약관규제법 AGBG §7), §312(전에는 방문판매법 HaustuerWG §5와 원격판매법: FernAbsG §5), §475, §487(전에는 일시적 주거이용법: TzWrG §9), §506(전에는 소비자신용법: VerbrKrG §18), §655e(전에는 VerbrKrG §18), Fernunterrichtsschutzgesetz(원격교육보호법) §8, Gueterkraftverkehrsgesetz(화물운송법) §5, HGB(상법) §75, Personen- befoerderungsgesetz(여객수송법) §6, Rechtsberatungsgesetz(법률상담법) §6 등이 그것이다. 자세한 것은 조승현(2011) 참고.

재벌들의 탈법적 부의 축적과 경영권 세습의 모습은 진화를 거듭하고 있다. 교묘한 치외 법권 지역의 확대라 할 만하다. 재벌 1세대들은 저임금의 구조 속에서 정경 유착과 온갖 특혜 및 권력의 비호 아래 부를 축적했다. 그리고 그런 부를 자금 세탁과 차명 등을 통해 교묘하게 2세대들에게 물려주었다. 그리고 2세대는 음흉한 것으로 치면 한 차원 높은 수단을 사용해 부와 경영권을 3세대들에게 몰아주었다. 다시 말해서 과거에는 주로 정경 유착에 기반한 자금 세탁, 특혜 금융, 차명 등을 통해서 부의 축적과 세습이 이루어졌다면 오늘날에는 자본조달 방식의 악용(전환사채나 신주인수권부사채의 저가 발행),[70] 일감 몰아주기, 과잉 배당 등을 통해 탈법적인 세습이 이루어지고 있음을 살펴보았다. 부의 축적 과정 및 그 방식에서도 독점과 불공정거래를 규제하기 위한 강행 법규들을 사내 하청이나 합병 등으로 교묘하게 회피하고 빠져나가는 편법들이 동원되고 있다.[71] 나아가 삼성을 포함한 재벌들은 도급이나 페이퍼 컴퍼니를 동원한 방법으로 〈노동법〉과 〈책임법〉을 교묘하게 회피하면서 각종 의무로부터 벗어나고 있다. 이런 탈법적 도급 현상은 글로벌한 배경을 갖고 있지만, 특히 대한민국의 재벌들이 거의 관행 아닌 관행으로 일삼고 있고 이에 따른 후유증으로 강행 법규의 형해화, 노동자들의 기본권 침해가 심각하게 대두되고 있음을 살펴보았다.

---

70_전환사채(Convertible Bond:CB)와 신주인수권부사채(Bond with Warrant:BW)는 음성적 사채 시장을 양성화시키고 자본조달을 용이하게 하기 위해 1984년 상법에 채택되었던 제도이다.

71_여기서 편법이라는 표현을 사용한 것은 관련 사건에 대한 법원의 판단을 고려한 것이다.

## 자본에 의한 권력의 지배와 법치주의의 위기

지금까지 살펴본 것만으로도 삼성 재벌 등의 탈법적 행위들을 통해 총체적인 규범의식의 해체와 법치주의의 위기가 이미 진행되고 있다고 판단할 수 있을 것이다. 우리나라 법원은 삼성 재벌을 포함한 대기업들의 강행법규의 회피 현상에 대해서 대단히 관용적이다. 물론 이런 법원의 태도가 사용자의 여러 가지 사정(경제 수준, 경영 상황, 주주나 채권단에 대한 상황, 정치적 변수 등등)을 감안한 것일 수도 일을 것이다. 그러나 그런 점을 감안하더라도 삼성 계열회사들에 대한 반응은 너무나 심하다. 이런 이유로 관료들과 법관들은 삼성에 약하고 노동자에게는 강하다는 세평으로부터 자유롭지 못하다. 이는 〈노동법〉에서만 그런 것이 아니다. 명백한 불법이 있음에도 사법상 이를 단죄하지 못하고, 투기하고 탈세하는 삼성 일가와 가신 경영진들의 행위에 대해서 있으나마나 한 제재와 단속에 그치는 현상도 그런 맥락에 서있다고 생각한다.

파울루스Paulus와 울피아누스Ulpian는 로마법 강론에서 "법이 금하는 것을 행하는 자는 법에 위반하는 것이고, 법의 문언에 반하지는 않으나 법의 정신에 반하는 행위를 하는 자는 탈법행위circumvennit(또는 법률 회피)를 하는 것이다"라고 했다.[72] 이는 법집행관의 법의 정신에 입각한 단호한 의지가 중요함을 설파한 것이었다.

삼성 재벌의 불법에 대해서는 법 집행자의 단호한 의지가 무엇보다 중요하다. 탈법에 대해서는 과감한 입법 행위가 필요하다. 입법이 곤란하거나 불가능한 경우에는 법관은 법질서 전체의 규범력을 가지고 실정에

---

72_D1.3.29와 30. Teichmann, a.a.O., S. 4f.

맞는 해석(민심에 맞는 해석)을 통해 총수 일가들의 탈법행위를 엄단해야한다. 만약 그런 의지가 없다면 국가에 대한 국민의 신뢰는 상실되고 한국 사회는 부패와 반칙이 만연하는 금전 만능주의의 무질서한 사회가 될 것이다. 대한민국의 주요 언론들은 이런 사안이 애매하고 지나간 이야기이니 지금부터 잘하자는 논조를 항상 그렇듯 이어 오고 있다. 그럼 앞으로는 공정하고 품격 높은 재벌 문화를 기대할 수 있을까? 이제 이재용 삼성전자 부회장이 답할 차례다. 이재용 삼성전자 부회장이 떳떳한 경영자로서 자신 있는 경영을 하려면 지금까지의 과정에 대해서 책임지는 자세가 필요하다. 잘못된 것은 잘못되었다고 이야기해야만 기본이 갖추어진 경영자로서 자격이 있다. 지나간 사건에 대해 앞 세대의 문제라고 치부하는 순간 '이재용 시대'는 앞 세대의 짐을 안고 가야 할 것이다.

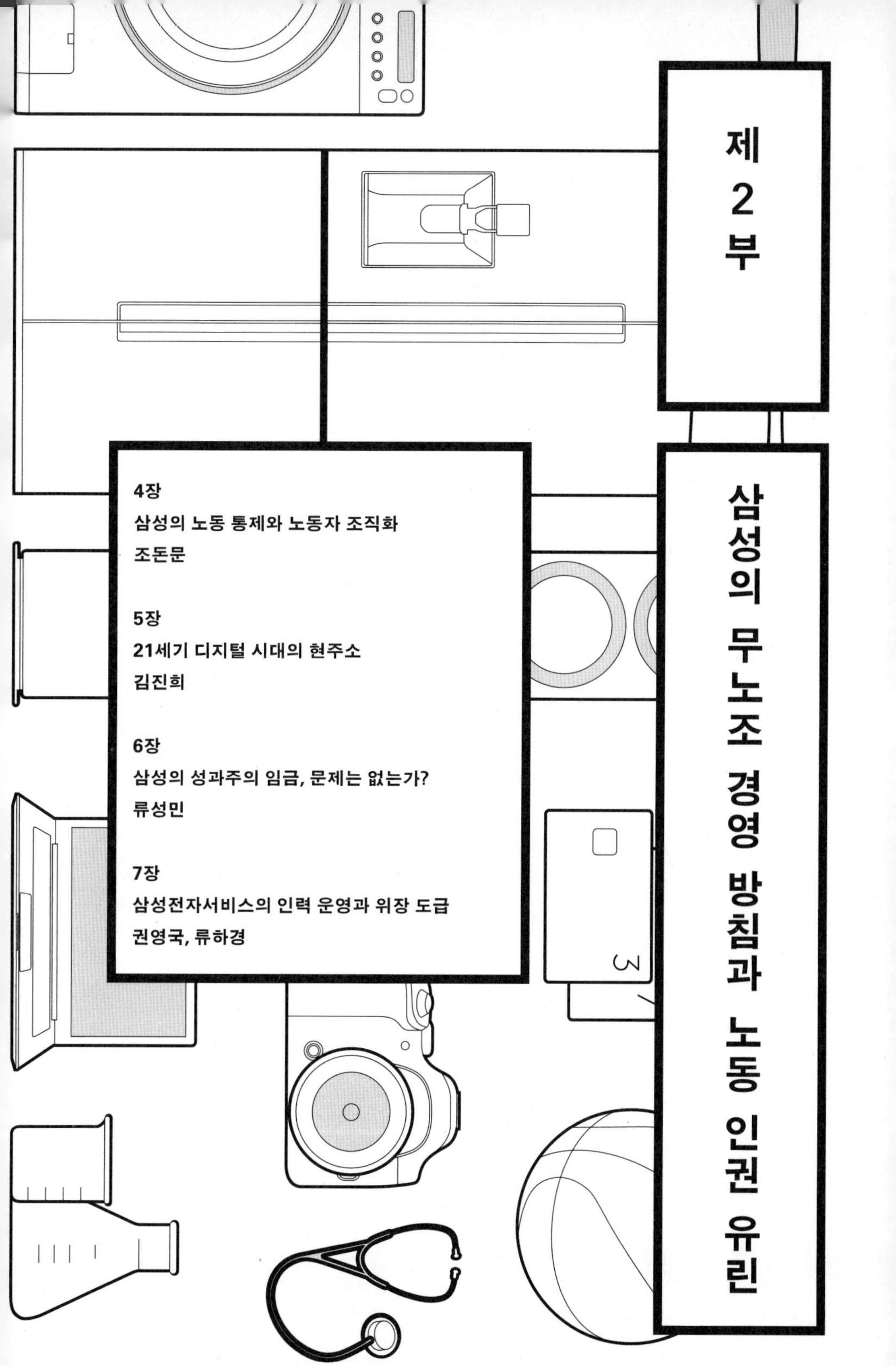

# 제 2 부

# 삼성의 무노조 경영 방침과 노동 인권 유린

제2부는 삼성 재벌의 무노조 경영 방침이 생산 현장에서 어떻게 관철되며 어떤 결과를 가져오는지를 분석한다. 삼성 재벌의 무노조 경영 방침은 철저한 노동자 감시와 억압적 노동 통제 방식과 함께 추진되고 있으며, 그 결과 노동자들의 노동기본권은 유린되고 노동관계법 조항들은 무시되며 노동자들은 열악한 노동조건을 벗어나지 못하고 있는 현상에 주목한다.

4장 조돈문의 "삼성의 노동 통제와 노동자 조직화"는 복수노조 합법화와 민주 노조 결성이라는 변화된 조건 속에서 삼성이 무노조 경영 방침을 고수하는지, 무노조 경영 방침을 고수한다면 이를 관철하기 위해 어떤 노동 통제 전략을 구사하는지, 노동 통제 전략은 어떤 점에서 연속성을 보이고 어떤 점에서 변화를 보이는지를 분석한다. 삼성은 무노조 상황을 노동자들에게 강제해 왔지만, 2011년 7월 실시된 사업장 단위 복수노조 합법화 이후 에버랜드, 삼성전자서비스 등 삼성 계열사들에도 민주 노조가 결성되기 시작하며 변화의 조짐을 보이고 있다.

일상적 감시 활동에 기초한 삼성의 노동 통제 전략은 상당 정도 연속성을 보이고 있는데, 첫째, 삼성은 무노조 경영 방침을 포기하지 않았다. 둘째, 미래전략실을 정점으로 하는 그룹 차원의 노동 통제 체제와 계열사들의 상호 지원 체계는 여전히 가동되고 있다. 셋째, 삼성은 여전히 노동자 등급화 관리 체계를 유지하며 노조 활동가를 포함한 문제 사원들을 밀착 감시 같은 방식으로 특별 관리하고 있다. 넷째, 해고 등 징계 위협을 통한 물리적 강제력이 노동자들의 노조 가입 의향을 억압하는 주요 수단으로 사용되고 있으며, 노동자들은 만족과 동의가 아니라 불만에도 불구하고 물리적 강제력 행사 등 부당 처우의 공포심으로 인해 노조에 가입하지 못하고 있다.

복수노조 시대 그룹 안팎의 여건 변화에 맞추어 노동 통제 전략도 부분적으로 변화된 양상을 보여 주고 있다. 첫째, 복수노조 허용으로 인해 노동조합 결성이 상대적으로 용이해지고, 실제로 민주 노조가 결성됨에 따라 삼성은 일상적 감시 체계를 더욱 강화했다. 둘째, 극단적 형태의 물리적 강제력은 과거에 비해 제한적으로 사용하고 있다. 셋째, 격리와 왕따 등 사회적 관계를 이용한 노동 통제 방식의 중요성이 크게 증대해 물리적 강제력을 대체하며 핵심적 노동 통제 전략으로 부상하고 있다. 넷째, 사업장 내 복수노조가 허용됨에 따라 사측이 노조 결성 원천 봉쇄를 추진하되, 안 되면 알박기 노조로 대응하는 전략으로 전환하면서 노사협의회의 노동조합 대체재 기능이 약화되었다.

5장 김진희의 "21세기 디지털 시대의 현주소"는 삼성전자를 중심으로 무노조 경영을 표방하는 삼성 계열사 작업장에서 공통적으로 나타나는 노동삼권의 부재와 열악한 노동조건을 분석한다. 삼성전자는 번영과 신기술, 발전과 미래를 상징하며 21세기 디지털 시대를 선도하는 글로벌 기업이다. 그러나 삼성전자에서 생산을 담당하는 여성 노동자들의 노동권에 초점을 맞추어 보면 삼성은 오히려 근대적 노사관계와 노동권이 인정되지 않았던 산업화 초기인 19세기와 유사한 수준이다. 가족주의를 표방한 작업장 안팎의 노동 통제는 개별 노동자의 인권을 침해하고 있고 성별에 따른 직무 분할과 차별적 임금 체계는 여성 노동자의 승진 기회 및 직무 이동의 기회를 제한시킨다. 성과급과 속도 경쟁으로 가속화되는 높은 노동강도는 제반 노동조건과 결합해 여성 노동자들의 건강과 생명을 위협하고 영업비밀을 이유로 정보가 공개되지 않는 화학물질들과 안전교육의 미비로 노동자들은 상시적으로 위해 물질에 노출된다.

한편 삼성전자의 많은 여성 노동자들은 자신들이 처한 상황을 객관화시키거나 문제를 바꾸기보다는 순응하거나 개인적으로 회사를 그만두는 방식을 택한다. '누릴 수 있는' 경제 조건에 만족하면서 자신의 처지를 긍정적으로 받아들이는 경우도 적지 않다. 이는 삼성전자가 지방 상업고등학교 3학년 재학, 혹은 졸업한 이들을 우선적으로 선발한 것에서 이유를 찾아볼 수 있다. 취업의 기회가 전무하고 경제적 필요가 절실하며 노조나 노동자의 권리에 대해 학습할 기회가 없었던 성실하고 유순한 노동자들은 자신들이 처한 상황과 조건에 대해 무비판적으로 수용하게 되는 것이다.

문제는 삼성전자의 여성 노동자들이 자신들이 처한 객관적 상황과 누릴 권리를 인식하지 못한 채 작업하고 있는 이 순간, 그들의 건강과 행복과 미래는 또다시 위험에 처하게 된다는 것이다. 그렇기 때문에 어떤 방식으로 변화를 이끌어 낼 것인가에 대한 보다 철저한 고민이 필요하다. 첫째, 노동자의 인권과 노동권, 그리고 건강권이 보장될 수 있도록 기업에 지속적 압력을 가할 수 있는 노동과 시민의 국내외적 연대 체재를 강화시켜야 한다. 둘째, 기존의 법이 준수되기만 해도 기업의 관행이 바뀔 여지가 있다는 점에서 법 준수를 요구함과 동시에 법을 준수하지 않는 기업이 치러야 할 비용의 수준을 높일 수 있도록 입법 개정을 추진해야 한다. 셋째, 삼성전자의 여성 노동자들 스스로 객관적 인식을 갖고 내부로부터 노동권과 건강권을 요구할 수 있도록 조직할 수 있는 다양한 방안을 모색해야 한다.

6장 류성민의 "삼성의 성과주의 임금, 문제는 없는가?"는 삼성그룹의 성과주의에 기반을 둔 높은 임금수준의 이면에 숨겨진 두 가지의 문제점에 대해서 객관적으로 확인할 수 있는 공개된 자료를 통해 심층적으로 살펴본다.

첫 번째 이슈는 삼성그룹의 높은 임금수준이 긴 근로시간을 토대로 한 것은 아닌가에 대한 것이다. 삼성의 성과주의에 기반을 둔 높은 임금이 근로자들의 긴 근로시간을 토대로 하고 있다면 문제가 존재한다고 볼 수 있다. 고용노동부의 2013년 근로 감독 결과에 따르면, 주 12시간의 연장근로 한도 규정을 초과해 〈근로기준법〉을 위반하고 있는 기업들이 매우 많은 것으로 나타나고 있다. 이를 감안해 삼성그룹의 근로시간과 관련한 사례들 중 이미 법리적 결정이 끝난 두 가지 사례를 통해 삼성그룹의 근로시간 문제를 살펴보았다. 두 가지의 사례에서 공통적으로 도출할 수 있었던 시사점은 삼성의 성과주의가 계열사 및 협력사들의 성과를 높이는 측면도 분명히 존재하겠지만, 소속 근로자들에게 장시간의 근로를 하도록 만들고 업무 부담을 크게 늘려서 다양한 부정적인 효과를 나타낸다는 것이다. 이런 측면에서 삼성의 과도한 성과주의, 특히 장시간의 근로시간을 근로자에게 부담하도록 하는 방식은 제고될 필요가 있다.

다른 측면의 이슈는 기업 내 임금격차, 특히 임·직원 간 임금격차 문제이다. 우리나라 다른 기업의 임원과 일반 근로자의 임금 평균 격차에 비해 삼성은 너무나 큰 격차를 나타내고 있다. 우리나라 기업들 중 2011년 현재, 동일 직급 간 고과에 따른 임금격차를 두고 있는 기업들은 약 14% 정도의 임금격차를 두는 것으로 나타났다. 반면 삼성전자의 경우 2000년대 초반 이미 동일한 과장 직급 간 200% 정도의 큰 임금격차가 있는 것으로 나타났다. 다음으로 우리나라 30대 대기업집단은 2011년 현재, 임·직원 간 평균 13배 정도의 임금격차를 가지고 있었던 반면, 삼성그룹은 20배 이상의 임금격차가 있는 것으로 나타나 가장 큰 임금격차를 나타냈다. 적절한 동일 직급 간, 임·직원 간 임금격차는 근로자들에게 동기부여를 불러일으킬 수도 있지만, 삼성 그룹, 특히 삼성전자처럼 지나치게 임·직원 간 임금격차가 크게 되면 아무리 임원들의 노력과 성과에 대한 공헌을 인정한다 하더라도 근로자들이 임금에 대한 불만족과 불공정성 인식을 하게 될 가능성이 높아진다. 그러므로 삼성 그룹은 성과주의를 토대로 동기부여를 위한 다양한 제도들을 운영하되, 근로자들이 받아들일 수 있는 수준을 잘 고려해 적절한 임금격차를 유지하는 것을 고려해야 할 것이다.

권영국·류하경의 "삼성전자서비스의 인력 운영과 위장 도급"은 삼성전자서비스가 자사의 핵심 업무인 제품 서비스 업무를 협력 업체에 하도급을 주고 있는데, 이런 하도급을 이용한 인력 운영 방식을 분석한다. 대법원과 노동부의 위장 도급 판단 지침의 관점에서 보면 삼성전자서비스의 인력 운영 방식은 불법 파견이거나 묵시적 근로계약 관계에 해당한다.

삼성전자서비스의 경우 우선, 협력 업체는 사업 경영상의 독립성이 없다. 근거는 협력 업체 사장은 상당수(64%)가 원청 임직원 출신인 점, 도급계약서상 원청이 협력 업체의 경영과 인사 전반에 수시로 개입할 수 있게 되어 있는 점, 협력 업체는 오로지 삼성전자서비스와의 계약 이외에는 일절 다른 사업을 추진한 적도 없고 다른 업체와 거래하거나 다른 사업을 추진할 수도 없게끔 도급계약서에 명시되어 있는 점, 협력 업체의 기사들에 대한 평가, 징계, 포상 주체가 원청인 점, 사무실 임대료도 원청이 대신 내주는 점, 자재, 설비가 모두 원청 소유인 점 등을 들 수 있다.

그리고 협력 업체 직원들은 실질적으로 본사에 종속되어 있다. 근거는 협력 업체 직원들의 업무 교육을 원청이 직접 하는 점, PDA를 통해 원청의 업무 지시를 수시로 받고 있는 점, 기사들의 기사 코드 부여와 박탈 권한이 모두 원청에 있는 점, 원청이 제공하는 각종 전산 프로그램을 통해 업무를 수행하고 보고하는 점, 원청으로부터 4대 보험료, 퇴직 충당금을 보전 받는 점 등이다.

실질적인 임금 지급자도 본사이다. 근거는 기사들이 건당 수수료로 이루어진 전체 금액을 노동의 대가로 받고 있는데 건당 수수료는 수리 항목별로 구체적으로 원청에서 모두 지정하는 점, 기사들이 서비스 후 고객으로부터 카드로 결재를 받으면 금액이 본사로 바로 입금이 되는 점, 원청에 전액 입금이 되고 나면 원청이 기사별 수수료를 계산해 협력 업체에 내려 주고, 협력 업체 사장은 기사들에게 위 임금을 형식적으로 배분하는 역할에만 그치는 점 등이다.

따라서 삼성전자서비스와 협력 업체 직원들의 관계는 묵시적 근로계약 관계다. 백번 양보해 협력 업체가 사업 경영상의 독립성이 있는 독자적 기업이라고 하더라도 이는 명백히 불법 파견의 관계다. 삼성전자서비스의 업무는 파견 허용 업무도 아니고, 협력 업체들이 노동부 장관으로부터 파견업 허가를 얻지도 않았기 때문이다.

# 4장

# 삼성의 노동 통제와
# 노동자 조직화

조돈문

## 1. 들어가는 말

삼성은 일제 치하 양조장에서 시작해 세계적 재벌로 성장하는 과정에서 소유권과 함께 지배·경영권을 세습하면서 무노조 경영 방침을 견지해 왔다. 그동안 국가권력은 한반도를 강점한 일본 제국주의 치하에서 군사독재 정권을 거쳐 민주화 과정을 겪어 왔지만 현재 지배·경영권의 3대 세습을 완성하는 단계에 이른 삼성은 아직도 무노조 경영 방침을 포기하지 않

• 이 글은 『사회경제평론』 44호에 게재된 필자의 원고를 수정·보완한 것이다. 수정·게재를 허락해 준 한국사회경제학회에 감사드린다.

은 것으로 알려져 있다.

삼성은 무노조 상황이 삼성 재벌의 무노조 경영 방침이 아니라 윤택한 노동조건에 만족한 삼성 노동자들의 자발적 선택의 결과라고 주장해 왔다. 하지만 삼성 계열사 노동자들의 노동조합 결성 시도가 끊이지 않고 이어져 왔다는 사실은 삼성 노동자들이 노동조건에 대해서도 상당한 불만을 지니고 있음을 반영한다. 그런 점에서 삼성 노동자들이 노동조합을 결성하지 못한 것은 삼성에 의한 탄압 때문이며 삼성의 무노조 상황은 노동자들의 자발적 선택이 아니라 자본에 의해 강제된 것으로 설명되었다 (조돈문 2008a).

2008년 이후 삼성은 삼성전자의 스마트폰을 앞세워 세계시장의 강자로 부상하며 지배·경영권의 3대 세습을 마무리하기 위해 박차를 가하고 있다. 대변혁을 촉구한 신경영선언 20돌을 보내면서도 삼성 재벌은 지배·경영권의 독점·세습과 함께 무노조 경영 방침에 대해서는 비타협적으로 집착하고 있다. 하지만 2011년 7월 실시된 사업장 단위 복수노조 합법화 이후 에버랜드, 삼성전자서비스, 삼성코닝, 삼성SDI 등 삼성 계열사들에도 민주 노조가 결성되기 시작했다. 삼성의 무노조 경영은 창업 이래 80년 정도 지속되었는데 이제 실질적으로 무너지고 있는 것은 아닐까? 삼성은 3대 세습 과정을 마무리하는 시점에서 무노조 경영 방침을 폐기하는 것이 아닐까?

이 글의 목적은 복수노조 합법화와 민주 노조 결성이라는 변화된 조건 속에서 삼성이 무노조 경영 방침을 고수하는지, 무노조 경영 방침을 고수한다면 이를 관철하기 위해 어떤 노동 통제 전략을 구사하는지, 노동 통제 전략은 어떤 점에서 연속성을 보이고 어떤 점에서 변화를 보이는지를 분석하는 것이다. 이를 위해 민주 노조가 먼저 결성된 삼성에버랜드와 삼성전자서비스를 주요 사례로 검토하되 간접 고용 비정규직을 중심으로

한 삼성전자서비스 노조에 비해 직접 고용 정규직을 주요 조직 대상으로 하는 에버랜드 노조를 핵심적 준거로 분석한다.


## 2. 삼성의 노동 통제 방식과 노동조합 조직

여기에서는 노동과정과 사회정치적 지배 이론들에 근거해 노동 통제 방식을 유형화한 다음 삼성 노동자들의 노동조합 설립 시도들을 개관하고 삼성그룹의 전통적 노동 통제 방식을 검토한다.


### 노동 통제 방식 유형화

자본과 그 대행자들은 노동자들이 생산 현장에서 자본이 원하는 방식으로 노동하도록 만들기 위해 다양한 자원들을 동원하는데, 이런 생산 현장에서의 권력 행사를 노동 통제라 한다. 기업 측이 원하는 것은 노동자들의 순응과 헌신으로서 이는 노동 통제의 성과로 담보될 수 있으나, 노동 통제의 실패는 노동자들의 저항과 계급의식 발달로 귀결될 수 있다.

노동 통제에 동원되는 권력 자원은 대체로 네 가지 유형으로 나뉠 수 있다.[1]

---

1_에치오니(Etzioni 1975)는 조직체 내의 권력 행사와 그에 상응하는 노동자 관여를 세 가지 순응 유형으로 분류했다. 하지만 순응과 헌신이 담보되지 않는 조건 속에서도 저항과 의식 발달의 가능성을 최소화하기 위한 노동 통제가 시행된다. 여기에서는 파킨(Parkin

① 물리적 강제력: 자본이 강제력을 이용해 감옥이나 군대에서와 같이 노동자들의 순응을 강제하는 노동 통제 방식이다. 자본의 지배 방식에 순응하지 않으면 신체적 폭력, 승진 및 고과 불이익, 징계와 해고 등 고통을 수반하는 신분상의 불이익과 생존의 위협을 가하는 반면, 순응하면 그런 위협을 면제해 준다. 이런 물리적 강제력에 상응하는 노동자 태도는 대안이 없는 여건 속에서 순응 거부의 비용이 크기 때문에 저항을 포기하는 소외적 순응이다.

② 물질적 보상: 자본이 물질적 보상을 제공하며 노동자들의 순응을 유도하는 노동 통제 방식이다. 자본의 지배 방식에 순응하면 임금과 인센티브 등 물질적 혜택을 제공하는 반면, 순응하지 않으면 그런 혜택을 박탈하고 불이익을 준다. 노동자들은 교환 관계의 득실을 계산해 보상을 대가로 순응을 선택하는 도구주의적 태도를 지니게 되며, 이를 타산적 순응이라 할 수 있다.

③ 조직 규범: 자본이 노동자들로 하여금 조직체의 구성원으로서 자부심을 갖도록 함으로써 조직의 목표를 수용하고 조직의 규범을 준수하도록 하는 노동 통제 방식이다. 조직의 목표와 규범에 대한 노동자들의 도덕적 판단을 전제하지 않는다. 노동자들이 조직체의 구성원으로서 자부심을 갖고 조직체와 동일시하면 조직의 목표를 수용하게 되고 조직의 규범은 조직 목표의 실현을 위한 것이기 때문에 바람직한 행동 양식으로 내

---

1979)의 사회적 배제(social exclusion)와 올슨(Olson 1965)의 비공식적 제재(informal sanction) 같은 사회적 관계 속의 제재 방식을 제4의 유형으로 범주화한다. 노동 통제 방식에 따라 노동자 순응 방식이 다르기 때문에 차별화된 노동자 조직화 전략이 요구된다고 할 수 있다.

면화된다. 노동자들은 기업과 노조 사이에서 기업 정체성을 선택하도록 강요당하며 조직체 내에서 안정감과 자존감을 찾고 자신의 전망을 키우는 조직인이 되어 조직 규범을 준수하는 조직적 순응을 하게 된다.

④ 사회적 관계: 자본은 노동자들이 자본의 지배 방식에 순응하지 않으면 사회적 관계망으로부터 배제하고 소외감과 스트레스를 부과하는 반면, 순응하면 사회적 관계망 속에 포용하며 구성원으로서 심리적 안정감을 누릴 수 있게 한다. 노동자들은 사회적 포용 혹은 사회적 배제의 대상이 되며 노동자들에 대한 자본의 사회적 포용 혹은 사회적 배제는 노동자 순응 여부에 대한 자본의 대응이기도 하다. 특히 물리적 강제력, 물질적 보상, 조직 규범 등에 의한 노동 통제에도 불구하고 노동조합 결성을 포함한 대안적 세력 형성을 저지하지 못했을 경우 대안적 세력을 일반 노동자들로부터 격리하고 영향력을 최소화하기 위해 사측이 사용할 수 있는 노동 통제 방식이다. 노동자들은 개별화되어 사측 중심 관계망 속으로 부단히 재조직되며 관계망의 압박감peer pressure과 소외의 공포 속에서 사회적 순응을 택하게 된다.

## 삼성 노동자들의 노동조합 설립 시도

삼성 노동자들의 노동조합 설립 시도는 외적 조건과 주체적 역량에 따라 세 시기로 나누어진다. 제1기는 1997년 말 경제 위기 이전 시기로서, 노동자들은 평생직장 개념을 지니고 노사 간 포지티브섬 게임으로 기업 상황을 인식하고 있었고, 노동자 조직화 시도들은 체계적인 조직화 준비 없이 산발적으로 진행되었다. 제2기는 1998년 이후 2011년 7월 이전까지의 시기로서, IMF 외환 위기와 뒤이은 경제 위기를 계기로 구조조정이 일상화되며 노동자들의 평생직장 개념이 사라져 가고 노사관계 또한 제로

**표 4-1 | 삼성 계열사 노동조합 설립 시도 연표**

| 회사명 | 노조 설립일 | 비고 |
| --- | --- | --- |
| 〈제1기〉 | | |
| 중앙일보 | 1987년 12월 1일 | 자체적 결성 |
| 삼성지게차 | 1988년 11월 26일 | 11년 26일 설립 신고, 6월 7일 결성, 유령 노조(1998년 클라크에 양도) |
| 〈제2기〉 | | |
| 삼성SDI | 1997~2001년 | 수차에 걸쳐 노조 결성 시도 탄압으로 실패: 수원(1997년, 1999년 12월, 2000년 10월), 울산(1998년 10월, 2001년 12월) |
| 신세계백화점 | 1998년 10월 9일 | 신세계 노조 결성 |
| 에스원 | 2000년 5월 27일 | 설립필증 발부 거부(유령 노조 선제 등록) |
| 에스원 | 2001년 4월 | 노조 설립 무산(유령 노조 존재) |
| 삼성그룹노동조합 | 2001년 8월 | 초기업 단위, 2001년 9월 대구시 직권 해산시킴 |
| 삼성캐피탈 | 2001년 8월 | 회사 탄압으로 무산 |
| 아르네삼성(광주 소재) | 2002년 | 탄압으로 사직 |
| 호텔신라 | 2003년 3월 24일 | 지도부 행방불명, 유령 노조 선제 등록 |
| 삼성일반노동조합 | 2003년 2월 6일 | 삼성일반노동조합 건설 설립필증 교부, 8월 12일 인천시청 직권 취소(근거: 해고자 노조 가입 규약 개정 불법) |
| 삼성프라자(경기 분당) | 2003년 9월 5일 | 노조 설립필증 교부(이후 탄압으로 노조 설립 자진 취하) |
| 한국항공우주산업(경남 사천) | 2003년 9월 25일 | 노조 설립, 조합원 1천여 명 가입(삼성 재벌이 대주주) |
| 삼성전자 | 2004년 5월 25일 | 노조 설립 신고서 접수, 며칠 후 노조 설립 취소함 |
| 금속노조 가입(전자, SDI) | 2004년 6월 | 수원 삼성전자 홍두하, 삼성SDI 강재민 등 총 6명. 2004년 8월 16일~9월 9일 사이에 모두 탈퇴함(협박, 금품 제공) |
| 금속노조 가입(SDI, 전자) | 2008년 10월 | SDI 및 전자 노동자 30여 명(주로 수도권과 충남) 금속노조 가입 후 탄압으로 탈퇴함 |
| 〈제3기〉 | | |
| 삼성노동조합(에버랜드 등) | 2011년 7월 12일 | 에버랜드에서 결성(7월 18일 고용노동부 설립신고필증 교부), 2013년 1월 14일 금속노조 경기 지부(삼성지회) 가입(10여 명), SDI 및 전자 조합원 결합 |
| 삼성SDI노동조합 | 2012년 2월 18일 | 기흥, 천안, 울산 노동자들 8~9명으로 구성됨. 노조 설립 신고 포기함 |
| 삼성중공업/일반/노조 | 2013년 3월 14일 | 거제 지역 일반 노조 |
| 삼성SDI 금속노조 가입 | 2013년 6월 | SDI 울산 공장 5명 금속노조 경남 본부 개별 가입 |
| 금속노조 삼성서비스지회 | 2013년 7월 14일 | 삼성전자서비스 협력 업체 노동자들 360여 명으로 출범 |
| 삼성코닝정밀소재노동조합 | 2013년 11월 14일 | 천안 지방고용노동청 신고, 독립 노조, 352명 |
| 금속노조 삼성SDI울산지회 | 2014년 3월 23일 | SDI 울산 공장 10여 명이 지회 결성함 |

주: 사측에 의해 결성된 노조나 인수 전 존재한 노조는 제외했다.

섬 게임으로 인식되기 시작했다. 민주 노조 운동이 삼성 노동자 조직화에 적극적 관심을 보이면서 조직화 시도들은 좀 더 치밀한 준비 속에서 진행되었고 조직화 주체들은 네트워크를 형성하기 시작했다. 제3기는 2011년 7월 이후 시기로서 2011년 7월 1일 사업장 단위 복수노조가 허용됨에 따라 이전 시기들에 비해 노동조합 조직화의 제약 요인이 크게 약화되었다.

**표 4-2 | 삼성에버랜드 노동조합 결성 및 활동 일지**

| 일시 | 내용 | 비고 |
|---|---|---|
| 2002년 | 조장희 노사협의회 근로자 위원 당선 | 2004년 2006년 당선, 2008년 2월 낙선 |
| 2009년 1월 | 에버랜드 4인 민주 노조 결성 추진 결의 | |
| 11월 | 삼성노동조합 설립준비위원회 결성 | |
| 2011년 6월 23일 | 삼성에버랜드노조 설립 신고증 수령 | 어용 노조 |
| 29일 | 삼성에버랜드노조 단협 체결 | 7월 15일 단협 신고 |
| 7월 12일 | 삼성노동조합 설립 | 에버랜드 4명 |
| 18일 | 삼성노동조합 설립필증 교부, 조장희 부위원장 해고 | |
| 2012년 5월 23일 | 중노위 사측 부당노동행위 일부 인정 | |
| 6월 11일 | 박원우 위원장 3개월 감급 결정 | |
| 29일 | 사측 부당노동행위 행정소송 접수 | |
| 2013년 1월 14일 | 금속노조 경기 지부 삼성지회로 편입 | 조합원 10여 명 |
| 2014년 9월 현재 | 조합원 10여 명 | |

**표 4-3 | 삼성전자서비스 노동조합 결성 및 활동 일지**

| 일자 | 내용 | 비고 |
|---|---|---|
| 2012년 6월 | 위영일 동래센터 노사협의회 근로자 위원장 당선 | |
| 2013년 6월 12일 | 부산 동래센터 위영일, 신장섭 해고 통보 | |
| 19일 | 네이버 '밴드' 앱에 삼성전자서비스노동자 커뮤니티 개설 | |
| 22일 | 삼성전자서비스지회 준비위원회 발족(삼성전자서비스 지역센터 대표자회의 1차회의) | |
| 24일 | 위장 도급과 〈근로기준법〉 위반 고용노동부에 진정 및 고발장 접수 | |
| 24일 | 고용노동부가 삼성전자서비스 본사와 AS센터·지점 등 10곳을 대상으로 수시 근로 감독에 돌입했음 | 근로감독관 40여 명 투입 |
| 26일 | 고용노동부에 부당노동행위 고발장 접수 | |
| 2013년 7월 11일 | 노동자들이 삼성전자서비스를 상대로 근로자 지위 확인 집단소송 | 487명 참여 |
| 14일 | 금속노조 삼성전자서비스 지회 출범(40개 센터 386명 조합원 참석) | 조합원 8백여 명 |
| 21일 | 협력 업체 생존대책위의 경총 기자회견: 서비스센터의 독립적 운영 주장함 | |
| 22일 | 고용노동부에 부당노동행위 추가 고발 | |
| 2013년 9월 16일 | 고용노동부 삼성전자서비스 위장 도급·불법 파견 부정함 | |
| 12월 21일 | 금속노조와 경총은 고 최종범 조합원 문제 해결 6개항 합의 | |
| 2014년 5월 19일 | 삼성전자서비스지회 총파업 및 삼성본관 앞 노숙농성 시작 | |
| 6월 28일 | 금속노조와 경총은 단체협약 기본협약 체결 | |
| 9월 현재 | 노조원 1천6백여 명 | |

삼성 노동자들이 자발적으로 조직화를 추진해 민주 노조 결성에 성공하는 사례들이 발생하기 시작했으며, 민주노총과 금속노조를 위시한 민주 노조 운동도 삼성그룹 조직화를 보다 적극적으로 지원·추진할 수 있게 되었다(표 4-1 참조).

2011년 7월 사업장 단위 복수노조가 허용되면서 삼성에버랜드를 중심으로 삼성노동조합이라는 민주 노조가 결성되었고, 이후 삼성전자서비스 노동자들이 삼성노동조합에 가입하면서 삼성전자서비스에도 노동조합이 결성될 수 있었다(표 4-2, 표 4-3 참조). 이처럼 법제도 변화가 노동조합 결성 성공으로 이어진 것은 삼성 노동자들이 노동조건과 지배 방식에 동의한 것이 아니라, 불만에도 불구하고 삼성의 노동 탄압과 법제도의 제약으로 인해 노동조합 조직화에 성공하지 못했을 뿐이었음을 의미한다.

에버랜드와 전자서비스 모두 노동자들이 노사협의회 활동에 개입해 이를 적극적으로 활용했고, 노사협의회를 통해 노동조합의 필요성을 확인하는 한편 노동조합 조직화의 구심점을 형성하게 되었다는 공통점을 지닌다.

한편, 에버랜드와 전자서비스는 조직화 계기와 조직화 준비 과정에서 차별성도 보여 주었다. 에버랜드는 사업장 복수노조 합법화에 대비해 민주 노조 조직화를 의식적으로 준비해 온 데 비해, 전자서비스는 노사협의회 핵심 인사들이 해고되며 노동조합 조직화를 본격적으로 추진하게 되었고 노사협의회의 전국 네트워크인 전국노사협의회 간부 모임을 중심으로 노동조합 조직화가 추진되었다. 또한 에버랜드의 경우 노동조합이 새롭게 조직되면서 상급 단체 확보에 어려움을 겪은 반면,[2] 전자서비스의

---

2_민주노총과 산별노조들은 대외적으로는 삼성 계열사 노조 건설을 천명했지만 실질적으로는 에버랜드 민주 노조의 편입을 거부하는 등 철저하게 이중성을 보여 주었다. 에버랜드 활동가들은 노동조합 결성을 준비하면서 2008년 초부터 민주노총과 산하 조직들을 접촉하기 시작했고 수차례에 걸쳐 상급 단체 가입을 요청했지만 긍정적 답변을 받지 못했다. 결국 에버랜드 민주 노조는 민주노총과 산별노조의 보호를 받지 못한 채 노조 결성 전후 집중적으로 전개된 사측의 탄압에 무방비 상태로 노출되어 핵심 인물들이 해고

경우 에버랜드 중심으로 형성된 삼성노동조합에 가입하는 방식으로 조직화가 진행되어, 체계적인 노동조합 결성 준비 기간이 에버랜드의 경우 3년 반이나 걸렸지만 전자서비스의 경우 1개월밖에 걸리지 않았다. 노조 결성 후 초기 조직화 과정에서 에버랜드의 경우 조직화 진전을 이루지 못한 반면, 전자서비스의 경우 급격한 조합원 증가를 이루었는데, 에버랜드의 경우 조직 확대에 어려움을 겪은 것은 삼성의 직접 고용 노동자들을 조직 대상으로 하고 있으며 민주노총과 산하 조직들이 삼성 노동자 조직화 지원에 소극적으로 임하고 상급 단체 소임을 기피한 탓이라 할 수 있다.

## 삼성의 전통적 노동 통제 방식과 연구 과제

삼성그룹 노동자들의 노동조합 조직화 시도들과 삼성그룹의 노동 통제 방식에 대한 선행 연구로 조돈문(2008a; 2008b)을 꼽을 수 있는데, 그 핵심적 내용은 아래와 같이 정리될 수 있다.

삼성의 전통적인 지배 방식은 노동자들의 동의가 결여된 전제적 지배 방식으로 평가된다. 삼성그룹 계열사들에서 노동조합 결성 시도가 끊임없이 반복되는 것은 노동자들이 노동조건과 지배 방식에 불만을 품고 있음을 반영하며, 이는 무노조 상황이 삼성 노동자들의 자발적 선택이 아니라 삼성 측에 의해 강제된 상황임을 의미한다. 따라서 삼성의 지배 방식은

---

등 징계를 당하며 조직력 확대에 큰 어려움을 겪게 되었다. 민주노총과 산하 조직 관계자들은 에버랜드 민주 노조의 편입을 기피하며 '내부 사정' '어려운 상황' 등을 지적하기도 했으나 주로 "아직 삼성 투쟁을 할 만한 준비가 부족하다"는 이유가 가장 많이 거론되었다고 한다(SEL001 2013 면담; SEL002 2013 면담).

## 표 4-4 | 노사관계 유형 분류와 삼성의 무노조 상황

| 노동자 대표 조직 | 자본의 노동자·노동조합 대응 전략 | |
| --- | --- | --- |
| | 대립적(지배의 대상) | 협력적(협력의 대상) |
| 무노조/어용 노조 | 전제적 지배(일방적 지배관계):<br>- 제3세계 수출 자유 지역,<br>- 삼성 계열사 대다수 | 개인 단위 포섭(개별화된 노무관리:<br>- 일본<br>- 삼성 측 주장 |
| 자주 노조 존재 | 전제적 지배(노동 배제적 노무관리, 갈등적 노사관계):<br>- 영국, 1987년 이후 한국<br>- 2011년 7월 이후 에버랜드, 삼성전자서비스 | 헤게모니적 지배(참여 협력적 노사관계, 공동 결정):<br>- 스웨덴, 독일<br>- 삼성: 현시점 불가능 |

자료: 조돈문(2008a:196)을 수정·보완.

노동자들의 자발적 동의에 기초한 헤게모니적 지배가 아니라 복종을 강제하는 전제적 지배 형태라 할 수 있다(표 4-4 참조).

삼성그룹은 무노조 경영을 경영 방침으로 수립하고 노동자들의 의지에 반해 강제적으로 관철해 왔다. 삼성그룹은 이런 무노조 경영 방침에 입각해 노동조합 조직화를 저지하고 결성된 노동조합을 무력화하기 위해 물리적 강제력, 물질적 보상, 조직 규범 등 다양한 자원들을 이용한 노동 통제 방식을 사용해 온 것으로 확인되고 있다. 삼성의 전통적 노동 통제 방식의 중심에는 폭력과 해고 등 물리적 강제력이 있으며, 물질적 보상은 회유와 매수를 위한 보조적 수단으로 활용되어 왔다.

삼성은 그룹 차원에서 노동자 통제 체제를 수립해 운영하고 있으며, 그 기초를 이루는 것은 원형감옥panopticon이다. 원형감옥은 일상화된 감시 체계로서 노동자들이 개인들의 행위와 인적 관계 및 심리 동향까지 삼성 그룹에 의해 감시·포착되고 있다고 느끼게 한다. 그 결과 노동자들은 이런 일상적 감시 체계의 대상이 되어 있다는 심리적 상태 속에서 감시 주체가 원하는 행동 양식을 내면화함으로써 삼성그룹의 암묵적 지시까지 이행하게 되며, 이 과정에서 노동자들은 철저한 자기 검열을 거치게 된다.

조돈문(2008a; 2008b)의 연구 이후 2011년 7월 사업장 단위에서 복수 노조가 합법화되었고 삼성 노동자들의 노동조합 조직화 시도는 새로운 국면을 맞게 되었다. 실제 에버랜드와 삼성전자서비스 등 삼성그룹 계열사들에서 삼성 노동자들은 민주 노조를 결성하고 삼성그룹의 탄압에 맞서 가열찬 투쟁을 전개해 오고 있다. 하지만 사업장 단위 복수노조 허용을 계기로 활발하게 전개된 노동조합 결성 시도와 삼성의 노동 통제 방식에 대한 심층적 분석은 전무하다. 그런 점에서 복수노조가 허용된 제3기를 중심으로 삼성그룹 노동 통제 방식을 분석해 삼성그룹 노동 통제 방식의 연속성과 변화를 규명함으로써 조직화의 쟁점과 과제를 검토는 작업이 요구되고 있으며, 그것이 이 글의 연구 과제이다. 이를 위해 문헌 자료 분석과 심층 면접 방법을 활용했으며, 피면담자들은 삼성그룹 계열사들에서 노동조합을 결성하고 노동조합 활동에서 주도적 역할을 담당하고 있는 노동자들 가운데 선별해 2013년 9월부터 2014년 3월까지 심층 면접을 실시했다.

## 3. 삼성그룹의 노동 통제 체제

삼성 계열사들이 현재 어떤 노동 통제 전략을 구사하고 있는지 검토하기 전에 여기에서는 삼성그룹이 그룹 차원에서 어떤 대응 전략을 수립해 실천하고 있는지를 분석한다.

### 삼성그룹의 복수노조 대응 전략

삼성은 복수노조가 합법화되면 노동조합 결성 시도들이 본격적으로 전개될 수 있다는 판단하에 그룹 차원에서 구체적 대응 전략을 수립해 모의훈련을 실시하는 등 체계적으로 대비해 왔다. 삼성그룹에서 작성한 대응 전략 문건(S그룹 2012, 82-107)[3]은 노조 설립 시 상황 전개를 3단계로 구분해 단계별 구체적 대응 전략을 제시하고 있다. 대응 전략은 노조 있는 회사와 노조 없는 회사로 나누어 제시되고 있는데, 단계별 대응 전략의 핵심은 다음과 같이 정리될 수 있다.

설립 신고 단계에서는 비상 상황실을 강화해 지역 협의회가 참여하는 체제로 개편하며 그룹 차원에서 대책을 강구하도록 하고, 노조 결성을 추진하거나 노조 가입 가능성이 있는 문제 인력들을 밀착 관리하고, 노사협의회와 친회사 인력들을 활용해 노조 탈퇴 및 설립 취하를 압박한다.

세력 확산 단계에서는 주동자들을 징계·격리하고 단순 가담자들은 탈퇴를 유도하며 노조의 내부분열을 조장하고, 대자보 부착 및 근무시간 중 노조 활동 등에 대해서는 사규 위반을 이유로 저지하며, 노조에 대한 고소 고발, 고액의 손해배상과 가처분 신청 등 민형사상 법적 조치들을 통해 노동조합 활동을 차단하고 노조를 무력화한다.

교섭 개시 단계에서는 최대한 교섭을 거부하되, 교섭이 개시되면 실무 협상을 통해 본 교섭을 지연하며 노조원 탈퇴 작업을 추진하고, 노조의

---

3_서울행정법원은 2014년 1월 23일 삼성지회 조장희 부지회장의 부당 해고 판결에서 동 문건에 대해 "삼성그룹 내부 고위 관계자가 아니면 알 수 없는 계열사의 노조 설립 현황과 노조에 대한 대처 방안 등 자료가 포함돼 있다. 노조 설립 진행 사실이 문건 내용과 일치하는 점 등을 종합하면 이 문건은 삼성그룹에 의해 작성된 사실이 추인된다(미루어 인정된다)"며 삼성그룹이 작성한 것으로 확인했다(『한겨레신문』 2014/01/24). 삼성그룹은 2013년 10월 심상정 의원이 동 문건을 공개하자 "세미나를 준비하며 바람직한 조직 문화에 대해 토의하려 작성했다"고 인정했다가 삼성이 작성한 자료가 아니라고 입장을 번복한 바 있다.

집회·파업에 대해서는 민형사상 법적 조치들을 통해 압박을 가중한다.

삼성은 복수노조가 합법화되는 2011년에 들어서면서 두 차례에 걸쳐 전체 사업장에서 대응 태세를 점검하고 현장 관리자 등 2만9천 명을 대상으로 특별 노사 교육과 모의훈련을 실시하는 등 그룹 차원에서 노조 결성 대응 전략을 체계적으로 실천하기 시작했다(S그룹 2012, 5; 106). 단체교섭 모의훈련만 하더라도 그룹 차원에서 인사 담당 임원과 협상 전문가들을 대상으로 총 4회 실시했는데, 수료 인원은 359명에 달했다.

에버랜드에서도 2011년 상반기 본사와 3개 사업부에 인사팀과는 별도로 신문화팀을 신설했는데 신문화팀은 주로 노조 결성 대응 전략을 실천하는 역할을 담당했다.[4] 에버랜드에서는 노동조합 설립준비위가 2010년 11월에 이미 결성되어 있었고 사측에서도 2010년 7~8월경 노조 결성 추진 사실을 감지하고 노조 결성 추진 인사들에게 만나서 얘기하자는 요구를 자주하기 시작한 뒤였다.

삼성은 사업장 단위 복수노조가 합법화되면 노조 결성 등록을 원천적으로 차단하기 어렵다는 점을 고려해 노조 결성이 현실화될 경우 대안으로서 어용 노조인 '알박기 노조'를 결성한다는 전략을 그룹 차원에서 세워두고 있었다. 이를 위해 구체적 대응 전략으로 "유사 시 친사 노조로 전환할 수 있도록"(S그룹 2012, 74) 노사협의회를 전략적으로 육성할 것을 주문

---

4_본사에는 별도의 신문화팀, 사업부에는 인사팀 내 신문화 파트로 편제되어 있는데, 서울 본사 신문화팀에만 17명이 근무하고 있다(SEL002 2013 면담; SEL003 2013 면담; 이정훈 2011). 신문화팀은 복리후생과 대민업무를 담당하는 것으로 되어 있으나, 실제로는 노조 활동가들을 감시하고, 재판이나 집회에 쫓아다니고 기자회견을 방해하는 등 노동조합 대응 업무를 주로 수행하고 있으며, 신문화팀 관계자도 주요 업무가 "삼성 노조 채증하는 일"이라고 실토한 바 있다(SEL001 2013 면담).

했다. 에버랜드의 경우 민주 노조 결성이 초읽기에 들어가자 사측 인사 담당자를 중심으로 어용 노조를 먼저 결성해 단체협약을 체결함으로써 이후 출범하는 민주 노조가 단체협약 체결을 요구할 수 없도록 했는데, 삼성그룹 문건(S그룹 2012, 11-12)도 이를 "신속한 선제 대응"으로 평가하고 있다. 이렇게 조직되는 어용 노조는 주로 인사 담당자를 정점으로 하여 사측에 협조적인 전·현직 노사협의회 근로자 위원들을 중심으로 구성되었다. SDI의 경우(김갑수 2013 면담)도 에버랜드처럼 민주 노조 결성에 대비해 어용 노조를 준비해 두고 있었고, 어용 노조는 주로 노사협의회 근로자 위원들로 구성되어 있어 이런 노사협의회 중심 알박기 노조 건설 전략이 삼성 계열사들에서 폭넓게 실천되고 있음을 확인할 수 있다.


**그룹 차원의 노동 통제 체제**

삼성그룹의 노동 통제는 그룹 미래전략실을 정점으로 하는 지휘 체계를 구축하고 있다. 대응 전략 문건의 존재 자체가 그룹 차원의 노동 통제 체제가 작동하고 있음을 입증해 주고 있는데, 그룹 차원에서 복수노조 상황에 대한 대비 전략을 수립해 각 계열사들이 실천하도록 했다. 대응 전략 문건에 따르면(S그룹 2012, 32-37; 78), 복수노조가 합법화되는 2011년 7월부터 이미 그룹 주관하에 각 계열사 인사 담당 임원들이 참여하는 화상 회의를 주 1회 정기적으로 개최하기 시작했고, 2012년 초에는 인사 담당 임원과 노무 관련 부서장 및 담당자들 9백 명을 대상으로 실전형 노사 교육을 실시하기도 했다.

이처럼 그룹 차원의 노동 통제 체계는 평상시 정보와 대응 전략을 공유하는 메커니즘으로 작동하지만 일단 노조 결성 움직임이 가시화되면 미래전략실의 지휘 감독하에서 일사불란하게 움직이게 된다. 각 계열사 비상 상황실은 지역 협의회가 참여하는 '통합 컨트롤 타워'로 확대해 언론과 법원 등에 대한 대응을 포함한 구체적 대응 전략을 수립·집행토록 한다. 대응 전략 문건은 이렇게 그룹 차원의 노동 통제 체계를 활용해 "노조 설립 상황이 발생되면 그룹 노사 조직, 각사 인사 부서와 협조 체제를 구축하여 조기에 와해시켜" 달라는 '당부 말씀'으로 끝마치고 있다(S그룹 2012, 114).

그룹 차원의 노동 통제 체제가 일상적으로 작동하는 방식은 두 가지이다.

첫째는 미래전략실 중심으로 정보를 집적하고 지시를 내리는 방식이다. 에버랜드 신문화팀은 노조 결성 이래 줄곧 2주에 1회씩 정기적으로 삼성그룹 미래전략실에 삼성 노조 동향을 보고하고, 특정 사안이 발생하면 수시로 보고한다. 그뿐만 아니라 조장희 부지회장 징계 철회권이 에버랜드 측에 있지 않고 미래전략실의 지시를 받아야 한다는 점을 간접적으로 시인했듯이, 단위 계열사의 노사문제는 그룹 차원의 노동 통제 체제 속에서 관리되고 있다. 에버랜드 관리자들에 따르면 삼성 노조 문제를 해결하기 위한 해법으로 노동조합 포용을 포함한 다양한 방안들을 보고해도 미래전략실에서는 무노조 입장을 견지하며 무조건 노동조합을 해체하라는 지시만 내린다고 한다(SEL001 2013 면담; SEL002 2013 면담). 이런 무노조 전략에 기초한 삼성그룹의 노동 통제 체제에는 삼성그룹 계열사들뿐만 아니라 삼성전자서비스 경우처럼 협력 업체들도 포괄되어 있다.

둘째는 계열사들 사이 노무관리의 상호 지원 방식이다. 에버랜드에 노조가 결성되던 2011년 7월부터 2012년 10월까지 최소 15개월여의 기간 동안 삼성전자 인사팀 직원들이 에버랜드에 파견되어 근무했다. 이들은 수원 삼성전자 중앙문 앞 집회에도 나타나고, 에버랜드 노조 홍보물 배포 때도 나타나고, 서울 삼성 본사 앞 집회에도 나타났는데, 이들은 어느 에버랜드 노동자가 육아휴직을 마치고 난 다음 복직해 서류 작업을 하기 위해 인사팀에 갔을 때 그 자리에도 있었다고 한다(SEL001 2013 면담; SEL003 2013 면담). 삼성 노조는 이들이 삼성전자 소속 인사로서 지역 협의회에 파견되어 활동하고 있는 것으로 추정하고 있다.[5] 한편 고 김주경 관련 일지도 에버랜드 신문화그룹 차장이 작성해 삼성전자 신문화팀으로 발송한 바 있는데, 이 또한 삼성그룹 계열사 들 사이에 공조 체계가 작동하고 있음을 확인해 주는 것이다(에버랜드 2012; SEL003 2013 면담).

## 그룹 차원의 일상적 감시 체계 강화

삼성그룹의 노동 통제 체제는 그룹 차원에서 기획·관리되는 치밀한 일상적 감시 체계에 기초해 있다. 에버랜드의 경우 노조 설립 움직임을 사전에 포착했기 때문에 민주 노조 설립 전에 알박기 노조를 설립해 단체협약을 체결할 수 있었다(S그룹 2012, 11). 이처럼 노조 설립 기도를 사전에 감지할 수 있었던 것은 사측이 노동자들에 대해 일상적으로 동향을 파악하고 정보를 축적하는 가운데 노동조합을 결성하거나 노동조합에 동조할 가능성이 높은 사원들을 문제 사원으로 분류해 밀착 감시하는 한편 일반 노동

---

5_에버랜드에 노조가 설립되던 시점을 전후해 에스원 본사 직원들 차량 24대가 에버랜드에 파견 나와 근무하고 있었는데, 이들은 대략 2011년 7월 한 달 정도 에버랜드에 머물렀던 것으로 알려져 있다. 또한 현재에도 에스원에서 분사된 에스텍이라는 경비 용역 업체의 인력 60명 정도가 에버랜드에 체류하고 있고, 에스원 본사 인력 15명 정도가 이건희가 취미 활동으로 이용하는 자동차 경주용 스피드 웨이를 위한 경비 업무를 수행하고 있는데 노조 설립 전후 시기에는 노조 홍보를 방해하는 활동에도 적극적으로 가담했다고 한다(SEL001 2013 면담).

자들의 사회적 관계망을 파악해 문제 사원과 노동조합 중심의 사회적 관계 형성 가능성을 차단해 왔기 때문이다.

이처럼 노동 통제는 치밀한 정보 수집과 노동자들, 특히 활동가들에 대한 일상적 감시 활동을 전제로 한다. 삼성은 현장 노동자 5~10명당 1명 정도 회사 측 정보 요원을 두어 일상적으로 개인별 동태를 파악하며 정보를 수집해 왔는데(조돈문 2008b, 291), 에버랜드의 경우 부서장과 파트장 등 생산 현장의 관리자들이 해당 조직 내 정보를 수집해 인사팀으로 보고하는 가운데, 전 현장 사원들을 이용해 정보를 수집하고 인사팀과 수시로 면담하며 현장 상황을 보고한다(SEL002 2013 면담). 사측은 "누가 누구와 친한지, 3명 이상 모이는 약속의 경우 사전에 보고하도록" 하는 등 일상적 감시 체계를 강화해 노조 추진 인력들이 일반 노동자들과 접촉하며 세력을 규합하는 가능성을 차단하고자 했다(SEL001 2013 면담). 이렇게 강화된 감시 체계는 고 김주경 씨 유가족의 동태를 감시하고 노조 쪽 인사들과의 접촉 여부를 체크하기 위해 일거수일투족을 기록해 보고한 사례에서도 잘 확인할 수 있다. 삼성전자의 어떤 사업부에서는 쉬는 날 누구를 만나고 무엇을 할 것인지에 대한 계획서도 받았다고 하는데, 노조 결성 움직임이 가시화되지 않은 삼성전자에서 이 정도로 높은 수준의 일상적 감시 활동을 펼치고 있다면 민주 노조가 결성되어 본격적 활동을 펼치는 사업장의 경우 일상적 감시 활동의 수준이 어느 정도가 될지는 짐작하기 어렵지 않다.

에버랜드 측은 그룹 차원의 대응 전략(S그룹 2012, 5)이 주문한 바와 같이 노동조합 결성 후 150여 개의 첨단 CCTV를 새로 설치했는데 에버랜드 경내 구석구석을 감시할 수 있고 사원들의 이름표까지 확인할 수 있는 고해상도로서 인공지능 기능을 겸비한 고성능 카메라라고 한다. 사측은 환경안전그룹 산하에 종합운영본부라는 별도의 사무실을 두어 환경안전그룹, 관리부서와 현장 부서 소속 관리자들 3명씩 교대로 24시간 관리하도록 하고 있는데, 이들 가운데에는 에버랜드에 소속되지 않은 인원도 포함되어 있는 것으로 알려져 있다(SEL002 2013 면담).[6] 보안실은 사내 세 군데에 위치해 있는데 여기에 근무하는 에스원 직원들은 노조 간부가 지나가면 무전으로 동태를 보고하고, 박원우 지회장에 대해서는 컴퓨터 사용 시간과 식사 시간까지 체크하는 등 노조 간부들에 대한 그림자 감시를 일상화하고 있다(신정임 2011).

삼성 그룹의 일상적 감시 체계는 삼성그룹에 직접 고용되지 않은 협력 업체의 간접 고용 노동자들에게도 적용되고 있다. 삼성전자서비스 협력 업체들의 경우 사측 정보원들이 노동자들의 동태를 캐묻고 다니는 한편 노조 간부 및 노조 활동가들을 대상으로 일일이 동선을 파악해 사장에게 보고하는 것으로 확인되었다.[7] 어느 협력 업체 팀장이 동태 파악 내용을 사장에게 보고한다는 것이 실수로 어느 노조원에게 배달되어 공개된 적도 있다(SSV001 2013 면담).

박 팀장(010-9469-XXXX): 차들 주차장에 세워놓고 덕규 차 몰고 어디 간 것 같습니다. 칠곡 주위에 모이는 것 같습니다. (18:34)

---

6_일상적 감시 활동은 온라인상에서도 철저하게 수행되고 있는데, 2010년 1월 조장희가 삼성에 노조가 건설될 필요성이 있으며 노조를 만들자는 취지의 글을 사내 네트워크 〈싱글〉에 올리자, 〈싱글〉 시스템 관리자인 삼성SDS에서 바로 삭제한 바 있다(SEL001 2013 면담).

7_일상적 감시 체계는 오프라인뿐만 아니라 온라인상에서도 작동하고 있는데, 온라인 커뮤니티인 삼성전자서비스 노동조합 네이버 밴드에 실린 글들에 대해서도 게시자를 추적해서 문책하기도 한다.

수신자: 니 누고. 내 사장 아닌데 문자 어디로 보냈어요? (18:48)

박 팀장: 미안합니다. 정신이 없어서 잘못 보낸 것 같습니다. 수고하세요. (18:54)

## 4. 삼성의 노동 통제 전략

이하에서는 사업장 복수노조 합법화 이후 노동조합이 결성된 에버랜드와 삼성전자서비스 가운데 삼성 계열사 직접 고용 노동자들인 에버랜드 사례를 중심으로 노동 통제 전략을 분석하는데, 물리적 강제력, 물질적 보상, 조직 규범, 사회적 관계가 핵심적인 노동 통제 수단으로 활용되고 있다.

### 물리적 강제력

물리적 강제력을 활용한 노동 통제 방식은 노동조합 결성 이후 훨씬 강도 높게 진행되었는데, 물리적 강제력은 주로 노조 활동을 방해하고 문제 사원을 탄압하기 위한 수단으로 사용되고 있다.

대응 전략 문건(S그룹 2012, 89-104)은 대자보 부착과 근무시간 중 조합 활동 등에 대해 "사규 위반을 이유로 반드시 저지하되, 거부 시 채증 후 징계"하고, 불법행위 시 "고액의 손해배상 및 가처분 신청 등을 통해 경제적 압박을 가중시켜 활동을 차단하고 식물 노조로 만든 뒤 노조 해산 유도"할 것을 주문하고 있다. 특히 문제 사원들에 대해서는 "문제 인력 개개인에 대한 『100과 사전』을 제작, 개인 취향, 사내 지인, 자산, 주량 등을 꼼꼼히 파일링해 활용 중"이며 "평상시 근태 불량, 지시 불이행 등 문제 행위를 정밀하게 채증해 유사시 징계할 수 있도록 준비"하고, 굴복하지 않는 문제 인력은 "활용 불가자"로 재분류해 퇴출시키도록 구체적으로 지시하고 있다(S그룹 2012, 1; 42-43).

실제 에버랜드의 삼성 노조 설립 기자 회견 시 사측 인력 2백 명과 함께 차량 24대가 조합원들을 미행·감시했는데 여기에 동원된 차량들은 서울 에스원 본사 직원들의 차량들이었다고 한다. 이들은 노조 설립 전후 시기 에버랜드에 파견 나와서 근무하고 있었는데, 2011년 7월 한 달 정도 파견근무했다고 한다(SEL001 2013 면담). 에버랜드 신문화팀 소속 직원들도 노조 간부들에 대한 그림자 감시 및 미행, 노보 배포 및 노조 행사 방해 등 일상적 노조 활동에 대한 탄압을 지속했다.

문제 사원들에 대한 물리적 강제력을 활용한 탄압은 대응 전략 문건의 지시 사항대로 실제로 수행되었다. 에버랜드의 노사협의회 근로자 위원들이 거의 모두 사측 입장을 대변하는 가운데 조장희 근로자 위원을 중심으로 한 일군의 노동자들이 회유되지 않고 회사에 대한 비판적 입장을 바꾸지 않자 문제 사원으로 분류해 자주 매장을 이동시키는 등 불이익을 주었다(SEL001 2013 면담). 특히 근무자의 숫자가 적은 매장으로 이동시켜 일반 노동자들과의 접촉 및 관계 형성 가능성을 최소화하고자 했다. 때로는 조장희의 경우처럼 업무 관련성이 낮은 외곽 사무실로 발령하는 등 보복성 인사 발령을 내기도 했다.[8]

---

8_사측은 노조원 가족들에게 전화해 노조 탈퇴를 압박하는 것은 다반사로 일어났고, 언어적 폭력이 문제 사원들을 넘어 일반 노동자들에 대해서도 행해졌음은 삼성 측 대응 전략 문건에서도 전자 부사장, LED전무, 전자 전무 등의 구체적 발언들로 확인해 주고 있다. "아이 씨발, 조직이 왜 이래?", "병신 같은 새끼, 말귀도 못 알아듣고", "개새끼, 병신 새끼, 아가리를 찢는다", "그리고 18아 당신 자꾸 헷갈리게 할래?"(S그룹 2012, 52-52).

에버랜드는 개인 정보 유출 및 회사 명예훼손 등의 사유를 들어 조장희 부지회장을 해고하고, 박원우 지회장은 감봉 3개월, 백승진 사무국장과 김영태 회계감사는 각각 정직 2개월의 징계를 단행했다(SEL001 2013 면담; SEL002 2013 면담). 더 나아가서 사측은 채증 결과를 활용한 고소 고발도 남발해 현재 소송 건수가 30여건에 달하고 있는데, 사측이 고소하면 노조원들은 맞고소로 응대하고, 사측은 1심에서 패소해도 항소·상고를 통해 대법원 최종심까지 가기 때문에 소송 건수들은 꾸준히 증가하고 소송에 빼앗기는 시간이 크게 늘어나서 노조 활동에 상당한 지장이 초래되고 있다.[9]

이처럼 노조 간부 등 문제 사원들에 집중된 물리적 강제력 행사는 노조 간부들에 고통을 부과하고 노조 활동을 어렵게 하는 한편 비노조원들에게 노동조합 활동에 고통이 따른다는 것을 보여 주는 효과도 가져오고 있다.

물리적 강제력은 에버랜드에 비해 삼성전자서비스 협력 업체들에서 훨씬 더 강도 높게 활용되었다. 삼성전자서비스 노동조합이 결성되자 서비스 대상 지역을 분할해 이관하거나 직접 고용 정규직을 작업 현장에 투입해 협력 업체 간접 고용 노동자들의 일거리를 빼앗도록 해 건당 수수료 개념으로 보수를 받는 협력 업체 노동자들의 물질적 생존을 위협하며 노조 탈퇴를 압박하기도 했다. 더 나아가서 협력 업체 사장 및 관리자들이

---

9_조장희 부지회장 부당 해고 건과 박원우 지회장 부당 징계 건 등 2014년 4월 현재까지 완료된 법원 판결은 모두 노동조합이 승소했다(삼성지회 2014)는 점에서 사측의 고소 고발 행위는 노조원과 일반 노동자들을 위협하며 노동조합 활동을 방해하려는 '의도'를 지닌 악의적인 부당노동행위의 한 유형으로 해석될 수 있다.

노조원들에게 사직서를 내놓고 퇴사하기 싫으면 노조를 탈퇴하라고 협박하는 일도 광범위하게 진행되었다(SSV002 2013 면담). 삼성전자서비스 측은 협력 업체 사장들을 통해 "노조에 가입하면 폐업하겠다"고 간접적으로 협박하고(구은회 2013) 협력 업체 사장들은 "센터에 노조원이 생기면 삼성전자서비스에서 센터 폐쇄한다"거나 "네이버 밴드에서 탈퇴시키라고 본사에서 명단과 지시가 내려왔다"(삼성전자서비스 공대위 2013a, 25)며 업체 폐업 협박을 이용해 노조 가입을 억압하고 노조 탈퇴를 강요했다. 부산진 센터의 경우 노조를 탈퇴하지 않으면 별도의 업체를 설립해 비노조원들만 채용하겠다고 협박했고(삼성전자서비스 공대위 2013a, 19), 실제 동래 센터의 경우 협력 업체를 위장폐업하고 별도의 법인을 설립해 문제 사원으로 지목된 위영일과 신장섭만 제외하고 다른 노동자들을 모두 채용하기도 했다(SSV001 2013 면담).

급기야 10월 31일에는 천안 센터 노조원 최종범이 핵심 노조원들에 집중된 표적 감사와 센터장의 폭언과 탄압으로 인한 압박하에서 자결하는 사건이 발생했다.[10] 센터장은 고인에게 "고객을 칼로 찔러 죽여 버리던지 하지 왜 차장이 가서 (고객 앞에서) 무릎 꿇게 만드냐. 내가 무릎 꿇을 상황이 온다면 너도 나하고 같이 무릎 꿇어야 한다"는 등 욕설을 퍼부었고, 고인은 자살 전날 "그동안 삼성서비스 다니며 너무 힘들었어요. 배고파 못 살았고 다들 너무 힘들어서 옆에서 보는 것도 힘들었어요. 그래서 전

---

10_노조원들에 대한 폭언과 폭력은 전국적으로 자행되고 있는데, 2013년 9월 23일에는 영등포 센터에서 셀장에서 강등당한 노조원이 새로 임명된 비조합원 셀장에 의해 대형 걸레 자루로 머리를 가격당해 뇌진탕으로 병원에 입원하는 사건이 발생하기도 했다(삼성전자서비스 공대위 2013b).

전태일님처럼 그러진 못해도 전 선택했어요. 부디 도움이 되길 바라겠습니다"라는 SNS 메시지를 남겼다(『매일노동뉴스』 2013/11/01).

삼성전자서비스 노조는 경총과 12월 20일 생활임금 보장과 업무 차량 제공 및 유류비 지급 등에 합의하며 최종범 열사 투쟁을 마무리했다(『매일노동뉴스』 2013/12/23). 하지만 임금단체협약 교섭은 타결되지 않고 지연되고 있는 가운데 삼성전자서비스 협력 업체들이 위장폐업 등을 통해 노조원들을 압박하고 노조를 와해하려는 시도는 끊이지 않고 있다(『매일노동뉴스』 2014/04/01).


## 물질적 보상

삼성은 노조 결성을 저지하고 조직된 노동조합의 조합원 확대를 차단하기 위해 "임금·복리후생 비교 우위 유지"를 그룹 차원의 대응 전략으로 설정하고 있다(S그룹 2012, 34; 70). 이를 위해 중식뿐만 아니라 조식과 석식까지도 모두 무상으로 제공하는 것을 검토하도록 했으며, 이로 인한 추가 비용 발생 규모를 연간 280억 원으로 추산하기도 했다. 하지만 에버랜드의 경우 현재까지 조식·석식의 무상 제공은 실시되지 않고 있으며 여타 계열사들에서도 아직 실행 사실은 확인되지 않고 있다(SEL002 2013 면담).

에버랜드의 경우 임금 등 노동조건은 노동자들을 만족시킬 만한 수준에 달하지 않은 것으로 나타났다.[11] 기본급은 낮지만 연봉이 다소 높게 나

---

11_삼성 계열사들의 사업 보고를 검토하면, 에버랜드 직원들의 평균 연봉은 2013년 6월 말 기준 5천2백만 원으로 삼성SDI 3천3백만 원, 삼성전자의 3,970만 원보다 높은 편으로 나타났다(각 회사 2013년 반기보고서 참조). 이처럼 에버랜드의 직원 임금수준이

타나는 것은 놀이동산 업무 성격상 초과근무와 주말 근무 등이 많아서 대다수 노동자들이 주 6일 근무를 하는 등 장시간 노동으로 인한 수당을 받기 때문이다. 이처럼 에버랜드 노동자들의 장시간 노동과 높은 노동강도 등 열악한 노동조건은 인근 지역과 수도권에 널리 알려져서 비정규직의 경우 신규 인력 채용에 어려움을 겪으면서 현재는 주로 지방에 공고를 내서 모집하고 있다(SEL001 2013 면담).

에버랜드 측은 노조 결성 움직임을 인지한 이후 물질적 보상 수준을 개선하고 있는데, 이는 노동조합 가입 유인을 최소화하려는 의도에서 비롯되었지만 노동조합 결성 효과를 반영하기도 한다. 매년 초 지급되는 이익배당금은 연봉액 대비 일정 비율로 지급되는데, 노조 결성 직전 한자리 수로 떨어졌지만 2012년 초와 2013년 초는 12~15%의 고율로 지급되었고, 상하반기에 반기별로 지급하는 성과급은 0~150% 수준에서 지급하던 것을 상한 150% 내에서 100%를 기본으로 고정함으로써 100~150%로 상향 조정되었다. 또한 매년 연말에 실시하던 반강제적 명예퇴직과 희망퇴직은 노동조합이 결성된 2011년부터 중단되었다(SEL001 2013 면담).

사측은 회사에 대한 충성심을 고취시키기 위해 물질적 보상을 사용하는 반면, 문제 사원들에 대해서는 물질적 박탈로 제재한다. 연단위로 실시되는 인사고과는 업무 능력보다 회사에 대한 충성도가 우선적으로 고려되어 사측의 노무관리 도구 역할을 수행하는 노사협의회 위원들에게는 높은 고과 점수의 특혜를 주고, 충성심 높은 노동자들에게는 현장보다 노

---

높게 나타난 것은 과장 이상 상층 임직원들의 비중이 높기 때문이며, 특히 FC와 시설 등은 외주 하청을 많이 주기 때문에 생산직이 상대적으로 매우 적은 탓이라고 한다 (SEL004 2013 면담).

동강도가 낮은 사무실로 배치해 주기도 하는 반면, 노조원들에게는 진급과 임금 인상 등에서 불이익을 준다(SEL001 2014 면담; SEL002 2013; 2014 면담).

문제 사원들에 대해서도 물질적 유인을 통한 회유 공작을 진행하고 있는데 특히 노조 결성 후 노조원 개인들을 대상으로 전개되고 있다. 인사팀 관계자들이 밥 먹자, 술 먹자는 제안은 노조 추진 움직임이 감지된 2010년 후반부터 많아지기 시작했으며, 노조 결성 이후에는 물질적 보상을 통한 회유 시도가 더욱 적극적으로 변화되었다. 노조 간부 등 문제 사원들에 대해 고과, 연봉, 배치에서의 불이익을 주는 현상을 인정하고 사측에 협력하면 원하는 바대로 보상해 주겠다고 회유하는 한편, 조장희 부지회장의 경우 해고된 이후에도 공식적 회동 대신 비공식적 면담을 자주 요청했다고 한다(SEL001 2013 면담).[12]

물질적 보상을 통한 회유 시도는 삼성전자서비스 노조원들에게도 행해져서 실제 센터 분회장의 회유로 인한 노조 탈퇴 사례도 발생했고, 부산진 센터의 경우 회유된 자들에게 월급제 혜택을 줬다고 한다(SSV001 2013 면담; 삼성전자서비스 공대위 2013a: 19).

개별적 회유 공작은 물리적 강제력과 함께 노조 간부들에 집중되지만, 물질적 보상은 전체 삼성 노동자들을 대상으로 하며, 특히 정규직 노동자들에 보편적으로 적용되고 있다. 이는 삼성과 협력 업체, 정규직과 비정규직을 분리해 내부자를 포용하고 외부자를 배제하는 방식인데, 외

---

12_물질적 보상을 통한 회유 시도는 고 김주경 유족이나 반도체 공장 백혈병 희생자 유가족 등 삼성에 맞서는 거의 모든 희생자들 및 관계자들에 대해 무차별적으로 시도되고 있다(이종란 2013 면담).

부자를 배제함으로써 내부자를 포용할 수 있는 충분한 물적 자원이 확보
될 수 있다. 실제 삼성전자서비스 협력 업체 노동자들의 평균 임금은 연 2
천5백만 원 미만인 반면, 삼성전자서비스 임직원의 평균 급여는 연 8천7
백만 원 수준으로서 직접 고용 정규직 노동자들의 임금이 간접 고용 비정
규직 임금의 3.5배나 되는 것으로 알려졌다(한지원 2013). 이와 같이 삼성
전자서비스 협력 업체 노동자들의 열악한 노동조건은 삼성전자서비스 정
규직 노동자들의 물질적 보상을 위한 전제 조건이 되고 있으며, 이는 전형
적인 자본의 분할통치 전략이라 할 수 있다.


**조직 규범: 삼성의 자부심과 무노조 이데올로기 내면화**

삼성은 다양한 고충 처리 활동을 전개하고 노사협의회를 육성해 노동자
들로 하여금 노동조합의 필요성을 느끼지 못하도록 한다는 전략을 수립
해 실천하고 있다(S그룹 2012, 33-34; 65-66; 74; 85-97; 112). 고충 처리 활동
은 노동자들의 회사에 대한 충성심을 높이기 위해 '생일, 출산, 결혼기념
일 등에 CEO 친필 서명 편지 및 선물 지급' 등 '회장님 말씀'에 따른 작은
배려들의 실천과 함께 전개된다. 물론 노사협의회 육성은 고충 처리 활동
에 비해 적극적인 전략적 의도를 지니고 있는데, 노동조합 결성 시 노동조
합에 대해 비판의 목소리를 내고 알박기 노조를 결성하는 주체들을 양성
하기 위한 것이다. 그러나 노동조합 결성을 저지하고 반노조 정서를 보강
하기 위한 삼성 측의 보다 더 적극적인 노력은 무노조 이데올로기를 내면
화하기 위한 무노조 교육이다.

삼성의 노동자 교육은 신입 사원 입문 교육, 진급자 교육, 전사 교육으
로 나누어 진행된다(SEL001 2013 면담; SEL002 2013 면담). 신입 사원 입문

교육은 통상 14~15박으로 진행되는데, 삼성가를 부르고, 회사 관련 정보와 함께 이병철의 창업 및 이건희의 신경영 등 그룹 총수의 경영 방침을 배우고, 외부 강사들의 강의도 듣는데 삼성 찬양 일색이다. 입문 교육의 의도는 노동자들의 삼성에 대한 자부심을 키워 주고 회사에 대한 충성심을 강화하는 것이다.

진급자 교육은 직급별 역량 교육 형태로 진행되는데, 임원으로 승진하는 첫 번째 직위인 과장으로 진급하는 사원들의 경우 진급자 교육을 2박3일간 받게 되는데 그 주요 내용은 무노조 교육인 것으로 알려져 있다.

전 사원 교육은 매년 3월 실시되는데, 매출 목표를 달성하기 위해 노동자들이 회사 목표를 수용하고 실천 의무감을 갖게 한다. 무노조 교육은 비노조 교육이라는 이름으로 진행되다가 2011년부터는 노사관계 교육이라는 이름으로 진행되고 있다. 무노조 교육은 통상 연 1회 정도 개최되었는데 복수노조 합법화 시점을 앞두고 노조 결성 추진 움직임이 감지되자 2011년에는 상반기에만 두 차례나 개최되었다.

무노조 교육[13]은 대우차와 쌍용차 투쟁 등 쇠파이프와 화염병이 등장하는 자극적 동영상을 보여 주며 민주 노조와 노동자 투쟁에 대한 거부감을 조성하고, 강성 노조의 파업은 기업에 막대한 손실을 입힘으로써 기업과 노동자들을 모두 망하게 한다고 주장한다. 또한 민주노총과 산하 민주노조들을 외부 불순 세력으로 규정하며 에버랜드 노동자들이 이런 불순세력과 접촉하는 것을 끔찍한 일로 규정한다.[14]

---

13_이런 무노조 교육 내용은 2011년 7월 6일 에버랜드 인사팀 김기항 차장이 실시한 교육(금속노조 2013)이나 화학섬유연맹 수석부위원장 출신 곽민형의 무노조 교육 사례(SEL001 2013 면담)에서 잘 확인된다.

청년층이 가장 선호하는 취업 대상 기업으로 선정되는 등 삼성그룹 계열사들은 취업난 시대에 부러움을 사는 직장임에 틀림없고, 그런 기업의 정규직이 된다는 것은 선택된 행운이라 할 수 있다는 점에서 삼성 측의 교육 활동은 구성원들의 자부심을 키우기 용이하다. 삼성 그룹과 동일시하고 삼성의 정체성을 갖게 하는 교육은 삼성그룹 계열사 직접 고용 정규직들뿐만 아니라 협력 업체 간접 고용 노동자들에게도 실시되고 있다.

삼성전자서비스는 협력 업체들의 인사와 경영을 직접 관리하면서 협력 업체 직원들에게 정기적으로 교육을 실시하는 한편, 신입 사원들에 대해서도 수원의 삼성전자서비스 본사 혹은 지역별 삼성 교육장에서 "삼성 경영 이념과 삼성인의 정신" 교육을 실시한다. 이런 교육들은 삼성인은 "정직하고 모범을 보여야 한다"는 등 삼성 구성원으로서 지녀야 할 기본적 자세와 함께 삼성의 조직 규칙을 엄수해야 한다는 내용을 주요 내용으로 한다(박정미 2013; SSV001 2013 면담).

삼성은 교육 등을 통해 국내 최대 기업집단 삼성의 구성원이 되었다는 자부심을 갖게 하는 한편 노동조합의 강경 투쟁을 회사의 손실과 연계시켜 민주 노조의 위험을 경고한다. 이렇게 삼성 그룹 노동자들은 물론 협력 업체 간접 고용 노동자들에게까지 삼성 정체성을 갖도록 함으로써 삼성과 노동조합 사이의 정체성 선택에서 삼성과 동일시하도록 설득하고 압박한다. 한편 사측의 무노조 이데올로기에 적대적인 민주 노조 진영,

---

14_회사 내 네트워크 시스템인 〈싱글〉은 삼성 노조와 삼성 일반 노조에 대한 접속을 차단해 삼성 계열사 노동조합 활동들에 대해 일반 노동자들이 정보를 접할 수 없게 하고 있다. 과거에는 민주노총과 노동부의 접속조차 차단되기도 했는데 현재는 민주노총과 금속노조 등은 접속할 수 있다고 한다(SEL001 2013 면담).

특히 삼성 계열사 민주 노조들에 대한 정보를 적극적으로 차단해 정체성과 동일시 대상의 선택지에서 배제함으로써 삼성에 대한 헌신과 노조에 대한 적개심을 키우려고 한다.

### 사회적 관계: 문제 사원의 격리 및 왕따

삼성은 노동자들을 친회사 성향 여부에 따라 건전 인력과 문제 사원으로 분류해 친회사 측 인력을 확보하고 공식·비공식 조직들을 통해 이를 확대하며 결집력을 강화하는 한편 문제 사원은 철저히 배제하고 격리한다.

삼성그룹 대응 전략 문건(S그룹 2012, 80-81; 94-97)은 친회사 건전 인력을 방호 인력, 노조 활동 대응 인력, 여론 주도 인력으로 세분해 역할, 규모, 확보 방법을 구체적으로 명시하고 점조직형으로 운영할 것을 지시하고 있다. 이런 친회사 건전 인력을 꾸준히 재선정하고 확대하며 주기적으로 모의훈련과 심성 관리를 실시하도록 하고 있다.

삼성은 노동자들의 회사에 대한 충성심을 제고하고 친회사 건전 인력을 확보하기 위해 대형 행사는 자제하고 공식·비공식적 모임을 적극 활용하고 있다. 과거에는 삼성 전체 체육대회, 에버랜드의 봄 산행과 가을 체육대회 등 대형 행사들이 있었으나, 2003년경 에버랜드 봄 산행부터 이를 없애기 시작해 지금은 모두 없어졌는데, 노동자들이 서로 알고 관계 맺는 계기로 활용될 가능성을 차단하기 위한 의도로 파악된다(SEL001 2013 면담). 대형 행사들이 사라진 것은 삼성 계열사들뿐만 아니라 협력 업체들에서도 확인되었다. 삼성전자서비스의 경우 과거에는 센터들이 광역 혹은 광대 권역 단위로 모여 체육대회를 개최했는데, 현재는 광역 단위가 아니라 센터별로 체육대회 행사를 하고 있다. 이처럼 낚시, 산악 등반 동호회 등은 여전히 센터 단위로 지원하고 있지만 다수의 노동자들이 결집하는 행사를 취소한 것은 동일하다(SSV001 2013 면담). 물론, 삼성전자서비스의 경우 노동자들이 센터 벽을 넘어서 관계 맺기 하는 것을 차단한다는 의도 외에도 불법 파견 문제가 사회적 의제가 되면서 사용자로 간주될 수 있는 지표들을 제거하려는 의도도 함께 작동했다고 할 수 있다.

대응 전략 문건(S그룹 2012, 67)은 "동호회를 통한 회사 생활 만족도 제고" 전략에 입각해 동호회 가입률을 38%에서 50% 이상으로 대폭 증대한다는 계획을 밝혔다. 실제 에버랜드에서도 2011년 초부터 사측이 동호회 활동에 적극 개입하기 시작했다. 동호회를 조직하려면 인사팀의 결재를 맡도록 하고, 두 개 이상의 동호회 가입은 규제하고, 동호회의 회장과 총무는 자율적으로 선출되지 않고 회사 측에 건의하기 쉽다는 이유로 주로 팀장과 과장 등 간부들이 맡도록 하고, 동호회 총회장은 신문화팀 관계자가 맡도록 함으로써 동호회들이 철저히 회사 측의 통제하에서 운영되도록 했다(SEL002 2013 면담; SEL003 2013 면담). 에버랜드는 노동자들이 주말에 근무하고 주중에 휴일을 갖게 되는 탓으로 서로 휴일이 일치하지 않아서 동호회 활동을 통한 관계 맺기에 한계가 있기 때문에 팀·부서 단위 모임들도 적극 활용되고 있다. 2011년 들어, 특히 노조 결성 이후부터 부서별 회식과 술자리가 많아졌다는데, 주로 조직 강화 프로그램이라는 명목으로 1~2시간 교육한 다음 회식과 술자리를 갖는 방식으로 진행되고 있다. 이처럼 다양한 형태의 회식 술자리를 합하면 한 달 평균 2~3회는 된다고 한다(SEL001 2013 면담).

문제 사원에 대해서는 격리-왕따 등 사회적 관계를 체계적으로 통제한다. 첫째, 사측은 문제 사원들을 밀착 감시해 일반 노동자들과의 접촉을 어렵게 한다. 문제 사원들에 대해서는 감시·감독을 강화해 밀착 감시를 실시하는데, 노조 결성 이후 일거수일투족을 체크하며 미행 감시하는 경우가 많아졌다. 예컨대 잠시라도 자리를 비우면 본인 혹은 동료들에게 물어보며 찾아 나서고, 심지어는 화장실에 가서 빨리 돌아오지 않는 경우에는 직접 전화를 해서 "너 어디 있냐"고 확인한다고 한다. 일반 노동자들이 문제 사원을 만난 것이 확인되면 대화 내용을 꼬치꼬치 캐묻고, 문제 사원이 업무 수행을 위해 타 매장에 식자재를 빌리러 이동하는 경우에도 사측은 동선을 파악해 해당 매장 직원들에게 무슨 얘기를 나누었는지 캐물으며 문제 사원들이 일반 노동자들을 접촉하기 어렵게 한다(SEL004 2013 면담).

둘째, 사측은 노조원 등 문제 사원들을 일반 노동자들로부터 격리시켜 고립화한다. 노조 설립 후 에버랜드 내에 150대의 CCTV가 새롭게 설치되면서 일반 노동자들이 노조원과의 접촉을 더욱 꺼리게 되었다. 협력업체 노동자가 노조 가입 위해 노조원을 만난 다음 날 갑자기 지방으로 발령이 나고, 노조와 접촉한 노동자는 즉각 인사팀에 불리어 가 취조를 받거나 전출당하는 사례들이 빈발하고 있어 노조원들과의 만남을 더욱 기피하게 된다고 한다(허재현 2011; 조장희 2013, 3; SEL001 2013; SEL002 2013 면담). 문제 사원들은 일반 노동자들과 출퇴근 시간을 서로 엇갈리게 만들어 접촉하기 어렵게 하는 한편, 주요 직책에서 배제하고 매장 이동을 자주 해 동료 노동자들과 관계를 쌓아 가기 어렵게 하는데, 주방장 역할을 하던 노조원들도 노조 결성 후 주방장 자리에서 밀려나서 일반 조리사로 강등되었다고 한다(SEL001 2013 면담; SEL002 2013 면담).

특히 문제 사원들이 구심점을 이루는 비공식 조직들을 억압해 일반 노동자들로부터 격리시킴으로써 일반 노동자들과 관계 맺기를 하기 어렵게 한다(SEL001 2013 면담; SEL002 2013 면담). 2006년 6월 조장희가 경조회를 조직해 2백 명 정도 모이게 되었을 때 사측에서 회사의 승인을 받지 않은 사조직이라며 회원들의 경조회 탈퇴를 압박, 3개월도 안 되어 회원들이 모두 탈퇴하도록 한 사건은 이를 잘 보여 준다. 박원우의 경우 조리

사·주방장 동호회를 주관해 운영하고 있었는데 사측 간부 사원이 가입해 회장직을 맡으며 박원우를 포함한 노조원들의 탈퇴를 압박한 경우처럼 2011년 들어 사측이 매우 공세적으로 동호회 활동에 개입하면서 동호회를 공식 위계 조직화하기 시작했다.

셋째, 노조원이 소속된 부서에 불이익을 줌으로써 동료 노동자들이 노조원들에 대한 불만을 갖고 노조원들을 기피하게 만들고 있다(신정임 2011; SEL001 2013 면담). 노조원 소속 부서들에는 인원을 여유 없이 배치해 노조원이 자리를 비우면 "쟤가 나가서 너희가 힘들다"고 동료 노동자들에게 얘기하며 이간질하고, 비 오는 날에도 조기 퇴근을 허락하지 않고 연차 사용도 사전에 전자결재를 요청하도록 하며, 이메일을 전송할 때도 노조원이 있는 사업장의 경우 타 사업장들과는 달리 수신인의 숫자와 파일 사이즈를 제한하는 방식으로 불이익을 주기도 한다(SEL003 2013 면담; SEL004 2013 면담).

넷째, 사측은 흠집 내기를 통해 노조 간부 등 문제 사원들에 대한 거부감을 조성한다. 노조원들은 노조 활동을 위해 퇴근 이후의 연장 근무나 특근을 거부하고 있는데, 사측은 노동자들을 상대로 이를 비난하며 노조원들을 매도하고, 노조원들이 수용할 수 없는 스케줄을 강요하고 노조원들이 반발하면 다른 노동자들에게 노조원들은 회사에 도움이 되지 않고 문제만 일으킨다고 매도한다(SEL001 2013 면담). 2013년 1월 14일 에버랜드 정문 앞에서 금속노조 가입 기자회견을 하던 날, 당시 기자회견은 11시로 예정되어 있었지만, 사측은 노동자들을 평소보다 이른 7시에 출근시켜 별도의 교육 장소에서 2시간 정도 교육을 실시했다. 사측은 이 자리에서 노조 간부들 사진을 보여 주며 징계 사유를 열거하고 범죄자로 지칭하고, "오늘 금속노조라는 외부 불순 세력이 오는데 여러분들이 외부 불순 세력과 노조를 막아 회사를 지켜야 한다"는 교육을 실시했다. 이후 노조가 기자회견을 실시할 때에는 노동자들을 에버랜드 정문에 세워 노조원들과 대치시키기도 했다(SEL001 2013 면담; SEL002 2013 면담). 삼성 측은 노조 간부들에 대한 거부감을 조성하는 수준을 넘어서 동료 노동자들을 사측 확인서에 서명하거나 증인으로 출석해 사측의 지시대로 증언하도록 함으로써 노조원들과 적대적 관계를 형성하도록 압박한다(SEL002 2013 면담; SEL004 2013 면담).

노조원 격리와 노조 간부 홈집 내기는 협력 업체들에서도 그대로 시행되고 있다. 삼성전자서비스 협력 업체들이 노조원들을 아침 조회에 참석하지 못하게 하거나 업무상 배치되는 소조직에서도 배제함으로써 심리적 압박을 가하는 동시에 비조합원들로부터 격리시키는 결과도 노리고 있다(SSV001 2013 면담; SSV002 2013 면담). 한편 노조 간부들을 대상으로 개인 비리를 포착하기 위해 표적 감사를 대대적으로 진행하는 한편(삼성전자서비스 공대위 2013a: 25), 정읍 센터 등에서는 의도적 '찡꼬'(시비 걸기)를 통해 노조 간부의 폭력을 유발해 징계해고하는 등 노조 간부 홈집 내기도 적극적으로 전개하고 있다(SSV001 2013 면담).

격리와 왕따는 과거 삼성SDI 강재민 등 소수에 한정해 사용했지만, 노조가 결성되자 노조원들을 왕따하는 한편 비노조원들로부터 격리시킴으로써 불만 세력과 노동조합 활동가들의 관계 맺기를 차단한다. 사측은 대규모 단체 행사들을 없애는 등 전체 노동자들을 잠재적 동조자로 분류하고 일상적 감시 대상을 불특정 다수로 확대하는 한편 노동자들 간의 관계 맺기도 규제함으로써 노동자 개인들을 원자화하며 사측 중심으로 관계 맺기를 하도록 유도한다.

# 5. 맺음말: 삼성의 전제적 지배와 노동자 조직화

삼성은 노동자 동의에 기초한 헤게모니적 지배가 아니라 전제적 지배 방식에 의존하고 있다. 노동자들이 불만에도 불구하고 저항을 자제하며 순응하는 것은 물리적 강제력, 물질적 보상, 조직 규범, 사회적 관계 같은 권력 자원들을 활용하는 노동 통제 방식들이 작동한 효과라 할 수 있다. 노동자들의 불만이 지속되고 자발적 동의가 형성되지 않는 한 노동조합 결성과 노동자 조직화의 가능성은 상존한다. 그런 가운데 사업장 단위 복수 노조가 허용됨으로써 노동조합 결성을 원천적으로 봉쇄하려는 삼성의 전략은 지속되기 어렵게 되었다.

### 삼성의 노동 통제 전략: 연속성과 변화

일상적 감시 활동에 기초한 삼성의 노동 통제 전략은 상당 정도 연속성을 보이고 있는데 그 기저에는 무노조 경영 방침이 있다.

첫째, 삼성은 무노조 경영 방침을 포기하지 않았고, 무노조 경영 방침을 관철하기 위해 억압적 전제 방식의 노동 통제 체제를 지속하며, 노동자들에게 무노조 상황을 강제하고 있다.

둘째, 미래전략실을 정점으로 하는 그룹 차원의 노동 통제 체제와 계열사들의 상호 지원 체계는 여전히 가동되고 있다. 하지만 사내 정보 시스템 '싱글'에서 온라인상으로만 사내 정보를 확인할 수 있게 하고, 문서의 외부 유출은 물론 이메일 외부 발송이나 파일 인쇄 작업까지 엄격하게 제재하는 등 정보 보안은 더욱 강화되어 그룹 차원의 노동 통제 체제 파악은 매우 어렵게 되었다.

셋째, 삼성은 여전히 노동자 등급화 관리 체계를 유지하며 노동자들을 ABC급, 건전 인력-문제 사원 등으로 분류하고 노조 활동가를 포함한 문제 사원들을 밀착 감시 같은 방식으로 특별 관리하고 있는데, 노동 인권 유린은 특히 문제 사원들에 집중되어 나타나고 있다.

넷째, 해고 등 징계 위협을 통한 물리적 강제력이 노동자들의 노조 가입 의향을 억압하는 주요 수단으로 사용되고 있으며, 노동자들은 만족과 동의가 아니라 불만에도 불구하고 물리적 강제력 행사 등 부당 처우의 공포심으로 인해 노조에 가입하지 못하고 있다. 한편, 물질적 보상과 조직 규범에 의존한 노동 통제 전략도 지속되고 있는데, 물질적 보상이 보편적으로 적용되는 가운데 물적 자원을 통한 회유 공작은 문제 사원들을 중심으로 소수에 한정되어 사용된다.

복수노조 시대라는 그룹 안팎의 여건 변화에 맞추어 노동 통제 전략도 부분적으로 변화된 양상을 보여 주고 있다.

첫째, 복수노조 허용으로 인해 노동조합 결성이 상대적으로 용이해지고, 실제로 민주 노조가 결성됨에 따라 일상적 감시 활동의 중요성이 증가하면서 삼성은 일상적 감시 체계를 강화해 원형감옥 체제의 완결도를 더욱 진전시켰다. 도청, 미행, 정보 수집, 동태 감시 등 인적 자원에 의거한 감시 활동 방식은 꾸준히 활용되고 있으나, 노동조합이 결성되면서 감시 대상인 문제 사원들의 규모가 증가함에 따라 이들에 대한 그림자 감시 등 일상적 감시 활동을 더욱 강화하는 한편 에버랜드의 CCTV 대량 설치와 같이 사업장 전체를 원형감옥화하고 있다.

둘째, 극단적 형태의 물리적 강제력은 과거에 비해 제한적으로 사용하고 있다. 노조 결성 이후 문제 사원이 많아지고 노동자들의 권리 의식이 발달함에 따라 소수의 문제 사원들을 겨냥해 사용되던 납치·감금 등 극단적 형태의 물리적 강제력은 활용하기 어려워졌다. 또한 민주화가 진전되며 신체적 폭력 같은 물리적 강제력에 대한 사회적 관용도가 낮아진 상황에서 국가기구도 아닌 사적 주체가 사용할 경우 부정적 효과가 매우 커진다는 점도 극단적 형태의 물리적 강제력 사용에 따르는 부담을 더욱 크게 했다. 노조 결성 저지 시도의 한계, 문제 사원의 증가, 신체적 폭력에 대한 사회적 관용도 하락 등으로 인해 물리적 강제력의 효용성이 크게 떨어진 것은 사실이지만 물리적 강제력 활용 방식이 사라진 것은 아니다. 물리적 강제력은 내부자보다는 외부자, 즉 삼성그룹 계열사 직접 고용 정규직보다는 협력 업체 간접 고용 노동자들에게 주로 시행되고, 내부자의 경우 문제 사원들에 집중적으로 사용되고 있다.

셋째, 격리와 왕따 등 사회적 관계를 이용한 노동 통제 방식의 중요성이 크게 증대해 물리적 강제력을 대체하며 핵심적 노동 통제 전략으로 부상하고 있다. 문제 사원들에 의한 노조 결성을 저지하지 못하더라도 문제 사원들과 노동조합원들을 일반 노동자들로부터 격리해 고립화시킴으로써 영향력을 최소화하고자 하는 것이다. 또한 부서별 회식과 동호회 모임 등 공식·비공식적 모임을 적극적으로 가동하며 노동자들의 동태를 파악하고 정보를 수집하는 동시에 노동자들의 사회적 관계를 철저하게 통제하고 있다. 이렇게 사회적 관계 제재를 통한 노동 통제 방식의 중요성이 크게 증대되면서 과거 삼성의 전통적 노동 통제 전략의 핵심을 구성했던 물리적 강제력은 상대적으로 주변화되었다.

넷째, 사업장 내 복수노조가 허용됨에 따라 사측이 노조 결성 원천봉쇄를 추진하되, 안 되면 알박기 노조로 대응하는 전략으로 전환하면서 노사협의회의 노동조합 대체재 기능이 약화되었다. 이런 알박기 노조 전략은 민주 노조 결성으로 야기되는 변화를 최소화하기 위한 현실적 차선책이라 할 수 있으며, 어용 노조와 단체협약을 먼저 체결한 다음 복수노조 창구 단일화 규정을 이용해 민주 노조의 단체교섭 요구를 봉쇄함으로써 노동조합의 영향력을 약화시키는 실질적 효과를 수반하고 있다. 사업장 복수노조 허용으로 인해 노사협의회의 노동조합 대체 효과는 크게 하락했으나 일상적 정보 수집 채널로 활용하고 유사시 알박기 노조로 전환할 수 있다는 점에서 삼성 측은 노사협의회의 효용가치가 여전히 높다고 평가하며 공식 노동 통제 체계의 하부 기구로 활용하고 있다.

**노동조합의 존재 효과: 생산 현장의 변화**

삼성전자서비스 사례는 노사협의회의 민주화만으로도 상당한 성과를 거둘 수 있다는 것을 확인시켜 주었다(SSV001 2013 면담). 동래 센터 노사협의회 협약의 초과 근로 수당 및 휴일 수당 지급, 8시간 근무제 수립, 조기 출근 자재 운송 및 교육의 시간외수당 지급, 토요일 격주 휴무 등은 좋은 예들이다. 동래 센터 협약에 대한 전국적 관심이 일면서 전국노사협의회 간부 모임이 조직될 수 있었고, 이렇게 연결망이 형성되었기 때문에 이후 삼성전자서비스 노동조합이 조직되었을 때 급격한 조직화 성과를 거둘 수 있었다.

노동조합 결성 이후 생산 현장의 변화는 에버랜드에서도 확인할 수 있는데, 에버랜드 노동조합은 작은 규모에도 불구하고 생산 현장에 변화를 가져올 수 있었고 노동자들도 그런 가시적 변화를 인지하기 시작했다(SEL001 2013 면담; SEL002 2013 면담). 노조 설립 후 이익배당금 지급률이 실적에 비해 상향 조정되어 지급되고, '밥이 잘 나온다'는 평가가 확산될 정도로 물적 보상을 포함해 노동조건이 전반적으로 향상되었고, 연례적으로 실시되던 희망퇴직-명예퇴직제가 중단되며 고용 안정성 역시 강화되었다. 그뿐만 아니라 노조에서 문제를 제기한 이후 여성 노동자들에 대해 야간 근무 사전 동의서를 받기 시작했고 노사협의회에서 조장희가 요구했던 보육 시설 설립이 실현되었다. 또한 강제 특근과 연장근로가 적어지고 사전에 동의를 구하게 되었고, 노조원들이 주말 휴일을 사용하면서 일반 노동자들도 주말 휴일을 사용할 수 있게 되는 등 사측이 〈근로기준법〉을 준수하기 시작했다.

실제 대응 전략 문건(S그룹 2012, 45-60)도 고충 처리 활동을 다양하게 전개하는 한편 잔업 및 특근을 감축하는 등 노동관계법 위반 혹은 불합리한 관행도 일소할 것을 요구하고 있다. 동 문건은 성희롱이나 인격 모독 행위를 저지를 경우 관리자 및 당사자를 중징계할 것임을 분명히 하며 고위직 임원들의 인격 모독 행위의 구체적 사례들을 열거했다. 삼성이 이처럼 노동관계법을 준수하고 불합리한 관행을 일소하라고 엄중 경고하는 것은 이런 행위들이 노동자들의 불만을 야기해 노동자들이 사측에 대해 고소 고발하거나 노조 조직화에 동조하는 결과를 가져올 수 있기 때문이라는 점을 숨기지 않는다.

에버랜드와 삼성전자서비스 모두에서 노조원뿐만 아니라 비노조원들도 공통적으로 인정하는 노동조합 존재 효과는 실질적인 물질적 혜택이 발생했을 뿐만 아니라 사측이 노동자들의 눈치를 보게 되었다는 점이다(SSV001 2013 면담; SEL002 2013 면담). 이런 변화는 노동자들에게 노동조합 존재의 긍정적 가치를 인정하는 한편 권리 의식과 함께 자신감을 복원하는데 크게 기여하고 있다.

삼성전자서비스 노동조합의 경우 2013년 말 최종범 열사 자결에 뒤이은 열사 투쟁을 통해 상당한 성과를 거두었다(삼성전자서비스지회 2013; 『매일노동뉴스』 2013/12/23; 24). 삼성 측 담당자가 교섭장에 참여했고, 삼성 측 고위 인사가 문상·사과하고 업무 차량 리스, 천안 센터장의 귀책 사항 재계약 반영 등 협력 업체가 책임지는 수준을 넘어 삼성 측이 이행해야 할 부분까지 노사 합의문에 포함한 것은 삼성의 사용자성을 간접적으로 확인해 준 것이다. 이런 투쟁의 경험과 노동조합의 존재 효과에 힘입어 삼성전자서비스 노동조합은 2014년 3월 28일 삼성본관 앞에서 1천여 명 조합원의 철야 노숙 투쟁을 전개할 수 있었다. 이와 같이 삼성전자서비스 노동조합은 사측의 위장폐업과 강도 높은 노조 탄압에도 불구하고 조직력을 강화하며 투쟁 역량을 과시하고 있다.

## 노동자 불만과 권리 의식 향상

삼성 노동자들의 경우 노조 가입의 비용이 매우 높은 반면, 노조 거부에 대한 반대급부가 매우 큰 것은 사실이다. 이는 삼성SDI 등에서 노조 결성 시도가 좌절되거나 혹은 노조 결성을 빙자해 사측으로부터 물질적 보상을 받아 내는 현상이 반복적으로 발생하는 데서도 잘 확인되고 있다. 그렇다면 높은 비용에도 불구하고 삼성 노동자들이 노동조합에 가입하거나 지원·격려를 보내는 등 노동조합 활동에 대해 우호적으로 관여하게 되는 것은 왜일까?

삼성 노동자들이 노동조합에 우호적 입장을 보이는 것은 노동조건과 지배 방식에 문제의식을 지니고 있기 때문이라 할 수 있다. 삼성그룹이 세계적 수준의 초국적 기업집단의 위상을 지닌 국내 최대 재벌 그룹으로 자리 매겨져 있는 반면, 노동자들의 존재 조건은 그런 기업 위상에 걸맞지 않은 현실에 대해 노동자들이 개인 차원에서 '상호적 공정성'reciprocal fairness의 문제의식을 갖게 되면서 불만이 형성되기 시작한다.

상호적 공정성의 문제의식은 개별 노동자와 삼성의 개별적 관계 차원에서 형성되지만, 기업 전체성의 관점에서 삼성의 지배 방식과 기업 상황에 대한 노동자들의 '불의의 감'sense of injustice으로 발전하게 된다. 불의의 감이란 나치 치하에서 시민들이 공포감 속에서도 나치의 정당성을 거부하고 저항하게 했던 정서적 자원을 설명했던 개념으로, 권력 상황에 대해 갖는 "뭔가 잘못되었다", "이건 아니다"라는 느낌을 의미한다(Moore 1978). 이런 불의의 감은 사측의 지배 방식에 정당성을 부여하기 어렵게 하는 한편 노동조합 활동의 정당성을 공유하며 노동조합 활동을 백안시하지 못하고 노동조합 간부들의 탄압 상황에 대해 부채 의식을 지니게 한다. 삼성 노동자들이 사측의 탄압으로 인해 노조에는 가입하지 못했지만 노조 존재의 필요성을 인정하고 노조 활동가들에게 심정적 격려를 많이 보내 주는 상황은 이런 불의의 감이 널리 확산되어 있고 삼성의 공포 통치가 지속 가능하지 않음을 의미한다.

개인적 차원의 상호적 불공정성 문제의식에서 시작해 형성된 전체성 차원의 불의의 감은 아직 제삼자적 관점을 지니고 있지만, 일부 노동자들을 중심으로 주체적인 권리 의식으로 발전하고 있다. 노동자들의 권리 의식은 노동조합 조직화를 가능하게 하고 성공하게 한 조건인 동시에 조직화의 성과이기도 하며, 권리 의식의 발달과 노동자 조직화는 상호 보강하며 발전하게 된다. 노동자들의 권리 의식이 향상되고 노동조합이라는 집합적 대항 기구가 존재하기 때문에 노동자들은 부당노동행위와 노동기본권 유린 등 사측의 부적절한 처우에 적극적으로 대처하며 녹취 및 사진 찍기 등을 일상화할 수 있게 되었다. 결국 노동자 권리 의식 향상과 노동자 조직화 진전으로 인해 사측의 노동자 '눈치 보기' 같은 대응 태도의 변화를 야기하며 노골적 강제력 사용 시도를 크게 제약하게 되었다(SSV001 2013 면담).

노동자 조직화는 권리 의식을 넘어 조직화 및 생산 현장 변화의 성공 가능성에 대한 확인을 필요로 한다. 노동자들의 불만은 항존하지만 노동자들의 조직 문화 저항과 노동조합 참여는 높은 비용을 수반한다. 따라서 노동자들의 불만이 조직화라는 행위 의지로 전환하는 데는 어떤 계기 혹은 동력을 필요로 한다. 그런 까닭에 조직화 및 생산 현장 변화의 성공 가능성이 중요하다.

　그간 삼성그룹 노동자들의 거듭된 조직화 실패의 경험이 성공 가능성을 일축해 왔다는 점에서, 성공적인 조직화를 위해서는 먼저 삼성 노동자들이 조직화 성공과 생산 현장 변화의 가능성을 확신할 수 있어야 한다. 집합적 저항 혹은 사회운동이 발전하기 위해 성공 가능성 확신이 요구된다는 것은 경험적으로 검증된 사회운동론resource mobilization theory의 주요한 명제이다(Oberschall 1973).[15] 사업장 복수노조 허용과 민주 노조 조직화는 중요한 계기를 제공해 주었다. 에버랜드 삼성 노동조합과 삼성전자서비스 노동조합의 조직화 및 생존은 노동자들의 동원과 민주 노조 조직이 생존·성공할 수 있고 생산 현장의 변화를 가져올 수 있다는 사실을 확인해 주었다는 점에서 그 의의가 크다고 하겠다.

　에버랜드와 삼성전자서비스는 노동조합 조직화 성과에서 상당한 편차를 보이고 있는데, 이런 조직화의 규모 및 속도의 차이는 내부자와 외부자의 차이를 반영한다. 내부자와 외부자의 차이는 상호적 공정성 체감 정도의 차이로 나타나며, 상대적으로 배제된 외부자가 내부자에 비해 상호적 공정성의 배반감을 더 강하게 체감하고 조직화 필요성을 더 강하게 느끼게 됨으로써 조직화 정도의 차이를 가져오게 된다. 삼성전자서비스 협력 업체들에서도 존재하는 내근자와 외근자 사이의 조직률 격차는 내부자-외부자의 주체적 조건 차이를 반영하는 동시에 사측 노동 통제 전략의 효과 차이도 반영한다(SSV001 2013 면담). 그것은 내근자가 외근자에 비해 물질적 보상 수준이 높고 일상적 감시 체계에 더 많이 노출되어 있다는

---

15_1848년 유럽, 1968년 혁명, 아랍의 봄, 1987년 대투쟁 등을 참조할 것.

점에서 조직화의 필요성을 덜 절감하는 한편 성공 가능성도 더 낮게 평가하게 되기 때문이라 할 수 있다.

### 맺음말: 사회적 여건 변화와 노동자들의 은밀한 격려

조직화로 나아가는 과정은 개인 차원의 상호적 불공정성, 회사 전체에 대한 불의의 감, 주체적인 권리 의식, 조직화 및 변화의 성공 가능성 확인 등 여러 단계를 거친다. 현재 노동조합에 가입하지 않은 삼성 노동자들은 이 가운데 어느 단계에 위치하고 있을 것이다. 노동자들 사이에 편차도 존재하지만, 삼성 노동자들이 더 이상 무관심에 머물지 않고 있음은 분명하다.

에버랜드의 경우, 일반 노동자들이 노동조합에 가입하거나 공개적으로 지지 입장을 표명하지는 않지만 노조원들에게 지지의 마음을 전달하며 격려해 주고 있다. 노조원들은 일반 노동자들로부터 "삼성이, 에버랜드가 노조를 하루빨리 진정으로 인정해야 할 텐데 …… 힘들지? 진짜 대단해! 언제 시간돼? 고생이 많은데 …… 힘내! 언제 밥 한 끼 같이하자! 힘든 싸움이라는 건 알지만 꼭 이겨"라는 격려를 많이 듣는다고 한다(SEL002 2013 면담). 또한 흡연 장소 같은 곳에서 만나면 노조 활동에 대해 잘 알고 있고 노조가 있어서 좋다며 격려를 해준다고 한다. 이런 얘기들은 노동자들이 CCTV에 잡히지 않는 곳에서 주위에 아무도 없다는 것을 확인한 뒤에야 비로소 터놓고 말한다고 한다(SEL004 2013 면담).

노동자들이 좀 더 적극적으로 지지·연대 의지를 표명하는 경우도 많다. 2013년 1월 14일 노동조합이 에버랜드 정문 앞에서 금속노조 가입 기자회견을 할 때 사측은 노동자들에게 지시해 정문에 도열해 노조원들과 대치하도록 지시했는데 일부 노동자들은 이 사실을 노동조합 간부들에게 알려주었을 뿐만 아니라 사측 지시를 거부하기도 했다(SEL002 2013 면담).

2013년 6월 20일 노동조합이 금속노조 경기지부 등 연대 단위들과 함께 에버랜드 나들이 투쟁을 갔을 때 에버랜드 측 관리자들과 보안 경비원들이 따라다니며 채증하고 있었는데, CCTV가 없는 옥상 위에서 한 노동자가 노조 간부에게 전화해 "좌측 쳐다봐, 위에! 위에! 여기! 여기! 나 보이지? 힘내! 화이팅이야!"라며 손을 흔들며 응원해 주기도 했다고 한다(SEL003 2013 면담).

이처럼 많은 노동자들이 노조 활동에 관심을 갖고 심정적으로 지지하며 응원과 격려를 아끼지 않음에도 아직 노동조합 가입으로는 나아가지 못하고 있다. 이들은 회사가 노조 간부들을 탄압하는 것을 옆에서 보니 도저히 용기가 나지 않는다거나, 노조 가입하면 불이익을 받을까봐 두려워서 못한다거나, 가족과 진급 문제로 노조 가입하기 어렵다고 솔직하게 얘기하며 "언제가 될지 모르지만 기회가 되면 꼭 같이하고 싶다"(SEL002 2013 면담), "지금은 아니더라도 곧 형님들을 따라가겠다. 쉽게 무너지지 말고 힘내라"(허재현 2011)고 다짐하는 노동자들도 적지 않다고 한다.

에버랜드의 경우 삼성전자서비스에 비해 노동조합 조직화 과정이 크게 뒤쳐져 있는 것은 사실이다. 사회적으로는 삼성전자서비스 노동자 자결과 열사 투쟁, 〈또 하나의 약속〉과 〈탐욕의 제국〉 등 연이은 영화 개봉과 이에 따라 삼성전자 백혈병 산재 사망에 대해 높아진 사회적 관심, 그리고 삼성의 문제점들에 대한 언론 보도 및 사회운동의 확산 등 삼성의 문제점과 변화의 필요성에 대한 사회적 공감대가 확산되고 있다. 이런 외적 여건 변화에 더해 에버랜드 민주 노조가 사측과의 소송에서 연이어 승소하고 있다는 사실은 에버랜드 노동자들에게 사측의 노동조합에 대한 악선전이 허위였으며 노동조합이 부당하게 탄압받았음을 확인시켜 주고 있다.

일반 노동자들이 삼성 노동조합과 관련된 언론 기사를 노조 간부들보다 먼저 접해서 노조 간부들에게 물어보고 얘기를 건네는 경우가 많을 정도로 노동조합에 대한 관심은 널리 확산되어 있다. 어느 노조 간부는 휴게시간에 우연히 만난 다른 부서 노동자로부터 "삼성지회의 연이은 재판 승소와 관련된 기사, 그리고 노조 파괴 문건과 관련되어 인터넷 기사를 보았다"고 하면서 "삼성 안 돼! 안 되는 건 안 되는 거야! 진짜 나쁜 놈들이야" 라 하면서 꼭 이기라고, 힘내라고 하는 얘기를 들었다고 한다(SEL002 2013 면담). 노동조합과 소송 사건들에 대한 에버랜드 노동자들의 관심이 높아졌고 사측이 항소·상고해도 뒤집어지기 어렵다고 말하는 노동자들이 많다고 한다(SEL001 2014 면담; SEL002 2014 면담).

이는 에버랜드 노동자들 대다수가 이미 상호적 불공정성 인식의 단계를 지나 불의의 감을 공유하고 있으며, 노동자들 사이에 노동조합에 대한 기대감과 함께 권리 의식이 신장하고 있음을 확인해 준다. 노동조합에 대한 관심도 높고 노동조합에 가입하고 싶은 의향도 지닌 노동자들이 에버랜드에 상당수 있지만 노동조합 활동에 가해지는 삼성 측 탄압으로 인해 노조 가입을 못하는 것이다. 이들이 노조 간부들에게 미안한 마음을 표현하며 격려와 응원을 보낼 때도 사측의 감시를 피해서 은밀하게 의사를 전달하고 있는데, 이런 노동자들의 은밀한 격려 현상은 원형감옥으로 불리는 삼성의 일상적 감시 체계와 강도 높은 노조 탄압이 효력을 발휘하고 있지만 수명이 다하고 있음을 반증해 준다.

## 부표 1 | 삼성 계열사 노동조합 설립 시도 연표(1997년 말 이전)

| 회사명 | 노조 설립일 | 비고 |
|---|---|---|
| 삼성생명 | 1962년 12월 31일 | 인수 전 노조 존재(동방생명 1989년 상호 변경) |
| 삼성증권 | 1983년 6월 13일 | 인수 전 노조 존재(1992년 국제증권 인수) |
| 삼성화재 | 1987년 11월 30일 | 유령 노조(안국화재 1993년 상호 변경) |
| 중앙일보 | 1987년 12월 1일 | 자체적 결성 |
| 삼성중공업 | 1988년 6월 3일 | 유령 노조(1996년 6월 28일 대법원 판결), 중장비 1998년 볼보 양도, 발전설비 1999년 한국중공업 양도 |
| 삼성지게차 | 1988년 11월 26일 | 11월 26일 설립 신고, 6월 7일 결성, 유령 노조(1998년 클라크에 양도) |
| 삼성정밀화학 | | 인수(1994년) 전 노조 존재(한국비료) |
| 창원 삼성중공업 | 1997년 | 유령 노조 선제 등록 |

자료: 조돈문(2008a:173).

## 부표 2 | 삼성 계열사 노동조합 설립 시도 연표(1998년 이후부터 2011년 7월 이전)

| 회사명 | 노조 설립일 | 비고 |
|---|---|---|
| 삼성SDI | 1997~2001년 | 수차례 걸쳐 노조 결성 시도 탄압으로 실패: 수원(1997년, 1999년 12월, 2000년 10월) 울산(1998년 10월, 2001년 12월) |
| 신세계백화점 | 1998년 10월 9일 | 신세계 노조 결성 |
| 에스원 | 2000년 5월 27일 | 설립필증 발부 거부(유령 노조 선제 등록) |
| 삼성코닝 | 2000년 10월 | 아텍엔지니어링 사내 기업 노동자 설립 실패(유령 노조 선제 등록) |
| 에스원 | 2001년 4월 | 노조 설립 무산(유령 노조 존재) |
| 삼성그룹노동조합 | 2001년 8월 | 초기업 단위, 2001년 9월 대구시 직권 해산시킴 |
| 삼성캐피탈 | 2001년 8월 | 회사 탄압으로 무산 |
| 아르네삼성(광주 소재) | 2002년 | 탄압으로 사직 |
| 호텔신라 | 2003년 3월 24일 | 지도부 행방불명, 유령 노조 선제 등록 |
| 삼성일반노동조합 | 2003년 2월 6일 | 삼성일반노동조합 건설 설립필증 교부, 8월 12일 인천시청 직권 취소(근거: 해고자 노조 가입 규약 개정 불법) |
| 삼성프라자(경기 분당) | 2003년 9월 5일 | 노조 설립필증 교부(이후 탄압으로 노조 설립 자진 취하) |
| 한국항공우주산업(경남 사천) | 2003년 9월 25일 | 노조 설립, 조합원 1천여 명 가입(삼성 재벌이 대주주) |
| 삼성전자 | 2004년 5월 25일 | 노조 설립 신고서 접수, 며칠 후 노조 설립 취소함 |
| 금속노조 가입(전자, SDI) | 2004년 8월 | 수원 삼성전자 홍두레, 삼성SDI 강재민 등 총 6명. 2004년 8월 16일~9월 9일 사이에 모두 탈퇴함(협박, 금품 제공) |
| 금속노조 가입(SDI, 전자) | 2008년 10월 | SDI 및 전자 노동자 30여 명(주로 수도권과 충남) 금속노조 가입 후 탄압으로 탈퇴함 |

자료: 조돈문(2008a:173)을 보완.

| 5장 |

# 21세기 디지털 시대의 현주소

## 삼성전자 여성 노동자들과 노동권의 실종

김진희

## 1. 들어가는 말

삼성전자는 21세기 디지털 대한민국을 상징하는 최고의 글로벌 기업으로 평가된다. 2012년 현재, 연간 매출액 200조 원, 순이익 29조 원, 삼성전자와 핵심 계열사가 생산한 부가가치는 17조 원에 이르며 수출액은

---

• 이 글을 작성하는 데 있어 많은 분의 도움을 얻었다. 특히 지난 2007년 이래로 삼성전자 노동자들의 건강권/인권의 문제를 공론화시켜 왔던 시민단체 '반도체노동자의건강과인권지킴이, 반올림'과 상임활동가 이종란 노무사의 경험과 축적된 기록들, 그리고 삼성 반도체에서 근무했던 여성 노동자들의 진술은 본 연구를 수행하는 데 있어 중요한 역할을 했다.

120조 원을 넘어서 한국 전체 수출의 6분의 1을 차지한다(『동아일보』 2013/12/06). 그러나 미래를 선도하는 기업, 대한민국을 대표하는 기업인 삼성전자의 눈부신 성장의 이면에는 삼성이 전면에 내세운 '공생과 발전의 가치'에 부합하지 않는 어두운 그늘, 노동자들의 권리에 대한 부정이 존재한다.[1]

삼성전자의 생산직 노동자들의 다수는 여성이다.[2] 대개 고등학교 3학년, 혹은 고등학교 졸업과 동시에 입사하는 10대 후반의 젊고 건강한 여성들이다. 그런데 이들은 정규직으로 입사했음에도 근속연수가 상대적으로 짧다. 대한민국 최고의 기업으로 알려진 삼성에, 그것도 정규직 일자리를 오래지 않아 그만두는 것이다. 그 이유는 무엇일까? 2007년 이래로 지속적으로 제기되는 직업병 피해 사례들이 삼성전자 여성 노동자들이 처한 노동조건, 그리고 짧은 근속연수에 대한 답을 주는 것은 아닐까?[3]

---

1_이 글의 주제와 관련해 삼성의 하청 기업 및 해외로 진출한 삼성 기업에 근무하는 노동자들의 노동권/건강권 역시 매우 중요한 주제이다. 그러나 이 글은 우선적으로 삼성전자의 생산직 여성 노동자에 한정지었다. 하청 및 해외 실태는 손정순(2010, 31-60), 한지원(2011), 공유정옥(2013), 나현필(2013), 이유미(2013) 참고.

2_2011년 현재, 삼성전자 여성 임직원 31,564명 중 생산직 종사자가 21,103명으로 여성 중 66.6%에 이른다. 여성 인력 중 관리 사무직은 2,463명, 연구 인원과 영업 담당은 807명(13%)이다(『삼성전자 제42기 영업보고서』 2011; 『아주뉴스』 2011/04/14).

3_2013년 8월 현재, 반올림에 제보된 피해자의 수는 140명을 넘어섰고 그중 71명이 사망했다. 제보자의 수는 꾸준히 늘고 있다(이종란 2013/08/07 면담). 삼성 반도체 피해 사례에 대한 정보는 '반올림'(http://cafe.daum.net/samsunglabor)에서 확인할 수 있다.

## 2. 21세기 첨단산업과 19세기적 노동권

삼성전자에서 일하는 여성 노동자들의 모습은 2백여 년 전 미국 로웰 지방의 여성 노동자들을 떠올리게 한다. 미국의 매사추세츠 지역의 방직 공장에서 산업화 초기에 도입했던 로웰 시스템Lowell System은 한때 미국의 자랑이었다. 1821년에 보스턴의 자본가들은 매사추세츠 로웰 지역에 방직 공장을 건설한 뒤 인근 농촌 지역을 돌며 젊은 여성 노동자들을 채용했다. 당시 방직업은 미국의 경제 발전을 선도할 대표 기업으로, 로웰 시스템은 그에 부합하는 민주적이며 우아한 노동 시스템으로 선전되었다. 1840년대까지 로웰 지역에는 32개의 방직 공장이 건설되었고 8천여 명의 여성 노동자들이 작업했다. 1840년대 초에 로웰 지역을 방문했던 찰스 디킨스 Charles Dickens는 공장의 첨단 시설, 피아노가 놓여 있는 청결한 기숙사, 교양 있는 모습의 여성 노동자들의 모습에 깊은 인상을 받았고 자신의 조국 영국의 열악한 착취 공장을 떠올리며 부러워 마지않았다(Dulles 1966, 73-74).

　　그러나 로웰 시스템의 현실은 디킨슨이 감탄하고 로웰 자본가들이 선전했던 모습과는 현격한 차이가 있었다. 15세에서 30세의 여성 노동자들의 주당 평균 노동시간은 73시간에 이르렀고 성별gender에 기반한 노동 분화가 견고하게 자리 잡았다. 한방에 4명에서 8명이 기거했던 기숙사는 불편하기 짝이 없었고 작업장의 위계질서와 통제는 기숙사에서 그대로 재현되었다. 근대적 도시 생활, 독립, 자유를 기대하며 로웰 공장에 왔던 젊은 여성들은 그들의 기대와 전혀 다른 현실에 직면했다. 1840년대에 여성 노동자들은 처음으로 파업에 돌입했고 자신들이 남성 관리자, 나아가 남성 자본가와 동등한 '자유인'임을 선언했다. 그러나 파업은 실패로 돌아갔고 로웰의 노동조건은 오히려 악화되었다. 로웰 방직 공장이 초창기 미국

산업의 상징이었다고 해도 노동자들에 대한 처우는 그에 부합하지 못했다(Dublin 1975, 30-39).

시공을 뛰어넘어 삼성전자 여성 노동자들과 로웰 공장 여성 노동자들 사이에는 유사점이 발견된다. 젊은 여성 노동자들을 대상으로 한 대대적인 채용, 농촌에서 도시로의 이동, 통제의 장으로 작동했던 기숙사, 성별에 기반을 둔 분업, 명성에 부합하지 못하는 노동자의 허약한 권리까지. 로웰 공장의 여성 노동자들이 자신들의 처지에 만족하다가 어느 순간 불평등한 구조와 처우에 저항하며 변화를 요구했다면, 삼성 여성 노동자들은 자신들이 처한 상황을 어떻게 객관화하고 있을까? 150여 년의 시간차를 두고 21세기 선진 산업 여성 노동자들의 모습이 19세기의 공장 노동자들과 닮은꼴이라면 이는 무엇을 의미할까? 오늘날 삼성전자의 경험은 얼마만큼 삼성 고유의 현상이며 또 얼마만큼 세계 전자 산업의 특징을 대변하는가? 삼성전자에서 노동권이 부재하다면 그것은 구체적으로 어떤 특징을 지니고 있고 삼성전자에 종사하는 노동자들에게, 그리고 우리 사회에 어떤 결과를 초래하고 있을까?[4]

## 전자 산업에 적합한 노동자 유형과 그에 대한 통제

반도체 산업은 제품의 기술적 특성상 노동력의 관리가 이윤 실현의 관건이다. 청정을 유지하기 위한 노동자에 대한 철저한 관리가 우선시되고 무

---

4_삼성 노동자에 대한 선행연구는 매우 제한되어 있다. 가장 큰 이유 중 하나는 자료의 제한성 때문일 것이다. 참고가 될 만한 연구로는 조돈문, 이병천, 송원근 엮음(2008)의 제2부에 실린 글들이 있다.

엇보다 수율을 높이기 위해 "기술 개발보다는 공정상의 관리가 더 중요"한 것으로 여겨진다(이은진 1998, 48). 사실 전 세계적으로 아시아의 여성은 전자 산업이 필요로 하는 기민한 손놀림과 빠른 속도에 적합하고, 무엇보다 문제를 일으키지 않는 유순한 노동자라는 이유로 선호된다. 이는 말레이시아와 싱가포르 전자 산업에 관한 연구나 미국 실리콘밸리의 연구에서 공통적으로 확인된다. 고용주들은 교육시키기 쉽고 직업의 기능에 쉽게 적응하며 (남성 노동자보다) 권위에 복종한다는 이유로 젊은 여성 노동자들을 선호한다.[5] 미국 실리콘밸리의 경우에도 생산직 노동자들의 80% 이상이 여성이다. 이는 전문직과 엔지니어들의 80% 이상이 남성인 것과 대비된다(Devinatz 1999, 9; Ewell and Ha 1999; McLaughlin and Cha 1999; Hossfeld 1990, 149; 155; 167; 스미스 외 2009, 102-104). 여기서 전자 산업 노동력에 관한 각국의 연구는 하나의 공통된 특징을 보여 준다(Hossfeld 1994, 65-93; Ewell and Ha 1999). 저임금으로 고용 가능하고, 쉽게 통제되며, 노동 이직률이 높아진다고 하더라도 유사한 노동 예비군이 존재해 신규 인력 채용이 용이한 노동력이 선호된다는 것이다. 아시아 여성은 유순해 통제하기 쉬울 뿐만 아니라 손재주가 있는 것으로 알려져 위의 조건에 부합한다(Green 1983, 273). 삼성전자의 여성 노동자들은 바로 그와 같은 성실하고 건강하며 대체 가능한 이상적인 노동자상에 해당된다. 이들은 대개 지방의 상업고등학교 출신으로 고등학교 3학년 재학 중, 혹은 고등학교 졸업 직후 학교장 추천을 받아 삼성전자에 입사한다.[6] 이

---

5_특히 젊은 여성은 나이든 여성에 비해 건강하며 빠른 반사 능력을 갖고 있다는 것, 고용 경험이 없기 때문에 기대 수준이 낮다는 이유로 선호된다(Elson and Pearson 1980, 87-107).

들에게 새로운 작업장은 교실의 연장과 같다. 한 학년 재학생 4백여 명 중 150명 이상이 같은 해 삼성전자에 취업이 되었다는 군산여상 출신의 한 여성은 취업 담당 교사의 언질을 기억했다. "우리 학교에서는 졸업생들을 현장으로 보내는 경우가 거의 없는데 삼성이라 보내는 것이다. 공식적으로 학교장 추천으로 보내는 사업장은 삼성밖에 없다, 선배들이 잘했기 때문에 삼성이 우리 학교를 인정해 준 것이니 후배들을 위해 너희들도 잘해야 한다"(SE04 면담).

평생 나고 자란 지역을 떠나 낯선 대도시에 둥지를 틀고 기숙사 생활을 감수하며 대기업에 다니는 만큼 나름의 각오가 필요하다. "취업 담당 선생님도 무조건 열심히 하라고 말씀해 주시고, 무엇보다 엄마에게 자랑스러운 딸이 되고 싶었어요. 처음부터 무조건 잘 해야겠다는 생각, 무조건 열심히 해서 사수 언니에게 예쁨 받아야겠다는 생각뿐이었죠." 작업장의 전반적 분위기가 이렇게 조성되면서 여성 노동자들은 경쟁적으로 열심히 하는 모습을 보인다. "왜 이렇게 해야 하는 것인가요? 이 이상한 냄새는 무엇이죠? 위험하지 않나요? 하는 질문을 할 생각을 전혀 하지 못했어요. 전반적인 분위기가 그런 질문을 허용하지 않았던 거죠. 아니 질문을 할 생각조차 하지 못했어요"(SE04 면담). 그런 점에서 삼성전자의 노동 통제는 문제를 일으키지 않고 고분고분하며 성실한 여성을 채용하는 것에서 일차적 목표를 달성한다.

수습 기간 동안 삼성은 노동자들이 보다 순응적인 인간형으로 거듭나

---

6_삼성전자는 주로 각 고등학교의 학교장 추천을 통해 생산직 여사원을 채용해 왔다. 이는 삼성전자가 선호하는 통제가 가능한 성실한 노동력을 수급하기 위한 선택이었던 것으로 보인다. 2012년부터는 기존의 학교장 추천과 함께 고졸 공채를 병행하고 있다.

도록 조련하는 일련의 과정을 거친다. 매미산을 행군하고 나무에 붙어 매미처럼 우는 소리를 내거나 떨어지지 않고 오래 버티기를 하기도 한다(SE03 면담).[7] 23세의 젊은 나이에 백혈병으로 사망한 삼성전자 여성 노동자 E가 2000년 기흥 사업장에 입사해 작성한 "수련기"에는 오리걸음, 피티 체조 등 젊은 여성이 견디기 쉽지 않은 체벌이 기록되어 있다. "온풍기 먼지를 잘못 닦아서 오리걸음을 하고 왔다. 내일부턴 청소를 좀 더 잘해야지." "우리 차수는 요즘 맨날 혼난다. 김○○ 선배님 말씀이 맞다. 따로 논다. 다 같이 단체에서는 같이 움직여야 하는 걸 까먹는 사람들이 많은 차수인가 봐"(SE05 면담).[8] 처벌을 받아도 불만을 품기보다는 더 잘하겠다고 다짐하고 이로 인해 스트레스를 받아도 스스로 극복해야 할 상태로 간주한다. 수련 기간을 마치고 작업장에 투입되어서도 체벌이 완전히 사라지는 것은 아니다. 지각을 하거나 전달받은 지시 사항을 그대로 수행하지 못할 때, 혹은 실수를 저지를 때 '사수 언니'는 초보 작업자를 클린룸 밖에서 '무릎 꿇고 손들기'를 시킨다. 업무 수행이 불충분하거나 상사의 요구에 부합하지 않았을 때 수시로 언어폭력에 노출되기도 한다(SE03; SE04 면담).[9]

---

7_매미산은 삼성전자 기흥 공장 주변에 위치해 있다. 면접을 했던 SE03는 나무에 붙어 있을 때 어땠는가를 질문하자 "물론 굉장히 창피했다"고 답했다.

8_"수련기." 2000년에 삼성전자에 입사해 2003년에 사망한 SEO5는 2000년 3월 14일에서 3월 24일까지의 기록을 남겼다. "수련기"는 수습 기간 동안 신입 사원들이 의무적으로 작성하는, 교육 훈련 과정의 일종의 일기이다.

9_여성노동자 SE04는 자신이 신입 사원일 당시인 1995년에 동료 여성 노동자가 클린룸 밖에서 무릎을 꿇고 손들고 있는 모습을 보았다고 한다. 당시 자신도 신입 사원이기 때문에 속수무책이었지만 6~7년이 지난 뒤 또다시 유사한 일이 발생하는 것을 목격했을

기숙사는 또 다른 통제의 장이다. 여성 노동자들의 경우 대개 지방 출신이기 때문에 대부분 기숙사에 거주한다. 장기 근무한 여성들도 대개 결혼 전까지 기숙사 생활을 한다. 기숙사는 작업장 가까이 있어 안전과 편의성, 그리고 경제적 이익을 제공하기 때문에 대다수의 여성 노동자들이 이를 선택한다. 결과적으로 여성 노동자들은 24시간 같은 곳에서 일하고 생활하며 휴식을 취한다. 회사의 입장에서는 노동자들을 한 곳에 있게 하고 그들을 회사가 원하는 인간형으로 훈육함으로써 더욱 쉽게 통제할 수 있는 이점이 있다. 만에 하나 작업장에서 '사고'가 나거나 문제가 생기면 교대 근무를 마치고 기숙사로 간 여성 노동자에게 확인 전화가 오기도 한다 (SE01 면담). 노동자들의 입장에서는 근무를 마치고 기숙사에 돌아와도 편안한 휴식을 취하기 어렵다. "기숙사에 가서도 내가 한 작업에서 불량이 나오지 않았나 걱정이 되죠. 사고가 날 경우 전화가 오기도 해요. 베이 입구에 전화기가 있어서"(SE02 면담). 4조 3교대를 기본으로 하는 삼성전자의 여성 작업자들에게 작업장 가까이 있는 기숙사는 편리함을 제공해 준다. 그러나 또 다른 측면에서 4조 3교대로 인해 기숙사에서 조차 숙면을 취하지 못하게 된다. 4조 3교대의 경우 Day(Day Shift, 낮 근무: 오전 6시~오후 2시), Swing(Swing Shif, 반 야근: 오후 2시~오후 10시), GY(Graveyard Shift, 밤 근무: 오후 10~오전 6시) 조로 나뉘어 6일 근무와 2일 휴무로 반복되며 Day-Swing-GY 근무시간으로 옮겨가게 된다. 그러나 경기변동을 반영하거나 회사 사정에 따라 2조 2교대, 혹은 3조 3교대로 변경되기도 한다. 교대 근무는 그 자체로 노동자의 생체리듬을 교란시키는 역할을 한

---

때는 이에 대해 이의를 제기했다고 진술했다.

다. 다수의 노동자들은 교대 근무의 장기화로 인해 숙면을 취하지 못했음을 토로했다. 이에 더해 여성 노동자 대부분 기숙사 생활을 한다는 사실이 교대 근무의 고충을 가중시킨다. 즉 한방에 4인이 사용하는데 처음 기숙사 배정을 받을 때는 교대 근무시간에 맞춰 배정이 되지만 시간이 지나면서 각기 교대 시간의 변경이 오게 되기 때문에 결국 한방을 사용하는 사람들의 출퇴근 시간이 모두 제각각이 된다. 시간이 지나면서 기숙사는 각자 잠을 자고 나오는 공간으로 변질된다. 한방에 있다고 해도 서로에게 방해가 되는 존재가 된다.

기숙사 통금 시간을 지키지 않거나 사칙에 따르지 않을 경우 벌점이 주어진다. 작업장 밖인 기숙사 생활 역시 기록·보존되며 필요한 경우에 열람된다. 심지어 여성 노동자의 행동에 문제가 있을 경우 사생활조차 보장받지 못하고 가방과 일기장이 압수·수색되기도 한다. 이는 〈근로기준법〉 제9조 1항, 즉 "사용자는 사업 또는 사업장 부속 기숙사에 기숙하는 근로자의 사생활의 자유를 침해하지 못한다"는 내용을 위배하는 것이다. 그러나 심각한 사생활 침해와 같은 기숙사의 통제에 대한 불만 역시 퇴사, 기숙사 퇴소 등 개별적 해결로 마무리 될 뿐, 이에 대한 공개적 문제 제기나 공동의 대처 방안이 모색되지 않는다(박진 면담; 박종태 2013, 269-271).[10]

---

10_다산인권센터 박진 활동가에 의하면 고등학교를 갓 졸업한 18세 여성 노동자가 입사 직후 기혼의 남성 상사와 연인 관계로 발전했다. 이 사건이 알려진 뒤 기숙사 사감이 여성 노동자의 방으로 들어가 옷장과 소지품을 뒤지고 일기장을 압수했고, 사직을 강요했다(SE01; SE03 면담).

## 무노조 경영과 기본적 노동권의 침해

여성 노동자들은 일상에서 겪는 부당행위와 고충에 대해 어떻게 해결을 할까. 여성 노동자들은 "감히 삼성에서 우리가 어떻게 노조를 결성하는가, 어떻게 회사에 문제를제기하는가"라고 생각을 한다. 관리자는 "끼리 끼리 모여서 회사 이야기하는 것 삼가라, 혹시 그런 움직임 있으면 보고하라"고 경고한다(SE01 면담). 여성 노동자들 사이에서 자신들의 이해를 대변하기 위한 조직, 즉 노조의 필요성에 대한 논의는 없었을까? "시골 아이들, 그렇잖아요? 순박하지요. 도시에 나가서 뭐 그런 문화를 겪어 봤겠어요? 오로지 농촌 시골에서 학교하고 …… 조금 누려 봤자 작은 시내에서 놀던 그런 아이들 데려다 놓고 …… 그런 아이들이 공장에 와서 힘을 실으려고 하겠어요? 다른 사회생활을 해본 것도 아니고. 똑같이 일하고 기숙사에서 똑같이 생활하는데 …… 그리고 보통은 피곤해서 다른 생각하기도 어려워요."(SE01 면담). 간혹 남성 엔지니어들 중 노조를 결성하려고 하다가 징계 처리되었다는 소문을 들을 뿐, 노조를 결성해야 한다거나 노조가 없는 작업장이 문제라는 생각을 진지하게 해본 적은 거의 없다(SE04 면담).

삼성전자 수원 사업장의 경우 2004년에만도 몇 차례 노조를 결성하는 시도가 있었으나 회사의 방해로 실패했다(조돈문 2008, 167-206; 188-192). 2010년에는 삼성전자 내부 전산망 '마이 싱글'에 노조 설립 필요성의 글을 올린 한 남성 노동자가 수일 내에 해고되기도 했다(『프레시안』 2010/12/07).[11] 그러나 삼성전자 내부에서 여성들에 의해 노조 설립이 시도된 경우는 없다. 여성 노동자들에게 노조는 '낯선 것'일 뿐, 노동자로서의 자

---

11_삼성 노조 설립 시도 및 삼성의 무노조 경영은 박종태(2013), 조돈문(2008) 참조.

신들의 권리를 지켜 줄 수 있는 조직으로 인식되지 않는다. 더욱이 무노조 경영을 내세우는 삼성에서 노조 설립 시도를 하거나 노조에 가입하는 것은 곧 일자리를 내놓는 것과 같다는 인식을 하게 된다(SE01; SE03; SE04 면담). 심지어 적법한 절차를 거쳐 인사고과에 대해 이의신청을 하는 것조차 엄청난 용기와 대가를 각오해야 한다(박종태 2013, 120-125).

삼성 노동자들이 지급받는 임금의 총액이 상대적으로 높다고 하더라도 높은 노동강도와 작업환경에 비추어 볼 때 업무에 대한 불만족이 나타날 수 있는 소지가 높다. 그러나 노동자들의 고충을 처리할 수 있는 공식 기구가 존재하지 않는다. 연봉과 승진에 인사고과가 반영됨으로써 고과는 노동자들로 하여금 회사에 순응하도록 스스로 행동을 제어하게 하는 통제의 기제로 작용한다. 삼성전자 노사협의회인 소위 한가족협의회가 자신들의 이해를 대변해 줄 것으로 기대하는 작업자는 거의 없다(SE03; SE04 면담).[12] 작업환경, 혹은 처우에 대한 불만이 있을 때 이를 개선하기 위해 어떤 노력을 하는가라는 질문에 대해 면접자들은 체계적인 방안이 없다고 답했다. 주변에서 단체행동이나 협상을 통해 개선책을 제시하자는 의견을 제시한 사람도 없다고 한다. 한 면접자는 "항의 조의 개선 요구는 불가능하지만 제도적 개선을 하는 방법은 있다. 일명 작업 제도 개선이라고 한다"고 답했다. 즉 회사는 작업 동선의 개선 등 작업 효율성을 높이는 방안을 적극적으로 건의하도록 권장하고 건의가 채택될 경우 인사고과에 반영한다. 노동자들에게 효율성을 높이는 작업 제도를 적극적으로 건의할 기회를 부여함으로써 의사소통과 민주적 절차가 지켜지는 것처럼

---

12_작업자들은 노사협의회가 사무실의 행사 도우미 정도로 간주하고 있었다.

보이게 하지만, 노동자들이 의견을 개진할 수 있는 사안은 오직 업무 효율과 같은 특정 사안에 한정되어 있다. 노조를 조직하거나 공동의 의사를 표현하고 이해를 대변하는 행위는 사전에 철저히 봉쇄된다(SE04 면담). 따라서 노조가 없는 상황에서 공식적 절차를 통해 자신들이 처한 상황을 객관화시키고 문제를 개선할 수 있는 여성 노동자들의 기회는 차단된다. 작업장의 환경에 대한 의구심은 동료들끼리 불만을 토로하거나 개인적으로 퇴사를 하는 방식으로 마무리된다(SE03; SE04 면담).

## 3. 여성 임금과 불평등한 경제적 기회

### 임금 체계와 성과급

삼성전자의 여성 노동자들로 하여금 직장 생활을 지속하게 했던 가장 큰 이유는 경제적 안정에 있다. 한 여성은 "고등학교도 졸업하기 이전에 취업되어서 한 달에 1백만 원 이상 벌 수 있다는 것은 엄청난 일"이었다고 회상한다. 일반 사무실에 취직했던 동창들은 자신이 받는 월급의 70% 정도도 받지 못했다는 것이다"(SE01 면담). 경제적 이유로 대학 진학도 포기하고 공장 생활을 택했던 만큼 대기업 삼성전자가 주는 경제적 보상에 대한 만족도는 결코 낮지 않다. 그들은 고향에 계신 부모의 자랑이고 친구들의 부러움의 대상이다. 라인에서 근무한다는 것이 걸리기는 하지만 삼성이라는 이름이 주는 자부심과 경제적 보상이 이를 무마하고도 남는다. 면접을 했던 여성들은 삼성에 재직하던 당시에는 직장에 대한 자부심이 있었고 삼성이 제공하는 혜택들에 어느 정도 만족했음을 시인한다. 콘도 예약권, 놀이 공원 연간 회원권 등이 제공되었고, 단체 체육대회를 할 때면

"눈에 띄는 색"의 운동복이 지급되기도 했다(최인이 2008, 211; SE04 면담).

그렇다면 삼성전자의 여성 노동자들은 세간에 알려진 대로, 혹은 그들이 생각하는 것처럼 노동의 대가에 합당한 충분한 경제적, 환경적 보상을 받고 있는 것일까? 사실 삼성전자 여성 노동자들이 받는 기본급은 최저임금을 약간 웃도는 수준에 불과하다. 기본급이 낮음에도 경제적 보상에 만족할 수 있었던 이유는 다양한 수당과 상여금 때문이다. 1년 두 번의 귀성 보너스, 1년 한 번의 초과 이익 분배금Profit Sharing, PS, 1년 두 번의 생산성 격려금Productivity Incentive 등의 지급으로 상대적으로 높은 임금을 받는다고 생각하게 된다.[13] 노동집약성이 높은 반도체 산업은 성과급과 특근수당의 비중을 높임으로써 노동을 통제하고 경기변동기에 생산 및 임금 조정을 용이하게 한다. 2000년대 초반부터 성과급에 의한 보상의 차별화 원칙이 강화되었고 이후 개별 노동자들은 본인의 노력 여하에 따라 차별적 임금을 지급받게 된다는 사실에 더 주목한다(SE04 면담).[14] 반도체 메모리 생산에 있어서의 핵심은 수율을 높이는 것이기 때문에 성과급은 더욱 중시된다. 여성 노동자들에 있어서도 낮은 기본급을 보완하기 위해 성과급에 의존하는 경향이 강하게 나타난다.

성과급과 인사고과가 연동되어 여성의 임금 체계에 영향을 미친다. 여성 노동자들의 임금 체계는 P1에서 P5까지 나뉜다. P1에서 P2까지는 시급제가, P3부터 연봉과 비연봉제가 각기 적용된다. P1에서 P2까지 이르는 기간이 평균 3년이라고 하지만 연공서열이 적용되는 것이 아니므로

---

13_수당에는 잔업수당과 야근수당, 위험수당 등이 포함된다.

14_성과급 중에서도 생산성 장려금(PI)보다 초과 이익 분배금(PS)의 비중이 크다.

일정 기간 이후 바로 다음 단계의 임금 체계로 이동하는 것은 아니다. 연봉/비연봉제가 선택되는 P3에 이르기까지 평균 7년에서 8년 소요된다. P3, 즉 연봉제로 진입하기 위해서는 공인 영어 성적 및 다양한 시험을 통과해야 할 뿐만 아니라 인사고과를 잘 받아야 한다.[15] 이는 곧 인사고과 점수를 주는 선임과 상사들에게 밉보이지 않는 것을 의미하는 것이다. "이의를 제기하거나 뒤에서 말하거나 시키는 대로 하지 않는 것"이 밉보이는 태도들의 예가 된다. 인사고과를 잘 받는 것은 임금 인상과 승진의 가능성을 동시에 의미한다(SE03; SE04 면담).

그러나 인사고과를 잘 받는 것은 개인의 노력에 국한되지 않는다. 조별로 생산 실적이 매겨지고 현장에 실적표가 붙기 때문이다. 각 조마다 경쟁을 붙이거나 노동의 성과를 바탕으로 인사고과를 부여하는 등의 노동 통제가 이뤄지는 작업장에서 속도는 곧 생명이다. 여기에 심리전이 동원되기도 한다. "물량을 빨리 뺐어야 했는데 설비에 문제가 있거나 해서 물량을 못 빼면 기술 과장에게 가요. 그러면 기술 과장은 우리 엔지니어를 불러서 혼을 낸다는 말이지요. 그러면 마음이 찢어져요. 나는 알거든요, 그 상황을. 사람 마음을 이용하는 거예요. 이렇게 되면 너희들도 힘들어지니까 빨리빨리 잘해야 한다, 이걸 이용하는 거죠"(SE02 면담). 물량을 충분히 빼지 못하면 나뿐만 아니라 다른 사람까지 피해를 주게 된다는 우려로 인해 여성 노동자들은 속도 경쟁에 더 적극적으로 동참한다.

---

15_ 시험 제도가 도입되었던 것은 IMF 이후였다. 여성 노동자들은 과거에는 대부분 7년 이내에 퇴사했지만 이후 장기근속자들이 많아지자 새로운 제도가 도입되었던 것으로 추측했다. 시험 과목에는 반도체 상식, 경제 일반 상식, 사업체에 대한 일반 지식 등이 포함된다(SE04 면담).

삼성전자는 유사가족주의적인 방식을 통해 성과를 높이도록 독촉한다. 분임조 활동 역시 유사가족주의적 통제의 기제 중 하나이다. 분임조는 친목을 도모하기도 하지만 기본적으로 "어떻게 하면 능률을 높일 수 있는가"에 대한 토론 등을 통해 생산성 제고에 초점을 맞춘다. 회사는 분임조 활동비를 지원하고 분임조에서 제출한 제안이 채택될 경우 금전적 보상을 해준다(SE02 면담). 각자의 입사일은 생일에 버금가게 중시되고, 이를 통해 애사심과 유사가족주의적 관계가 강화된다.[16] 그러나 가족적 분위기의 권장은 스트레스를 배가시킨다. 몸이 아프더라도 본인이 휴가를 낼 경우 다른 사람에게 업무가 부과되거나 눈치를 받게 될 것이 우려되어 개인의 권리를 행사하지 못하기 때문이다. "물량 많은 날에는 쉰다는 것 상상도 못하는 일이에요. 다른 사람에게 피해가 가니까 …… 한번은 선배 언니가 계속 배가 아프다고 화장실을 가는데, 왜 저렇게 화장실을 많이 가나 …… 다들 눈치를 줬는데 알고 보니 급성 맹장염이었어요"(SE02 면담).

여성 노동자들은 수율을 높이기 위해 인터락interlock이라는 안전장치를 풀어놓는 행위를 불사하고 화장실을 가거나 심지어 식사를 거르는 불편함도 감수한다. 10킬로그램에 육박하는 웨이퍼 박스를 들고 라인의 끝에서 끝으로 질주하기도 한다. "12인치 웨이퍼가 캐리어에 25개 들어가면 무게가 8킬로그램 정도인데 너무 바쁘게 돌아가니까 들고 뛰었어요. 특히 8인치 웨이퍼는 많이 들고 다녔어요. 하루 100박스를 나르기도 했죠. 요즘은 수레가 도입되었지만 전에는 모두 손으로 옮겼거든요"(SE01; SE02; SE03 면담).[17] 그렇다면 이 여성 노동자들을 상해의 위험으로 내몰고

---

16_입사일에는 상사가 책을 선물하는 경우도 있고 동료들끼리도 선물을 주고받는다(SE03 면담).

있는 요인은 무엇인가? "물류 이동 시간을 정해 놓고 몇 분 내에 가야 한다고 해요. 더욱이 조끼리 경쟁이 붙어서 조장이 우리 조는 15분에 가는데 다른 조는 10분 만에 간다더라 하고 재촉을 하죠." 각 조의 작업이 시시각각 평가되고 성과급에 반영된다. 소위 "물량을 빨리 빼기" 위해 조장은 수시로 모니터링을 하면서 조원들을 독촉한다. 개별 노동자들도 모니터를 통해 옆의 조가 수행한 작업을 확인할 수 있다(SE03; SE04 면담). 조별 경쟁의 결과 성과급은 차등 지급된다. 고과에 기반해 임금과 (소수에 대한) 승진이 결정되는 과정에서 노동강도는 더욱 높아지고 노동자들은 더 위험한 상황에 처하게 된다. 그런데 여성 노동자들의 소중한 건강과 미래의 기회를 담보로 하여 받는 임금과 승진은 충분하지도, 남성 동료들과 평등하지도 못하다.[18]


## 남녀 임금 차이와 성별 직무 분할

주지하다시피 삼성전자 여성 노동자들의 객관적인 상황을 파악할 수 있는 자료들을 확보하기는 쉽지 않다. 기업이 공개하는 정보가 한정되어 있고 노조의 부재로 객관적 정보가 공유되지 못하기 때문이다. 부족하나마 삼성전자에 근무하는 여성의 다수가 생산직 종사자라는 것을 감안해 2008년 직원 현황 표를 보면 다음과 같은 사항을 확인할 수 있다.[19] 첫째,

---

17_2006년 이후부터 물류 작업자가 지정되어 박스를 수레에 가져가면 해당 공정으로 이동시켰다.

18_은수미 의원실의 조사에 의하면 삼성전자의 경우 200~250만 원 미만을 받는 직원 중 66.7%가 여성이다(은수미 의원실 2013;『교차로신문』2013/04/01).

**표 5-1 | 삼성전자 직원 현황(2008년 12월 31일 현재)**

단위 : 명, 년, 백만 원

| 구분 | 직원 수 | | | | 평균 근속연수 | 연간 급여 총액 | 1인 평균 급여액 |
|------|---------|---|------|------|-----------|-----------|-----------|
| | 관리사무직 | 생산직 | 기타 | 합계 | | | |
| 남 | 7,023 | 2,249 | 45,708 | 54,980 | 8.4 | 3,908,034 | 70.1 |
| 여 | 2,132 | 20,783 | 6,567 | 29,482 | 4.9 | 1,320,895 | 42.8 |
| 합계 | 9,155 | 23,032 | 52,275 | 84,462 | 7.2 | 5,228,928 | 60.4 |

주: 1인 평균 급여액은 평균 인원(84,462명) 기준임.
　　충당성 인건비 제외 기준임. 평균 급여액에는 연말 틀별 상여금 포함.
자료: 삼성전자 사업보고서, 금융감독원 전자공시시스템(http://dart.fss.or.kr)

생산직 전체의 90.2%가 여성 노동자이다. 둘째, 여성 임직원 중 생산직 종사자가 차지하는 비율이 70.5%이다. 셋째, 남성은 생산직 전체의 9.8%, 남성 임직원 중 생산직 종사자는 4.1%에 그친다. 넷째, 남성 평균 근속연수 8.4년에 비교해 여성 평균 근속연수는 4.9년으로 남성 평균 근속연수의 58.3%이다. 다섯째, 남성 평균 급여액은 7천10만 원, 여성 평균 급여액은 4천280만 원으로 여성이 받는 평균 급여액은 남성 평균 급여액의 61.1% 미만이다.[20] 즉 삼성전자에 근무하는 여성의 다수는 생산직, 남성

---

19_2014년 현재까지 금융감독원에 제출된 삼성전자 사업보고서를 검토했을 때, 각기 남성과 여성, 사무직과 생산직의 수를 구분한 가장 최근의 기록이 2008년 사업보고서이다. 이후의 사업보고서에 나타난 직원 현황에는 비정규직/정규직, 혹은 사업 분야별로 구분하고 있다. 따라서 사업보고서를 통해 그나마 남녀 통계를 추정할 수 있는 자료가 2008년 사업보고서이다.

20_한편 위 표에서는 평균 근속연수와 평균 급여액 산정에서 관리직과 생산직이 구분되지 않았음을 감안해야 한다. 위의 표는 각기 관리 사무직과 생산직 남녀의 수는 명시되어 있으나 이들에 대한 평균 근속연수와 연간 급여 총액이 세분화되지 않았기 때문에 생산직에 종사하는 여성 노동자의 평균임금과 근속연수에 대한 정확한 사항을 파악하기는 어려운 부분이 있다. 그럼에도 불구하고 이를 통해 알 수 있는 것은 성별에 따라 임금과 근속연수, 직무 분할에 차이가 있다는 것이다.

은 관리 사무직에 종사한다. 남성과 여성은 근속연수와 급여액에서 현격한 차이를 보인다.

생산직 내에서 여성은 대개 일반 작업자operator인 반면, 남성은 설비 엔지니어로 일한다. 생산직 내 성별 직무 분할이 나타나는 것이다. 삼성전자에서 남성 대졸자가 곧바로 공정 엔지니어가 되는 반면, 남성 고졸자는 일정 기간을 거친 뒤 설비 엔지니어로 일한다. 작업자 이외의 다른 선택이 거의 주어지지 않는 여성 노동자의 경우 3~4년, 혹은 7~8년 일하다 결혼할 무렵 직장을 그만둔다. 생산직 남성들이 보다 안정적으로 직장 생활을 계속하고 승급/승진을 하는 것과 대비된다. 따라서 고등학교를 졸업하고 삼성전자 작업자로 일을 한 여성은 조만간 자신보다 늦게 입사해 한때 자신이 업무를 알려 준 고졸 출신 남성 설비 엔지니어보다 적은 임금을 받는 상황에 처하게 된다.[21]

그런데 여성 노동자들은 작업장에서 나타나는 성별 직무 분할이나 임금 차이에 대해 특별히 불만을 갖거나 문제를 제기하지 않는다. "당연히 남자들은 엔지니어가 되려고 입사했고 그에 대해서 불만을 갖지는 않았어요, 엔지니어들이 우리 작업자들과 똑같다는 생각을 하지도 않았고"(SE01 면담). 면접을 진행한 여성 노동자들은 "엔지니어가 되고 싶다고 될 수 있는 것도 아니고 우리는 서로 다르다, 이런 인식이 있었던 것"이라고 답했다. 여성 작업자들은 고졸자인 남성 설비 엔지니어들이 여성 노동자 못지

---

21_고졸 남성이 설비 엔지니어가 되는 과정에서 시기에 따라 셋터(Setter), Two plus One 제도 등을 거치기도 한다. 이는 고졸 남성, 혹은 고등학교 재학 남성이 작업자로서의 역할을 일정 기간 익힌 뒤 설비 엔지니어가 되도록 하는 제도이다(SE02; SE03; SE04 면담).

않게 고생을 한다는 점을 지적했다. "공대를 졸업한 공정 엔지니어들과 달리 설비 엔지니어들 역시 과장 달기 힘들어요. 대리가 되는 것도 굉장히 늦죠"(SE04 면담). 남성 설비 엔지니어와 여성 작업자 사이의 임금격차 역시 제반 사항을 고려할 때 크게 '차별적이지는 않다'고 답했다(SE02; SE03; SE04 면담).[22]

"오히려 여사원은 여사원끼리 경쟁해요. 엔지니어가 되고 싶다기보다는 '오피스'로 가고 싶다는 생각을 하는 여사원들은 있죠"(SE03 면담). 그렇다면 생산직 여사원이 '오피스 여사원'이 되는 방법은 무엇인가? 건강상의 이유로 건의를 하고 '오피스 근무'를 하도록 '조정'이 되는 경우가 드물게 있기는 하지만 공식적 절차나 방법이 마련된 것은 아니다. 삼성전자의 사내 축제인 '철쭉제'에서 용모 단정한 '미스 철쭉'으로 선발된 생산직 여사원들이 오피스로 이전하는 경우가 수차례 있었던 것을 예로 들어 "외모가 뛰어나면 오피스로 갈 수 있다"는 이야기가 공공연한 사실처럼 회자된다. 공식 절차가 아니라 비공식적 절차를 통해 직무 이동이 이뤄지고, 상사나 오피스 근무자들에게 잘 보여야 한다는 것이 암묵적 규칙으로 작용하는 것이다(SE01; SE02; SE03 면담).

여성 노동자들끼리 경쟁을 한다면 그들 간의 공정 경쟁을 통한 승진의 기회는 주어지는가? 여성 노동자들이 목표로 하는 승진 단계는 선임, 조장Leader Girl, LG, 직장(반장)이다. 선임은 7명 중 1명, 조장은 15~20명 중 1명, 직장은 한 쉬프트shift, 즉 6~70명 중 1명 정도가 된다. 그 밖에 '미스클린'Miss Clean이라고 불리는 관리자가 있는데, 이는 수백 명 중 한 명 정도

---

22_면담자들은 남성은 군필 가산점 등으로 여성보다 높은 임금을 받는 것으로 알고 있다고 답했다.

로 매우 드문 경우이다(SE01; SE03 면담).[23] 선임은 대개 5~6년 이상, 조장은 7~8년 이상의 경력자, 직장은 10년에서 15년의 경력자 중 선정된다. 직장은 여성 노동자가 올라갈 수 있는 현실 가능한 가장 높은 직급이다.[24] 이런 승진 역시 인사고과가 반영되어 결정되는 것으로 소수에게만 기회가 주어진다. 인사고과의 핵심은 높은 생산성을 달성하는 것 이외에 문제를 일으키지 않고 말을 잘 듣는 협조적 태도라고 할 수 있다.

전반적으로 여성 노동자들에게 승급/승진에 대한 객관적 절차나 문서화된 가이드라인은 존재하지 않는다. 승진이 보장되는 직종은 남성 노동자에 한정되고 여성에게는 기술을 익히거나 승진을 도모할 수 있는 객관적이고 개방된 기회가 주어지지 않는다. 여성 작업자들은 성별 직무 분할을 당연하게 받아들이지만 당연시할 수 있는 사안은 아니다.[25] 성별 직무 분할은 역사적·구조적으로 형성되었으며 일단 형성된 뒤 차별을 강화시키는 역할을 했다. 특정 직업·직종에 성 정형화가 정착되면 일상적인 경영 관행이 되어 고용에 관한 결정을 주도했다.[26] 삼성전자에서 여성은

---

23_직장은 주로 과장이나 대리급이라고 볼 수 있다.

24_한 쉬프트에 한 직장, 한 라인에 4명 정도의 직장이 있다(SE03 면담).

25_삼성전자에서 나타나는 관행은 "사업주는 근로자의 교육·배치 및 승진에 있어서 여성인 것을 이유로 남성과 차별대우를 하여서는 아니된다"고 하는 남녀고용평등법 제2장 제7조의 원칙에 위배될 소지가 크다.

26_직무 분석 틀을 고안·개발하고 직무 내용과 노동자의 성별에 따라 임금 체계를 설정했던 시초는 미국의 전기 회사인 제너럴일렉트릭(GE)로부터 발전되었다. GE는 이후 직업 평가 체제를 개발했다. 이후 여성 임금표는 남성 임금표와 달리 낮은 기본급에 성과급에 기초해 구성되었다. 따라서 임금 지급은 남성의 직무인가 여성의 직무인가에 따라 다르게 평가되었다. 즉 성과급 비율을 낮춰 노동자들이 생계를 유지하기 위해서는 빠른 속도를 고수할 수밖에 없도록 하는 것이 노동 비용을 절감하면서 생산성을 높이

자기 개발과 승급/승진의 기회가 제한된 작업자로 채용되는 반면, 남성은 엔지니어로 출발한다. 여성이 엔지니어 보조가 되는 경우가 간혹 있으나 이에 대한 직종 변경의 기회가 모든 여성 노동자에게 공정하게 주어지는 것은 아니다. 여성 노동자들의 일부가 선호하는 사무직으로의 변경 역시 객관적인 절차는 존재하지 않는다(SE01; SE02; SE03 면담).

여성이 담당하는 전자 산업 조직 라인의 작업은 '비숙련' 노동으로 규정된다. 이는 매뉴얼에 의해 습득 가능한 노동이라는 의미이다. 일단 비숙련노동으로 분류되면 이런 노동을 수행하는 노동자들은 숙련노동자들에 비해 낮은 임금을 받게 된다. 더욱이 여성 노동자들은 승진을 하거나 숙련노동을 담당하는 직종으로 변경할 수 있는 공식적인 통로가 주어지지 않기 때문에 시간이 지나면서 남성과 여성의 임금격차는 더욱 커지게 된다. 이는 미국의 경우도 크게 다르지 않다. 조립라인의 작업은 언제든지 변경되거나 폐지될 수 있으며 따라서 임시적인 작업이라는 암묵적 전제가 있다. 그런 인식은 그 작업을 담당하는 여성들에게 승진의 기회나 기술 훈련의 기회를 주지 않는 불평등한 현실을 정당화시킨다. 경영자들은 여성들의 적합한 작업은 생산라인의 노동이라고 믿기 때문에 그 이외의 기회를 제공하지 않는다(Hossfeld 1990, 149; 155; 167; Lai & Viloria 1995, 32-33; Hossfeld 1994, 79).

비숙련 작업이라고 하지만 이들이 수행하는 업무는 작은 오차나 실수도 허용하지 않는다. 따라서 매우 높은 업무 스트레스에 시달려야 한다.

---

는 방식으로 사용되었던 것이다. 전기 회사가 생산직 노동자로 남성보다 여성을, 그것도 젊은 여성을 선호하는 것은 기정사실처럼 고정되었다(Loth 1958, 113-116; 132-133).

"반도체 용어가 모두 영어로 되어 있거든요. 처음에 용어들에 익숙해지는 것만 해도 너무 힘들었어요." 처음 신입으로 라인에 들어오면 반도체 용어들에 채 익숙해지지 않은 상태에서 업무를 익히게 되는데 "사수 언니들은 무조건 물량을 빼는 것부터" 알려 준다. '물량 빼는 것'을 익힘과 동시에 작업을 시작하고 이론적인 것과 작업 전반에 대한 사안은 이후에 파악하게 된다. 경우에 따라서는 승진 시험 과목으로 제시되는 반도체 상식 시험을 준비하면서 전반적 작업 공정을 이해한다. 따라서 처음 업무를 익히게 될 때, 혹은 새로운 작업을 하게 될 때 만에 하나 있게 될 실수에 대한 스트레스가 매우 높다. 반도체 공정에서의 작업 실수는 그 여파가 상당히 크기 때문이다(SE03; SE04 면담). 전자 산업 작업자들의 직업을 '여성의 일'로 규정짓는 반면, 엔지니어를 남성의 일로 남겨 두는 정형화가 당연시됨으로 인해 임금격차는 시간이 지날수록 커진다.[27] 〈남녀고용평등법〉에 남녀 차별 금지 조항이 있지만 현실적으로 남녀 간 임금격차를 막기는 쉽지 않다. 성별 고정화된 직종 간 격차가 성별 임금격차로 이어지기 때문이다.[28]

---

27_성별 직무 분할 및 성별 임금 차이의 기원과 형성에 대한 미국의 사례는 Kessler-Harris (1990), Cobble(1991, 216-242), Beller(1984, 11-26) 참조.

28_남녀고용평등법에서 차별을 다음과 같이 규정하고 있다. "'차별'이란 사업주가 근로자에게 성별, 혼인, 가족 안에서의 지위, 임신 또는 출산 등의 사유로 합리적인 이유 없이 채용 또는 근로의 조건을 다르게 하거나 그 밖의 불리한 조치를 하는 경우 [사업주가 채용 조건이나 근로조건은 동일하게 적용하더라도 그 조건을 충족할 수 있는 남성 또는 여성이 다른 한 성(性)에 비해 현저히 적고 그에 따라 특정 성에 불리한 결과를 초래하며 그 조건이 정당한 것임을 증명할 수 없는 경우를 포함한다]를 말한다(http://law.go.kr/lsInfoP.do?lsiSeq=2267).

## 여성 노동자의 짧은 근속연수

한편, 다수의 여성 노동자들은 삼성전자가 경제적 발판을 마련해 줄 중간 거점일 수는 있으나 최종 목적지는 아니라고 생각한다. "오래 일할 생각을 하는 사람은 거의 없어요. 대개 결혼하기 전까지 반짝 벌어 일하고 이곳을 떠난다는 생각들을 하고 있죠." 인터뷰를 했던 여성들은 거의 비슷한 이야기들을 했다. "결혼하기 전까지, 혹은 목돈을 벌어 대학을 가거나 다른 일을 시작하기 전까지"라고 기간을 한정한다. 왜 그럴까. 대기업 삼성전자에 취업한 정규직 노동자가, 그것도 취업 대란의 시대에. 정규직 노동자임에도 불구하고 언젠가는 그만두는 것을 고려하지 않으면 안 될 정도로 주어진 노동조건이 그들의 몸과 마음을 피폐하게 하기 때문이 아닐까(SE01; SE02; SE03 면담).

여성 노동자들은 일을 시작하고 3~4년이 지나면 이미 처음 입사했을 때 같지 않다는 이야기를 한다. 3교대를 포함한 불규칙한 취침과 식사, 휴식의 부족, 그리고 높은 노동강도와 스트레스로 몸이 견디기 힘들다는 것이다. 소위 '결혼 적령기'에 이르면 이직, 사직을 심각하게 고민한다. "라인에서 일하면서 임신과 육아를 병행한다는 것을 상상하기 어렵다"는 것이다. "배가 불러서 하루 종일 서서 작업을 하거나 무거운 것을 들고 다녀야 하는 일이 장난 아니거든요." 반도체에서 오래 일할 경우 불임, 자연유산이 되거나 기형아가 태어날 수 있다는 소문이 작업자들 사이에서 공공연하게 확산되었던 것 역시 임신 전에 일을 그만두겠다는 결심을 굳히게 하는 중요한 이유가 된다(SE01; SE03 면담).[29] 결혼·임신 전 퇴사가 암묵적

---

29_삼성전자 생산직 노동자들에게 자연 유산유율이 높은 것은 소문이 아니라 사실로 작용했고, 이는 이들의 작업 조건 및 이들이 사용하는 생식 독성 화학물질과 밀접한 관계가

관행이 되기 때문에 임신을 하고도 라인 근무를 계속하려면 동료들의 따가운 시선을 견디어야만 한다. "지독하다, 얼마나 돈을 많이 벌려고 저렇게 일을 하느냐는 흉을 봤어요. 그런 이야기를 듣기 싫어서라도 결혼하면 그만두는 것으로 생각했죠"(SE04 면담).

그럼에도 불구하고 경제적 필요성으로 인해 결혼 이후에도 직장에 남고자 하는 여성 노동자들이 적지 않다. 특히 IMF를 기점으로 결혼 이후 라인에 남아 있는 여성이 증가하면서 임신·출산·육아를 일과 병행하는 여성의 수가 증가했다. 이와 함께 출산과 육아를 일과 병행해야 하는 고민도 늘었다.[30] 삼성전자는 사내 보육 시설의 우수성에 대해 지속적으로 홍보해 왔고 여러 차례 언론의 주목을 받기도 했다.[31] 그러나 회사의 홍보와 달리 보육 시설에 대한 생산직 여성 노동자들의 실제 만족도는 그리 높지 않다. 무엇보다 보육 시설의 운영 시간이 3교대 근무를 하는 생산직 여성

---

있는 것으로 추정된다(박동욱·이경무 2012, 9-19). 반올림은 2013년 7월, 전직 삼성전자 여성 노동자들 중 유방암, 융모상피암 및 난임 등에 대해 산재 신청을 하여 결과를 기다리고 있다(『오마이뉴스』 2013/08/12).

30_IMF 이전까지는 사직을 하고 다른 직장을 찾을 수 있을 것이라는 막연한 기대가 있었다. 따라서 삼성전자에 다니는 기간 중에도 이직과 창업을 고려해 틈틈이 학원을 다니거나 이미용, 네일아트 등을 배우기도 한다. 그러나 IMF와 함께 새로운 일자리를 찾기 어렵다는 생각이 확산되면서 새 일자리를 찾기 위해 사직하는 것에 대해 조심스러워졌다(SE01; SE03 면담). 한 여성 노동자는 결혼 후 퇴사를 했으나 맞벌이가 아니고서는 살기 힘들다고 판단하고 첫 아이를 출산한 지 보름 만에 경력 사원으로 재입사하기도 했다. 그러나 재입사의 기회가 자주 주어지는 것은 아니다(SE04 면담).

31_삼성 반도체는 2003년 기흥 사업장에 120여 명의 아동을 수용하는 어린이집을, 2006년에 화성 사업장에 3백여 명의 아동을 수용하는 어린이집을 개원했고 이를 대대적으로 홍보했다(『호남조은뉴스』 2006/05/22; 〈삼성 반도체이야기〉 2012/06/04; 2012/07/02).

들의 자녀들을 맡기기에는 적합하지 않기 때문이다. 또한 만 4세 이상의 어린이들을 대상으로 하기 때문에 4세 이하 어린이에 대한 보육은 개별적으로 해결책을 찾아야 한다. "교대 근무를 하면서 맡길 수 있는 시간은 아니에요. '오피스 여사원'의 근무시간에만 적합할 뿐이죠"(SE03 면담). 더욱이 근무연수, 직책이 반영되는 등 여러 제약 조건이 있기 때문에 생산직 여성 노동자들이 사내 보육 시설에 아이를 맡기는 것은 사실상 거의 불가능하다(SE03; SE04 면담). 생산직 여사원들은 '전통적 방식'에 의존할 수밖에 없다. "제 주변의 생산직 여사원은 대개 임신하면 시골에서 친정어머니가 올라오셔서 아이를 맡아 주세요, 저 역시 그렇게 했고"(SE04 면담). 사내 복지가 뛰어난 것으로 알려진 삼성은 콘도 사용권과 에버랜드 연간 이용권은 제공하지만 사내 어린이집과 같이 안정적 근무를 위해 필수적인 복지시설을 생산직 여성 노동자들이 이용 가능하도록 설계하지는 않는다(SE02; SE03; SE03 면담).[32] 출산휴가, 혹은 육아휴직을 받은 이후 업무에 복귀한 여성 노동자들은 낮은 인사고과나 업무 불이익을 받을 것을 격정한다. 실제로 둘째 아이를 출산하고 업무 복귀한 여사원이 "하위 고과는 물론 이에 따른 퇴사 권유와 압박을 받기도" 한다(박종태 2013, 222).

삼성전자가 임신 휴직과 육아휴직, 사내 어린이집 등을 제공하지만, 이는 생산직 여성 노동자들의 안정적인 근무 환경을 조성하기 위한 것이기보다는 사무직 여사원들의 요구를 충족시키고 여론을 호도하는 기능을 수행할 뿐이다. 이는 삼성전자가 생산직 노동력의 주요 타깃 층을 어디로 잡고 있는가와 관련이 있다. 삼성전자는 높은 노동강도 속에서 단기적으

---

32_시설 휴직, 육아휴직 등 임신과 육아 기간에 사용할 수 있는 육아휴직이 확대된 것도 2000년 후반 이후였다.

로 성실히 일한 뒤 일정 시간이 지나면 알아서 그만두는 노동자들, 그리고 그만둔 노동자를 대체할 젊고 고분고분한 노동자들이 산업예비군으로 존재하는 구조를 원하는 것으로 보인다. 이는 삼성전자뿐만 아니라 각국의 전자 산업에서 거의 공통적으로 발견되는 경향이기도 하다(Nash ed 1983, 412-413).[33] 여전히 삼성전자에 들어오고자 하는 수많은 상업고등학교 졸업생/예비 졸업생이 산업예비군으로 존재하는 상황에서 굳이 비용을 들여 임신과 출산, 육아로 인해 회사 측에서 '배려'해야 하는 노동력을 증가시키고 싶지 않은 것이다. 그런 점에서 사내 어린이집과 출산·육아 휴직 등 기혼 여성에 대한 정책은 관리·사무직 여사원의 필요에 부응하기 위함이 일차적 목적으로 생산직 여성에 대해서는 비판을 받지 않고 여론을 무마하기 위한 최저 수준에서 맞춰진 것으로 보인다.

## 4. 노동환경과 건강권

반도체 산업이 청정 산업이라는 세간의 인식과 달리 삼성전자의 노동자들은 위해 물질에 노출될 위험성이 매우 높다. 기본적으로 여성 노동자들이 작업하는 클린룸은 생산성 위주로 설계되어 내부에 유해 물질이 존재할 경우 작업자는 그대로 노출될 수밖에 없다. 클린룸의 공기는 밀폐된 공

---

33_말레이시아와 싱가포르의 반도체 산업 여성 노동자들의 노동조건과 건강상 문제들을 비교한 비비안 린의 연구는 전자 산업 여성 노동자들이 당면한 유사한 상황을 보여 준다(Vivian 1991).

조 시스템으로 유해 물질이 노출될 경우 전 라인에 급속히 확산될 수 있다. 그러나 삼성전자는 영업비밀이라는 이유로 어떤 종류의 화학물질이 얼마나 사용되고 있는지 명확히 밝히지 않고 있고, 노동자들에게는 안전한 작업환경임을 강조하는 것 이외에 정확한 정보를 제공하지 않는다(이종란 면담). 막상 백혈병과 같은 치명적인 병에 걸렸을 때에도 현재의 법 구조상 업무와 재해상 인과관계를 개인이 입증해야 하므로 산업재해로 인정받기는 매우 어렵다. 현행 〈산업안전보건법〉이 노동자들의 건강권을 보호하지 못하는 상황에서 노동자들은 자신들의 건강과 생명을 위협할 수 있는 잠재적인 위험 요인에 무방비로 노출되고 있는 것이다. 반도체 공장에서 사용되는 화학물질은 작게는 피부병과 식욕부진에서 백혈병, 뇌종양과 다발성 경화증, 생식기 암을 유발할 수 있다.[34]

'반올림'에 제보된 다양한 피해자 중 유독 여성 노동자들이 많다. 클린룸에서 상시 근무하는 이들이 대부분 여성이라는 것이 하나의 이유가 될 것이고 이들이 어린 나이에 일을 시작해 상대적으로 면역력이 취약하다는 것이 또 다른 이유가 될 것이다.[35] 클린룸에서는 1백여 가지에 이르는 각종 화학물질들이 사용되고 있지만 회사는 사용되는 물질들을 언제부터

---

34_반올림에 제보된 피해자들의 병명은 다양하다. 백혈병, 뇌암, 루게릭병, 갑상선암, 융모상피암. 불임 판정이나 유산을 한 노동자들의 수도 많다. 해외에서 역시 유사한 사례들이 입증되었다(Schenker 1992).

35_남성의 경우 공정 엔지니어로 일하는 남성은 4년제 대학을 졸업한 뒤 채용된다. 설비 엔지니어의 경우 고등학교 졸업자이지만 대부분 군 제대 이후 취업을 하기 때문에 여성들보다 늦게 일을 시작한다. 여성 작업자는 최소 하루 8시간 동안 클린룸에서 작업을 하는 반면, 남성 설비 엔지니어들은 평균 6시간 클린룸, 2시간 서비스룸에서 작업을 한다(이종란; SE01; SE03 면담).

썼는가에 대한 기록을 남기거나 화학물질이 야기할 치명적 결과들에 대해 지속적으로 점검하지 않는 경향이 있다(이종란 면담).[36] 한편 지난 2009년 서울대학교 산학 연구원은 역학조사를 통해 삼성 반도체의 노동자들이 위해 물질에 노출될 수 있음을 밝혔다. 이 역학조사에 의하면 삼성 반도체 기흥 공장에서 사용되는 화학물질 83종 중 평소 측정·관리되는 것은 24종에 불과하며 10여 종은 영업비밀이라는 이유로 기업 측에서 성분을 밝히지 않고 있다. 또한 삼성전자가 지속적으로 사용을 부정했던 발암물질 벤젠이 감광제 용액에서 검출되었다고 했다(『시사IN』 2010/04/16; 『한겨레21』 2010/10/08; 『한겨레신문』 2010/09/29; 『시사IN』 2011/07/05). 삼성전자는 사장이 직접 나서서 벤젠 사용을 부정했고 사원들에 대한 충분한 안전교육이 수행되고 있다고 주장했다(『디지털데일리』 2011/07/14). 이후에도 삼성은 노동자들이 유해 화학물질에 노출될 가능성을 지속적으로 부인했고 생산 현장에서 "화학물질 유출을 원천적으로 차단하는 안전장치가 이중, 삼중으로 시설되어 있어, 작업자에게 노출되지 않"는다고 했다.[37]

그러나 다수의 삼성전자 노동자들에 의하면 자신들이 받았던 안전교육은 제품을 보호하기 위한 것이지 사용하는 화학물질의 유해성을 알리거나 피해를 방지하기 위한 교육이 아니었다. 작업자들에게 지급된 보호

---

36_반도체 산업의 노동자들이 처한 작업환경에 대해서는 공유정옥(2012, 32-41), 이진우(2012, 110-122) 참고.

37_삼성 반도체는 2011년 〈삼성반도체이야기〉라는 블로그를 만들어 '반올림'이 제기하는 안전 문제와 노동자의 건강권 침해에 대해 반박하고 있다. 안전교육과 관련해서도 역시 삼성전자에서는 정기 교육과 작업 내용 변경시 교육, 특별 교육 등을 통해 체계적인 안전보건 교육을 실시한다고 주장한다(http://www.samsungsemiconstory.com/44).

장비는 방진복과 일회용 마스크, 비닐장갑 정도로 이 역시 작업자를 보호하기보다 클린룸의 오염을 방지하기 위한 도구였다. 따라서 항시적으로 클린룸에서 생활하는 여성 노동자들은 사전에 충분한 안전교육을 받거나 자신의 몸을 보호하기 위한 보호 장비를 제공받지 못한 채 유해 물질에 무방비로 노출되었다. 과열된 생산성 경쟁으로 인해 노동자들은 장갑 등 최소한의 보호 장비를 착용하지 않거나 작업 속도를 늦추는 인터록을 해제하고 작업하기도 했다.[38]

더욱이 알 권리에 있어서 여성과 남성에게 차별적 관행이 있었다. 작업에 사용된 화학물질에 대한 목록이 적힌 "환경 수첩"이 수년간 남성 엔지니어들에게는 배포되었으나 여성 노동자들은 배포 대상에서 제외되었던 것이다. 환경 수첩에 적힌 화학물질에는 트리클로로에틸렌(TCE) 등 발암성 물질 6종, 불임과 유산을 유발하는 디메틸아세트아미드 등이 포함되었다(『한겨레21』 2010/05/21).[39] 반도체 산업에서 작업자는 고도의 위험에 노출될 수 있다는 것을 감안할 때 작업자의 강요된 침묵과 알 권리로

---

38_기흥 공장 3라인과 5라인의 작업자로 일했던 다수의 면접자들은 공통적으로 안전교육은 없었으며 단지 보호구 착용 방법 정도를 교육받았다고 증언한다(이종란; SE01; SE02; SE04 면담; 박일환 2009, 23-24; 33-36). 여성 노동자들이 받았던 안전교육은 주로 소방 안전교육, 여름철 물놀이, 화재 대피 등에 국한되었다. 한편, 삼성전자가 운영하는 〈삼성반도체이야기〉는 삼성전자의 안전한 작업환경을 강조하는 홍보 동영상을 올려놓았다(http://samsungsemiconstory.com/22; 공유정옥 2012, 35).

39_한편 자신과 남편이 모두 삼성전자에서 근무했던 한 면접자는 자신의 남편이 7년간 근무하는 동안 환경 수첩을 본 적이 없었다고 답했다. 이로 미뤄 볼 때 특정 기간, 혹은 특정 직급 이상에 한정적으로 지급되었던 것으로 추정할 수 있다(SE04 면담). 반올림 상임활동가인 이종란 노무사에 의하면 환경 수첩은 1996년에서 1997년 사이에 주로 공정 엔지니어에게 지급되었다고 한다(이종란 면담).

부터의 배제로 인한 결과는 매우 치명적일 수 있다. 이제까지 삼성전자는 영업비밀을 이유로 클린룸에서 사용되는 화학물질을 공개하지 않았다. 이에 더하여 노동자의 대표권이 보장받지 못함으로 인해 상황은 보다 심각해진다. 유해 요인에 노출되는 노동자들은 스스로 노출 위험을 통제하거나 보호하기에 충분한 정보와 역량을 갖추지 못하고 있다. 〈산업안전보건법〉에 의하면 노동자는 대표를 통해 권리를 행사할 수 있다. 그러나 무노조 경영을 표방하는 삼성전자에서 노조가 발을 붙일 수 없기 때문에 〈산업안전보건법〉이 명시한 대표를 통한 노동자의 권리 행사는 유명무실해질 뿐이다(공유정옥 2012, 37).[40]

여성 노동자들의 건강과 생명을 위협하는 것은 비단 화학물질뿐만이 아니다. 삼성전자에서 근무하는 여성 노동자들의 수면과 휴식, 식사 시간은 매우 불규칙하고 불충분하다. 이는 장기적으로 그들의 건강과 생명을 위협하는 수준에 이른다. 3교대 근무와 회사의 생산 일정으로 인해 법정공휴일에도 작업을 해야 하는 상황이 빈번하게 발생한다. 10대 후반의 청소년기에 일을 시작한 여성 노동자들은 오랫동안 불규칙한 생활을 반복함으로써 면역력에 치명적인 손상을 입기도 한다(SE03 면담). 근무 중에는

---

40_〈산업안전보건법〉 4장 유해 예방조치 41조 8항에는 다음과 같은 내용이 포함된다. "근로자 대표 등은 근로자의 안전·보건을 유지하기 위해 근로자에게 중대한 건강 장해가 발생하는 등 고용노동부령으로 정하는 경우에는 사업주에게 제2항에 따라 물질 안전 보건 자료에 적지 아니한 정보를 제공할 것을 요구할 수 있다. 이 경우 사업주는 정보를 제공하여야 한다." 또한 5장 근로자의 보건 관리 42조 6항에는 다음의 내용이 명시되어 있다. "사업주는 제19조에 따른 산업안전보건위원회 또는 근로자 대표가 요구하면 작업 환경 측정 결과에 대한 설명회를 직접 개최하거나 작업 환경 측정을 한 기관으로 하여금 개최하도록 하여야 한다."

휴식 시간이 따로 주어지지 않고 식사 시간 역시 비정상적으로 작동한다.[41] 옆의 근무자가 식사를 하러 갈 경우 그의 작업까지 함께 수행함으로 인해 높은 스트레스를 받기도 한다. "옆 사람이 식사하러 가면 한 시간에 2~3시간 일하는 것처럼 스트레스를 받아요. 두 사람 몫을 한 사람이 담당해야 하고, 또 자칫 실수가 있으면 안 되니까 …… 그래서 밥을 먹지 않을 때가 많았죠"(SE03; SE04 면담).[42]

식사뿐만 아니라 화장실을 가는 시간도 충분하지 않아 일부러 물을 적게 마시기도 한다. 특히 2000년대 후반 이전까지는 화장실을 가려면 방진복을 갈아입고 나가야 했다.[43] 방진복을 갈아입고 에어샤워의 과정을 거치기까지 대략 10여 분의 시간이 소요되기 때문에 가급적 화장실을 가는 것을 삼가는 것이다. 식사 시간을 이용해 화장실을 간다거나 식사를 거르고 빵을 먹는다. 혹은 시간이 없어 화장실에 가서 빵으로 점심을 때운다는 이야기가 일상이 된다. 생체리듬을 파괴하는 3교대제, 장시간 노동으로 인해 피로와 스트레스가 쌓여 면역력이 저하된 상태에서 방사선과 화

---

41_ 식사 시간은 밤 근무의 경우 밤 12시를 기점으로 두 시간 내에 교대로 식사를 한다. 낮 근무는 근무 마치기 두 시간 전부터 교대로 식사를 한다. 반 야근 역시 근무하다가 퇴근 하기 두 시간 전부터 교대로 식사를 한 뒤 작업을 마무리하고 퇴근한다. 교대 근무시간 의 변경에 따라 식사 시간이 불규칙하게 변하는 것이다. 더욱이 물량이 많을 경우에 식 사 시간을 거르는 것은 다반사가 된다(SE03 면담).

42_ 야간 근무를 할 경우 야식이 나오지만 대부분의 여사원들은 야식을 먹지 않고 작업한 다. 근무를 마치고 기숙사에 들어오면 곧바로 취침을 하는데 간혹 식사 시간에 맞춰 점 심에 일어나 식사를 하고 오는 이들도 있지만 대부분 식사보다 잠을 택한다. 결국 야간 근무를 가기 직전 하는 저녁 식사가 제대로 된 하루 식사의 전부가 되는 경우가 빈번하 다(SE04 면담).

43_ 정수기가 라인의 반입구에, 화장실이 락커룸에 설치된 것은 2009년 무렵이다(SE03 면담).

학약품에 노출될 수 있는 작업을 수행하는 것이다(SE02; SE03 면담).

식사 시간과 화장실 갈 시간조차 생략하게 하는 원인은 성과 경쟁에 있다. 그런 점에서 성과 경쟁은 여성 노동자들의 몸과 마음을 피폐하게 하는 주범이다. 그러나 몸이 아프다고 해도 휴가를 쓰기조차 쉽지 않다. 대부분의 삼성전자 여성 노동자들은 생리휴가를 쓴 적이 없다. 생리휴가를 쓰겠다고 하면 "제 정신이냐 하는 분위기"다(SE02 면담). 삼성전자의 라인에서 작업하는 여성 노동자들은 대개 극심한 생리통과 생리불순에 시달린다. 삼성전자의 전·현직 여성 노동자들 중 다수가 불임과 자연유산, 혹은 다양한 여성병을 경험했다. 공조가 세고 기온이 낮은 작업환경, 다양한 화학물질에 대한 상시적 노출 등이 이 증상과 관련이 있는 것으로 추정된다.[44] 다수의 면접자들은 본인, 혹은 주변에서 극심한 생리통과 하혈, 불임과 자연유산으로 고통받았음을 토로했다.[45] 산업안전보건연구원이 배포한 2012년 배포한 『반도체 산업 근로자를 위한 건강관리 길잡이』에 의하면 반도체 공정 과정에 사용되는 글리콜에테르 화합에 의한 잠재적 생식 독성이 있을 수 있고 이로 인해 생리불순, 자연유산, 임신 지연 등의 증상이 나타날 수 있다.[46] 그러나 여성 노동자 본인이 직접적으로 어떤 화

---

44_행정법원이 백혈병으로 사망한 전직 삼성전자 여성 노동자 고 황유미, 고 이숙영, 고 김경미에 대한 산재 피해를 인정하는 판결을 내렸을 때 "'재해와 업무의 인과관계는 의학적 자연과학적으로 명백히 입증하여야만 하는 것은 아니고, 작업장에서의 발병 원인 물질이 있었는지, 그 작업장에서 근무 기간 등에 따라 상당 인과 관계가 추단되면 입증된 것으로 보아야 한다'는 대법원 판례에 입각"했다. 즉 작업장에서 발병 원인 물질이 있었는지, 근무 기간 등에 따라 인과관계가 추단되면 입증된 것으로 볼 수 있다(『미디어오늘』 2013/10/23).

45_삼성전자 기흥 공장 3라인에서 7년간 근무했던 B에 의하면 자신을 포함해 같은 조에서 같은 공정을 하던 동료 20여 명 중 대부분 불임, 유산, 난소 제거, 기형아 출산을 경험했다.

학물질에 노출되는지 모르는 상태에서, 그리고 여성의 몸에 발생하는 문제를 드러내지 않고 사적인 방식으로 처리하고자 하는 경향이 있는 가부장제적 문화 속에서 사안의 심각성은 쉽게 드러나지 않는다. 여성 노동자들은 극심한 육체적·정신적 고통과 경제적 비용을 감내하면서도 이에 대해 변화를 요구하거나 보상을 요구하기보다 스스로 해결하고 감당해야 할 개인의 문제로 돌리고 있기 때문이다.[47]

## 5. 맺음말

삼성전자는 "도전과 혁신을 멈추지 않는 지속 가능 경영 추구", "새로운 미래를 향한 창조와 도약의 장"을 약속한다(삼성전자 2013). 그러나 삼성이 내세운 혁신·미래·창조·도약이 갖는 긍정적 이미지들은 삼성전자 여성 노동자들의 작업장의 일상에 닿는 순간 퇴색된다. 글로벌 기업 삼성전

---

46_삼성안전보건연구원에 의해 2012년 배포된 소책자에 의하면 글리콜에테르 화합물에 의한 불임, 자연유산 등이 발생할 수 있기에 이후 프로필렌글리콜모놀에테르로 대체되었으나 이 또한 잠재적 생식 독성 물질이다(산업안전보건연구원 2012, 22; 68).

47_면담을 진행한 여성 노동자 전원이 자신, 혹은 가까운 주변의 노동자들에게서 극심한 생리통, 하혈, 유산, 불임을 경험했다. 극심한 생리통에 대해서는 진통제와 핫팩 등에 의존했고 불임이나 자연유산이 발생될 경우에도 효과적인 불임클리닉에 대한 정보를 나누는 정도에서 그쳤다. 심지어 여성암(유방암, 자궁암, 융모암 등)이 발병했을 때도 역시 개인적으로 대처할 수밖에 없었다. 반올림의 적극적인 활동으로 반도체에서 사용되는 화학물질과 생식 독성의 관계에 대한 관심이 환기되면서 2014년 현재, 여성암을 포함한 질병에 걸린 다수의 여성이 반올림과 함께 산재 신청을 진행 중이다.

자의 발전이 생산의 중추를 담당하는 여성 노동자들의 노동과 행복, 그리고 건강을 대가로 하고 있기 때문이다. 21세기의 선구적 기업 삼성전자에서 일하는 노동자들의 제반 조건은 19세기 로웰 작업장의 노동조건과 본질적으로 크게 다르지 않다. 가족주의를 표방한 작업장 안팎의 노동 통제는 인권을 침해하는 수준에 이른다.[48] 성별에 따른 직무 분할과 차별적 임금 체계는 여성 노동자의 승진 기회 및 직무 이동의 기회를 제한시킨다.[49] 성과급과 속도 경쟁으로 가속화되는 높은 노동강도는 제반 노동조건과 결합해 여성 노동자들의 건강과 생명을 위협한다.[50] 영업비밀을 이유로 하여 클린룸에서 사용되는 일부 화학물질의 정보 공개를 거부하며 안전교육을 소홀히 함으로써 노동자들을 위해 물질에 노출되게 한다.[51]

이 모든 문제의 근본은 노동삼권의 부재와 맞닿아 있다. 민주주의의 기본 원칙인 표현의 자유와 결사의 자유는 경제 영역에서도 마찬가지로

---

48_특히 기숙사에서 일기장을 검색하는 등의 사생활 침해는 〈근로기준법〉 제9조 1항, 즉 "사용자는 사업 또는 사업장 부속 기숙사에 기숙하는 근로자의 사생활의 자유를 침해하지 못한다"는 내용을 위배하는 것이다.

49_이는 "여자의 근로는 고용-임금 및 근로조건에 있어서 부당한 차별을 받지 아니한다"는 대한민국 헌법 제32조 4항, "사업주는 근로자의 교육·배치 및 승진에 있어서 여성인 것을 이유로 남성과 차별대우를 하여서는 아니된다"는 남녀고용평등법 제2장 제7조에 위배될 수 있다.

50_이는 "작업과 휴식을 적절하게 배분하는 등 근로시간과 관련된 근로조건을 개선"할 것을 명시하는 산업안전보건기준에 관한 규칙 제669조 3항에 위배된다.

51_노동자들은 첫째, 유해한 화학물질을 사용할 때 그에 대한 정보를 교육받을 권리(산업안전보건법 31조), 둘째, 작업 중 유해 물질에 얼마나 누출되는지 알 권리(산업안전보건법 42조), 셋째, 작업 때문에 자신의 건강이 나빠지는지 알 권리(산업안전보건법 43조), 넷째, 다치거나 병에 걸렸을 때 치료받고 보상받을 권리가 있다.

성립되어야 한다. 인민의 권리에 대한 침해는 독재국가뿐만 아니라 규제 받지 않은 시장이나 대기업에 의해서도 자행된다(김진희 2006, 29-62; 35-43; Gross 1998, 351-388; 384-385). 그러나 거대한 폭력에 의해 정치 민주주의의 기본권 침해가 묵과될 수 없는 것과 마찬가지로 공장의 벽 안에서 자행되는 산업 민주주의적 권리에 대한 침해 역시 묵과될 수 없는 범법 행위이다. 더욱이 대한민국의 헌법 33조 1항은 "근로자가 근로조건의 향상을 위해 자주적인 단결권·단체교섭권 및 단체행동권을 가진다"고 명시한다. 이는 단순히 노조가 경제적 이해를 대변하는 것만을 의미하지 않는다. 작업장은 한 개인이 깨어 있는 대부분의 시간을 보내는 곳이다. 노동자의 삶과 건강, 나아가 생명에 영향을 미치는 요인이 존재하는 작업장에 대해 발언, 질문, 혹은 이의를 제기할 기회가 주어지지 않는 것은 민주주의의 원칙에 벗어나는 전제주의이다. 전제주의는 정치적 차원뿐만 아니라 경제적 차원에서도 존재한다. 근대 민주주의 사회는 최소한 결사의 자유, 자신의 대표를 선출할 자유, 그리고 대표를 통해 자신의 삶을 결정짓는 요인에 대해 협상할 자유가 있다. 이는 인간의 기본권에 부합되며 동시에 대한민국의 헌법이 규정한 권리이다.[52]

한편 삼성전자의 많은 여성 노동자들은 자신들이 처한 상황을 객관화시키거나 변화를 도모하기보다는 순응하거나 혹은 개인적으로 회사를 그만두는 것을 택한다. 자신들이 '누릴 수 있는' 경제 조건에 만족하면서 긍정적으로 받아들이는 경우도 나타난다.[53] 높은 노동강도와 남녀 차별적

---

52_그런 점에서 노동삼권의 확립은 인권의 차원에서, 그리고 산업민주주의의 차원에서 접근되어야 한다.

53_최인이의 연구는 삼성이 사무직 노동자에게는 소속감과 정체성을 심어 주는 데에 관심

인 불평등한 임금 체계 및 승진 조건, 위해 물질에 노출되는 작업환경 속에서도 이들이 자족하는 이유는 무엇인가? 11년간 삼성전자에 근무했던 한 여성 노동자는 다음과 같이 이야기했다. "문제의 시선에서 보니까 문제가 보이는 것이다. 사실 그곳에서 일하는 사람들이 자신들의 처지를 객관화시키거나 다른 작업장과 비교할 수 있는 처지가 되지 못한다. 마치 미운 오리 새끼가 눈을 떠서 처음 본 대상을 자신의 엄마로 생각하는 것처럼 사회에 첫 발을 내딛어 본 것이 우리에게 전부였던 것이다. 본래 이렇게 일을 해야 하는 거구나, 반도체 공장에서는 이런 냄새가 나는 것이구나 하는 생각을 할 뿐"(SE04 면담).[54]

과거 삼성전자에서 일했던 면접자들에게 삼성에서 일했던 시간에 대해 긍정적으로 기억하는 이유를 질문하자 "삼성에서 무엇을 해줘서 만족하기보다는 나 자신에 대한 만족감"이라고 답했다. "내가 열심히 일을 할 수 있고, 취미 생활을 할 수 있고, 열심히 살 수 있다는 것에 대한 뿌듯함"이고, 그렇기 때문에 회사에 대한 불만이 크지 않았다는 것이다(SE03; SE04 면담). 이처럼 몸과 마음이 건강한 긍정적인 젊은 여성들은 십대 후반에 공장 일을 시작해 평균 7~8년간의 고된 노동으로 몸이 지칠 무렵 공

---

이 있는 반면, 생산직 노동자들에게는 작업장에서의 위계와 정보 통제를 이용한 공포의 문화 형성과 대면적 인사관리를 이용한 통제를 하고 있다고 지적한다(최인이 2008, 207-238; 208-209).

54_고등학교 재학 중, 혹은 고등학교 졸업 직후 생애 최초의 직장에 취직이 되는 삼성전자 여성 노동자들은 자신들의 권리라거나 비교 대상이 될 수 있는 다른 사례에 대해 알 기회가 없다. 특히 대부분 작업장에서 일하고 기숙사에서 잠을 자는 생활이 반복되기 때문에 자신이 처한 고용조건을 예전 고향 친구들의 월급 등과 비교하면서 자족하는 경우가 많이 나타난다.

장을 떠난다. 그리고 그들은 무엇을 해도 즐거웠을 좋은 나이에 대한 어렴풋한 기억들을 간직하고 살아간다. 무엇보다 함께 일했던 동료들과의 추억이 그 시절에 대한 좋은 기억의 중심에 있다. 그리고 어느 날 자신들의 몸에 병마가 찾아왔을 때, 같은 라인에서 한 조가 되어 일하던 동료나 선후배가 병마와 싸우고 있고 심지어 이미 고인이 되었다는 소식을 전해들을 때, 그들은 천천히 복기하게 된다. 무엇이 문제였던가 하고.[55]

삼성전자의 여성 노동자들이 자신들이 처한 객관적 상황과 누릴 권리를 인식하지 못한 채 클린룸 안에서 작업하는 이 순간, 또다시 그들의 건강과 행복과 미래는 위험에 처하게 된다. 그렇기 때문에 어떤 방식으로 변화를 이끌어 낼 것인가에 대한 보다 철저한 고민이 필요하다. 첫째, 노동자의 인권과 노동권, 그리고 건강권이 보장될 수 있도록 기업에 지속적 압력을 가할 수 있는 노동과 시민의 국내외적 연대 체제를 강화시켜야 한다. 둘째, 기존의 법이 준수되기만 해도 기업의 관행이 바뀔 여지가 있다는 점에서 법 준수를 요구함과 동시에 법을 준수하지 않는 기업이 치러야 할 비용의 수준을 높일 수 있도록 입법 개정을 추진해야 한다. 셋째, 삼성전자의 여성 노동자들 스스로 객관적 인식을 갖고 내부로부터 노동권과 건강권을 요구할 수 있도록 조직할 수 있는 다양한 방안을 모색해야 한다.[56]

---

55_사실 이 글을 가능하게 했던 필자가 만난 전직 삼성전자 노동자들은 모두 본인, 혹은 배우자가 암이나 백혈병에 걸렸다. 그런데 그들은 삶에 대해, 자신의 과거와 현재에 대해 놀라울 정도로 긍정적인 자세를 보이는 공통적 특징을 갖고 있다. 말하자면 삐딱한 시선으로 삼성과 세상을 바라보는 것이 아니라 진심 어린 애정을 갖고 있지만, 과거를 복기하고 객관화시키는 과정에서 새삼스럽게 문제들을 보기 시작한 것이다.

56_무노조 경영, 그리고 면 대 면에 기초한 공포에 의한 노동 통제라는 삼성의 특성상, 여성 노동자들이 기업 내부에서 자발적으로 모임을 조직하거나 변화를 추동하기는 쉽지

글로벌 기업 삼성은 노동자나 시민사회뿐만 아니라 국가가 통제하지 못하는 거대한 성을 쌓고 있다. 그러나 삼성을 치외법권으로 방치하는 순간, 삼성 내부의 산업민주주의가 파괴되고 노동자들의 권리가 침해될 뿐만 아니라 부메랑으로 삼성 밖의 민주주의 역시 위태로워진다. 삼성전자 여성 노동자들의 노동권과 건강권을 회복시켜야 하는 근본적 이유가 거기에 있다.

---

않다. 따라서 외부의 여론 형성과 정책의 변화가 동반되면서 노동자들 스스로 자신들이 직면하고 있는 문제를 인식하고, 기록하고 목소리를 낼 수 있게 하는 방법을 고안해야 할 것이다.

# 6장

# 삼성의 성과주의 임금,
# 문제는 없는가?

## 근로시간 및 임금격차를 중심으로

류성민

## 1. 들어가는 말

갈수록 경영 환경이 불확실해지고 빠르게 변화하면서 청년층이 취업하기는 더욱 어려워지고 있다. 이런 상황에서 대학 졸업 예정자들을 포함한 취업 준비생들에게 있어서 기업 공채는 매우 중요한 취업 기회이다. 청년 취업이 어려운 우리나라의 상황상 거의 모든 기업들의 공채에 정원보다 수십, 수백 배의 지원자가 몰리는 것을 살펴볼 수 있지만, 유독 어느 한 기업에 너무 많은 지원자들이 몰려서 사회문제가 될 정도이다. 바로 '삼성'그룹의 얘기이다. 2013년 공채가 진행되던 시점에서 삼성그룹 인·적성 시험에 9만 명이 넘는 인원이 응시하면서 화제가 됐었다. 실제로 삼성그룹에는 10만 명이 넘는 취업 준비생들이 지원했다(『한국경제신문』 2013/12/

31). '좋은일연구소'의 조사 결과에 따르면 우리나라 대학생들이 가장 취업하고 싶은 기업 1위로 2004년부터 10년째 삼성전자가 꼽히고 있으며, 2003년에는 삼성SDI가 1위로 꼽혔다(『한국뉴스투데이』 2013/08/12).

이렇게 삼성전자뿐만 아니라 삼성그룹에 취업 지원자들이 몰리는 이유가 무엇일까? 여러 조사 결과에 따르면 취업 준비생들이 기업을 선택하는 가장 큰 이유 중 하나로 금전적 보상인 임금수준이 꼽히고 있다. 이런 임금수준이 높다고 인식되기 때문에 선호되는 가장 대표적인 기업이 삼성그룹이다. 삼성그룹은 성과주의를 적용하고 있는 대표적인 기업으로서 임금수준도 높다고 인식되고 있다. 실제로 주위에서 삼성그룹에 지원하는 취업 준비생들에게 삼성을 지원하는 이유를 물어보면 삼성의 브랜드 가치나 명성 이외에 가장 큰 이유로 높은 수준의 임금 보상을 많이 얘기하곤 한다(취업 준비생 A 인터뷰). 금융감독원에 공시된 삼성그룹의 임금수준을 살펴보면 직원 평균임금이 연봉 7천만 원 이상을 기록한 계열사가 전체 78개 중 11개나 되며, 약 9만 명에 육박하는 삼성전자 직원들의 평균 임금은 연봉 약 7천만 원으로 나타나고 있다.

삼성의 이런 높은 수준의 임금은 소위 '신경영 및 신인사'라고 불리는 성과주의 경영 방식 추구의 결과물이라고 볼 수 있다. 김성수(2013)는 삼성의 신경영과 신인사의 핵심은 새로운 인사관리 패러다임을 요구하는 것으로서, 임직원의 가치와 의식을 세계 최고 지향으로 바꾸고, 인사 패러다임에서 세계 최고 인재, 전문가, 열린 인사, 성과주의·능력주의를 추진하는 것이라고 제시했다. 신인사 패러다임의 가장 핵심은 기존의 연공주의를 성과주의로 바꾸는 것이다. 특히 성과에 따른 차등 보상을 핵심적인 제도로 도입했다. 1998년에는 추가적으로 능력 및 성과와 연동한 연봉제를 도입했고, 발탁 및 대발탁을 활성화했으며, 이익 배분제profit sharing를 적극적으로 도입해 수익 중시 및 주주 가치 중시 경영 철학을 전파했다.

이런 성과주의 추구로 기업의 효율성을 극대화시킴으로써 삼성은 높은 성과를 달성할 수 있었고, 이에 대한 대가로서 성과를 낸 근로자들에게 높은 수준의 임금을 제공해 왔다.

그런데 이런 삼성그룹의 성과주의 추구와 관련해 몇 가지 의구심이 남는다. 삼성의 '신경영' 인사관리 방식이 극단적인 성과주의를 추구하는 것에 기반을 두고 있기 때문에 나타나는 부가급부적으로 여러 문제점들이 존재할 수 있다는 것이다. 실제로 삼성은 가장 가고 싶은 기업이지만, 가장 빨리 나오는 기업 중 하나이기도 하다. 2011년 자료에 따르면 우리나라 상장기업 시가총액 상위 1백 개 회사의 평균 근속 기간은 10.3년으로 조사되었고, 가장 긴 평균 근속연수를 나타낸 현대중공업은 19.1년이었다. 반면 삼성전자는 직원 수가 제일 많지만 직원 평균 근속연수는 7.8년으로 72위에 머무르는 수준이었다(『경영계』 2011). 이런 부분이 성과주의 추구로 인한 문제점과 연관되는 것은 아닌가에 대한 질문이 제기된다.

삼성의 성과주의 인사관리 추구의 문제점 가운데 한 가지는 높은 임금수준이 긴 근로시간과 관계가 있지 않은가에 대한 것이다. 실제로 삼성그룹에 대해 대중들이 보편적으로 갖고 있는 이미지 가운데 하나는 성과주의를 극도로 추구함에 따라 근로시간이 매우 길다는 것이다. 실제로 삼성전자서비스 협력 업체 근로자들이 〈근로기준법〉 상의 근로시간을 준수하겠다는 것으로 본사와 갈등이 발생했다는 신문 기사가 나오기도 했다(『한겨레신문』 2013/08/01). 근로시간이 경제협력개발기구OECD 평균보다 매우 긴 우리나라에서 특히 삼성은 과도한 업무량 및 근로시간을 대표하는 기업이라고 볼 수 있고, 상대적으로 높은 임금수준은 이런 근로시간에 따른 대응이라고도 볼 수 있다. 최인이(2008)는 장시간의 초과 근로를 제외하면 삼성 계열사들의 기본임금이 다른 기업보다 높다고 하기 힘들다고 제시한 바 있다. 선행연구에 따르면 긴 근로시간은 건강의 다양한 측면 (스트레스, 위장 관계 장애, 근골격계 장애, 면역 억제 등)에 부정적인 영향을 미치고, 직무 스트레스와 직무 긴장, 일-가정 갈등 등을 높이는 것으로 나타나고 있다(김현욱·유태용 2009; 이유덕·송광선 2009; 이윤경 외 2006; 임효창 외 2005; Greehaus et al. 1997; Huges & Galinsky 1994; Spurgeon et al. 1997). 따라서 이 글은 삼성의 업무량, 특히 근로시간을 통해 삼성의 성과주의 임금이 갖고 있는 숨겨진 문제점에 대해서 살펴본다.

삼성그룹의 성과주의 임금과 관련한 또 다른 이슈는 임금수준이 높지만 기업 내 임직원 간 임금격차가 매우 크다는 것이다. 실제로 삼성전자는 임금 항목의 구성 중 생산성 격려금(PI), 이익 배분금(PS) 등의 변동 상여금의 비율이 매우 높고, 기본 연봉 역시 고과에 따른 차등을 두고 있다. 따라서 직원들 사이의 임금격차가 상당히 큰 편이다. 게다가 임원과 직원 간 임금격차는 더욱 크다. 공식적으로 공시되고 있는 자료를 참고하면 삼성전자의 경우 근로자 평균 연봉은 약 7천만 원인 데 반해, 임원의 평균 연봉은 약 52억으로 약 70배 이상의 금액차를 나타내고 있다(금융감독원 공시 자료). 물론 임원과 일반 근로자 간 임금격차가 존재할 수밖에 없지만, 우리나라 다른 기업의 임원과 일반 근로자의 평균임금 격차보다 삼성은 너무나 큰 차이를 나타내고 있다. 이런 기업 내 임직원 간 큰 임금격차는 극단적인 성과주의 보상 제도의 추구를 나타낸다고 볼 수 있다(엄동욱 2011). 그러나 이런 극단적인 성과주의 보상 제도의 추구는 오히려 근로자들의 직무 수행 노력에 부정적인 영향을 미칠 수 있다고 제시되고 있다(장은미·양재완 2002). 그러므로 이 글에서는 삼성 내부의 임직원 간 임금격차의 문제점에 대해 살펴본다.

이 글은 이런 근로시간 및 임금격차에 대한 이슈에 대해 살펴봄으로써 삼성그룹의 성과주의 인사관리 추구에 있어 높은 임금수준 이면에 숨겨진 문제점을 살펴보고, 삼성그룹이 21세기에 더욱 발전하는 기업이 되기 위해 고려하고 개선해야 하는 이슈들을 도출하고자 한다.

이 글에서는 이런 이슈들을 논의하기 위해 방법론적인 측면에서 기존 삼성에 대한 비판 연구에서 많이 활용되어 온 근로자들에 대한 인터뷰 조사를 통한 연구보다는 공개적으로 제시되고 확인된 자료를 주로 활용해 연구하기로 한다. 기본적으로 삼성그룹은 자사에 대한 자료들(연봉, 성과급, 근로시간 등)을 공개적으로 제공하지 않고 있기 때문에, 근로자에 대한 질적인 인터뷰 조사 방식이 훨씬 더 심도 깊은 조사를 할 수 있는 측면이 있다는 것은 사실이다. 하지만 질적인 인터뷰 조사 자료에 대해서 삼성그룹은 대부분 소수의 의견이라고 치부하면서 받아들이지 않고 있으며, 특히 근로시간 이슈의 경우에는 인터뷰 조사만으로는 명확하게 규명하기 어려운 부분이 존재한다. 이 글의 목적은 앞서도 제시한 것처럼 삼성그룹을 비난하려는 것이 아니라 문제점을 확인하고 개선을 도모하려는 것이기 때문에, 삼성그룹에서도 인정할 수 있는 공개되고 확인된 자료를 주로 활용해 논의를 진행하기로 한다.

## 2. 삼성의 근로시간

### 근로시간에 대한 선행연구

근로시간이란 근로자가 사용자에게 소정의 대가를 받고 자신의 근로를 제공하는 시간을 말한다. 〈근로기준법〉에 따르면 근로시간이란 '사용자의 지휘. 감독 아래 노무를 제공하는 시간'으로 실제 작업 시간, 작업 준비 정리 시간, 대기 시간, 근무복과 보호 장구 착용 시간, 업무상 접대, 일·숙직 근무, 교육·훈련 시간 등은 포함하나, 사용자로부터 벗어나 자유롭게 이용 가능한 휴게 시간은 제외하는 개념으로 정의되어져 있다.

우리나라는 후발 자본주의 국가로서 1960~90년대의 산업 발전 과정에서 장시간 근로를 통한 생산성 극대화를 통해 발전해 왔다. 그러다가 2000년대 들어 근로시간의 단축을 정부 차원에서 수행해 현행 〈근로기준법〉에는 법정 근로시간을 1일 8시간, 1주일 40시간으로 정하고 연장근로는 1주에 12시간이 넘어설 수 없도록 규정하고 있다. 그리고 이런 연장근로에 대해서는 통상임금의 50% 이상의 가산금을 지급하도록 규정하고 있다. 이에 따르면 우리나라의 기본적인 근로시간은 주당 최소 40시간에서 최대 52시간이 되어야 한다. 그러나 〈근로기준법〉상에 명확하게 규정되어 있지 않고, 고용노동부의 행정 해석에 따라 연장근로 한도에 포함하지 않고 있는 휴일근로가 존재한다. 따라서 현실적으로는 토요일과 일요일에 8시간씩 일할 경우 1주에 최장 68시간까지 근무가 가능하다. 실제로 정혜선 외(2005) 연구에 따르면 실근로시간이 법정 근로시간을 크게 상회하고 있는 것으로 나타나고 있다. 이런 상황에 따라서 2011년 현재, 피용자 기준으로 대다수 OECD 국가들의 연평균 근로시간은 1,800시간 이내인 데 반해, 우리나라는 2,116시간으로 세 번째로 높은 장시간 근로 국가에 해당되고 있다(OECD 2012). 전체 취업자 기준으로도 2011년 현재, 2,090시간으로 멕시코에 이어서 두 번째로 높은 장시간 근로 국가로서 OECD 평균보다 314시간이나 많은 상황이다. 또한 2011년 현재, 주당 48시간 이상 근로로 규정된 장시간 근로자의 비중이 38.3%로 나타나고 있다(배규식 2012).

이런 장시간 근로는 앞서도 언급한 바와 같이 우리나라의 산업 발전에 일정한 도움이 된 것도 사실이다. 또한 특별한 경쟁 우위 요인이 없는 기업들이 경쟁력을 강화하기 위해 쉽게 선택할 수 있는 방안일 수 있다.

하지만 많은 학자들과 실무자들은 이런 장시간 근로의 문제점을 오래전부터 제시해 왔다.

먼저 많은 선행연구에서 근로시간의 장시간화는 근로자의 건강에 부정적인 영향을 미치는 것으로 나타나고 있다. 예를 들어, 스퍼전 외(Spurgeon et al. 1997)는 유럽의 장시간 근로를 다룬 연구들에 대한 고찰을 통해 장시간 근로의 효과를 살펴보았는데, 다양한 선행연구를 정리한 결과 장시간 근로는 스트레스, 위장 관계 장애, 근골격계 장애, 면역 억제 등에 영향을 미친다고 제시했다. 우리나라에서도 유사한 결과를 나타내는 연구들이 진행되었다(김기웅 외 2012; 조규식 2010).

근로시간의 부정적인 영향에 대한 다른 연구로는 직무 스트레스와의 관계를 다룬 연구들이 있다. 장시간의 근로시간은 근로자들의 업무량적인 측면에서 과부하를 일으키고, 이로 인해 근로자들에게 직무에 대한 긴장감job strain을 발생시켜서 궁극적으로는 직무에 대한 스트레스를 가져온다는 것이다. 정진주(2002)는 병원 근로자를 대상으로 한 연구에서 법정 근로시간을 초과해 근무하는 경우 직무 스트레스가 증가하는 것을 제시했고, 김광숙(2003)의 연구에서도 1주일 평균 근로시간이 길수록 직무 스트레스가 유의하게 높게 나타났다. 이윤경 외(2006)의 연구에서도 주당 근로시간이 법정 근로시간인 40시간을 초과하는 집단이 40시간 이하의 근로 집단보다 직무 스트레스가 유의하게 높아진다는 것으로 검증했다.

유사하게 다른 연구자들은 회사에서의 장시간 근무시간이 근로자의 일-가정 갈등을 일으키는 주요한 원인이 된다고도 제시하고 있다(김현욱·유태용, 2009; 민현주, 2010; 이유덕·송광선, 2009; 임효창 외, 2005; Greehaus et al., 1997; Huges & Galinsky, 1994).

또한 이런 연구들 이외에도 장시간 근로시간의 부정적인 효과(생산성 하락, 창의성 결여 등)가 다양하게 제시되었다(예를 들어, 삼성경제연구소

2008; 조규식 2010). 이런 점을 고려해, 이번 정부에서도 〈근로기준법〉을 개정해 휴일근로 연장근로에 포함시켜 주당 최대 52시간까지만 근무하게 하는 방안을 검토 중이다. 그러나 우리나라의 많은 기업들은 근로시간을 단축하면 생산성이 떨어지고 생산 차질이 생기며 인건비가 크게 늘어나기 때문에 근로시간 단축에 대해서 반대하고 있는 실정이다.

우리나라의 경우는 오랜 기간 장시간 근로가 일반화된 관행으로 자리 잡아왔고, 이런 장시간 근로의 큰 비중을 차지하는 연장근로 및 휴일근로가 보편화되어 있다. 특히 연장근로 및 휴일근로의 경우에는 근로자들의 임금과도 밀접하게 관련되어 있다. 대부분의 기업에서 연장근로 및 휴일근로를 시행하고 있으며, 대부분의 근로자들은 이런 연장근로 및 휴일근로를 통한 초과 수당을 받는 것을 당연시하고 있으며 자신들이 받는 고정적인 임금이라고 여기고 있다. 이런 부분이 근로시간을 늘이는 중요한 요인이 되고 있다. 심지어 사무직의 경우에는 연봉에 연장근로시간에 따른 초과 근로 수당을 아예 포함해 지급하기도 한다. 따라서 사무직의 경우에는 연장근로가 명확하게 잡히지 않으면서도 근로시간에 중요한 영향을 미친다고 볼 수 있다. 또한 일부 기업들의 경우에는 근로자에게 초과 근로 수당을 제대로 지급하지 않으면서 장시간의 근로를 요구하는 경우도 존재한다.

장시간 근로의 원인에 대해서 선행연구에서는 다양한 관점의 논의를 진행해 왔다. 그러나 대체로 근로자 요인, 사용자 요인으로 구분해 접근하고 있다. 예를 들어, 삼성경제연구소(2008)는 장시간 근로의 원인으로 '사용자 요인, 비용 절감 선호 전략'을 지적하고 있다. 이 보고서에서는 대다수 기업들이 비용 절감 차원에서 추가 고용보다는 연장근로를 선호하고, 간접 노동 비용이 과다해 신규 채용을 꺼리고 차라리 기존 근로자들이 초과 근로를 해주기를 기대하며, 특히 기업 규모가 클수록 간접 노동 비용이 더 높은 것으로 분석되어 초과 근로가 늘어날 가능성이 증대한다고 제시했다.

조규식(2010)은 우리나라 근로자들이 장시간 근로를 하는 원인이 복합적이지만, 그중 가장 주요한 원인으로 첫째, 미사용 휴가 및 휴일의 문제, 둘째 장시간 근로를 조장하는 근로 문화의 제도적 환경, 셋째, 중소기업의 인력 부족 문제와 특정 업종에서의 상시적 초과 근로 문제 등을 지적할 수 있다고 제시했다. 세부적으로 근로자 요인으로는 근로자들이 소득 보전을 위해 초과 근로를 선호하고, 사무·생산 자동화로 인해 노동강도가 약해진 것도 장시간 근로에 대한 거부감을 완화시킨 요인으로 설명하고 있다. 사용자(기업) 요인으로는 비용 절감 차원에서 복리후생비, 교육 훈련비 등 간접 비용이 증가되는 추가 고용보다는 연장근로를 선호하는 것으로 나타나고 있다고 제시했다. 제도적 요인으로는 초과 근로 임금 할증률이 다른 국가보다 높다는 것과 노동시장의 유연성 부족 등을 들고 있다.

김형민(2008)은 근로시간에서 초과 근로의 비중이 높은 것과 임금 구조에서 초과 급여의 비중이 높은 것이 장시간 근로의 원인이 될 수 있다고 제시했다. 배규식(2013)은 장시간 근로의 원인을 초과 근로에서 찾으면서 비교적 저임금이 많은 중소기업만이 아니라 고임금을 지급하는 대기업에서도 초과 근로시간이 길게 나타나는데 이것은 저임금 때문에 초과 근로가 긴 것이 아니라 업무량이 많은 데 비해 인력을 적게 쓰고 있는 것이 중요한 원인일 수 있다고 제시했다.

특히 우리나라 기업의 장시간 근로에서 문제가 되는 것은 초과 근로 규정을 어기면서 장시간 근로를 하고 있는 기업이 매우 많다는 것이다. 실제로 고용노동부가 2013년 상반기에 근로시간이 비교적 긴 제조업을 중심으로 한 근로시간에 대한 근로 감독 결과에 따르면, 조사 대상이 된 총

314개 사업체 가운데 272개 사(86.6%)가 주 12시간의 연장근로 한도 규정을 초과해 〈근로기준법〉을 위반하고 있는 것으로 나타났다(배규식 2013). 또한 314개 사업체 가운데 수시 근로 감독의 대상이었던 85개 사 중 74개 사가 주 12시간의 연장근로 한도 규정을 초과하고 있었는데, 이들의 주 평균 근로 시간은 55.3시간으로 나타났다. 근로 감독을 한 기업 중 86.6% 가 위반을 하고 있었다는 것은 실제로 근로시간이 법정 한도보다 훨씬 더 김에도 확인되지 않은 기업이 더 많이 존재할 가능성이 높다는 것으로 파악될 수 있다. 특히 사무직의 경우에는 업무의 특성상 초과 근로에 대한 명확한 규정이 없고, 파악이 어렵다 보니 보편적으로 소위 야근이나 휴일 근로를 하고 있는 경우가 많은 것을 고려할 때 우리나라 장시간 근로 문제는 매우 심각한 것으로 보인다.

그런데 기업들이 근로자에게 지급하는 임금은 근로시간과 밀접하게 관련되기 때문에 이런 근로시간에 대한 고려 없이 단순하게 임금수준을 고려하는 것은 주의를 기울일 필요가 있다. 따라서 근로시간을 고려한 상태에서 임금수준을 살펴보는 것이 필요하다고 판단된다.

선행연구에서는 부분적으로 장시간 근로와 임금 간 관계를 살펴본 연구들이 존재하는데, 이정아(2013)는 시간당 정액 급여가 낮을수록 총액 급여의 생계비 수준 확보를 위해 초과 노동을 할 확률이 높다고 제시했다. 배규식(2012)은 정액 급여가 증가함에 따라 초과 노동시간이 일관되게 감소하므로 저임금 노동자들이 생계비 보충을 위해 장시간 노동을 한다는 통념화된 주장이 유효한 듯 보이지만, 사무직과 생산직으로 나누어 분석하면 저임금·장시간 노동 가설은 지지되지 않는다고 서술했다. 노용진(2013)은 초과 근로시간이 비통상적 임금의 비중과 인력 부족률에 영향을 미치고, 다시 역으로 비통상적 임금의 비중과 인력 부족률이 초과 근로시간에 영향을 미치는 악순환 구조가 있다고 제시했다. 이런 연구들은 결과에 편차가 있지만 근로시간과 임금 간 관계가 밀접하게 존재한다는 것을 증명하고 있는 것이다.

따라서 삼성그룹이 취업 시장에서 선호되는 이유인 높은 임금수준을 엄밀하게 살펴보기 위해서는 삼성그룹의 근로시간 문제를 함께 다루지 않으면 안 된다고 하겠다. 이에 대해서 다음 절에서 살펴본다.


## 우리나라 기업의 근로시간

먼저 우리나라 기업의 전반적인 근로시간 현황에 대해서 살펴보도록 한다. 먼저 한국노동연구원에서 발간하는 『노동리뷰』(2012년 11월호)에는 고용노동부의 사업체 노동력 조사를 기반으로 분석한 2012년 7월 현재, 근로시간에 대한 분포가 제시되어져 있다. 이 자료에 따르면 2012년 7월 전체 근로자 1인당 월평균 총 근로시간은 180.4시간을 기록하고 있다. 이런 기록은 2011년 7월 대비 1.4시간이 증가한 것이다. 세부적으로 살펴보면, 상용 총 근로시간은 월평균 185.7시간, 상용 소정 실근로시간은 월평균 173.2시간, 상용 초과 근로시간은 월평균 12.5시간으로 집계되었다.

규모별로 보면, 100~299인 규모의 기업에서 월평균 근로시간이 가장 긴 것으로 나타났고(월평균 188시간), 가장 낮은 월평균 근로시간을 기록한 규모 집단은 300인 이상 기업들과 5~9인 기업들로 월평균 약 176.9시간의 근로시간을 갖는 것으로 나타났다.

보다 세부적으로 우리나라 재벌 기업들의 근로시간과 임금 간 관계를 살펴보기 위해 한국노동연구원에서 조사하는 우리나라의 대표적인 패널 조사 자료인 〈사업체패널조사〉 자료 중 대기업집단 소속 계열사 여부를 조사한 〈사업체패널조사〉 2007년 자료를 분석해 근로시간과 임금 간 관계를 살펴보았다.

**표 6-1 | 근로자 1인당 월평균 근로시간**

단위: 시간, %

| | 2010년 | 2011년 | | | 2012년 | |
|---|---|---|---|---|---|---|
| | | | 1~7월 누계 | 7월 | 1~7월 누계 | 7월 |
| 전체 근로시간 | 176.7(0.3) | 176.3(-0.2) | 175.6(-0.3) | 179.0(-2.3) | 175.2(-0.2) | 180.4(0.8) |
| 상용 총 근로시간 | 184.7(0.2) | 182.1(-1.4) | 181.3(-1.5) | 184.6(-3.6) | 180.8(-0.3) | 185.7(0.6) |
| 상용 소정 실근로시간 | 168.3(-0.6) | 168.5(0.1) | 167.9(0.1) | 170.8(-2.3) | 167.8(-0.1) | 173.2(1.4) |
| 상용 초과 근로시간 | 16.4(8.6) | 13.6(-17.1) | 13.4(-17.8) | 13.8(-17.4) | 13.0(-3.0) | 12.5(-9.4) |
| 비상용 근로시간 | 115.4(-3.3) | 122.5(6.2) | 121.7(3.9) | 128.2(5.6) | 121.2(-0.4) | 128.0(-0.2) |

주: 전체 임금 근로자 근로시간.
　　괄호 안은 전년 대비, 전년 동월 대비 상승률.
자료: 고용노동부, 〈사업체노동력조사〉; 『노동리뷰』(2012년 11월호).

이 자료를 분석한 결과, 우리나라 기업들의 취업 규칙 혹은 단체협약 상 소정 근로시간은 주당 평균 40.38시간, 초과 근무시간은 주당 평균 6.44시간으로 나타나고 있다. 대기업집단 소속 계열사와 기타 기업 간 근로시간에 있어서의 차이도 나타나지 않았다. 이 자료에 대한 분석 결과만으로는 우리나라 기업들의 근로시간은 크게 문제가 될 것이 없는 수준이다. 이런 결과는 〈사업체패널조사〉 2011년 자료에서도 유사한 결과를 나타내고 있는데, 이 자료를 분석한 결과, 기업들의 소정 근로시간은 주당 평균 40.12시간, 초과 근무시간은 주당 평균 6.08시간으로 나타나고 있다. 2008년 조사에 비해 2012년 조사에서는 근로시간이 조금 줄어들었지만 큰 차이가 나타나지는 않고 있다.

다음으로 임금수준과 근로시간 간 관계를 살펴보기 위해 〈사업체패널조사〉 2007년 자료를 활용해 중간 직급인 과장의 세전 연봉을 근로시간으로 나누어서 살펴본 결과를 보면 출자 총액 제한 기업집단 소속 계열사가 가장 높은 근로시간 대비 연봉을 지급하고 있고, 대기업집단에 소속되어 있지 않은 기업에서 가장 낮은 근로시간 대비 연봉을 지급하고 있는 것으로 나타났다. 역시 이런 분석 결과로는 대기업집단의 근로시간과 임금 간 문제가 발견되지 않는다.

그림 6-1 | 규모별 월평균 근로시간 추이

단위: 시간

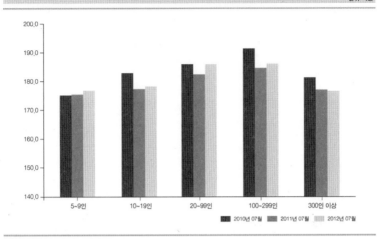

주: 전체 근로자 기준.
자료: 고용노동부, 〈사업체노동력조사〉; 『노동리뷰』(2012년 11월호).

그런데 앞서도 언급한 바와 같이, 고용노동부가 2013년 상반기에 근로시간이 비교적 긴 제조업을 중심으로 한 근로시간에 대한 근로 감독 결과에 따르면, 조사 대상이 된 총 314개 사업체 가운데 272개 사(86.6%)가 주 12시간의 연장근로 한도 규정을 초과해 〈근로기준법〉을 위반하고 있는 것으로 나타났다(배규식 2013). 또한 314개 사업체 가운데 수시 근로 감독의 대상이었던 85개 사 중 74개 사가 주 12시간의 연장근로 한도 규정을 초과하고 있었는데 이들의 주 평균 근로시간은 55.3시간으로 나타났다. 근로 감독을 한 기업 중 86.6%가 위반을 하고 있었다는 것은 실제로 근로시간이 법정 한도보다 훨씬 더 김에도 확인되지 않은 기업이 더 많이 존재할 가능성이 높다는 것으로 파악될 수 있다. 이런 상황은 인사 담당자 한 명에게 기업 상황을 묻는 패널 조사 자료에서는 잘 들어 나지 않는다. 특히 사무직이나 전문직·영업직·서비스직의 경우에는 업무의 특

표 6-2 | 기업 유형별 근로시간 및 근로시간 대비 연봉

단위: 만 원

| | 소정 근로시간 | 초과 근무시간 | 과장 세전 연봉 | 소정 근로시간 대비 연봉 | 초과 합산 근로시간 대비 연봉 |
|---|---|---|---|---|---|
| 출자 총액 제한 기업집단 계열사 | 40.35 | 6.14 | 4,810 | 119.47 | 104.63 |
| 상호 출자 채무 보증 제한 기업집단 계열사 | 40.16 | 6.82 | 4,545 | 113.27 | 98.37 |
| 해당 없음 | 40.40 | 6.44 | 3,540 | 87.91 | 77.01 |
| 합계 | 40.38 | 6.44 | 3,684 | 91.54 | 80.13 |

자료: 〈사업체패널조사〉 2007년 자료.

성상 초과 근로에 대한 명확한 규정이 없고, 파악이 어렵다 보니 소위 야근이나 휴일근로를 보편적으로 하고 있는 경우가 많지만, 이것을 확인할 수 있는 자료는 존재하지 않는다. 이런 점을 고려해 분석 결과를 파악할 필요가 있다.

## 삼성의 근로시간

이 글의 목적은 삼성의 성과주의 인사관리의 결과인 높은 임금수준과 관련해 근로시간에서 문제점이 없는지를 살펴보는 것이다. 장정아(1995)는 삼성이 1993년 '신경영'을 도입한 이후 모든 근로자, 특히 사무직 근로자의 경우 시간 관리를 통해 자율적인 노동 통제가 지속적으로 이루어져 왔다고 제시하고 있다. 최인이(2008)도 대기업 사무직 근로자의 근무시간은 개인의 업무 스케줄보다는 상사와의 관계 속에서 연장 근무 여부가 결정되는 한국 상황에서 근로시간 연장은 1990년 말 경제 위기 이후의 기업 구조조정의 흐름과 맞물려 더욱 가속화되어 왔으며, 삼성의 경우 이런 문제가 더욱 심화되었다고 제시했다. 이런 근로시간 연장은 삼성에서는 일상적인 것으로서 나타나고 있다. 실제로 익명의 삼성 직원은 2013년 말을

기준으로 최근 몇 년 동안 거의 10시에서 11시에야 퇴근할 수 있었다고 했다(삼성 직원 B와의 인터뷰).

그런데 삼성 계열사별 근로시간을 확인할 수 있는 조사 자료는 아쉽게도 존재하지 않는다. 또한 앞서도 살펴본 바와 같이 공식적인 자료로는 실근로시간을 정확하게 살펴볼 수 없다. 따라서 안타깝게도 계량적인 분석을 통해 삼성의 근로시간의 현황과 높은 임금수준과의 관계를 살펴볼 수는 없다. 물론 최인이(2008)는 실제 생산직 근로자와의 인터뷰를 통해서 초과근무 수당을 빼면 실제 급여는 다른 기업보다 높은 수준이 아니라는 것으로 제시하고 있다.

이 글에서는 따라서 대안적인 방법으로 삼성 계열사의 근로시간과 관련해 공식적으로 제시되고 확인된 사례 두 가지를 활용해 삼성의 고임금에 가려진 근로시간 문제를 제기하고자 한다.[1]

## 2004년 삼성SDI의 근로시간 이슈

노동부는 2004년 삼성SDI의 근로시간 위반과 부당노동행위 여부에 대한 특별 조사를 실시해, 연장근로시간(근로기준법 제 52조) 위반 총 797건 적발했다. 삼성SDI에 대해 노동부가 특별 조사를 실시하게 된 이유는 삼성SDI의 장시간 근로시간이 2004년도 국정감사에서 지적된 것이 계기였다. 당시 국회에서는 2004년 1월 삼성SDI에서 근무하다 사망한 근로자의 급여명세서에 의하

---

1_삼성그룹에서 일하면서 장시간 근로로 인해 질병, 과로사, 유산을 했다고 제시되는 사례와 근로시간이 잘못 산정되었다는 제기들은 상당히 많이 존재하지만, 이런 사례들은 명확하게 규명되지 않은 측면이 존재한다. 따라서 이 글에서는 이미 법리적 판단이 결정된 두 가지 사례를 통해서 삼성의 근로시간 문제를 살펴본다.

면 한 달 소정 근로시간은 518시간이고, 급여 지급 대상의 실근로시간은 316시간으로 법정 근로시간을 초과한 것이 의심되므로 노동부의 조사를 의뢰했다. 노동부는 위 근로자의 급여가 지급된 실근로시간에 대해 '60분 근로시간에 20분 휴게 시간, 30분 식사 시간'이라는 삼성SDI 측의 해명을 그대로 인정해 위 근로자의 근로시간에 대해서는 〈근로기준법〉 위반을 인정하지 않았다.

당시 노동부는 삼성SDI의 취업 규칙에 '휴게 시간 규정'이 명시되지 않았다는 것을 인정했으나, 근로계약서에 명시된 휴게 시간 규정이 '8시간 이내의 경우 30분, 8시간 이상 30분'으로 되었다는 점을 인정하고, 그 내용이 〈근로기준법〉 위반이라는 것도 인정했다.

당시 논란이 되었던 SDI 과로사 산재 인정 근로자의 경우, 회사 측이 제출한 월 평균 초과 근로시간은 103시간으로 되어 있으나, 노동부는 그 시간이 실제 근로시간이 아니고 다만, 회사 잔류시간에 불과하다는 회사 측의 변명을 그대로 수용해 실제 월 평균 초과 시간은 25.3시간으로 판정하고, 회사 측이 제출한 월평균 초과 시간 103시간은 '산재 인정을 받기 위해 임의로 작성'해 제출한 것으로 판단했다.

그러나 삼성SDI 측이 '3개월 월평균 100시간을 연장근로 시키지 않았다'는 근거로 삼성SDI가 제출한 서류가 조작되었다는 사실이 2005년도 국정감사에서 확인되었고, 노동부 역시 허위 자료 제출 사실을 인정했으나, 노동부는 삼성SDI가 서류는 조작했지만, '3개월 월평균 100시간을 연장근로 시키지 않았다'는 서류의 내용은 사실이라고 주장해 삼성SDI를 처벌하지 않았다.

노동부의 특별 조사 결과 삼성SDI는 특히 구조적인 장시간 근로를 해소하기 위해 교대제를 순차적으로 4조 3교대로 변경해 신규 채용 및 잉여 인력 활용을 하게 되었다.[2]

위 사례는 조돈문 외(2008)에서도 제기되었던 예로서, 삼성SDI 근로자의 과로사로 인해서 삼성SDI의 과도한 근로시간, 특히 초과 근로시간에 대해서 노동부가 특별 조사를 하여 〈근로기준법〉 위반의 혐의점을 발견했으나 회사 측의 의견을 받아 들여서 처벌하지는 않은 사례이다. 이 사례가 있었던 2003~04년 삼성SDI는 삼성전자보다도 취업 준비생들에게 더욱 선호되던 기업이었다. 앞서도 언급한 바와 같이 삼성의 사회적 명성과 더불어 삼성그룹의 계열사들의 임금수준이 높다는 것이 취업 준비생들이 선호하는 이유였다. 하지만 위 사례에서는 삼성SDI의 경우에 드러나지 않은 초과 근로로 인한 장시간의 근로시간이 존재한다는 것을 나타내고 있다.

즉, 위 사례에서 노동부가 삼성SDI를 〈근로기준법〉 위반으로 처벌하지는 않았지만, 삼성SDI 근로자들이 초과 연장근로를 월평균 1백여 시간 수행했다는 점은 분명하게 나타나고 있다. 삼성에서는 이런 긴 시간이 실근로 시간이 아니고 단순히 회사 잔류시간이라고 하고 있고 이런 의견을 노동부에서 받아들였으나, 반대로 얘기하면 회사에서 잔류하는 시간이 업무 시간이 아닌, 업무 시간에서 제외되는 휴식 시간이라고 볼 수 있는 증거를 제시하지도 못했기 때문에 사회적인 통념에 의해서 해석한다면 이런 시간들은 근로시간에 포함된다고 볼 수 있다. 특히 사무직이나 전문직의 경우에는 회사에서 지내는 모든 시간이 실제로는 업무의 연장선이라고 볼 수 있다. 따라서 실제로 2004년 현재, 삼성SDI의 근로시간은 매우 길다는 것을 알 수 있고, 이런 장시간 근로로 인해 근로자에게 다양한 부정적인 영향이 존재할 수 있다는 것을 파악할 수 있다. 위 사례에도 언

---

2_삼성SDI 사례는 김형민(2008)을 참고.

급되었다시피 실제로 삼성SDI도 이런 문제를 고려해 교대제의 개편을 통해 구조적인 장시간 근로를 줄이기 위해서 노력했다는 점은 이런 장시간 근로의 존재를 더욱 명확히 증빙하는 것이라고 볼 수 있다. 다만, 노동부의 특별 조사와 국회 국정감사에서 지적되었기 때문이겠지만, 이런 문제점을 해결하기 위해 삼성SDI가 근무 형태를 개편한 것에 대해서는 긍정적인 평가를 할 수 있다.

## 삼성전자서비스 협력 업체 근로시간 사례

지난 18대 대선 당일 출근해 근무하다가 의식불명으로 숨진 삼성전자서비스 협력 업체 직원에 대해 법원이 처음으로 업무상 재해를 인정했다.

서울행정법원 행정합의1부(재판장 이승택)는 삼성전자서비스 협력 업체에서 근무하다 사망한 정 모 씨의 아내 이 모 씨(33·여)가 근로복지공단을 상대로 낸 유족 급여 등 청구 소송에서 원고 승소 판결했다고 20일 밝혔다.

재판부는 "고인의 업무 강도와 긴장, 피로도 등이 평소보다 매우 높아졌을 것으로 보여 과로와 업무상 스트레스가 기존 질병을 악화시켜 사망에 이르게 된 것"이라며 "사망과 업무 사이에 상당 인과관계가 인정된다"고 판시했다.

재판부는 "고인은 팀장으로서 팀원들이 고객과 실랑이를 벌이면 상황을 수습해야 하는 위치에 있어 신체적 피로와 정신적 스트레스를 받았을 것으로 보인다"고 설명했다.

이어 "고인이 사망하기 1주일 전 총 근로시간은 최소한 68시간 이상으로 정상적인 근로시간인 주 44시간보다 50% 이상 길었다"며 "이 과정에서 실적에 대한 부담으로 팀원들을 다그치는 등 큰 심리적인 스트레스를 받은 것으로 보인다"고 덧붙였다.

정씨는 삼성전자서비스의 협력 업체 H사에서 팀장으로 근무하던 2012년 12월 화장실에서 의식을 잃은 채 발견돼 병원으로 후송됐으나 사망했다.

당시 H사는 삼성전자서비스의 협력 업체 평가에서 최하점을 받아 경고장을 받은 상태였고, 내근직 사원들에게 출근 시간을 1시간30분 당기고, 퇴근 시간을 1시간 늦출 것을 지시했다.

이로 인해 정씨는 평일에도 최대 13시간이 넘도록 일을 해야 했다. 정씨는 18 대 대선이 치러진 날에도 출근을 해 근무를 서야 했고, 당일 화장실에서 바닥 거미막밑 출혈(뇌출혈의 일종)로 의식을 잃고 쓰러져 깨어나지 못했다.

배우자 이씨는 "업무량이 급격히 증가한 탓에 숨을 거둔 것"이라며 근로복지 공단에 유족 급여 등을 신청했으나 받아들여지지 않자 소송을 냈다.[3]

위 사례는 삼성전자서비스 협력 업체 팀장의 과로사에 대해서 법원에서 과도한 초과 근로로 인한 업무 강도와 긴장, 피로도가 높아져서 과로와 업무상 스트레스가 나타나고 이로 인해 기존 질병을 악화시켜 사망에 이르게 했다는 것을 인정해 산업재해로 판정한 사례이다.

이 사례는 직접적으로 삼성 계열사에서 일어난 사례는 아니지만, 삼성 관련 계열사 및 협력사의 근로자들이 과도한 근로시간에 노출되어 있을 가능성을 제시해 주고 있다. 또한 이번 사례는 그동안 다양한 삼성 계열사 및 협력사 근로자들이 과로로 인한 다양한 질병 및 과로사, 과로로 인한 유산 등에 대한 기업의 책임을 제기했지만 거의 책임을 지지 않았던 삼성에게 장시간 근로로 인한 과로와 스트레스에 대해 책임을 지게 한 점에서도 의의가 있다.

위 판결문에서도 나타나듯이 기본적으로 삼성전자서비스는 협력 업

---

3_삼성전자서비스 협력 업체 팀장 사례는 『뉴스토마토』(2014/01/20), 전재욱 기자의 기사를 참고.

체들을 평가해 최하점을 받은 협력사에 대한 제재를 하고 있다. 이런 환경 속에서 협력 업체 근로자들은 소정 근로시간과는 별개로 긴 초과 근로시간에 노출되어 있는 것이다. 이 사례에서 과로사 한 팀장의 경우에도 과로사 직전 1주 동안 68시간 이상의 과도한 근로시간에 노출되었고, 법정 공휴일인 대통령 선거일에도 출근해 휴일근로를 하다가 순직했다.

따라서 삼성의 성과주의가 계열사 및 협력사들의 성과를 높이는 측면도 분명히 존재하겠지만, 소속 근로자들에게 장시간의 근로를 하도록 만들어서 다양한 부정적인 효과를 나타낸다는 것을 파악할 수 있다.

## 삼성 근로시간의 문제점 및 고려 사항

앞에서 다룬 두 가지 사례 외에도 삼성 계열사 및 협력사 근로자들이 장시간 근로로 인해 다양한 질병에 시달리고, 과로사하며, 유산 등을 했다는 내용은 인터넷을 조금만 조사해 봐도 상당히 많이 찾을 수 있다. 이런 사례들에 대해서 삼성은 장시간 근로로 인한 과로나 스트레스가 원인이 아니고, 근로자 개인의 건강이나 인간관계 등으로 원인을 돌려 왔다. 그리고 성과에 입각한 큰 보상을 함으로써 여러 문제점을 금전적인 측면에서 해결해 온 바 있다.

그러나 과도한 성과주의의 추구 및 금전적인 보상의 관리 방식은 다양한 부정적인 효과를 나타낼 수 있다. 먼저 과도한 업무량 및 장시간의 근로시간으로 인해 근로자들의 육체적·정신적인 측면에서 부정적인 영향을 미칠 수 있다. 또한 업무에 대한 몰입 및 노력에도 부정적일 수 있는데, 장은미·양재완(2002)은 금전 보상 등을 통한 외재적 동기부여 수준과 직무 수행 노력 간 관계가 역-U자형 관계를 갖고 있어 과도한 외재적 동기부여가 오히려 직무 수행 노력을 저해할 가능성이 있다고 주장하고 있다. 이런 측면에서 삼성의 과도한 성과주의, 특히 장시간의 근로시간을 근로자에게 부담하도록 하고 대신 금전 보상으로 해결하는 방식은 제고 될 필요가 있다.

여러 선행연구에서도, 1990년대 경제 위기 이후 우리나라에 대대적으로 도입된 서구식의 성과주의 경영 방식의 추구가, 긍정적인 측면도 존재하지만, 단기적 재무 성과와 비용 절감 위주의 현안에 초점을 두어 장기적 관점의 인적 자원 개발에 소홀했으며, 또 성과에 연계된 평가와 보상 차별화로 인해 과도한 개인 경쟁의 조장, 업무 부담과 스트레스 및 고용 불안 가중 등으로 우호적인 인간관계와 조직에 대한 충성심을 상당 부분 손상한 것으로 제시하고 있다(김동배 2006; 김성수 외 2010; 박상언 2000; 이승계 2013).

실제로 우리나라에서 취업 준비생들이 가장 가고 싶어 하는 삼성그룹의 평균 근속 기간은 2013년 현재, 9.1년으로 500대 기업 평균인 10.3년 보다 1년 이상 작은 것으로 나타나고 있다(『한겨레신문』 2013/07/31). 가장 근속연수가 긴 기업들이 약 18~19년에 이르는 것에 비해서는 거의 절반 정도에 머무르는 수준이다. 즉 가장 가고 싶은 기업으로 입사하지만, 회사에서 오래 머무르지는 못하는 것이다. 이런 부분은 성과주의에 기반을 두고 성과가 낮은 인력을 퇴출하는 형태의 효율적인 인력 관리를 하기 때문이기도 하겠지만, 과도한 근로시간 및 업무량에 대한 부정적인 측면이 존재해 근로자들이 오래 버티지 못하는 것일 수도 있다. 따라서 단순히 임금, 특히 성과급만을 통해서 근로자에게 동기부여를 하려는 방식을 지양하고, 근로시간 및 업무량에 대한 엄밀한 성찰을 통한 좀 더 장기적인 관점에서의 인적자원관리 및 개발 방식이 삼성에 필요하다고 볼 수 있다.

# 3. 삼성의 임금격차

## 임금격차에 대한 선행연구

임금격차pay dispersion란 기업 내 근로자 간 혹은 기업 간 임금의 차이 정도를 나타내는 용어로서, 선행연구에서는 임금 분산pay distribution, 임금 차이 pay differential와도 혼용되어 사용되기도 한다.[4] 유사하게 밀코비치와 뉴먼은 임금격차(임금 분산)란 하나의 조직 내에서 업무 책임, 인적 자본, 개인 성과에 대한 차이에 따라 지급되는 보상 수준에 대한 개념으로 정의하고 있다(Milkovich & Newman 2010). 경제학에서는 주로 기업 간 임금격차를 연구하고 있지만, 인사관리 관점에서는 밀코비치와 뉴먼의 정의처럼 기업 내 임금격차에 대해서 살펴보는 것이 더 중요하다고 볼 수 있다. 블룸은 기업 내 임금격차(분산)가 매우 중요한 이슈임에도 이에 대한 연구가 보상 관련 분야에서 상대적으로 드물다고 제시한 바 있다(Bloom 1999).

임금격차(임금 분산)는 크게 보면 두 가지의 종류로 구분할 수 있다 (Bloom 1999). 한 가지는 임금격차(분산)가 위계적이고, 임금의 많은 비중이 소수의 계층, 직무, 개인에게 집중되어져 있는 형태이다. 이런 형태에서 근로자 간 임금은 차이가 크게 벌어진다. 다른 한 가지는 밀착형 임금격차(분산)로서 근로자 간 임금 차이가 작은 구조이다. 위계적 모형에서 임금격차는 인재를 유인하고 성과를 내도록 동기를 부여하는 인센티브의

---

4_물론 학자들에 따라서는 임금격차, 임금 차이, 임금 분산을 엄밀하게 분류하기도 한다. 일례로 블룸은 임금 분산은 차이가 더 클 때 좀 더 위계적인 개념이라고 제시하고 있다 (Bloom 1999). 그러나 이 글에서는 이런 개념들을 엄밀하게 구분하기보다는 유사한 개념으로 다룬다.

수단들로 간주된다. 이런 형태의 구조에서 큰 임금격차는 근로자가 더 높은 수준의 성과를 내도록 유인할 것으로 기대한다. 더 큰 임금격차는 높은 성과에 대한 수익을 증가시키기 때문에, 급여와 성과 간 긍정적인 연결 관계를 창출하고, 더 높은 미래의 성과를 유인할 수 있다고 주장한다(Milgram & Roberts 1992). 반면 밀착형 임금격차 모형에서는 어떻게 임금격차가 협력적인 작업과 협동에 영향을 미치는지에 관심을 둔다. 위계적 임금격차는 협동에 대한 부정적인 인센티브로 작용을 하고, 근로자들의 불평등한 감정, 불만족을 증가시켜서 성과를 약화시킨다고 주장한다(Bloom 1999).

특히 위계적 임금격차는 성과주의와 밀접하게 관련된다. 즉 성과주의 보상 제도는 조직 구성원에 대한 보상을 성과와 연동시킴으로써 동기부여를 강화시키는 제도로, 기대 이론expectancy theory에 근간을 두고 있다. 성과주의 보상 제도에서는 성과를 많이 내는 근로자에게는 훨씬 더 큰 보상을, 그렇지 못한 근로자에게는 낮은 보상을 하는 것을 원칙으로 하기 때문에 기본적으로 임금격차가 크게 벌어질 수밖에 없다. 대체로 고성과 작업 시스템을 기본으로 한 연구들에서는 성과주의 보상 제도가 조직 구성원에 대한 동기부여를 강화함으로써 근로자의 직무 만족도가 높아지고 업무 몰입이나 작업 노력을 제고시킨다고 주장하고 있다(김재구·임상훈·김동배 2003; 배종석·사정혜 2003; 정연앙·최장호 2008).

그러나 성과주의 보상 제도가 항상 의도된 결과를 낳는 것은 아니라는 주장도 존재하는데, 장은미·양재완(2002)은 외재적 동기부여 수준과 직무 수행 노력 간 관계가 역-U자형 관계를 갖고 있어 과도한 외재적 동기부여가 오히려 직무 수행 노력을 저해할 가능성이 있다고 주장하고 있다. 따라서 앞서 언급한 밀착형 임금격차의 논의처럼 과도한 성과주의의 추구 혹은 큰 임금격차는 구성원의 불만족과 불평등 감정을 촉발해 태도와 행동이 부정적일 수도 있다는 것이다. 김동배(2006) 역시 외환 위기 이후 급속히 확산되고 있는 우리나라의 연봉제와 성과배분제가 노동생산성을 증진시킨 효과가 있었으나, 연봉제의 경우 지나친 개인 성과급의 확산이 조직성과를 오히려 저해할 수 있음을 제시했다. 실제로 여러 선행연구에서는 적은 임금격차가 더 좋은 성과와 연결된다고 제시하고 있는데, 예를 들어, 블룸은 미국 메이저리그 야구팀 및 선수들을 대상으로 임금격차의 성과 지표에 대한 효과를 검증했는데 개인 수준 성과 및 조직 수준 성과 모두 임금격차가 작을 때 더 높게 나타났다(Bloom 1999). 러바인도 상호 의존성이 높은 업무를 하는 집단의 경우 응집성이 중요한 역할을 하게 되는데, 임금격차(저임금/고임금)의 함수를 활용해 이론적으로 이런 집단에서는 기업 내 임금격차가 클수록 기업 성과를 저해한다는 점을 보여 주었다(Levine 1991).

이런 기업 내 임금격차의 긍정적인 효과 및 부정적인 효과에 대해서는 다양한 논의가 가능한데, 특히 임금격차의 긍정적인 측면을 강조하는 데 기반이 되는 이론과 부정적인 측면에 초점을 둔 이론을 비교해 살펴볼 필요가 있다.

먼저 기업 내 임금격차의 긍정적인 측면을 강조하는 대표적인 이론으로 토너먼트 이론이 있다. 토너먼트 이론tournament theory은 근로자 간 경쟁이 곧 근로자의 노력effort을 높여 기업 성과를 향상시키는 데 도움이 된다고 본다(엄동욱 2011). 즉 토너먼트 이론은 기업의 위계 구조를 일종의 토너먼트로 간주해 신입 사원부터 경영진이 될 때까지 근로자 간 경쟁을 벌여서 승리자만 계속 승진해 가는 구조로 간주한다. 따라서 경영진, 특히 최고경영자가 되면 토너먼트의 승리자가 되는 것이기 때문에 '승자독식 원칙'winner takes it all에 따라 막대한 보상을 부여하는 것이 타당하다는 것이다. 토너먼트 이론에서는 이런 토너먼트 구조에서 승자에게 큰 보상을 부여하는 것이 근로자들에게 토너먼트의 승자가 되어야겠다는 동기부여를 불러일으킨다고 제시하고 있다(Lazear & Rosen 1981). 이런 토너먼트 이론에 근거하면 상금 차이, 즉 임금격차가 클수록 기업 성과가 더 높아진다고 보는 것이다(엄동욱 2011).

반면 기업 내 임금격차의 부정적인 측면에 초점을 두는 이론으로는 공정성 이론 및 상대적 박탈감 이론이 있다(Cowherd & Levine 1992). 공정성 이론equity theory은 개인이 공헌하는 만큼 임금을 받을 때 공정하다고 느낀다고 제시한다. 즉 개인들은 그들의 노력과 보상에 대한 교환관계에서 자신이 공헌한 것에 대비한 보상을 비교 준거 그룹의 공헌 대비 보상과 비교해 자신의 임금이 공정한지를 판단한다는 것이다. 임금에 대한 공정성을 인식해야 업무 태도 및 행동이 좋아지게 되는데, 근로자 간 임금 불평등으로 인해 공정성 인식이 약화된다면 결국 근로자 간 협업(팀워크)을 저해함으로써 오히려 기업 성과에 부정적인 영향을 준다고 본다(엄동욱 2011). 유사하게 상대적 박탈감 이론relative deprivation theory은 사람들은 자신의 보상액을 준거 그룹이 받은 보상액을 비교해, 당연히 받아야 하는 것이라고 생각하는 것만큼 받지 못할 때 박탈감을 경험한다고 제시하고 있다(Martin 1981). 상대적인 박탈감 연구에서는 일반적으로 낮은 지위의 사람들이 자신의 임금을 높은 지위의 사람들의 임금과 비교하는 감정을 다루고 있다(Cowherd & Levine 1992). 상대적 박탈감의 결과에 대한 대부분의 연구들에서는 이런 상대적 박탈감이 부정적인 태도나 행동으로 나타남을 제시하고 있다. 공정성 및 상대적 박탈감 이론들은 개인들이 다양한 준거와의 사회적 비교를 함으로써 보상의 격차에 대한 공정성을 평가한다고 제시한다(Kulik & Ambrose 1992). 특히 선행연구들은 낮은 지위의 종업원들이 조직의 최고 경영진과의 비교를 한다는 것에 초점을 두고 있다. 즉 카우허드와 러바인은 낮은 지위의 종업원들이 자신의 임금을 높은 지위의 그룹과 비교하고, 이런 비교를 통해 임금격차가 불평등하다는 감정을 초래할 수 있다고 제시했다(Cowherd & Levine 1992).

　위의 이론들 중 임금격차와 관련해 보다 많은 실증결과를 제시하고 있는 것은 후자 이론들을 적용한 연구들이다. 예를 들어, 마틴의 연구들에서는 비서직과 생산직 근로자들이 조직의 관리자의 임금과 자신의 임금 간 차이에 의해서 크게 영향을 받아 임금 공정성에 대한 지각을 불공정하게 인식한다는 것을 제시했다(Martin 1981; 1982). 마호니도 낮은 지위의 종업원들은 상위 직급의 관리자들과 비교할 때 적은 정도의 임금격차가 있는 것을 선호한다고 제시했다(Mahoney 1979). 페퍼와 랭턴은 대학 구성원들을 대상으로 임금이 생산성과 경험 같은 투입 정도를 반영한다고 하더라도 연봉 격차가 더 큰 것에 대해서 좀 더 불만족 한다는 것을 제시했다(Pfeffer & Langton 1993). 카우허드와 러바인은 기업 내 계층 간 임금 평등과 제품 품질 간 관계를 102개의 샘플을 통해서 검증했는데, 낮은 지위의 종업원들과 임원진 간 임금격차가 적을수록 낮은 지위의 종업원들의 조직 목표에 대한 몰입, 노력, 협동을 높임으로서 높은 제품 품질을 창출하는 것으로 나타났다(Cowherd & Levine 1992). 이런 선행연구들을 정리해 보면, 결국 낮은 지위의 종업원과 상위 직급 경영진 간 임금격차는 낮은 지위 종업원의 임금 공정성에 대한 지각에 부정적인 영향을 미칠 수도 있다는 것을 알 수 있다.

　이런 기업 내 경영진과 근로자 간 임금격차 문제는 공동체 문화 및 유교 문화를 가지고 있는 아시아권 국가보다는 개인주의와 성과주의를 가지고 있는 영미권 국가의 기업에서 더 큰 문제가 될 수 있다. 실제로 대체로 일본 등 아시아권 국가보다 미국에서 계층 간 임금격차가 더 큰 것으로 제시되고 있다(Cowherd & Levine 1992). 그러나 IMF 외환 위기 이후 우리나라의 기업들에도 연봉제와 스톡옵션 제도, 이익 분배제 등의 다양한 성과주의 보상 제도가 적극적으로 도입되었기 때문에 기업 내 임금격차가 심화되었을 것이다. 따라서 이런 근로자의 태도와 행동에 영향을 미칠 수 있는 기업 내 임금격차가 어느 정도로 벌어져 있는가를 살펴보는 것은 임금에 대한 또 다른 측면의 이슈라고 볼 수 있다. 특히나 성과주의를 가장 앞장서서 도입해 온 삼성그룹에 있어서 이런 임금격차는 중요한 이슈가 될 수 있을 것이다. 이에 대해서 다음 절에서 살펴본다.


**우리나라 기업의 임금격차**

우리나라 기업 내에서의 임금격차 중 (앞서도 언급한 바와 같이) 하위직 근로자의 임금 공정성 지각에 가장 큰 영향을 미치는 임·직원 간 임금격차에 관심을 두고 있다. 하지만 먼저 우리나라가 기업 전반적으로 동일 직급의 근로자 간에 고과에 따라서 얼마나 임금을 차등하고 있는지에 대해 살펴보도록 한다.

〈사업체패널조사〉 2011년 자료를 분석해, 인사고과(평가) 점수에 따라서 임금 인상에 차등을 두고 있는지와 얼마나 차등을 두고 있는지에 대해서 살펴보았다. 이런 인사고과(평가)에 따른 임금 인상의 차등은 연봉제의 기본 개념이며, 성과주의 임금의 기본 개념이 된다. 분석 결과는 〈표 6-3〉과 〈표 6-4〉로 제시되어져 있다.

관리자급(과장급 이상)과 사원급으로 구분해 살펴본 결과, 관리자급에 대해 고과에 따른 임금 인상을 차등을 두고 있는 기업은 전체 중 약 60%로 나타났고, 사원급에 대해 차등을 두고 있는 기업은 전체 중 약 46%로 나타났다.

즉 아직까지 동일 직급 간 임금격차는 주로 관리자급에서 나타나는 것으로 볼 수 있고, 동일 직급 간에는 임금격차를 두지 않고 있는 기업도 많은 것이다. 인사고과(평가)에 따라서 임금 인상에 차등을 둔다고 응답한

**표 6-3 | 인사고과(평가)에 따른 임금 인상 차등 여부(관리 자급)**

단위: %

| | | 실시/활용 | 실시/미활용 | 미실시 | 해당 없음 | 차등 폭 | 사례 수(개) |
|---|---|---|---|---|---|---|---|
| | 전체 | 59.9 | 11.9 | 22.7 | 5.5 | 14.69 | 1,263 |
| 규모 | 100인 미만 | 53.6 | 16.1 | 24.2 | 6.1 | 11.83 | 392 |
| | 100~299인 | 59.6 | 11.9 | 22.4 | 6.1 | 18.38 | 379 |
| | 300~999인 | 64.7 | 9.7 | 20.3 | 5.3 | 14.00 | 340 |
| | 1,000인 이상 | 66.4 | 5.9 | 25.0 | 2.6 | 13.97 | 152 |
| 업종 | 제조업 | 65.5 | 13.5 | 18.1 | 2.9 | 13.14 | 525 |
| | 전기·가스·수도업 | 62.5 | 0.0 | 33.3 | 4.2 | 5.93 | 24 |
| | 하수·폐기물·환경복원업 | 66.7 | 0.0 | 16.7 | 16.7 | 10.00 | 6 |
| | 건설업 | 57.4 | 13.1 | 29.5 | 0.0 | 12.91 | 61 |
| | 도·소매업 | 78.9 | 6.7 | 11.1 | 3.3 | 23.53 | 90 |
| | 운수업 | 51.8 | 16.1 | 26.8 | 5.4 | 13.54 | 56 |
| | 음식·숙박업 | 83.3 | 10.0 | 6.7 | 0.0 | 10.40 | 30 |
| | 출판·영상·방송통신업 | 69.4 | 9.7 | 17.7 | 3.2 | 10.52 | 62 |
| | 금융·보험업 | 60.0 | 8.3 | 23.3 | 8.3 | 12.21 | 60 |
| | 부동산·임대업 | 50.0 | 16.7 | 33.3 | 0.0 | 3.33 | 6 |
| | 기술 서비스업 | 69.2 | 9.9 | 16.5 | 4.4 | 24.60 | 91 |
| | 사업 서비스업 | 48.9 | 17.8 | 26.7 | 6.7 | 11.82 | 45 |
| | 교육·사회복지 서비스업 | 26.2 | 10.5 | 44.8 | 18.6 | 16.26 | 172 |
| | 스포츠·여가 서비스업 | 60.0 | 20.0 | 20.0 | 0.0 | 14.73 | 15 |
| | 기타 서비스업 | 65.0 | 15.0 | 20.0 | 0.0 | 8.04 | 20 |

기업을 대상으로 실제로 어느 정도의 차등 폭을 두는지 살펴본 결과, 관리 자급의 경우에는 평균 14.69%, 사원급은 평균 13.89%의 차등을 두고 있는 것으로 나타났다. 즉 우리나라 기업에서는 같은 직급의 근로자들 간에 약 14% 정도의 임금격차가 존재하는 것으로 나타났다.

다음으로 우리나라 기업의 임·직원 간 임금격차를 살펴보도록 한다.

우리나라 기업들의 경우 공시 자료에 임원 및 직원의 평균 연봉을 포함하도록 되어 있다. 〈재벌닷컴〉에서 2011년 회계연도를 기준으로 총수가 있는 자산 순위 30대 그룹 소속 193개 상장사의 임직원 연봉을 공시 자료를 토대로 조사한 결과, 등기 임원(사외이사·감사 제외)의 연봉은 평균 8억4천만 원, 부장급 이하 직원들은 평균 6,349만 원의 연봉을 받고 있는 것으로 나타났다. 임원과 직원들 간 평균 임금 격차는 7억7,651만 원이고, 임금격차는 평균 약 13배에 달하는 것으로 나타났다. 조사 대상 중 연

표 6-4 | 인사고과(평가)에 따른 임금인상 차등 여부(사원급)

단위: %

| | | 실시/활용 | 실시/미활용 | 미실시 | 해당 없음 | 차등 폭 | 사례 수(개) |
|---|---|---|---|---|---|---|---|
| | 전체 | 45.5 | 8.8 | 37.8 | 7.8 | 13.89 | 1,263 |
| 규모 | 100인 미만 | 46.2 | 12.2 | 33.7 | 7.9 | 11.35 | 392 |
| | 100~299인 | 47.2 | 7.4 | 37.2 | 8.2 | 17.89 | 379 |
| | 300~999인 | 42.9 | 8.8 | 39.4 | 8.8 | 12.77 | 340 |
| | 1,000인 이상 | 45.4 | 3.3 | 46.7 | 4.6 | 12.47 | 152 |
| 업종 | 제조업 | 44.4 | 10.9 | 37.9 | 6.9 | 10.75 | 525 |
| | 전기·가스·수도업 | 41.7 | 4.2 | 54.2 | 0.0 | 5.20 | 24 |
| | 하수·폐기물·환경복원업 | 16.7 | 16.7 | 50.0 | 16.7 | 20.00 | 6 |
| | 건설업 | 41.0 | 11.5 | 45.9 | 1.6 | 9.00 | 61 |
| | 도·소매업 | 61.1 | 5.6 | 26.7 | 6.7 | 24.22 | 90 |
| | 운수업 | 33.9 | 8.9 | 44.6 | 12.5 | 14.22 | 56 |
| | 음식·숙박업 | 60.0 | 6.7 | 33.3 | 0.0 | 7.72 | 30 |
| | 출판·영상·방송통신업 | 67.7 | 9.7 | 16.1 | 6.5 | 9.73 | 62 |
| | 금융·보험업 | 53.3 | 6.7 | 31.7 | 8.3 | 9.52 | 60 |
| | 부동산·임대업 | 33.3 | 16.7 | 50.0 | 0.0 | 5.00 | 6 |
| | 기술 서비스업 | 61.5 | 5.5 | 24.2 | 8.8 | 22.71 | 91 |
| | 사업 서비스업 | 46.7 | 2.2 | 46.7 | 4.4 | 18.67 | 45 |
| | 교육·사회복지 서비스업 | 25.0 | 7.6 | 51.2 | 16.3 | 21.48 | 172 |
| | 스포츠·여가 서비스업 | 53.3 | 6.7 | 33.3 | 6.7 | 8.20 | 15 |
| | 기타 서비스업 | 50.0 | 10.0 | 40.0 | 0.0 | 8.15 | 20 |

봉 격차가 평균보다 높게 나타난 그룹은 삼성그룹, 롯데그룹, 한화그룹, SK그룹, 현대그룹 등으로 이들은 임·직원 간 임금격차가 20배 이상인 것으로 나타났다. 반면 대림그룹, 웅진그룹, 금호그룹 등은 임금격차가 6배 미만으로 나타났다.

선행연구에 따르면 이런 임금격차를 나타내는 성과주의 보상 제도의 도입은 우리나라 기업에서 성과와 보상을 직접 연계함으로써 근로자들에게 동기를 부여해 생산성 향상에 기여하고 복잡한 임금 체계의 단순화와 성과 지향적 조직 문화 확립에 상당한 효과를 보인 것으로 나타났다(김동배 2006; 이승계 2013). 그러나 다른 한편으로는 연봉제(직무성과급제)와 개인별 인센티브제의 성과 개선 효과를 조직적 차원에서 직접 실증하고 있는 몇몇 연구들에 따르면, 일반적인 기대와는 달리 이 임금제도가 생각보다 그리 효과적이지 못하다는 사실을 확인할 수 있다(김성수 외 2010; 박상언 2000). 즉 단기적 재무 성과와 비용 절감 위주의 현안에 초점을 두어 장기적 관점의 인적 자원 개발에 소홀했으며, 성과에 연계된 평가와 보상 차별화로 인해 과도한 개인 경쟁의 조장과 회계 부정 등 도덕적 해이 발생, 조직 내 협력 분위기 저해, 투명하고 공정한 성과 측정에 대한 불신과 수용성 미흡, 업무 부담과 스트레스 및 고용 불안 가중 등으로 우호적인 인간관계와 조직에 대한 충성심을 상당 부분 손상한 것으로 나타나고 있다(이승계 2013). 따라서 이런 임금격차를 나타내는 성과주의 보상 제도의 도입은 주의를 기울여서 활용될 필요성과 보다 임금격차를 감소시킬 필요성이 제기되고 있다(박상언 2000; 이승계 2013; 정홍준 2010).

**삼성의 임금격차**

라이트는 삼성 신경영의 인사 시스템에 있어서 핵심은 다양한 인적 자원 풀을 구성하고, 이들을 동기부여 시키기 위해 성과 보상 제도와 핵심 인재 관리(스타시스템)를 도입한 것이라고 제시했다(Wright 2013). 특히 일반 직원과 차별적으로 선발하고 대우하는 스타 시스템을 삼성 신경영의 핵심적인 제도로 제시했다. 이승협(2008)도 신경영 이후 삼성의 인적자원관리는 성과주의로의 전환과 임금을 중심으로 한 유인 제도 도입으로 특징지을 수 있다고 제시했다. 이런 성과주의에 기반을 둔 보상 제도와 스타를 키우는 핵심 인재 관리 시스템의 활용은 기업 내 임금격차를 더욱 크게 만들 가능성이 높을 것이다. 따라서 삼성그룹 계열사들이 얼마나 임금격차를 크게 설정했는지 살펴보도록 한다.

삼성의 동일 직급 간 임금격차

이 글의 초점은 기업 내 임·직원 임금격차를 살펴보는 것이지만, 먼저 삼

**표 6-5 | 30대 그룹 등기 임원(사내 임원)과 직원 간 임금격차**

| 순위 | 그룹명 | 상장사 | 등기 임원 수 | 등기 임원(억 원) | 직원 연봉(만 원) |
|---|---|---|---|---|---|
| 1 | 삼성 | 17 | 52 | 21.4 | 7,481 |
| 2 | 현대차 | 10 | 36 | 10.2 | 8,401 |
| 3 | SK | 18 | 53 | 11.9 | 5,172 |
| 4 | LG | 11 | 27 | 7.4 | 5,832 |
| 5 | 롯데 | 9 | 24 | 9.4 | 3,716 |
| 6 | 현대중 | 3 | 7 | 8.1 | 7,636 |
| 7 | GS | 8 | 28 | 6.5 | 5,221 |
| 8 | 한진 | 5 | 15 | 9.1 | 5,738 |
| 9 | 한화 | 6 | 14 | 14.5 | 5,847 |
| 10 | 두산 | 6 | 34 | 10.4 | 6,291 |
| 11 | STX | 5 | 18 | 8.6 | 5,317 |
| 12 | CJ | 8 | 29 | 7.1 | 4,420 |
| 13 | LS | 7 | 24 | 5.9 | 5,105 |
| 14 | 금호 | 4 | 13 | 3.5 | 5,865 |
| 15 | 신세계 | 7 | 19 | 5.8 | 3,529 |
| 16 | 동부 | 8 | 15 | 3.4 | 5,304 |
| 17 | 대림 | 3 | 11 | 2.8 | 6,869 |
| 18 | 현대 | 3 | 11 | 13.8 | 6,319 |
| 19 | OCI | 7 | 19 | 5.5 | 5,637 |
| 20 | 효성 | 5 | 14 | 5.3 | 4,082 |
| 21 | 동국제강 | 4 | 14 | 7.8 | 5,569 |
| 22 | 현대백 | 6 | 26 | 5.7 | 3,795 |
| 23 | 코오롱 | 6 | 22 | 5.3 | 4,607 |
| 24 | KCC | 2 | 9 | 4.1 | 5,030 |
| 25 | 웅진 | 6 | 24 | 1.9 | 4,025 |
| 26 | 영풍 | 6 | 22 | 2.4 | 4,026 |
| 27 | 한진중 | 3 | 9 | 3.3 | 4,926 |
| 28 | 미래에셋 | 2 | 6 | 11.8 | 6,124 |
| 29 | 동양 | 6 | 30 | 3.5 | 5,772 |
| 30 | 현대산업 | 2 | 7 | 4.8 | 5,636 |
| | 30대 그룹 전체 평균 | 193 | 632 | 8.4 | 6,349 |

주: 2011년 회계연도(사외이사, 감사, 미등기임원 제외).
　　순위는 그룹 총자산 순위.
자료: 〈재벌닷컴〉.

성그룹의 동일 직급 간 임금격차를 살펴보았다. 삼성그룹 계열사에서는 공식적으로 근로자의 연봉을 다른 사람에게 공개할 수 없다. 연봉을 공개하지 않음으로써 근로자 간 경쟁을 보다 치열하게 만들어서 성과주의를 강력하게 추진하려는 목적이다. 따라서 동일 직급 간 얼마나 임금격차가 있는지 계량적인 분석으로는 살펴보기 어렵다. 그러나 삼성의 공식적인 성과주의 추구 사례에서 동일 직급 간 임금격차에 대해서 발표된 내용이

**표 6-6 | 삼성전자의 동일 직급 간 임금격차 예**

단위: 만 원

|  | A 과장 | B 과장 | C 과장 |
|---|---|---|---|
| 계약 연봉 | 3,000 | 3,000 | 3,000 |
| 능력 가감급 | 1,500 | 600 | −180 |
| 생산성 장려금(PI) | 450 | 300 | 0 |
| 이익배분(PS) | 1,500 | 750 | 0 |
| 총계 | 6,450 | 4,650 | 2,820 |

자료: 박우성·이병하(2003).

존재하므로, 이를 통해 동일 직급 간 임금격차를 살펴볼 수 있다.

박우성·이병하(2003)는 사례연구를 통해 삼성전자의 보상 제도의 변화를 제시했는데, 삼성전자의 경우 경영 환경의 변화가 이에 대응하기 위한 경영전략의 변화를 발생시키고, 그에 따라 보상 제도가 변화하는 과정을 겪어 왔으며, 그 과정에서 변동급의 비중이 증가하고 성과주의가 강화되는 모습을 보여 왔다고 제시했다. 이들에 따르면, 삼성전자의 보상 제도는 강한 성과주의를 지향하고 있는데, 2000년에 도입된 사업부의 경제적 부가가치(EVA)에 기초한 집단 인센티브인 이익 배분제(PS)와 사업부의 성과에 기초해서 결정되는 생산성 장려금(PI)이 존재한다. 또한 개인의 성과에 따라 능력가급이 이루어져 성과가 높은 사람과 낮은 사람 간에 능력급의 145%까지 격차가 벌어지게 된다고 제시하고 있다. 즉 이런 성과주의 보상 제도들을 통해 개인 성과와 집단 성과가 모두 높은 개인과 그 반대의 경우에 해당하는 개인 간에 전체 보상의 크기가 두 배 반 정도 차이가 발생하게 될 수 있다는 것이다. 박우성·이병하(2003)에 따르면 삼성전자에서는 동일한 과장 직급이고 같은 계약 연봉에 사인했다 하더라도 능력가급, 생산성 장려금, 이익 배분금의 차이로 인해서 〈표 6-6〉에서 제시한 만큼 임금격차가 벌어질 수 있다.

앞서 우리나라 기업에서 2011년 현재, 동일 직급 간 평균적으로 약

표 6-7 | 삼성그룹 주요 계열사별 임금격차

| 계열사 명 | 임원 연봉(천 원) | 직원 연봉(천 원) | 임금격차(배) |
|---|---|---|---|
| 삼성전자 | 5,201,000 | 70,000 | 74.30 |
| 씨큐아이 | 1,000,000 | 59,000 | 16.95 |
| 씨브이네트 | 1,000,000 | 52,000 | 19.23 |
| 에스원 | 1,011,000 | 55,000 | 18.38 |
| 크레듀 | 386,000 | 40,000 | 9.65 |
| 호텔신라 | 746,000 | 46,000 | 16.22 |
| 삼성디스플레이 | 534,943 | 54,961 | 9.73 |
| 삼성물산 | 1,939,000 | 71,000 | 27.31 |
| 삼성메디슨 | 370,220 | 37,570 | 9.85 |
| 삼성SDI | 941,000 | 73,000 | 12.89 |
| 삼성SDS | 681,000 | 70,000 | 9.73 |
| 삼성SNS | 452,000 | 55,940 | 8.08 |
| 삼성엔지니어링 | 1,543,000 | 82,000 | 18.82 |
| 삼성전기 | 866,000 | 63,550 | 13.63 |
| 삼성정밀화학 | 677,000 | 81,600 | 8.30 |
| 삼성중공업 | 3,682,000 | 77,000 | 47.82 |
| 삼성테크윈 | 773,000 | 70,000 | 11.04 |
| 삼성토탈 | 575,000 | 69,000 | 8.33 |
| 세메스 | 184,420 | 60,350 | 3.06 |
| 제일모직 | 1,292,000 | 61,000 | 21.18 |
| 삼성화재해상보험 | 1,185,100 | 85,470 | 13.87 |
| 삼성카드 | 955,970 | 63,000 | 15.17 |
| 삼성증권 | 776,000 | 80,830 | 9.60 |
| 삼성생명 | 1,344,000 | 74,000 | 18.16 |
| 주요 계열사 평균 | 1,171,486 | 64,678 | 17.55 |

자료: 금융감독원 전자공시시스템.

14%의 임금격차가 있다고 나타난 반면, 삼성전자의 경우 2000년대 초반 이미 동일한 과장급 간에 200%가 넘는 임금격차가 나타나고 있어 상당히 강도 높은 성과주의를 추구하고 있음을 알 수 있다.

### 삼성의 임·직원 간 임금격차

이제 이 글의 초점인 임·직원 간 임금격차가 삼성에서 얼마나 큰 지를 살펴보도록 한다. 삼성그룹의 경우 우리나라 기업들 중 가장 임금격차가 크게 나타나고 있다. 앞서 살펴본 〈재벌닷컴〉의 자료를 살펴보면, 삼성그룹은 등기 임원의 경우 평균 21억4천만 원을 연봉을 받는 반면, 직원들의 경우 평균 약 7천 5백만 원을 받는 것으로 나타나고 있다. 삼성그룹의 임·직원 간 임금격차는 이 조사에 따르면 28.6배에 이르는 것으로 나타나 재벌 그룹들 중에서도 가장 큰 임금격차를 나타냈다. 그러나 이 자료가 최근 자료가 아니므로, 좀 더 최근 자료를 통해서 삼성그룹의 임금격차를 살펴보았다.

본 연구가 진행된 1~2월은 대부분의 기업에서 2013년 사업보고서가 아직 공시가 되지 않은 상황이기 때문에, 가장 최근에 금융감독원 전자공시시스템에 공시된 2012년 사업보고서를 토대로 삼성그룹의 주요 계열사별 임금격차를 살펴보았다. 이에 대한 조사 결과가 〈표 6-7〉에 제시되어져 있다.

조사 결과를 살펴보면, 삼성그룹 주요 계열사 중 직원 평균 연봉이 가장 높은 곳은 삼성화재해상보험(약 8천5백만 원)으로 나타나고 있는 반면, 임원 평균 연봉이 가장 높은 곳은 삼성전자로 평균 약 52억 원을 받고 있는 것으로 나타났다. 계열사들의 임금격차를 살펴보면 평균적으로는 약 18배의 임금격차를 나타냈지만, 삼성전자의 경우에는 무려 74배의 임금격차를 나타냈다. 삼성중공업의 경우에도 약 48배의 임금격차를 나타냈고, 삼성물산과 제일모직의 경우에도 임·직원 임금격차가 20배가 넘는 차이를 나타냈다.

동일한 2012년 공시된 사업보고서 기준으로 현대자동차 그룹 주요 계열사들의 임·직원 간 임금격차 평균이 약 11배이고,[5] 2011년도 재벌 그룹의 임금격차 평균이 13배 정도인 것에 비하면 삼성그룹 주요 계열사

---

5_현대자동차 그룹 계열사 중 가장 임금격차가 큰 기업은 현대자동차로 약 24배를 나타냈다.

들의 임·직원 간 임금격차는 매우 크다는 것을 알 수 있다.

## 삼성 임·직원 간 임금격차의 문제점 및 고려 사항

앞서 조사 자료들에서 살펴본 바와 같이 삼성그룹은 다른 기업이나 재벌 그룹보다도 매우 정도가 큰 동일 직급 간, 임·직원 간 임금격차를 가지고 있다. 특히 삼성전자의 경우에는 동일 직급 간 임금격차가 2003년 현재, 2배 이상, 임·직원 간 임금격차가 2012년의 경우 무려 74배에 달한다. 이런 막대한 정도의 임·직원 간 임금격차는 긍정적인 효과보다는 오히려 부정적인 효과가 강할 가능성이 높다.

적절한 임·직원 간 임금격차는 토너먼트 이론에서 제시하듯이 근로자들에게 임원이 되어서 토너먼트의 승자가 되어 막대한 보상을 받겠다는 동기부여를 불러일으킬 수도 있을 것이다(Lazear & Rosen 1981). 그러나 삼성그룹, 특히 삼성전자처럼 지나치게 임·직원 간 임금격차가 크게 되면 아무리 임원들의 노력과 성과에 대한 공헌을 인정한다 하더라도 근로자들이 임금에 대한 불만족과 불공정성 인식을 하게 될 가능성이 높아진다. 앞서도 살펴본 바와 같이 선행연구들은 낮은 지위의 종업원들이 조직의 최고 경영진과의 비교를 한다고 제시한다(Cowherd & Levine 1992). 즉 종업원들이 자신의 임금을 높은 지위의 그룹, 특히 경영진이나 임원들과 비교하고, 이런 비교를 통해 임금격차가 불평등하다는 감정을 초래할 수 있다고 있다는 것이다. 선행연구들도 대체로 임금격차가 클수록 근로자들이 부정적인 인식을 하고, 임금격차가 작을수록 긍정적인 인식을 한다고 제시하고 있다(Bloom 1999; Cowherd & Levine 1992; Mahoney 1979; Pfeffer & Langton 1993). 실제로 우리나라에서도 연봉제(직무성과급제)와 개인별 인센티브제의 성과 개선 효과를 조직적 차원에서 직접 실증하고 있는 몇몇 연구들에 따르면, 일반적인 기대와는 달리 이 임금제도가 생각보다 그리 효과적이지 못하다는 사실을 확인할 수 있었다(김성수 외 2010; 박상언 2000).

따라서 삼성그룹의 정도가 큰 동일직급 간, 임·직원 간 임금격차는 근로자들에게 동기부여를 불러일으키기보다는 임금에 대한 불공정성 인식 및 불만족을 높여서 부정적인 태도와 행동을 불러일으킬 가능성이 높다. 특히 우리나라는 공동체 문화 및 유교 문화에 기반을 두고 있기 때문에, 이런 과도한 임금격차가 근로자들에게 쉽게 받아들여지지 어려울 것으로 판단된다. 그러므로 삼성그룹은 성과주의를 토대로 동기부여를 위한 다양한 제도들을 운영하되, 근로자들이 받아들일 수 있는 수준을 잘 고려해 적절한 임금격차를 유지하는 것을 고려해야 할 것이다.

## 4. 맺음말

이 글에서는 2008년 선행연구가 삼성그룹의 전반적인 인사관리 상의 문제점을 광범위하게 살펴본 것과 달리 삼성그룹의 성과주의에 기반을 둔 높은 임금수준의 이면에 숨겨진 두 가지의 문제점에 대해서 객관적으로 확인할 수 있는 공개된 자료를 통해 심층적으로 살펴보았다.

첫 번째는 삼성그룹의 높은 임금수준이 긴 근로시간을 토대로 한 것은 아닌가에 대한 이슈이다. 우리나라는 OECD 국가 중 2~3번째로 장시간의 근로를 하는 것으로 나타난다. 여러 선행연구에서는 긴 근로시간은 근로자의 정신적·육체적 측면에 부정적인 영향을 미치고, 결과적으로 근로자들의 업무 태도에도 부정적인 영향을 미친다고 제시되고 있다. 따라서 삼성의 성과주의에 기반을 둔 높은 임금이 근로자들의 긴 근로시간을 토대로 하고 있다면 문제가 존재한다고 볼 수 있을 것이다.

〈사업체패널조사〉 2007년을 분석한 결과에서는 삼성그룹을 포함한 대기업집단의 계열사들이 다른 기업들보다 소정 근로시간이나 초과 근로시간이 길다는 증거를 찾을 수는 없었다. 그러나 고용노동부의 2013년 근로 감독 결과에 따르면, 주 12시간의 연장근로 한도 규정을 초과해 〈근로기준법〉을 위반하고 있는 기업들이 매우 많은 것으로 나타나고 있다(배규식 2013). 이를 고려할 때, 실제로 근로시간이 법정 한도보다 훨씬 더 김에도 확인되지 않은 기업이 더 많이 존재할 가능성이 높다는 것으로 파악될 수 있다. 특히 이런 상황은 인사 담당자 한 명에게 기업 상황을 묻는 패널 조사 자료에서는 잘 들어 나지 않는 측면이 존재하며, 사무직이나 전문직·영업직·서비스직의 경우에는 업무의 특성 상 초과 근로에 대한 명확한 규정이 없고, 파악이 어렵다 보니 소위 야근이나 휴일근로를 보편적으로 하고 있는 경우가 많지만, 이것을 확인할 수 있는 자료는 존재하지 않는다.

이런 문제점을 고려해 삼성그룹 계열사 및 협력사에서 근로시간과 관련해 이슈가 되었던 사례들 중 이미 법리적 결정이 끝난 두 가지 사례를 통해 삼성그룹의 근로시간 문제를 살펴보았다. 두 가지의 사례에서 공통적으로 도출할 수 있었던 시사점은 삼성의 성과주의가 계열사 및 협력사들의 성과를 높이는 측면도 분명히 존재하겠지만, 소속 근로자들에게 장시간의 근로를 하도록 만들고 업무 부담을 크게 늘려서 다양한 부정적인 효과를 나타낸다는 것이다. 이런 부정적인 효과에 대해서 삼성은 성과에 입각한 큰 보상을 함으로써 여러 문제점을 금전적인 측면에서 해결해 온 바 있다. 그러나 과도한 성과주의의 추구 및 외재적 보상의 관리 방식은 다양한 부정적인 효과를 나타낼 수 있다. 먼저 과도한 업무량 및 장시간의 근로시간으로 인해 근로자들의 육체적·정신적인 측면에서 부정적인 영향을 미칠 수 있다. 또한 업무에 대한 몰입 및 노력에도 부정적일 수 있다. 이런 측면에서 삼성의 과도한 성과주의, 특히 장시간의 근로시간을 근로자에게 부담하도록 하는 방식은 제고될 필요가 있다. 특히 우리나라에서 취업 준비생들이 가장 가고 싶어 하는 삼성그룹의 평균 근속기간은 2013년 현재, 9.1년으로 500대 기업 평균인 10.3년보다 1년 이상 작은 것으로 나타나고 있다(『한겨레신문』 2013/07/31). 가장 근속연수가 긴 기업들이 약 18~19년에 이르는 것에 비해서는 거의 절반 정도에 머무르는 수준이다. 즉 가장 가고 싶은 기업으로 입사하지만, 회사에서 오래 머무르지는 못하는 것이다. 이런 부분은 성과주의에 기반을 두고 성과가 낮은 인력을 퇴출하는 형태의 효율적인 인력 관리를 하기 때문이기도 하겠지만, 과도한 근로시간 및 업무량에 대한 부정적인 측면이 존재해 근로자들이 오래 버티지 못하는 것일 수도 있다. 따라서 단순히 임금, 특히 성과급을 통해서 근로자에게 모든 동기부여를 해결하려는 방식을 지양하고, 근로시간 및 업무량에 대한 엄밀한 성찰을 통한 좀 더 장기적인 관점에서의 인적자원관리가 삼성에 필요하다고 볼 수 있다.

다음으로 삼성의 높은 수준의 임금에 가려진 다른 측면의 이슈는 기업 내 임금격차, 특히 임·직원 간 임금격차 문제이다. 일반적으로 기업에서는 근로자 간, 임원과 일반 근로자 간 임금격차가 존재할 수밖에 없지만, 우리나라 다른 기업의 임원과 일반 근로자의 임금 평균 격차에 비해 삼성은 너무나 큰 격차를 나타내고 있다. 이런 기업 내 임직원 간 큰 임금격차는 극단적인 성과주의 보상제도의 추구를 나타낸다고 볼 수 있는데 (엄동욱 2011), 토너먼트 이론에 따르면 이런 큰 임금격차는 근로자들에게 임원이 돼서 큰 보상을 받겠다는 동기부여를 하여 생산성 향상에 기여할 수 있다(Lazear & Rosen 1981). 그러나 이런 극단적인 성과주의 보상 제도의 추구는 오히려 근로자들의 직무 수행 노력에 부정적인 영향을 미칠 수 있다고 제시되고 있다(장은미·양재완 2002). 특히 기업 내 큰 임금격차는 공정성 이론 및 상대적 박탈감 이론에 따르면 근로자들에게 임금에 대한 불공정성 및 불만족을 불러일으켜서 부정적인 태도와 행동을 초래할 수도 있다(Cowherd & Levine 1992).

이런 점을 고려해 우리나라 재벌 기업들과 삼성그룹의 기업 내 동일 직급 간, 임·직원 간 임금격차 현황을 살펴보았다. 먼저 우리나라 기업들 중 2011년 현재, 동일 직급 간 고과에 따른 임금격차를 두고 있는 기업의 비율은 관리자급 약 60%, 사원급 약 46%로 나타났다. 임금격차를 두고 있는 기업들을 대상으로 얼마나 임금격차가 있는지를 분석한 결과 약 14% 정도의 임금격차가 존재하는 것으로 나타났다. 반면, 삼성전자의 경우 2000년대 초반 이미 동일한 과장 직급 간 200% 정도의 큰 임금격차가 있는 것으로 나타났다. 다음으로 우리나라 30대 대기업집단은 2011년 현재, 임·직원 간 평균 13배 정도의 임금격차를 가지고 있었던 반면, 삼성그룹은 20배 이상의 임금격차가 있는 것으로 나타나 가장 큰 임금격차를 나타냈다. 2012년 자료에서도 삼성그룹 주요 계열사들은 평균 18배 정도의 임금격차를 나타냈고, 특히 삼성전자의 경우 임금격차가 74배에 달했다. 동일한 2012년 준거 그룹이 될 수 있는 현대자동차 그룹의 주요 계열사의 임금격차 평균이 약 11배인 것에 비해서 매우 높다는 것을 알 수 있다.

적절한 동일 직급 간, 임·직원 간 임금격차는 토너먼트 이론에서 제시하듯이 근로자들에게 임원이 되어서 토너먼트의 승자가 되어 막대한 보상을 받겠다는 동기부여를 불러일으킬 수도 있을 것이다(Lazear & Rosen 1981). 그러나 삼성그룹, 특히 삼성전자처럼 지나치게 임·직원 간 임금격차가 크게 되면 아무리 임원들의 노력과 성과에 대한 공헌을 인정한다 하더라도 근로자들이 임금에 대한 불만족과 불공정성 인식을 하게 될 가능성이 높아진다. 선행연구들도 대체로 임금격차가 클수록 근로자들이 부정적인 인식을 하고, 임금격차가 작을수록 긍정적인 인식을 한다고 제시하고 있다(Bloom 1999; Cowherd & Levine 1992; Mahoney 1979; Pfeffer & Langton 1993).

따라서 삼성그룹의 정도가 큰 임·직원 간 임금격차는 근로자들에게 동기부여를 하기보다는 임금에 대한 불공정성 인식 및 불만족을 높여서 부정적인 태도와 행동을 불러일으킬 가능성이 높다. 특히 우리나라는 공동체 문화 및 유교 문화에 기반을 두고 있기 때문에, 이런 과도한 임금격차가 근로자들에게 쉽게 받아들여지지 어려울 것으로 판단된다. 그러므로 삼성그룹은 성과주의를 토대로 동기부여를 위한 다양한 제도들을 운영하되, 근로자들이 받아들일 수 있는 수준을 잘 고려해 적절한 임금격차를 유지하는 것을 고려해야 할 것이다.

특히 삼성그룹처럼 성과주의를 극단적으로 추진하면서 긴 근로시간을 하는 기업에서는 소속 근로자들이 공정성 이론에 따라서 자신들의 노력 투입input이 매우 크다고 느끼는 반면, 임·직원 임금격차가 크게 벌어지게 되면 결과물output이 매우 적다고 느껴서 임금에 대한 부정적인 인식과 박탈감이 커지게 되고, 궁극적으로는 부정적인 태도와 행동으로 이어질 것이기 때문에 근로시간과 임금격차에 각별한 주의를 기울이는 임금 관리가 필요하다고 하겠다.

이런 이슈들을 고려함으로서 삼성그룹은 성과주의의 적절한 속도 조정을 통해 근로자들에게 동기를 부여함으로써 생산성은 향상시키되 근로자들의 극심한 스트레스와 불필요한 경쟁 및 협력 저해 등에 따른 조직에서의 빠른 이탈을 개선하는 인사관리 방식을 개발할 수 있을 것이다. 이런 새로운 인사관리 방식은 근로자를 핵심 역량으로 삼아 21세기 삼성그룹이 한 단계 더 전진할 수 있는 기반이 될 것이다.

# 7장

# 삼성전자서비스의
# 인력 운영과 위장 도급

권영국·류하경

## 1. 들어가는 말

삼성전자서비스 주식회사(이하 삼성전자서비스, 혹은 원청회사)는 전국에 서비스센터를 두고 있으며, 각 서비스센터는 협력 업체(GPA)를 두고 서비스 업무를 수행하고 있다. 협력 업체와는 도급계약을 체결하고 있는 것으로 파악된다.

협력 업체에는 ① 자재를 판매하는 회사, ② 내·외근 서비스를 담당하는 회사, ③ 접수 상담원 파견 업체, ④ 콜센터 상담원 파견 업체 등이 있다.

삼성전자서비스는 본사·지사·지점 형태로 운영되고 지점(대형 서비스 센터 내 사무실)에 근무하는 삼성전자서비스 정직원으로는 지점장(부장), SVsupervisor(차장급), 지원 담당, 그 외 몇몇 기사와 자재 담당 인력이 있다

그림 7-1 | 운영 구조

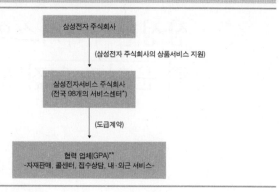

주: * 지점 형태로 운영하는 것으로 보인다.
  ** 서비스센터에 협력 업체를 두고 운영한다. 전국에 걸쳐 약 1백여 개의 협력 업체가 존재할 것으로 추산된다.

(그림 7-1 참조). 그 외 삼성전자서비스의 인력만으로 운영하는 센터(부산 소재 동부산 센터)가 존재한다.

고객이 서비스센터에 내방할 때 접수를 담당하는 여직원들은 대부분 인력 파견 업체에서 파견된 인력들이다.[1] 수리 업무를 담당하는 기사 (CSP)들은 거의 대부분 GPA라는 협력 업체 직원들이다. 예외적으로 부산 소재 동부산 센터와 같은 일부 센터에서는 삼성전자서비스 직원이 수리 업무를 수행한다.

부산 소재 동부산 센터(휴대폰, PC 위주)는 삼성전자서비스 직원으로 운영하는 센터이고 이곳 직원들 중 외근 수리 가능한 직원은 GPA의 외근 서비스 기사들이 서비스하는 근무 지역(B: 동래구, A: 금정구)에 나가 GPA 기사와 동일 업무를 하고 있다. 미결이 많다거나 기타 명분으로 같은 일을

---

1_일부는 GPA 직원인 경우도 있다.

하고 있다(원청 직원들의 차량, 유류비 등 모든 경비 원청 부담).

위와 같은 사정을 볼 때, 삼성전자는 서비스 부문에서 대부분 직접 고용이 아닌 간접 고용의 방식으로 협력 업체 직원들을 사용하고 있음을 알 수 있다. 서비스 부문 협력 업체는 전국적으로 1백여 개(2011년 현재, 105개)이다. 서비스 센터당 협력 업체가 한 개 또는 두 개이고 협력 업체당 내·외근 서비스 기사는 1백여 명이므로 전국적으로 약 1만여 명[2] 이상의 협력 업체 기사들이 근무하고 있는 것으로 추정된다.

아래에서 협력 업체 외근 서비스 기사를 중심으로 구체적인 운영 실태를 검토하겠다.

## 2. 삼성전자서비스와 협력 업체 직원과의 근로관계

### 협력 업체(GPA)는 사업 경영상 독립성이 없다

협력 업체 사장은 독자적 권한이 없는 '바지사장'

협력 업체의 사장은 삼성전자서비스의 업무를 대행하는 협력 업체를 관리·운영하고 삼성전자서비스로부터 수수료를 지급받는 '월급제 사장'일 뿐이고, 협력 업체 직원들에 대한 실질적인 인력 운영(인사 노무 관리)은 삼성전자서비스에 의해 이루어지고 있는 실정이다. 현재 협력 업체 사장은

---

2_5천~6천 명으로 추정하는 의견도 있다.

대부분 삼성전자서비스 임직원 출신으로서 삼성전자서비스의 경영 정책 판단에 따라 임명되는 것으로 추정된다. 사장이 임직원 출신이 아닌 경우에도 도급계약서의 내용이나 원청의 경영 및 인사권에 대한 통제로 인해 (후술할 예정) 사업 경영상의 독립성이 없는 것은 마찬가지라고 판단된다.

협력 업체에 문제(노동자들의 단체행동 등)가 발생하면 삼성전자서비스는 해당 협력 업체와 재계약을 하지 않거나 계약을 해지한다. 그리고 새로운 협력 업체를 세워 자사 임직원 출신을 사장으로 내려보낸다.

GPA 사장과의 대화 녹취 자료에 의하면, 사장들은 근로자 채용에 권한이 없다는 내용이 확인된다. 또한 GPA 사장은 삼성전자서비스에서 정해주는 비용만을 협력 업체 직원들에게 전달해 주는 역할을 하는 데 불과하다는 내용도 확인된다.

한편, 협력 업체 직원들은 삼성전자서비스의 전산망의 업무 수행 및 업무 결과에 의해 관리되고 인사이동이 된다. 협력 업체 경영 전반에 대해 삼성전자서비스로부터 감사를 받고 있으며 사장 자신은 받은 돈을 전달만 하는 역할을 한다고 진술하고 있다. 또한 협력 업체의 실적과 운영 전반에 대해 삼성전자서비스 지점 또는 지사에 수시로 보고하고 문책을 당하거나 "대책서"(일종의 시말서)[3]를 작성한다고 한다.

협력 업체는 오로지 삼성전자서비스의 업무만을 대행하고 있다

협력 업체(동래프리미엄서비스[4])는 그 존속 기간 동안 삼성전자서비스와의

---

3_ 일명 '자기비판서'라고 불린다.
4_ 동래 센터에 속한 협력 업체이다.

계약 이외에는 다른 사업을 수행한 실적이 없다. 삼성전자서비스와의 계약이 종료되면 즉시 사업을 폐쇄하게 된다.

삼성전자서비스와 협력 업체 사이에 체결한 도급계약서를 보면, 사업 수행에 관해 다음과 같이 명시해 놓은 내용이 있다.

"1. 을은 본 계약 기간 동안 본 계약과 동일하거나 유사한 계약을 체결함으로써 본 계약의 내용을 충실히 이행하지 못하게 될 우려가 있으므로 동일·유사 계약은 갑의 사전 서면 동의를 받아야 한다"라고 하고 있는데, 이는 협력 업체를 독립적인 사업체로 인정하지 않겠다는 것이고, 삼성전자서비스가 국내 최대 대기업의 계열사라는 경제적 지위를 이용해 사전 동의라는 조건을 두어 협력 업체의 영업권을 부정하고 있는 것이다.

삼성전자서비스가 협력 업체의 운영에 지도·협력이라는 이름으로 관여한다

2013년 도급계약서에서 원청이 협력 업체에 교육, 자료 열람 청구 등 일반적인 간섭 권한을 명시해 놓았다.

제14조 (지도 및 협력)

1. "갑"은 본 계약 업무의 수행에 필요시 또는 "을"의 요청이 있을 경우 "을"에게 서비스 품질 및 서비스 업무에 대한 기술 지원과 교육 지원을 할 수 있으며 "을"은 특별한 사유가 없는 한 이에 적극 협조하여야 한다.

2. "갑"은 신제품에 대해 필요한 기술교육과 기술 교본을 제공할 수 있으며 "을"은 원활한 업무 수행을 위해 "을"의 직원에게 교육을 실시하여야 한다.

3. "을"의 사업 중단 등으로 계약 이행에 중대한 장애 사유가 발생할 경우에 "갑"은 원활한 서비스 업무의 유지를 위해 "을"에게 임대한 자산의 적절한 보존 유지에 대한 확인을 요청할 수 있다.

4. "갑"은 완성된 서비스 업무에 대해 검증을 실시하며 검증 결과 서비스 업무

가 일정 수준에 미치지 못한다고 판단할 경우 "을"에게 관련 자료를 요구할 수 있으며 "을"은 정당한 사유 없이 이를 거부할 수 없다.

5. "갑"은 "을"의 서비스 업무 이행에 있어 "을"의 경영 자율성이나 업무를 해하지 않는 범위 내에서 경영 지원, 경영지도 및 재계약을 위한 사전 검토 등을 위해 반기별 1회 '정기 컨설팅'을 실시할 수 있다. 단, "을"이 정상적인 서비스 업무의 수행이 어렵다고 판단되거나 "을"의 요청이 있을 경우는 수시 컨설팅을 실시할 수 있다.

6. "갑"은 "을"에게 서비스 업무 처리와 관련한 기타 자료의 조사, 또는 열람을 요청할 수 있으며, "을"은 "갑"의 요청 시 정당한 사유가 없는 한 이에 응하여야 한다.

7. "갑"은 "을"이 실시하는 경영 현황 설명회에 "을"과의 사전 협의를 거쳐 "을"의 건의 사항에 대한 답변, "갑"의 주요 정책 사항에 대한 공지 등을 하기 위해 참석할 수 있다.

위 내용 14조 1항은 직원 교육을 원청이 직접 할 수 있다는 내용(이에 따라 원청이 직원 교육을 직접 실시하고 있는 내용은 후술할 예정)이다.

4항은 원청이 협력 업체에 대해 업무 관련 모든 자료를 언제든지 요구할 수 있다는 것이다. 이와 관련해 지나친 경영 간섭이라는 불만이 나왔다.[5] "갑은 완성된 서비스 업무에 대해 검증을 실시하며 검증 결과 서비스 업무가 일정 수준에 미치지 못한다고 판단할 경우 을에게 관련 자료를 요구할 수 있으며 을은 정당한 사유 없이 이를 거부할 수 없다"라는 규정을

---

5_"경영 간섭 신고하자 계약 해지 부메랑 …… 삼성 횡포에 협력사 분통"(『뉴시스』 2013/06/05).

두어 서비스 업무가 일정 수준에 미치지 못하면 원청이 협력 업체에게 관련 자료를 요구할 수 있도록 정하고 있다. 이때 "일정 수준"이라는 것은 원청이 자의적으로 판단하는 것이고, "관련 자료"의 범위도 명확하지 않기 때문에 위 항은 원청이 협력 업체의 경영에 언제든지 개입할 수 있다는 포괄적인 의미를 가지는 것이다. 이렇게 볼 때 본 도급계약서의 위 4항과 같은 조항만으로도 삼성전자서비스와 협력 업체 간의 관계를 일반적인 도급계약 관계라고 보기는 어렵다.

5항에서는 협력 업체에 대한 "정기 컨설팅" 규정을 두고 있는데, 역시 이를 통해 경영권 개입이 가능해진다. "정기 컨설팅"은 "을이 정상적인 서비스 업무의 수행이 어렵다고 판단"될 때 원청이 수시로 할 수 있다고 하는데, 이는 4항과 마찬가지로 일반적인 도급계약 관계로 볼 수 없는 근거가 된다.

6항의 경우 "갑은 을에게 서비스 업무 처리와 관련한 기타 자료의 조사, 또는 열람을 요청할 수 있으며, 을은 갑의 요청시 정당한 사유가 없는 한 이에 응하여야 한다"고 하고 있다. "기타 자료"가 무엇인지는 갑이 판단하기 나름이고, 원청의 요청 시 협력 업체는 힘의 논리상 응할 수밖에 없는 문제 조항이다. 7항에서는 원청이 협력 업체의 "경영 현황 설명회"에 참석해 발언할 수 있다고 하는데, 이는 원청이 협력 업체의 내부 경영 회의에까지 참석해 개입하겠다는 것이다.

### 협력 업체 감사를 원청회사가 직접 하고 있다

협력 업체는 자체적으로 외부 감사를 하지 않으며 삼성전자서비스가 직접 협력 업체에 대해 경영지도, 경영 감사 등을 매년 실시하고 있다. 평상시에는 삼성전자서비스의 감사팀에서 모든 PC의 데이터 이동을 감시하고 있다. 자재 감사도 삼성전자서비스 직원이 직접 협력 업체에 와서 하고, 서비스센터 주차장으로 기사들을 불러 차량에 실린 재고도 조사한다. 당일 오전 감사팀에서 감사 대상자도 정해 명단을 내려보내 준다. 평가 항목 중 "인력 충원율"이란 삼성전자서비스가 지정한 협력 업체 인력 충원 계획에 협력 업체가 얼마나 충실하게 따랐는지의 지표가 된다(실제 인력 충원/원청이 정한 인력 충원 계획). 협력 업체에 대한 인력 충원 계획을 원청이 직접 세운다는 사실만으로도 원청이 협력 업체의 인사권까지 개입하고 있다는 것을 알 수 있다.

협력 업체 기사들에 대한 업무 평가도 원청이 하고 있다

가. 원청의 평가 항목

협력 업체 기사들에 대한 평가 항목이 세분화되어 있다.

① 'CMI 불만율'이란, 기사가 다녀간 후 삼성전자서비스 콜센터에서 직접 고객에게 전화를 걸어 불만 사항이 없었는지 물어보는 것이다. ② '유상 할인율'이란, 고객의 불만도에 따라 수리비 등을 할인해 주는 것을 말한다. 유상 할인율이 높으면 기사의 평가 점수가 낮아진다. ③ 'VOC 발생률' 역시 CMI와 유사한데 콜센터 이외에 여러 가지 경로의 고객 불만을 말한다.[6] ④ '에스코트 위반'이란, 삼성전자서비스가 제공하는 보안 시스템상 규정을 위반하는 경우를 말한다. 이상 항목들에 체크가 되면 평가 점

---

6_삼성전자서비스에는 "해피콜"이라는 제도가 있는데, "해피콜"이란 서비스 종료 후 다음 날에서 6개월 사이에 본사 콜센터에서 고객에게 전화를 걸어 불만 항목 등을 확인하는 것이다. 이때 불만 사항이 나오면 벌점이 생기고, 원청에서 직접 사무실로 호출해 훈계하는 경우도 많다고 한다.

그림 7-2 | MOT

수가 깎이게 되고 '인센티브 및 페널티' 여부가 결정된다. 평가 기준은 원청이 세부적으로 정하고 있다.

나. 미스터리 쇼핑

'미스터리 쇼핑'이란, 삼성전자서비스에서 고객 또는 용역을 이용해 협력 업체 외근 기사들의 업무 태도를 동영상으로 찍어서 평가하는 것을 말한다. 이때 삼성전자서비스가 만든 "MOT"moment of truth라는 친절 서비스 매뉴얼을 따르지 않으면 벌점을 부여하고 대책서를 작성하게 하는 등 불이익을 받는다.

그림 7-3 | 임차 수수료 지급 기준

■ 간접 수수료 _ 운영 수수료 Ⅰ (임차수수료 및 간접정율수수료)

1. 지급 대상

   ○ GPA 운영 및 관리에 따른 운영 수수료

2. 지급 금액 및 기준

   ○ 임차 수수료 : 임대차 계약기준으로 별도 반영 (보증금 8% 환산 반영)
   ○ 간접정율수수료 : 고정비 + (직접수수료 산출 대상 금액 × 정율)
     · 직접수수료 산출 대상 금액 = 직접수수료Ⅰ 총액 - 서비스역량 - 인센티브

| GPA 타입 | 고정비 | 정 율 | 비 고 |
|---|---|---|---|
| A1 (70名↑) | 15,500千/月 | | |
| A2 (60名↑) | 14,000千/月 | | |
| A3 (50名↑) | 12,500千/月 | 직접수수료 산출대상 × 11.0% | ※ 직접인력규모에 따른 타입 분류 (평균생산성 기준) |
| B4 (40名↑) | 11,500千/月 | | |
| B5 (30名↑) | 9,500千/月 | | |
| C6 (29名↓) | 8,000千/月 | | |

3. 기 타

   ○ 수수료 체계의 타입별 정율 적용은 계약기간 1년간 유지하며, GPA 통합 및 분할時는 규모의 변동이 발생하므로 조정후 타입으로 익월부터 반영한다.

## 다. 친절 서비스 메뉴얼 "MOT"

원청이 작성해 협력 업체 직원들에게 따르게끔 하는 친절 서비스 매뉴얼을 "MOT"라고 하고 그 내용은 〈그림 7-2〉와 같다.

### 사무실 임대차 계약이 있으나 임대료는 삼성전자서비스에서 모두 지급한다

삼성전자서비스는 '수리 협력사 수수료 운영 설명 자료'를 만들어 직접 협력 업체 직원들을 대상으로 교육을 한 바 있다. 위 설명 자료에 의하면 협력 업체 사무실의 임차료를 100% 삼성전자서비스가 보전해 주는 것으로 되어 있다.

삼성전자서비스가 작성한 서비스 수수료 자료에도 임차료를 원청이 직접 보전해 주는 내용이 있다(그림 7-3).

작업에 필요한 자재, 설비가 모두 삼성전자서비스의 것임

협력 업체 외근 기사들이 사용하는 외근 영수증 발행기, IODD 외장 하드, 수리 테스트용 지그, 내근 직원들의 컴퓨터 등 작업에 필요한 필수적 물품들을 원청에서 제공하고 있다. TV 등 대치품이나 기사 교육용 가전 제품들도 삼성전자서비스 자산으로 협력 업체에서 활용하고 있다. 원청은 제공한 물품들에 대해 목록표를 만들어 직접 관리한다.

소결

위에서 살펴본 것처럼 ① 삼성전자서비스의 임직원 출신인 사장은 이른바 '바지사장'일 수밖에 없는 점, ② 도급계약서상 내용이나 실제 현황을 보더라도 협력 업체는 삼성전자서비스 외에 다른 수입원이 없는 점, ③ 협력 업체 감사도 원청이 직접 하는 점, ③ 사무실 임대료도 원청으로부터 지원받는 점, ④ 업무에 필요한 자재, 설비를 원청으로부터 제공받아 사용하는 점 등이 확인된다.[7] 수급 업체의 사업 경영상 독립성이 부존재하거나 매우 미미하다고 하겠다.

**협력 업체 직원은 실질적으로 삼성전자서비스에 종속되어 있다**

서비스센터 건물(원청 자산) 안에 원청 사무실과 협력 업체 사무실이 함께 있다

동일한 건물 안에 원청의 인력 사무실과 협력 업체 사무실[8]이 함께 있다.

---

7_협력 업체 직원의 4대 보험료도 모두 원청이 보전해 준다. 후술할 예정.

| 동래 센터 사례 |

1층 삼성 디지털 프라자 매장

2층 서비스센터(점수 상담 파견＋GPA 사무실＋서비스센터)

3층 자재실(인력파견), 자재실 운영 회사 사무실, 삼성전자서비스 동래 지점
　　사무실(지점장, SV, 과장, 본사 경리 등 상주), 삼성전자서비스(부산 데포)
　　자재실. 단지 칸막이로 나누어져 있다.

　　대부분의 서비스센터는 위 사례와 같은 구조로 되어 있다. 이처럼 동
일 공간 내에서 원청, 협력 업체 직원이 혼재되어 근무하는 것은 원청의
업무 지시가 직접 협력 업체 직원에게도 내려질 수 있음을 의미한다.

　　삼성전자서비스 외근 기사는 원청에 직접 소속된 직원과 협력 업체
직원으로 나누어지는데 〈그림 7-4〉를 보면 원청 직원과 협력 업체 직원
이 동일한 업무를 수행하고 있는 것을 알 수 있다.

**협력 업체 직원들의 업무 교육도 삼성전자서비스로부터 받는다**

신입 사원 직업 훈련생들은 삼성전자서비스의 교육장에서 3개월간 제품
교육을 받고 협력 업체에 입사하게 된다. 경력 사원은 협력 업체에서 면접
을 보고 삼성전자서비스(수원)에서 교육을 4일간 이수하고 수료한 후 삼
성전자서비스에서 사원 코드를 부여해 주어야 협력 업체에 정식 입사가
이루어진다. 사원 코드가 없으면 일을 할 수 없기 때문에 실질적으로 원청
이 협력 업체 직원들의 채용을 결정하는 것이다.

　　또한 매월, 매분기, 반기마다 교육 및 기술 자격시험(원청이 시행)이 있

---

8_자재실, 내근 사무실, 서비스센터(내근 협력 업체 직원들이 고객을 상대로 서비스하는 곳).

**그림 7-4 | 동일 업무 수행 증거 사진**

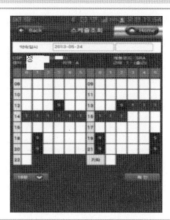

지역 A: 부산시 금정구 일대 관할 지역을 말하는 것.
센터 G01: 동래 센터 코드.
정: 원청 직원인 기사임. (나머지는 협력 업체 기사)
스케줄: 네모 한 칸이 10분이고, 검정은 콜 접수 안 되게 막은 것이고 파란색은 고객 수리 접수된 시간을 뜻한다. 12시30
분~13시30분까지가 막힌 것은 점심 시간을 확보한 것이다. 통상 한 콜은 1시간을 주기 때문에 2시간 콜이 있는 것이다. "진행
(2)"는 2건의 미결이 있다는 뜻. 만약, 검정이 막힌 게 없이 흰색이면 아무 때나 콜이 접수가 가능하다는 것을 의미한다.

고 교육 때마다 평가 시험(원청이 시행. 후술할 예정)을 보고 교육 참석 횟수
에 따라서 업무 수임을 위한 자격 유지 여부[9]가 결정된다. 만약 교육에 빠
지거나 평가 시험에서 미달 점수를 받으면 업무 수임이 중지되며, 추후 다
시 수원으로 본사 교육을 가야 하는 경우가 발생된다. 교육을 수료하고 점
수가 합격점이 되면 다시 업무가 부여된다.

협력 업체 직원들이 교육을 받으러 가는 곳도 삼성전자서비스가 제공

---

9_① 상/하반기 시험: 자격 갱신 여부 결정(자격 기간: 1년)
　② 수시 시험: 자격 유지 여부 결정(콜 수임 부여와 관련됨)
현재 평가 시험은 삼성전자서비스에 의해 온라인 평가로 시행됨.

그림 7-5 | 업무 지시 문자

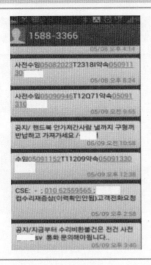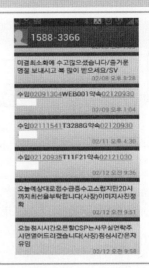

주: PDA 시스템에서 SNS로 받는 문자이다.

하는 교육 장소이며 원청 인력의 교육 시스템에서 교육을 받게 된다. 주로 가는 곳은 원청의 각 지점 교육장, 수원 교육장, 광주 교육장, 경기도 용인 교육장 등이다. 수시 교육은 원청 직원이 협력 업체의 사무실에 와서 교육을 하고 교육 확인서를 받아서 간다.

**원청의 업무 지시를 직접 받고 있다**

삼성전자서비스 직원(SV, 지점장, 지사장 등)이 협력 업체 조회에 참석해 발언하고 문자로 수시로 업무 지시를 내린다(그림 7-5). 이 문자는 삼성전자서비스 통합 콜센터(1588-3366)에서 외근 기사들에게 PDA를 통해 전송하는 문자이다. 문자 중 'SV'는 원청의 간부 직원(차장급)으로서 문자를 통해 업무 지시를 하고 있다.

그림 7-6 | 기사 자격 평가 내용

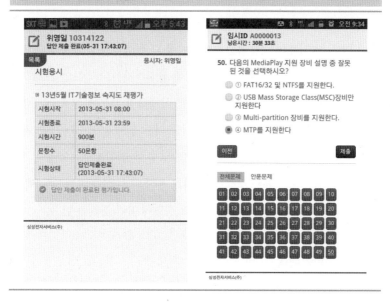

협력 업체 직원들의 기사 자격 부여 및 박탈권도 삼성전자서비스가 행사하고 있다 ① 서비스 기사들의 최초 자격 부여도 원청에서 하고 있으며, 기사들의 부정 부실 비리를 찾아서 기사 코드 삭제도 원청이 하고 있다. ② 능력 평가 시험도 원청이 시행한다. 모든 서비스 기사들의 능력 평가 시험은 삼성전자서비스에서 제공하는 시험 내용에 따라 시행, 관리된다. 평가 결과 서비스 기사 자격이 박탈되기도 한다. 서비스 기사 자격이 없으면 근무할 수가 없다. 즉 협력 업체 서비스 기사의 자격 여부를 원청이 결정하고 있는 것이다(그림 7-6).

## 원청의 보안 시스템을 사용한다

협력 업체 보안 시스템도 모두 삼성전자서비스의 보안 시스템으로 보안 처리 된다. 직원들이 사용하는 일반 PC에 모두 삼성의 보안 프로그램들이 설치되어 있다. 또한 협력 업체 PC에 삼성전자서비스 보안 프로그램이 연결되어 수시로 모든 중요 데이터를 삭제하기 때문에 정보를 저장할 수도 없고 외부로 유출할 수도 없다. 이동 저장 장치 등으로 PC에서 자료를 이동하게 되면 보안 프로그램에 의해 모두 감시되고 자료 유출이 3회 이상 적발되는 경우 퇴사 처리된다. 자료 복사·이동시에 보안 등급에 걸리게 되면 원청에서 사유서를 요구하고 정도에 따라 징계를 한다.

## 원청이 제공하는 PDA 시스템을 이용해 근무한다

삼성전자서비스 기사들(직영 + 비직영 협력 업체 직원)의 모든 업무는 삼성전자서비스가 제공하는 동일한 PDA시스템(어플리케이션)을 사용해 삼성전자서비스가 제공하는 콜 접수 건으로 일을 하고 현황을 입력한다. 모든 콜 수임과 처리를 PDA(휴대폰)에서 "ANYZONE"[10]이라는 프로그램으로 하고 있고 이 프로그램도 삼성전자서비스에서 제공하고 있다.

내근 시스템도 삼성전자서비스 보안 시스템에서 운영되고 삼성전자서비스가 제공하는 전산 시스템으로 업무를 처리한다. G-ERP(자재 업무), E-ZONE(일반 업무), K-ZONE(기술정보, 사원 사이트, 교육 등), My-single(이메일) 등의 모든 시스템과 관련해 삼성전자서비스 제공 사이트와 프로그램을 이용하고 있다.

---

10_원청 직원들이 업무에 사용하는 프로그램과 동일하다.

## 모든 수수료는 삼성전자서비스로 선先입금된다

발행 영수증(카드매출전표)이 전부 삼성전자서비스 명의로 되어 있다. 즉 고객으로부터 서비스 수수료를 ① 카드로 결제하는 경우 바로 삼성전자서비스로 입금 처리된다. ② 현금인 경우에는 다음 날 아침에 외근 기사가 GPA 경리 직원에게 주면 경리 직원이 삼성전자서비스에 전부 입금하고 있다.

## 원청이 징계에도 관여한다

원청이 협력 업체 직원들에 대한 징계를 요구하고 그에 따라 징계가 이루어지기도 한다. 위 5항에서 전술한바 보안 시스템 규정 위반 시 원청에 사유서를 제출하고, 원청이 감시하고 있는 보안 시스템상에서 자료 유출이 3회 이상 적발되는 경우 퇴사나 징계 처리가 된다. 기타 업무상 실책에 대해 원청의 요구에 의해 '대책서'를 작성하고 이를 GPA에서 원청에 제출한다.[11]

　'해피콜'(각주 5 참조)에서 10점 만점에 8점 이하의 점수를 받으면 '대책서'를 써야 한다. 전술한 원청의 감사 기준에서도 알 수 있듯이 평가 항목에서 벌점이 누적되면 페널티를 주도록 원청이 세부적으로 계획안을 작성해 협력 업체에 배포하고 지시한다.

## 실질적으로 임금을 지급하는 자도 원청이다

전술한 바와 같이 기사가 서비스를 나가게 되면 모든 수수료는 일단 원청

---

11_GPA 사장도 "대책서"를 작성해 원청에 제출한다.

으로 입금이 된다. 개인별 처리 건수에 관한 데이터를 원청이 집계해 제품 수수료(기사 지급분)에 각종 비용을 더하여 지급하는 것이다. 그러면 협력 업체는 원청에서 제공하는 개인별 처리건과 수수료 리스트를 받아서 기사 월급을 지급한다. 그리고 정해 놓은 수수료율에 따라 4대 보험, 퇴직 충당금, 연차 적립금, 사장 급여, 관리(간접)직 급여 등을 나누고 기타 수당을 지급하고 남는 것을 협력 업체 운영비로 사용한다. 협력 업체 직원의 임금은 삼성전자서비스에서 지정한 수수료 지급 기준에 따라 제공되고 있다.

삼성전자서비스는 "공수"(처리 능력을 의미함)라는 시스템을 적용해 서비스 기사가 제품별 수리 가능한 시간을 계산해 레벨(L) 1~5로 나누고 제품별 수리 유형에 따라 단가를 적용해 수수료를 지급하고 있다. 원청이 작성한 수수료 지급 기준을 보면 "중수리 유상 수수료 산출식"과 "특별 처리 수수료" 지급 기준 등 업무별 수수류 지급 기준이 아주 구체적으로 명시되어 있다.

즉 협력 업체 직원이 고객으로부터 받은 서비스 수수료가 일단 삼성전자서비스로 입금된 후 삼성전자서비스가 협력 업체 직원에게 할당 액수(공수단가표에 따른 금액)를 추후 지급하는 방식으로 볼 수 있다.

GPA 사장을 거쳐서 협력 업체 직원에게 급여가 지급된다고 하더라도 삼성전자서비스가 작성한 공수 단가표에 수많은 제품별 수수료가 사전에 정해져 있어서 GPA는 형식적인 지급자에 불과하다. 협력 업체가 협력 업체 직원에게 지급하는 임금은 원청이 구체적으로 정한 수수료 지급 관련 규정에 전적으로 의존한 것이다.

| 직원 급여 |

= 제품 수수료(공수단가표) + 시간 외 등 기타 수수료

이는 실질적으로 임금을 산정하는 자도, 지급하는 자도 원청인 삼성
전자서비스라는 사실을 말해 주는 것이다. 수수료 지급의 실제 사례는 아
래와 같다.

| 수수료 지급의 실제 사례 |

사례 1. 윈도우 프로그램을 다시 깔아 주는 서비스의 경우 3만8천 원을 고객에
　　　게 받아서 삼성 본사에 입금이 되면 GPA에 운영 수수료 등을 포함해 2
　　　만 원 정도 주고 기사에게 1만7천5백 원 줌.

사례 2. LCDTV 패널을 교체 시 자재비를 제외한 수리만 7만5천 원임. 여기서
　　　기사에게 주는 금액은 4만250원임(11년 단가 기준). 나머지 금액 중
　　　1~2만 원은 GPA운영비고 나머지는 삼성서비스가 가져감.

사례 3. 자재가 사용될 경우 자재 가격을 100%로 했을 경우(소비자가) 소비자
　　　에게 100%를 받으면 기사, GPA는 0%고 삼성서비스가 전부 가져감.
　　　그러나 그 자재를 대리점가(GPA나 대리점)로 구입을 하면 25% 할인
　　　이 됨. 결국 과거에 25% 마진을 기사에게 줬던 것을 이것조차 부정 부
　　　실이 된다고 주지 않고 있음.

한편 〈그림 7-7〉~〈그림 7-13〉를 보면 원청이 협력 업체 직원들에 대
한 임금 기준을 직접 세워서 "직접 수수료"로서 임금을 지급하고 있음을
알 수 있다(원청이 협력 업체에 지급하는 통합 수수료에 포함된 것이다).
〈그림 7-7〉과 같이 "외근 수리 완료건의 처리 결과를 PDA로 DATA
전송한 건이 30건/월 이상 처리한 엔지니어"에 대한 수수료(통신비) 지급
기준을 원청이 정하고 있다. 다음 항목들의 자료도 마찬가지이다.

## 그림 7-7 | 외근 수리 기사에 대한 수수료 지급 기준

### ▣ 직접수수료 Ⅰ _ 일반 수수료 ( PDA )

1. 지급 대상
   - ○ 외근 수리 완료건의 처리 결과를 "PDA"로 Data 전송한 건이 30건/月 이상 처리한 엔지니어

2. 지급 금액 및 기준

| 지급 금액 | 지급 기준 | 비 고 |
|---|---|---|
| 50,000원/월/인 | PDA 이용 완결 입력 30件↑ | Loss件포함 |

3. 기 타

## 그림 7-8 | 시간 외 접수 기사에 대한 수수료 지급 기준

### ▣ 직접수수료 Ⅰ _ 일반 수수료 ( 시간外 접수 )

1. 지급 대상
   - ○ 거점 업무 종료 후 시간외 접수 대기 엔지니어
   - ○ 자재 조기출근 인력 (본거점만 해당)

2. 지급 금액 및 기준

| 지급 금액 | 지급 기준 | 비 고 |
|---|---|---|
| 7,000원 / Hr | ○ 내근 거점에 限함<br>○ 각 일별, 시간별 근무 인원은 거점 규모별 적정인력 구성<br>○ 평일 및 토요일 시간외 접수 시간 × 시급 단가 | - |

3. 기 타
   - ○ GPA에서 시간外 근무 완료狀 청구하여, 이를 지점에서 승인 완료後 지급
   - ○ 시간외 접수 수수료와는 별도로 A/S 처리 완료한 제품수수료 및 활동수당 지급

그림 7-9 | 중수리 이관시 CE에 대한 수수료 지급 기준

**▣ 직접수수료 Ⅰ _ 일반 수수료 [ 중수리 이관 ]**

1. 지급 대상

   ○ A/S 수임후 1차 방문한 CE가 중수리로 판단하여 중수리 전문CE에게 재이관 처리한 건으로
   1차 방문CE 에게 지급

2. 지급 금액 및 기준

| 지급 금액 | 지급 기준 | 비 고 |
|---|---|---|
| 3,000원 / 건 | ○ A/S 완료건中 중수리재이관(Q) 조치입력이 있으며, 중수리 완결건<br>- 중수리로 판단하여 재이관한 CE에게 반영 | - |

3. 기 타

   ○ 지급 항목 : 수수료지급조서 화면의 "중수리이관" 항목

---

그림 7-10 | 등록 기사에 대한 수수료 지급 기준(신입 기사의 1년간 임금)

**▣ 직접수수료 Ⅰ _ 일반 수수료 [ 등록엔지니어 ]**

1. 지급 대상

   ○ 서비스아카데미를 수료한 엔지니어로 엔지니어코드 등록 후 1년간 대상

2. 지급 금액 및 기준

| 대 상 | 기준 금액 | 지급 조건 | | |
|---|---|---|---|---|
| | | 단계 | | 지급 조건 |
| 내근 엔지니어 | 1,800 만원/年<br>(150만원/月) | 1단계 | 등록~3개월 | 가동율 80%↑ |
| 외근 엔지니어 | 2,160 만원/年.<br>(180만원/月) | 2단계 | 4개월~12개월 | 가동율 80%↑ & 기준처리건 ↑<br>(내근 6건/日, 외근 3건/日) |

   ○ 엔지니어 매출이 月 기준 금액 (내근 150만원, 외근 180만원) 이하時 신규 등록엔지니어 수수료를 지급하여,
   기준금액 초과時 엔지니어 매출 전액을 지급함

3. 기 타

   ○ 사회보장 수수료 별도
   ○ 제품수수료, +1서비스, 각종 제수당 및 인센티브 등 포함 금액

---

2013년 이전 적용 기준이다.
신입 기사의 경우 정착을 위해 원청이 1년 동안 고정 임금을 보전해 주는 것이다. 1년이 지나면 기존 기사들과 마찬가지로 건당 수수료제로 바뀌게 된다.

그림 7-11 | 인센티브 지급 기준

## 인센티브 [ CE성과인센티브, 내근상담사, CS 촉진비 ]

1. 지급 대상

○ 엔지니어, 내근상담사, GPA 평가中 상위자(店)

2. 지급 금액 및 기준

| 구 분 | 평 가 | | 인센티브 | |
|---|---|---|---|---|
| | 평가주기 | 평가항목 | 규 모 | 금액 및 기준 |
| CE성과 인센티브 | 매월 | 기술력<br>고객감동<br>효율 | 지사별 직무별 상위 25% | 10만원~60만원 |
| 내근상담사 | 매월 | 고객감동 | 지사별 상위 30% | 5만원~15만원 |
| CS 촉진비 | 4회/년 | 고객감동<br>기술역량<br>경영효율 | 지사별 기준 | (직접수수료Ⅰ-서비스역량-인센<br>×정율 |

3. 기 타

○ 인센티브의 세부 평가 항목, 가중치, 시상 지급 기준은 해당 평가 기준에 따른다.
○ 과락 발생시 인센티브 지급 제외 (CE성과인센티브)
○ 위 항목外 기타 평가에 의해 시상금을 지급할 수 있음 (기술경진대회, 지사자체평가 等)

그림 7-12 | 서비스 수수료 체계

## 서비스 수수료 체계

1. 지급 대상

○ 제품의 수리(하자보수), 설치 및 유지보수 업무에 대한 직접 수수료 및 그에 따른 간접 수수료 지급
○ 수리활동中 고객에게 유상 징수한 금액에 대해서는 익일 오전까지 삼성전자서비스로 입금하며, 삼성전자서비스는 이에 대한 유상수수료를 지급

2. 지급 금액 및 기준

| 구 분 | 항 목 | 내 용 | 비 고 |
|---|---|---|---|
| 직접수수료Ⅰ | 제품 수수료 | 제품 수수료 (건당 제품수수료, 특별/예외처리 기준 等) | |
| | 일반 수수료 | 장거리, 야간, 휴일, 서비스역량 및 추가/공제 等 | |
| 직접수수료Ⅱ | | ( 직접수수료Ⅰ - 인센티브 - 서비스역량 ) × 3% | |
| 사회보장 수수료 | | 4대 보험 및 퇴직충당금 | |
| 간접수수료 | 운영 수수료Ⅰ | GPA 간접 운영비 (인건비, 운영비 等) | |
| | 운영 수수료Ⅱ | 분소 또는 GPA의 업무비용 (물량 규모별 반영) | |
| 인센티브 | | CE성과, 내근상담사, CS 촉진비 等 | |

3. 기 타

○ 수수료 지급은 매월 1日 ~ 末日 기준으로 100% 현금 결재를 원칙으로 한다.
○ 수수료 지급은 매월 7日로 정하며, 6~7日이 휴일인 경우 5日 지급하고, 5~7日이 휴일인 경우 8日 지급한다.
○ 본 서비스수수료 기준은 서비스 업무상 발생되는 각종 제도에 대한 요약 기준으로 세부 사항은 각 시행(안)에 준한다.

-2-

Samsung Electronics Service

그림 7-13 | 서비스 수수료 체계

**◉ 사회보장 수수료**

1. 지급 대상

   ○ 등록된 OE 中 정상 활동하여 직접수수료가 발생하는 OE

2. 지급 금액 및 기준

| 구 분 | 산출 기초 | 적용 비율 | | 보험 요율 |
|---|---|---|---|---|
| 퇴직충당금 | 직접수수료 I - 인센티브 | 내근 | 100% | 8.334% |
| | | 외근 | 91% | |
| 건강/국민 고용/산재 | 직접수수료 I (인센티브 포함) | 내근 | 95% | 9.233% |
| | | 외근 | 88% | |

※ 적용비율 : 직접수수료 中 A/S 활동성 비용을 제외한 비율

3. 기 타

   ○ 내근 / 외근 구분은 엔지니어 등록 기준에 의함 (월말 기준)

〈그림 7-11〉과 같이 인센티브도 원청에서 지급한다.

위에서 살펴본 것처럼 모든 수수료는 삼성전자서비스가 만든 지급 기준에 의해서 산정되어 지급된다.

〈그림 7-12〉를 보면, '2항 지급 금액 및 기준'표의 '간접 수수료'의 '운영 수수료I'에서 GPA 간접 운영비로서 인건비를 지급하고 있음을 알 수 있다.

쉽게 말해 "직접 수수료"는 원청이 협력 업체 직원에게 직접 지급하는 임금의 성질이고(다만 형식적으로 협력 업체를 거쳐 지급될 뿐), "간접 수수료"는 원청이 협력 업체에 보전해 주는 사장 급여, 관리직 급여, 임차료 등의 운영 비용이다. 즉 원청이 협력 업체와 협력 업체 직원을 직접 관리하고 있다.

〈그림 7-13〉은 "4대 보험 및 퇴직 충당금"도 지급하고 있는데 이에 관해서는 항을 바꾸어 검토한다.

협력 업체 직원의 4대 보험료와 퇴직금을 원청이 직접 보전해 주고 있다

일반적인 작업 배치권, 변경 결정권을 원청이 가진다

GPA 관할구역(지역, 동, 구)을 타 센터(GPA)에 떼어 주거나 다시 가져오거나 하는 등 실적 부진 시 원청인 지점이나 지사에서 GPA 사장에게 일방적으로 통보해 지역이 바뀐다.

동래 GPA의 경우 부산시 연제구 거제동(법원 인근) 지역이 부산진 센터(GPA)로 넘어간다. 협력 업체 직원이나 사장의 의사와는 무관하게 이루어진다. 또한 동래 GPA는 사장이 폐업 결정을 함과 동시에 직원들 명단을 보내 원청(지사)에서 각 인근 센터에 분배해 직원들을 채용하라고 지시한 사실이 확인된다.

실제로 동래 센터 협력 업체 직원들이 인근 센터로 나누어 고용 승계되었다. 이와 관련해 2013년도 도급계약서에 보면 아래와 같은 내용이 있다.

제18조 (수임의 제한)

2. 대 고객 서비스 업무 수행에 있어 "을"의 제반 여건 부족(업무 평가, 고객 클레임 빈도, 서비스 업무 미결 다발 등)으로 상당한 차질이 발생하는 경우 또는 차질이 예상되는 경우 "갑"은 "갑"의 직원 또는 제3자 등을 통해 업무를 수행할 수 있으며, "을"의 서비스 업무 수행 지역을 타 센터 관할 지역으로 조정 및 서비스 업무를 조정할 수 있다.

"을의 서비스 업무 수행 지역을 타 센터 관할 지역으로 조정 및 서비스 업무를 조정할 수 있다."

## 소결

위에서 검토한 바와 같이, 수급 업체의 사장은 원청의 임직원 출신으로서 원청에 의해 임명되는(협력 업체 자체의 설립까지도 삼성전자서비스가 관여하고 있다는 제보 내용도 있다)방식으로 ① 협력 업체의 사업 경영상 독립성이 결여되어 있고, ② 사무실 운영과 인력 운영 방식(원청이 근태 및 업무 내용에 대해 직접 지휘·감독함) 등으로 보아 사실상 당해 협력 업체 직원은 원청인 삼성전자서비스에 직접적으로 종속되어 있다고 보아야 한다. ③ 고객으로부터 받은 서비스 수수료가 먼저 삼성전자서비스로 전액 입금이 되고 추후 협력 업체와 협력 업체 직원에게 일정 부분 내려보내는 방식인바 이는 협력 업체 직원에 대한 임금 지급의 주체를 삼성전자서비스로 볼 수 있다.

따라서 삼성전자서비스와 협력 업체는 도급계약을 체결하고 있으나, 실질을 고려할 때 협력 업체는 도급을 위장해 노무 대행 기관의 역할을 하는 것에 불과하고, 삼성전자서비스와 협력 업체 직원의 관계는 묵시적 근로계약 관계에 있는 것으로 판단된다(대법원 판례[12]의 요건을 충족한다). 결국 협력 업체 직원의 실질적 사용자는 삼성전자서비스로 보는 것이 타당하다.

---

12_묵시적 근로계약 관계에 대한 대법원 판례: 대법원 2008.7.10. 선고 2005다75088 판결. "원고용주에게 고용되어 제3자의 사업장에서 제3자의 업무에 종사하는 자를 제3자의 근로자라고 할 수 있으려면, 원고용주가 사업주로서의 독자성이 없거나 독립성을 결하여 제3자의 노무 대행 기관과 동일시 할 수 있는 등 그 존재가 형식적, 명목적인 것에 지나지 아니하고 사실상 당해 피고용인은 제3자와 종속적인 관계에 있으며, 실질적으로 임금을 지급하는 자도 제3자이고, 또 근로 제공의 상대방도 제3자이어서 당해 피고용인과 제3자 간에 묵시적 근로계약 관계가 성립되어 있다고 평가될 수 있어야 한다."

만일 협력 업체의 실체를 인정한다고 하더라도, 삼성전자서비스가 협력 업체 직원에 대해 실질적인 지휘·감독을 하고 있으므로 불법 파견이 된다(대법원 판례[13] 참조).

## 3. 맺음말: 묵시적 근로계약 내지 불법 파견

이상에서 검토한바 사안의 협력 업체는 실질적으로 사업 경영상 독립성이 없어서 삼성전자서비스(원청)와 협력 업체 직원들은 묵시적 근로계약 관계에 있거나, 그렇지 않다고 하더라도 불법 파견 관계에 있다.

불법 파견은 파견법 제43조[14]에 위배되는 행위로서 3년 이하의 징역 또는 2천만 원 이하의 벌금에 해당하는 위법행위이고, 원청은 협력 업체 직원들에 대해서 파견법 제6조의2 고용 의무 조항[15]에 따라 직접 고용해

---

13_불법 파견에 대한 대법원 판례: 대법원2012.2.23. 선고 2011두7076 판결.
"근로자 파견 관계에 해당하는지 여부는 당사자가 설정한 계약 형식이나 명목에 구애 받지 않고 계약 목적 또는 대상의 특정성, 전문성, 기술성, 계약 당사자의 기업으로서 실체 존부와 사업 경영상 독립성, 계약 이행에서 사용 사업주의 지휘·명령권 보유 등을 종합적으로 고려하여 그 근로관계의 실질을 따져서 판단하여야 한다."
14_파견법 제43조(벌칙) 다음 각호의 1에 해당하는 자는 3년 이하의 징역 또는 2천만 원 이하의 벌금에 처한다(개정 2006.12.21).
1. 제5조제5항, 제6조제1항·제2항·제4항 또는 제7조제1항의 규정을 위반하여 근로자 파견 사업을 행한 자.
1의 2. 제5조제5항, 제6조제1항·제2항·제4항 또는 제7조제3항의 규정을 위반하여 근로자 파견의 역무를 제공받은 자.

야 하는 의무가 발생한다.

---

15_파견법 제6조의2(고용 의무) ① 사용 사업주가 다음 각 호의 어느 하나에 해당하는 경
우에는 해당 파견근로자를 직접 고용하여야 한다(개정 2012.2.1).
1. 제5조제1항의 근로자 파견 대상 업무에 해당하지 아니하는 업무에서 파견근로자를
사용하는 경우(제5조제2항에 따라 근로자 파견 사업을 행한 경우는 제외한다).
5. 제7조제3항의 규정을 위반하여 근로자 파견의 역무를 제공받은 경우.

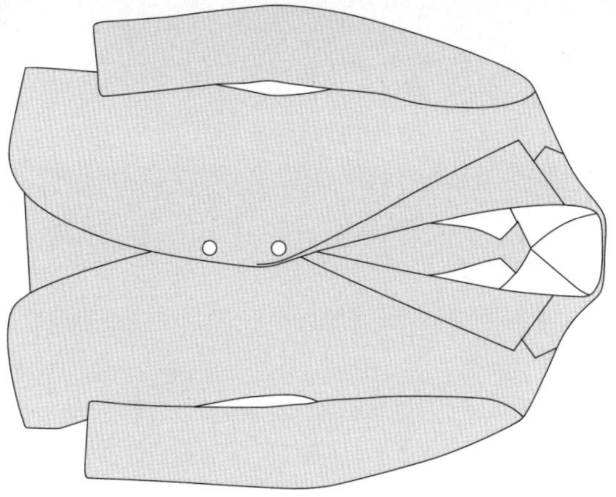

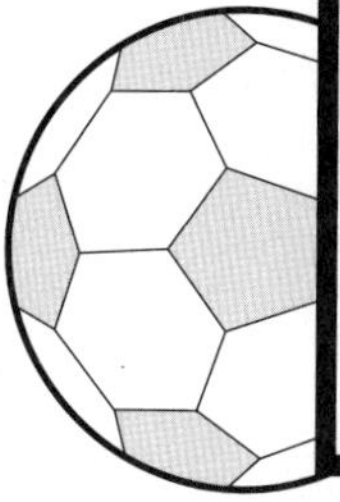

# 제 3 부

# 삼성의 사회적 책임



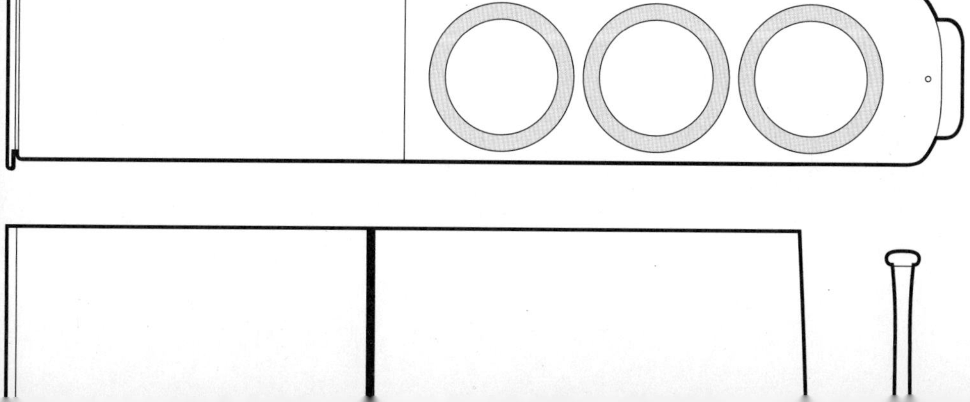

제3부는 삼성그룹이 사회 구성원으로서 사회적 책임을 다하고 있는 지를 분석한다. 삼성그룹이 협력 업체와 지역사회 등 주요 이해 당사자들에 기여하고 납세자로서 책임을 다하고 있는지를 검토하는 한편, 삼성그룹 계열 사들의 『지속가능보고서』는 계열사들의 사회적 책임 경영 실천 여부를 판단 할 수 있는 정보를 제공하고 있는지도 검토한다.

8장 김주일의 "삼성의 하도급, 상생인가, 기생인가?"는 삼성전자를 중 심으로 협력 업체와의 관계를 분석한다. 삼성그룹은 하도급에 상당 부분 의 존하고 있는 생산 체계를 가지고 있다. 삼성의 하도급은 사외 하도급과 사내 하도급으로 구분할 수 있다. 사외 하도급의 문제는 공정거래 위반의 문제이 자 단가 후려치기 등 하도급 업체들을 수탈하는 구조가 핵심이다.

공정거래위원회는 삼성전자가 협력 업체에 발주한 부품 계약을 납품 일이 지난 뒤 취소하거나 물품을 늑장 수령한 혐의를 적발해 '부당 발주 취소' 에 대해 과징금을 처음으로 적용했다. 제일기획은 하도급 업체와 광고 계약 을 체결하는 과정에서 지위를 이용해 대금을 터무니없이 낮추거나 늦추는 방 식이 있었다. 근로자 3명이 숨지고 12명이 다친 삼성정밀화학 울산 공장의 소 방용 물탱크 사고도 사고의 원인을 하도급 관행에서 찾을 수 있다. 4대강 사 업을 가장 많이 수주한 삼성물산은 전체 금액의 53.2%를 삼성물산이 가져가 고 나머지를 실제로 사업을 수행하는 하도급 업체에게 넘겼다. 이처럼 최근 5 년간 국내 대기업 중 〈공정거래법〉과 〈하도급법〉 등 공정거래 관련 법을 가 장 많이 위반한 기업은 삼성이었다.

삼성이 상생 관계가 잘된다고 자랑하는 12개 강소 협력 업체와 삼성 전자의 이익률과 순이익률을 비교한 결과 삼성전자의 이익과 관계없이 그 격차가 발생하고 있으며 4~8%의 이익률을 보장하고 그 이외에는 삼성이 독식하며 낙수효과가 발생하지 않음을 알 수 있었다.

사내 하도급의 문제는 무노조 경영에서 비롯되는 것으로 간접 고용과 불법 파견의 문제는 가장 극심하다. 삼성전자의 전자 제품 판매 및 AS 등을 도맡고 있는 삼성전자서비스가 수십 개의 협력 회사를 위장으로 설립한 뒤 불법 파견 등 위법·탈법 행위를 벌인 것이다. 무노조 삼성이 원하는 것은 '노무관리의 외주화'이다. 노조가 결성되어도 원청은 교섭 책임이 없다고 하면 그만이다. 노무관리와 산업재해(약칭 산재) 등의 위험부담도 떠넘길 수 있다.

삼성은 이제 원가를 낮추어 돈을 버는 기업은 아니다. 삼성은 가급적이면 직접 고용 노동자의 수를 줄이고, 하청 업체를 압박해 단가를 낮추고, 삼성전자서비스처럼 특수 고용 노동자로 둔갑시키기도 하며, 돈은 돈대로 버는 방식을 택하고 있다.

원청사와 하도급 업체 간의 관계를 생물의 공생 관계에 비유해 보면, 삼성은 협력 업체에 기생寄生하는 존재인 동시에 협력 업체 노동자와 수많은 비정규 노동자를 살생殺生하는 존재라는 슬픈 결론에 도달할 수도 있다.

9장 한인임의 "삼성의 산업재해 발생과 지역 주민에 대한 영향"은 삼성그룹의 산재 실태를 확인하고 그 원인을 분석한다. 산재가 일어나지 않는 삼성은 이 때문에 기네스북에도 올랐고, 재보험사와 근로복지공단으로부터 수천억 원에 이르는 산재보험료를 환급받기도 했지만, 삼성의 산재는 최소한 현재 드러나고 있는 규모의 12배가량 될 것으로 추정된다. 그 이유는 삼성의 산재 은폐 행위와 여기에 호의적 반응을 보인 당국의 조치 때문이다.

삼성생명보험 모집인은 특수 고용 노동자로 산재에 가입하지 못해 산재 통계로 잡히지 않는다. 직영 노동자에게서 산재가 발생하면 개인 및 가족과 접촉해 집요하게 산재 신청을 막는다. 금전적 회유도 하고 인사상 불이익을 협박하기도 한다. 사내 도급에 대해서는 수급 사업주를 압박해 산재 은폐를 지시하고 있다.

그뿐만 아니라 언론을 통한 은폐에도 열을 올리고 있다. 아시아 여러 지역에서 삼성이 만들어 내고 있는 산재를 '없다'고 일관하고 있으며 사실을 조작하기도 한다. 여기에 더하여 근로복지공단은 산재 불승인을 통해 삼성의 산재 은폐에 협조하고 있다. 1차에서 불승인을 하고 행정소송을 준비하는 유가족에 대해서도 삼성을 끌어들여 재판에 유리한 고지를 점유하려는 노력을 하고 있다.

삼성의 높은 산재 발생 원인은 엄청난 〈산업안전보건법〉 위반과 이를 눈감아 주는 당국의 처사 때문이다. 삼성그룹 주요 12개 계열사가 지난 6년간 총 554건에 달하는 〈산업안전보건법〉을 위반했지만, 위반 사항에 대한 과태료는 건당 평균 8만3천 원 수준이다. 또한 불산 누출 이후 2013년 2월 중 특별 감독반 25명을 투입해 삼성전자 화성 사업장을 감독한 결과, 1,934건의 〈산업안전보건법〉 위반 사례를 확인했다. 최근 전국금속노동조합이 삼성전자서비스에 대해 2개월간 진행했던 안전보건 실태 조사 결과 기자회견에 따르면 무려 21만 건에 이르는 〈산업안전보건법〉 위반 사례가 보고되었다.

삼성은 노동자에게만 나쁜 일을 하고 책임지지 않는 것이 아니라 한국 사회 전체에도 영향을 주고 있다. 삼성(중공업)은 2007년 태안반도 기름 유출 사고를 통해 국민적 공분을 자아내고 지역 주민의 건강과 생계를 오랜 기간 위협했으며 그 결과에 대해 책임도 지지 않았다. 삼성전자 화성 공장에서는 2013년 불산 누출로 인해 노동자 사망 사고가 발생했는데 이 사고 전부터 지속적인 대기 중 누출이 있었다는 사실에 대해서도 은폐하고 있었다. 삼성은 '자랑스런 대한민국의 1등 기업 삼성'이 아니라 '국민을 위협하는 1위 기업 삼성'으로 불릴 수 있는 상황에 처해 국민적 저항을 피하기 어렵게 되었다.

10장 강병구의 "삼성·재벌의 세제 혜택"은 재벌 대기업에 집중된 세제 혜택의 실태와 변칙적인 상속 및 증여 행위를 분석하고 합리적인 세제 개편 방안을 모색한다. 개발 연대 시대를 거치면서 한국의 재벌은 금융 및 세제상의 특혜를 받아 성장했고, 오늘날에도 여전히 각종 세제 혜택과 변칙적인 증여 및 상속을 통해 부를 증식하고 있다. 특히 2012년 한 해 동안 삼성전자의 공제 감면액은 무려 1조8,715억 원에 달해 회계상 순이익 대비 법인세비용(실효 법인세율)이 16.1%에 불과했고, 이는 경쟁사인 미국 애플사의 30.5%에 비해 크게 낮은 수준이다. 반면에 세제 혜택으로 증대된 여유 자금은 투자 확대로 이어지지 못한 채 재벌 대기업의 사내유보금으로 쌓여만 갔고, 2012년 3월 말 현재 삼성그룹의 사내유보금은 101조6,512억 원을 기록했다.

상속세 제도는 세수입의 확보라는 기본적 목적 이외에도 상속을 통한 부의 영원한 세습과 집중을 완화해 국민의 경제적 균등을 도모한다는 사회경제적 목적을 갖는다. 그럼에도 불구하고 삼성을 비롯해 재벌 총수 일가의 변칙적인 증여 및 상속은 우리 사회의 조세 정의는 물론 기회 평등의 원칙을 근본적으로 훼손하고 있다. 개발 연대 시대부터 오늘에 이르기까지 한국의 재벌은 주식의 헐값 매매, 금융상품 활용, 일감 몰아주기 등을 통해 변칙적인 증여 및 상속 행위를 계속하면서 지배 구조를 강화하고 있다. 이런 행위는 자유시장경제에 수반되는 모순을 제거하고 경제민주화를 실현한다는 대한민국 헌법 이념에도 정면으로 배치된다.

재벌 대기업에 대한 세제 혜택과 변칙적인 증여 및 상속은 일반 시민들의 납세 협력을 약화시킬 뿐만 아니라 분배 구조를 악화시켜 국민경제의 건전한 발전을 저해한다. 따라서 재벌 대기업은 국가로부터의 지원과 세제 혜택에 상응하는 사회적 책임을 져야 하며, 정부는 능력에 따른 과세와 변칙적인 증여 및 상속에 대한 처벌을 강화하여 조세 정의를 실현하는 데 주력해야 한다.

11장 이승협·신태중의 "삼성의『지속가능보고서』, 이대로 좋은가"는 삼성전자와 삼성SDI를 근간으로 하여 삼성그룹 계열사가 발간한『지속가능보고서』를 비판적으로 검토한다. 일반적으로『지속가능보고서』를 기업의 사회적 책임의 출발점이라고 이야기를 한다.『지속가능보고서』는 지속 가능한 사회를 만들기 위해 기업이 사회와 환경 기준에 어떻게 부합하여 경영 활동을 했는지, 그 결과와 목표 등을 투명하게 공개하는 보고서이다.『지속가능보고서』를 통해 기업의 사회적 책임의 실천 정도를 가늠해 볼 수 있기 때문이다.

삼성SDI와 삼성전자의 보고서 상당 부분이 경제 성과에 대한 강조로 채워져 있다. 반면 사회성과 지표는 주로 제품 책임과 사회 공헌 중심으로 서술되고 있으며, 노동과 인권에 대한 내용은 거의 다루어지고 있지 않다. 삼성SDI와 삼성전자의『지속가능보고서』구성이 사회성과 지표를 배제하고, 경제 성과 중심으로 구성된 이유는 사회성과 영역에서 문제가 되고 있는 사회적 쟁점 사안을 은폐하기 위한 것으로 보인다.

삼성SDI의『지속가능보고서』에는 반도체 공장 백혈병 근로자와 관련된 언급은 단 한 줄도 보이지 않는다. 삼성SDI의『지속가능보고서』는 사회적 현안과 쟁점으로 떠오른 사안에 대해서도 철저하게 부정하는 행태를 보이고 있다. 삼성SDI와 삼성전자의 『지속가능보고서』 모두에서 마찬가지로 노동문제 및 노사관계와 관련된 언급 역시 보이지 않는다. 무노조주의와 노동자 감시 등 이미 알려진 사안에 대한 최소한의 입장 표명도 담아져 있지 않다.

글로벌 기업으로서의 삼성은 한국 사회의 단면을 그대로 보여 준다고 할 수 있다. 성장과 개발, 화폐에 대한 물신주의로 인해 현대 시민사회의 근간을 이루는 개인과 집단의 인격적 존엄성과 인권을 무시하는 오도된 가치관이 삼성이 보여 주는 한국 사회의 현재라고 할 수 있다. 삼성의 『지속가능보고서』는 형식적으로는 규범적 가치를 존중하고 따르는 것처럼 보이지만, 『지속가능보고서』의 핵심적 가치를 전혀 반영하지 못하고 있다.

# 8장

# 삼성의 하도급,
# 상생인가, 기생인가?

김주일

## 1. 들어가는 말

생태학에서는 생물과 생물의 상호 관계를 네 가지로 구분한다. 첫째, 서로 상호작용하면 할수록 서로가 손해 보는 경우로서, 이를 상극相剋 관계라 한다. 이런 관계는 서로 공생하기 어려운 관계이다. 둘째, 서로 상호작용하면서 한쪽은 이득을 보고 다른 한쪽은 손해를 보는 경우이고, 이를 기생寄生 관계라 한다. 셋째, 서로 상호작용하면서 한쪽은 이득을 보고 다른 한쪽은 이득도 손해도 입지 않는 경우이며, 이를 편생片生 관계라 한다. 넷째, 서로 상호작용하면서 모두가 이득을 보는 경우로서 이를 상생相生 관계라 한다. 기업과 기업의 상호 관계도 이와 무관하지 않을 것이다. 우리나라 대기업을 중심으로 한 수많은 하도급 관계가 동반 성장하는 상생적 관계로 발전해야 한다고 논의되어지곤 하며, 또 하도급 기업이라는 말 대신에 협력 회사라는 용어를 사용하고 있다. 세계적 기업으로 일컬어지는 삼성은 과연 어느 정도의 상생 관계를 형성하고 있을까 하는 것이 이 글의 목적이다.

주지하다시피 삼성그룹은 하도급에 상당 부분 의존하고 있는 생산 체계를 가지고 있다. 왜 그럴까? 여러 가지 추리가 가능하다.

첫째로 글로벌 경쟁 속에서 주주 가치 극대화의 경영을 추구하면서 가능한 한 원가를 줄이기 위한 방안을 찾은 결과이다. 글로벌 경쟁하에서는 가능한 한 모든 이윤 극대화 방안을 찾게 되며, 제품 차별화나 기술혁신을 통한 매출 극대화 방안 못지않게 원가 경쟁력도 큰 이유이기 때문이다. 여기까지는 대부분의 세계적 기업이 추구하고 있는 바이다. 문제는 합리적인 방식을 통해 기술혁신과 원가절감을 이루어야 하는데, 삼성의 경우에는 지배 구조나 무노조 경영의 문제에서 비롯되는 권력 집중으로 말미암아 비윤리적 불법적 하도급이 관행화되었다는 것이 필자의 분석이다.

둘째, 무노조 경영에서 보이듯이 건전한 감시자의 역할을 부정하고 주주 가치의 일방적 극대화 전략에 따라 노동 가치와 공급자 가치, 그리고 고객 가치, 특히 국내 고객 가치가 희생되어야 한다고 생각하는 삼성 경영진의 의식이 가장 큰 문제이다. 일반적으로 주주 가치 경영이 아닌 이해관계자 가치의 경영에서는 이른바 주주·고객·노동자·공급자가 주어진 파이를 균등하게 혹은 균형 있게 배분하는 것이 정상이다. 그러나 삼성의 경우에는 지배 구조의 문제로 인해 삼성 일가 중심의 주주에게 과도하게 쏠리는 현상이 하도급 문제의 근본적인 발생 원인이다.

셋째, 주주 중심으로 권력이 과도하게 집중되며 발생하는 문제는 일반적인 상도덕에서 발행하는 관행을 져버리게 되는 현상이며 이는 불법이나 비윤리적 하도급 행태로 나타나게 된다. 일반적으로 하도급 혹은 외주화 전략은 기업이 직접 생산이나 서비스를 하지 않고 다른 업체와 고용계약이 아닌 상업적 계약을 맺고 생산이나 서비스를 공급받는 전략을 말한다. 즉 노동자와의 고용계약은 줄어들고 상거래 계약을 맺은 업체의 노동자들은 늘어나게 되는 구조이다. 삼성전자는 왜 이런 전략을 택할까? 일반적으로 상거래 계약을 맺은 업체들이 싸게 납품하지 않으면 언제든 계약을 해지 할 수 있는 유연성을 선호하기 때문이다. 원래 하도급은 기업이 유연성을 추구하며 선택하는 전략이다. 유연성을 선택하면 대신에 포기해야 하는 것이 있다. 바로 하도급 업체 및 제품의 사양에 대한 통제이다. 내 마음에 딱 맞게 생산하기 위해 통제를 하고자 하면, 유연성을 포기해야 하고 유연성을 선택하면 통제를 포기해야 한다. 이것이 인지상정이고 시장의 법칙이기도 하다. 그런데 삼성은 유연성과 통제, 이 두 가지를 하나도 포기하지 않겠다는 전략이자 태도이다. 그래서 하도급 업체 후려치기가 일상화되고 위장 하도급의 문제가 발생하게 되는 것이다.

넷째, 두 마리 토끼를 동시에 쫓으려는 삼성의 욕심으로 말미암아 삼성의 납품 업체들은 최저임금 수준의 비정규직을 양산하며 삼성의 입맛을 맞추기 위해 서로 경쟁하게 된다. 즉 손 안 대고 코 푸는 방법을 찾아내어 점점 이 방법에 익숙해지며 이를 확산시키고 있는 것이다. 나아가 납품의 대상과 영역을 내부화해 이제는 기업 외부만이 아니라 기업 내부에서 부품이나 서비스에 이르기까지 사내 하도급을 광범위하게 활용하고 있다. 즉 간접 고용 노동자의 양산이다. 도대체 왜 그러는 것일까? 원가를 낮추는 방법이라는 것은 익히 알려진 사실이지만, 문제는 그 보다도 노동자 관리에 대한 부담을 가지지 않으며 이윤을 찾으려는 의도가 문제이다.

다섯째, 이런 문제는 삼성의 사내 하도급과 불법 파견의 문제에서 극명하게 드러난다. 외부 협력 업체의 문제와 별도로 사내 하도급의 문제는 무노조 경영의 문제에서 비롯된다. 후술하는 바와 같이 노동자를 죽음으로 내모는 사내 하도급과 불법 파견의 문제는 노동을 외주화하며 발생하는 문제로 삼성의 부도덕성과 비윤리성이 가장 첨예하게 나타나는 부분이라고 할 수 있다.

다 알다시피 삼성은 이제 원가를 낮추어 돈을 버는 기업은 아니다. 그렇지만 삼성은 무노조 전략을 유지한다. 무노조가 되는 가장 좋은 방법은 노동자 없이 생산하는 것이다. 삼성은 가급적이면 직접 고용 노동자의 수를 줄이고, 하청 업체를 압박해 단가를 낮추고, 삼성전자서비스처럼 특수 고용 노동자로 둔갑시키기도 하며, 돈은 돈대로 버는 방식을 택하고 있다.

이 글은 이런 문제의식에 삼성의 공정거래 위반 현황을 살펴보고, 불법 파견의 현황, 삼성전자와 협력 업체의 이익률 비교 등을 통해 과연 삼성과 하도급 업체가 상생의 관계인지 아니면 어떤 관계를 형성하고 있는지 분석해 보고자 한다.


## 2. 삼성의 공정거래 현황

한국을 대표하며 많은 대학생들이 취업하기를 원한다는 삼성은 실제로 하도급 노동자의 땀과 눈물에 근간을 두고 성장하고 있다. 구체적으로 삼성과 하도급 업체 사이에서 어떤 위반 사항들이 발생하고 있을까? 여기서는 공정거래위원회(약칭 공정위)에 의해 적발된 사례에 대해서만 분석하는 한계가 있을 수밖에 없다.

일반적으로 가장 많이 논의되는 위반은 하도급 업체들을 쥐어짜며 삼성 마음대로 쥐락펴락하는 하도급 가격 후려치기와 공정거래 위반의 문제이다. 한마디로 삼성 하도급 업체는 개가 되어야 한다는 말이 있다. 공정위는 삼성전자가 협력 업체에 발주한 부품 계약을 납품일이 지난 뒤 취소하거나 물품을 늑장 수령한 혐의를 적발해 시정 명령과 함께 16억2백만 원의 과징금을 부과하기로 결정했다. 공정위가 '부당 발주 취소'에 대해 과징금을 물린 것은 이번이 처음이다. 공정위는 삼성전자가 지난 2008년 1월~2010년 11월 협력 업체와 휴대전화, TV 등 150만 건의 부품 제작 위탁 계약을 한 뒤 생산 물량 감소나 제품 모델 변경을 이유로 그중 2만8천 건(1.9%, 151개 사업자)을 납품일이 지난 뒤에 취소하거나 물품을 늦게 받아 갔다고 밝혔다. 삼성전자가 계약을 뒤늦게 취소하거나 지연 수령한 물품 규모는 763억1천7백만 원(발주 취소 금액 643억8천3백만 원)에 달하며, 삼성전자 구미·수원·광주 사업장 소속 사업부가 발주 취소로 적발됐다.

협력 업체의 책임이 없고 삼성전자의 귀책사유임에도 불구하고 협력 업체가 손해를 보도록 만든 것이다. 이런 부담은 고스란히 하도급 업체의 노동자에게 전가되는 것이며 다시 비정규직 노동자에게 최종적으로 넘어가게 되는 것이다. 결국 비정규직 노동자의 땀과 눈물을 가지고 삼성 재벌은 돈을 벌고 글로벌 기업이라고 외관을 치장하고 있는 것이다.

삼성이 협력 업체라는 하도급 업체를 사실상 종속 기업으로 만든 사례는 무수히 많다. 삼성 특유의 철저한 비밀 유지 속에서 누출되는 하도급 횡포의 문제는 적지 않다. 삼성그룹 계열사인 제일기획이 하도급 업체와 광고 계약을 체결하는 과정에서 지위를 이용해 대금을 터무니없이 낮추거나 늦추는 방식이 있었다. 근로자 3명이 숨지고 12명이 다친 삼성정밀화학 울산 공장의 소방용 물탱크 사고도 하도급 업체에 맡긴 소방용 물탱크가 문제였고 사실상 사고의 원인을 하도급 관행에서 찾을 수 있다. 4대강 사업을 가장 많이 수주한 삼성물산은 전체 금액의 53.2%를 삼성물산

표 8-1 | 삼성의 공정거래법 위반 41개 사례 중 과징금 1백억 원 이상 현황(2008~12년)

| 기업명 | 사건명 | 위반 법령 | 조치 결과 | 과징 금액 (백만 원) | 조치일 |
|---|---|---|---|---|---|
| 삼성전자(주) | 삼성전자(주)의 불공정 하도급거래 행위 | 〈하도급법〉 | 시정 명령, 과징금 | 11,575 | 2008-04-03 |
| 삼성SDI | 5개 컬러 모니터용 브라운관 제조 판매 사업자의 부당한 공동 행위에 대한 건 | 〈공정거래법〉 | 시정 명령, 과징금 | 12,006 | 2011-03-10 |
| 삼성생명보험(주) | 16개 생명보험 사업자의 부당한 공동 행위에 대한 건 | 〈공정거래법〉 | 시정 명령, 과징금 | 47,356 | 2011-12-15 |
| 삼성전자(주) | 삼성전자(주)의 부당한 고객 유인 행위에 대한 건 | 〈공정거래법〉 | 시정 명령, 과징금 | 14,126 | 2012-07-10 |
| 삼성전자(주) | 2개 전자 제품 제조·판매 사업자의 부당한 공동 행위에 대한 건 | 〈공정거래법〉 | 시정 명령, 과징금 | 12,907 | 2012-03-23 |
| 삼성전자(주) | 11개 초박막액정표시장치(TFT-LCD) 제조 판매 사업자의 부당한 공동 행위에 대한 건 | 〈공정거래법〉 | 시정 명령, 과징금 | 96,805 | 2011-12-01 |
| 삼성전자(주) | 시스템 에어컨 정부 조달 계약 관련 3개 사업자의 부당한 공동 행위에 대한 건 | 〈공정거래법〉 | 시정 명령, 과징금 | 16,001 | 2010-11-26 |
| 삼성코닝정밀소재 | 5개 CRT 유리 제조 판매 사업자의 부당한 공동 행위에 대한 건 | 〈공정거래법〉 | 시정 명령, 과징금 | 32,452 | 2012-01-18 |

이 가져가고 나머지를 실제로 사업을 수행하는 하도급 업체에게 넘겼다. 삼성SDS 등의 SI 분야는 삼성 하도급 문제의 꽃이라 불릴 만하다. 협력 업체의 기술이나 특허를 탈취하는 것은 물론 발주 회사로부터 삼성의 지위를 이용해 컨소시엄으로 사업을 따낸 뒤 이를 하도급, 재하도급으로 내몰며 심지어 9단계까지 하도급의 단계가 형성되고 있다. 모두가 강력한 단가 후려치기와 그 차액으로 발생하는 수익금의 착복이라는 방법으로 수행되고 있는 것이다.

2008년에서 5년간 국내 대기업 중 〈공정거래법〉과 〈하도급법〉 등 공정거래 관련 법을 가장 많이 위반한 기업은 삼성이고, 가장 많은 과징금을 부과 받은 기업은 에스케이(SK)인 것으로 나타났다(2012년 국정감사). 국정감사를 위해 공정위로부터 제출 받은 자료인 "5년간(2008년~2012년 8월) 상위 30대 기업집단 및 계열사의 법 위반 현황"에 따르면 2008년 이후 공정거래 관련 법 위반 건수는 삼성이 41건으로 가장 많아 전체의 16.5%를 차지했고, 2,820억 원의 과징금과 시정 명령을 받은 것으로 나타났다. 삼성의 경우 41건 중 30건이 부당한 공동 행위, 즉 담합으로 인한 법률 위반이었으며, 21%인 9건이 삼성전자와 관련한 〈공정거래법〉과 〈하도급법〉 위반으로 처벌받았다. 과징금만 1백억이 넘는 8개 사례만 간단히 제시하면 〈표 8-1〉과 같다.

삼성전자의 〈하도급법〉 위반의 진실을 보기 위해 다음 세 개의 글을 인용하고자 한다. 이 글들에서 핵심은 결국 협력 업체가 과연 자율성을 가지고 협의하고 있는지, 그리고 삼성전자의 어려움을 이해하고 스스로 단가 인하를 하고 발주 취소를 하고 있는지, 그리고 협력 업체의 힘이 얼마나 무력한지를 보여 주고자 하는 것이다.

먼저 공정위의 적발 내용과 시정 조치를 보도한 SBS 방송의 보도를 보면 다음과 같다.

"2012년 5월 공정위가 삼성전자의 하도급 현황을 조사한 뒤 삼성전자가 부당하게 위탁을 취소하거나 물품을 지연하여 수령"하여 협력사에 피해를 입혔다고 과징금을 부과했다. 즉 삼성전자가 하도급 업체에 위탁한 주문을 부당하게 취소하거나 물품 수령을 늦춘 사실이 공정위에 적발돼 시정 조치와 함께 과징금 처벌을 받았다. 공정위는 삼성전자가 2008년 1월부터 2010년 11월까지 위탁을 갑자기 취소하거나 물품을 지연하여 받은 행위를 찾아내 시정 명령을 내리고 과징금 16억 원을 부과하기로 의결했다. 공정위에 따르면 삼성전자는 이 기간에 위탁 거래 약 150만 건 중에서 151개 수급 업자에게 위탁한 2만 8천 건(약 2%)을 납부 기한 이후에 취소하거나 물품을 늦게 받아 갔다. 발주 취소 금액은 643억 8천 3백만 원에 달한다. 이는 삼성전자의 생산 물량 감소, 자재 단종, 설계 변경 등 때문에 발주가 취소됐다는 점에서 수급 업자의 책임이 없는 위탁 취소로 공정위는 판단했다. 발주가 취소되면 협력 업체는 재고 부담, 미납품 자재 처리, 이자 부담 등 직접 피해뿐만 아니라 생산 계획 차질로 말미암은 간접 피해가 생긴다. 삼성전자는 납부 기한이 지나서 목적물을 받음으로써 수급 업자에게 지연 기간만큼 재고 부담, 생산 계획 차질 등 손해를 발생시킨 사실도 드러났다. 공정위는 이런 사실을 모두 위법행위로 인정하고서 재발 방지를 명령하고 과징금 16억2백만 원을 부과하기로 했다. 위탁 취소만으로 과징금이 매겨진 것은 처음이다(〈SBS 뉴스〉 2012/05/22).

그러자 그 다음 날인 5월 23일 삼성그룹 블로그 〈삼성 이야기〉의 "그건 이렇습니다"라는 코너에 공정위의 시정 조치에 대한 반박의 글을 올렸다. 요지는 공정위의 시정 조치가 산업의 특수성을 인지하지 못하고 있으며 협력 업체가 거부권을 발동이 가능한 시스템상의 합의 발주 시스템을 이해하지 못하고 있다는 것이다. 이 내용을 간략히 인용하면 다음과 같다.

IT 산업은 발전이 빨라 제품 변경이 많고 생산 물량과 시간 계획도 수시로 변해, 발주 취소 "0%"인 이상적인 비즈니스 거래는 현실적으로 불가능한 일입니다. 구매를 위해서는 먼저, 협력사가 대부분 원자재나 반제품인 상태로 미리 준비를 할 수 있도록 Purchase Order(PO)를 내고, 생산 계획이 최종 확정이 되면 실제 최종 납품을 협력사에 요청하기 위한 Delivery Order(DO)를 다시 내게 됩니다. 공정위가 주장하는 발주 취소는 PO 단계에서 발생하며, 이때 해당되는 물품은 대부분 "원자재나 반제품 상태"인, 다시 말해 다른 스펙의 제품으로도 전용 가능한 공용 자재라고 할 수 있습니다. PO 발주 취소 건수 기준 잔여분 22%(금액 기준: 10%)는 비록 재(再)발주로 이어지지는 않았지만, 최종 납품 요청을 위한 DO 발행이 안 되어 협력사에 큰 피해가 없었기에 상호간 합의에 의해 발주가 취소된 경우입니다. 또한, 어쩔 수 없이 PO 발주 취소를 하게 될 경우엔 삼성전자가 임의로 협력사에 일방적인 통보를 하는 것이 아니라, 반드시 발주 변경 시스템인 PCR(Purchase Order Change Request)을 통해 발주 취소 수용 가능 여부를 협력사에 묻도록 되어 있습니다. 발주 변경 시스템인 PCR 시스템은 PO 발주 취소시, 피해 여부를 삼성전자가 모두 확인하는 것이 불가능하기 때문에 협력사가 스스로 피해 여부를 확인해 발주 취소를 동의하거나 거부할 수 있도록 만들어진 것입니다. 모든 발주 취소는 건별로 명백한 합의를 거쳐 진행되는 만큼, 협력사가 피해를 입지는 않으며 이를 〈하도급법〉상의 '임의' 발주 취소로 보기 어렵습니다.

공정위의 시정 조치에 대한 삼성 측의 반박 글은 시스템상 협력 업체가 거부권을 발동할 수 있으므로 합의가 이루어지는 데에 아무런 문제가 없다는 것이다. 이는 권력이 대등할 때 가능한 일이고 현실적인 힘의 불균형 상황에서는 이루어질 수 없는 꿈같은 이야기이다. 삼성전자는 협력 업체에 대해 단가 인하를 요구하는 공문을 발송하고 있으며, 언론에 알리면 회사 문을 닫겠다고 협박하고 있다. 이 정도의 권력과 무지가 작동하고 있다면 시스템상 거부가 가능하고 합의가 이루어진다는 말의 진실이 무엇인지 짐작할 수 있을 것이다. 다음은 단가인하 공문을 둘러싸고 술렁대는 협력 업체들의 움직임에 대한 광주 CBS의 방송 내용이다.

삼성전자 생활가전사업부 광주 사업장에 부품을 납품하는 협력 업체들은 최근 삼성으로부터 공문을 받았다. '지금까지의 납품 단가에서 부품에 따라 10% 안팎씩을 낮추는 데 협의하자'는 내용이었다. 하지만 말이 '협의'지, 삼성에 목을 매고 사는 협력 업체로서는 사실상 '통보'나 다름없다고 입을 모은다.
따라서 협력사들은 2차 협력사에 더 작은 부품의 납품 가격을 낮추라고 요구하거나, 회사 자체적으로 원가를 낮추느라 경영에 초비상이 걸렸다. 한 협력 업체 관계자는 '삼성의 원자재 가격 관리는 워낙 엄격해 거품이 거의 없는데, 여기서 10%를 더 낮추라는 것은 이익을 보지 말고 헛장사를 하라는 말, 마른 수

건을 또 짜라는 말과 같다'고 말한다. 그러면서도 가장 큰 거래처인 삼성을 놓칠 수는 없는 만큼 결국에는 요구를 들어줄 수밖에 없지 않겠느냐는 입장이다. 심지어 '언론과 접촉했다는 사실이 알려질 경우 납품 거래를 차단당하는 등 불이익으로 결국은 회사 간판을 내릴 수도 있다'며 취재 사실을 삼성 측에 알리지 말아 줄 것을 요청하기도 했다. 삼성 광주 사업장에 직접 부품을 납품하는 1차 협력 업체는 광주 70개, 전남 20개 등 1백 개에 이른다. 대기업과 중소기업의 상생 노력이 요구되는 가운데도 삼성이 절대 약자인 협력사들에게 원가 부담을 떠넘기는 것 아니냐는 의혹이 일고 있다. 이에 대해 삼성 측은 "납품 단가 인하 요인이 발생하면 언제든지 협력사에 요구할 수 있고, 그렇게 하는 것이 맞다"고 주장했다. 하지만 "일괄적으로, 또는 일방적으로 인하폭을 결정하거나 강요하지 않고 '협의'를 통해 납품 단가를 결정하고 있다"고 밝혔다(광주 CBS, 2012/03/25).

이처럼 하도급 관계에서 단가 인하의 문제와 〈하도급법〉 위반의 문제, 우월한 지위의 남용을 통한 계약 취소 등의 문제는 검증하거나 실증하기가 매우 어려우며 적발 역시 어려운 일이다. 왜냐하면 계속 거래 관계가 지속되며 갑을관계의 담합이 발생하기 때문이다. 다만 하늘을 가린다는 입장으로 심증적으로 설명하고 이해를 구하는 도리밖에 없다. 삼성의 해명에서 협의 및 자유의지를 빼고 나면 입증하거나 설명할 도리가 없기 때문이다. 이후에 논의하는 재무제표 분석을 통해 이런 우월한 지위의 남용을 간접적으로 이해할 뿐이다.

# 3. 삼성의 사내 하도급과 불법 파견 현황

앞서 언급한 하도급의 문제가 주주 가치 극대화 경영에서 비롯되는 사외 하도급의 문제였다면, 직접적으로는 무노조 경영에서 비롯되는 사내 하도급, 즉 간접 고용과 불법 파견의 문제는 가장 극심한 문제이다. 즉 간접 고용 노동자를 죽음으로 내몬 위장 하도급의 문제이다. 삼성전자의 전자 제품 판매 및 AS 등을 도맡고 있는 삼성전자서비스가 수십 개의 협력 회사를 위장으로 설립한 뒤 불법 파견 등 위법·탈법 행위를 벌인 것이다. 즉 삼성전자서비스는 제품 수리 등 서비스 업무를 협력 업체에 맡기면서 경영·인사 등 업무 전반에 직접 관여했다. 협력 업체 사장들은 대부분 삼성전자서비스 임직원 출신이며, 삼성전자서비스와 계약이 해지된 협력 업체는 폐업하는 게 관례였다. 또한 삼성전자서비스가 도급 업체와 작성한 '업무계약서'에는 협력 업체들이 독자적 사업은 할 수 없도록 되어 있으며, 직원들의 채용부터 임금 지급 방식까지 삼성전자서비스가 정해 준 대로만 하게 되어 있다. 결과적으로 실질적인 업무 지시, 교육 등은 모두 삼성전자서비스가 진행하는데 전·현직 임원들을 바지사장으로 내세워 협력 회사를 설립한 것은 '위장 도급에 따른 불법 파견'인 것이다. 즉 형식만 하도급 노동자이지 실제 내용은 삼성전자가 직접 고용해 관리하고 있는 것이다.

위장 하도급의 문제는 도덕적으로 응당 직접 고용할 노동자를 간접 고용하며 노동자를 착취하는 전형적인 파렴치 행위이자 경영전략으로 말하자면 후진적 경영 관리의 극치이다. 삼성전자는 2010년에만 1조4,965억 원의 현금을 주주들에게 나눠줬다. 영업이익의 10%선이다. 경영진은 수십억 원대의 연봉을 받는다. 등기 임원의 연봉은 평균 60억 원에 달한다. 삼성 구성원들도 성과에 따라 연초에 최소 수천만 원대의 상여금을 받는다. 이 때문에 '그들만의 1%'라는 의견도 있다. 삼성은 잘나가지만, 그 수많은 돈이 사실은 대부분의 비정규직 노동자들에게 정당하게 돌아갈 돈인 것이다. 그것을 착복해 '부자 삼성, 가난한 국민, 죽어 가는 비정규직'이라는 이름이 성립한다. 삼성이 큰돈을 버는 이유, 그것은 정부와 국민들의 지원 때문이고, 삼성을 위해 일하는 비정규직 노동자 때문이다. 이들의 진짜 사용자는 누구인가? 고용된 사람은 있는데 진짜 고용한 사람은 없다.

사내 하도급은 원사업자가 자신의 사업의 일부를 다른 사업자에게 위탁해 납품을 받는 하도급거래 중에서 원사업자의 사업장 내에서 작업이 이루어지는 경우를 일컫는다. 전통적인 하도급거래가 주로 사외의 부품 업체에 사업의 일부를 위탁해 납품을 받는 형식으로 이루어져 왔던 것에 비해 사내 하도급은 원사업자의 사업장 내에서 작업이 이루어진다는 점에 그 특징이 있다. 또한 근로자 파견과 달리 도급의 경우에는 원사업자와 하도급 근로자 간에 지휘·명령 관계를 상정할 수 없음에도 불구하고, 현실에서는 명목상으로는 도급계약의 형식을 갖추었으나 실제로는 원사업자가 하도급 근로자를 지휘·명령하는 경우가 적지 않다. 이 경우에는 계약의 명칭·형식 등에도 불구하고 그 실질이 근로자 파견에 해당하므로 파견법의 적용을 받게 된다. 이 문제는 특히 사내 하도급의 증가와 함께 위장 도급·불법 파견의 문제로서 사회적 쟁점으로 부상했다.

노동 현장에서 과거에 직접 고용의 형태로 제공되었던 업무의 많은 부분이 사내 하도급의 형태를 띠면서 급격히 증대됨에 따라 외형상 계약 형태는 파견이 아닌 도급이나 위임 등의 계약 형식을 갖추었으나, 실제로는 도급인(원청)이 수급인(하도급 업체) 근로자를 지휘·명령하는 경우가 적지 않고, 사내 하도급 증가와 함께 위장 도급 내지 불편 파견의 문제가 노사관계 및 사회적 갈등과 분쟁의 영역에서 크게 확대되고 있다. 사실 사내 하도급은 적법이나 위법 여부와 무관하게 타인의 근로를 직접적으로 편입시켜 활용한 이익을 원청이 지배적으로 향유하는 특징을 갖는다는 점에서 일반적인 도급과 차이가 있고, 도급의 한 형태, 잔여적인 범주 혹은 불법적 형태로서의 사내 하도급을 정의하는 것만으로는 사내 하도급의 실체를 파악할 수 없다.[1] 은수미·이병희·박제성은 이런 측면에서 "사내 하도급이 시장 계약 혹은 경제적 계약 관계인 도급의 한 형태라기보다는 근로계약 관계의 특수한 형태"라고 보고 있고(은수미 외 2011), 문무기는 "사내 하도급을 기업의 필요에 의하여 타인의 노무를 제공받지만 노무 제공자와 근로계약을 직접 체결하지 않고 타인에게 고용된 근로자를 이용하는 고용 형태이자 비전형 근로의 한 유형이며, 근로계약 관계와 지휘 명령계의 분리가 특징"이라고 하며(문무기 2005), 강성태는 "타인이 고용한 근로자를 자신의 사업에 직접적으로 편입시키거나 결합시켜 사용 또는 이용하는 고용 형태이고, 현행법상으로는 근로자 공급, 근로자 파견, 도급 등이 가장 관련성이 깊은 용어이며, 근로계약과 지휘명령 관계의 분

---

1_사내 하도급의 개념 및 특징과 관련해 박제성은 "사내 하도급은 도급의 외양을 취하지만 사실상 근로계약 관계의 특수한 형태이다. 사내 하도급이 문제가 되는 원인은 그것이 본질적으로 노동시장 형성의 법률적 토대인 근로계약 관계를 훼손하고, 그 자리를 경제적 계약 관계 혹은 시장 거래 관계로 바꿔치기하여 인간의 노동을 상품으로 전락시키기 때문이다"라고 보고 있고(박제성 외, 2009), 손정순은 "사내 하청은 하청 관계의 하나의 유형으로 언급되는데, 일반적인 하청 관계의 정의는 일의 완성을 목적으로 원청 사업체(사업자)가 수행해야 할 일의 일부를 제3자인 하청업자에게 완성, 납품하도록 하는 민법상 일종의 계약 관계를 지칭한다. 따라서 하청 업주는 원청과 독립되어 일을 수행하며 원청-하청 간의 계약에 따른 물품을 완성, 납품하는 일종의 시장 계약 관계이다. 사내하청은 이런 하청 관계가 원청 작업장 내에서 이루어진다는 점에서 차이점이 있다"라고 보면서 사내 하도급에 내재한 문제점을 지적하고 있다(손정순 2009).

리 이외에 사업에의 직접적인 편입이 간접 고용의 또 다른 특징"이라는 점에서 사외 하도급과 구분을 하고 있다(강성태 2010).

2013년을 떠들썩하게 만든 삼성전자서비스의 문제도 사내 하도급에서 비롯된 문제이다. 사실상 전국 117개의 삼성전자서비스 협력 업체들을 사실상 위장 도급이라고 봐야 한다. 협력 업체들이 위장 도급의 성격을 강하게 띠고 있기 때문에, 경영·임금·노동조건 등 독립적인 결정권이 없어 협력 업체들의 노동관계법 위반이 사실상 명확한 것이다.

삼성전자서비스의 협력 업체 직원들은 평균 2백만 원가량의 월급을 받고 있는데, 실제 차량 유지에 소요되는 비용을 개인이 부담하고 있으며, 차량 유지비, 식대를 제하면 최저임금보다 낮은 90만 원 수준의 임금을 받는 경우도 있었다. 또한 본사(삼성전자서비스)에서 직접 연장근로를 지시함에도 불구하고, 연장근로 수당이 지급되지 않은 경우가 대부분이다. AS를 담당하는 직원들은 오전 8시에 출근해 밤 10시까지 일해도 〈근로기준법〉상 정해진 연장근로 수당은 얘기조차 꺼내기 어렵다고 한다. 일례로 부산의 한 협력 업체 사장과 직원들 간의 대화를 통해 일정 수준 이상의 임금 확보를 위해서는 휴일근로를 할 수밖에 없는 사정도 확인되었다. 또한 연장근로는 당사자 합의에 의한 것이 아니라 사실상 고지에 의해 실시되고 있음이 확인되었다. 결국 협력 업체 직원들은 법정 수당을 받지 못한 부분은 AS를 통해 책정되는 수수료로 벌충하기 위해 연장 및 휴일 근로도 마다하지 않고 있다. 그렇게 해야 한 달에 최소한 최저임금이라도 넘는 수준의 월급을 받을 수 있기 때문이다.

연장근로와 관련해서는 협력 업체 직원의 근로계약서에서 위법한 내용이 확인되었다. 해당 근로계약서에는 근로시간을 월요일에서 금요일까지 9시에서 오후 6시까지로 하되, 토요일은 9시에서 오후 1시까지, '비고란'에 "토요일은 무급 휴일로 하며 근로시 휴일근로로 산정함"이라고 되어 있다. 그러나 단서 조항에서 "갑은 업무상 필요에 따라 을에게 시간외 근로를 지시할 수 있으며, 을은 특별한 사정이 없는 한 이에 동의한다"고 명시해, 협력 업체 직원들이 휴일근로를 사실상 거부할 수 없도록 했다. 이는 연장근로에 대해 당사자가 합의할 것을 규정하고 있는 현행 〈근로 기준법〉을 명백히 위반한 것이다. 또한 노사 협약서에는 출근 및 마감 시 간 지정, 시간외수당 지급, 토요일·일요일·공휴일에 대한 휴일근로 수당 과 평일 대체 휴무 부여, 하기 휴가 부여 등의 내용이 담겨 있다. 그러나 "실적이 지사 평균 이상 진행되어야 한다"는 협약 조건이 붙어 있다.

삼성전자서비스 협력 업체의 핵심 쟁점은 바로 을이 없는 계약 관계, 바로 위장 도급 문제이다. 삼성전자서비스(갑)와 협력 업체(을)가 맺은 "서비스 업무계약서" 및 부속서류 등에는 '갑을관계'로 보기마저도 힘들 정도의 계약 사항이 적시되어 있었다. 또한 협력 업체는 삼성전자서비스 측과 '대여 자산 운영 기준'을 통해 대부분의 사용 장비, 운영 비품을 사용 대차 형식으로 지급받아 사용하고 있다. 사실상 협력 업체는 '몸만 들어가 일하는 것'이다. 삼성전자서비스 측은 대여한 자산에 대해 전수조사를 실 시하며 직접 관리하고 있다. 주요한 자산들은 극히 일부는 제외하고 재물 조사표에 자산 번호, 품명 등이 기재되어 삼성전자서비스의 자산이라고 라벨이 붙어 있다. 또한 협력 업체 직원은 협력 업체에 대한 재고조사 시 본사가 직접 방문해 일일이 모든 재고를 조사한다고 말했다. 사실상 협력 업체 사장이 해야 할 일을 본사가 직접 관여하는 데 그치지 않고 관리까지 하고 있다는 점은 명백히 위장 도급 혐의를 뒷받침하는 증거로 볼 수 있 다.

본사 인사팀은 협력 업체에 연락 공문을 보내 협력 업체의 외근직 직 원들의 근무복을 신청하도록 했다. 이 공문에서 본사 직원과 외근직 직원 의 근무복이 같다는 점이 확인된다. 근무복만 같은 것이 아니다. 한 협력 업체 직원의 근무 일지에만 보더라도 본사 직원과 협력 업체 직원이 혼재되어 근무하고 있다는 점을 알 수 있다. 그 외에도 본사에서 직접 협력 업체 직원들을 대상으로 교육을 실시하고 있는 것으로 확인되었고, 협력 업체 사장은 자신들이 인원 보충에 있어 "채용 권한은 본사에 있다"는 증언 또한 확보해 위장 도급이 더욱 명확하다고 주장하고 있다. 삼성전자서비스와 협력 업체의 문제는 우리나라 굴지의 최고 기업인 삼성의 횡포뿐만 아니라 '진화된 갑을관계'를 보여 주는 사건이다.

삼성전자서비스주식회사 협력사(GPA) 대표는 『경향신문』에 편지를 보내 "삼성전자서비스 협력사를 운영하는 사람"이라며 "도급 관련 불법이 맞다"고 말했다. 이 협력사 대표는 "모든 인사·경영 전반을 본사가 관리하고 있다"고 증언했다. 그는 "본사에서 받은 수수료를 직원들에게 제대로 배분했는지 매월 본사의 SV(차장급 관리자)나 지점장이 참관해 손익 설명을 해야 하고 평가에 반영하여 불이익을 받고 있으며 통합 운영비도 일일이 어디에 얼마를 제출했는지 자료까지 제출해야 한다"며 "GMS라는 회계프로그램을 본사에서 제공하여 (협력사를 관리한다)"라고 밝혔다. 그는 "(민변 등이) '바지사장'이란 표현을 했는데 거기에 대해서 할 말이 없다"며 "사실 우리도 월급쟁이 사장"이라고 전했다. 그러면서 "몇 년 전에 가이드라인이 내려와 직원 수가 몇 명이면 사장 급여는 얼마를 가져가라고 명시했다"며 "전국 협력사의 모든 실적을 줄 세우고 있기 때문에 우리도 어쩔 수 없이 (본사 가이드라인을) 따를 수밖에 없다"고 밝혔다(『경향신문』 2013/06/28).

그럼에도 불구하고 고용노동부는 삼성전자서비스의 위장 하도급 문제에 대해 "논란의 여지는 있으나 …… 파견법 위반으로 볼 수는 없다"라는 근로 감독 결과를 발표한다. 한국 사회의 진정한 '갑'인 삼성에 논란의 여지에도 불구하고 면죄부를 주고 만 것이다. 고용노동부가 언급한 '논란의 여지'는 AS(애프터서비스) 업무의 특성상 균질화된 서비스 제공을 위해 통일된 업무 매뉴얼이 필요하기에, 이런 매뉴얼을 삼성전자서비스 원청의 구체적인 업무 지시·명령이라 보기 어렵다는 것이다. 일반 회사에서도 요즘은 직원들에게 권한을 위임하고, 이들의 임파워먼트를 확대하는 차원에서 정규직 업무의 세세한 사안에 대해서는 개입을 하지 않는 실정이다. 매뉴얼에 따라서 하는 경우가 대부분이다. 업무 매뉴얼을 근거로 일정 기간 교육 후 업무에 배치된다. 그런데 하청 노동자들에게는 세세한 업무 지시가 있어야만 불법 파견으로 본다는 입장을 발표한 것이다.

삼성전자의 자회사인 삼성전자서비스가 간접 고용을 늘리는 이유는 비용 때문만이 아니다. 무노조 삼성이 원하는 것은 '노무관리의 외주화'이다. 노조가 결성되어도 원청은 교섭 책임이 없다고 하면 그만이다. 노무관리와 산재 등의 위험부담도 떠넘길 수 있다. 삼성이 원하는 하도급 문제의 핵심은 노무관리 전략의 일환으로 볼 수 있는 이유이다.

## 4. 삼성전자와 하도급 업체의 이익률 비교

여기에서는 삼성전자와 하도급 업체의 이익률을 비교해 진정으로 상생 관계라면 삼성전자의 이익률만큼 삼성이 상생 관계로 인정하는 하도급 업체도 이에 비례해 이익률이 생길 거라고 가정했다. 만일 일반적으로 알려진 대로 일정 정도의 수익률만 보장하고 나머지는 삼성이라는 원청업체가 독식하는 구조라면 알려진 대로 5%의 이익률로 수렴하는 현상을 보일 것이라고 보았다.

삼성전자의 1차 협력 업체는 780개, 2차 협력 업체는 3천4백 개에 이

**표 8-2 | 삼성전자와 하도급 업체의 영업이익률 격차(2000~09년)**

| | 삼성전자<br>영업이익률(A) | 하도급 업체<br>영업이익률(B) | 영업이익률 격차<br>(A−B) |
|---|---|---|---|
| 2000 | 21.69 | 7.90 | 13.79 |
| 2001 | 7.09 | 6.06 | 1.03 |
| 2002 | 18.78 | 6.58 | 12.20 |
| 2003 | 16.50 | 7.37 | 9.13 |
| 2004 | 20.85 | 8.26 | 12.59 |
| 2005 | 14.03 | 7.18 | 6.85 |
| 2006 | 11.76 | 6.54 | 5.22 |
| 2007 | 9.41 | 5.65 | 3.76 |
| 2008 | 5.67 | 5.89 | -0.22 |
| 2009 | 8.23 | 5.66 | 2.57 |
| 평균 | 13.40 | 6.71 | 6.69 |

주: 삼성전자의 하도급 기업은 746개 사 대상.
자료: 2000~08년은 위평량(2009/09/09; 2009/11/02), 2009년은 곽정수(2010/05/21)에서 정리했으며 김상조(2011)에서 재인용.

른다. 만일 삼성전자와 협력 업체가 상생 관계라면 삼성전자의 영업이익률만큼 협력 업체의 이익도 보장되어야 한다. 앞서 언급한 바와 같이 한쪽은 이득을 보고 다른 한쪽은 손해를 보는 경우이면 기생 관계이지만 서로 상호작용하면서 모두가 이득을 보는 경우를 상생 관계라고 하기 때문이다. 그렇다면 손해를 보며 망하지는 않았지만 상대적으로 낮은 수익을 올리거나 삼성의 성장에 따른 낙수효과가 상대적으로 적다면 이 역시 상생 관계라고 보기는 어려울 것이다.

이를 분석하기 위해 먼저 삼성전자의 이익률과 746개 협력 업체의 이익률 평균을 2000년부터 2009년까지 시계열로 비교하고자 했다. 비교한 결과에 따르면 〈표 8-2〉와 〈그림 8-1〉과 같이 약 6.69%의 이익률 격차가 발생하고 있다. 협력 업체에 대한 계열화가 구체적으로 시작된 2002년부터 2004년 사이에 상당한 격차가 발생하고 있어 이 시기에 많은 협력 업체에 대한 정리가 발생했음을 알 수 있다. 삼성전자의 협력 업체는 계약 지속 기간이 비교적 짧아 갑을관계에서 권력이 약한 것으로 알려져 있다.

분석에 활용한 기업은 2013년 강소 기업으로 선정된 삼진, 대덕전자,

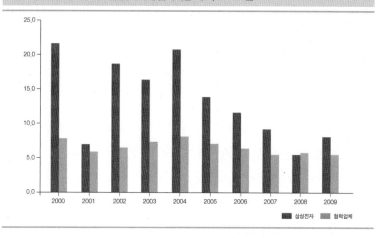

그림 8-1 | 삼성전자와 하도급 업체의 영업이익률 비교(2000~09년)

큐에스아이, 솔브레인, 심텍, 이오테크닉스, 에스에프에이, 피에스케이 등 8개 사와 2013년 삼성전자 협력사 동반 성장 대상 등도 받고 사례 발표를 한 인탑스와 루멘스 등 2개 사, 그리고 삼성전자의 협력 회사 모임인 협성회 회장사 및 최대 매출사인 이랜텍과 한솔테크닉스 2개 사 등 총 12개 사에 대해 금융감독원 전자공시시스템의 자료를 활용해 분석했다.

재무분석은 영업이익률과 순이익률, 그리고 영업현금흐름에 대해 분석했다. 현금흐름은 기업 가치를 보여 주는 것으로 주가에 반영되는 핵심 변수이다. 삼성전자가 지원하는 협력 업체로 선정되면서 주가가 오르며 기업 가치가 상승하는 부분에 대한 분석을 위한 것이지만 보다 정교한 분석이 필요하다고 본다. 즉 현금흐름은 좋지 않지만 협력 업체가 이득을 보는 현상이 발생할 수 있기 때문이다.

이른바 삼성이 가장 자랑한다고 하는 12개 강소 협력 업체의 경우에도 2010년을 제외하고는 평균 영업이익률과 순이익률에서 격차가 발생함을 알 수 있다. 특히 2011년 이후에 그 격차가 더욱 커지고 있음을 알 수

표 8-3 | 삼성전자와 12개 강소 협력 기업의 이익률 비교(2009~12년)

|  |  | 2009 | 2010 | 2011 | 2012 |
|---|---|---|---|---|---|
| 삼성전자 | 영업이익률 | 7.07 | 10.75 | 9.48 | 14.44 |
|  | 순이익률 | 10.75 | 10.44 | 8.34 | 11.86 |
| 12개 강소 협력 업체 평균 | 영업이익률 | 5.71 | 10.44 | 7.18 | 8.03 |
|  | 순이익률 | 6.76 | 8.74 | 5.37 | 5.66 |

있다. 동반 성장을 위한 많은 협력 프로그램이 투자되며 상생 기금을 사용하고 있지만 이런 지원보다 협력 업체에게 더 필요한 부분은 정당한 단가의 책정을 통한 이익률의 보장일지도 모른다. 글로벌 경쟁력은 삼성이 지원하기 때문에 발생하는 것이 아니라 수익의 창출과 이익의 유보, 그리고 연구개발 투자를 통해 자생적인 역량에 의해 창출되기 때문이다.

## 5. 삼성의 하도급, 과연 상생 관계인가?

앞서 설명한 바와 같이 생물의 공생 관계를 비유해 삼성전자와 하도급 업체 간의 관계를 유형화할 때, 거래를 통해 서로 호혜적으로 상호작용하면서 모두가 이득을 보는 경우를 상생 관계라 한다고 했다. 앞서 살펴본 바와 같이 삼성전자는 사외 하도급 업체의 경우 다양한 방법으로 〈공정거래법〉 및 〈하도급법〉을 가장 많이 위반하는 대기업으로 정평이 나있었다. 또한 자회사인 삼성전자서비스의 경우에 고용부의 면죄부에도 불구하고 사실상 위장 하도급임을 누구나 다 아는 사실이고 심지어 바지사장임을 고백한 사장이 두 명에 이르고 있다. 즉 협력 업체 및 공급 업체들과 호혜적 거래 관계를 유지하고 있다고 보기 어려운 정황들이 너무나 많이 나타나고 있다. 또한 하도급 관계의 가장 핵심이 되는 단가와 이익 보장의 문제에 있어서도 일반 하도급 업체뿐만 아니라 삼성이 자랑하며 육성 지원하고자 하는 강소 하도급 업체라고 하는 기업에서도 이익률 격차가 존재하며 여전히 상생 관계가 형성되지 못함을 보여 주고 있다.

양 당사자가 호혜적으로 거래하는 상생 관계가 아니라면 어느 하나가 손실을 보는 관계가 형성된다. 이를 생물학에서는 서로 상호작용하면서 한쪽은 이득을 보고 다른 한쪽은 손해를 보는 기생 관계라고 칭한다. 정확히 손해를 본다고 할 수는 없지만 이익 배분에서 상대적 손실을 보고 있으며 정당한 거래 관계가 아닌 갑을관계가 형성된다면 이를 상대적 기생 관계라고 부를 수도 있을 것이다. 김상조(2013)에 따르면 하도급 문제를 개선하고자 하면 공정과 연대의 논리가 필요하다고 역설한다. 재벌 개혁은 공정의 문제로 재벌의 경제력 집중 심화와 이로부터 발생하는 사익편취 및 불공정거래 행위를 규율함으로써 공정한 시장경제 질서를 확립하는 것을 의미한다. 삼성의 하도급 문제는 삼성이 기술혁신 기업으로서가 아니라 원가와 기술 양자를 다 잡으려 하고 경쟁과 재품의 위험부담을 하도급 업체에 떠넘기며 발생하는 문제이다. 세계 일류 기업다운 면모가 아니며 기술투자를 통한 혁신과 위험부담을 떠안지 않으려는 태도이다. 기업가정신의 실종이고 상인의 돈 욕심으로 보이는 부분이다. 상생의 하도급 관계를 위해서는 하도급 업체, 비정규직 노동자, 자영업자, 비공식 고용 등 경제적 약자들 상호 간의 연대를 강화하는 노력이 또한 필요하고 이것이 재벌 개혁과 결합되어야 한다.

생물의 공생 관계를 비유해 원청사와 하도급 업체 간의 관계를 유형화하면 다음과 같은 네 가지를 들 수 있다고 한다. 첫째, 서로 상호작용하면서 서로가 손해 보는 경우로서, 이를 상극相剋 관계라 한다. 이런 관계는 거래가 형성되기 어렵다. 둘째, 서로 상호작용하면서 한쪽은 이득을 보고 다른 한쪽은 손해를 보는 경우이고, 이를 기생寄生 관계라 한다. 셋째, 서로 상호작용하면서 한쪽은 이득을 보고 다른 한쪽은 이득도 손해도 입지 않는 경우이며, 이를 편생片生 관계라 한다. 마지막으로 서로 상호작용하면서 모두가 이득을 보는 경우로서 이를 상생相生 관계라 한다. 세계적 그룹이라는 삼성을 이 공식에 적용하면 협력 업체에게 기생하는 존재로서 삼성의 존재를 인식할 수 있으며, 협력 업체 노동자와 수많은 비정규 노동자를 살생하는 존재로서 삼성을 인식하게 되는 슬픈 결론에 도달할 수도 있다.

# 9장

# 삼성의 산업재해 발생과
# 지역 주민에 대한 영향

한인임

## 1. 들어가는 말

삼성은 얼마 전까지만 해도 산업재해가 일어나지 않는 기업이었다. 삼성
전자 기흥 공장은 1991년 11월부터 1998년 8월까지 104개월간 단 한 건
의 재해도 발생하지 않아 세계 최고의 안전 사업장으로 1999년 기네스북
에 올랐다 한다. 또한 2000년에는 삼성전자 반도체 전 사업장이 해외 재
보험사로부터 무재해를 기록한 보상으로 보험료 10억 원을 환급받았다
고도 한다. 2002년 기흥 공장은 전 세계 어느 사업장도 달성 못한 무재해
기록 60배(2억8,960만 인시人時)를 달성했다고 전해진다. 최근 2012년조차
도 삼성은 낮은 재해율을 기록해 근로복지공단으로부터 869억 원에 이르
는 산재보험 감면 혜택을 받았다 한다. 즉 20대 기업이 감면받은 산재보

험료 약 3,461억 원 중 1위가 삼성이었다.

그러나 최근 수년 사이 삼성 기업 여기저기에서 사망 사건이 보도되고 있다. 삼성전자에서의 유해·발암물질로 인한 각종 암 사망, 불산 및 이산화탄소 누출로 인한 중독 사망(사내 하청), LCD 분야에서의 자살이 그것이다. 또한 삼성SDI에서의 유해·발암물질로 인한 백혈병과 간암, 그리고 과로사, 삼성전자서비스의 장시간 노동으로 인한 30대 노동자의 과로사와 최근 고객에게 부당한 폭력을 당하고 고용주에게 권력형 괴롭힘을 당했던 불법 도급 노동자의 자살, 삼성정밀화학에서는 물탱크 붕괴로 비정규직 대학생을 포함해 3명이 사망하는 등 해당 계열사에서 집단적 혹은 간헐적 산업재해가 발생하고 있는 것으로 나타났다. 물론 삼성건설에서 사고로 사망하는 하도급 건설 노동자들의 수는 이루 헤아릴 수 없을 정도이다.

2007년부터 삼성에서 발생하고 있는 직업병 재해자 신고를 받고 있는 '반도체노동자의건강과인권지킴이, 반올림'으로 끊임없이 직업성 질환자가 찾아오고 있는 실정이니 향후 드러나는 다양한 재해의 양상은 걷잡을 수 없이 확대될 전망이다.

낮은 재해율을 보이며 승승장구하는 것 같던 삼성에서 왜 최근 많은 노동자들의 재해 사망이 연속적으로 발생하고 있는지, 왜 지난 6년간 사망 노동자의 유가족은 거리를 뜨지 못하는지를 설명하지 못한다면 '공식 기록'과 나타나는 실제 현실 사이의 관계는 상호 모순적일 수밖에 없을 것이다.

그뿐만 아니라 삼성(중공업)은 2007년 '삼성-허베이 스피릿 호 원유 유출 사고'라고 불리는 태안반도 기름 유출 사고를 통해 국민적 공분을 자아내고 지역 주민의 건강과 생계를 오랜 기간 위협했다. 그러나 결과에 대해 책임진 내용이 거의 없었다. 삼성전자 화성 공장에서는 2013년 불산 누출로 인해 노동자 사망 사고가 발생했다. 문제는 이 사고가 처음이 아니라는 사실이다. 알려진 바에 다르면 이미 전부터 지속적인 누출이 있었지만 이를 은폐하고 있었다. 특히 관계 기관의 묵인하에 이루어졌다는 의혹을 안고 있어 지역 주민 영향이 우려스러운 상황임을 나타내고 있다. '자랑스런 대한민국의 1등 기업 삼성'이 아니라 '국민을 위협하는 1위 기업 삼성'으로 불릴 수 있는 개연성을 갖는다.

따라서 이 글에서는 국내 최고 기업이라는 삼성 계열사에서 왜 이런 일이 벌어지고 있는 것인지, 이런 문제점에 대응하는 삼성의 태도는 어떤지에 대해 살펴보고자 한다. 그 내부에 기업의 사회적 책임과 윤리성은 존재하는지를 살피고 대한민국 땅에서 기업과 노동자, 시민이 공존하기 위한 방안을 검토해 보고자 한다.

## 2. 삼성의 산업재해 발생 현황과 원인

### 낮은 재해율, 은폐되는 산업재해

지난 수십 년간 무재해 달성과 산재보험료 환급 사례에서 드러났듯이 삼성과 같은 대기업의 노동자 산업재해율은 매우 낮다. 삼성의 계열 기업들은 대부분 1천 명 이상을 고용하는 기업들이기 때문에 안전보건관리를 위해 지출할 수 있는 자금의 여력도 있고 관리 체계도 갖춰져 있다(환경안전팀이나 산업안전보건팀의 형태로). 그래서 통계에서는 기업 규모별 사망만인율(표 9-1)이 가장 낮은 것으로 나타난다. 그러나 이런 통계 기록이 진실인지에 대해서는 쟁점이 있다.

많은 사람들은 이것이 실제 상황을 제대로 반영하고 있지 않다고 생

표 9-1 | 2012년 노동자 사망 재해 현황

| | 총계 | 5인 미만 | 5~9인 | 10~29인 | 30~49인 | 50~99인 | 100~299인 | 300~499인 | 500~999인 | 1000인 이상 |
|---|---|---|---|---|---|---|---|---|---|---|
| 사망만인율 | 1.20 | 2.01 | 1.41 | 1.06 | 1.08 | 1.00 | 1.18 | 1.03 | 1.12 | 0.67 |

자료: 한국산업안전보건공단, 『산업재해현황』(2013).

각한다. 왜냐하면, 심심찮게 언론을 통해 '사업장에서의 산업재해 은폐'가 보도되고 있기 때문이다. 실제로 이 은폐의 규모가 얼마나 될 것인가에 대한 선행연구 결과가 있다.

2008년 발표된 "국가 안전관리 전략 수립을 위한 직업 안전 연구"에 따르면 실제 산업재해를 겪은 사람은 현재 드러나고 있는 규모의 약 12배가 될 것이라는 추정치가 제시되었다. 건강보험 자료를 이용해 2006년에 손상으로 병원 치료를 받았던 사람을 무작위 층화 표본 추출, 전화 설문을 실시했다. 조사 내용은 주로 사고 원인이었다. 조사 결과 건강보험 이용 전체 손상 중 약 22.5%가 직업 경제활동으로 인한 손상이었던 것으로 나타났다. 설문 조사 결과를 이용해 산재보험을 이용하지 않은 직업성 손상을 추정한 결과 가장 보수적으로 추정해도 2006년 한 해 약 1백만 건의 직업성 손상자가 건강보험을 이용한 것으로 추정되었다. 이는 같은 해 산재보험을 이용한 직업성 손상자의 약 12배이다.

이 결과가 의미하는 바는 현재와 같은 우리나라의 산재 통계는 신뢰할 수 없다는 것이다. 즉 현재의 산업재해 통계는 실제의 12분의 1밖에 드러나지 않았다는 것이다. 그뿐만 아니라 이런 문제 때문에 산재보험을 통해 지급되어야 할 의료 비용이 소중한 건강보험 재정에서 지출된 것이다. 건강보험료는 노동자·국민이 강제적으로 내야 하는 기금이다. 그런데 산재보험료는 사업주만 내면 되는 기금이다. 이 결과 건강보험료는 계속 오르고 지난 수년간 사업주들에게는 산재보험료를 낮춰 주었다. 삼성이 바로 그 가장 큰 수혜자인 것이다. 산재보험으로 처리해야 할 의료 비용을 국민 모두가 내는 건강보험 기금으로 처리하고 있는 규모가 현재의 약 5조 원(산재보험료 연간 거출 총액)의 12배에 이른다고 추정해 보면 국민들은 본인이 낸 건강보험료로 사업주를 지원하고 있는 부당한 상황을 겪고 있는 것이다.

이 12배에 달하는 산재보험 적용 대상자들이 건강보험을 이용할 수밖에 없는 이유를 살펴보면 다음과 같다. 첫째, 대상이 되지 않기 때문이다. 둘째, 산업재해를 경영전략 차원에서 은폐하기 때문이다. 셋째, 근로복지공단에서 작업장 환경 조건과 질병 간 인과관계를 증명할 수 없다는 이유로 다수의 질환에 대해 산업재해로 인정하지 않고 있기 때문이다.

위에서 제시하고 있는 세 가지 이유에 대해 설명해 보면 다음과 같다. 먼저 '대상이 되지 않는' 사람들 대부분은 노동자성을 인정받지 못하는 '특수 고용 노동자'이다. 삼성생명의 보험 모집인들이 모두 여기에 속한다. 노동자이지만 노동자로 인정받지 못하는 이들은 자영업자 신분이 된다. 이들이 산재보험 적용을 받으려면 스스로 사업주로서 산재보험료를 내야 하는 부담을 겪게 된다. 보험 설계사들은 극도의 영업 스트레스에 내몰리면서(최인이 2008), '모성보호'로부터 멀어져 있고 고객과 내부 관리자로부터 '감정노동' 스트레스에 많이 노출되어 있는 것으로 나타난다. 이런 노동과정 문제로 인해 직업성 부인과 질환, 뇌심혈관계 질환, 정신질환 등의 문제를 가져올 수 있는데 산재보험 적용이 어려워지는 것이다.

'조직적 은폐'는 사업장 차원에서 양방향으로 이루어진다. 직영과 도급 노동자에 대한 서로 다른 관리이다. 먼저 직영 사업장 노동자에게 산업재해가 발생하면 노동자 개인과 가족 또는 유가족을 접촉해 집요하게 산업재해 신청을 막는다. 위로금이라는 명목으로 금전적 회유를 하고 심지어 계속 고용 시 불이익이 있을 것이라고 협박하기도 한다. 이런 상황이 더 잘 받아들여지게 되는 이유는 바로 삼성의 무노조 전략에 있다. 노동조합이 있는 경우에도 산재 은폐는 이루어지지만 그 수준은 노동조합이 없는 곳과는 비교가 되지 않는다. 산재 은폐를 하지 않도록 하는 활동이 노동조합의 주요 활동 중 하나이기 때문이다. 그래서 많은 노동조합이 사업주를 고용노동부에 고발하는 사례가 많은데 상당수가 산업재해 은폐와 관련된 사항이다. "노조가 있는 곳은 노조가 조사를 의뢰하거나 직접 조사를 하는데 노조가 은폐라고 의뢰한 13건 중에 11건이 실제 은폐였음이 드러났다"[1]는 보도도 있다. 삼성의 오래된 무노조 전략은 산업재해 은폐 과정에서도 크게 한몫을 하고 있는 것이다.[2]

　더 많은 노동자가 다치거나 사망하고 있는 하청 사업장(불법이든 합법이든 도급이라고 불리는)에 대해서는 수급 사업주를 압박하는 방식의 산업재해 은폐 개입을 하고 있는 것으로 나타났다. 2013년 국정감사 과정에서 드러난 사실에 따르면 우리나라 대기업들은 산업재해 은폐 매뉴얼을 작성, 도급 사업장에 전달해 산업재해가 드러나지 않도록 조치했다. 2010년도 삼성물산 서울 여의도 신축 공사 현장에서 발견된 "재해 근로자 공상 처리 절차" 내부 문건에 따르면 '경상자는 어떤 경우라도 2일 이상 병원 처리 안 된다', '안전팀에 통보하지 않고 개인이 병원 진료를 받을 경우에는 공상 처리를 해주지 않겠다'는 등의 산재 은폐 내용이 포함돼 있다고

1_"1등 대기업 삼성, 산업재해 은폐 행위도 1등"(『증권일보』 2013/10/11, 은수미 의원 인터뷰).

2_"노동조합 못 하게 하는 것도 문제예요. 노조가 있었으면, 제대로 된 노조라면 위험한 화학물질이나 방사선 마구 쓰는 작업환경의 문제점을 지적했을 거고, 그래서 고쳐졌으면 우리 유미도 병 안 걸리고 죽지도 않았을 거예요"(『한국일보』 2012/08/03, 삼성전자 산업 재해피해 사망자 고 황유미 씨의 아버지 황상기 씨 인터뷰).

한다. 노동자가 다치거나 병에 걸려도 마음대로 병원 치료조차 못 받게 하는 것이다. 실제 매뉴얼에 따라 공사 초기 2010년 4개월 동안 한 도급 업체에서만 23명의 노동자가 산업재해로 처리될 것을 공상으로 처리했다고 한다.

조직적 은폐는 언론을 통해서도 거짓을 사실인 것처럼 왜곡하는 모습으로 나타난다. 논쟁이 되었던 '삼성노동인권지킴이' 조돈문 대표와 삼성 간의 상호 반박문이 그 사례이다.[3] AMRC(아시아노동정보센터)에서 2013년에 출판한 『하이테크 전자산업에서의 노동자 권리』에 따르면, 인도네시아 삼성전자 공장에서 4명의 산재 환자가 발생했다. 2010~12년 사이에 3명의 노동자가 폐질환으로 사망했고 추가의 사고성 재해 사망자가 있다는 것이 책에 기술된 '팩트'이다. 그런데 삼성은 이런 사실은 왜곡해 반박했다. 다른 시기에 쓰인 다른 책을 인용하는 대담함을 보였다. 심지어 '그곳에 삼성 없다'는 말도 안 되는 주장을 했다. 베트남 공장 여성 노동자들이 대규모 유산 문제로 5천여 명이 퇴직했다는 보고서의 기술 역시 사실이 아니라고 주장하는 삼성의 은폐 전략이 언제까지 지속될지 모를 일이다.

한편 은폐만으로는 만족되지 않았는지 삼성은 사실을 조작하기까지 했다. 미국 산업 안전 컨설팅 업체인 '인바이런 사'가 국제 학술 대회에서 삼성 반도체 작업환경과 백혈병 발병의 관련성에 대한 연구 결과를 '발표'한 것을 두고 삼성전자가 근무 환경의 안전성을 국제적으로 '검증' 받았다고 왜곡 홍보한 사실이 뒤늦게 드러났다. 그러나 사실을 확인한 결과는 사

---

3_"왜냐면" 칼럼. "삼성전자 공식블로그 '이슈와 팩트'"(『한겨레신문』 2014/03/05).

뭇 달랐다. 국제산업보건위원회가 백도명 교수에게 보낸 공식 서한 내용을 공개했다. 당시 학술 대회에 참석한 백 교수가 삼성전자 발표에 의문을 갖고 국제산업보건위원회에 질의를 하자, "우리 학술 대회는 전문가들의 지식과 경험을 나누는 장일 뿐, 이 자리에서 발표되는 연구 결과를 검증하는 것은 결코 아니다"라는 답변을 했다는 것이다(『한겨레신문』 2012/04/25).

셋째, 근로복지공단의 과도한 불승인 건수이다. 2011년 현재, 사고성 재해의 승인율은 거의 95%에 이르지만 직업성 질병의 승인율은 매우 낮은 실정이다. 근골격계 질환 약 50%, 뇌심혈관계 질환 약 13%, 직업성 암 약 0.1%, 정신질환 약 25% 수준이다(정신질환은 신청자 수가 연간 50명 내외밖에 되지 않는다). 반올림의 활동을 가장 어렵게 하고 있는 것이 바로 이 직업성 암 승인율이다. 1천 명이 산업재해 신청을 하면 그중 1명만이 산업재해로 승인을 받고 있는 것이다. 직업성 암의 산재 승인율은 우리나라에 비해 프랑스는 45배, 독일은 26배 높다고 알려져 있다. 세계보건기구는 전체 암 환자 중 최소 4%를 직업성 암으로 추정하고 있다. 이에 따르면 우리나라는 0.01% 수준이다. 결과적으로 우리나라는 직업성 암이 별로 발생하지 않는 나라가 되어 있는 것이다.

게다가 근로복지공단은 낮은 승인율에 대한 면죄부를 받기 위해 삼성 같은 대기업을 이용하기도 한 것으로 나타난다. 2010년 국정감사에서 밝혀진 사실에 따르면 근로복지공단은 "소송 결과에 따라 사회적 파장이 클 것으로 판단되는 사건임을 감안하여 소송 수행에 만전을 기하라 …… 삼성전자가 보조참가인으로 소송에 적극적으로 참여할 수 있도록 조치하라"고 명시된 내부 문건을 돌리다가 발각되었다. 이 상황은 백혈병으로 사망한 삼성전자 노동자가 산재 불승인을 받자 유가족이 행정소송을 준비하는 과정에서 나타난 것이었다.

높은 불승인이 이루어지는 이유에는 세 가지 원인이 작동하고 있다.

하나는 우리나라의 산업재해(질병) 인정 기준이, 산업재해를 인정하지 않기 위한 기준으로 설계되어 있다는 점이다. 즉 유해환경(물질)에 노출되었다는 사실을 신청자인 질환자 또는 사망자 유가족이 직접 증명해야 한다. 그런데 과거부터 누적적으로 노출되어 왔고 최근 노출되지 않았다면 과거의 기록이 유일한 증거가 될 텐데 그런 증거는 사내에도 없고 노동자에게도 당연히 없다. 최근 삼성에서 백혈병 등으로 산재 신청을 했으나 줄줄이 불승인을 받은 사람들이 다 여기에 속한다. 둘째, 직업성 암을 찾아내는 시스템이 구축되어 있지 않다. 근로복지공단은 노동자 개개인의 노동 이력과 유해환경 노출에 대한 정보 체계를 노동부와 유기적으로 소통하면서 퇴직 이후에 발생할 수 있는 직업성 암까지 찾아낼 수 있는 노력이 필요하지만 하지 않는다. 선진국과 우리나라 간 격차가 발생하는 가장 중요한 이유 가운데 하나이다. 세 번째는 근로복지공단이 보험료도 걷고 보험금도 지급하는, 즉 산업재해 승인의 최종 결정자라는 기형적 구조를 가지고 있기 때문이다. 우리나라 국민건강보험의 경우 보험료는 거두지만 각급 병원에 보험급여를 지급하는 것은 독립적인 '국민건강보험심사평가원'에서 진행하고 있어 권리가 분리되어 있다. 결국 근로복지공단은 적자를 보지 않기 위해서라도 적은 지출을 할 수밖에 없게 되고 이것이 산업재해 불승인으로 이어질 개연성은 매우 높아지게 된다.

삼성의 산업재해 통계를 믿을 수 없는 이유는 또 있다. 삼성중공업, 삼성물산 등 삼성그룹 주요 12개 계열사가 지난 6년간 총 554건에 달하는 〈산업안전보건법〉을 위반했다는 사실이다(2012년 국회 환경노동위원회 심상정 의원실의 발표 내용). 물론 위반 사항에 대한 과태료는 불과 4,644만 원이었다고 한다. 법 위반 한 건당 평균 8만3천 원 수준이다. 그뿐만 아니라 고용노동부에서 삼성 반도체 화성 공장에서 불산 누출이 일어난 이후 2013년 2월 중 특별 감독반 25명을 투입해 삼성전자 화성 사업장을 특별

감독한 결과, 1,934건의 〈산업안전보건법〉 위반 사례를 확인했다고 밝혔다. 고용노동부는 이 가운데 712건에 대해서는 사업주를 사법 처리하고 143건에는 2억4천938만 원의 과태료를 부과할 예정이라고 언론에 밝혔다. 특히 지난 2개월간 전국금속노동조합이 삼성전자서비스에 대해 2개월간 진행했던 안전보건 실태 조사 결과 기자회견에 따르면 무려 21만 건에 이르는 〈산업안전보건법〉 위반 사례가 보고되었다.

삼성은 오랜 기간 동안 사업장 내에서 수많은 법 위반을 상습적으로 하고 있었다는 것이다. 즉 사고와 질병이 생기지 않을 이유가 없는 것이다. 그럼에도 불구하고 무재해를 기록한 것으로 칭송받고 산업재해보험금을 환급받는 어처구니없는 상황이 벌어지고 있는 것이다.

삼성에서 발생하고 있는 사망 재해를 중심으로 논하고 있지만 실제로 사망에 이르지는 않았지만 다칠 뻔 하거나 다쳤거나 병들었던 산업재해의 규모는 천문학적일 것으로 추정된다. 즉 하인리히 법칙[4]에 따르면 그

---

4_1931년 허버트 윌리엄 하인리히(Herbert William Heinrich)가 펴낸 『산업재해 예방: 과학적 접근』(Industrial Accident Prevention: A Scientific Approach)이라는 책에서 소개된 법칙이다. 업무 성격상 수많은 사고 통계를 접했던 하인리히는 산업재해 사례 분석을 통해 하나의 통계적 법칙을 발견했다. 그것은 바로 산업재해가 발생하여 중상자가 1명 나오면 그 전에 같은 원인으로 발생한 경상자가 29명, 같은 원인으로 부상을 당할 뻔한 잠재적 부상자가 3백 명 있었다는 사실이었다. 하인리히 법칙은 1 : 29 : 300법칙이라고도 부른다. 즉 큰 재해와 작은 재해 그리고 사소한 사고의 발생 비율이 1 : 29 : 300이라는 것이다.
큰 사고는 우연히 또는 어느 순간 갑작스럽게 발생하는 것이 아니라 그 이전에 반드시 경미한 사고들이 반복되는 과정 속에서 발생한다는 것을 실증적으로 밝힌 것으로, 큰 사고가 일어나기 전 일정 기간 동안 여러 번의 경고성 징후와 전조들이 있다는 사실을 입증했다. 다시 말하면 큰 재해는 항상 사소한 것들을 방치할 때 발생한다는 것이다.
사소한 문제가 발생했을 때 이를 면밀히 살펴 그 원인을 파악하고 잘못된 점을 시정하면

렇다. 이 법칙에 다르면 삼성 계열사에서 1명이 사망하거나 중상을 입으면 29명이 경상을 입었다고 해석할 수 있고 3백 명은 위험한 상황을 겪었다고 해석할 수 있다. 지난 5년간 삼성중공업(통영)에서 협착, 추락, 질식 등의 산업재해로 총 9명이, 삼성엔지니어링의 경우(천안·울산·보령) 감전, 추락, 유해 물질 중독 질식 등으로 6명이, 삼성물산(천안·울산·포항·대구·통영)에서는 7명이 사망했다. 이는 삼성전자 백혈병 피해자들은 포함되지 않은 수치이다(2012년 국회 환경노동위원회 심상정 의원실의 발표 내용). 그렇다면 삼성중공업에서는 약 270명이, 삼성엔지니어링의 경우 약 180명이, 삼성물산에서는 약 210명이 경상을 입었다는 얘기이고 위험에 처한 상황에 놓인 노동자 수는 가히 천문학적 수준이라 볼 수 있다는 얘기다. 결과적으로 29는 감춰지고 300은 아예 아무도 모르는 사항이 되어 버리는 것이다.


## 산업재해 발생 원인

삼성에서 이런 산업재해가 발생하고 있는 이유를 살펴보도록 하겠다. 첫째, 현행법을 무시하는 삼성의 불법행위 때문이다. 우리나라 〈산업안전보건법〉은 모든 일하는 사람에게 적용되는 구조로 특히 삼성과 같은 대

---

대형 사고나 실패를 방지할 수 있지만, 징후가 있음에도 이를 무시하고 방치하면 돌이킬 수 없는 대형 사고로 번질 수 있다는 것을 경고한다.

하인리히 법칙은 노동 현장에서의 재해뿐만 아니라 각종 사고나 재난, 또는 사회적·경제적·개인적 위기나 실패와 관련된 법칙으로 확장되어 해석되고 있다(〈두산백과사전〉 제공).

기업 그룹에는 예외조항이 없다. 일하다가 다치지 않도록 하는 안전상의 조치, 일하다가 병에 걸리거나 질식이나 급성 중독에 빠지지 않도록 해야 하는 보건상의 조치를 사업주가 책임지고 취하도록 규정하고 있다. 이 규제를 지키지 않으면 각 건에 대해 5년 이하의 징역 또는 5천만 원 이하의 벌금을 부과하도록 되어 있다.

2013년 11월 삼성전자 화성 반도체 공장에서 설비 엔지니어로 5년간 일하다 재생 불량성 빈혈로 숨진 노동자가 산업재해 판정을 받았다(『매일노동뉴스』 2013/11/26). 그 원인으로 근로복지공단은 노동자의 작업 과정에서 비소 노출이 많았던 점 등을 적시했다. 비소는 세계보건기구(WHO) 산하 국제암연구소(IARC)에서 인간 발암성이 확실한 발암물질 1급으로 분류하고 있는 물질이다. 간암·방광암·폐암·피부암을 일으킬 수 있는 확실한 물질이고, 백혈병이나 신장암을 일으킬 가능성이 있는 물질이다. 이뿐만 아니라 변이원성(유전자 변형), 생식 독성, 내분비계 교란 등의 다양한 위험성을 가진 물질이다. 현행법에 따르면 이런 물질에 대해서는 주기적으로 관리하면서 개인 노출을 피해야 한다. 그런데 주기적인 관리가 되지 않았거나 개인 노출을 방치한 것이다. 모든 산업재해는 불가피하지 않다. 즉 법률을 위반했기 때문에 일어나는 것이다.

현재 '반올림' 주변에 찾아드는 수많은 질환자들의 경우 이와 유사한 상태에 놓여 있었을 것으로 추정된다. 앞서 기술되었듯이 고용노동부에서 근로 감독을 한번 들어가면 수백, 수천 건의 〈산업안전보건법〉 위반 사례가 드러나는 것은 삼성이 법 위반, 즉 불법이나 탈법을 저지르고 있다는 사실을 잘 보여 주고 있는 것이다.

그렇다면 삼성건설에서 사망한 노동자, 삼성SDI에서 과로사한 노동자, 삼성전자 LCD 공장에서 투신자살한 노동자, 삼성전자서비스에서 과로사한 노동자나 자살한 노동자의 경우는 어떤가? 삼성건설에서 추락 사망한 노동자들은 모두 안전 관련 조치가 없는 상황에서 일한 사례에 해당한다. 역시 삼성건설의 법 위반 때문이다. 과로사한 노동자들과 자살한 노동자의 경우는 직무 스트레스 관리 조항을 간단히 무시해 버린 것으로 해석할 수 있다. 현행 기준에 따르면 직무 스트레스 관리 체계하에서 뇌심혈관계 질환이나 정신질환을 일으킬 수 있는 위험 대상자들에 대한 관리를 의무화하고 있는데, 이를 지키지 않은 것이다. 그뿐만 아니라 하루 12~14시간씩 일했던 노동자들의 경우 장시간 노동을 규제하고 있는 〈근로기준법〉 적용을 제대로 받지 않았을 것으로 추정된다.

삼성이 현행 예방법으로서의 〈산업안전보건법〉만 제대로 지켜도 허망하게 사망하는 노동자들과 장애를 갖고 평생을 살아가야 하는 노동자들은 없을 텐데 삼성은 왜 이렇게 노동자의 생명과 관련된 의무를 지키지 않는 것일까? 이것이 바로 삼성이 가지고 있는 기업 가치를 제대로 보여주는 영역일 것이다. 삼성에게 '노동자 생명'은 중요하지 않다. '삼성생명'은 중요해도.

둘째, 삼성이 불법과 탈법을 일삼고도 불안해하지 않고 있는데, 이는 바로 당국의 솜방망이 처벌 때문이다. 불법과 탈법을 하는데도 너그럽게 용서한다면 법 위반을 하라는 소리가 된다. 법률에 명시되어 있는 '5년 이하의 징역이나 5천만 원 이하의 벌금' 조항은 삼성에게 '8만 원'짜리 과태료로 부과될 뿐이다. 지난 3년간 우리나라의 전체 통계에 따르면 〈산업안전보건법〉을 위반한 전국 5천여 개 사업장에 부과된 벌금은 21억 원 수준에 불과하다. 같은 시기 서울시의 담배꽁초 무단 투기 경범죄 과태료가 총 33억이었다는 것과 비교할 때 한숨 나오는 수치이다. 또한 3년간의 중대재해[5] 2,290건 중 징역형은 2.7%였던 것으로 나타난다(민주노총 2013). 이런 문제는 법적 처벌 기준이 해외와 비교하면 과도하게 낮은 측면도 있지만 최고 수준의 벌칙을 결코 적용하지 않는 고용노동부의 한계가 의심되는 영역이기도 하다.

셋째, 삼성의 반사회적면서도 전방위적인 로비력이다. 즉 삼성에게 우호적인 고용노동부의 태도가 어떻게 만들어진 것인지를 살펴볼 필요가 있다. 정계·언론계·종교계 지지 세력 확보는 물론이려니와 '떡값 검사'까지 만들고 있는 삼성에서 고용노동부 정도 관리하는 것은 식은 죽 먹기일 수 있다.[6] 근로감독관 개인이 고의적이고 명확한 위법 요소를 밝혀 이에 대해 최고 수준의 벌칙을 적용해야 한다고 주장해도 검찰에서 기소하지 않으면 끝이다. 사건이 검사 손으로 넘어가기 전에 이미 해당 부처의 고위급에서 손을 쓰게 될 것이다. 최근 일련의 삼성 산업재해에 대해 모두 무혐의 또는 불기소 처분한 사례나 언론에 보도된 '삼성 눈치 보기 시리즈'가 계속 된다면 삼성은 반성 없이 계속적으로 불법적인 안전관리를 수행하게 될 것이다.

마지막으로 정부의 관리(능력) 부실 문제이다. 법에 있는 산업재해 예방 조치를 기업이 제대로 하고 있는지 끊임없이 관리해야 할 주체가 정부이다. 이 또한 법에 명시되어 있다. 그런데 하지 않기도 하고 못하기도 한다. 하지 않는 주체는 고위급이다. 그러나 못하는 주체는 최일선의 근로감독관이다. 현재 산업 안전을 담당하는 근로감독관 수는 전국에 걸쳐 약 3백여 명에 이른다. 이들이 관리해야 할 사업장 수가 173만8천여 개에 달

---

5_중대 재해란 사망자가 1명 이상 발생한 재해. 또는 3개월 이상의 요양을 요하는 부상자가 동시에 2명 이상 발생한 재해, 또는 부상자나 직업성 질병자가 동시에 10명 이상 발생한 재해를 말한다.

6_"삼성과 근로복지공단의 거리는 피해자·유족과 근로복지공단의 거리보다 훨씬 가까웠다. 당시 역학조사를 책임졌던 산업안전보건공단의 이사장이었던 노민기 씨는 2012년 삼성SDI 사외이사로 간다"(『주간경향』 2014/04/08).

한다. 그중 약 70%는 5명 미만의 중소 영세 사업장이다. 단순 계산하면 예방적 근로 감독을 하기 위해서는 산업 안전 담당 근로감독관이 개인별로 약 5천8백 개의 사업장을 관리해야 한다. 불가능한 일이다. 그렇다면 나머지 5명 이상만 담당한다고 가정해 보자. 그래도 약 1천7백 개다. 어떻게든 관리가 불가능한 상황이다. 그래서 고용노동부는 산업 안전 근로감독관 정원 확대 계획은 없고 오히려 관리가 안 되니 자율적으로 하자는 '사업장 자율 안전점검'을 시행하고 있다. 현행법에서는 고용노동부 장관이 사업장 내 자율적인 안전·보건 경영 체제 운영 등의 기법을 연구·보급하도록 되어 있다. 이에 따라 사업장에서는 전문적인 교육을 받고 직접 안전관리를 하도록 하는 지침을 2013년부터 시행했다. 1년에 1회 이상의 자율 안전점검을 하면 된다는 것이다. 안전관리자를 둘 수 있는 규모 이상의 사업장이 대상인데 삼성의 기업들은 대체적으로 이 조건을 만족하는 대기업들이다. 강제적 규제 조치가 있는 상황에서도 삼성은 수천 건의 규제 위반을 하고 있었는데 자율적인 관리가 이루어질지에 대해서는 논란이 크다.

우리나라 풍토에서 기업에게 자율이라는 날개를 달아 주는 것이 산업 안전을 유지하는 데 있어 바람직한 정책일지는 재론의 여지가 있다. 참고로 우리나라 산업재해 사망률은 OECD 최고 수준으로 나타난다(ILO, 통계청『국제통계연감』에 따르면 2008년 현재, 세계 1위국이 우리나라이다). 이런 결과에 사업장 안전 자율 관리 제도가 영향을 미치지는 않았는지 살펴볼 필요가 있다. 유감스럽게도 우리나라 기업의 규제 순응도는 낮은 수준이다. 규제 순응도가 높아야 현행법에서 규제하고 있는 안전보건 대책을 제대로 유지해 산업재해가 줄어들게 될 것이다(이경용 2012). 규제 순응도가 낮은 바탕에는 사회적 자본[7]의 부족 또한 주요한 이유가 된다. 우리나라의 사회적 자본, 즉 다자간 신뢰는 비교되고 있는 선진국 중 가장 낮은 수준에 포함된다(KBS 사회적 자본 제작팀 2011). 즉 기업은 국가를 신뢰하지 않고 국가는 기업을 신뢰하지 않는다. 국민 개개인 간 신뢰 수준은 비교적 높은 편이지만, 개인은 기업과 국가를 신뢰하지 않는다. 그러니 개인과 집단 간, 집단 사이의 갈등 수준은 높아지고 신뢰 향상을 위한 사회적 비용이 발생하게 되는 것이다. 낮은 규제 순응도를 해결하지 못하는 제반의 상황이 결국 현재 삼성의 산업재해를 만들어 가고 있는 것이다.

## 3. 삼성(계열사)의 지역 주민에 대한 영향

### 2007년 태안반도 기름 유출 사고

2007년 12월 충남 태안 일대의 바다가 오염되는 사고가 발생했다. 만리포 북서쪽 10킬로미터 지점에서 해상 크레인이 유조선과 충돌해 원유 1만2,547㎘가 유출되었다. 당시 삼성 예인선단 2척이 인천대교 건설 공사에 투입되었던 삼성중공업의 해상 크레인을 쇠줄에 묶어 경상남도 거제로 예인하던 도중에 예인선 한 척의 쇠줄이 끊어지면서 해상 크레인이 유조선(홍콩 선적의 유조선 '허베이 스피릿 호')과 3차례 충돌을 일으킴으로써

---

7_사회적 자본은 그 개념을 어떤 맥락에서 사용하느냐에 따라 정의가 달라진다. 대체로 사회적 자본은 사회 구성원들이 힘을 합쳐 공동 목표를 효율적으로 추구할 수 있게 하는 자본을 이르는 말이다. 사람과 사람 사이의 협력과 사회적 거래를 촉진시키는 일체의 신뢰, 규범 등 사회적 자산을 포괄하여 말한다(〈시사경제용어사전〉, 2010년 11월, 대한민국정부).

발생되었다. 엄청난 해양오염 재앙을 함께 극복하고자 서해안으로 향하는 자원봉사자들의 발길이 끊이지 않았다. 사고가 발생한 지 한 달 사이에 50만 명이 넘는 자원봉사자들이 매서운 바닷바람 속에서 기름 덩이를 제거하는 데 동참했고, 재난 극복을 도우려는 성금도 끊이지 않았다. 육상에 동원된 인력은 총 2,132,322명으로 그중 자원봉사자가 1,226,730명에 달한다(두산백과사전).

먼저 이 사건의 책임자·가해자는 삼성중공업이라는 사실에 크게 이견이 없는 것 같다. 연락이 되지는 않았다고 하지만 피항하지 않고 정박해 있던 유조선을 찢어 놓는 상황을 만들었기 때문이다. 당시 기상 상황이 좋지 않았음에도 불구하고 별다른 조치 없이 무리한 예인 작업을 수행했다는 점은 잘 알려져 있다. 만약 이 대상이 유조선이 아니라 노동자거나 주민이었다 해도 당연히 삼성중공업이 책임의 주체가 되어야 함은 두말할 나위 없다. 또한 삼성중공업이 안전 조치를 제대로 하지 않았기 때문에 예인선의 쇠줄이 끊어진 것이다. 예인선의 쇠줄에 대한 일상적 점검이 이루어지지 않았거나 초과 중량의 크레인을 끌게 된 것이다. 그러니 이런 과정을 살펴보면 삼성은 먼저 사고 발생의 근원적 책임자라는 사실이 분명해진다.

문제는 피해 규모이다. 현재까지 이 거대한, 아직까지 우리나라에 전무후무한 최대의 환경오염 사건으로 기록되고 있는 이 사고의 피해 규모가 정확히 산정되고 있지 않다. 먼저, 드러나 있는 직접 피해의 한 가지는 있다. 지역 주민들이 제기한 손해배상액이다. 당초 12만 명의 피해 주민이 청구한 4조2천억 원이 그것이다. 그러나 이것은 생업을 하지 못해 발생한 일련의 손실과 정부에서 일차적으로 제공한 방제 및 구호 활동 기본 지출 비용에 불과하다. 해안을 이전 상태로 돌려놓는 데 소요되는 향후 수십 년간의 추가 비용은 포함되지 않은 것이다. 그러나 여러 차례의 판결

속에서 손해배상 규모는 56억 원에서 7천억 원 수준으로 결정되었다.[8]

더욱 큰 문제는 2차 피해이다. 2차 피해는 두 가지로 정리할 수 있는데 하나는 주민 및 자원봉사자의 건강 손상이고, 두 번째는 환경이 정상화되는 데 소요되는 계량적·비계량적 비용이다.

먼저 주민 및 자원 봉사자의 유기용제 노출에 대해 알아보자. 2011년 11월 15일, 환경부 산하 환경보건센터가 "태안 기름 유출 사고 이후 주민 건강 영향 관리 토론회"를 개최했다. 토론회에서 밝히고 있는 조사 결과는 다음과 같다. 첫째, 기름 유출 사고 이후 피해 지역 주민을 대상으로 조사한 결과, 체내 세포가 유전자 손상과 DNA 변형을 일으켜 암을 일으킬 확률이 폐광 지역 주민보다 약 2배, 일반인보다 약 3배가량 높은 것으로 나타났다는 점이다. 둘째, 태안에 거주하는 아동 가운데 지역에 기름이 유출되어 노출된 뒤 천식 등 호흡기 질환을 앓는 아동 수가 다른 지역보다 많았다고 한다. 특히 기름 유출 사고 지점과 가까운 곳에 거주할수록 천식을 앓는 어린이 천식 유병률이 높게 나타났는데, 이는 어린이가 원유 독성에 노출되면서 호흡기와 폐가 약해졌기 때문이라고 조사 결과를 정리하고 있다. 셋째, 기름 유출 사고 이후 자발적으로 기름 방제 작업에 참여했던 자원봉사자들의 건강 상태 역시 좋지 않은 것으로 나타났다고 했다. 유

---

8_"2009년 법원은 2007년 12월 삼성중공업이 일으킨 태안 앞바다 기름 유출 사고에 대한 손해배상 책임을 56억 원으로 제한하는 결정을 내렸다. 삼성중공업은 이미 공탁한 56억 원 이상의 책임은 물지 않아도 된다. 게다가 삼성중공업은 보험으로 50억을 받게 돼 있으니, 실질적으로 삼성중공업이 이번에 자기 책임하에 배상하는 금액은 6억 원밖에 되지 않는다"(진보신당 성명서 2009/03/05).
"2012년 1월 16일 사고 발생 6년 만에 법원이 7,341억 원의 손해액을 처음으로 인정했다"(『아시아투데이』 2013/05/29).

류 오염 초기에 방제 작업량이 많았던 태안 자원 봉사자의 유전자 손상과 DNA 변형 가능성 또한 높은 것으로 나타났는데, 이는 기름 유출 사고는 일회성으로 끝나는 게 아니라 몇 십 년에 걸쳐 직·간접적으로 후유증이 나타난다는 결과를 드러내고 있다고 설명했다. 넷째, 인근 주민뿐만 아니라 원유에 오염된 해산물을 몇 십 년씩 먹게 되는 국내외 소비자의 피해는 그 기간이 얼마나 될지, 노출량이 얼마나 될지 측정하기도 어려운 상황이므로 정부는 중장기적으로 포괄적이고 환경 피해자를 구제하고 보상할 환경오염 피해 구제법 제정을 요구했다.

원유에는 여러 가지 성분이 존재하지만 인간에게 미칠 수 있는 영향 요소는 다음과 같다. 원유에 있는 BTX(벤젠, 톨루엔, 자일렌) 성분이 대표적이다. 벤젠은 대표적 1급 발암물질이다. 골수종이나 백혈병, 임파선암(비호지킨스 림프종)을 확실히 일으킬 수 있고 신장암을 일으킬 수 있다. 톨루엔의 경우도 1급 발암물질이고 방광암을 일으킬 수 있으며 변이원성(유전자 변형)과 생식 독성 물질이다. 자일렌의 경우 발암성은 약하지만 변이원성(유전자 변형)과 생식 독성을 가진 물질이다. 단적으로 함유된 성분 자체가 모두 고독성을 가진 물질들이다.

따라서 이런 물질을 취급할 때에는 피부 노출을 피해야 하고 유기용제용 마스크를 착용해야 한다. 단순 마스크가 아닌 방독마스크가 필요한 것이다. 그러나 당시 육상에 동원된 인력 약 2백만 명(자원봉사자 약 1백만 명)에게 방독마스크를 지급했다는 보고는 어디에도 없다. 당시 기름 제거에 투입된 물량을 게시했던 대책본부 홈페이지에는 장화와 방제복만 지급된 것으로 나타나 있다. 제대로 된 보호구가 없었던 것이 위와 같은 결과를 가져오게 된 것일 테고, 지역 주민이 아닌 신분으로 방제 작업을 수행했던 수많은 군, 경, 어린 학생 등 역시 모두 위험성을 전혀 알지 못하고 국내 재벌 대기업이 저지른 사고를 맨몸으로 해결했던 것이다.

두 번째, 환경오염 비용이다. 현재 공식적인 환경오염 비용 산정은 되어 있지 않다. 해양 복원 사업비 약 2천억 원, 방제 비용 약 1천억 원이 고작 국제유류오염보상기금(IOPC 펀드)으로 청구된 정부 채권 정도라 한다. 당초 정부는 최대 6천억 원가량을 배상받을 수 있을 것이라 생각했으나 우리나라 법원에서 반도막이 난 것이다. 2천억 원이면 이 환경오염을 다 복원할 수 있다는 의미로 해석할 수 있다.

1989년 알래스카 기름 유출 사고를 일으켰던 엑손 사는 1조 원 정도를 손해배상으로 정부에 지급하고 장래 새로운 환경 피해가 발견될 경우 추가 배상하기로 약속했다. 또한 주민들이 제기한 소송에서도 5천억 원과 징벌적 배상이 결정되었다. 이 배상액은 엑손의 1년 이익인 5조 원으로 책정되었다. 더불어 엑손 사는 2조 원가량을 들여 10년간 정화 작업도 펼쳤다(진보신당 성명서 2009/03/05). 연매출 약 15조 원, 순이익 약 8조 원(2012년 현재)에 이르는 삼성중공업은 약 3천억 원의 지역 발전 기금을 제공하기로 했는데, 절차상으로는 사고에 대한 책임을 지는 것이 아니라 순수한 기부금 형태를 띠고 있다.

영국의 석유 메이저인 브리티시 페트롤리엄(BP)이 지난 2010년 발생한 멕시코만 유정 폭발 사고에 대해 2백억 달러의 보상 기금을 내놓고 무제한적인 책임을 지겠다고 나선 것(『아시아투데이』 2013/05/29)과 비교하면 매우 큰 차이를 보이고 있다.

또한 주민들의 피해 보상액 판결은 요구안의 10% 수준에서 이루어졌기 때문에 국제유류오염보상기금(IOPC 펀드)에 대한 민사소송 십 수 만 건이 진행 중이라고 한다. 정작 책임자인 삼성중공업은 법원으로부터의 보호 속에서 모든 책임으로부터 자유로운 상태에 있는 것이다.

## 2010년, 2013년 삼성전자 화성 공장 불산 누출 사고

2013년 1월 28일, 삼성전자 화성 사업장에서 불산[9]이 유출되어 1명이 사망하고 4명의 부상자가 발생하는 사고가 발생했다. 그리고 바로 그 자리에서 3개월 뒤 또 다른 불산 누출이 이루어져 3명이 다치는 상황이 발생했다. 2010년 9월 누출까지 합치면 최근 4년 사이 세 차례의 불산 누출이 있었다는 보도이다. 거의 같은 장소에서 거의 같은 원인으로 불산이 누출된 것이다. 3건 모두 배관 교체 작업 중 불산이 모두 제거되지 않은 상태에서 이루어져 노동자들에게 누출된 동일 사건이다.

2013년 1월 사고의 경우 현행법(〈유해화학물질관리법〉)에 따르면 유해물질이 노출되었을 경우 지자체와 환경 당국, 경찰과 소방 당국에 신고를 해야 하나, 삼성은 불산 누출 사고가 발생한 지 무려 25시간이 지나서야 뒤늦게 사고를 신고했다. 또한 사고 현장에 50여 명의 직원들이 있었는데도 이들에게 대피 명령을 하지 않았고, 사건 발생 이후 불산 중독으로 사망자가 발생한 이후에야 경기도청에 신고를 했다. 이후 사고 조사를 하기 위해 찾아간 경기도 의회 의원들과 야당 국회의원들의 현장 접근을 막기도 했다.

현장을 방문했던 연구자의 전언에 따르면 문제의 핵심은 사망하거나

---

9_불산의 위험성은 사람에게 미치는 영향과 식물(또는 작물)에 미치는 영향으로 직접적인 피해를 얘기할 수 있다. 인체의 경우 불산이 피부를 통해 흡수되거나 혹은 불화 가스가 호흡기를 통해 흡입되면 수분에 녹은 불소 이온이 혈액 내 칼슘과 결합해 칼슘 농도가 낮아지게 된다. 그렇게 되면 낮아진 칼슘 농도를 보상하기 위해 세포내 칼륨이 세포외로 이동해 혈액 내 칼륨 농도가 높아져 '고칼륨혈증'이 발생할 수 있다. 혈액 내 칼륨 농도가 높아지면 심박세동이 와서 사망할 수 있다. 2013년 사망 노동자의 사례가 이 경우이다. 식물 또는 작물에 노출이 이루어지면 고사하고 만다.

다친 노동자도 그러려니와 주민에 대한 영향도 상당히 있었을 것으로 추정된다는 것이다. 그 이유는 삼성전자 주변의 침엽수가 고사되고 있었다는 것이다. 그렇다면 일상적인 누출이 있었을 가능성을 배제할 수 없다. 지난 4년 동안 동일 공간에서 동일한 형태의 사고가 반복적으로 발생했고, 노동자 사망이 있지 않았다면 은폐를 할 작정이었던 사고였다면 얼마나 많은 비사망 사고가 있었을지 생각해 볼 수 있다. 고사되고 있는 나무의 시료를 채취하려 하자 제지당했는데, 이는 그런 상황의 반증일 수 있다. 왜냐하면 나무의 시료를 채취해 분석하면 어느 정도 농도에 노출되어 있는지를 확인할 수 있기 때문이다. 이는 곧 주변 공간의 지역 주민 노출을 추정할 수 있게 되는 근거가 된다.

전국에 분포하고 있는 제조업 분야 삼성의 기업들이 쏟아 내는 이런 주민 건강에 영향을 줄 수 있는 피해의 규모가 얼마나 될지는 알 수 없지만 국내 최대 기업이라는 곳에서 일어나서는 안 되는 일들이다.


## 4. 삼성의 책임 처리 방식 문제

지금까지 여러 가지 사례를 통해 삼성이 노동자(직영, 도급)와 지역 주민에게 가한 건강 영향과 경제적 손실 상황을 살펴보았다. 삼성이 의도하든 의도하지 않았든 한국 사회에 부정적 영향을 미치고 있다는 사실에 대해서 '실수(또는 잘못)를 인정하고 책임지는 자세'를 기대하는 것은 당연한 일이다. 특히 국내 최고의 기업이기 때문에 이런 기대가 더욱 일반적일 수 있다. 그러나 그렇지 않았다.

첫째, 끊임없는 은폐 행위로 불신을 초래하고 있다. 삼성은 그간 삼성전자 등에서 일하다가 건강 손상을 입은 노동자들의 산업재해 신청에 관해 모르쇠로 일관했다. 이런 상황을 알고 있던 '반올림'은 삼성 노동자 집단 산재 신청을 하는 과정에서 아예 사업주 날인을 받지 않았다 한다(반올림 활동가 이종란 인터뷰). 어차피 책임을 회피할 것이었기 때문이다.[10] 심지어 삼성은 행정소송 변론 과정에서도 완전히 개선된 작업장(과거에는 없었던 설비를 신설하고 가동하지 않았던 안전장치를 가동하는)을 촬영하고 안전을 입증하는 실험을 한 결과를 보여 주었는데, 이 제작 과정에서 피해자의 접근을 엄격하게 금지했다. 2010년 삼성이 산재 문제에 대한 해명을 하겠다며 언론에 기흥 공장을 공개했을 때도, 정작 피해 당사자들과 가족들은 배제됐다. 같이 가겠다며 버스에 올라탄 유가족을 남겨 두고, 기자들이 버스에서 내려 택시를 타고 공장에 들어가는 해프닝이 벌어지기도 했다. 공개되지 않은 건 반도체 공장만이 아니다. 역학조사 및 반도체 사업장 유해 요인 자료도 '영업비밀'이다(『프레시안』 2010/11/29).

둘째, 노동자와 지역 주민의 알 권리를 박탈했다. 사고성 재해의 경우 사고로 인한 인명 피해와 경제적 손실이 명확히 물증으로 드러난다. 사고 시점을 주면에서 모두 볼 수 있기 때문이다. 그래서 은폐하기 어렵다. 그

---

10_우리나라 산재 신청 절차를 살펴보면 산재 요양 신청서를 작성해 근로복지공단에 산재 신청을 하도록 되어 있는데 이 산재 요양 신청서는 '재해자', '사업주', '주치의' 등 세 명이 서명할 수 있도록 형식이 구비되어 있다. 그러나 여기서 '사업주' 날인은 의무 사항이 아니므로 대부분의 사업주는 날인을 기피하는 경향을 보인다. 그 이유는 재해 발생의 원인을 사업주가 제공했으므로 책임감을 느낀다는 의미로 해석되기 때문이다. 특히 문제는 근로복지공단인데 사업주 날인 의무 조항이 없음에도 불구하고 사업주 날인이 안 되어 있는 산재 신청에 대해서 불승인을 하는 경우가 많기 때문에 노동자들로부터 원성을 사고 있다.

런데 문제는 질병이다. 질병은 긴박한 대량 노출의 경우 즉시 사망하거나 쓰러질 수 있지만 만성적인 노출의 경우 노출 시점을 확인하기 어렵고 오랜 시간이 경과한 후에 사람들마다 다양한 형태로 드러나기 때문에 증명이 쉽지 않다. 그래서 해외에서는 유해 요인이 있는 작업장에서 일했다는 근거만으로도 재해를 승인하는 사례가 있으나 우리나라는 실제 그 (위험) 물질을 '이만큼 썼다'는 사실을 논증하지 않으면 안 되는 구조이다.

그런데 직업병 피해자들은 자신의 공정에서 사용한 화학물질의 성분을 알지 못한다. 그들이 아는 것은 작업장에 늘 냄새가 났고, 제품을 맨손으로 만지면 몸에 발진이 일었고, 생리를 하지 않았고, 잦은 구토가 일어나는 등 건강에 문제가 있었으며, 12시간 교대 근무를 했고, 일은 많았으며, 안전교육과 안전장비가 미비했다는 사실 뿐이다(『프레시안』 2010/11/29). 즉 현행 산업 안전보건법에 있는 '알 권리'를 제공하지 않은 것이다.[11]

그뿐만 아니라 불산 누출 사고 시점 이후에도 지속적인 누출이 있을 것으로 추정해 경기도 의회에서 사업장을 방문하기도 했으나 현장 접근을 집요하게 막았다. 이로써 주민의 대의기관에서조차 충분한 조사를 이룰 수 없었다. 이는 현행 화학물질 관리법에서 명시하고 있는 '국민의 알 권리를 보장' 사항을 이행하지 않은 것이다.[12]

셋째, 원청의 책임을 하청 노동자에게 전가했다. 2013년 불산 누출 이후 이루어진 삼성전자 화성 공장에 대한 고용노동부 특별 감독 결과에 따

---

11_〈산업안전보건법〉 제24조(보건상의 조치), 제31조(안전보건교육).

12_화학물질관리법 제42조(위해관리계획서의 지역사회 고지) '사고 대비 물질을 취급하는 자는 취급 사업장 인근 지역 주민에게 위해 관리 계획서의 주요 정보를 알기 쉽게 매년 1회 이상 고지'.

르면 6개 라인 가운데 4개 라인의 중앙 화학물질 공급 시스템(CCSS) 등에 위험 물질 중화 기능이 있는 긴급 배기 장치를 설치하지 않았던 것이 지적되었다. 즉 노동자들은 일상적인 노출을 감당하고 있었다고 해석할 수 있다. 사고 때 숨진 노동자도 이곳에서 일하다가 사망한 것이다. 또한 작업장 보호구도 규격과 맞지 않아 사용해도 노출될 수밖에 없었다. 무엇보다 중요한 것은 유해·위험성이 큰 가스 공급실이나 CCSS 등의 관리를 협력업체에 맡겼고, 82개 협력 업체를 담당하는 환경 안전팀 직원은 1명이었다. 관리를 할 수 없는 구조로 운영되었던 것으로 조사됐다. 1천 명 이상의 대기업에서 노동자 사망 재해율이 낮은 것은 이렇듯 위험을 하청에게 전가하는 사례가 다반사로 일어나고 있기 때문이라는 점을 고려할 필요가 있다.[13] 불산 누출 사고에서 사망하고 다친 노동자는 바로 이 협력 업

---

13_현재 〈산업안전보건법〉 '제29조(도급사업 시의 안전보건조치)'에 따르면 일부 위험 업종이나 작업(즉, 도금작업, 수은·납·카드뮴 등 중금속을 제련·주입·가공 및 가열하는 작업, 법 제38조제1항에 따라 허가를 받아야 하는 물질을 제조하거나 사용하는 작업, 건설업, 기계·기구, 그 밖의 설비에 의한 위험 작업, 폭발성·발화성 및 인화성 물질 등에 의한 위험작업, 전기·열·그 밖의 에너지에 의한 위험 작업, 굴착·채석·하역·벌목을 운송·조작·운반·해체·중량물 취급하는 작업, 그 밖의 작업을 할 때 불량한 작업 방법 등으로 인해 발생하는 위험 작업, 작업 중 근로자가 추락할 위험이 있는 장소, 토사·구축물 등이 붕괴할 우려가 있는 장소, 물체가 떨어지거나 날아올 위험이 있는 장소, 그 밖에 작업 시 천재지변으로 인한 위험이 발생할 우려가 있는 장소 작업 등에서 사업주(원청 개념)는 그가 사용하는 근로자와 그의 수급인이 사용하는 근로자가 같은 장소에서 작업을 할 때에 생기는 산업재해를 예방하기 위해, ① 안전·보건에 관한 협의체의 구성 및 운영 ② 작업장의 순회 점검 등 안전·보건 관리 ③ 수급인이 근로자에게 하는 안전·보건교육에 대한 지도와 지원 ④ 작업 환경 측정과 측정시 입회 ⑤ '작업 장소에서 발파 작업을 하는 경우, 작업 장소에서 화재가 발생하거나 토석 붕괴 사고가 발생하는 경우'에 대비한 경보의 운영과 수급인 및 수급인의 근로자에 대한 경보 운영 사항의 통보 ⑥ 각종 위험 예방 조치 ⑦ 사업주는 그가 사용하는 근로자, 그의 수급인 및 그의 수급인이

체 직원, 즉 사내 하청 노동자였다.

넷째, '또 하나의 가족'인 노동자에 대해 한 치의 사회적 책임감을 느끼지 않는 국내 최대 최고 기업이라는 점이다. 삼성전자만 보더라도 2013년 매출 약 200조 원, 영업이익 약 34조 원에 이르는 국내, 세계적으로도 IT 분야에서는 최대 기업이다. 이런 기업에서 최고 몸값의 로펌 변호사들을 고용해서 뻣뻣해져 가는 몸으로, 언제 사망에 이를지 모르는 몸으로, 노동력마저 상실한 노동자들을 대상으로 소송을 진행하고 있는 것이다. 산업재해 유가족을 중심으로 6년여에 걸친 오랜 기간의 문제 제기를 통해 사회적으로 쟁점이 발생하게 되자 이제야 삼성은 피해자들과 대화를 하겠다고 나섰다. 처음부터 이들 피해자들을 살피고 지원을 시작했다면 삼성의 이미지는 훨씬 좋아졌을 것이고, 그 피해 보상 규모는 연간 삼성전자가 기부하는 금액 약 2천4백억 원의 채 1%도 소요되지 않았을 것이다. 자신의 기업에서 일하다가 손상을 입은 노동자들만큼 열악한 처지에 있는 사람들 말고 누구에게 더 기부를 하고 있는 것인지 이해하기 어려운 처사이다.

---

사용하는 근로자와 함께 정기적으로 또는 수시로 작업장에 대한 안전·보건 점검 ⑧ 사업을 타인에게 도급하는 자는 안전하고 위생적인 작업 수행을 위해 다음 각 호의 사항을 준수〈1. 설계도서 등에 따라 산정된 공사 기간을 단축하지 아니할 것 2. 공사비를 줄이기 위해 위험성이 있는 공법을 사용하거나 정당한 사유 없이 공법을 변경하지 아니할 것〉 등이 명시되어 있다.

## 5. 맺음말: 존경받는 삼성이 되기 위해

### 삼성의 역할

삼성은 우리나라 사람들이 가장 취업하기를 원하는 기업이다. 그렇다고 가장 사랑하는 기업은 아니다. 이미 삼성과 관련된 많은 문제들이 사회문제로 불거져 있기 때문이다. 그리고 삼성에 취업하고 싶어 하는 사람들은 삼성에서 발생하고 있는 일련의 노동자 사망과 자살 사실에 대해 정확히 알고 있지 못할 것으로 파악된다. 현재 드러나 있는 사항도 제한적이고 많은 사실이 수면 아래에 잠복되어 있으며 특히 언론 및 사업장 통제로 인해 드러날 기회조차 갖지 못하는 내용들이 많은 것은 익히 알려진 바이다. 최근 불법 도급으로 논쟁이 되던 삼성전자서비스에서 노동자가 자살하자 이루어진 조사 결과는 삼성의 노동자들이 어떻게 살아가고 있는지를 잘 보여 주고 있다(노동환경건강연구소·한명숙-은수미 의원실 2013). 노동자들은 사업주의 괴롭힘과 차별, 징계, 현재는 학생들에게도 적용되지 않는 인권침해적 '체벌'이 이루어지고 있다고 답했다. 이 때문에 삼성전자서비스 노동자의 54%가 심리 상담을 받아야 하는 우울 수준을 나타내고 있었다. 또한 지난 한 해 34.8%가 자살 충동을 느꼈다고 응답했고, 자살 시도를 한 경험도 무려 4.5%로 나타나 경악을 금치 못하게 했다. 그 이유도 50~73%가 직장 내 문제 때문이라고 응답했다. 자살 충동 결과는 노인 인구가 포함된 우리나라 국민 일반의 수준보다 2배 이상 높은 것으로 나타났다. 국내 최고 기업에 고용된 노동자가 '배고파서 못 살겠다'는 유서를 남기는 역사 퇴행의 상황에 놓여 있다.

삼성이 현재의 모습을 그대로 유지해 간다면 국민에게 존경받는 것은 그만두더라도 향후 큰 사회적 저항에 직면할 수 있다. 또한 삼성이라는 리더십은 한국 사회 경제 생태계 전체를 훼손시킬 가능성이 있다. 삼성은 그룹 홍보 자료에서 밝히고 있듯이 '인재와 기술을 바탕으로 최고의 제품과 서비스를 창출해 인류 사회에 공헌하는 것, 삼성의 궁극적인 목표입니다'를 실현하기 위해서라도 국내법과 국제법, 국내 규제와 국제 규제를 지키고 자율적 국내외 '기업의 사회적 책임'(CSR) 기준에 맞는 기업으로 거듭나야만 그 전략은 성공할 수 있을 것이다.[14]

이쯤에서 인도의 타타 그룹을 살펴볼 필요가 있다. 인도인들이 가장 사랑한다는 이 그룹(물론 이 그룹도 원시 축적은 영국 식민 자본으로부터 얻었다)은 우리나라 삼성이 한국 사회에 영향력을 행사하는 경제력 규모보다 집적과 집중이 더욱 강한 그룹이다. 140년이 넘게 신뢰 경영으로 유명한 이 그룹의 기업 경영 철학은 '모든 성과는 국민에게'로 압축된다. 부패가 없고 수익은 대부분 '국가가 안 하거나 못 하는' 국책 사업성 활동에 쓰이고 있다. 타타 그룹의 임원진들은 사망 후에 자신의 재산을 국민들에게 환원한다고 한다. 이 타타 그룹이 2004년 우리나라의 대우상용차를 인수했다. 국내에는 많이 알려져 있지 않았던 기업이고 론스타, 상하이자동차 등 '먹튀 해외 자본' 논란이 끊이지 않던 시기였기 때문에 이들에 대한 시선은 싸늘했다. 그러나 그 이후 타타는 2009년부터 사내 하청 346명을 매년 10%씩 정규직으로 전환하기로 했고 실제로 지켜지고 있다. 비정규직도 모두 노동조합 조합원이다. 따라서 임금인상률과 성과급에서 차별이

---

14_"8개 인권 시민단체들은 국민의 사생활을 가장 심각하게 침해한 기관과 개인을 뽑아 '빅브라더상'을 수여했는데 여기에서 삼성SDI는 불법 복제 휴대전화를 이용한 불법 위치 추적으로 '가장 탐욕스러운 기업상'을 수상했다. 『지속가능보고서』는 노동부의 신 노사문화대상과 경실련의 경제정의기업 대상은 집중적으로 소개하면서도 빅브라더상 수상 사실에 대한 언급이나 해명을 제공하지 않는다"(조돈문 외 2008).

없다. 이런 과정에서는 노동조합의 역할이 컸지만 이를 수용한 사측의 기본적인 철학도 반영된 것이다.

무엇보다 신선한 것은 2012년 타타대우상용차 노사가 공동 선언한 'Toxic Free'이다. 이 선언의 핵심은 작업장 내에서 발암물질을 사용하지 않는다는 것이다. 이를 통해 소비자에게도 발암물질이 사용되지 않은 차량을 제공할 수 있는 두 마리 토끼를 잡는다는 취지이다. 노동자가 건강해야 소비자도 건강하다는 사고가 이끌어 낸 쾌거였다. 실제로 해외 유수의 자동차 기업에서는 이런 관리를 하고 있지만 아직 국내에서는 타타대우상용차가 유일하다. 또한 2010년에는 안전보건경영시스템(OHSAS 18001) 인증을 획득해 코트라로부터 외국인투자 우수 기업으로 선정되기도 했다. 타타가 인수한 타타대우상용차는 인수 후 현재까지 5배의 매출 성장을 보이고 있다.

대규모 기업집단 소유와 경영 체제에 있어서 스웨덴의 발렌베리 그룹이 삼성과 대별되는 것처럼 타타의 시스템 또한 경영 일반뿐만 아니라 안전보건 영역에서조차 삼성과 크게 대별되고 있는 것을 볼 수 있다. 다국적 자본도 하는 일을 국내 토종 자본은 오히려 외면하고 있는 사실이 누구를 위한 국내 최고·최대 기업인지를 다시 한번 생각하게 만든다.


**당국의 역할**

당국은 법을 집행하는 주체로서 누구에게나 보편적인 기준을 적용해야 하며 국민의 안녕을 위한 행정을 수행해야 한다. 그렇다면 노동자의 안녕과 지역 주민의 안녕은 고용노동부와 환경부 등의 당국에서의 역할이 필요하다. 지금까지 살펴보았듯이 삼성에서 많은 노동자들이 사망하거나 건강 훼손을 겪고 있고 법을 어기고 있으며 관리가 이루어지지 않을 뿐만 아니라 책임도 지지 않고 더욱이 솜방망이 시정 조치만이 존재하는 상황은 관계 당국이 직무유기를 했다고밖에 평가할 수 없다. 심지어 나약한 질환 노동자 행정소송에까지 최고 대기업의 힘을 업어 변론권을 갖는 것은 정부가 누구를 위한 정부인지 의심케 할 정도이다.

따라서 삼성의 노동자들이 안전보건 영역에서 자유롭기 위해서는 대기업의 안전보건 소홀의 경우 더욱 강력한 처벌을 시행해야 한다. 중소 영세 사업장 노동자들이 더 많이 다치고 사망하는 것은 사실이지만 이들 사업주의 경우 실제로 안전보건 개선 능력이 없는 경우가 많다. 주로 경제적 이유이다. 그런데 능력도 갖추고 있고, 경영계에서 지도적 위치에 있는 삼성이 중소 영세 사업장 수준의 안전보건관리를 하고 있다면 이는 크게 문제 제기되어야 할 영역이다. 아직 우리나라에는 없지만 해외에서는 '기업 살인법'[15]이라 불리는 법들이 존재하는데 중대 재해를 일으킨 기업에 징벌적 손해배상을 부과하는 것이다. 우리도 이와 같은 법령 마련을 통해 대기업에서의 안전 부실 문제에 적극 대응해야 한다. 물론 현행 산업 안전보건법에서 명시하고 있는 최고 벌칙을 적용하는 것도 좋은 방법이다.

두 번째, 대기업이 위험을 외부화하고 있는 다양한 형태의 도급 노동

---

15_영국의 경우, 2007년에 법 제정해 일반 기업, 정부부처, 경찰, 군대 등 전면적으로 적용하며 처벌 내용은 벌금의 경우 상한선이 없는데 의회 지침으로 기업 총 매출액 5% 하한선, 대략 10% 내에서 부과하고 있다고 한다. 2008년 노동자 1명 사망 사고에 6억9천만 원 벌금을 부과한 사례가 있고 이를 통해 이후 급격히 사망만인율이 감소한 것으로 알려진다. 미국의 경우, 미국 산업안전보건청의 벌금 순위 10대 업체(2008 미국 산업안전보건청 백서)의 벌금 내용을 보면 1위 업체의 경우 약 227억 원, 2위 업체의 경우 약 124억 등으로 나타난다.
우리나라에서 발생했던 2008년 이천 냉동 창고 화재로 40명이 사망했으나 이에 대한 벌금이 고작 2천만 원(1인당 50만 원)이었던 것과 비교하면 큰 차이를 나타내고 있다.

자 보호를 진행해야 한다. 원청의 책임성 범위를 어디까지로 할 것인지에 대해 논의해 보면, 먼저 설비를 가지고 있으며 업무 수행 과정에서 직접 도급 노동자들의 작업에 대한 관리가 이루어지는 경우를 직접 원청으로 규정하고 안전보건관리의 책임 소재를 명확히 해야 한다. 2012년 9월 국회 제출된 〈산업안전보건법〉 개정안에서는 화학물질 정보 제공과 관련해 설비를 가진 원청(발주처)의 책임성 문제가 이미 적시되어 있다. 이를 좀 확대하면 사내 하청의 경우도 마찬가지로 설비 제공자인 원청(1차 도급주)의 책임 영역을 해당 사업장 정규직에게 제공해야 할 안전보건 의무 수준으로 끌어올리는 것이 필요하다. 좀 더 나아가면 신세계백화점, 이마트와 같은 도·소매업의 경우 점포의 점포주가 입점 업체 노동자들을 실질적으로 관리하기 때문에 임대·위탁·용역 등의 노동자 안전보건 문제도 임대 업주가 원청으로서의 책임을 가질 수 있도록 법을 확대 개정해 관리하는 노력이 필요하다.


**시민사회의 역할**

현재 법 개정 논의가 있지만 아직 지역사회 산업단지 등에서의 화학물질 누출이나 폭발 문제에 대한 시민사회 영역에서의 참여는 충분히 보장되어 있지 않다. 어느 주체가 이 문제를 책임지고 해결해야 하는지에 대한 설계도 아직 매우 엉성한 상태이다. 따라서 위험을 안고 지낼 수 있는 시민사회에서의 지속적인 기업 감시가 필요하다. 이후 법이 개정된다면 공식적·일상적으로 시민사회 영역에서 감시를 할 수 있는 구조가 마련되기 때문에 더욱 열심히 참여해야 할 것이다. 그뿐만 아니라 사업장 안에서 안전보건이 지켜지는 것이 결국 시민사회 전체의 안전을 지킬 수 있다는 연계적 판단을 하는 것이 매우 중요하다. 사업장 안에서 누출이나 폭발이 일어나면 가장 먼저 손상을 입는 것은 노동자이고 다음이 지역 주민이다. 만약 누출이나 폭발이 일어나지 않게 된다면 주민은 물론이려니와 노동자도 손상을 입지 않는다.

타타대우상용차에서처럼 사업장 안에서 발암물질을 추방하면 소비자는 당연히 발암물질로부터 안전할 수 있다는 점을 고려해, 안전보건 문제에 있어서만큼은 생산 영역과 소비 영역을 구분해 접근하는 것이 매우 위험할 수 있다는 점을 상기할 필요가 있다.

# 10장

# 삼성·재벌의 세제 혜택

강병구

## 1. 들어가는 말

1960년대 이후 개발 연대를 거치면서 한국의 재벌 대기업은 금융 및 세제 상의 특혜를 받아 성장했지만, 성장의 결실은 사회 구성원에게 공정하게 배분되지 못했다. 더욱이 선진국의 문턱에 다가선 오늘날에도 여전히 재벌 대기업은 막대한 세제 혜택과 변칙적인 증여 및 상속을 통해 부를 증식 하고 있다.

그 결과 재벌 그룹이 국민경제에서 차지하는 비중은 지속적으로 확대

● 이 글은 『사회경제평론』 44호에 게재된 필자의 원고를 수정·보완한 것이다. 수정·게재 를 허락해 준 한국사회경제학회에 감사드린다.

되었고, 이명박 정부에서 더욱 큰 폭으로 늘어났다. 국내총생산(GDP) 대비 10대 재벌 그룹의 매출액 비율은 2007년 48.1%에서 2012년 73.3%로 증가했고, 같은 기간에 삼성그룹의 매출액 비율은 12.4%에서 20.1%로 증가했다. 2012년 현재, 10대 재벌 그룹과 삼성그룹의 매출액은 각각 933조 원과 256조 원을 기록했다. 반면에 재벌 대기업이 납부하는 세금은 소득 규모에 비해 낮은 수준이고, 세제 혜택으로 증대된 여유 자금이 투자 확대로 이어지지 않아 사내유보금은 큰 폭으로 증가했다. 특히 삼성그룹의 회계상 순이익 대비 법인세비용(실효 법인세율)은 다른 재벌 집단에 비해 크게 낮고, 사내유보금은 막대한 규모를 기록하고 있다.

재벌 대기업의 이윤 대비 세부담 수준이 낮은 이유는 경제력 집중이 심화되면서 이들에게 각종 세제 혜택이 집중되었기 때문이다. 2012년에 삼성전자의 법인세 공제 감면액은 무려 1조8,715억 원에 달해 실효 법인세율이 16.1%에 불과했고, 이는 경쟁사인 애플의 30.5%에 비해 크게 낮은 수준이다. 더욱이 재벌 총수 일가는 다양한 방식의 변칙적인 상속 및 증여를 통해 부의 이전에 따른 합당한 상속세와 증여세를 납부하지 않으면서 지배 구조를 한층 강화하고 있다. 이런 행위는 상속을 통한 부의 세습과 집중을 완화해 국민의 경제적 균등을 도모한다는 상속세의 사회경제적 목적에도 위배된다.

재벌 대기업에 집중된 세제 혜택과 변칙적인 증여 및 상속은 우리 사회의 조세 정의는 물론 기회 평등의 원칙을 훼손해 시민들의 납세 협력을 약화시킬 뿐만 아니라 분배 구조를 악화시켜 국민경제의 건전한 발전을 저해한다. 이는 자유시장경제에 수반되는 모순을 제거하고 경제민주화를 실현한다는 대한민국의 헌법 이념에도 정면으로 배치된다. 따라서 재벌 대기업은 국가로부터의 각종 지원과 세제 혜택에 상응하는 사회적 책임을 져야 하며, 정부는 능력에 따른 과세와 변칙적인 증여 및 상속 행위에 대한 처벌을 강화해야 한다. 대기업과 중소기업 간 격차는 커지면서 낙수 효과가 나타나지 않는 양극화 시대에 경제성장과 복지국가의 발전을 위해서도 조세 정의의 실현은 반드시 필요하다.

　이에 이 글에서는 재벌 대기업에 집중된 세제 혜택과 재벌 총수 일가의 변칙적인 상속 및 증여 실태를 분석해 합리적인 세제 개혁 방안을 모색한다. 2절에서는 재벌 대기업에게 집중된 법인세 혜택과 3절에서는 재벌 그룹의 변칙적인 상속 및 증여 실태를 살펴본다. 4절에서는 경제민주화의 측면에서 재벌 대기업에 대한 세제 개혁의 방향과 내용을 제시한다.

## 2. 삼성·재벌에 집중된 세제 혜택

### 우리나라의 법인세

우리나라의 법인세법은 1949년에 제정되었고, 1980년대 중반 이후 법인세율이 추세적으로 낮아지고 있다. 〈표 10-1〉에서 보듯이 1982년 법인세 최고 세율은 38%이고, 지방세와 방위세를 합한 실제의 명목 법인세 최고 세율은 50.35%를 기록했다. 이후 1991년 법인세율을 4%p 인상했지만, 법인세액에 부가되던 방위세의 폐지로 인해 지방세를 합한 최고 세율은 36.55%로 낮아졌다. 특히 2008년 이후 네 차례의 법인세법 개정을 통해 법인세율이 낮아져 2014년 현재, 과세표준 2억 원 이하에 대해서는 10%, 2억 원 초과 2백억 원 이하에 대해서는 20%, 2백억 원 초과 금액에 대해서는 22%를 적용하고 있다. 최고 과세표준 구간에 적용하는 명목 법인세와 관련된 세율 합계는 1982년 50.35%에서 2014년 24.2%로 무려 26.15%p 떨어졌다. 법인세율의 인하 추세는 1980년대 신자유주의 경제 사조와 함

**표 10-1 | 법인세율의 변천**

단위: %

| | 과세표준(원) | 과세표준 이하 | 과세표준 초과 | 지방세 | 합계 |
|---|---|---|---|---|---|
| 1982년 | 5천만 | 22 | 38 | 7.5 | 40.85(50.35) |
| 1983~88년 | 5천만 | 20 | 30 | 7.5 | 32.25(39.75) |
| 1989~90년 | 8천만 | 20 | 30 | 7.5 | 32.25(39.75) |
| 1991~93년 | 1억 | 20 | 34 | 7.5 | 36.55 |
| 1994년 | 1억 | 18 | 32 | 7.5 | 34.40 |
| 1995년 | 1억 | 18 | 30 | 7.0 | 32.25 |
| 1996~2001년 | 1억 | 16 | 28 | 10 | 30.80 |
| 2002~04년 | 1억 | 15 | 27 | 10 | 29.70 |
| 2005~08년 | 1억 | 13 | 25 | 10 | 27.50 |
| 2009년 | 2억 | 11 | 22 | 10 | 24.20 |
| 2010~11년 | 2억 | 10 | 22 | 10 | 24.20 |
| | 2억 이하 | 10 | | | 11.00 |
| 2012~14년 | 2억~2백억 | 20 | | 10 | 22.00 |
| | 2백억 초과 | 22 | | | 24.20 |

주: 법인세에 부가된 방위세는 1975년 신설되어 1990년까지 유지됐으며, 괄호 안의 숫자는 지방세와 방위세를 합한 최고 법인세율임.
자료: 김학수(2013).

께 나타난 현상으로 '넓은 세원과 낮은 세율'이라는 세제 개편의 원칙을 반영하고 있다.

한편 고용주 부담의 사회보장 기여금을 포함할 경우 우리나라 기업들의 조세부담은 낮은 수준으로 평가된다. 〈표 10-2〉에서 보듯이 2013년 현재, 명목 법인세 최고 세율(지방세 포함)은 24.2%로 OECD 회원국 평균에 비해 약간 낮지만 일본(37%)과 미국(39.1%) 등에 비해서는 크게 낮은 수준이다. 또한 2012년 현재, 기업들이 실제로 부담하는 실효 법인세율은 34개 OECD 회원국 중 16번째로 낮지만, 고용주의 사회보장세 부담이 낮아 기업의 실질적인 총 조세부담률은 이윤 대비 27.9%로 6번째로 낮은 수준을 기록했다. 스웨덴의 경우 우리나라보다 법인세율은 낮지만, 고용주가 부담하는 사회보장세의 비중이 크기 때문에 기업의 총 조세부담률은 52.0%로 높은 수준이다.

표 10-2 | 주요 국가의 법인세 최고 세율 및 실효 법인세율

단위: %

| | 최고 세율(2013년) | | | 실효 법인세율(2012년) | | | |
|---|---|---|---|---|---|---|---|
| | 합계 | 국세 | 지방세 | 총 조세<br>부담률 | 법인세 | 사회보장세 | 기타 |
| 한국 | 24.2 | 22.0 | 2.2 | 27.9 | 14.2 | 13.4 | 0.3 |
| 일본 | 37.0 | 26.2 | 10.8 | 49.7 | 27.2 | 17.9 | 4.5 |
| 미국 | 39.1 | 32.8 | 6.3 | 46.3 | 27.9 | 9.9 | 8.4 |
| 영국 | 23.0 | 23.0 | 0.0 | 34.0 | 21.6 | 10.6 | 1.7 |
| 스웨덴 | 22.0 | 22.0 | 0.0 | 52.0 | 16.0 | 35.5 | 0.6 |
| 덴마크 | 25.0 | 25.0 | 0.0 | 27.0 | 20.3 | 3.6 | 3.1 |
| 독일 | 30.2 | 15.825 | 14.4 | 49.4 | 23.0 | 21.8 | 4.6 |
| 프랑스 | 34.4 | 34.4 | 0.0 | 64.7 | 8.7 | 51.7 | 4.3 |
| 그리스 | 26.0 | 26.0 | 0.0 | 44.0 | 11.2 | 32.0 | 0.7 |
| 이탈리아 | 27.5 | 27.5 | 0.0 | 65.8 | 20.3 | 43.4 | 2.0 |
| OECD 평균 | 25.3 | 22.8 | 8.5 | 41.8 | 16.3 | 23.5 | 2.1 |

주: 실효 법인세율은 세전 기업 이윤 대비 법인세 납부액 비중.
　실효 법인세율은 중견 기업(medium-sized firm) 기준이며, 총 조세부담률은 세전 기업 이윤에서 차지하는 법인세, 사회보
　장세, 기타 법정 기여금의 비중.
자료: OECD, Tax Database, IFC and The World Bank(2013).

## 재벌 대기업의 법인세 납부 현황

우리나라의 법인세 부담액은 상위 1% 대기업에 집중되어 있지만, 대기업의 이윤 대비 세부담 비율은 매우 낮다. 먼저 〈표 10-3〉에서 매출액 기준 분위별 조세부담 현황을 보면 2012년 현재, 상위 1%의 기업집단은 전체 매출액의 70.8%를 차지하며, 전체 법인세수의 79.7%를 부담하고 있다. 이들 기업집단의 실효 법인세율은 17.6%이다. 상위 10% 기업집단의 매출액과 법인세 비중은 각각 88.6%와 93.4%이며, 이들의 실효 법인세율은 17.2%를 기록하고 있다. 상위 20~70% 기업집단의 실효 법인세율은 약 10% 정도로 낮은 수준이고, 하위 집단에서는 중간 집단에 비해 오히려 실효 법인세율이 더 높은 수준을 기록하고 있지만, 상위 20% 이하 집단의 매출액 및 법인세 비중은 매우 낮다.

반면에 매출액 기준 상위 10대 기업의 실효 법인세율은 중소기업보다 낮은 수준을 기록하고 있다. 〈표 10-4〉에서 보듯이 2012년 매출액 상위

**표 10-3 | 매출액 기준 각 분위별 실효세율(2011년)**

단위: 개, %

| | 법인 수 | 매출액 비중 | 법인세 비중 | 실효 법인세율 |
|---|---|---|---|---|
| 상위 1% 이내 | 4,606 | 70.81 | 79.65 | 17.64 |
| 상위 10% 이내 | 46,061 | 88.61 | 93.39 | 17.24 |
| 상위 20% 이내 | 46,061 | 5.34 | 3.08 | 11.81 |
| 상위 30% 이내 | 46,061 | 2.73 | 1.39 | 10.49 |
| 상위 40% 이내 | 46,061 | 1.56 | 0.78 | 9.36 |
| 상위 50% 이내 | 46,061 | 0.91 | 0.44 | 10.12 |
| 상위 60% 이내 | 46,061 | 0.51 | 0.29 | 11.06 |
| 상위 70% 이내 | 46,061 | 0.25 | 0.14 | 10.98 |
| 상위 80% 이내 | 46,061 | 0.09 | 0.13 | 15.41 |
| 상위 90% 이내 | 46,061 | 0.01 | 0.34 | 15.45 |
| 상위 100% 이내 | 46,061 | 0.00 | 0.01 | 16.77 |
| 합계 | 460,614 | 100.0 | 100.0 | 16.65 |

주: 소득 분위는 2012년 『국세통계연보』 수입 금액(매출액) 기준.
자료: 홍종학 의원실(2013/04/26).

**표 10-4 | 실효 법인세율**

단위: %

| | 2008 | 2009 | 2010 | 2011 | 2012 |
|---|---|---|---|---|---|
| 전체 기업 | 20.5 | 19.6 | 16.6 | 16.6 | 16.8 |
| 대기업 | 21.6 | 21.0 | 17.7 | 17.6 | 17.3 |
| (상위 10대) | (18.7) | (16.3) | (11.4) | (13.0) | (13.0) |
| (상위 100대) | (20.9) | (20.4) | (16.7) | (16.8) | (17.5) |
| 중소기업 | 17.2 | 15.3 | 13.1 | 13.2 | 13.3 |

주: 실효 법인세율 = (총 부담 세액 합계/과세표준 합계) × 100. 해당 연도 법인세 신고 기준으로 산출.
자료: 국세청, 『국세통계연보』(각 연도); 최재성 의원실(2013/10/6).

10대 기업의 실효 법인세율은 13.0%로 대기업 평균(17.3%)은 물론 중소기업 평균(13.3%)보다 낮은 수준이다. 특히 2010년 이후 상위 10대 기업의 실효 법인세율은 최저한세율보다 낮다. 이와 같이 2008년 이후 실효 법인세율이 낮아진 것은 법인세 최고 세율은 낮아졌지만 기업에 제공되는 각종 세액공제 및 감면 등이 줄어들지 않고 오히려 확대되었기 때문이다. 이는 이명박 정부에서 추진된 세제 개혁의 기본 원칙인 '넓은 세원 낮은 세율'조차 지켜지지 않은 채 대기업 위주의 감세 정책이 추진되었음을 반증하는 것이다.

표 10-5 | 4대 재벌 그룹의 당기순이익 및 실효 법인세율

단위: %, 10억 원

| | 실효 법인세율 | | | | 당기순이익 | | | |
|---|---|---|---|---|---|---|---|---|
| | 삼성 | 현대자동차 | SK | LG | 삼성 | 현대자동차 | SK | LG |
| 2002 | 20.4 | 24.6 | – | 23.7 | 9,014 | 2,950 | −3,039 | 2,516 |
| 2003 | 14.3 | 22.6 | 19.2 | 18.4 | 7,585 | 3,699 | 3,857 | 3,487 |
| 2004 | 17.4 | 27.8 | 25.8 | 14.9 | 13,694 | 3,922 | 4,460 | 5,435 |
| 2005 | 15.3 | 18.2 | 22.4 | 9.2 | 9,830 | 5,289 | 4,578 | 3,309 |
| 2006 | 16.3 | 24.2 | 22.1 | – | 10,926 | 3,149 | 4,240 | 1,232 |
| 2007 | 16.9 | 25.2 | 18.2 | 14.2 | 10,683 | 3,335 | 4,514 | 5,159 |
| 2008 | 11.5 | 15.5 | 17.0 | 17.4 | 9,911 | 3,767 | 2,853 | 4,325 |
| 2009 | 13.4 | 17.9 | 20.8 | 13.4 | 15,939 | 7,774 | 2,615 | 7,191 |
| 2010 | 12.6 | 17.9 | 20.2 | 8.2 | 21,625 | 12,586 | 4,597 | 4,621 |
| 2011 | 15.7 | 20.7 | 24.5 | 20.1 | 16,402 | 10,968 | 6,403 | 2,096 |
| 2012 | 18.1 | 18.5 | 23.8 | 26.3 | 26,997 | 12,681 | 3,741 | 2,413 |
| 평균 | 15.6 | 21.2 | 21.4 | 16.6 | 13,873 | 6,375 | 3,529 | 3,799 |

주: 실효 법인세율=(법인세비용 합계액/법인세비용차감전 순이익 합계액)×100.
　　SK는 2002년 법인세차감전 순이익 적자, LG는 2006년 법인세비용 마이너스.
자료: 한국신용평가(주) Kis-value 자료.

　　기업 회계 자료를 이용해 산출한 4대 재벌 집단의 실효 법인세율을 보면, 삼성그룹의 경우 타 재벌 그룹에 비해 실효 법인세율이 낮은 수준이다. 〈표 10-5〉에서 보듯이 2002년부터 2012년의 기간에 삼성그룹의 실효 법인세율은 연평균 15.6%로 현대자동차(21.2%), SK(21.4%), LG(16.6%)에 비해 낮다. 특히 2008년과 2010년에 삼성그룹의 실효 법인세율은 과세표준 1천억 원 이상 기업에 적용하는 세법상 최저한세율(14%)에도 미치지 못하고 있다.[1] 또한 2012년에 삼성과 현대자동차의 실효 법인세율은 각각 18.1%와 18.5%로 지방세를 포함한 법인세 최고 세율 24.2%와

---

1_법인세 최저한세율은 각종 소득공제 및 비과세·세액공제·법인세의 공제 및 감면 등을 통해 기업이 납부할 세금이 지나치게 낮아지는 것을 방지하기 위한 제도로서 기업소득 중 일정 비율은 반드시 납부하도록 규정한 것이다. 과세표준 1천억 원 초과 기업에 적용하는 최저한세율은 2008년 15%, 2009년 13%, 2010~12년 14%, 2013년 16%이다.

**표 10-6 | 법인세 공제 감면 현황(2012년)**

단위: 억 원, %

| | | 전체 (금액) | 대기업 금액 | 대기업 비중 | 중소기업 금액 | 중소기업 비중 |
|---|---|---|---|---|---|---|
| 세액 공제 | 최저한세 적용 제외 | 37,674 | 27,054 | 71.8 | 10,620 | 28.2 |
| | 최저한세 적용 대상 | 41,090 | 37,003 | 90.1 | 4,087 | 9.9 |
| | 소계 | 78,764 | 64,057 | 81.3 | 14,707 | 18.7 |
| 세액 감면 | 최저한세 적용 제외 | 7,498 | 6,562 | 87.5 | 936 | 12.5 |
| | 최저한세 적용 대상 | 8,655 | 444 | 5.1 | 8,211 | 94.9 |
| | 소계 | 16,153 | 7,006 | 43.4 | 9,147 | 56.6 |
| 공제 감면 | 최저한세 적용 제외 | 45,172 | 33,616 | 74.4 | 11,556 | 25.6 |
| | 최저한세 적용 대상 | 49,745 | 37,447 | 75.3 | 12,298 | 24.7 |
| | 합계 | 94,917 | 71,063 | 74.9 | 23,854 | 25.1 |

자료: 국세청, 『국세통계연보』(2013).

**표 10-7 | 대기업의 법인세 공제 감면 비중**

단위: 억 원, %

| | 전체 기업 | 상위 10대 금액 | 상위 10대 비중 | 상위 100대 금액 | 상위 100대 비중 |
|---|---|---|---|---|---|
| 2008 | 66,988 | 17,788 | 26.6 | 28,977 | 43.3 |
| 2009 | 71,483 | 12,102 | 16.9 | 28,982 | 40.5 |
| 2010 | 74,014 | 13,671 | 18.5 | 31,813 | 43.0 |
| 2011 | 93,315 | 26,808 | 28.7 | 44,560 | 47.8 |
| 2012 | 94,918 | 24,190 | 25.5 | 38,944 | 41.0 |
| 합계 | 400,718 | 94,559 | 23.6 | 173,276 | 43.2 |

주: 각 해당 연도 법인세 신고 기준.
자료: 국세청, 『국세통계연보』(각 연도); 최재성 의원실(2013/10/06).

큰 차이를 보이고 있다.[2]

　대기업의 실효 법인세율이 법정 최고 세율에 비해 낮은 이유는 대기업들이 다양한 비과세 감면 혜택을 받을 뿐만 아니라 최저한세율을 적용받지 않는 공제 감면액의 규모가 크기 때문이다. 〈표 10-6〉에서 보듯이

---

2_기업 회계 자료를 이용해 산출한 실효 법인세율은 세무 자료를 이용한 것과 일치하지 않지만 개별 기업에 대한 세무 자료의 접근이 어려운 상태에서 이런 비교는 불가피한 선택이다.

| 표 10-8 | 법인세 공제 감면 비율 | | | | 단위: % |
|---|---|---|---|---|---|
| | 2008 | 2009 | 2010 | 2011 | 2012 |
| 전체 기업 | 15.2 | 17.0 | 19.9 | 19.7 | 19.0 |
| 대기업 | 13.0 | 15.0 | 18.0 | 18.3 | 17.6 |
| (상위 10대) | (25.3) | (34.7) | (49.3) | (40.7) | (41.1) |
| (상위 100대) | (16.4) | (18.5) | (24.5) | (23.7) | (20.4) |
| 중소기업 | 23.2 | 24.3 | 27.0 | 25.6 | 24.9 |

주: 법인세 공제 감면 비율=(법인세 공제 감면액 / (공제 감면액+총 부담 세액))×100.
  상위 10대와 100대 기업은 매출액 기준으로 2012년의 경우 잠정치. 각 해당 연도 법인세 신고 기준.
자료: 국세청, 『국세통계연보』(각 연도); 최재성 의원실(2013/10/06).

2012년에 기업에게 제공된 세액공제 및 감면액 9조4,917억 원 중 47.6%
에 달하는 4조5,172억 원이 최저한세의 적용을 받지 않았다. 더욱이 법인
세 공제 감면액의 74.9%는 대기업에 귀속되었으며, 그중 47.3%에 대해
서는 최저한세가 적용되지 않았다.

특히 법인세 공제 감면은 상위 대기업에 집중되어 상위 10대 기업의
법인세 공제 감면 비율은 중소기업 평균을 크게 상회했다. 〈표 10-7〉에서
보듯이 2008~12년의 기간에 전체 기업에게 제공된 40조718억 원의 공제
감면액 중 상위 10대와 100대 기업이 각각 23.6%와 43.2%를 차지했다.
또한 〈표 10-8〉에서 보듯이 이들 기업집단의 법인세 공제 감면액이 공제
전 법인세액에서 차지하는 비율은 2012년에 각각 41.1%와 20.4%에 달해
전체 기업 평균보다 높았고, 상위 10대 기업의 법인세 공제 비율은 중소
기업을 크게 상회했다.

또한 〈표 10-9〉에서 보듯이 2011년에 매출액 기준 상위 1% 기업의
공제 감면액 비중은 78.7%로 7조3,440억 원이고, 이들 기업집단의 법인
세 공제 감면 비율은 19.5%를 기록했다. 공제 감면 총액에서 외국납부세
액공제를 빼고 계산할 경우, 공제 감면액 비중과 공제 감면 비율은 각각
75.7%와 16.2%로 줄어든다. 상위 10% 기업집단의 공제 감면액 비중과

### 표 10-9 | 매출액 분위별 법인세 공제 감면비율(2011년)

단위: 억 원, %

|  | 공제 감면 총액 | 외국납부세액공제 | 비중 1 | 비중 2 | 비율 1 | 비율 2 |
|---|---|---|---|---|---|---|
| 상위 1% 이내 | 73,440 | 14,914 | 78.70 | 75.66 | 19.54 | 16.22 |
| 상위 10% 이내 | 87,167 | 15,713 | 93.41 | 92.37 | 19.73 | 16.77 |
| 상위 20% 이내 | 3,128 | 31 | 3.35 | 4.00 | 21.12 | 20.96 |
| 상위 30% 이내 | 1,200 | 16 | 1.29 | 1.53 | 18.48 | 18.28 |
| 상위 40% 이내 | 1,160 | 11 | 1.24 | 1.49 | 28.13 | 27.94 |
| 상위 50% 이내 | 254 | 5 | 0.27 | 0.32 | 13.29 | 13.06 |
| 상위 60% 이내 | 121 | 0 | 0.13 | 0.16 | 9.95 | 9.95 |
| 상위 70% 이내 | 82 | 28 | 0.09 | 0.07 | 13.10 | 9.03 |
| 상위 80% 이내 | 22 | 2 | 0.02 | 0.03 | 4.15 | 3.79 |
| 상위 90% 이내 | 179 | 154 | 0.19 | 0.03 | 12.21 | 1.91 |
| 상위 100% 이내 | 2 | 0 | 0.00 | 0.00 | 3.64 | 3.64 |
| 합계 | 93,315 | 15,960 | 100.00 | 100.00 | 19.73 | 16.93 |

주: 소득 분위는 2012년 『국세통계연보』 수입 금액(매출액) 기준.
　　비중 2와 비율 2는 공제 감면 총액에서 외국납부세액공제를 제거한 후 산출.
자료: 홍종학 의원실(2013/04/26).

### 표 10-10 | 삼성 계열사 실효 법인세율·조세 지원 비율(2012년)

단위: 억 원, %

|  | 당기순이익 | 법인세비용 | 조세 지원액 | 실효 법인세율 | 조세 지원 비율 |
|---|---|---|---|---|---|
| 삼성전자 | 173,985 | 33,493 | 16,717 | 16.1 | 33.3 |
| 삼성코닝정밀소재 | 12,677 | 2,693 | 111 | 17.5 | 4.0 |
| 삼성생명보험 | 9,354 | 2,444 | 411 | 20.9 | 14.4 |
| 삼성화재해상보험 | 7,605 | 2,253 | 128 | 22.9 | 5.4 |
| 삼성카드 | 7,499 | 2,357 | 28 | 23.9 | 1.2 |
| 삼성중공업 | 7,412 | 2,377 | -13 | 24.3 | - |
| 삼성엔지니어링 | 5,190 | 1,664 | -10 | 24.3 | - |
| 삼성전기 | 4,981 | 1,516 | 51 | 23.3 | 3.3 |
| 삼성물산 | 4,161 | 425 | 681 | 9.3 | 61.6 |
| 삼성에스디에스 | 3,611 | 1,077 | 53 | 23.0 | 4.7 |
| 제일모직 | 2,409 | 825 | -47 | 25.5 | - |
| 삼성에버랜드 | 1,513 | 329 | 116 | 17.9 | 26.1 |
| 삼성종합화학 | 1,371 | 86 | 262 | 5.9 | 75.3 |
| 삼성증권 | 1,254 | 374 | 15 | 23.0 | 3.9 |
| 삼성테크윈 | 1,029 | 182 | 106 | 15.0 | 36.8 |
| 호텔신라 | 1,014 | 320 | -2 | 24.0 | - |
| 에스원 | 922 | 283 | 4 | 23.5 | 1.4 |
| 삼성정밀화학 | 813 | 117 | 104 | 12.6 | 47.1 |
| 삼성전자판매 | 80 | 23 | -0.4 | 22.3 | - |

주: 조세 지원액 = (법인세비용차감전 순이익 × 법인세율) - 법인세비용.
　　조세 지원 비율 = [조세 지원액 / (법인세비용 + 조세 지원액)] × 100.
　　당기순이익과 법인세비용차감전 순이익이 적자이거나 법인세비용이 마이너스인 기업 제외.
자료: 금융감독위원회, 『감사보고서』(2012).

단위: 억 원, %

**표 10-11 | 삼성전자의 실효 법인세율 및 조세 지원 비율**

| | 법인세비용차감전 순이익 | 법인세비용 | 조세 지원액 | 실효 법인세율 | 조세 지원 비율 |
|---|---|---|---|---|---|
| 1998 | 4,109 | 976 | 289 | 23.8 | 22.9 |
| 1999 | 40,280 | 8,576 | 3,830 | 21.3 | 30.9 |
| 2000 | 81,004 | 20,859 | 4,090 | 25.8 | 16.4 |
| 2001 | 30,826 | 1,357 | 8,137 | 4.4 | 85.7 |
| 2002 | 88,705 | 18,187 | 8,158 | 20.5 | 31.0 |
| 소계 | 244,924 | 49,955 | 24,504 | 20.4 | 32.9 |
| 2003 | 69,045 | 9,455 | 11,051 | 13.7 | 53.9 |
| 2004 | 131,245 | 23,378 | 15,602 | 17.8 | 40.0 |
| 2005 | 88,705 | 12,303 | 12,091 | 13.9 | 49.6 |
| 2006 | 92,162 | 12,997 | 12,347 | 14.1 | 48.7 |
| 2007 | 86,300 | 12,050 | 11,682 | 14.0 | 49.2 |
| 소계 | 467,457 | 70,183 | 62,773 | 15.0 | 47.2 |
| 2008 | 59,082 | 3,823 | 12,424 | 6.5 | 76.5 |
| 2009 | 108,405 | 11,910 | 14,324 | 11.0 | 54.6 |
| 2010 | 150,293 | 17,929 | 18,442 | 11.9 | 50.7 |
| 2011 | 115,183 | 14,701 | 13,173 | 12.8 | 47.3 |
| 2012 | 207,479 | 33,493 | 16,708 | 16.1 | 33.3 |
| 소계 | 640,442 | 81,856 | 75,071 | 12.8 | 47.8 |

자료: 한국신용평가(주) Kis-value 자료.

공제 감면 비율은 각각 93.4%와 19.7%에 달했다.[3]

한편 〈표 10-10〉에서 2012년 주요 삼성 계열사의 당기순이익과 법인세 납부 현황을 보면, 삼성전자, 삼성코닝정밀소재, 삼성물산, 삼성에버랜드, 삼성종합화학, 삼성테크윈, 삼성정밀화학 등에서 비교적 낮은 실효 법인세율을 기록했다.

특히 1998년 이후 삼성전자의 실효 법인세율은 낮아지고 조세 지원 비율은 증가하는 경향을 보이고 있다. 〈표 10-11〉에서 보듯이 1998~2002

---

3_법인세 공제 감면액 중 임사투자세액공제, 연구·인력개발설비투자세액공제, 외국납부 세액공제, 연구·인력개발비세액공제 등에서 대기업의 비중이 크고, 절대액에서는 임시 투자세액공제가 1조2,416억 원으로 전체의 60.2%를 차지했다. 자세한 내용은 최재성 의원실(2013/10/06) 참조.

표 10-12 | 삼성전자의 세액공제 감면 현황

단위: 억 원, %

| | 전체 기업 | 삼성전자 | |
|---|---|---|---|
| | | 금액 | 비중 |
| 2008 | 66,988 | 10,382 | 15.5 |
| 2009 | 71,483 | 8,005 | 11.2 |
| 2010 | 74,014 | 26,784 | 36.2 |
| 2011 | 93,315 | 13,227 | 14.2 |
| 2012 | 94,918 | 18,715 | 19.7 |
| 합계 | 400,718 | 77,113 | 19.2 |

자료: 금융감독원, 『감사보고서』(각 연도); 박원석 의원실(2013/11/05)에서 재인용.

년의 기간에 실효 법인세율과 조세 지원 비율은 각각 20.4%와 32.9%를 기록했지만, 2008~12년의 기간에는 각각 12.8%와 47.8%로 증가했다. 2008년부터 2011년의 기간에 실효 법인세율은 과세표준 1천억 원 이상 기업에 적용하는 최저한세율에도 미치지 못했다.

2012년 삼성전자의 당기순이익은 17조3,985억 원으로 삼성그룹 전체 당기순이익의 64.4%를 차지했고, 당해 연도에 발생한 법인세비용은 3조3,493억 원으로 16.1%의 실효 법인세율을 기록했다.[4] 또한 법인세법의 적용 세율에 따른 법인세비용과 실제의 법인세비용의 차액으로 표시한 조세 지원액은 1조6,717억 원으로 33.3%의 조세 지원 비율을 기록했다.

---

4_동일한 기준(개별 재무제표 기준)으로 작성한 2012년 미국 애플사의 실효 법인세율은 30.5%이다. 연결 재무제표를 기준으로 회계상 실효 법인세율을 산출한 경우에도 삼성전자의 법인세 부담은 여전히 애플사에 비해 낮은 수준이다. 2008년부터 2012년의 기간에 삼성전자의 연결 재무제표 기준 실효 법인세율은 각각 10.5%, 18.6%, 16.5%, 20.0%, 20.3%로 연평균 17.2%인 반면, 애플사의 경우 각각 31.6%, 31.8%, 24.4%, 24.2%, 25.2%로 연평균 27.4%를 기록했다(2012년 자료는 "대기업으로 흐르는 나랏돈: ⑤ 불공평한 세금감면," 『한겨레신문』 2014/02/11 참조. 나머지는 Bureau van Dijk 2012에서 직접 계산했음).

표 10-13 | 10대 그룹 상장사 사내유보금 및 사내유보율 추이

단위: 조 원, %

| 그룹 | 기업수 | 사내유보금 | | | 사내유보율 | | |
|------|--------|-----------|-----------|--------|-----------|-----------|--------|
| | | 2009년 | 2014년 3월 | 증가율 | 2009년 | 2014년 3월 | 증감(%p) |
| 삼성 | 13 | 86.9 | 182.4 | 110 | 1,900 | 3,976 | 2,075 |
| (삼성전자) | (1) | (70.9) | (158.4) | (123) | - | - | - |
| 현대자동차 | 10 | 41.3 | 113.9 | 176 | 709 | 1,928 | 1,219 |
| SK | 14 | 34.4 | 58.5 | 70 | 548 | 848 | 301 |
| LG | 11 | 32.6 | 49.6 | 52 | 567 | 745 | 178 |
| 포스코 | 7 | 33.4 | 44.5 | 33 | 3,163 | 3,698 | 535 |
| 롯데 | 7 | 16.4 | 26.7 | 63 | 4,299 | 5,162 | 863 |
| 현대중공업 | 3 | 11.2 | 19.4 | 74 | 1,891 | 3,282 | 1,391 |
| GS | 8 | 6.8 | 11.6 | 72 | 673 | 1,108 | 435 |
| 한화 | 3 | 3.8 | 7.3 | 90 | 344 | 652 | 309 |
| 한진 | 5 | 4.2 | 2.0 | -52 | 475 | 163 | -312 |
| 합계 | 81 | 271.1 | 515.9 | 90 | 987 | 1,734 | 747 |

주: 사내유보금은 기업의 당기 이익금 중 세금과 배당 등의 지출을 제외하고 사내에 축적한 이익잉여금에 자본잉여금을 합한 금액이다. 사내유보율은 자본금 대비 사내유보금의 비율이다.
자료: "10대 그룹 사내유보금 516조 5년 새 2배 불어"(『The CEOScoreDaily』 2014/07/16).

삼성전자의 실효 법인세율이 낮은 이유는 다양한 비과세 감면 혜택으로 인해 소득 대비 실제로 부담하는 법인세비용이 적기 때문이다. 〈표 10-12〉에서 보듯이 2012년 삼성전자의 세액공제 감면액은 1조8,715억 원으로 이는 당해 연도 전체 기업 세액공제 감면액 9조4,918억 원의 19.7%이며, 삼성전자의 법인세비용 3조3,493억 원의 55.9%에 해당한다. 2008~12년의 기간에 삼성전자의 법인세 공제 감면액은 7조7,113억 원으로 전체 공제 감면액의 19.2%를 기록했다.

〈표 10-13〉에서 보듯이 10대 그룹 81개 상장사(금융사 제외)의 2014년 3월 말 사내유보금은 515조9천억 원으로 2009년의 271조1천억 원에 비해 무려 90.3%가 증가했다. 10대 그룹의 사내 유보율 또한 같은 기간에 747%p 증가했다. 2014년 3월 말 현재, 삼성그룹의 사내유보금은 182조4천억 원으로 10대 그룹 사내유보금의 35.4%를 차지했다. 삼성전자의 사내유보금은 2009년 70조9천억 원에서 2014년 3월 말 158조4천억 원으로 123.4% 증가했다.

# 3. 재벌의 변칙적인 상속 및 증여

## 상속세 및 증여세의 목적과 현황

상속세와 증여세에 대해서는 찬성론과 반대론이 맞서고 있지만, 대부분의 국가에서는 상속 및 증여 행위에 대해 과세를 하고 있다.[5] 부의 세습과 집중을 완화해 국민의 경제적 균등을 도모한다는 상속세와 증여세의 일반적 논리에 기초해 우리나라도 1950년부터 상속세와 증여세 제도를 도입했다. 1997년 헌법재판소의 선고는 상속세 및 증여세 제도의 목적을 다음과 같이 명확히 하고 있다.

> 상속세 제도는 국가의 재정수입의 확보라는 일차적인 목적 이외에도, 자유 시장경제에 수반되는 모순을 제거하고 사회정의와 경제민주화를 실현하기 위해 국가적 규제와 조정들을 광범위하게 인정하는 사회적 시장경제 질서의 헌법 이념에 따라 재산상속을 통한 부의 영원한 세습과 집중을 완화하여 국민의 경제적 균등을 도모하려는 데 그 목적이 있다.[6]

또한 다음과 같은 철강왕 카네기와 아서 교수의 진술은 상속세 및 증여세의 본질을 보다 명확히 하고 있다.

> [상속세야말로] 모든 세금 가운데 가장 현명한 세금이다. 평생토록 재산을 모으고 지키기만 하는 사람에게는, 그가 재산 형성의 주된 원천인 국가나 사회의

---

5_상속세와 증여세의 찬반양론에 대해서는 Gale et al.(2001) 참조.

6_헌법재판소 1997.12.24. 선고, 96헌가19 결정. 성낙인·박정훈·이창희(2003)에서 재인용.

정당한 몫을 차지했음을 느끼게 해주어야 한다. 공익을 위해 재산을 제대로 사용했더라면 그 재산은 이미 사회에 이바지했을 것이다. 죽을 때 가서 상속재산에 무거운 세금을 부과한다는 것은 이기적인 부자의 평생에 대한 국가의 정죄(定罪)이다.[7]

내 주장은 건강하고 어른이 된 자에 대한 상속을 없애자는 것이다. 타고난 능력은 어찌할 수 없다. 나아가, 가족제도를 유지하는 한, 기회의 균등이라는 것도 아주 기초적인 부분에서나 가능할 뿐이다. 그러나 운 가운데 한 가지는 통제할 수 있고 또 통제해야 마땅하다. 부모를 잘 만나 잘 크고 교양을 물려받고 좋은 교육까지 받은 자식들에게 부모의 재산을 물려받는다는 또 다른 행운까지 주어야 할 이유는 없다.[8]

상속세는 상속인이 피상속인으로부터 무상으로 취득한 재산에 대해 부과하는 세금이며, 피상속인의 상속재산 전체를 기준으로 상속세 세율을 적용하는 유산세 과세 방식에 따라 계산된다. 상속인은 상속재산 가운데 각자가 받았거나 받을 재산을 기준으로 계산한 비율에 따라 상속세를 납부할 의무가 있다. 증여란 그 행위 또는 거래의 명칭·형식·목적 등과 관계없이 경제적 가치를 계산할 수 있는 유형·무형의 재산을 직접 또는 간접적인 방법으로 타인에게 무상으로 이전하거나 현저히 저렴한 대가를 받고 이전하는 것 또는 기여에 의해 타인의 재산 가치를 증가시키는 것을 말한다. 증여를 받은 자(수증자)는 증여세를 납부할 의무가 있다. 다만, 수

---

7_Carnegie(1998); 성낙인·박정훈·이창희(2003)에서 재인용.

8_Ascher(1990); 성낙인·박정훈·이창희(2003)에서 재인용.

표 10-14 | 상속세 및 증여세 법정 세율

| 과세표준 | 세율 |
|---|---|
| 1억 원 이하 | 10% |
| 1억 원 초과 5억 원 이하 | 1천만 원+1억 원 초과 금액의 20% |
| 5억 원 초과 10억 원 이하 | 9천만 원+5억 원 초과 금액의 30% |
| 10억 원 초과 30억 원 이하 | 2억4천만 원+10억 원 초과 금액의 40% |
| 30억 원 초과 | 10억4천만 원+30억 원 초과 금액의 50% |

증자가 영리법인인 경우에는 그 영리법인이 납부할 증여세가 면제되지만, 명의 신탁과 관련해 영리법인이 면제를 받은 경우에는 실제 소유자가 증여세를 납부할 의무를 진다.

우리나라의 〈상속세 및 증여세법〉에 따르면 제3자를 통한 간접적인 방법이나 둘 이상의 행위 또는 거래를 거치는 방법으로 상속세나 증여세를 부당하게 감소시킨 것으로 인정되는 경우에는 그 행위 또는 거래의 명칭이나 형식에 관계없이 그 경제적 실질 내용에 따라 당사자가 직접 거래한 것으로 보거나 연속된 하나의 행위 또는 거래로 보아 이 법에서 정하는 바에 따라 상속세나 증여세를 부과한다. 2013년 현재, 우리나라 〈상속세 및 증여세법〉의 법정 세율은 〈표 10-14〉와 같다.

### 변칙적 증여 및 상속과 완전 포괄주의

상속세의 본질을, 부의 세습과 집중을 완화해 국민의 경제적 균등을 도모하는 것으로 이해할 경우 상속세는 필연적으로 증여세 제도를 포함하며, 〈상속세 및 증여세법〉의 입법 취지를 제대로 실현하기 위해서는 '완전 포괄주의'가 필요하다. 그러나 우리나라의 〈상속세법〉은 1950년 제정 당시부터 1979년까지 포괄주의 과세 원칙을 유지하다가, 1979년 12월 28일의 〈상속세법〉 개정을 통해 간접 증여에도 포괄적으로 증여세를 부과하던 조문이 사라지게 되었다.[9] 그 결과 1990년까지 현물 출자, 불균등 감자, 신주인수권의 배정이 없는 증자, 합병, 저가 매매에 뒤이은 상장 등 다양한 방식의 변칙 증여를 통한 조세 회피가 발생했다. 예를 들면, 다음과 같다.

> 이병철 삼성 창업주는 생전에 공익 재단에 주식을 출연하고, 공익 재단이 이를 다시 후계자로 지명된 이건희 당시 부회장에게 되파는 방법을 동원한 것으로 알려졌다. 이건희 회장이 1987년 자산 7조 원짜리 삼성그룹의 경영권을 세습하면서 낸 상속세는 176억 원에 불과했다. 또한 정주영 현대 창업주는 비상장 계열사 주식을 2세들에게 헐값에 넘기는 이른바 '물타기 증자'를 애용했다. 이후 계열사가 상장을 하면 주식 가치가 급등하고, 2세들은 가만히 않아서 엄청난 시세 차익을 거두었다.[10]

이에 정부는 변칙 상속 및 증여를 방지하기 위해 1990년 12월 31일 〈상속세법〉 개정을 통해 합병과 증자 감자에 대한 증여의제 조문을 도입했지만, 이후에도 합병이나 증자, 감자 이외의 방식을 통해 변칙 증여가 계속되었다. 한 가지 사례는 다음과 같다.

---

9_다만, 신주의 실권을 통한 간접 증여는 과세대상으로 했다. 즉 주식회사가 신주를 발행한 경우에 주주는 보유 주식의 비율에 따라 신주를 배정받을 권리가 있지만, 그 권리를 다른 주주가 인수한 경우에는 그 주식의 액면가액과 시가의 차액을 증여받은 것으로 간주해 과세하는 것이다. 자세한 내용은 성낙인·박정훈·이창희(2003) 참조.
10_곽정수(2013)에 따르면 재벌 총수들의 불법 상속 방법은 3단계의 진화 과정을 거친 것으로 설명된다. 1단계는 주식을 직접 헐값에 넘기는 방법이고, 2단계는 전환사채(CB)·신주인수권부사채(BW) 등 신종 금융상품을 활용하는 방법이며, 3단계는 일감 몰아주기 방법이다.

1994년부터 1995년까지 사이에 삼성그룹 대주주의 아들 이○○는 아버지로부터 현금 60억8천만 원을 증여받고 이에 대해 16억 원의 증여세를 납부한 다음, 남은 44억 원 중 23억 원으로 1995년 말 중앙개발(주)(현 에버랜드)로부터 (주)에스원 주식 121,880주를 매입했다. 이○○가 에스원 주식을 산 직후인 1996년 1월 30일 에스원은 주당 공모가 1만5천 원으로 상장되었고, 그 뒤 에스원의 주가는 가파르게 상승하여 6개월이 경과된 후에는 30만 원 대를 상회하게 되었다. 이때부터 이○○는 주식을 처분하기 시작하여 총 375억 원의 차익을 얻었다. 또 1995년 말 이○○는 당시 비상장회사인 삼성엔지니어링(주)의 주식 47만 주를 19억 원에 매입했고, 삼성엔지니어링이 상장된 후 다시 이를 처분하기 시작하여 총 230억 원의 차익을 얻었다. 뒤이어 1996년 3월 22일 이○○는 제일기획이 발행한 사모전환사채 18억 원 어치를 주당 1만 원에 주식으로 전환할 수 있는 조건으로 인수했다. 그후 제일기획은 1998년 3월 3일 상장되었고 이○○는 상장 직전 전환사채를 주식으로 전환하여 주식 299,375주(지분율 20.79%)를 보유하는 최대 주주가 되었다. 상장 후 제일기획의 주식은 연속 13일 동안 상한가를 기록하는 진기록을 달성했고 이○○는 보유 주식을 처분하여 130억 원의 시세 차익을 얻었다.[11]

김용철(2010)에 따르면 2009년 5월 29일 대법원이 에버랜드 전환사채 헐값 발행 사건에 대해 최종 무죄판결을 내림으로써 삼성의 이재용은 고작 16억 원의 세금을 내고 200조 원(2009년 9월 16일 현재) 이상에 달하는 삼성그룹 지배 구조의 정점에 있는 에버랜드를 물려받았다. 에버랜드는 '이재용 → 삼성애버랜드 → 삼성생명 → 삼성전자 → 삼성카드 → 삼

11_ 곽노현·윤종훈·이병한(2001); 성낙인·박정훈·이창희(2003)에서 재인용.

성에버랜드'로 이어지는 순환출자 구조의 핵심 고리다. 당시 이재용이 아버지에게 받은 61억 원 가운데 16억 원을 증여세로 납부했으니 단지 45억 원으로 에버랜드를 장악한 셈이다.

한편 정부는 1996년 12월 30일 〈상속세법〉을 〈상속세 및 증여세법〉으로 전면 개정하고 유형별 포괄주의를 도입했다. 그러나 법조문이 예상하지 못한 맹점을 이용한 변칙 증여가 계속되었다. 한 가지 사례는 다음과 같다.

전환사채를 통한 변칙 증여의 증여의제 대상자인 특수 관계자의 범위에 '전환사채를 인수 또는 취득한 자'가 들어 있을 뿐이고 전환사채를 발행한 자는 들어 있지 않음을 이용하여, 삼성전자(주)는 1997년 사모전환사채(CB) 6백억 원 어치를 발행하면서 그 가운데 450억 원 어치를 액면 이자율 7%로 이재용에게 인수시키고, 나머지 150억 원 어치는 삼성물산(주)에게 인수시켰다. 이 전환사채의 가격은 5만 원이었는데, 이 전환 가격은 공시일 당시 삼성전자의 주가 5만6천7백 원보다 저가였을 뿐만 아니라 1997년 6월 해외시장에 발행한 전환 가격 123,635원, 액면 이자율 0%의 전환사채와 비교할 때 현저히 저가였던 것으로 평가된다.[12]

이에 1998년 12월 28일 분할 합병을 악용한 변칙 증여에 관한 조문을 〈상속세 및 증여세법〉에 신설했고, 2002년 12월 18일에는 유형별 포괄주의의 적용 대상이 되는 유형을 14개로 확대했다. 2003년 1월 1일부터는 열거주의 과세 방식으로 운용하던 8개 유형의 증여의제 규정에 대해도

---

12_『한국일보』(1997/10/01); 성낙인·박정훈·이창희(2003)에서 재인용.

표 10-15 | 회사기회유용 등을 통한 부의 증가액(10대 재벌)

단위: 백만 원, %

| | 금액 | 비중 |
|---|---|---|
| 삼성 | 69,350 | 0.86 |
| 현대자동차 | 3,802,055 | 38.18 |
| SK | 2,515,371 | 25.26 |
| LG | 63,253 | 0.64 |
| 롯데 | 13,602 | 0.14 |
| 현대중공업 | - | - |
| GS | 513,504 | 5.16 |
| 한진 | 13,234 | 0.13 |
| 한화 | 54,658 | 0.55 |
| 두산 | 26,230 | 0.26 |
| 합계 | 9,958,766 | 100.00 |

자료: 채이배(2011).

예시된 과세 방법을 준용해 증여세를 과세할 수 있는 유형별 포괄주의를 도입했다. 그러나 열거된 14개 유형 이외에는 재산의 무상 이전이나 가치 상승분에 대해 증여세를 과세하지 못하는 문제가 여전히 남아 있었다. 마침내 2003년 12월 30일 〈상속세 및 증여세법〉 개정을 통해 2004년 1월 1일부터 완전 포괄주의 증여세 과세 방식을 도입했다.[13]

그럼에도 불구하고 재벌은 다양한 방식으로 변칙적인 증여를 계속했고, 최근에는 회사기회의 유용과 지원성 거래를 통한 일감 몰아주기가 재벌 총수 일가의 자식과 후손들에게 부를 이전하는 방편으로 이용되고 있다. 〈표 10-15〉에서 보듯이 2006년 9월 이후 2010년 말 현재까지 29개 기업집단 지배주주 일가 192명의 회사기회유용과 지원성 거래를 통해 얻은 부의 증식 규모는 총 9조9,588억 원에 이르고 있다. 이들이 처음에 투입한 금액이 1조3,195억 원이므로 증가된 부의 규모는 8조6,393억 원으

---

13_증여세 완전포괄주의에 대해서는 국세청·한국조세연구포럼(2010) 참조.

로 평가된다. 채이배(2011)에 따르면 정의선 현대자동차 부회장이 2조 1,837억 원, 최태원 SK그룹 회장이 2조439억 원의 이익을 얻은 것으로 파악되었다. 또한 10대 재벌 그룹의 회사기회유용 등을 통한 부의 증가액을 보면, 같은 기간에 현대자동차와 SK의 경우 각각 38.18%(3조8,021억 원)와 25.26%(2조5,154억 원)를 차지했다. 반면에 삼성의 경우는 694억 원으로 전체 증가액의 0.86%에 불과했다.

이에 2011년 12월 31일 〈상속세 및 증여세법〉에 제45조의3(특수 관계 법인과의 거래를 통한 이익의 증여의제)을 도입하고, 2012년에 이루어진 기업의 일감 몰아주기 행위에 대해 2013년 7월에 첫 과세가 이루어졌다. 증여의제 이익은 다음의 계산식을 통해 산출하며, 조문 도입 당시 정상 거래 비율과 한계 보유 비율은 각각 30%와 3%이었다.

(1) 증여의제 이익 = 세후 영업이익 × (특수 관계 법인과의 거래 비율 − 정상 거래 비율) × (주식 보유 비율 − 한계 보유 비율)

2013년 1월 1일에는 〈상속세 및 증여세법〉 개정을 통해 2013년도 거래분에 대해서는 정상 거래 비율의 2분의 1만을 차감하도록 했다. 그러나 2014년 1월 1일 법 개정을 통해 중소기업 간 일감 몰아주기 행위에 대해서는 과세하지 않고, 2014년 2월 21일 법 개정을 통해서는 중소기업 또는 중견 기업에 적용하는 정상 거래 비율과 한계 보유 비율을 각각 50%와 10%로 높여 일감 몰아주기 과세를 완화했다.

**일감 몰아주기에 대한 증여세 현황**

국세청에 따르면 2013년 7월 일감 몰아주기 증여세 과세 제도의 신고 대

**표 10-16 | 일감 몰아주기 증여세 과세 실적**

단위: 개, 명, %, 백만 원

| | 법인 수 | 신고 인원 | 내부거래 비중 | 평균 지분율 | 증여 이익 | 납부세액 |
|---|---|---|---|---|---|---|
| 재벌 | 177 | 154 | 67.4 | 21.9 | 242,216 | 80,147 |
| 일반 기업 | 1,507 | 2,332 | 72.3 | 31.0 | 387,879 | 77,655 |
| 중소기업 | 4,405 | 7,838 | 69.7 | 40.4 | 222,800 | 28,147 |
| 합계 | 6,089 | 10,324 | 70.3 | 37.1 | 852,895 | 185,949 |

자료: 국세청(2013/10/08).

상자 10,658명 가운데 96.9%인 10,324명이 1,859억 원의 증여세를 자진 신고했다. 〈표 10-16〉에서 법인 유형별로 보면 상호출자제한 기업집단 의 주주는 전체 신고자의 1.5%인 154명이며, 납부세액은 801억 원으로 전체 납부세액의 43.1%를 차지했다. 공기업 등을 제외한 42개 기업집단 중 83.3%인 35개 기업집단이 증여세를 신고했고, 42개 기업집단 소속 기 업 1천5백 개 중 11.8%인 177개 법인의 주주가 증여세를 신고했다. 일반 법인의 주주는 전체 신고자의 22.6%인 2,332명이며, 776억 원을 납부해 전체 납부세액의 41.7%를 차지했다. 중소기업 법인의 주주는 전체 신고 자의 75.9%인 7,838명이며, 282억 원을 납부해 전체 납부세액의 15.2% 를 차지했다.

한편 일감 몰아주기에 대해 부과된 증여세의 실제 실효세율은 세무상 실효세율보다 크게 낮은 것으로 평가된다. 실제의 실효세율은 일감 몰아 주기로부터 발생한 실제의 증여 이익에 대한 과세액 비율이다. 세무상의 실효세율이 실제의 실효세율보다 큰 것은 실제의 증여 이익에서 공제 항 목이 적용되어 세무상의 과세표준이 작아지기 때문이다. 다시 말하면, 일 감 몰아주기를 통한 증여의제 이익의 산출식 (1)에서 보듯이 특수 관계 법인과의 거래 비율과 주식 보유 비율에서 각각 정상 거래 비율(30%)과 한계 보유 지분 비율(3%)이 공제되어 증여의제 이익이 낮아진다. 만약 정 상 거래 비율과 한계 보유 지분 비율을 공제하지 않을 경우 실제의 증여

**표 10-17 | 법인 유형별 실효세율**

단위: %

| 구분 | 세무상 실효세율 | 실제 실효세율 | 차이 |
|---|---|---|---|
| 재벌 | 33.09 | 15.85 | 17.24 |
| 일반 기업 | 20.02 | 10.58 | 9.44 |
| 중소기업 | 12.63 | 6.66 | 5.97 |
| 합계 | 21.80 | 11.49 | 10.31 |

주: 실제의 실효세율 = (납부세액 / 실제 증여 이익) × 100.
　실제 증여 이익 = 세후 영업이익 × 내부거래 비중 × 주식 보유 비율.
자료: 채이배(2013).

이익은 '세후 영업이익 × 특수 관계 법인과의 거래 비율 × 주식 보유 비율'
에 의해 산출되기 때문에 더 커지고, 이를 적용해 계산한 실제의 실효세율
은 세무상 실효세율보다 작아진다.[14]

〈표 10-17〉에서 보듯이 재벌 그룹의 경우 실제의 실효세율은 15.85%
로 세무상의 실효세율보다 17.24%p 작고, 그 차이는 일반 기업 및 중소기
업보다 크다. 일감 몰아주기로부터 발생한 증여 이익의 세무상 실효세율
에 비해 실제의 실효세율이 낮은 것은 증여 이익에 대한 일종의 과세 특혜
로 볼 수 있다.

# 4. 경제민주화와 세제 개혁

개발 연대를 거치면서 한국의 재벌 대기업은 금융 및 세제상의 특혜를 받

---

14_이때 세후 영업이익은 식(1)에서 증여 이익과 특수 관계 법인과의 거래 비율, 주식 보
유 비율을 이용해 역산한다. 자세한 내용은 채이배(2013) 참조.

아 성장했고, 오늘날에도 여전히 각종 세제 혜택과 변칙적인 증여 및 상속을 통해 부를 증식하고 있다. 매출액 기준 상위 10대 기업의 조세부담률은 중소기업 수준이고, 2008년과 2010년에 삼성그룹의 세금 납부액은 세법에서 정하고 있는 최저 수준에도 미치지 못했다. 이와 같이 재벌 대기업의 조세부담이 낮은 이유는 법정 세율 자체가 낮을 뿐만 아니라 다양한 비과세 감면 혜택이 대기업에 집중되기 때문이다. 특히 이명박 정부에서 추진된 감세 정책으로 재벌 대기업의 조세부담은 크게 낮아졌다.

경제민주화의 관점에서 볼 때 재벌 대기업에 집중된 세제 혜택과 변칙적인 상속 및 증여는 공평하지 않을 뿐만 아니라 효율적이지도 못하다.[15] 우리나라 재벌 대기업들은 우수한 인적 자본의 활용, 대규모의 연구개발 지원금, 외평채를 이용한 환율 방어 등을 통해 정부의 재정지출로부터 막대한 이득을 얻고 있지만, 실질적인 조세부담률은 매우 낮은 수준에 머물러 있다. 이런 조세 및 재정지출 구조는 수직적 차원은 물론 수평적 차원에서도 공평하지 못하다. 더욱이 대기업과 중소기업 간 격차가 확대되면서 낙수효과는 나타나지 않고 법인세 인하의 투자 및 고용 효과도 찾아보기 힘들다.[16] 따라서 경제성장과 복지국가의 발전을 위해서는 재벌

---

15_대한민국 헌법 제119조는 개인의 경제적 자유를 보장하면서 사회정의를 실현하는 경제 질서를 경제 헌법의 지도 원칙으로 표명하고 있다. 헌법 제119조 ① 대한민국의 경제 질서는 개인과 기업의 경제상의 자유와 창의를 존중함을 기본으로 한다. ② 국가는 균형 있는 국민경제의 성장 및 안정과 적정한 소득의 분배를 유지하고, 시장의 지배와 경제력의 남용을 방지하며, 경제 주체 간의 조화를 통한 경제의 민주화를 위해 경제에 관한 규제와 조정을 할 수 있다

16_강병구·성효용(2008)에 따르면, 법인세가 기업 투자에 영향을 미치는 경우에도 그 효과는 미약하고, 고용에 미치는 효과는 없거나 매우 미약한 것으로 평가되고 있다. 또한 김유찬·김진수(2004)과 윤영선(2010) 등은 임시투자세액공제 제도가 기업의 설비투

대기업에 대한 과세를 정상화하는 조치가 필요하다.

먼저 재벌 대기업의 실질적인 조세부담을 높여야 한다. 이를 위해서는 최저한세의 적용을 받지 않는 공제 감면액을 축소 또는 폐지하고, 대기업에 적용하는 최저한세율을 올려야 한다. 2012년 법인세 공제 감면액 9조4,917억 원 가운데 최저한세의 적용을 받지 않는 금액은 4조5,172억 원으로 전체의 47.6%를 차지하고 있으며, 대기업에 제공된 공제 감면액 중 47.3%가 최저한세율의 적용을 받지 않고 있다.[17] 또한 법인세 과표 구간을 신설해 과세표준 1천억 원을 초과하는 부분에 적용하는 최고 세율을 높여야 한다.[18]

한편 일감 몰아주기에 대한 증여세 과세 제도는 변칙적인 증여 행위에 대해 지배주주 일가 개인에게 과세하는 것이고, 이는 2004년에 도입된 '증여세 완전 포괄주의'에도 부합하는 것이다. 그럼에도 불구하고 증여의 제 이익을 계산함에 있어서 30%의 2분의 1을 정상 거래의 명목으로 특수

---

자 증가율에 유의미한 영향을 미치지 못한 것으로 평가하고 있으며, 참여연대 조세재정개혁센터(2012)는 기업에 대한 조세 지원액 대비 고용자 증가 수로 측정한 조세 지원의 고용 창출 계수는 2010년에 10대 재벌 기업의 경우 5.6인 반면, 비10대 재벌 기업에서는 9.9인 것으로 보고하고 있다.

17_이은정(2013)에 따르면 외국납부세액공제를 제외한 모든 공제 감면액을 연장하지 않을 경우 법인세 실효세율은 전체 법인 기준으로 3.39%p 증가할 것으로 추정된다.

18_참여연대 조세재정개혁센터(2013)는 법인세 과세표준 1백억 원 이하 법인과 중소기업 및 사회적 기업에 대해서는 기존의 최저한세율을 그대로 유지하되 과세표준 1백억~1천억 원 이하와 1천억 원 초과 법인에 대해서는 각각 15%와 20%로 높이고, 현행 3단계의 과표 구간을 2억 원 이하, 2억~1백억 원 이하, 1백억~1천억 원 이하, 1천억 원 초과라는 4단계로 수정하고, 각 과표 구간에 대해 10%, 22%, 25%, 27%의 법인세율 적용을 주장했다.

관계인과의 거래 비율에서 공제하고, 3%의 한계 보유 비율을 주식 보유 비율에서 빼주고 있다. 더욱이 2014년 이후 〈상속세 및 증여세법〉 개정을 통해 일감 몰아주기 과세를 완화하고 있다. 그 결과 세무상 실효세율과 실제의 실효세율은 큰 차이를 보이고 있으며, 그 차이는 재벌 그룹 소속 기업에서 더 크게 나타나고 있다. 증여의제 이익의 산출에서 정상 거래 비율과 한계 보유 비율을 기본 공제율로 적용하는 것은 '소득 있는 곳에 세금 있다'는 원칙이 비추어 그 존치 여부를 면밀히 검토할 필요가 있다.

또한 일감 몰아주기 판단 기준으로 내부거래 비중뿐만 아니라 내부거래 절대 금액도 고려해야 한다. 왜냐하면 기업들은 합병과 분할을 통해 내부거래 비중을 낮추는 방식으로 일감 몰아주기 과세를 피해 나가려고 할 것이기 때문이다. 실제로 삼성 계열사인 제일모직은 패션 사업을 떼어낸 후 2014년 삼성SDI와 합병하기로 결정했으며, 삼성에버랜드는 패션 사업을 인수하면서 급식 사업은 분리하고 건물 관리 사업은 에스원으로 이관하는 사업 조정을 단행했다. 이어서 2014년 4월 삼성종합화학과 삼성석유화학에 대한 합병을 결정했다. 나아가 매출 거래뿐만 아니라 매입 거래를 통한 일감 몰아 받기와 회사기회유용을 통한 편법적인 부의 이전 행위에 대해서도 과세 방안이 마련되어야 한다.[19]

우리 사회에서 삼성을 비롯해 재벌 그룹은 정치·경제·사회 전 분야에 걸쳐 커다란 영향력을 행사하면서 막대한 부를 축적하고 있다. 더욱이 재벌 대기업들은 정부로부터 다양한 세제 혜택을 받고 있지만 그에 상응하는 사회적 책임은 매우 미약하다. 재벌 대기업에 대한 세제 혜택과 변칙적

---

19_자세한 내용은 채이배(2013) 참조.

인 증여 및 상속은 일반 시민들의 납세 협력을 약화시킬 뿐만 아니라 분배 구조를 악화시켜 국민경제의 건전한 발전을 저해한다. 따라서 재벌 대기업은 국가로부터의 지원과 세제 혜택에 상응해 사회적 책임을 확대하고, 정부는 능력에 따른 과세 원칙과 변칙적인 증여 및 상속 행위에 대한 처벌을 강화해야 한다.

# 11장

# 삼성의 『지속가능보고서』,
# 이대로 좋은가

이승협·신태중

## 1. 들어가는 말

자율적 행동 규범으로 확산되기 시작된 '기업의 사회적 책임'Corporate Social
Responsibility(CSR)은 2000년대 이후 점차 제도화의 방향으로 전환되기 시
작했다. 기업의 사회적 영향력이 단순히 증가하고 있을 뿐만 아니라 이전
과는 질적으로 다른 양상을 보이게 됨에 따라 기업의 사회적 책임에 대한
요구가 더욱더 강조되어 왔다.

우리나라의 경우에도 기업의 사회적 책임에 대한 인식이 확산되어 사
회적 책임 보고서를 발간하는 기업이 GRI[1] 기준으로 총 105개(2013년까
지 누계 기준)이고, 유엔글로벌콤팩트[2]에도 276개(2014년 9월 현재) 기업이
가입해 있다. 그러나 기업의 사회적 영향력이 지속적으로 증가하는 데 비

해, 그에 상응하는 기업의 사회적 책임은 일부 기업을 제외하면 거의 무시되거나 배제되고 있는 것이 사실이다.

내용적으로도, 기업들이 기부와 봉사 활동과 같은 사회 공헌에 집중하는 현상에 대해 기업의 사회적 책임을 홍보 수단으로 악용한다는 비판이 제기되어 왔다(조효제 2008; Burckhardt 2011).

일반적으로『지속가능보고서』를 기업의 사회적 책임의 출발점이라고들 한다.『지속가능보고서』는 지속 가능한 사회를 만들기 위해 기업이 사회와 환경 기준에 부합해 경영 활동을 했는지, 그 결과와 목표 등을 투명하게 공개하는 보고서로, 이를 통해 기업의 사회적 책임의 실천 정도를 가늠해 볼 수 있기 때문이다.

그러기 위해서는 보고서에 담긴 정보를 신뢰할 수 있어야 한다. 하지만 국내 기업의『지속가능보고서』는 보고 내용이 충실하지 않으며 신뢰하기 어려운 측면이 있다. 중대한 사항이 빈번하게 누락되고 사실과 다르게 기술되는 부분이 많다. 또한 장점을 지나치게 부각하는 경향이 있기 때문에 기업이 사회적 책임을 얼마나 실천했는지를 자체적으로 진단하기 위해서라기보다 기업의 홍보 수단으로 악용되는 측면이 있다.

그렇다면 모범적인 사회 공헌 기업집단임을 자처하는 삼성그룹의『지

---

1_GRI(Global Reporting Initiative)는 기업이『지속가능보고서』를 작성할 때 참고할 수 있는 포괄적인 보고서 가이드라인을 제시해 주고 있는 국제 비영리 조직이다.

2_유엔글로벌콤팩트(UN Global Compact)는 유엔 전 사무총장이었던 코피 아난 주도로 시작된 국제 규범이다. 기업이 자발적으로 사회윤리와 환경에 대한 책임을 인지하고 지속 가능한 사회로의 발전에 참여할 수 있도록 10대 원칙을 제공하고 있다. 현재 유엔글로벌콤팩트에 참여하고 있는 한국 기업에 관한 정보는 http://www.unglobalcompact.org에서 확인할 수 있다.

속가능보고서』는 어떤 내용을 담고 있을까? 삼성그룹과 관련되어 그간 제기되었던 사회적 쟁점들에 대해 평가하고 있을까? 아니면 대부분의 『지속가능보고서』와 마찬가지로 단순히 삼성이라는 브랜드를 관리하기 위한 홍보물에 불과한 것일까? 지난 2008년 이미 삼성SDI의 『지속가능보고서』가 갖는 문제점이 지적된 바 있다는 점에서(조돈문b 2008), 6년이 지난 현재 삼성그룹의 『지속가능보고서』가 GRI의 취지를 제대로 받아들이는 방향으로 변화했는지를 검토해 보는 것도 의미가 있을 것이다. 이를 위해 이 글에서는 삼성전자와 삼성SDI를 근간으로 해 삼성그룹 계열사가 발간한 『지속가능보고서』를 비판적으로 검토하고자 한다.

## 2. 이론적 접근

기업의 사회적 책임은 보편적인 국제 규범과 지침에 기초하고 있다. 대표적으로 유엔글로벌콤팩트의 10대 원칙, GRI의 G4(G3.1) 지표, 유엔 기업과 인권 프레임 워크,[3] ISO26000(KS A ISO26000) 등 네 가지 국제 규범과 지침을 들 수 있다. '기업의 사회적 책임'을 촉진하기 위한 지자체의 역할,

---

3_유엔 기업과 인권 프레임워크(Business and Human Rights Framework)는 2008년 유엔 사무총장 특별대표로서 존 러기(John Ruggie) 하버드 대학 교수가 제시한 기업의 인권 존중 가이드라인이다. 기업과 인권 프레임워크는 기업의 인권 존중 책임과 더불어 기업 인권과 관련된 국가의 인권 보호 및 인권 구제 책임을 다루고 있다는 점에서 기업의 사회적 책임과 관련된 여타의 국제 규범과 차이가 있다.

**표 11-1 | 기업의 사회적 책임 관련 국제 규범 중 GRI 관련 주요 영역과 세부 내용**

| 국제 규범 영역 | 유엔글로벌콤팩트 | GRI(G4) | 유엔 기업과 인권 | ISO26000 |
|---|---|---|---|---|
| 출현 시기 | 2000 | 2002(2013) | 2008 | 2010 |
| 인권 | 1. 인권 존중<br>2. 인권침해 예방 | 사회: 인권<br>HR1-HR12 | III. 기업의 존중 책임<br>A-D | 6.3 인권 |
| 노동 | 3. 결사의 자유 및<br>　단체교섭권 인정<br>4. 강제노동 배제<br>5. 아동노동 철폐<br>6. 고용 차별 철폐 | 경제: 시장 지위<br>EC5-EC6<br>사회: 노동 여건 및 관행<br>LA1-LA15<br>사회: 인권<br>HR3-HR6 | | 6.3 인권<br>6.4 노동 관행<br>6.6 공정 운영 관행 |
| 환경 | 7. 환경에 대한 예방<br>8. 환경 책임 조치<br>9. 환경친화적 기술 개발 | 환경<br>EN1-EN34 | | 6.5 환경<br>6.6 공정 운영 관행 |
| 반부패 | 10. 반부패 | 사회: 부패<br>SO3-5 | | 6.6 공정 운영 관행 |
| 소비자 | | 사회: 제품 책임<br>PR1-9 | | 6.7 소비자 이슈 |
| 지역사회 | | 사회: 지역사회<br>SO1-SO11<br>경제<br>EC7 EC9 | | 6.8 지역사회 참여 발전 |
| 거버넌스 | | 지배 구조, 책임, 참여<br>G4-24 - G427<br>G4-34 - G453 | | 6.2 거버넌스 |
| 국가 역할 | | | II. 국가의 보호 의무<br>II. A - D<br>IV. 구제책에의 접근성<br>IV. A - E | 3.4 국가와 사회책임 |

범위 및 거버넌스를 명확히 하기 위해서는 기업의 사회적 책임과 관련된 국제 규범의 내용을 영역 및 분야별로 재구성해 볼 필요가 있다.

〈표 11-1〉에서 볼 수 있듯이, 유엔글로벌콤팩트는 인권·노동·환경·반부패 등 최소한의 영역을 포함하고 있으며, 유엔 기업과 인권 프레임워크는 기업의 자발적인 인권 존중 책임 외에 포괄적으로 기업 내 인권보호 및 인권 구제를 위한 국가의 역할을 제시하고 있다. 반면 GRI와 ISO26000은 소비자, 지역사회, 거버넌스 및 국가에 이르기까지 기업의 사회적 책임 영역을 이해관계자와 영향권을 바탕으로 확장시키고 있다.

ISO26000와 GRI는 국제적 표준 지침과 사회적 검증 체계로서 향후 상호 연계성이 더욱 강화될 것이다. 이미 2011년 G3의 개정판인 G3.1이 공표되는 과정에서 ISO26000의 내용이 부분적으로 반영되었으며, 2013년 공표된 G4에도 ISO26000의 내용이 상당 정도 반영되었다.[4]

위에서 언급한 네 가지 대표적인 국제 규범 및 지침은 모두 기업의 사회적 책임과 관계가 있지만, 그 성격과 내용은 서로 다른 측면이 있다. 먼저 가장 큰 차이는 유엔글로벌콤팩트, GRI는 기업이 자율적으로 지켜야 할 원칙과 지침을 제시하고 있는 데 비해, 유엔 기업과 인권 프레임 워크는 기업으로 하여금 인권을 준수하도록 하는 국가의 역할을 강조하고 있으며, ISO26000은 기업을 포함한 모든 형태의 조직이 지켜야 할 사회적 책임을 지침의 형태로 구체화하고 있다는 점이다.

『지속가능보고서』를 검토·평가하기 위해 보고서의 작성 기준인 GRI를 주로 평가의 기준으로 삼아 분석하도록 하겠다. 최근 공표된 GRI G4는 기업의 사회적 책임에 대한 여타 국제 규범, 특히 2011년에 제정된 ISO26000과의 연계를 고려해 만들어졌다. 그러나 2013년에 공표된 GRI G4는 『지속가능보고서』의 작성 및 검증 체계 전환을 위해 2년의 유예기간을 두고 있다. 이로 인해 대부분의 기업들이 『지속가능보고서』를 작성할 때 여전히 G3.1을 적용하고 있으며, 최근 발간된 2013년 삼성그룹 소속 기업들의 보고서 또한 G3.1에 기초하고 있다. 따라서 GRI의 구성 항목을 그대로 적용해 삼성의 『지속가능보고서』를 평가하기보다는 GRI와 ISO26000의 항목 간 차이를 고려해 분석하기로 한다.

---

4_이 글에서는 삼성그룹의 2013년 『지속가능보고서』가 여전히 GRI G3.1에 기초해 작성되었기 때문에, GRI를 기준으로 삼성의 『지속가능보고서』를 분석할 때 G3.1을 기준으로 한다. GRI G4는 G3.1에서 G4로 기준을 변경하는 데 2년의 전환 기간을 제시하고 있다.

# 3. 삼성의『지속가능보고서』현황

## 삼성의『지속가능보고서』발간 현황

2013년 12월 27일 현재,『지속가능보고서』를 발간한 조직(기업 및 단체)은 모두 622개에 달한다. 2003년 4개 기업을 시작으로 2013년에는 99개 조직이『지속가능보고서』를 발간했다. 이 가운데 기업이 65개로 약 3분의 2를 차지하고 있으며, 공공기관 및 기타 조직이 각각 22개와 12개로 나머지 3분의 1을 차지하고 있다.

2003년 이후 발간된『지속가능보고서』는 총 발간 보고서 수 기준으로 꾸준히 증가해 2013년 현재, 622개에 이르고 있다. 총 발간 보고서 수치는 기업 및 단체가 반복해서 정기적으로 발간하는 보고서를 모두 합한 것이다. 따라서『지속가능보고서』신규 보고서 수치를 봐야, 이전에는『지속가능보고서』를 발간하지 않다가 새롭게 발간하기 시작한 기업 추세를 알 수 있다. 매년 신규로 발간된『지속가능보고서』의 수는 2010년 37개로 증가하다가 2011년 10개에서 2013년 12개로 감소하는 추세를 보이고 있다. 2010년 이후 공공기관 및 단체의『지속가능보고서』발간 추이에 큰 변동이 없다는 것을 고려하면, 새롭게『지속가능보고서』를 발간하는 기업 수가 정체 내지 감소하고 있는 것으로 보아야 할 것이다. 사회적 책임에 대한 우리나라 기업의 인식이 그리 높지 않다는 것을 고려하면,『지속가능보고서』를 발간하는 기업들은 주로 초국적 기업 혹은 완제품이 아니라 외국의 초국적 기업에 부품을 납품하는 대기업들일 것임을 쉽게 예상할 수 있다. 해외 수출 비중이 높은 대기업의 경우, 선진국 시장에서 이미지 제고의 필요성, 혹은 거래 관계에 있는 외국 초국적 기업의 요구에 의해 보고서를 발간하고 있지만, 그럴 필요가 적은 여타 기업들은『지속가능보고서』발간에 참여하지 않고 있는 것이다. 따라서 특별한 외적 계

**표 11-2 | 『지속가능보고서』 발간 추이**

| 구분 | | 2003 | 2004 | 2005 | 2006 | 2007 | 2008 | 2009 | 2010 | 2011 | 2012 | 2013 | 합계 |
|---|---|---|---|---|---|---|---|---|---|---|---|---|---|
| 전체 | 총 발간 보고서 수 | 4 | 6 | 14 | 26 | 45 | 59 | 72 | 100 | 90 | 107 | 99 | 622 |
| | 신규 보고서 수 | 4 | 4 | 8 | 15 | 27 | 20 | 25 | 37 | 10 | 20 | 12 | 182 |
| 기업 | 발간 보고서 수 | 4 | 6 | 11 | 20 | 34 | 41 | 42 | 64 | 61 | 73 | 65 | 421 |
| 공공기관 | 발간 보고서 수 | - | - | 3 | 5 | 10 | 15 | 21 | 25 | 22 | 25 | 22 | 148 |
| 기타(협회/NGO 등) | 발간 보고서 수 | - | - | - | 1 | 1 | 3 | 9 | 11 | 7 | 9 | 12 | 53 |

자료: 지속가능경영원(2013/12/27).

기가 없다면 보고서의 연간 발간 종수가 다시 증가세로 돌아설 가능성은 그다지 크지 않다고 볼 수 있다.

삼성그룹의 경우 2013년 현재, 9개 계열사가 『지속가능보고서』를 발간하고 있다. 2003년 이후 누적 기준으로는 총 10개 계열사가 발간하고 있으며, 삼성SDI의 경우에는 초기인 2003년부터 2013년까지 2004년을 제외하면 매년 발간하고 있다. 발간 횟수로 보면 상당히 모범적이다. 삼성전자도 2006년 이후 2013년까지 매년, 7년 연속으로『지속가능보고서』를 발간했다. 기타 계열사의 경우 삼성전기와 같이 매년이 아닌 격년으로 발간하고 있거나, 2010년 이후에 발간하기 시작해 그 횟수가 그다지 많지 않다.

이처럼 삼성그룹 계열사들을 살펴보면, 주력 업종이면서 수출 비중이 높은 계열사인 삼성SDI와 삼성전자의 경우 비교적 일찍부터『지속가능보고서』를 발간했다는 사실을 알 수 있다. 삼성그룹 계열사의 대부분이 2010년을 전후로 발간한 반면, 삼성SDI와 삼성전자는 2003년과 2006년부터 보고서를 발간했다. 그 이유는 선진국 시장에서 사회적 책임에 대한 규제가 강화되었기 때문인데, 이런 분위기는 2000년 대 초반에 강화되기 시작했다. 기업의 사회적 책임과 관련된 다양한 국제 규범이 등장했으며, 노동조합이 국제기준협약(IFA)을 통해 선진국의 초국적 기업을 압박하는 흐름이 2000년 이후 본격화된 것이다. 그 결과 선진국의 초국적 기업들은

표 11-3 | 삼성그룹 계열사의 『지속가능보고서』 발간 현황

| 기업명 | 2003 | 2004 | 2005 | 2006 | 2007 | 2008 | 2009 | 2010 | 2011 | 2012 | 2013 | 합계 |
|---|---|---|---|---|---|---|---|---|---|---|---|---|
| 삼성SDI | O | X | O | O | O | O | O | O | O | O | O | 10 |
| 삼성전자 | X | X | X | O | O | O | O | O | O | O | O | 7 |
| 삼성전기 | X | X | X | O | X | O | X | O | X | O | X | 4 |
| 삼성물산 | X | X | X | X | X | X | O | O | X | O | O | 4 |
| 삼성증권 | X | X | X | X | X | X | X | O | O | O | O | 4 |
| 삼성화재 | X | X | X | X | X | X | X | O | X | O | O | 3 |
| 삼성중공업 | X | X | X | X | X | X | X | O | O | O | O | 3 |
| 삼성엔지니어링 | X | X | X | X | X | X | X | X | X | O | O | 2 |
| 삼성생명 | X | X | X | X | X | X | X | X | X | O | O | 2 |
| 삼성자산운용 | X | X | X | X | X | X | X | X | X | X | O | 1 |
| 합계 | 1 | 0 | 1 | 3 | 2 | 3 | 3 | 6 | 4 | 9 | 9 | |

자료: 지속가능경영원(2013/12/27). 필자 계산.

자신들이 거래하는 기업에도 기업의 사회적 책임과 관련된 활동을 요구하기 시작했으며, 사회적 책임 보고서의 작성을 의무화하는 국가들 역시 증가했다(이승협 2008; 2012).

**삼성의 기업의 사회적 책임 및 『지속가능보고서』에 대한 상반된 평가**

삼성의 『지속가능보고서』 및 기업의 사회적 책임 활동에 대한 평가는 평가 주체에 따라 극명하게 다르다. 정부 및 친시장 기관들은 삼성의 경제 성과 및 사회 공헌 활동에 주목해 긍정적으로 평가하는 반면, 시민사회단체 및 노동단체들의 경우 삼성의 환경 성과 및 노동 탄압 등이 배제된 『지속가능보고서』와 기업의 사회적 책임 활동은 기만적 홍보일 뿐이라고 비판하고 있다.

국제 환경 단체인 그린피스 스위스와 스위스 시민단체인 베른 선언이 선정하는 '퍼블릭 아이 상'Public Eye Awards 2011년 '최악의 기업'에 삼성전자가 선정되기도 했다.[5] 독일의 외콤조사연구소oekom research AG는 소비자 가전 분야의 핵심 기업들을 대상으로 지속 가능성 점수를 부여하고 있는데,

소니와 필립스에게는 B⁻, 삼성전자에게는 C⁺를 부여했다(oekom research 2013).[6]

또한 독일의 공정재단Fairness-Stiftung은 기업의 공정 역량Fairnesskimpetenz 을 노동자/협력사, 소비자/고객, 경쟁 관계, 환경, 투명성 등으로 구분해 평가하고 있는데(Fairness-Stiftung 2013),[7] 삼성전자에 대해 소비자/고객 을 제외한 나머지 영역에서 모두 부정적인 평가를 내리고 있다. 노동자/ 협력사 영역에서는 극악하고, 불공정하며, 반인권적 행태를 보이고 있으 며, 경쟁 관계에서는 독과점 담합과 부패, 환경 영역에서는 제품의 에너 지 효율성이 나빠지고 있고, 원전 및 무기 제조에 참여하고 있다는 등의 근거를 들어 모두 부정적으로 평가하고 있다.

오스트리아의 금융윤리연구소Finance & Ethics Research가 내린 윤리 경영 평가도 부정적이다. 긍정적 측면은 사회 공헌에 대한 기여도가 높다는 점 이었다. 그러나 2013년 8월 삼성전자 브라질 마나우스Manaus 공장이 열악

---

5_선정의 주된 이유는 삼성SDI 공장의 산업 안전보건 소홀로 인한 노동자 백혈병 문제와 반노조 정책을 들고 있다.

6_주요 평가 기준은 노동 이슈, 제품 생산 시 환경오염 물질 사용 여부, 에너지 효율성, 생 산제품의 재활용성, 에너지 절감 및 유독 물질에 대한 소비자 정보 제공 등이다.

7_공정재단은 삼성전자의 『지속가능보고서』(공정성에 대한 약속) 및 언론 보도(공정성 검증)를 통해 공정 역량을 평가하고 있다. 참고로 공정재단은 평가 내용에 대해 삼성전 자의 입장 표명을 요구했으나 아무런 응답이 없어, 삼성전자의 입장 표명 항목을 공란으 로 남겨 두고 있다. 독일의 좋은성장기금(Good Growth Fund)에서도 사회적 평화와 기업의 사회적 책임을 증진시키기 위해 『지속가능보고서』 평가 결과를 발표하고 있다. 2013년도 『지속가능보고서』 평가 결과에서 글로벌콤팩트의 준수 여부에 대해 입장 표 명을 요구했으나 다른 기업과 달리 삼성전자는 아무런 반응을 보이지 않고 있다고 보고 했다(Good Growth Fund 2013).

한 근로조건 때문에 브라질 정부로부터 고발 조치를 당했으며, 1천2백 명의 브라질 노동자들이 개별적으로 소송을 제기한 사실을 들어 비윤리적 경영으로 평가하고 있다(FER 2013). 브라질 노동자들은 삼성전자 공장에서 매일 15시간의 장시간 근로, 월 27일 근무를 강요받았으며, 15시간의 노동일 중 10시간을 조립라인에서 서서 근무해야 했으며, 포장 직무의 경우 텔레비전 1대의 포장에 필요한 기준 시간을 4.8초로 설정해 매일 6천8백 번 반복 작업을 하도록 하는 등 근무 환경이 매우 열악했다고 비판받고 있으며, 이로 인해 약 8천2백만 유로의 손해배상이 청구된 상태이다.[8]

『지속가능보고서』를 비롯해 기업의 사회적 책임과 관련된 삼성의 활동에 대해 해외의 평가는 매우 비판적임에도 불구하고, 국내에서는 우호적이고 긍정적인 평가가 다수 존재한다. 예를 들어, 2011년부터 사회적 책임 평가 지표와 모형을 개발해 '대한민국 사회적 책임 기업' 순위를 발표하고 있는 넥스트소사이어티Next Society Foundation는 2012년 삼성을 포스코에 이어 2위에 올려놓고 있다.[9] 넥스트소아이어티가 발표하고 있는 '대한민국 사회적 책임 기업' 순위는 2011년에는 한국개발연구원과 동반성장위원회의 후원을 받았다. 즉 민간협회 사업에 국가기관이 참여해 공적인 권위를 부여해 주고 있다. '대한민국 사회적 책임 기업' 순위는 2011년에는 국내 대기업 56개를 대상으로 실시되었고, 2012년에는 공공기관을 포함해 총 82개 기업 및 공공기관을 대상으로 순위를 산출했다. 순위 산정에 사용된 평가 지표로는 기업 및 공공기관이 발간한 『지속가능보고서』

---

8_동시에 2012년 삼성전자의 중국 휴대폰 공장에서 이루어진 아동노동 및 장시간 근로 문제도 언급하고 있다.

9_"2012년 대한민국 최고의 사회적 책임 기업"(『리더피아』 2013년 1월호).

에 대해 경제적 성과, 사회적 성과, 환경적 성과, 자발적 기업가정신 등 4대 영역으로 구분해 순위를 산정하고 있다.

또한 한겨레신문사의 한겨레경제연구소에서 주관한 2013년 제4회 "아시아미래포럼"에서는 2013년 동아시아 사회책임경영 30대 우수 기업을 선정했는데, 삼성전자와 삼성SDI가 아시아 30대 우수 기업에 포함되었다(『한겨레신문』 2013/10/29).[10] 한국 기업은 총 8개 기업이 사회책임경영 우수 기업에 선정되었는데 그 가운데 삼성전자와 삼성SDI 등 삼성 계열사 두 곳이 포함된 것이다.[11] 환경부는 삼성전자 백혈병 사망 노동자 논란이 한창이던 2012년 삼성전자를 '녹색 기업'으로 선정했다(『오마이뉴스』 2012/12/07).[12]

이와 같이 삼성전자 및 삼성SDI의 사회적 책임 활동에 대해 국내외의 평가가 상반된 무엇일까? 이에 대해서는 평가의 기준 및 주체, 그리고 상업적 이해관계 등 세 가지로 설명할 수 있다.

---

10_한겨레경제연구소는 평가 결과에 대한 비판이 제기되자, 다른 기업과 비교한 상대적 순위를 산정하기 때문에 어쩔 수 없다고 있다고 해명했다. 그러나 우수 기업 선정은 상대적 우수성이 아니라 절대적 우수성을 기준으로 선정해야 한다. 특히 노조 파괴 문건과 같은 결정적 결격 사유가 존재한다면, 우수 기업 선정은 더욱 문제가 될 수 있다. 따라서 '우수 기업이 없다'라는 절대적 평가 기준을 적용하는 것이 기업들로 하여금 사회책임경영에 더욱 진지하게 접근하도록 만드는 방법이 될 수도 있을 것이다.

11_2014년 4월 11일 열린 토론회 "국제표준 ISO26000으로 본 삼성의 종합 성적표"에서 한겨레경제연구소는 이와 같은 결과를 낳은 평가 기준의 문제를 인식하고 기존의 평가 지표를 보완할 예정이라고 입장을 표명했다. 대체적으로 정성적 평가를 강화하고, 배제적 선별(negative screening) 방식을 강화하며, 과락 제도를 도입하는 등 균등 정량 평가 방식을 수정하는 방향이라 할 수 있다.

12_환경부는 2012년 삼성전자와 함께 한국수력원자력의 원자력발전소 네 곳도 '녹색 기업'으로 선정했다.

먼저, 평가의 기준이 다르며, 평가의 주체에 따라 상반된 평가가 내려지고 있다. 평가의 기준이 기업의 사회적 책임일 경우, 기본권의 심각한 침해가 발생했는가가 중요한 기준이 된다. 해외에서는 시민사회단체뿐만 아니라 전문적인 '기업의 사회 책임' 컨설팅 기관에서도 이런 측면을 중요시한다. 반면, 국내에서는 사회적 책임과 기본권의 측면보다 사회적 공헌이라는 측면을 중요하게 본다. 특히 공공기관 및 친기업적 평가 기관에서는 사회적 공헌이라는 기준을 강조하거나 배점에 있어 사회적 책임과 동등한 비중을 부여한다. 그 결과 삼성전자 및 삼성SDI의 사회 공헌은 국내에서 과도하게 평가되고 있다. 한겨레신문 및 한겨레경제연구소에서 선정한 '사회책임경영 우수 기업'에 삼성전자와 삼성SDI가 포함될 수 있었던 것도 기업의 사회적 책임에서 사회 공헌의 의미를 과도하게 설정했기 때문이라고 할 수 있다.

둘째, 평가의 주체를 들 수 있다. 삼성전자 및 삼성SDI에 긍정적 평가를 내린 평가 주체는 한겨레신문을 제외하면 대부분 공공기관 및 친기업적 평가 기관들이다. 반면 국내에서도 시민사회단체 및 객관적 평가 기관들은 삼성그룹의 사회적 책임 활동에 대부분 부정적 평가를 내리고 있다. 즉 일부 평가 주체는 기업의 사회적 책임을 지속 가능 사회라는 원래적 의미에서 판단하기보다 국내 기업의 국제경쟁력이라는 기업 홍보의 관점에서 정략적으로 악용하고 있다. 한국을 대표하는 기업들이 좋은 기업이라는 이미지를 갖도록 하고, 이를 통해 기업의 국제경쟁력을 확보해 주겠다는 일종의 상업적 활동으로 기업의 사회적 책임을 이용하고 있는 것이다.

이보다 더 큰 문제는 앞서도 지적했듯이, 기업의 사회적 책임을 평가하는 공공기관, 언론, 기업 컨설팅 기관들 중 상당수가 기업의 사회적 책임을 기업의 사회 공헌과 동일한 것으로 착각하고 있다는 점이다. 이는 삼성 경제연구소를 중심으로 사회 공헌 이데올로기가 유포되면서 강화되고 있다. 삼성경제연구소는 2011년 "기업 사회 공헌의 본질", 2013년 "사회 공헌의 흐름: 자선에서 박애로"와 같은 보고서를 지속적으로 발간하고 있는데, 이 보고서들은 기업의 사회적 책임이 갖는 본질적 의미를 배제하고 이를 사회 공헌의 측면으로 축소·왜곡하고 있다.

기업의 사회적 책임은 지속 가능한 생산에 있다. 마이클 포터가 공유 가치의 창출을 강조하는 이유도 사회의 지속 가능성이 기업 생산 전략의 핵심이 되어야 한다고 보기 때문이다. 기업의 사회 공헌을 강조하는 주장의 문제는, 결과적으로 기업의 사회적 책임을 생산 영역이 아닌 분배의 영역으로 한정한다는 점이다. 반인권적이고 노동 인권을 무시하며, 환경을 오염시키고 제3세계 원주민의 권리를 배제하는 등 지속 가능하지 않은 생산을 유지하면서, 이로부터 발생한 이윤의 일부를 사회 공헌이라는 이름으로 내놓음으로써 면죄부를 받으려는 것이다. 이런 측면을 제대로 이해하지 못한 국내의 공공기관, 언론, 기업 컨설팅 기관들이 지속 가능한 생산의 영역에서 특정 기업이 어떻게 활동해 왔는지를 평가하기보다는, 사회 공헌의 측면에 초점을 맞춰 기업의 사회적 책임을 평가해 왔기 때문에 국내에서 삼성전자와 삼성SDI가 지속 가능한 기업이라는 평가를 받을 수 있었던 것이다.

셋째, 상업적 이해관계의 측면에서 볼 수 있다. 평가 주체가 삼성과 상업적으로 밀접한 이해관계를 가질수록 긍정적 평가를 내리는 것으로 보인다. 그렇지 않을 경우 평가는 대부분 부정적이다. 삼성과 가장 직접적인 상업적 이해관계를 갖고 있는 평가 주체로는 경영자단체 및 친기업적 컨설팅 기관을 들 수 있다. 또한 언론 역시 이런 범주에 포함된다. 광고 시장에서 삼성의 영향력이 크기 때문에, 적절한 형태로 삼성을 포장해 주고 광고 수주라는 형태로 칭찬받기를 원하는 것이다.[13] 기업의 사회적 책임과 관련된 중앙 부처 및 공공기관 역시 국가 경쟁력 강화의 일환으로 국내 대표 기업들에게 기업의 사회적 책임에 대한 면죄부를 던져 주고 있다. 삼성과 공공기관, 언론, 친기업적 컨설팅 기관의 상업적 이해관계는 사회공헌을 매개로 엮여 있는 것이다.


# 4. 삼성『지속가능보고서』분석

## 삼성『지속가능보고서』구성 체계

앞서도 말했듯이, 삼성SDI와 삼성전자 등 삼성그룹 계열사들이『지속가능보고서』를 GRI G3.1을 기준으로 작성하고 있기 때문에, 삼성『지속가능보고서』에 대한 평가 역시 G4가 아니 G3.1을 기준으로 이루어져야 한다. G3.1은 4개 항목 84개 지표로 구성되어 있다. 4개 항목은 크게 지배구조·경제·환경·사회이며, 사회 항목은 노동·인권·사회·소비자로 다시 4개 하위 항목으로 구분된다.

삼성SDI 및 삼성전자가 삼성그룹 내에서 가장 먼저 그리고 가장 많이 『지속가능보고서』를 발간하고 있기 때문에, 삼성SDI와 삼성전자를 중심으로 살펴보도록 하겠다. 삼성『지속가능보고서』가 기본적으로 GRI

---

13_언론에 대한 삼성의 영향력은 스마트폰 시장 형성기에 옴니아폰에 대한 언론 기사를 보면 알 수 있다. 삼성이 언론을 직접 통제했다기보다는 언론이 알아서 삼성이 원하는 기사를 내주고 광고 수주를 기대하는 후정산 방식의 상업적 이해관계가 현재 언론의 현실이라고 할 수 있다. 특히 소규모 언론 매체 및 전문 잡지의 경우 기사의 상업적 편향성은 매우 심각하다. 삼성 역시 이런 측면을 적절하게 조정해 가며 광고 시장을 통해 언론을 통제하고 있다.

그림 11-1 | GRI G3.1 항목 구성

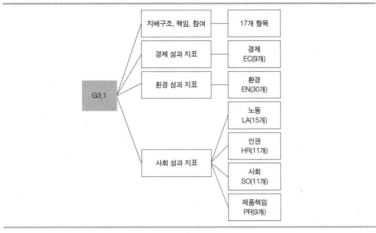

자료: GRI(2011) G3.1 Guidelines 재구성.

G3.1의 작성 가이드라인에 따라 작성되고 있으므로 삼성SDI와 삼성전자, 그리고 기타 삼성 계열사의 『지속가능보고서』는 구성 및 서술 방식, 검증 체계 등에서 업종별 특성 이외의 별다른 차별성을 보이지 않는다.

먼저 삼성SDI 및 삼성전자의 『지속가능보고서』 구성을 살펴보면 다음과 같다. 2013년 『지속가능보고서』를 기준으로 삼성SDI 및 삼성전자 『지속가능보고서』의 주요 내용을 G3.1 항목을 중심으로 간추리면, 4개 핵심 영역을 크게 벗어나지 않고 있다. 삼성SDI의 경우, G3.1의 기본 틀을 그대로 적용하고 있는 반면, 삼성전자는 핵심 항목과 하위 항목을 재배치해 일부 항목을 강조하고 있다. 다만 삼성전자의 경우, 사회 공헌을 각별히 강조하고 있다는 점이 주목할 만하다.

형식적으로 삼성SDI 및 삼성전자의 『지속가능보고서』는 GRI G3.1 의 가이드라인을 충실히 따르고 있는 것으로 보인다. 먼저 서두에서 보고의 형식에 대해 서술(보고 기간, 보고 범위, 검증 과정, 보고 기준)하고 있다. 특

**표 11-4 | 삼성SDI 및 삼성전자『지속가능보고서』주요 항목**

| 삼성SDI | 삼성전자 |
|---|---|
| •이해관계자 | •기업지배구조 |
| •지배 구조 | •경영 성과 |
| •준법·윤리경영 | •이해관계자 참여 |
| •거래 관계 | •중요 이슈 |
| •지역사회 | •공유 가치 창출(CSV) |
| •경제 성과 | •사회 공헌 |
| •사회 성과 | •동반 성장 |
| •환경 성과 | •고용(인력 채용 및 유지) |
| •검증 보고 | •환경 |
| •GRI Content Index | •거래 관계(협력사 CSR) |
| •ISO 26000 | •산업 안전보건 |
| | •검증 보고 |
| | •GRI 대조표 |

자료: 삼성SDI, 2013년 『지속가능보고서』; 삼성전자, 2013년 『지속가능보고서』에서 주요 항목 재정리.

히 보고서가 독립적인 검증 기관을 통해 검증 기준(ISAE3000과 AA1000AS Type II, AA1000APS, AA1000SES)[14]을 통과했음을 기재해『지속가능보고서』의 객관성과 진정성을 강조하고 있다.

그러나 삼성전자의 독립적인 검증 기관으로 제시된 PwC는 삼일회계법인이며, 삼성SDI의 독립적 검증 기관은 한국생산성본부이다. 삼일회계법인과 한국생산성본부가 독립적인 검증 기관임에는 틀림이 없지만, 과연 지속 가능의 경제 및 재무적 측면이 아니라 사회 및 환경적 측면을 제대로 검증할 만한 전문성을 보유하고 있는지에 대해서는 회의적이다. 실제로 두 검증 기관 모두 삼성SDI와 삼성전자의『지속가능보고서』에서 누락된 사회적·환경적 문제에 대해서는 아무런 지적을 하고 있지 않다.

---

14_AA1000AS(2008)와 AA1000APS(2008)는 지속 가능성에 대한 신뢰성과 수준을 평가하기 위해 사용되는 검증에 대한 국제적 기준이며, AA1000SES(2011)는 이해관계자 참여에 대한 국제 표준이다.

친기업적 또는 삼성 계열사와 거래 관계가 있는 기관에게 『지속가능보고서』의 검증을 맡기는 것은 처음부터 한계가 있을 수밖에 없다.

## GRI 기준에 따른 삼성 『지속가능보고서』의 구성 내용 평가

지속가능보고서를 발간하는 기업은 모두 GRI의 가이드라인에 따라 보고서를 작성하고 있기 때문에 형식적인 측면에서는 문제가 되지 않는다. 그러므로 형식보다는 『지속가능보고서』의 실질적인 내용이 GRI의 기본적인 취지를 제대로 이해하고 반영하고 있는지가 주로 쟁점이 되고 있다.

이런 측면에서 GRI 가이드라인이 제시하고 있는 균형성의 원칙에 주목할 필요가 있다. 이에 따르면 "지속 가능 경영 보고서는 보고 주체의 지속 가능 경영 성과를 긍정적·부정적 영향을 모두 포괄해 균형적이고 합리적인 관점에서 설명"해야 한다고 서술하고 있다. 이와 같은 균형의 원칙은 GRI 보고 품질 보증 원칙의 핵심적 사항이다.

GRI 자체가 규제를 목적으로 하는 외적 강제 규정이 아니라 스스로 검토하고 지속 가능 발전을 도모하는 자율적인 내적 검토 사항이기 때문이다. 법적·제도적 제재에 대한 두려움 없이 자기 성찰과 개선 활동을 통해 사회의 지속 가능성에 기업이 최소한의 역할을 하기 위해서는 꾸밈없는 성찰적 평가 및 반성이 전제되어야 한다.

이를 위해 삼성전자의 『지속가능보고서』를 대상으로 내용 분석을 실시했다. 2013년 보고 대상 기간 중 2011년에서 2013년 01월까지의 기재 내용을 GRI 항목에 따라 분류하고, 기재 내용의 사실 여부 및 누락된 항목 및 관련 이슈를 정리했다. 삼성전자『지속가능보고서』는 보고서 끝에 활용한 GRI G3.1이 제시하고 있는 항목에 대한 내용이 보고서에 어떻게 반영되었는지를 적용 수준을 구분해 제시하고 있다. 〈표 11-5〉는 삼성전

표 11-5 | GRI G3.1에 따른 삼성전자 『지속가능보고서』 내용 분석(2011~2013년 1월)

| GRI 항목 | 하위 항목 | 보고서 포함 | 누락된 항목 및 관련 이슈 |
|---|---|---|---|
| 지배 구조 | 지배 구조 | O | |
| | 외부 이니셔티브에 대한 책임 | X | |
| | 이해관계자 참여 | O | •사회 공헌 활동을 이해관계자 참여로 기재 |
| 경제 | 경제성과 | O | •EC2 기후 변화의 재무적 영향과 사업 활동에 대한 위험과 기회 미기재 •EC4 정보 보조금 수혜 실시 미기재 |
| | 시장 지위 | O | •2011년 9월 광주 지역 삼성전자 협력 업체 부도 도미노(설비투자 유도 후 생산 기지 해외 이전) |
| | 간접 경제 효과 | O | |
| 환경 | 원료 | X | |
| | 에너지 | O | |
| | 용수 | O | |
| | 생물 다양성 | O | |
| | 대기 배출물, 폐수 및 폐기물 | O | •2011년 5월 삼성 탕정 공장 방류수, 독성 기준 16배 초과 (환경부 개선 명령) |
| | 제품 및 서비스 | O | |
| | 법규 준수 | O | |
| | 운송 | O | |
| | 전체 | X | |
| 노동 | 고용 | O | |
| | 노사관계 | X | •2011년 7월 조장희 삼성 노조 부위원장 해고 및 집행부 고소 (반노조 활동 등 부당노동행위) |
| | 직장 보건 및 안전 | O | •2011년 1월 업무성 스트레스와 직업병 (근로자 자살 2건) •2011년 8월 노동부 삼성전자 근로자 보건 관리 강화 주문 •2012년 2월 삼성 직업병 피해 제보 146명, 사망자 56명 (산재 미인정) •2013년 1월 불산 누출 사고 언급 |
| | 교육 및 훈련 | O | |
| | 다양성 및 평등 기회 | O | |
| 인권 | 투자 및 조달 관행 | X | |
| | 차별 금지 | X | |
| | 결사 및 교섭 자유 | X | •2012년 10월 심상정 의원 삼성그룹 취업규칙 문제 지적 (정치 활동 및 단체 활동 징계 조항) |
| | 아동노동 | X | •2012년 8월 중국 협력 업체 16세 미만 아동노동 및 초과 노동 관행 위반 사실에 대한 언급 없이 개선 사항 기재 |
| | 강제노동 | X | |
| | 보안 관행 | X | |
| | 원주민 권리 | X | |
| 사회 | 지역사회 | O | |
| | 부패 | X | |
| | 공공 정책 | X | |
| | 경쟁 저해 행위 | X | •2011년 2월 공정거래위원회 과징금 21억9천7백만 원 부과 (담합) •2011년 4월 이재용 삼성전자 사장이 대주주인 삼성SDS의 내부 매출 비율 36.7% (내부거래) •2011년 9월 대기업 내부거래 삼성 35조3천억 원 최대 (내부거래) •2012년 1월 TV와 노트북 PC의 소비자 가격 담합 |

| | | | 과징금 258억1천4백만 원 (담합) |
| | | | •2011년 11월 유럽연합 삼성 통신 특허 남용 예비 |
| | | | 조사 (반독점 위반) |
| | | | •2012년 3월 공정위 조사 방해 (과태료 부과) |
| | | | •2012년 5월 부당 발주 취소 및 부품 수령 지연 등 |
| | | | 〈하도급법〉 위반 (10억 과징금) |
| | | | •2012년 11월 삼성전자 에버랜드 일감 몰아주기 |
| | | | (내부거래) |
| | 법규 준수 | X | |
| 제품 책임 | 고객 건강 및 안전 | O | |
| | 제품 및 서비스 라벨링 | O | |
| | 마케팅 커뮤니케이션 | O | |
| | 고객 개인 정보 보호 | O | |

자『지속가능보고서』가 자체적으로 평가한 적용 수준과는 다른 평가를 내리고 있다.

삼성전자『지속가능보고서』는 GRI G3.1 원칙에 대해 일부 항목(EC5, LA4, LA5, SO7, SO8)을 제외한 전 항목에 걸쳐 보고가 이루어졌다고 서술하고 있다. 그러나 일반적인 원칙이나 취지를 간단히 언급하는 것만으로는 보고가 이루어졌다고 볼 수 없기 때문에, 이 글에서는 GRI의 개별 항목이 요구하는 취지에 상응하는 수준의 보고가 이루어지지 않았을 경우에는 보고하지 않는 것으로 간주했다.

이와는 별도로 대중매체 및 NGO 활동을 통해 드러난 부정적 기업 활동이『지속가능보고서』에 해당 항목별로 언급되고 개선 계획이 제시되어 있는지를 별도로 검증해 누락된 항목 및 관련 이슈로 정리했다. 이를 통해 삼성전자의『지속가능보고서』가 GRI G3.1의 균형의 원칙을 제대로 적용하고 있는지를 평가하고자 한다.

〈표 11-5〉를 보면, 삼성전자가 스스로 평가하는 보고 항목은 과장되어 있다고 할 수 있다. 내용의 진정성 여부를 떠나 GRI 보고서가 요구하는 보고 품질 보증 원칙의 형식을 따르지 않은 항목이 상당히 많이 포함되어 있다. GRI 보고서는 보고 품질 보증 원칙으로 "선별·누락·가공 행위

를 삼가"할 것을 요구하고 있다. 그러나 삼성전자『지속가능보고서』는 대부분의 항목에 대해 선별·누락·가공된 내용만을 기재하고 있다.

특히 산업 안전보건, 노사관계, 결사 및 교섭 자유, 아동노동, 경쟁 저해 행위 등에서 심각한 위반 사실이 존재함에도 불구하고, 보고서에는 전혀 언급되고 있지 않다. 다만 2013년 대규모 불산 누출 사고로 인해 사망자 및 부상자가 발생했던 사안에 대해서만 언급하고 있다.


## 삼성『지속가능보고서』의 특징과 문제점

### 경제 성과에 대한 강조

삼성SDI와 삼성전자의 보고서 상당 부분이 경제 성과에 대한 강조로 채워져 있다. 삼성SDI『지속가능보고서』에서는 "01 창의와 혁신을 통한 새로운 도약"과 "경제 성과"의 두 항목에 걸쳐 삼성SDI의 기업 활동에 대한 설명이 자세하게 제시되어 있다. 반면 사회 성과 지표는 주로 제품 책임과 사회 공헌 중심으로 서술되고 있으며, 노동과 인권에 대해서는 거의 다루어지고 있지 않다.

삼성전자의『지속가능보고서』에서도 마찬가지로 경제 성과는 "경영 성과", "시장점유율", "글로벌 네트워크", "지속 성장하는 삼성전자", "미래 성장 동력 확보", "경제적 가치 창출" 등으로 상세하게 다루어지고 있는 반면, 사회 성과 지표는 사회 공헌을 제외하면 거의 다루어지고 있지 않다. "환경 성과"에 있어서도 탄소 배출과 관련된 일부 항목을 제외하면, 친환경 에너지 절감형 제품에 대한 홍보성 내용이 상당한 부분을 차지하고 있다.

## 부정적 사안의 누락과 은폐

삼성SDI와 삼성전자의 『지속가능보고서』 구성이 사회 성과 지표를 배제하고, 경제 성과 중심으로 구성된 이유는 사회 성과 영역에서 문제가 되고 있는 사회적 쟁점 사안을 은폐하기 위한 것으로 보인다.

삼성SDI의 『지속가능보고서』에는 반도체 공장 백혈병 근로자와 관련된 언급은 단 한 줄도 보이지 않는다. 대신 "위기관리" 항목에서 각종 재해 및 위기 상황에 대한 대응 프로세스 확립을 강조하고 있다. 『지속가능보고서』의 기본 취지는 핵심적인 사회적 책임 영역에서 기업 스스로가 자신의 문제를 성찰적으로 인지하고 자율적으로 해결해 나가는 것에 있다. 그러나 삼성SDI의 『지속가능보고서』는 사회적 현안과 쟁점으로 떠오른 사안에 대해서도 철저히 부정하는 모습을 보이고 있다.

삼성SDI와 삼성전자의 『지속가능보고서』는 모두 노동문제 및 노사관계에 대해서는 언급하지 않고 있다. 무노조주의와 노동자 감시 등 이미 알려진 사안에 대해 최소한의 입장 표명도 없는 것이다. 삼성의 무노조 경영과 인적자원관리의 통제적 성격에 대해서는 이미 2008년 발간된 『한국 사회, 삼성을 묻는다』에서 다루어진 바 있다(조돈문 2008a; 이승협 2008).

## 사회 성과 지표에서의 사회 공헌의 강조

삼성SDI와 삼성전자 『지속가능보고서』의 또 다른 특징과 문제점은 사회 공헌 활동에 대한 지나친 강조라고 할 수 있다. GRI 3.1에 따르면, 사회 공헌 활동은 전체 84개 지표 중 경제 성과 지표 EC1(직접적인 가치의 창출과 배분, 예: 수익, 영업 비용, 직원 보상, 기부, 지역사회 투자, 이익잉여금, 자본비용, 세금 등), EC8(공익을 우선한 인프라 투자 및 서비스 지원 활동과 효과), 사회 성과 지표 SO1(지역사회 참여, 영향 평가, 개발 프로그램이 시행되고 있는 사업장 비율), SO5(공공 정책에 대한 입장, 공공 정책 수립 및 로비 활동 참여), SO6

(정당, 정치인 및 관련 기관에 대한 국가별 현금/현물 기부 총액) 등 5개 지표에 해당된다. 사회 성과 지표가 총 35개임을 고려할 때, 사회 공헌 활동을 기업의 사회적 책임의 대부분인 것으로 포장하는 것은 무지 때문이거나, 문제가 되는 반사회적 활동을 은폐하려는 시도로밖에 볼 수 없다.

삼성의 전략 연구소인 삼성경제연구소가 2011년과 2013년에 펴낸 보고서를 보면, 무지라기보다는 반사회적 활동의 체계적 은폐 시도라고 보아야 할 것이다. 삼성의 사회적 의제 설정을 대신하고 있는 삼성경제연구소가 최근 사회 공헌을 강조하는 연구 보고서를 연달아 발간하는 것은 사회적 책임에 대한 논의를 사회 공헌으로 국한하고, 이를 부각함으로써 삼성의 부정적 이미지를 희석시키려는 것으로 보아야 할 것이다.[15]

## 글로벌 가치 사슬에 따른 기업의 사회적 책임 배제

GRI를 비롯한 글로벌콤팩트, ISO26000, 기업과 인권, 국제 기준 협약 등 기업의 사회적 책임 관련 국제 규범의 핵심적 문제의식은 초국적 자본의 통제에 있다. 서구 국민국가 내부에서 사회권이 강화됨에 따라 초국적 자본은 국민국가의 틀을 넘어 해외에 생산 기지를 개척했다. 문제는 서구 사회 내부에서 초국적 자본은 내부의 사회질서에 따라 상대적으로 순치되고 기본적 인권과 노동권을 존중하는 모습을 보이지만, 해외 생산 기지의 현지인 및 현지 노동자들에게는 전근대적 수탈자의 행태를 보인다는 데

---

15_ 역설적으로 삼성 이건희가 약속했던 1조 원 기부는 아직까지도 지켜지고 있다. 불법적인 행위로 인한 법적 처분을 모면하기 위해 제시했던 기부 약속을 지키지 않으면서도 존경 받는 기업인이 될 수 있고, 권력 엘리트의 담합적 묵인하에서 문제가 제기되지 않는 한국 사회는 사회적 정당성이 부재한 사회라고밖에 볼 수 없다.

있다. 따라서 기업의 사회적 책임 관련 국제 규범은 초국적 자본의 모국에서뿐만 아니라 글로벌 가치 사슬에 따른 해외 생산 기지에서의 사회적 책임을 더욱 강조하고 있다.

GRI G3.1의 지표 중에서 3.6 보고 경계, 시장 지위 측면(EC5-EC7 주요 사업장의 현지 법정 최저임금 대비 신입 사원 임금(성별) 비율, 현지 구매 정책, 관행 및 비율, 현지인 우선 채용 절차 및 현지 출신 고위 관리자 비율), 지역사회 측면 등을 대표적으로 들 수 있다. ISO26000, 유엔 기업과 인권, 국제 기준 협약에서도 거래 관계 및 협력 업체에 대한 기업의 사회적 책임 및 인권 책임을 강조하고 있다.

그러나 삼성SDI와 삼성전자의 『지속가능보고서』에는 해외 자회사, 해외 사업장, 거래 업체 및 협력 업체와 관련된 내용은 거의 다루어지지 않고 있다. 심지어 삼성전자 『지속가능보고서』의 검증인인 삼일회계법인은 검증 보고서에서 다음과 같은 사항을 권고하고 있다.

> 보고서상의 경제적 성과는 회사와 국내외 자회사의 성과를 모두 포함하고 있으나 지속 가능 경영 성과는 회사와 주로 생산 법인을 대상으로 보고하고 있습니다. 지속 가능 경영 성과를 경제 성과와 동일한 범위에서 보고할 수 있도록 국내외 주요 자회사의 지속 가능 경영 현황을 파악하고 보고 범위 확대에 대해 고려할 것을 권고하였습니다(삼성전자, 2013년 『지속가능보고서』, 91).

삼성의 해외 진출이 본격화된 이후 2010년부터 해외 사업장 및 현지에서의 인권침해 및 노동권 박탈과 관련된 비판이 심각하게 제기되고 있다. 2012년 인권 단체인 '중국노동감시'China Labor Watch가 삼성 현지 사업장에서의 아동노동 및 장시간 근로 문제를 제기했고(China Labor Watch 2012a; 2012b), 2012년 인도 사업장에서 불법 파견 노동자 사용으로 노동자 시위가 있었으며, 2013년 브라질 현지 사업장에서 장시간 근로 및 열악한 근무 환경으로 인한 피소 사건 등 해외 사업장에서의 반인권적 행태에 대해 비판이 제기되고 있다.

삼성전자는 2013년 『지속가능보고서』에서 주요 이해관계자 활동으로 EICCElectronic Industry Citizenship Coalition 가입 사항을 강조하고 있다. 보고서에는 EICC를 전자업계시민연합체라고 부르며, 마치 EICC가 시민단체인 것처럼 서술하고 있다. 그러나 EICC는 비영리단체이긴 하지만 휴렛팩커드HP, 델DELL, 아이비엠IBM 등 8개 초국적 기업을 중심으로 전자 산업 종사 기업들이 모인 일종의 기업 단체이다. 삼성 스스로 삼성 홍보 홈페이지에서 2012년 EICC 서울 총회를 소개하면서 글로벌 전자 업계 CSR 협의체라고 소개하고 있다.[16]

EICC의 행동 규범에 따르면, "참여 기업은 본 규범이 전체 공급망에 적용되는 것으로 이해해야 합니다"라고 글로벌 가치 사슬을 따라 기업의 사회적 책임을 빠짐없이 적용해야 한다고 강조하고 있다(EICC 2012). 또한 동시에 EICC 행동 규범 중 노동에 관한 항목 7)번 결사의 자유에서 "현지 법률에 따라 근로자가 자유롭게 결사할 수 있는 권리, 노동조합에 참여하거나 참여하지 않을 권리 …… 를 존중해야 합니다"라고 규정하고 있다. 따라서 삼성의 『지속가능보고서』는 글로벌 가치 사슬에 따른 기업의 사회적 책임을 전면적으로 배제하고 있다고 할 수 있다.

삼성전자는 1996년 이미 유럽 진출 후 1994년 10월 발효된 유럽노동자평의회Euro-Betriebsrat 지침에 따라 유럽노동자평의회와 삼성전자 유럽

---

16_http://samsungtomorrow.com/2256.

현지 법인 사이에서 자발적 협약을 맺고 근로자 대표의 참여권을 인정한 바 있다(Euro-Betriebsrat 1996).[17] 선진국에서는 법적 규정에 따라 노동자의 권리를 인정하면서 제3세계에서는 이를 철저하게 무시하는 이중적 태도는 이른바 글로벌 기업의 자세라고 볼 수 없다.[18] 물론 삼성전자가 유럽 노동자평의회와 협약을 맺은 것이 자의에 의한 것이라고 볼 수는 없다. 1995년 독일 삼성의 슐츠바흐Sulzbach 사업장에서 독일 공동결정법 규정에 따라 노동자평의회를 결성하려던 노동자들에게 해고 협박을 하는 등 반노조 정책을 고집하다가 독일 사회로부터 반노동자적이고 현지법을 위반하는 불법적 행태라는 집중 포화를 받는 과정에서 스스로 반노동자 정책을 포기하게 된 것이다(Der Spiegel 2005).

## 5. 맺음말

글로벌 기업으로서의 삼성은 한국 사회의 단면을 그대로 보여 준다고 할 수 있다. 성장과 개발, 물신주의로 인해 현대 시민사회의 근간을 이루는 개인과 집단의 인격적 존엄성과 인권이 무시되는 오도된 가치관이 그것이다.

---

17_유럽노동자평의회 지침은 1994년 10월 22일 제정되어 2009년에 개정된 바 있다. 독일은 1994년 유럽노동자평의회 지침을 1996년 국내법에 반영했다.

18_한국에서 삼성 노동자의 노동권을 무시하는 이런 행태는 결국 삼성이 한국을 제3세계로 간주하는 것이 아닌가 하는 의심을 갖게 한다.

삼성의 『지속가능보고서』는 형식적으로는 규범적 가치를 존중하고 따르는 것처럼 보이지만, 그 핵심 가치를 반영하지 못하고 있다. 21세기 자본주의 발전과 더불어 이제 기업은 사회적으로 핵심적인 주도 세력이 되었다. 의도했든 의도하지 않았든 기업이 막강한 사회적 영향력을 갖게 됨에 따라 그에 걸맞은 막중한 사회적 책임감이 필요하게 되었다.

한국 사회에서 권리만을 주장하고 사회적 의무를 방기하는 태도는 1970년대 개발독재 시대에서 통했던 방식이라고 할 수 있다. 한국을 대표하는 글로벌 기업이 여전히 낡은 구시대적 사고와 관행에서 벗어나지 못하고 있는 것은 단순히 개별 기업의 문제로 한정짓고 넘어갈 수 없다. 삼성이 존재하는 한국 사회가 공동체로서 내적 질서를 어떻게 만들어 가느냐는 다른 구성원에게 중요한 의미를 가지며 직접적인 영향을 미치기 때문이다.

경제 성과에 대한 지나친 강조, 부정적 사안의 누락과 은폐, 사회 공헌에 대한 부각, 글로벌 가치 사슬에 대한 배제는 21세기 글로벌 기업의 『지속가능보고서』에 담겨 있을 내용이라고 할 수 없다. 선진국과 제3세계에서 삼성이 인권과 노동권에 대해 이중적 태도를 보이는 것 또한 인정하고 받아들이기 힘들다. 달리 말하면, 강한 사회적 제도와 압력하에서는 삼성이 태도를 바꿔 노동자의 권리를 인정한다는 것을 유럽에서 독일노동자평의회 및 유럽노동자평의회 사례에서 볼 수 있었다. 삼성이 국내에서 자신의 구시대적 행태를 바꾸려 하지 않는다면 차선은 삼성이 바꾸지 않을 수 없도록 만드는 것 외에 다른 선택이 없다.

그러나 우리의 현실은 다르다. 삼성전자의 반인권적이고 낡은 사고와 관행을 오히려 글로벌스탠다드인 것처럼 포장해 주는 역할을 정부와 공공기관 및 언론들이 수행하고 있다. 정론을 추구해야 할 언론들이 삼성전자와의 경제적 이해관계를 먼저 고려하고, 정부 및 공공기관들은 국가 경쟁력이라는 논리를 내세우며 삼성전자의 탈법적 행위를 묵인하고 있다.

기업의 사회적 책임을 기업이 홍보 수단으로 악용하는 추세가 지속됨에 따라 기업의 사회적 책임과 관련된 최근 국제적 흐름은 기업의 자율적 조정에서 점차 국가의 사회적 규제로 변화하고 있다. 우리나라도 이제는 기업의 사회적 책임을 사회적으로 규제하기 위한 다양한 제도적 장치들을 좀 더 적극적으로 모색할 필요가 있다.

제4부는 날로 강화되는 우리 사회에 대한 삼성의 지배력을 분석한다. 이를 확인하기 위해 법조계에 대한 삼성의 지배와 엑스파일 사건을 검토하는 한편, 자금력과 광고를 매개로 삼성이 언론을 통제하고 지배 담론의 변화를 주도하는 메커니즘을 분석한다.

12장 백주선의 "삼성의 법조 지배"는 삼성 재벌이 어떻게 법조계의 지배를 통해 민주주의와 법치주의를 왜곡하고 있는지를 분석한다. 삼성은 '삼성 비자금 의혹 관련 특별검사'(약칭 삼성 특검)에 의해 공식적으로 확인된 액수만 4조5천억 원에 이르는 비자금 등 '돈의 힘'으로 정치·경제·사회 등 제반 영역에서 의사 결정에 막대한 영향력을 행사하고 있다. 법조계 역시 이로부터 자유롭지 않다.

삼성을 비롯한 재벌이 법조계에 미치는 영향력은 형식적으로는 합법적으로 보이나 실제로는 인적 관계를 통해 비밀리에 진행되므로 논의의 대상으로 삼기 어려운 측면이 있다. 그런 점에서 은밀한 비리가 겉으로 드러난 삼성 특검 사건을 먼저 살펴보았다. 삼성 특검과 관련해 삼성 지배권 승계의 과정, 에버랜드 전환사채(CB) 사건에 대한 수사와 하급심 재판, 김용철 변호사의 양심선언과 삼성 특검, 삼성 특검의 기소에 따른 재판을 중심으로 검토했는데, 이를 통해 검찰이나 법원이 얼마나 삼성에 기울어져 있는지를 확인할 수 있었다.

다음으로 재벌의 법조 지배 수단인 불법적 뇌물 수수, 법조 요인의 채용, 대형 로펌 선임에 대해 검토했다. 재벌 총수의 경우 횡령·배임 액수가 수백억, 수천억 원에 이르는데도 오히려 횡령·배임 액수가 몇 억 원에 불과한 범죄자에 비해 집행유예로 풀려 나오는 비율이 높다는 점을 확인했고 재벌 총수에게 관대한 법원 양형의 문제점을 짚었다. 이를 통해 그간 삼성 등 재벌이 합법적이거나 불법적인 방법을 가리지 않고 법조를 지배한 사실과 우리 법원이 특히 삼성 등 재벌 회장들에게 관대한 양형을 내린 사실을 확인했다.

마지막으로, 이러한 재벌의 법조 지배 현상을 해소할 수 있는 여러 가지 방안들로 〈공직자윤리법〉 개정, 〈특정경제범죄가중처벌 등에 관한 법률〉 법정형 강화, 〈부정청탁금지 및 공직자의 이해충돌 방지법〉(제정안)에 대해 검토했으며, 삼성 등 재벌의 법조 지배 현상을 해소하기 위해서는 법·제도적인 정비가 필요함을 확인했다.

13장 박갑주의 "삼성 엑스파일 사건을 통해 본 삼성의 사회적 지배"는 삼성 엑스파일 사건을 통해 삼성그룹이 통제되지 않는 영향력과 지배력을 이용해 민주주의의 제도와 절차조차 왜곡·파괴하는 과정을 분석한다.

엑스파일 사건에는 안기부와 삼성이라는 두 주체의 불법이 존재하지만, 안기부의 불법은 삼성의 불법을 둘러싼 외피일 뿐이다. 엑스파일의 대화 당사자, 대화 내용 등을 살펴볼 때 엑스파일은 '안기부' 엑스파일이 아닌 '삼성' 엑스파일로 호칭하는 것이 타당하다 할 것이다.

삼성 엑스파일의 내용은 삼성이 정치인·관료·검사 등을 관리한 방법과 영향력을 유지, 확대재생산한 방법을 알려 준다. 엑스파일이 문제되는 가장 큰 이유는 그 내용이 국민주권의 원칙과 법치주의를 규정하고 있는 헌법을 위반하고 도전하는 것이기 때문이다.

MBC 내에서 삼성 엑스파일 사건을 보도하기까지 경과는 외형적으로는 도청 테이프의 불법과 국민의 알 권리, 언론의 자유의 충돌 문제였다. 하지만 그 본질은 언론의 기능과 자본의 영향력 사이의 문제였고, 구체적으로는 자본력 및 사회적 영향력에 기반한, MBC에 대한 삼성의 포섭과 압박의 문제였다.

국민 여론과 달랐던, 삼성 엑스파일 사건에 대한 참여정부의 태도의 배후에는 삼성그룹의 사회적 지배력, 참여정부와 삼성그룹 사이의 밀착 관계가 존재했던 것으로 보인다. 결국 삼성 엑스파일 테이프 속 대화자나 대화 내용에 대해 제대로 수사하지 못했을 뿐만 아니라 정치적 책임조차 묻지 못한 것에는 삼성그룹을 통제하지 못하고, 비정상적·불법적 영향력도 차단하지 못하며, 오히려 그에 편승하려던 참여정부의 무능과 실패가 있었다.

삼성 엑스파일 사건을 보도한 기자와 수사를 촉구한 국회의원만 사법 처리 대상이 되는 '비상식적' 수사 결과의 배경에는 스스로 엑스파일의 대화 내용과 무관하지 않고, 여러 인적 네트워크로 삼성그룹 변호사들과 연결되어 있던 검찰의 태생적·주체적인 문제점이 자리 잡고 있었다. 국민의 여론, 법 감정과 달랐던 법원의 판결들도 엑스파일 사건의 취재·보도·공개·수사·기소를 둘러싼 삼성의 사회적 지배력이 최종적으로 도달한 결과라 할 것이다.

14장 김서중의 "삼성의 언론 지배 방식과 현실"은 삼성이 어떻게 언론을 관리하며 삼성에 호의적인 이미지를 구축하는 데 성공하고 있는지를 분석한다. 언론이 삼성의 대변자 역할을 하는 현실은 삼성의 막강한 경제력에서 비롯한다. 삼성은 2011~2012년 48만2,574개의 법인세 신고 기업이 지출한 광고선전비 가운데 14.41%에 해당하는 19조여 원을 쓰는 막강한 광고주이다.

언론과 광고주의 관계는 각자의 자원을 교환하는 관계다. 언론은 확보한 수용자를, 광고주는 광고비를 제공한다. 경제력이 소수 대기업에 집중되고 매체 수가 증가함에 따라 대기업 광고주들의 영향력이 커져 힘에 있어 언론보다 우위에 서게 되었으며, 그 정점에 삼성이 있다.

삼성은 평시에는 절대적인 광고주로서 언론과 호의적 관계를 맺으면서 비판적인 기사의 생산을 억제한다. 하지만 비판적인 기사를 억제하지 못하면 당근 대신 채찍이라는 수단을 사용한다. 김용철 변호사의 삼성 비자금 폭로 등 비판적 기사를 꾸준히 게재한 『한겨레신문』과 『경향신문』에 장기간 광고를 주지 않은 사례가 대표적이다.

삼성은 또한 언론과 호의적인 관계, 인적 유대를 유지하기 위해 언론인들에게 경제적 혜택을 주며 관리한다. 삼성언론재단의 수혜를 받은 언론사 간부들이 수백 명에 이르는 현실이 이를 반영한다. 김용철 변호사가 밝힌 비자금의 용도에 언론인이라고 예외일 수는 없을 것이다. 언론인들을 고위직으로 채용하기도 한다. 그 결과 삼성이 책임져야 할 많은 사건에 대해 비판적인 기사가 줄어들거나 사라진다. 여기에 가장 큰 광고주에 대한 언론의 자발적인 협조가 있음은 물론이다. 자사의 삼성 비판 기사를 삭제하고 삼성 경영진에게 사과와 양해를 구하는 문자를 보내는 언론사 사장의 모습이 우리 현실이다.

15장 전승우·지주형·박준우의 "삼성 광고의 변천으로 살펴본 한국 사회 지배 담론의 변화"는 삼성의 텔레비전 광고를 분석해 한국의 사회 변화를 파악하고 이를 통해 다시 한국 사회에 대한 삼성의 이데올로기적 개입을 보여 준다. 분석의 편의를 위해 한국 사회의 발전을 네 시기로 구분했다.

1961~87년에 이르는 개발 군부독재 시기에 삼성은 정권과의 유착을 통해 국내 굴지의 대기업으로 성장했다. 이 시기 삼성의 광고는 산업화를 강

조한다. 개발의 성과가 물질적으로 가시화되었던 1980년대 후반 삼성의 '휴먼 테크' 광고는 진화된 첨단 기술 또는 산업화 노력의 결실을 통해 인간 사회가 풍요로워질 수 있다는 신화를 생산한다. "남자는 여자 하기 나름이에요"라는 광고 또한 전자 제품이 중산층적 가부장제에 기반해 화목한 가정을 만들 수 있음을 이야기한다.

1987년 이후 1997년까지 한국 사회는 자유주의적 민주화 이후 국가 주도 경제에서 자본 주도의 신자유주의 경제로 이행하는 과도기였다. 이 시기 삼성은 이건희 2대 회장의 취임과 더불어 1993년 신경영 선언을 하고 세계 초일류 기업이라는 목표를 세웠다. 이런 흐름은 광고에서도 '세계 일류' 시리즈로 드러난다. 이 시기 삼성 광고는 삼성을 '월드 베스트'로 칭하고 일종의 국가 대표로 표상했으며 경쟁과 프로페셔널리즘을 강조했다.

한국 사회가 IMF 구제금융을 겪고 신자유주의적 구조조정을 본격적으로 추진한 1998년에서 2008년까지의 기간 동안, 삼성은 반도체와 휴대폰을 중심으로 명실상부한 글로벌 기업으로 성장하기 시작했으며, '삼성 공화국'이라고 불릴 정도로 우리 사회에 막강한 영향력을 행사하게 된다. 이 시기 삼성의 광고는 전통 가족의 훈훈함에 기술을 연결시킨 "또 하나의 가족"이라는 신화를 통해 중산층의 몰락과 대량 실업으로 상징되는 신자유주의 사회를 우회하고 은폐한다.

마지막으로 한국 사회의 신자유주의화와 삼성의 초국적 기업화가 더욱 심화된 2008년 이후 삼성의 광고는 외국인 모델이나 "How to Live Smart" 등의 영어 슬로건들로 채워진다. 국가 대표 대신에 자유무역협정(FTA) 시대에 부합하는 범세계주의 이데올로기를 드러내고, 전통적 핵가족의 해체와 개인화로 "또 하나의 가족"이 전달했던 가족 신화의 효력이 떨어지자 스마트 기술과 일상이 결합된 '스마트'한 개인의 삶을 강조한다.

# 12장

# 삼성의 법조 지배

## 사례와 대안

백주선

## 1. 들어가는 말

"권력이 시장으로 넘어갔다."

고 노무현 대통령의 말이다. 많은 사람들이 이 말을 '권력이 재벌로 넘어갔다'고 이해하고 있다. 고 노무현 대통령의 의도가 무엇이든, 권력이 재벌로 넘어갔다는 것에 대한 국민들의 공감은 크다고 본다. 국민들은 '재

---

● 이 글은 참여연대 경제금융센터에서 활동하는 김성진 변호사와 필자가 『시민과 세계』 (2013년 23호)에 게재한 "재벌 공화국과 법조 지배: 사례 분석"을 공동 작업으로 추가적인 논의를 거쳐 수정·정리한 것임을 밝힌다.

벌 공화국', '삼성 공화국'이라는 말을 쓰고 있다. 이는 재벌, 특히 삼성 재벌이 심판 판정에 순응하는 선수로만 머물러 있지 않고, 자신의 필요에 따라 심판 판정 자체를 바꾸는 권력자로 부상한 현실을 반영한다. 재벌, 특히 삼성 재벌은 민주주의와 법치주의를 왜곡하고 있다. 삼성은 공식적으로 확인된 액수만 4조5천억 원에 이르는 비자금[1] 등 '돈의 힘'으로 정치·경제·사회 등 제반 영역의 의사 결정에 막대한 영향력을 행사하고 있다. 이런 재벌의 영향력에서 법조계 역시 자유롭지 않다.

삼성을 비롯한 재벌이 법조계에 미치는 영향력은 인적 관계를 통해 비밀리에 진행되므로 논의의 대상으로 삼기 어려운 측면이 있다. 이런 점에서 은밀한 비리가 겉으로 드러났던 삼성 특검 사건을 살펴볼 필요가 있다. 이를 통해 삼성이 자신이 당사자가 된 재판의 결론까지도 좌우할 만큼 영향력을 행사하고 있다는 안타까운 현실이 드러난다.

재벌의 법조 지배는 첫째는 불법적인 로비를 통해서, 둘째는 법조인 고용, 대형 로펌 선임과 같이 형식적으로는 합법적으로 보이나 실제로는 은밀한 로비를 통해서 이뤄지고 있음을 살핀다.

다음으로 재벌 총수의 경우 횡령 배임 액수가 수백억, 수천억 원에 이르는데도, 오히려 횡령 배임 액수가 몇 억 원에 불과한 범죄자에 비해 집행유예로 풀려 나오는 비율이 높다는 점을 정리해 재벌 총수에게 관대한 법원 양형의 문제점을 다시 드러내고자 한다.

마지막으로, 이런 재벌의 법조 지배 현상을 해소할 수 있는 몇 가지 입법안을 소개한다.

---

1_삼성 특검으로 밝혀진 차명계좌의 총액수. 조준웅 특별검사가 발표한 수사 결과를 분석한 『경향신문』(2008/04/17) 참조. 다만 특검은 이건희 개인 재산으로 결론 내렸다.

## 2. 삼성의 지배권 승계와 삼성 특검

### 삼성 지배권 승계의 과정

삼성의 지배권 승계는 개략적으로 다음과 같은 순서로 이뤄졌다.

1994년부터 1995년 사이에 이재용은 이건희로부터 현금 60억8천만 원을 증여받았고, 이에 대해 16억 원의 증여세를 납부했다. 이재용은 이 돈으로 계열회사가 보유한 비상장회사인 에스원과 삼성엔지니어링의 주식을 산 다음, 그 회사들이 상장되자 주식을 매각해 시세 차익으로 563억 원을 얻었다.

그런 다음 1996년 10월 30일 에버랜드는 1주당 8만5천 원대인 전환사채를 1주당 7천7백 원에 발행했다. 에버랜드의 주주들 중 삼성전자·제일모직·중앙일보·삼성물산과 같은 주요 법인주주들은 모두 전환사채 인수를 포기했고, 이재용은 에스원과 삼성엔지니어링 주식을 판 돈 가운데 48억 원으로 그 전환사채를 인수했다. 이 전환사채를 주식으로 전환함으로써 이재용은 31.9%의 지분(62만7,390주)을 보유한 최대 주주가 됐다.

1998년 들어 에버랜드는 삼성 계열사의 지배권을 가지고 있던 비상장사인 삼성생명의 주식을 9천 원에 사들여 20.67%의 지분을 확보했다. 이로써 삼성그룹의 소유 구조는 이재용 → 삼성에버랜드 → 삼성생명 → 삼성전자 및 삼성물산 → 기타 계열사로 바뀌었다.

### 에버랜드 전환사채 사건에 대한 수사와 하급심 재판

2000년 6월 29일 법학 교수 43명이 삼성에버랜드 전환사채를 실거래가보다 저가로 발행한 행위가 배임에 해당한다고 주장하면서 이건희 회장 등을 〈특정경제범죄가중처벌 등에 관한 법률〉 위반(업무상 배임) 혐의로 고발했다.

그런데 검찰은 고발장을 접수한 지 3년이 다된 2003년 4월에야 수사를 시작했다. 당시 수사 라인인 신상규 서울지검 3차장과 채동욱 특수2부장은 전임자들과는 달리 수사를 적극적으로 진행해 이건희 등을 기소하겠다는 의견을 제시했으나, 송광수 총장은 이에 대해 시큰둥했고, 이례적으로 수사 책임자인 신상규 차장보다 아래 기수인 대검찰청 연구관으로 구성된 별도의 팀에 이에 대한 검토를 맡겼다. 검토 후 문제가 없으면 결재하겠다는 것이었지만, 신상규 차장은 '기소 의견을 받아들이지 않을 경우 옷을 벗을 수밖에 없다'는 강력한 뜻을 대검 수뇌부에 전달했다(이춘재·김남일 2013, 122-124). 한편 김용철 변호사는 송광수 총장(현재 변호사)이 삼성의 관리 대상이었고(이춘재·김남일 2013, 125), 당시 수사 라인에 있던 서영제 서울지검장(현재 변호사)도 삼성이 관리했다고 폭로한 바 있다(김용철 2010a, 212).

신상규 차장 등 수사팀의 강력한 기소 의지에 힘입어 그해 말인 2003년 12월 1일 서울중앙지방검찰청은 공소시효 만료를 하루 앞두고 허태학, 박노빈 등 전·현직 에버랜드 사장을 불구속 기소했다. 송광수 총장과 신상규 차장이 대립하는 모양새에 부담을 느낀 수사팀은 두 전직 사장을 먼저 기소하는 분리 기소안을 내놓았고, 대검 수뇌부는 이 안을 받아 공소시효 만료 직전에 기소 지휘를 내렸던 것이다(이춘재·김남일 2013, 124).

허태학, 박노빈 등이 기소된 이듬해인 2004년 8월 10일 이 사건이 특수2부(부장 남기춘)에서 금융조사부로 이관됐다. 옛 한나라당의 대선 자금을 수사할 때 이학수 부회장의 구속을 주장했던 남기춘 검사가 특수2부로 부임하자마자 삼성에버랜드 사건은 금융조사부로 넘어간 것인데, 이는 삼성에 대해 강공을 편 검사가 삼성에버랜드 사건을 수사하는 것을 막기 위한 조치였다고 한다(김용철 2010a, 220).

다시 그 이듬해인 2005년 10월 4일 이 사건의 1심 판결이 있었는데 서울중앙지법 형사합의25부(재판장 이혜광, 현재 변호사)는 피고인들에 대한 배임죄를 인정해 허태학에게 징역 3년에 집행유예 5년을, 박노빈에게 징역 2년에 집행유예 3년을 선고했고, 이후 이어진 항소심 재판부인 서울고등법원 형사5부(재판장 조희대, 현재 대법관)는 2007년 5월 29일 두 피고인에게 단순 배임이 아닌 업무상 배임죄를 인정해 나란히 징역 3년에 집행유예 5년 및 벌금 30억 원을 선고했다(이춘재·김남일 2013, 125). 그런데 이 사건은 2009년 5월 29일 선고된 상고심에서 대법원 전원합의체가 "에버랜드 전환사채(CB) 발행은 주주배정 방식이 분명하고 기존 주주가 스스로 CB의 인수 청약을 하지 않기로 선택했기 때문에 CB 저가 발행으로 에버랜드가 손해를 입지 않았다"는 이유를 들어 무죄 취지로 파기환송했다. 이에 따라 2009년 8월 27일 파기환송심인 서울고법 형사9부(재판장 임시규, 현재 변호사)는 허태학, 박노빈에게 파기환송심에서 무죄를 선고했고 현재 확정되었다.

## 김용철 변호사의 양심선언과 삼성 특검

이 사건이 대법원에 올라온 지 4개월 뒤인 2007년 10월 29일 김용철 변호사는 이건희 회장의 지시로 삼성이 천문학적인 규모의 비자금을 조성해 임직원 명의의 차명 주식 형태로 숨기고, 이로 인해 발생할 수 있는 여러 잡음을 방지하기 위해 검찰과 국세청 등 권력기관을 상대로 오랫동안 로비를 해왔다는 취지로 양심선언을 했다(이춘재·김남일 2013, 127).

다음 달인 2007년 11월 19일에는 이용철 전 청와대 법무 비서관이 청와대 재직 시절인 2004년 1월경 삼성전자 법무실 소속 이경훈 변호사를 통해 현금 5백만 원을 받았다가 돌려준 사실이 있다고 밝혔다.

이에 힘입어 2007년 11월 22일 〈삼성 비자금 의혹 관련 특별검사의 임명 등에 관한 법률〉(약칭 〈삼성특검법〉)이 국회에서 통과되었고, 같은 해 12월 10일 〈삼성특검법〉에 따라 특별검사로 조준웅 변호사가 선임되었다. 2008년 4월 4일 이건희 전 회장을 처음으로 소환해 조사했고, 그 한 달 전에는 당시 삼성전자 전무인 이재용, 당시 황창규 삼성전자 사장 등 핵심 인물들도 불러서 조사했다. 이재용이 자기 명의로 된 재산에 대해 잘 모르고 어수룩한 것과는 달리 이건희는 매우 잘 준비된 듯 조사 과정에서 모르쇠로 일관하거나 꼭 필요한 부분에서는 동석한 조준형 변호사의 도움을 받아 가며 침착하게 대응했다(이춘재·김남일 2013, 128-131).

마침내 조준웅 특검은 2008년 4월 17일 삼성을 상대로 99일에 걸쳐 수사한 결과를 발표했으나 이 사건을 지켜보는 국민들의 기대와는 거리가 멀었다. 삼성 특검팀은 수사 기간 동안 이건희 전 회장을 비롯해 225명을 소환해 조사하고, 1만4,713개의 계좌를 추적해 4조5천억 원의 차명 재산을 밝혀냈다. 그리고 조준웅 특검이 삼성에버랜드 사건과 관련해 이건희 전 회장을 배임 등의 혐의로 기소했다. 그렇지만 혐의의 중대성에 비춰 구속기소함이 마땅함에도 경제에 미치는 부정적 영향 등을 들며 불구속 기소를 했고, 비자금 조성 경위와 불법 로비 등 핵심적인 의혹 내용에 대해 수사를 방기하고, 삼성 측의 일방적이고 상호 모순된 주장을 객관적인 근거 자료 없이 수용해 기소하지 않거나 처분에 나서지 않았다. 또한 삼성 그룹의 불법 로비 의혹과 관련해 이를 확인하는 객관적인 증거와 뇌물 공여자의 자백이 존재함에도 수사의 근거가 될 수 없다고 판단하는 한편, 피의자들에 대한 소환 조사조차 제대로 하지 않았다(경제개혁연구소 2008, 2, 4). 삼성특별검사팀은 2008년 4월 23일 105일간의 수사를 종료하고 해단식을 했다. 그러나 당시 경제개혁연대가 한국사회여론연구소에 의뢰해 실시한 여론조사 결과, 61.3%가 삼성에 면죄부를 준 봐주기 수사이며 불만족스럽다는 의견을 보였다. 한편 2012년에, 마침 조준웅 특검의 아들이 2010년 1월 삼성전자에 과장으로 특채되었다는 사실이 확인되었다(이춘재·김남일 2013, 132).

## 삼성 특검의 기소에 따른 재판

2008년 7월 16일 1심(재판장 민병훈, 현재 변호사)은 이건희 전 회장에게 에버랜드 전환사채 편법 증여 혐의에 대해서는 "제3자 발행이 아니라 실제적 주주 발행으로 볼 수 있다"며 무죄를 선고했고, 삼성 에스디에스sDS 신주인수권부사채BW 저가 발행 혐의는 "공소시효가 지났다"며 면소판결했다. 다만 재판부는 조세 포탈 혐의와 증권거래법 위반 부분은 유죄를 인정해 징역 3년에 집행유예 5년, 벌금 1천1백억 원을 선고했다. 참고로 조준웅 특별검사는 이 전 회장에게 징역 7년과 벌금 3천5백억 원을 구형했다. 이 사건과 관련해 기존 판례와 달리 삼성에버랜드의 전환사채발행이 무죄라는 소신을 갖고 있던 민병훈 판사에게 법원이 일부러 사건을 배당한 것으로 보인다. 이를 배당한 서울중앙지방법원 수석부장판사는 허만(현재 변호사)이었고, 당시 서울중앙지방법원장은 후에 대법관이 된 신영철이었다. 이들은 촛불 집회 관련 사건을 보수 성향의 특정 판사에게 몰아서 배당한 일에도 연루됐다(김용철 2010a, 94; 380).

그 뒤 약 3달 후인 2008년 10월 10일 2심(재판장 서기석, 현재 헌법재판관)도 모두 무죄를 선고했다. 2심 재판장이었던 서기석 판사는 2002년께 김용철 변호사와 함께 삼성에버랜드가 운영하는 안양베네스트 골프장에서 골프를 쳤고(김용철 2010a, 175), 서기석 판사를 관리한 황백 제일모직 부사장은 사장으로 승진했다(김용철 2010a, 101; 175). 서기석 판사는 서울중앙지방법원장을 거쳐 박근혜 대통령으로부터 2013년 4월 헌법재판관으로 임명되었다.

　그로부터 약 6개월이 지난 2009년 5월 29일 대법원 전원 합의체에서 삼성에버랜드 전환사채 저가 배정에 대해 최종 무죄판결이 내려졌다. 재판부는 "에버랜드 CB 발행은 주주배정 방식이 분명하고 기존 주주가 스스로 CB의 인수 청약을 하지 않기로 선택했기 때문에 CB 저가 발행으로 에버랜드가 손해를 입지 않았다"고 판시했다. 이 판결과 관련해 이용훈 당시 대법원장은 1심에서 이건희를 변호했기 때문에 판결에 참여하지 못했는데, 이용훈은 이 사건이 1심에 계속 중이던 2004년 3월부터 삼성 측 변호인으로 선임돼 2005년 9월 무렵 대법원장이 되기까지 1년 7개월간 무죄 취지로 변론을 한 바 있다(이춘재·김남일 2013, 126). 당시 유죄 의견인 대법관은 박시환·이홍훈·김능환·전수안·김영란 등 5명이었고, 무죄 의견인 대법관은 김지형·박일환·차한성·양창수·양승태·신영철 등 6명이었다. 사건이 배당된 대법원 2부에서 유죄 의견을 가진 박시환 대법관은 이를 전원합의체에 회부해야 한다고 주장했다. 그러나 이용훈 대법원장은 전례 없이 소부를 개편해 삼성에버랜드 사건을 전원합의체에 회부하지 않고 대법원 2부에서 1부로 재배당한 뒤, 박시환 대법관 없이 심리를 다시 하도록 했다(이춘재·김남일 2013, 145). 박시환 대법관이 이에 반발해 업무를 거부함으로써 이 사건은 대법원에 올라온 지 5개월 만에 전원합의체에 회부될 수 있었다(이춘재·김남일 2013, 148). 결국 5 대 6으로 무죄 결론이 났다. 다만 무죄 의견을 낸 김지형 대법관은 특검이 '계열사로 하여금 에버랜드 전환사채 인수를 포기하도록 한 행위를 기소했다면 유죄'라면서 특검의 기소 자체가 잘못(이춘재·김남일 2013, 143)이기 때문에 무죄로 볼 수밖에 없다며 특검의 기소를 비판했다.

　한편 대법원은 같은 재판에서 삼성SDS의 신주인수권부사채를 헐값으로 발행하면서 이건희 전 회장이 자녀 등에게 최대 지분을 사도록 해 회

**표 12-1 | 삼성에버랜드·삼성SDS 사건 일지**

| | |
|---|---|
| 2000년 6월 29일 | 이건희 전 삼성그룹 회장 등 33명 특별 배임 및 업무상 배임 혐의로 고발 |
| 2003년 12월 1일 | 허태학·박노빈 전 에버랜드 사장 〈특경가법상〉 배임 혐의 불구속 기소 |
| 2004년 3월 22일 | 서울중앙지방법원 첫 공판 |
| 2005년 1월 10일 | 검찰, 허태학 징역 5년, 박노빈 징역 3년 구형 |
| 10월 4일 | 법원, 허태학 징역 3년에 집행유예 5년, 박노빈 징역 2년에 집행유예 3년 선고 |
| 2007년 5월 29일 | 항소심 〈특경가법상〉 배임 혐의 유죄 인정 …… 허·박 징역 3년, 집유 5년, 벌금 30억 원 |
| 10월 29일 | 김용철 변호사 '삼성그룹 비자금' 폭로 기자회견 |
| 11월 6일 | 참여연대·민변 '삼성그룹 비자금' 검찰 고발 |
| 2008년 1월 10일 | 조준웅 삼성 특검팀 출범 |
| 4월 17일 | 특검 수사 결과 발표, 이건희 전 회장 배임·조세 포탈 등 혐의 불구속 기소 |
| 7월 16일 | 서울중앙지법, 이 전 회장에 삼성에버랜드 전환사채 및 삼성SDS 신주인수권부사채 발행 부분 무죄 |
| 10월 10일 | 삼성 특검 항소심 삼성에버랜드 전환사채 및 삼성SDS 신주인수권부사채 발행 부분 무죄 선고 |
| 10월 20일 | 대법원 이 전 회장 사건 1부 배당 |
| 2009년 2월 18일 | 대법원 소부개편으로 이건희 사건 2부 배당 |
| 3월 3일 | 허태학·박노빈 에버랜드 전환사채사건 대법원 전원합의체 회부 결정 |
| 5월 29일 | 대법원 전원합의체, 이건희에 대해 삼성에버랜드 전환사채 부분 무죄 원심 확정 및 삼성SDS 신주인수권부사채 부분 파기, 허태학·박노빈에 대해 무죄 취지 파기환송 |
| 8월 14일 | 서울고등법원, 삼성SDS 신주인수권부사채 사건 이건희에 징역 3년에 집행유예 5년 선고 |
| 2009년 8월 27일 | 서울고등법원, 에버랜드 전환사채 사건 허태학·박노빈에 무죄 선고 |

사에 1,540억 원의 손실을 입힌 혐의에 대해 무죄를 선고한 부분은 원심을 파기했다. 대법원 형사2부(주심 김지형 대법관, 현재 변호사)는 "제3자에게 인수권을 부여하는 제3자 배정의 방법으로 신주 등을 발행하면서 시가보다 현저하게 낮은 가액으로 신주 등을 발행하는 경우에는 회사법상 공정한 발행가액과 실제 발행가액과의 차액에 발행 주식 수를 곱해 산출된 액수만큼 회사가 손해를 입은 것으로 봐야 한다"고 밝혔다. 재판부는 이어 "따라서 이와 같이 현저하게 불공정한 가액으로 제3자에게 신주 등을 발행하는 행위는 이사의 임무 위배 행위에 해당하는 것으로서 그로 인해 회사에 공정한 발행가액과의 차액에 상당하는 자금을 취득하지 못하게 되는 손해를 입힌 이상 이사에 대하여 배임죄의 죄책을 물을 수 있다"고 판시했다(『법률신문』 2009/05/30). 이 사건은 2009년 8월 14일 파기환송심인 서울고법 형사합의4부(재판장 김창석, 현재 대법관)에서 신주인수권부사채를 헐값으로 발행한 것에 대해 유죄를 인정하면서도 이건희 전 회장

에게 징역 3년에 집행유예 5년을 선고해 '재벌 봐주기' 논란을 불렀다. 이 파기환송심에 대해 특별검사와 삼성 측이 모두 상고하지 않아 그대로 확정되었다.


## 3. 재벌의 법조 지배 수단

### 불법적 뇌물 수수

삼성은 불법적으로 조성한 비자금을 가지고 다양한 방법으로 법조계를 포함한 권력기관 요소요소에 불법적인 로비를 펼친 것으로 드러났다. 재벌이 직접 현직 고위 법관과 검사들을 관리하고 있다는 것이다. 다음은 그 중요한 예이다.

2005년 8월 18일 노회찬 전 의원은 옛 안기부 도청 녹취록인 '엑스파일'에서 삼성과 중앙일보로부터 돈을 받았다고 거론된 고위 검사 7명의 실명을 공개했다(노회찬 전 의원은 이와 관련 대법원 확정판결 선고로 의원직을 잃었다). 위 사건이 있고 난 2년 뒤인 2007년 11월 3일 "이건희 회장 지시 사항" 문건이 언론에 공개됐는데, 이에 따르면 이건희는 '돈을 받지 않는 권력자에게는 와인이나 호텔 할인권을 건네주라'고 지시했다는 것이다. 앞서 언급했던 이용철 전 청와대 법무 비서관이 청와대 재직 시절인 2004년 1월경 삼성전자 법무실 소속 이경훈 변호사를 통해 현금 5백만 원을 받았다가 돌려준 사실이 있다고 밝힌 것이 그 며칠 뒤인 2007년 11월 19일이었다(경제개혁연구소 2008, 25-26).

한편 추미애 의원은 "2000년 총선 당시 삼성 직원 한 명이 선거 사무실로 현금 1억 원이 든 골프 가방을 갖고 와 돌려보냈다"는 서면 진술서를 특검에 제출했고(경제개혁연구소 2008, 25-26), 2007년 11월 12일 천주교 정의구현사제단은 기자회견에서 임채진 당시 검찰총장 후보자, 이귀남 당시 대검 중수부장, 이종백 당시 국가청렴위원장이 삼성으로부터 금품 로비를 받았다고 발표했다(프레시안 특별취재팀 2008, 58; 임종인·장화식 2008).

그리고 2007년 국회에서 열린 임채진 검찰총장에 대한 인사청문회에서 노회찬 당시 의원은 임채진 총장이 삼성 고위 임원들과 자주 골프를 쳤다는 제보 내용을 소개하기도 했다(김용철 2010a, 174).

## 법조 요인의 채용

재벌들은 고위 법관과 고위 검사 출신들을 사외이사나 법무팀으로 스카우트해서 고액의 연봉을 직접 지급한다. 2013년 1분기 기준으로 20대 그룹 사외이사 489명 가운데 2개 기업 사외이사를 겸임하고 있는 사람은 총 24명으로 집계됐다. 이 가운데 법조계나 공정거래위원회, 국세청 등 권력기관 출신이 20명이나 돼 재벌 그룹들이 방패막이용으로 실세형 인사를 영입하는 데 공을 들이고 있는 것으로 드러났다. 삼성전자와 두산 사외이사직을 동시에 수행하고 있는 송광수 변호사는 2003~05년까지 3년 동안 검찰총장을 지낸 대표적 권력기관 수장 출신 사외이사이다(『The CEOS coreDaily』 2013). 김용철 변호사에 따르면, 삼성의 경우 법원과 검찰의 인사철이 되면 삼성 구조조정본부(약칭 구조본)는 촉각을 곤두세우고 퇴직한 판검사들을 고문 변호사나 법무팀 소속 변호사로 영입하기도 하고, 직접 영입하지 않는 경우에도 대형 사건을 맡기면서 관리를 했다고 한다. 이는 공직에 재기용됐을 때를 대비한 뇌물이며, 삼성에버랜드 사건을 변호한 이용훈 대법원장도 그런 경우라는 것이다(김용철 2010a, 256-257).

## 대형 로펌 선임

대형 로펌 역시 고위 법관과 고위 검사 출신들을 고액에 스카우트한다. 2012년 국정감사 자료에 따르면 그해 퇴임한 판사와 검사 125명 중 절반 가까운 62명이 로펌에 재취업했다(강철원 외 2013, 1). 검사장 출신인 박한철 헌법재판소장은 2010년 7월 검사장에서 물러나 그해 9월부터 헌법재판관에 지명되기 전까지 대형 로펌인 김앤장에서 근무하면서 4개월 동안 총 2억4천5백만 원, 월평균 6천만 원의 급여를 받았다(『뉴스토마토』 2013/04/09). 황교안 법무부 장관도 고검장 퇴임 후 대형 로펌 태평양으로부터 월 1억 원을 받았다(『중도일보』 2013/02/28).

전관에 대한 이 같은 고액 스카우트에 대해 대한변협 인권위원장인 민경한 변호사는 다음과 같이 진단한 바 있다.

"단지 수사와 업무의 자문만을 위한 것이라면 엄청난 고액의 자문료를 주고 최고위직 출신의 공직자를 여러 명씩 영입할 필요가 없을 것이고, 그 공직자들이 공직에 있을 때 알게 된 정보와 인맥을 활용해 사건 유치나 업무 처리 등 로비를 위한 것이라고 의심할 수밖에 없다. 로비가 불법인 상황에서 대형 로펌만 로비스트를 편법으로 활용해 많은 사건을 선임하고 로비를 하며 불공정한 경쟁을 하고 있다"(민경한 2013, 260).

국회 법사위원인 새정치민주연합 박범계 의원도 다음과 같이 진단한 바 있다.

"대기업의 이익을 변론하는 김앤장과 같은 대형 로펌들이 퇴임한 고위직 공무원들을 싹쓸이해 소속 변호사 내지 고문으로 두면서 관료 조직과 사법 조직을 연계시키는 게 문제이다. 대기업의 이익이 법과 제도로 관철될 수 있는 '삼각동맹'이 형성돼 있는 것이다"(『뉴스토마토』 2013/04/09).

## 4. 재벌 총수의 양형 문제

재벌 총수의 경우 횡령 배임 액수가 수백억 원, 수천억 원에 이름에도 불구하고, 법원이 작량감경[2]을 통해 집행유예를 선고하는 경향이 강하다. 중소 기업인이나 일반인의 경우 단돈 몇 억 원만 문제돼도 실형을 사는 경우가 많다는 점에서, 문제된 액수가 많을수록 자유의 몸이 된다고 볼 수도 있다. 2000년 1월부터 2007년 6월 말까지 횡령 배임죄로 언론에 보도된 사건을 확인한 결과, 일반 배임 횡령에 비해 액수가 클 때 적용되는 〈특정 경제범죄가중처벌 등에 관한 법률〉상의 횡령, 배임죄의 경우 1심에서 집행유예 선고 비율이 71.1%이고, 일반 횡령 배임죄의 경우 그 비율이 41.9%로 나타났다(이상훈 2008, 21). 항소심까지 고려하면 전자의 비율이 83.9%에 이른다(김상조 2012, 192). 이런 사법부의 총수 봐주기 판결 경향은 유전 무죄 논란이 나오는 배경이며 사법부에 대한 불신의 원인이다. 다음과 같은 사례가 있다.

### 삼성 특검 수사 결과 이건희 회장에 대한 배임죄

1999년 2월 당시 비상장회사였던 삼성SDS 이사회는 신주인수권부사채를 이재용 등에게 발행하면서 시장가격에 비해 저렴한 가격에 이를 인수하도록 했고, 참여연대는 이에 대해 이건희 회장을 배임 혐의로 고소했다. 그러나 검찰은 여섯 차례에 걸쳐 불기소처분을 했고, 2007년 10월경 김

---

2_범죄의 정상(情狀)에 참작할 만한 사유가 있을 때에 법관의 재량으로 행해지는 형의 감경을 말한다.

용철 변호사의 양심선언 이후에야 비로소 삼성 특검에 의해 이건희 회장 등에 대한 기소가 이뤄졌다. 1심과 2심은 각각 면소와 무죄를 선고했으나 대법원이 유죄 취지로 파기환송 판결을 함에 따라 2009년 8월 14일 파기환송심(서울고등법원 형사4부 재판장 김창석, 현 대법관)에서 배임 액수가 227억 원에 이른다는 것이 확인됐고, 이건희 회장에게 징역 3년에 집행유예 5년이 선고됐다. 이 판결에 대해 조준웅 특검은 "서울고법이 삼성SDS 신주인수권부사채 저가 발행(〈특경가법상〉 배임 혐의)에 대해 대법원 파기환송 취지대로 1심의 면소판결을 파기하고 유죄를 선고해 상고이유가 없다"면서 상고를 포기한다고 미리 밝혔고, 삼성 측도 상고기간 만료일까지 상고를 하지 않아 그대도 확정되었다. 참고로 파기환송심 재판부는 함께 기소된 이학수 전 부회장에게 징역 2년 6월에 집행유예 5년을, 김인주 전 전략기획실 사장에게는 징역 3년에 집행유예 5년을, 김홍기 전 삼성SDS 사장과 박주원 전 삼성SDS 경영지원실장에게는 징역 2년 6월에 집행유예 4년을 각각 선고했다.

한편 김창석 판사는 박근혜 정부에서 2012년 7월 대법관으로 제청되었다. 당시 인사청문회에서 이건희 회장에 대한 '봐주기'식 판결과 쌍용자동차 파업 사건 등 친재벌 성향 판결이 집중 추궁당했다(『법률신문』 2012/07/13).


## 현대자동차 정몽구 회장에 대한 배임죄

정몽구 현대자동차 그룹 회장이 계열사 임원과 공모해 비자금 1,034억 원을 조성하고, 그중 696억 원을 횡령했으며, 자신의 개인 보증 채무를 회피하고 정의선 사장의 경영권 승계를 용이하게 할 목적으로 현대자동차를 비롯한 그룹 계열사에 손해를 끼쳤다. 이런 업무상 배임 혐의에 대해 1심은 징역 3년을 선고했다. 그러나 2007년 9월 6일 항소심에서는 징역 3년에 집행유예 5년이 선고됐다.

이런 총수 봐주기 판결 경향에 대한 김용철 변호사는 다음과 같이 주장한 바 있다.

삼성에 불리한 판결을 내린 판사는 '나는 반기업적인 법조인이요'라고 선언한 것과 같다. 그런데 대형 로펌에서 천문학적인 연봉을 받는 변호사들을 먹여 살리는 것은 재벌 대기업들이다. 이런 상황에서 '반기업적'이라는 낙인이 찍힌 판사를 영입할 만큼 간 큰 로펌이 얼마나 될까. 분위기가 이러니까 현직 판검사들 역시 변호사 개업 이후를 대비해서 재벌에게 '반기업적'이라는 낙인이 찍히지 않도록 몸을 사린다. 주류 집단 안에서 '왕따' 당할까 봐 두려운 것이다(김용철 2010a, 389-390).

## 5. 재벌의 법조 지배 완화를 위한 제안

재벌의 법조 지배 완화를 위한 최선의 해결책은 재벌 총수 일가를 위한 재벌의 비자금 조성을 막고, 재벌 총수의 독단적인 경영이 실제로 견제 받을 수 있는 투명한 지배 구조를 만드는 것이다. 다만, 이하에서 소개하는 방안들은 그런 근본적인 해결책 외에 법조 고위 인사들의 불법적인 재벌 봐주기를 방지하는 방안을 중심으로 소개한다.

## 〈공직자윤리법〉 개정

〈공직자윤리법〉은 공직자의 부정행위를 막고 공무 집행의 공정성을 확보하기 위해 퇴직 후 취업을 법으로 제한하는 제도 등이 있다. 현행법의 문제점과 개선책을 살펴보자.

현행법은 퇴직 후 취업제한 대상을 정함에 있어 변호사·세무사 등이 로펌 등에 취업하는 경우를 취업제한의 예외로 정해 이를 제한하지 않고 있다(동법 제17조 제6항). 이래서는 박근혜 정부 고위 공직자 인사청문회 과정 등에서 드러난 바와 같이 변호사 자격을 가진 고위 법조인의 전관예우를 막지 못한다. 변호사의 로펌 취업에 대한 예외를 삭제해 로펌 취업을 원할 경우 다른 공직자와 마찬가지로 공직자윤리위원회의 승인을 얻도록 해야 한다.

동법은 자본금 및 외형 거래액을 기준으로 취업제한 대상 사기업체를 정하고 있으므로(제17조 제1항 제1호), 법률사무소 김앤장과 같이 자본금이 없는 사업 조직에 취업하는 것을 전혀 규율할 수 없는 문제가 있다. 자본금 또는 외형 거래액을 기준으로 취업제한 대상 사기업체를 정해야 한다.

또한 현직 공직자가 청탁받는 행위를 직접 규제하지 않아 불법 로비를 제대로 막지 못하는 문제가 있다. 공직자에 대한 퇴직 공직자의 청탁 행위를 금지할 필요가 있다. 퇴직 공직자와 공직자가 업무상 접촉하는 것을 금지하고, 공직자로 하여금 퇴직 공직자와 접촉한 경우 만남의 시기와 장소, 목적을 보고하도록 할 필요가 있다.

현행법은 외국 정부로부터 받은 선물만을 문제 삼고 있으나(제15조), 떡값 논란과 같이 공정한 공무 수행을 해치는 수준의 금전적·경제적 이익의 수수를 규제할 필요가 있다. 먼저 일체의 금전적 이익을 직무 관련자로부터 받지 못하도록 해야 한다. 나아가 직무상의 관련 여부를 떠나 공직자로 하여금 어느 누구로부터도 경조사비 등 상당성이 인정되는 금전을 제외한 일체의 금전적 이익을 받지 못하도록 규제해야 한다.

　참고로 변호사법 제31조에서는 변호사 윤리와 관련해 공직 퇴임 변호사의 수임 제한 규정을 다음과 같이 두고 있다. 제3항에서 원칙적으로 법관, 검사, 장기 복무 군법무관, 그 밖의 공무원 직에 있다가 퇴직해 변호사 개업을 한 자("공직 퇴임 변호사")는 퇴직 전 1년부터 퇴직한 때까지 근무한 법원·검찰청·군사법원·금융위원회·공정거래위원회·경찰관서 등 국가기관이 처리하는 사건을 퇴직한 날부터 1년 동안 수임할 수 없는 것으로 규정하고 있고, 제4항에서는 공직 퇴직 변호사가 수임할 수 없는 경우를 더 구체적으로 열거하고 있다. 즉 "① 공직 퇴임 변호사가 법무법인, 법무법인(유한), 법무조합(이하 이 조에서 "법무법인 등"이라 한다)의 담당 변호사로 지정되는 경우, ② 공직 퇴임 변호사가 다른 변호사, 법무법인 등으로부터 명의를 빌려 사건을 실질적으로 처리하는 등 사실상 수임하는 경우, ③ 법무법인 등의 경우 사건 수임 계약서, 소송서류 및 변호사 의견서 등에는 공직 퇴임 변호사가 담당 변호사로 표시되지 않았으나 실질적으로는 사건의 수임이나 수행에 관여하여 수임료를 받는 경우"에는 수임할 수 없도록 규정하고 있다. 이를 위반해 수임하는 경우 제91조 제2항에서 정한 제명, 3년 이하의 정직 등 징계 사유가 된다.


### 〈특정경제범죄가중처벌 등에 관한 법률〉 법정형 강화

〈특정경제범죄가중처벌 등에 관한 법률〉에 의하면 횡령 배임 액수가 50억 원이 넘는 경우 무기징역 또는 5년 이상의 징역형을 법정형으로 정하고 있다(제3조 제1항 제1호). 전술한 바와 같이 재벌 총수에 대한 봐주기 판결은 법원이 형을 정함에 있어 재벌 총수의 경우 작량감경을 통해 형을 반으로 깎아 준 결과이다. 이런 법원의 재벌 총수 봐주기 판결을 막기 위해서는 작량감경을 하더라도 집행유예 선고가 불가능하도록 법정형의 하한을 7년 정도로 상향하는 것이 필요하다. 이런 내용의 법 개정은 18대 대선에서 여야 후보 모두의 공약이었던바, 조속한 입법이 이뤄지길 기대한다.

## 〈부정청탁금지 및 공직자의 이해충돌 방지법〉(일명 김영란 법)의 제정[3]

이 법을 제안하는 이유는 "공직자의 부패·비리 사건으로 인하여 공직에 대한 신뢰 및 공직자의 청렴성이 위기 상황에 직면해 있으며, 이는 공정 사회 및 선진 일류 국가로의 진입을 막는 최대 장애 요인으로 작용하고 있으나, 이를 효과적으로 규제하기 위한 제도적 장치가 미비한 상태인바, 이에 공직자의 공정한 직무 수행을 저해하는 부정 청탁 관행을 근절하고, 공직자의 금품 등의 수수 행위를 직무 관련성 또는 대가성이 없는 경우에도 제재가 가능하도록 하며, 공직자의 직무 수행과 관련한 사적 이익 추구를 금지함으로써 공직자의 직무 수행 중 발생할 수 있는 이해 충돌을 방지하여 공직자의 공정한 직무 수행을 보장하고 공공기관에 대한 국민의 신뢰를 확보하려는 것"이라고 밝히고 있다. 법안의 주요 내용으로는 ① 공직자에 대한 부정 청탁의 금지, ② 공직자의 금품 수수 등 금지, ③ 공직자의 사적 이해관계 직무의 수행 금지, ④ 고위 공직자의 사적 이해관계 직무의 수행 금지, ⑤ 공직자의 직무 관련 외부 활동 금지, ⑥ 직무 관련자와의 거래 제한, ⑦ 직무 관련자와의 거래 제한 등이다. 법안 제한의 취지와

---

3_정부가 2013년 8월 5일 의안번호 1906272호로 제출한 법안의 주요 내용이다. 이 글을 작성하는 현재, 이 법안은 국회 소관 위원회인 정무위원회에 계류 중인 상태이다.

주요 내용에 비춰 보면 삼성 등 재벌들의 법조 지배를 방지하는 데도 일조할 것으로 기대한다.


## 6. 맺음말

재벌이 돈의 힘을 앞세워 뇌물 수수, 직접적인 고용이나 김앤장 등 대형 로펌을 통해 고위 판검사들을 관리하고 있고, 이를 통해 대한민국 법의 예외로서 군림하고 있음을 보았다. 국민들은 이 현상을 빗대어 '재벌 공화국', '삼성 공화국', '검찰 공화국', '김앤장 공화국'이라고 한다. 이런 표현은 그 자체로 자조적이나 왜곡된 지배 구조를 깨뜨려 나가야 한다는 비판의식 또한 담고 있다. 재벌 총수가 불법행위와 범죄를 저지르고도 돈으로 엮어 낸 법조인들을 내세워 면죄부를 받아서는 안 된다. 재벌의 법조 지배를 혁파하는 것은 대한민국의 법치주의를 위한 것이고, 당연한 정의의 요청이다.

# 13장

# 삼성 엑스파일 사건을 통해 본
# 삼성의 사회적 지배

박갑주

## 1. 들어가는 말: '삼성' 엑스파일이라고 불러야 할 이유

'엑스파일 사건'이란 두 가지 사건을 의미한다. 하나는 안전기획부(약칭 안기부, 현 국가정보원)가 1997년 이학수 삼성그룹 비서실장과 홍석현 중앙일보 사장이 서울 신라호텔에서 만나 제15대 대통령 선거 후보자들에 대한 정치자금 제공과 검찰 간부들에 대한 금품 제공을 논의하는 대화를 불법 도청한 사건이다. 다른 하나는 MBC 이상호 기자 등이 2005년 7월 그

---

● 필자는 노회찬 의원의 '삼성 엑스파일'에 등장하는 검찰 간부 실명 공개와 관련한 〈통신비밀보호법〉 위반 사건의 변호인 중 한 명이었다.

와 같은 도청 테이프의 대화 내용을 보도하고, 국회 법제사법위원회 소속 노회찬 의원이 8월 18일 삼성이 정기적으로 금품을 제공한 것으로 보이는 최고위급 검찰 간부 7명의 실명과 관련 도청 테이프 녹취록을 공개한 사건을 말한다.

따라서 공개된 엑스파일[1] 사건은 이학수와 홍석현의 대화와 그에 대한 안기부의 도청이라는 사건과, 도청 테이프 내용에 대한 보도·공개를 둘러싼 과정과 결과라는 사건으로 구성된다.

전자의 엑스파일 사건은 삼성, 중앙일보, 유력 대선 후보, 최고위급 검찰 간부의 유착 관계와 불법 정치자금, 뇌물 공여의 문제, 국가기관의 광범위하고 일상적인 불법 도청의 문제를 드러낸 사건이다. 사건의 주체는 안기부와 삼성이다. 하지만 안기부의 불법 도청은 삼성의 불법을 세상에 알린 한 계기였을 뿐이다. 불법 도청이 삼성의 불법을 유도한 것도 조작한 것도 아니며, 안기부는 삼성이 자신의 영향력하에 있는 언론사 사주에게 불법을 지시하고, 이행을 보고받는 것을 도청했을 뿐인 것이다.

한편 후자의 엑스파일 사건과 관련해서는 언론의 기능과 자본의 영향력, 도청 테이프의 불법과 국민의 알 권리 또는 언론의 자유, 언론과 정치권의 태도, 대화자들 및 대화 내용에 대한 검찰의 소극적 수사, 차별적 기소와 법원 판결의 문제 등을 제기했다. 그리고 결과적으로 도청 테이프 속 대화자나 등장인물은 누구 하나 처벌받지 않았음에 반해 불법 도청의 관여자들, 삼성 엑스파일을 보도하고 수사를 촉구한 사람들만 처벌받음으

---

1_공개된 엑스파일은 1997년 4월 9일, 9월 9일, 10월 7일의 각 대화 내용을 안기부 미림팀 요원들이 정리한 안기부 내부 문건과 1997년 9월 9일 대화 내용에 대한 93분 분량의 도청 테이프로 이루어져 있다.

로써 현상적으로는 1997년 엑스파일 사건 당시와 다름없는 삼성의 영향력을 확인해 주는 것으로 일단락되었다.

　그와 같은 이유에서 엑스파일 사건은 '안기부 엑스파일 사건'이 아니라 '삼성 엑스파일 사건'으로 호칭하는 것이 타당하다.


## 2. 삼성 엑스파일의 대화 내용에서 드러난
##　삼성의 사회적 지배

안기부의 불법 도청 문제는 1998년 2월 김대중 정부가 출범하기 직전 실행 조직이던 미림팀[2]이 해체되고, 2005년 불법 도청 사실이 보도된 후 공운영 전 미림팀 팀장 등이 구속·처벌됨으로써 사법적 책임은 물어졌다. 하지만 삼성의 불법 문제, 정치권력-거대자본-거대언론-검찰의 유착, 불법 정치자금 및 뇌물의 제공, 그를 통한 기득권 유지와 영향력 확대의 문제 등은 제대로 수사되지도, 정치적·사법적 책임을 묻지도 못했다. 오히려 결과적으로 삼성의 사회적 영향력을 확인했다고 볼 수 있다. 따라서 정의가 실현되지 않은 애초의 문제, 삼성 엑스파일의 내용 그 자체부터 살

---

2_미림(美林)팀은 1960년대 중반 안기부의 전신인 중앙정보부가 주요 인사들의 동향을 파악하기 위해 운영하던 정보 수집팀의 별칭이다. 안기부는 노태우 정부 말인 1991년 7월 공운영을 팀장으로 조직을 정비하면서 도청 장비를 이용해 첩보 수집을 시작했다. 김영삼 정부 출범 후 김덕 안기부장에 의해서 해체되었다가 오정소가 안기부 대공정책실장에 부임한 1994년 7월 부활해 김대중 정부가 들어서기 직전인 1998년 2월까지 운영되었다.

펴볼 필요가 있다. 그 속에서 삼성이 어떻게 정치인·관료·검사 등을 관리했는지, 어떻게 영향력을 유지하고 확대재생산했는지를 구체적으로 살펴보고 분석할 필요가 있다.

안기부 미림팀은 1997년 4월 9일, 9월 9일, 10월 7일 세 차례에 걸쳐 서울 장충동 신라호텔에서 이학수 삼성그룹 비서실장과 홍석현 중앙일보 사장의 대화 내용을 도청했다. 그들의 대화는 삼성그룹의 2인자 이학수 비서실장이 중앙일보 홍석현 사장에게 이건희 회장의 지시 내용을 전달하고, 홍석현 사장이 그동안의 이행 내용과 이건희 회장의 관심 사항을 보고하는 형식이었다. 그 주요 내용은 다음과 같다고 알려져 있다.

### 제15대 대통령 선거 여야 후보자들에 대해 1백억 원대 불법 정치자금을 제공하고자 하는 내용

'4월 9일자 대화'에는 신한국당 대선 후보 경선 주자들에 대한 정치자금 지원, 국민회의의 대선 후보 김대중 총재에 대해 관심을 가질 필요성 등에 대한 내용이 존재한다.

'9월 9일자 대화'에는 홍석현이 이회창과 만나 창구를 이회성으로 정하고, 그 직후 이회성이 홍석현에게 필요한 정치자금 지원을 요청해 홍석현의 집 근처로 오도록 해 자금을 전달했다는 내용이 들어 있고, 삼성그룹 비서실의 재무부장 김인주가 직접 이회창 측에 자금을 전달했다는 내용도 포함되어 있다.

또한 서상목 신한국당 대선기획단 기획본부장이 당과 별도로 진행하는 이회창 이미지 작업 등에 자금을 지원하겠다는 내용도 있고, 이회창의 최측근에게도 자금을 전달해야 하는 것 아닌가 하는 대화 내용도 포함되어 있다. 또한 이건희가 김대중에게 정치자금을 집행할 것을 지시를 했다는 사실을 직접 김대중에게 전달했고, 이에 김대중이 이건희를 존경한다고 했다는 내용이 포함되어 있다.

'10월 7일자 대화'에는 이건희가 이회창에 대한 정치자금 전달을 홍석현이 계속 담당하라고 지시한 내용이 있고, 이인제·박찬종에게 정치자금을 지원하는 것과 관련한 논의, 이수성은 대선 후보가 되지 않더라도 계속 영향력이 있을 것이니 지원해 줄 것이라는 내용, 이건희가 김대중에 대한 지원 상황을 확인했다는 내용 등이 존재한다.


**정기적·계속적으로 검사들에게 금원을 제공하고, 제공할 계획에 관한 내용[3]**

첫째, 삼성은 정○○ 전무 대우에게 명단을 작성하도록 해 최고위급 검찰 간부들을 관리하고자 했다. 또한 이건희의 직접 지시에 따라 검찰 간부를 통해 '주니어'(후배 검사)들에게도 금원을 제공하고자 했다.

둘째, 삼성은 설날, 추석,[4] 연말 등에 맞추어 정기적·계속적으로 최고위급 검찰 간부들에게 금원을 제공했으며, 또한 제공할 계획이었다. 대화 내용에 '작년에 3천 했는데, 올해는 2천만 하지'라는 표현과 '연말에 또 하고'라고 하여 정기적이고 계속적으로 금원이 지급되었음을 추정할 수 있는 표현이 들어가 있는 것으로 알려졌다.

셋째, 이학수와 홍석현의 대화 속에서 금원의 제공 대상으로 거론된 최고위급 검찰 간부들 중에는 삼성 엑스파일이 공개된 2005년 당시 법무

---

3_1997년 9월 9일자 도청 테이프에 포함되어 있는 것으로 알려져 있는 내용이다.

4_이학수와 홍석현의 대화가 이루어진 1997년 9월 9일은 추석 연휴 전 주였다.

표 13-1 | 삼성 엑스파일 속의 최고위급 검사 실명

| 성명 | 언급 금원 액수 | 1997년 당시 직책 | 주요 경력(2005년 당시 직책) |
|---|---|---|---|
| 최경원 | 기본 | 법무부 검찰국 국장 | 법무부 장관, 검찰 동우회 회장 |
| 김두희 | 2천만 원 | 성균관대 이사 | 법무부 장관 |
| 김상희 | 기본+5백만 원 | 서울동부지검 차장검사 | 법무부 차관 |
| 김진환 | 연말 | 서울지검 차장검사 | 서울지검장, 법무부 감찰국 국장 |
| 안강민 | 기본+연말 | 서울지검장 | 대검중수부장 |
| 홍석조* | 2천만 원(1996년 3천만 원) | 서울고검 차장검사 | 법무부 감찰국 국장, 보광훼미리마트 대표이사(광주고검장) |
| 한부환 | 기본 | 서울고검 차장검사 | (법무부 차관) |

주: * 이건희 회장의 작은 처남이자 홍석현 중앙일보 회장의 동생인 홍석조는 검사들에 대한 금원의 전달책을 했고, 삼성 엑스파일 속에도 그와 같은 사실을 확인할 수 있는 내용이 들어 있는 것으로 알려져 있다.

부 차관, 광주고검장으로 현직에 있던 사람도 있었다.

삼성 엑스파일에 등장하는 최고위급 검사의 실명은 〈표 13-1〉과 같다.

**정부 고위직을 관리하고, 기아차와 관련해 유력 정치인들과 의견을 주고받는 것에 관한 내용**

'10월 7일자 대화'에 강경식 당시 부총리에 대한 금원의 제공과 관련된 내용이 존재한다. 그런데 1997년 3월 및 4월에 작성된 삼성 보고서는 '전략 사업 분야(자동차 등) 유력 업체 인수를 위해 정부와 공고한 공조 체계를 구축해 나갈 계획'이라는 내용이 있었고, 강경식 부총리는 이전에 '삼성자동차 부산 유치위원장'으로 활동하다가 경제 부총리로 임명되어 기아차가 부도 처리될 때 공기업 전환 후 매각을 주장했다.

**삼성그룹과 밀접한 관련이 있는 국회의원의 자리를 챙기는 것에 관한 내용**

'9월 9일자 대화'에는 중앙일보 편집국장, 정치부장 등을 역임하다가 이회창 캠프에 합류했던 고흥길의 사표 소동에 관한 내용이 포함되어 있다. 홍

석현이 이회창을 만나 고흥길을 장관급 또는 3선급 이상으로 대우해 줄 것을 요구해 고흥길이 다시 대외 담당 특보로 출근하게 되었다는 내용이다. 한편 고흥길은 2009년 2월 국회 문화체육관광방송통신 위원장으로서 대기업과 신문사의 방송 진출을 허가하는 〈미디어법〉을 직권으로 상정, 처리했다. 그런데 〈미디어법〉은 중앙일보(또는 삼성)가 큰 관심을 가지고 있던 법안이었다.

결국 삼성 엑스파일의 핵심 내용은 "대통령 선거 정국의 기류 변화에 따른 여야 후보 진영에 대한 삼성 측의 정치자금 지원 문제와 정치인 및 전·현직 검찰 고위 관계자에 대한 이른바 추석 떡값 등의 지원 문제로서, 이를 통해 삼성그룹 측이 대통령 선거 정국에 영향력을 행사하고 그 과정에서 공권력 행사의 최일선에 있는 검찰 조직에 대한 영향력 강화를 도모하고 있음을 알 수 있는 것들"(이상호 기자에 대한 서울중앙지방법원 2006.8.11. 선고 2006고합177 판결)이다. 따라서 단순한 형사적 범죄행위가 아니라 국민주권의 원칙과 법치주의를 규정하고 있는 헌법을 위반하고 도전하는 행위인 것이다.

한편 이건희의 지시에 따라 이학수와 홍석현이 대화했던 1997년은 삼성그룹이 IMF 사태를 거치면서 자신이 주도한 신자유주의 체제가 고착화되기 이전의 시기이다. 삼성그룹이 아직 압도적인 사회·경제·정치적 영향력을 확보한 상태가 아니었고, 1996년 삼성에버랜드의 전환사채 저가 배정 사건[5] 및 1999년 삼성SDS의 신주인수권부사채 저가 배정 사건[6]

---

5_삼성그룹의 경영권 승계를 위해, 1996년 12월 삼성그룹 지주회사 격인 삼성에버랜드가 전환사채를 헐값에 발행하고 이재용 등을 제외한 97%의 주주가 전환사채 인수를 포기함으로써 이재용이 전환사채를 인수한 후 주식으로 교환해 삼성에버랜드의 최대 주주

으로 나타난 것처럼, 이건희 측의 입장에서는 삼성그룹 경영권 승계를 위한, 적법하지 않을 수 있는 방법의 조치들이 요구되는 상황이었다.[7] 이것이 삼성 엑스파일에서와 같은 불법적·위헌적 방법으로 사회적 영향력을 유지하고 확대재생산하고자 했던 시대적 배경이라 할 것이다.


## 3. 삼성 엑스파일의 보도를 둘러싸고 드러난 삼성의 사회적 지배

이상호 기자에 대한 위 1심 판결은 삼성 엑스파일 사건을 보도하기까지

---

가 될 수 있었던 사건이다. 2000년 6월 법학 교수 43명이 이건희 회장 등을 업무상 배임 혐의로 고발했지만, 검찰은 2003년 12월 공소시효 완성을 하루 앞두고 여론에 떠밀려 이건희 회장을 제외한 허태학, 박노빈 전·현직 에버랜드 사장만을 불구속 기소했다. 1심과 2심에서 모두 유죄를 선고했지만, 대법원은 전환사채발행 과정에서 형식적으로 주주배정 방식을 취했기 때문에 회사에 끼친 손해가 없다며 무죄 취지로 원심 판결을 파기하고 사건을 항소심 법원에 환송했다. 하지만 2011년 2월 민사 재판에서는 이건희 회장에게, 제일모직에 삼성에버랜드 전환사채 인수를 포기하도록 한 업무상 배임 행위로 끼친 130억 원의 손해를 배상하라는 판결이 나왔다.

6_1999년 2월 삼성SDS가 헐값에 회사 주식을 인수할 수 있는 신주인수권부사채를 이재용 등에게 배정한 사건이다. 이와 관련해 1999년 참여연대는 삼성SDS 이사들을 배임 혐의로 고발했다. 하지만 이 사건은 검찰에 의해 불기소되었고, 결국 2007년 삼성 비자금과 관련해 김용철 변호사가 폭로한 이후 제정된 〈삼성 비자금 의혹 관련 특별검사의 임명 등에 관한 법률〉에 따라 특별검사의 기소로 심리가 시작되었다. 제1심과 항소심에서는 신주인수권부사채 저가 발행과 관련해 무죄가 선고되었지만, 대법원에서는 유죄 취지로 파기환송했다.

7_이와 관련해서는 조승현(2008)에서 구체적으로 분석하고 있다.

MBC 내부의 움직임을 다음과 같이 밝히고 있다.[8]

① 이상호 기자가 삼성 엑스파일 내부 문건을 확보한 상태에서 2004년 12월 23일 이긍희 사장이 주최한 임원 회의는 도청 테이프가 없는 이상 보도할 수 없다는 결론을 내렸다.

② 그 무렵 이상호 기자의 소속이 변경되었고 MBC의 내부 사정으로 일단 취재가 중단된 상태에 있었다.

③ 2005년 3월 4일자로 보도국 라디오 뉴스 소속으로 변경된 이상호 기자는 같은 달 7일 보도국장에게 취재 재개를 요청해 다음 날 국장단 회의 후 취재 재개를 허가받게 되었다. 하지만 당시 MBC는 도청 자료의 출처 및 안기부 미림 팀에서 도청해 작성을 한 사실이 명확하게 확인되지 않는 한 보도가 불가능하다는 입장을 정했다.

④ 이상호 기자는 2005년 4월 중순경 보도국장으로부터 도청 테이프 출처 취재를 다시 지시받고, 같은 달 25일경 제보자로부터 들은 임○○의 집으로 찾아갔으나 취재에는 실패했다.

⑤ MBC는 2005년 5월 말경 고문 변호사들 등으로부터 안기부 내부 문건 및 도청 테이프의 내용 공개에 대한 법률 검토를 받았는데, 변호사들은 공익 및 국민의 알 권리 차원에서 문제가 없다는 자문을 했다.

⑥ 2005년 6월 8일 인터넷 뉴스 〈데일리 서프라이즈〉에서 "MBC와 이상호 기자는 침묵을 깰 때"라는 기사를 게재해 삼성 엑스파일의 존재에 대해 문제를 제기했고, 이 무렵을 전후해 엑스파일의 존재에 대해 점차 세간의 관심이 증폭

---

8_삼성 엑스파일 사건의 취재·보도와 관련해 MBC 내부에서의 일들에 대해서는 이상호 (2012)에 구체적으로 기록되어 있다.

되기 시작했다. MBC는 2005년 6월 중순경 인맥 등 여러 경로로 대법원·검찰·법무법인 등에 근무하는 실무가들에게 자문을 구했지만 〈통신비밀보호법〉에 저촉되는 문제가 발생할 수 있다는 답변을 듣게 되었고, 보도국 내에서도 의견이 갈려 실제 보도에는 이르지 못하고 있었다.

⑦ 2005년 7월 21일 조선일보에서 안기부 도청 실태와 삼성 엑스파일의 일부 내용을 보도했고, KBS에서도 비슷한 내용을 보도하게 되자, 삼성 엑스파일의 공개를 촉구하는 여론이 들끓게 되었다. 이에 MBC도 더 이상 보도를 미룰 수 없다는 판단을 하게 되었다. 하지만 도청 테이프의 대화 당사자인 이학수와 홍석현은 같은 날 서울남부지방법원에 MBC를 상대로 도청 테이프 관련 내용을 일체 보도하지 말 것을 요구하는 방송금지가처분신청을 했다. 그러자 법원은 테이프의 원음을 그대로 방송해서도 안 되고 테이프 또는 녹취록의 대화 내용을 그대로 보도해서도 안 되며, 테이프 또는 녹취록의 실명을 사용해서도 안 된다는 내용의 가처분 결정을 내렸다.

위와 같이 이상호 기자가 각각 표지에 "97년 4월, 9월, 10월"이라는 제목이 붙은 안기부 내부 문건을 확보한 2004년 10월 26일로부터, 또는 방송의 전제 조건으로 회사 MBC 내부에서 요구하던 도청 테이프를 확보한 2004년 12월 30일로부터 적어도 반년 이상이 지난 2005년 7월 21일에서야 〈뉴스데스크〉에서 삼성 엑스파일에 대해 보도할 수 있었던 것이다. 삼성 엑스파일 도청 테이프의 내용에 대한 공개, 보도를 둘러싸고 MBC 내부에서 여러 장애와 머뭇거림, MBC 외부로부터 압력이 있었음을 알 수 있다.

먼저 MBC 내부에서는 엑스파일의 대화 내용에 대해 보도할 수 있을 만큼 취재가 이루어졌음에도 불구하고 사실상 불가능한 불법 도청의 실행자에 대한 인터뷰를 요구하거나 〈통신비밀보호법〉 위반[9]으로 인한 회사의 위험부담, 경영상 판단의 필요성 등이 강조되어 계속 보도가 미루어 졌다. 대체로 보도 불가 입장이 지배적이었다. 비록 〈통신비밀보호법〉 위반의 부담 때문이라고는 하지만, '경영상 판단'이라는 이유에서 알 수 있는 것처럼, MBC의 최대 광고주이자 협찬자이며, MBC 내부 사람들과 여러 네트워크로 연결되어 있던 삼성그룹과의 관계 및 부담 때문이었다. 그 와중에 삼성그룹은 2005년 5월 2일 갑자기 MBC 보도국 간판 프로그램 〈뉴스데스크〉의 앵커를 지냈던 이인용 보도국 부국장을 '기업의 홍보 부문을 강화한다'는 명분으로 삼성전자 홍보 담당 전무로 영입했다. 이인용 부국장은 삼성 엑스파일 사건의 취재가 한창인 가운데 취재 상황을 보고받을 수 있는 위치에 있었던 인물이다.

MBC 외부에서 삼성그룹은 여러 법조 인맥을 총동원해 〈통신비밀보호법〉의 강력한 위력을 MBC 간부들과 기자들에게 전파했다. MBC와 관련된 변호사들에게까지 도청 테이프의 불법성과 〈통신비밀보호법〉의 위험성에 대해 언급했던 것으로 알려져 있다. 나아가 삼성 엑스파일의 대화 내용에서 삼성이 정기적·계속적으로 금원을 제공했거나 제공하기로 언급된 전·현직 최고위급 간부 검사들이 속했던 검찰의 '보도 시 〈통신비밀보호법〉에 따른 사법 처리 불가피'라는 의견까지도 2005년 6월 16일 MBC 편집회의에서 간접적으로 전달되었다.

결국 삼성 엑스파일의 대화 내용에 대한 공개·보도의 문제는 외형적으로는 도청 테이프의 불법과 국민의 알 권리, 언론 자유의 문제였지만,

---

9_〈통신비밀보호법〉제14조 제1항은 공개되지 아니한 타인 간의 대화를 녹음하지 못하도록 하고 있고, 제16조 제1항에서는 그를 위반해 녹음된 대화의 내용을 공개하는 행위를 처벌하도록 규정하고 있다.

본질적으로는 언론의 기능과 자본의 영향력의 문제였고, 구체적으로는 사회적 영향력에 기반한, MBC에 대한 삼성 자본의 포섭과 압박의 문제였다.

한편 2005년 7월 21일부터 시작된 MBC 등 언론의 삼성 엑스파일 사건에 대한 보도는 엄청난 사회적 파장을 불러왔다. 2005년 7월 23일 여권과 시민사회단체에 의해 홍석현 주미 대사의 조기 경질론이 제기되었고, 25일에는 참여연대가 삼성 등 불법 대선 자금 관련자 20여 명을 검찰에 고발했다. 같은 날 천정배 법무부 장관은 삼성 엑스파일에서 등장하는 검사 명단을 파악할 것을 지시했다. 또한 중앙일보는 "다시 한번 뼈를 깎는 자기반성 하겠습니다"라는 제목의 사설을 발표했고, 삼성그룹도 대국민 사과문을 발표했다. 이에 한나라당과 민주당도 26일 삼성 엑스파일 사건에 대한 특검을 요구한다. 다음으로 삼성 엑스파일 사건과 노무현 정부의 태도에 대해 살펴보자.

## 4. 삼성 엑스파일 사건과 노무현 정부의 태도

청와대와 정부는 엑스파일 사건의 보도 초기부터 국민 여론과는 다른 태도를 보였다. 물론 천정배 법무부 장관은 2005년 7월 25일 "삼성 엑스파일 사건은 거대 권력인 정치권력과 언론, 자본 그리고 검찰, 과거 안기부 등이 모두 포함되어 있다는 점에서 충격적"이라며 "검찰에서 적정하게 대처할 것으로 기대하고 있다"고 밝히기는 했다. 하지만 같은 날 노무현 대통령은 "정부가 중요하게 생각해야 할 것은 국가기관의 불법행위"라면서 "불법 도청으로 만들어진 정보의 공개는 어려운 판단의 문제"라고 했다.

그와 같은 대통령의 발언은 삼성 엑스파일 사건의 본질이 불법 정치자금 제공, 뇌물 공여가 아니라 도청이라고 사실상 규정하는 것으로 검찰 수사에 직접 영향을 미치는 것이었다. 노 대통령은 2005년 8월 8일 엑스파일 관련 간담회에서도 "개인적으로는 정경 유착보다 도청이 더 본질적인 문제"라고 하여 다시 한번 엑스파일 사건에 대한 자신의 인식을 밝혔다.

그러자 검찰은 2005년 7월 26일 엑스파일 사건에 대한 수사를 대검 특수부가 아닌 서울중앙지방검찰청 공안2부에 배당함으로써 불법 정치자금과 뇌물이 아닌 도청이 엑스파일 사건의 핵심이라는 노무현 대통령의 인식을 그대로 반영했다. 그리하여 검찰 수사는 7월 25일 엑스파일 사건의 제보자 박인회에 대한 출국 정지 조치와 27일 〈통신비밀보호법〉 위반 혐의로 박인회에 대한 긴급체포, 공운영 안기부 미림팀장의 가택 및 사무실에 대한 압수수색으로 시작되었다.

7월 27일 천정배 법무부 장관과 문재인 청와대 민정 수석은 한나라당과 민주당이 논의하는 특별검사제 도입에 관해 시기상조라는 입장을 밝혔다. 나아가 노무현 대통령은 2005년 8월 24일 "대선 자금 문제는 이제 정리하고 새로운 역사로 가야 한다. 1997년도 대통령 후보들을 다시 대선 자금 가지고 조사하는 수준까지 가지 않도록 했으면 좋겠다"라고 했다. 대통령의 이날 발언은 엑스파일 사건과 관련해 이학수 삼성그룹 비서실장과 홍석현 중앙일보 사장이 대통령 선거 후보자 지원을 논의한 내용에 대한 수사를 사실상 반대하는 것이었다.

청와대와 참여정부(2003~2008년)의 삼성 엑스파일 사건에 대한 위와 같은 태도의 배후에는 삼성그룹의 사회적 지배력과 나아가 참여정부와 삼성그룹 사이의 밀착 관계가 존재한다.

삼성 엑스파일 사건이 취재·보도된 2004~2005년은 한국 사회에서 삼성그룹의 압도적인 경제적 영향력이 완성된 시기이다. 삼성그룹은

2005년 4월 현재, 총자산이 209조630억 원, 전체 매출액이 비금융업만을 대상으로 할 경우 약 105조 원, 금융회사를 포함하면 약 139조 원에 이르렀다. 이것은 2004년도 우리나라 전체 경상 국내총생산GDP(시장가격)의 17.9%에 이르는 규모이며, 2004년도 국내 부가가치 생산액의 20.1%에 해당한다(송원근 2008). 한편 참여정부는 삼성그룹과 정책, 사람을 공유하거나 빌렸고, 고위 공무원들은 삼성으로부터 재교육을 받았다(장영희 2007). 정부는 국민소득 2만 달러 시대론, 산업 클러스터 정책, 동북아 중심 프로젝트, 기업 도시 등의 정책을 삼성에서 차용해 오거나 받아들여 대변하고, 진대제 삼성전자 부사장을 정보통신부 장관에 임명하고, 삼성 엑스파일 사건이 보도되기 직전인 2004년 12월 18일 홍석현 중앙일보 사장을 주미 대사에 발탁했으며,[10] 2005년 7월에는 국정원 최고 정보 책임자에 삼성경제연구소 이언오 전무를 임명해 정부 주요 부처의 핵심에 삼성그룹 출신 인사들을 앉혔다. 2004년 하반기에서 2005년 상반기 사이에는 국무총리실, 기획예산처, 공정거래위원회, 금융감독위원회, 재정경제부

---

10_한편 『중앙일보』(2004/12/17)에는 "정부는 신임 주미 대사에 내정된 홍석현 중앙일보 회장을 2006년 말 임기를 마치는 코피 아난 유엔 사무총장의 후임으로 적극 추천, 지원할 방침인 것으로 17일 알려졌다. 정부 핵심 당국자는 '홍 회장이 차기 유엔 사무총장으로서 가장 적합한 인물이라는 게 정부의 종합적인 판단'이라며 '홍 회장의 유엔 진출을 적극적으로 지원할 방침'이라고 밝혔다. 이 당국자는 '홍 회장의 주미대사 내정에는 이 같은 사정이 깊이 고려됐다'며 '홍 회장을 향후 유엔 사무총장으로 밀기 위한 정부 차원의 전략적 포석으로 보면 될 것'이라고 설명했다"라는 기사가 실렸다. 만일 삼성 엑스파일 사건이 공개되지 않았다면, 우리는 지금 참여정부의 지원하에 선출된 반기문이 아닌 범삼성가의 홍석현 유엔 사무총장을 목격하고 있을 수도 있는 것이다. 이상호 기자는 '참여정부의 홍석현 주미 대사 임명 및 차기 유엔 사무총장 지원'이 박인회가 삼성 엑스파일 사건에 대해 제보하게 된 중요한 동기였음을 밝히고 있다(이상호 2012).

등 핵심 부처 고위 공무원들이 삼성인력개발원에서 며칠씩 삼성경제연구소 임원 등으로부터 사실상 재교육을 받고 나오기도 했다. 결국 참여정부의 경제정책은 '삼성의, 삼성에 의한, 삼성을 위한 경제정책'으로 불릴 지경이었다.

그런데 그와 같은 참여정부와 삼성그룹의 밀착에는 노무현 대통령 개인 및 최측근들과 삼성그룹의 관계도 영향을 미쳤던 것으로 보인다. 노 대통령은 이미 초선 의원 시절부터 부산상고 1년 선배이던 이학수 삼성그룹 비서실장으로부터 도움을 받았고, 새정치국민회의 동남지역발전특위 위원장 시절인 1999년 정치적 고향인 부산에서 삼성차 살리기 운동에 관여했으며, 2000년 매각 작업도 중재하면서 이학수와 관계가 돈독해진 것으로 알려졌다(윤석규 2010). 그리하여 노 대통령은 대통령이 되기 전부터 그를 '학수 선배'라고 호칭하며, '존경하는 경영인'으로 평했다고 한다. 한편 대검 중수부가 2004년 3월 8일 발표한 2002년 대선 불법 정치자금 수사 결과에 따르면 노무현 대통령은 최측근인 안희정과 이광재를 통해 2002년 대선 당시 삼성그룹으로부터 30억 원의 불법 정치자금을 제공받기도 했다. 이광재 의원은 2004년 국회의원이 된 이후에는 노 대통령의 측근 출신 의원들을 중심으로 원내에 의정연구센터를 결성했고, 의정연구센터는 국회에서 삼성경제연구소와 공동 심포지엄을 개최하기도 했다.

노무현 대통령은 기회가 있을 때마다 '이제 권력은 시장으로 넘어갔다'고 이야기했다. 하지만 위와 같은 사정에 따르면, 정확하게는 '권력은 삼성으로 넘어갔다'고 보아야 할 것이다. 참여정부가 삼성 엑스파일 사건과 관련해 국가기관의 불법 도청 문제에 대해서는 어느 정도 사법적 정의를 실현했지만, 도청 테이프 속 대화자나 대화 내용에 대해서는 제대로 수사도 하지 못했을 뿐만 아니라 정치적 책임조차 묻지 못한 것에는 이처럼 한국 사회의 권력이 삼성으로 넘어간 상황이 존재했던 것이다. 결국 삼성 엑스파일 사건과 관련한 참여정부의 문제는 이미 막강한 사회적 영향력을 기반으로 '삼성 공화국'의 수준에 도달했던 삼성그룹을 통제하지 못하고, 비정상적·불법적인 영향력도 차단하지 못하고, 오히려 편승하려던 참여정부 자신의 무능과 실패에서 비롯된 일인 것이다.

## 5. 삼성 엑스파일 사건에 대한 수사 및 재판을 통해 드러난 삼성의 사회적 지배

삼성 엑스파일 사건이 보도된 이후 언론, 시민사회단체들은 엑스파일 제작 경위에 대한 수사뿐만 아니라 엑스파일에 담긴 중대한 범죄 사실에 대한 수사도 착수해야 하고, 엑스파일의 내용을 공개해야 한다는 입장이었다.

그러나 앞에서 살펴본 것처럼, 검찰은 2005년 7월 26일에는 삼성 엑스파일 사건에 대한 수사를 대검 특수부가 아닌 서울중앙지방검찰청 공안2부에 배당했고, 27일 〈통신비밀보호법〉 위반 혐의로 박인회에 대한 긴급체포, 공운영 안기부 미림팀장의 집 및 사무실을 압수수색하는 등 삼성 엑스파일 사건의 불법 도청 및 도청 테이프의 유출 경위에 대한 수사를 신속히 진행했다. 또한 엑스파일 사건을 최초로 취재·보도한 이상호 기자를 참고인으로 소환하면서 언제든지 피의자로 형사 처벌할 수 있다는 의사를 비쳤다. 반면 검찰은 삼성그룹의 대선 정치자금 제공, 최고위급 간부 검사들에 대한 금원의 지급 등과 관련한 수사에서는 '엑스파일 자체가 불법 도청을 통해서 얻어진 불법 증거로 독수독과毒樹毒果 이론[11]에 따라 이를 수사의 단서로 할 수 없다',[12] '내용에 대한 수사로 인해 더 큰 혼란을 가져 오느니 검찰이 국가의 안정을 도모한다는 거시적 안목에서 내용 수사는 하지 않는 게 바람직하다', '엑스파일 내용에서 확인되는 범죄 사실은 공소시효[13]가 지났으므로 수사할 필요가 없다'는 등 진상 규명을 강력하게 요구하는 여론에 반해 미온적인 태도를 보였다. 실제로 이학수를 소환하고도 도청 피해 사실과는 달리 대화 내용에 대해서는 본격적인 수사 착수조차 하지 않았다.[14]

---

11_독수독과 이론은 위법하게 수집된 증거(독수)에 의해 발견된 제2차 증거(독과)의 증거 능력은 인정할 수 없다는 이론으로서, 형사소송법상의 증거 법칙이다. 하지만 희석 이론, 독립된 증거원의 이론 등 그에 대한 여러 제한 이론들이 존재한다.

12_엑스파일 수사에 대한 법리 검토 결과 검찰 내부에서는 2005년 8월 10일 수사 착수에 법률적 장애가 없다는 의견이 있었으므로, 검찰 총장의 결단으로 충분히 수사를 할 수 있는 상태였다.

13_어떤 범죄 사건이 일정한 기간의 경과로 형벌권이 소멸하는 제도로서 공소시효가 완성되면, 실체법상 형벌권이 소멸되므로 검사는 공소를 제기할 수 없게 된다.

14_이와 관련해 노회찬 의원에 대한 〈통신비밀보호법〉 위반 형사 사건의 2심 판결(서울중앙지방법원 2009.12.4. 선고 2009노520 판결)에는 다음과 같은 판시가 있다.
"(다) 반면 검사는 안강민이 실제로는 삼성그룹으로부터 금품을 받지 않았다는 사실에 대한 수사와 입증을 해태했다. 한국법음향연구소는 피고인이 이 사건의 보도자료를 공개하기 전인 2005.6.경 이 사건 녹취록의 작성 근거가 된 녹음테이프를 분석해 대화 당사자가 홍석현과 이학수라는 내용의 감정서를 작성했다. 그럼에도 검사는 수사 단계에서 이 사건 고소인인 안강민에 대해 한 차례 조사했을 뿐, 홍석현과 이학수에 대한 수사는 전혀 하지 않았으며(법원에 제출된 이 사건의 증거 기록은 총 230쪽에 불과하다), 기소 후에도 원심에서 안강민을 증인으로 신청하는 외에는 위와 같은 입증을 위한 노력을 전혀 하지 않았고, 오히려 피고인이 이학수와 홍석현을 증인으로 신청했다.
(라) …… 이 법원 2008고합366호 사건(소위 삼성 특검 사건)에서 홍석현은 특별검사보로부터 조사를 받으며 이학수와 이 사건 녹취록 기재 내용의 대화를 한 적이 없다고 진술했다. 위 진술은 앞서 본 한국법음향연구소의 감정 결과와 배치되나, 홍석현은 이 부분에 대해 근거를 제시하거나 합리적인 설명은 하지 않은 채 단지 "위 녹취록의 내용 상당 부분이 사실과 다르고 국가기관이 정보를 보고하면서 상당 부분을 날조할 수 있다고 봅니다"라는 진술만을 했다."

이에 법제사법위원회 소속 국회의원인 노회찬은 검찰이 삼성 엑스파일 대화 내용 수사에 의지를 보이지 않는 이유가 수사를 할 경우 전·현직 검찰 간부가 삼성으로부터 금원을 제공한 사실이 밝혀질 수밖에 없는 점을 우려해서라고 판단했다. 또한 엄정한 수사를 하기 위해서는 특별검사제를 도입해야 한다고 생각했다. 전·현직 최고위급 간부 검사들이 삼성으로부터 금원을 제공받은 구체적 내용을 공표해 국민의 알 권리를 보장하고, 국민의 수사 열망을 결집시킬 필요가 있다고 판단해 2005년 8월 18일 삼성 엑스파일 대화 내용 속에 등장하는 검사 7인의 명단을 공개했다.

그러나 삼성 엑스파일 사건에 대한 검찰의 수사 및 처분 결과는 국민의 법 감정과는 확연히 달랐다. 참여연대의 고발 후 142일간 수사했다는 검찰은 2005년 12월 14일 수사 결과를 발표했다. 하지만 그 내용은 삼성의 불법 대선 자금 제공 의혹과 관련해 삼성 이건희 회장에 대해서는 부실한 서면조사 외에 직접 조사하지 않았고, 이학수·김인주 등 삼성 관계자와 직접 자금을 전달하는 역할을 했던 홍석현 등에 대해서는 '입증 불가능', '공소시효 만료'를 이유로 무혐의 등의 불기소 처분을 내렸다. 삼성 엑스파일의 대화 내용 속에서 불법 정치자금의 전달 대상으로 등장하는 정치인들, 검사들에 대해서는 물론 수사나 처분이 이루어지지 않았다. 서울중앙지방검찰청 2차장으로 삼성 엑스파일 사건을 총괄 지휘했던 황교안현 법무부 장관은 수사 발표 다음 날 기자 간담회에서 "삼성 이건희 회장에 대해서는 이름이 거론됐다는 사실만으로 소환할 수 없어 서면조사만했다"며 "이 회장은 '누가 그랬다더라'는 전언 수준으로만 언급돼 있다. 홍석현 씨나 이학수 씨가 엑스파일 내용대로 진술했다면 이 회장도 소환했을 수 있겠지만 그런 진술이 없었다"고 이야기하기도 했다.[15]

그런데 검찰이 삼성 엑스파일의 대화자들, 등장인물들에 대한 불기소 처분의 근거가 된 '독수독과 이론'은, 도청 테이프가 아니더라도 '세풍 사건',[16] '보광그룹 탈세 사건'[17] 수사를 통해 검찰이 이미 삼성그룹 관련 자금의 흐름을 파악하고 있었으므로 삼성 엑스파일 사건의 대화 내용의 진위를 가릴 수 있었다는 점에서 근거가 될 수 없는 것이었다. '입증 불가능'은 대화 내용의 사실 여부에 대한 철저한 수사, 대화자들 및 등장인물들에 대한 제대로 된 수사도 이루어지지 않은 상태에서는 전혀 이유가 될 수 없는 것이었다. '공소시효 만료'도 만약 이학수와 홍석현의 대화 후에 일정한 시기에 금품 전달 행위가 이루어졌거나 전달된 금품이 삼성그룹의 비

---

15_『한국일보』(2013/10/04)에는 "황교안 법무부 장관이 부장검사로 재직할 당시 (구조본 임원들이 연루된 연예인, 여대생 등을 상대로 한 고급) 성매매 사건 수사 대상에 올랐던 삼성그룹으로부터 (사건을 무혐의로 처리한 후) 1천5백만 원 상당의 상품권을 받았다는 의혹이 제기됐다"라는 기사가 실렸다. 『미디어오늘』((2013/10/07)에는, 황교안 법무부 장관이 부장검사로 재직하던 시절 삼성 임원의 성매매 사건에 연루된 수사가 종결된 이후 당시 삼성 구조본 재무팀 임원으로부터 수백만 원 상당의 의류 상품권과 삼성에버랜드 무료 이용권 한 장씩을 받은 자리에 있었다는 증언이 나와 그 진위 여부가 주목된다. 김용철, "옷 해 입으라 전달, 북부 지청 고위 간부 동석"이라는 기사도 실렸다.

16_'세풍 사건'은 1997년 대선을 앞두고 이회창 한나라당 대통령 후보자의 측근들이 국세청 관계자를 앞세워 기업을 상대로 불법 자금을 모금한 사건이다. 검찰 조사 결과 이 후보 측에 정치자금을 전달한 기업은 현대·대우·한화·SK 등을 포함해 24개나 되었고 모금액도 166억7천만 원에 달했지만 유독 삼성은 빠져 있었다. 그런데 재판 과정에서 이회성이 국세청 모금과 무관하게 삼성 측으로부터 1997년 9월초부터 11월 초까지 60억 원을 받은 사실이 밝혀졌지만 기소되지 않았다.

17_'보광그룹 탈세 사건'은 검찰이 1999년 홍석현 중앙일보 사장 일가가 관리하던 1천여 차명계좌를 뒤져 출처가 불분명한 86억 원을 찾아내, 이 가운데 32억 원이 모친으로부터 증여받은 돈임을 확인하고 증여세 포탈 혐의 등으로 같은 해 10월 홍석현을 구속기소한 사건이다. 그런데 검찰은 수사 과정에서 홍석현이 1997년 대선을 앞두고 이회창 후보자 측에 전해 주라며 삼성이 건넨 정치자금 중 일부인 30억 원을 전달하지 않은 채 횡령한 사실을 파악했던 것으로 언론에 보도되었다.

자금이었다면 2005년 12월경에도 공소시효가 남아 있을 수 있다는 점에서 또한 근거가 될 수 없는 것이었다.[18]

반면 검찰은 삼성 엑스파일의 대화 내용을 보도한 MBC 이상호 기자와 『월간 조선』 김연광 편집장을 〈통신비밀보호법〉 위반으로 불구속 기소했다. 2007년 5월 21일에는 노회찬 의원에 대해서도 〈통신비밀보호법〉 위반 등으로 기소했다. 결국 삼성 엑스파일 사건을 보도한 기자와, 법제사법위원회 소속으로 검사들에 대한 수사를 촉구한 국회의원만 사법처리 대상이 되는 '비상식적인' 결론을 내놓고 삼성 엑스파일 사건 수사는 막을 내린 것이다.

삼성 엑스파일 사건에 대한 검찰의 수사 및 처분 결과가 위와 같이 나온 배후에는 스스로 삼성 엑스파일의 내용과 무관하지 않고, 여러 인적 네트워크로 삼성그룹 변호사들과 연결되어 있던 검찰의 태생적이고 주체적인 문제점이 크게 자리 잡고 있었던 것으로 보인다.

이와 관련해 참여연대는 이미 2005년 8월 1일 "삼성이 검사들을 영입하는 이유"라는 자료를 통해 삼성 엑스파일 사건 검찰 수사팀 및 지휘 라인과 삼성그룹 법무팀에 있는 검찰 출신 변호사들의 인적 네트워크를 분석한 적이 있다. 그 분석에 의하면, 삼성그룹 구조조정본부 법무실장인

---

18_이와 관련해 노회찬 의원에 대한 위 2심 판결은 "그러나 앞서 본 바와 같이 이 사건 녹취록의 대화 내용은 삼성그룹의 검사들에 대한 조직적인 금품 전달이 그 대화 전에도 이루어졌고 또 그 후에도 이루어질 것이라는 점에 대한 합리적이고 근거 있는 추정을 가능하게 하는바, 만약 위 대화 후에 실제로 금품 전달 행위가 이루어졌다면 그중에는 아직 공소시효가 완성되지 않은 부분이 있을 수도 있었으며, 그런 부분 중에 피고인이 이 사건 보도자료를 인터넷에 게재한 2005년 8월 18일 무렵에는 공소시효 완성이 임박한 피의 사실도 존재했을 가능성이 충분히 있었다"라고 판시하고 있다.

이종왕 변호사는 이종백 서울중앙지검장과 사법연수원 동기이고, 구조본 부사장인 서우정 변호사도 수사 담당 부장인 서창희 공안2부 부장과 법무부에서 함께 근무했다. 또한 구조본 상무인 김수목 변호사는 수사팀을 지휘하고 있는 황교안 서울지검 2차장과 대검에서 함께 일했고, 또 서창희 부장과는 부산 지검 울산 지청에서, 정재호 특수3부 부부장 검사와는 옛 서울지검 북부 지청과 대검에서 함께 근무했으며, 구조본 상무 대우인 엄대현 변호사 삼성 엑스파일 사건의 주임 검사인 김병현 공안2부 검사와 대구 지검 경주 지청에서 함께 근무했다. 그와 같은 인적 네트워크의 실상은 "삼성그룹의 고위 관료, 법조인 영입은 기업 경영상의 필요보다는 일종의 로비스트로 고용하는 것이 아닌가 하는 비판이 제기되어 왔다. 도청 수사팀 및 지휘 라인에 있는 10명의 검사와, 검찰 출신 삼성 변호사의 경력 비교는 이런 우려가 근거 있음을 보여 준다"라는 참여연대의 주장을 뒷받침한다.

법원의 판결도 일부 하급심 법원의 판단을 제외하면 국민의 법 감정과 달랐던 것은 마찬가지였다. 아래에서 삼성 엑스파일 사건에 대해 형식적·제도적으로는 최종 판단이라 할 수 있는 법원의 판결 내용에 대해서 구체적으로 살펴보기로 하자.

먼저 삼성 엑스파일 사건을 보도한 이상호 기자와 김연광 편집장에 대해서, 2006년 8월 11일 서울중앙지방법원의 1심 판결은 엑스파일에 담긴 내용이 민주적 기본 질서의 근간을 이루는 중요한 공익적 사항과 직결되어 있어 이를 보도하는 것이 부득이했고, 엑스파일 사건 보도가 〈통신비밀보호법〉 위반에 해당하지만 전체적으로 보도 목적의 정당성, 법익의 균형성, 수단의 상당성 및 비례성 등을 충족해 위법하지 않다고 판단했다. 이에 이상호 기자에게는 무죄를 선고했고, 김연광 편집장에게는 목적의 정당성은 인정되나 수단과 방법이 적절하지 못하다고 하여 유죄를 인정하면서 형의 선고를 유예[19]했다. 하지만 같은 해 11월 23일 서울고등법원 2심 판결은 엑스파일 사건의 대화 내용이 국가의 안전 보장, 사회질서의 수호 등을 위해 부득이하게 보도할 수밖에 없는 대상이 아니고, 실명을 공개하면서 보도한 점, 대화 내용의 배경이 8년 전의 대선 정국인 점, 불법에 오염되지 않은 자료를 발굴, 보도하지 않은 점 등을 이유로 수단·방법의 상당성, 긴급성, 보충성의 요건을 충족치 못했다고 판단하면서 이상호 기자도 유죄로 판단하고 형의 선고를 유예했다. 마지막으로 대법원은 2011년 3월 17일 전원합의체 판결[20]로 2심 판결이 정당하다며 피고인들의 상고를 기각하고 2심 판결을 확정했다.

이미 이상호 기자 등에 대한 대법원 전원합의체 판결이 있은 이상 대화 내용 속에 등장하는 전·현직 최고위급 검찰 간부들의 실명을 공개하며 수사를 촉구했던 노회찬 의원에 대한 법원의 최종적인 판결 결과는 예정된 것이나 마찬가지였다. 2009년 2월 9일 서울중앙지방법원의 1심 판결은 녹취록상 떡값을 지불할 예정에 관한 것으로 실제로 지급했다는 내용이 아님에도 실제로 지급받았다고 발표했고, 그 내용이 불법 도청에 의해 취득되어 진실성을 확인할 수 없으며, 발표하는 내용이 허위라는 인식이

---

19_'선고유예'란 범행이 경미한 범인에 대해 일정 기간 형의 선고를 유예하고 그 유예기간을 특정한 사고 없이 경과하면 형의 선고를 면하게 하는 제도를 말한다.

20_대법원에 올라온 사건들은 대법관 4인으로 구성된 각 부에서 먼저 심리를 하여 의견이 일치한 때에 그 부에서 재판할 수 있다. 그러나 각 부 대법관들의 의견이 일치하지 않고 소수 의견이 나오거나 그 사건이 종전에 대법원에서 판시한 헌법·법률·명령 또는 규칙의 해석 적용에 관한 의견을 변경할 필요가 있음을 인정하는 경우 대법원장과 대법관 13명으로 구성되는 전원 합의체로 사건을 넘겨 판결을 하게 되는데, 이런 판결을 전원합의체 판결이라고 한다.

있었고, 그 내용을 진실한 사실이라고 믿을 만한 이유도 없으며, 보도자료를 배포하고 인터넷 홈페이지에 게재한 것이 수단과 방법의 상당성, 보충성의 요건을 갖추지 못해 정당행위에 해당하지도 않고, 국회의원의 면책특권[21]에 해당하지도 않는다며 명예훼손죄와 〈통신비밀보호법〉 위반 죄로 유죄를 선고했다. 반면 같은 해 12월 4일 서울중앙지방법원 항소부의 2심 판결은 녹취록이 일반인이라면 사실이라는 강한 추정을 할 수밖에 없고, 검사 측에서 녹취록에 언급된 전직 검사들이 금품을 받지 않았다는 입증을 게을리 했으며, 삼성 측에서 금품을 제공하지 않았다는 입증도 게을리 했다는 점을 지적하면서 피고인은 명예훼손죄에 해당하지 않아 무죄라고 판결했다. 또한 기자들에게 보도자료를 배포한 부분에 대해서는 국회 내에서 이루어진 국회의원의 활동으로 보아 면책특권이 적용되어 공소를 기각했고, 인터넷에 명단을 공개한 점에 대해서는 정당행위를 인정해 결국은 공소사실 전부에 대해 무죄, 공소기각[22]을 선고했다. 하지만 대법원은 2011년 5월 13일 국회의원 회관에서 보도자료를 배포한 행위에 대해서는 국회의원의 면책특권에 해당하는 행위라고 보아 명예훼손 및 〈통신비밀보호법〉 위반 혐의의 공소를 기각했지만, 인터넷에 명단을 게재한 행위에 대해서는 불특정 다수가 볼 수 있어 방법의 상당성을 결여했고, 명단을 공개해 발생하는 이익과 통신 비밀을 유지해 발생하는 이익

---

21_국회의원이 국회에서 '직무상' 행한 발언과 표결에 관해 국회 밖에서 책임지지 않는 특권을 의미한다.

22_'공소기각'이란 형사소송에 있어 공소가 제기된 경우, 형식적 소송 조건의 흠결이 있을 때 법원이 이를 이유로 하여 실체적 심리에 들어가지 않고 소송을 종결시키는 형식적 재판을 말한다.

을 비교할 때 전자가 우월하다고 볼 수 없기 때문에 법익의 균형성도 결여했다고 보아 정당행위에 해당하지 않는다고 하여 그 부분에 대해서는 유죄 취지로 파기·환송했다. 그에 따라 서울중앙지방법원 항소부는 같은 해 10월 28일 대법원 판결과 같은 취지로 판결했고, 대법원도 2013년 2월 14일 피고인의 재상고를 기각하는 판결을 하여 노회찬 의원은 징역 4월에 집행유예 1년과 자격정지 1년이 확정되었고 국회의원 직을 상실했다.

삼성 엑스파일 사건과 관련한 법원의 판결을 어떻게 평가할 것인가는 법학자, 법조인들의 판례 비평에 맡긴다. 하지만 국민의 여론, 법 감정과 다른 판결이 나온 것은 위에서 살펴본 삼성 엑스파일 사건의 취재·보도·공개·수사·기소를 둘러싸고 있는 있던 삼성의 사회적 지배력이 최종적으로 도달한 결과라는 점을 부인할 수는 없을 것이다.

여기서, 법적인 관점에서 볼 때 삼성 엑스파일 사건의 본질, 보도 및 공개의 정당성에 대해서는, 이상호 기자 등에 대한 대법원 전원합의체 판결에서 다수 의견에 대한 대법관 박시환·김지형·이홍훈·전수안·이인복의 반대 의견 중 일부 취지를 옮겨 놓는 것으로 대신한다.


이 사건 도청자료에 담겨 있던 대화내용은 주로 공소외 2와 공소외 1 사이에서 논의된 대통령 선거정국의 기류변화에 따른 여야 대통령 후보 진영에 대한 국내 굴지대기업의 정치자금 지원 문제와 정치인 및 검찰 고위관계자에 대한 이른바 추석떡값 등의 지원 문제로서, 이를 통해 위 대기업이 대통령 선거정국에 영향력을 행사하고 그 과정에서 공권력 행사의 일선에 있는 검찰조직에 대한 영향력 강화를 도모하고 있는 것으로 여겨질 수 있는 내용들이다. 대통령 중심제를 채택하고 있는 우리 헌법상 대통령 선거는 국민이 자신의 주권을 행사하는 중대한 의미를 갖는 정치행위로서 헌법에서 규정한 선거 원칙에 따라 공명·정대하게 치러져야 하고, 모든 형사사건의 최종적·독점적 수사권과 기소

권을 행사하는 검찰조직은 국민의 명령에 복종하는 수명자로서 그 누구보다
도 법을 준수해야 하며 그 직무의 염결성이 보장되어어 하는바, 불법적인 방법
을 통해 대통령 선거와 검찰조직에 영향력을 미치려는 행태는 민주적 헌정질
서의 근간을 해치는 것으로서 매우 중대한 공공의 이익과 관련되어 있다고 할
것이다. 다수의견은 위 대화가 이 사건 보도 시점으로부터 약 8년 전에 이루어
졌음을 이유로 시의성이 없어 공적 관심의 대상이 아니라고 하나, 그 이후로
재계와 정치권 등의 유착관계를 근절할 법적·제도적 장치가 확립되었다고 보
기 어려운 정치환경이나 위 대화 속에서 정치자금 제공자로 거론된 대기업이
우리 사회에 미치는 영향력 등을 고려하면, 이 사건 도청자료의 공개를 통해
제기된 재계와 언론, 정치권 등의 유착 문제가 단지 과거의 일이라는 이유로
시의성이 없다고 평가절하할 수는 없다.

삼성 엑스파일 사건의 대화 내용은 주로 대통령 선거 정국의 기류가
변화함에 따라 삼성그룹이 여야 대통령 후보 진영에 정치자금을 지원하
는 문제와, 정치인 및 검찰 고위 관계자에게 이른바 추석 떡값을 지원하는
등의 문제로서, 이를 통해 삼성그룹이 대통령 선거 정국에 영향력을 행사
하고 그 과정에서 검찰 조직에 대한 영향력 강화를 도모하고 있는 것으로
여겨질 수 있는 내용들이다. 대통령 선거는 국민이 자신의 주권을 행사한
다는 점에서 중대한 의미를 갖는 정치 행위로서, 헌법에서 규정한 선거 원
칙에 따라 공명정대하게 치러져야 한다. 또한 모든 형사사건의 최종적·
독점적 수사권과 기소권을 행사하는 검찰 조직은 국민의 명령에 복종하
는 수명자로서 그 누구보다도 법을 준수해야 하며 그 직무의 청렴·결백이
보장되어야 한다. 따라서 불법적인 방법을 통해 대통령 선거와 검찰 조직
에 영향력을 미치려는 행태는 민주적 헌정 질서의 근간을 해치는 것으로
서 매우 중대한 공공의 이익과 관련되어 있다. 그럼에도 다수 의견은 삼성

엑스파일 속의 대화가 보도 시점으로부터 약 8년 전에 이루어졌다는 이유로 시의성이 없어 공적 관심의 대상이 아니라고 판단한다. 하지만 그 이후로 재계와 정치권 등의 유착 관계를 근절할 법적·제도적 장치가 확립되었다고 보기 어려운 정치 환경이나 대화 속에서 정치자금 제공자로 거론된 삼성그룹이 우리 사회에 미치는 영향력 등을 고려하면, 삼성 엑스파일 사건의 대화 내용 공개를 통해 제기된 재계와 언론, 정치권 등의 유착 문제가 단지 과거의 일이라는 이유로 시의성이 없다고 평가절하할 수는 없다.

## 6. 맺음말

결국 삼성 엑스파일의 대화자들, 대화 내용, 등장인물들에 대해서는 제대로 수사되지도, 상응하는 정치적·사법적 책임도 묻지 못했다. 여기에는 2000년대를 통과하면서 확립된 한국 사회 전반에 대한 삼성그룹의 지배와 영향력이라는 시대적 배경이 있다. 사회 모든 분야에 대한 거대한 자본력 및 치밀한 정보력, 인적 네트워크를 통한 포섭과 압박, 전문가들을 통해 형성되고 유통되는 친親삼성의 논리로 자신에게 적용되는 룰rule을 스스로 만들고, 자신의 불법까지도 합법으로 만드는, '삼성 공화국'이라 불리는 현상이 존재한다. 그와 같은 배경과 현상 안에서 삼성 자본과 다양한 네트워크로 인연을 맺고 삼성에 의해 관리되던 '삼성 장학생들' 혹은 공적 의무와 본분을 잊고 언제든지 삼성의 품으로 달려갈 준비를 하고 있던 '삼성 취업 준비생들'이 삼성의 불법행위와 관련된 법률적 위험legal risk에 대한 '방패막이' 역할을 하거나 삼성의 사회적 지배, 논리가 관철되고 전달되는 통로로서 역할을 했다(참여연대 2005).

삼성 엑스파일 속 대화 당시인 1997년 삼성그룹은 '보험료'라 생각하면서 자신의 영향력을 유지·확대하기 위해 대통령 선거 후보자에게 불법 정치자금을 제공하고, 최고위급 간부 검사들에게 금원을 지급하는 내용의 불법행위를 지시·논의·이행한 것을 확인했다. 그 과정에서 '삼성 장학생들'은 자신의 현재 사회적 위치를 확인하고 미래의 위상을 보장받는다고 생각하면서 삼성의 관리 대상이 되었을 것이다. 하지만 삼성그룹의 주도하에 신자유주의가 확립된 2000년대를 거치면서 소위 '삼성 취업 준비생들'[23] 또는 '삼성의 미래의 을z들'은 자발적으로 물질적 생존을 위해 삼성의 자본력에 포섭되기를 기대하거나 삼성과 거래 관계를 갖기를 희망하게 되었다. 스스로 삼성에 이익이 되는 정책과 논리를 개발·전파하고, 취업과 거래에 도움이 되는 경력을 쌓는 모습을 보인다는 점에서 훨씬 강화된 형태로 삼성의 자본적 지배가 완성되었다고 할 수 있다.

따라서 삼성 엑스파일 사건의 전개 과정은, 우리 사회가 1987년 이후 비록 정치와 법치의 영역에서는 민주화되었지만, 삼성 자본이 거대한 자본력을 바탕으로 의회와 선거를 통해 통제받는 정권보다 더 큰 영향력과 지배력을 획득했으며 선거·사법·언론 등에서 민주주의의 제도와 절차조차 왜곡하거나 파괴하고 있음을 보여 주었던 것이다.

삼성 엑스파일 사건은 안진걸 경제민주화국민운동본부 사무처장의

---

23_삼성 취업 준비생들이 취업에 성공했을 경우 삼성으로 더 많은 이권·자원·혜택을 가져다주기 위해 기존 근무처에서의 관계와 경험, 정보를 정상적이지 않은 방법, 최소한 기회의 평등에 맞지 않는 방법으로 이용할 가능성이 높다는 것은 분명하다. 이와 관련해 『한겨레신문』(2014/02/12)은 2001~13년 12년간 고위 공무원 182명이 삼성행을 함으로써 그를 통해 삼성은 정부의 기업 정책에 입김을 넣었다고 밝히고 있다.

"상식과 정의가 완전히 거꾸로 선 사례로 남을 것이다"라는 발언처럼 권 악징선勸惡懲善의 대표적 사례가 되었다. 그 결과 현상적으로는 삼성과 연 결되면 문제되지 않는다든지, 삼성에 부정적인 내용은 언론에 나올 수 없 다든지 또는 삼성에 맞서는 자만 피해를 입을 수 있다는 식의 이데올로기 가 확산되는 결과를 가져왔다. 하지만 삼성 엑스파일 사건은 한국 사회에 대한 삼성 자본의 과도한 영향력과 지배가 부정적일 뿐만 아니라 불법적 이며, 한국 사회 및 한국 경제의 정상적인 성장과 발전을 위해서도 장애가 된다는 점을 분명히 인식하는 계기가 되었다. 시작은 그곳에서부터이다. 노회찬 전 의원이 대법원 판결로 의원직이 상실되던 날, "오늘의 대법원 판결은 최종심이 아니다. 국민의 심판, 역사의 판결이 아직 남아 있다"라 고 말했듯이, 삼성 엑스파일 사건으로부터 시작된 삼성 자본의 불법, 부 정의에 대한 국민의 심판, 역사의 판결은 사회 모든 부분에서, 새로운 형 태로, 새롭게 시작되고 있다 할 것이다. 2006년 6월『시사저널』(870호)에 실릴 예정이었던 삼성 관련 기사가 무단 삭제되는 것을 계기로 2007년 8 월『시사IN』이 설립되었고, 2007~08년 삼성그룹 구조본 법무팀장 출신 김용철 변호사가 기자회견을 통해 삼성 비자금을 폭로했으며, 2013년 삼 성전자 백혈병 문제를 다룬 영화〈또 하나의 약속〉관람 열풍이 불었던 것처럼.

# 14장

# 삼성의 언론 지배 방식과 현실

김서중

## 1. 들어가는 말

삼성의 영향력을 배제하고 한국 사회를 논할 수 있는가의 여부는 이제 논쟁의 대상이 아니다. 특정 경제 집단이 한 국가를 좌우할 위치를 점하는 것은 민주주의의 기본 가치를 심각하게 훼손할 가능성을 내포한다. 그러나 이 글은 이런 점을 논하고자 하는 것은 아니다. 이 글의 관심은 한국 사회의 지배적 경제 권력인 삼성이 대중에게 영향력을 행사하는 중요한 수단으로서 언론과 어떤 관계를 맺고 있는지에 관한 것이다.

『시사저널』이 2005년 9월 전국 성인 남녀 1천 명을 상대로 한 설문조사 결과는 삼성이 우리 사회에 어떤 영향을 미치고 있는지, 그리고 대중은 이를 어떻게 인식하고 있는지에 대해 생각해 볼 만한 시사점을 제공했다. "삼성은 과거 대선이나 총선에 영향을 미쳤는가"라는 설문의 결과는,

매우 영향을 미쳤다(16.3%), 대체로 영향을 미쳤다(49.7%), 별로 영향을 미치지 않았다(19.7%), 전혀 영향을 미치지 않았다(1.2%), 모름(13.0%) 순이었다. '영향을 미쳤다'는 응답이 66%로 압도적으로 많았던 것이다(박문규 2005, 112).

물론 불법 여부를 가려 질문하지는 않았지만 삼성이 선거에 영향을 미치고 있다는 사실을 대중도 이제는 잘 알고 있음을 보여 준다. 물론 기업이 자신들의 이익을 위해 선거에 영향을 미치고 싶어 할 수도 있다. 그러나 기업이 선거에 영향을 미치는 것은 법적으로나 도덕적으로 옳지 않다. 선거는 주권자인 국민이 독립적으로 행하는 가장 중요한 권리 행사이기 때문이다. 따라서 기업이 영향을 미치고자 한다 하더라도 그것은 은밀하게 이루어질 수밖에 없다. 그런데 유권자의 대다수가 이를 '사실'로 인지하고 있다는 것은 기업집단으로서 삼성이 그들의 본령인 경제 영역을 넘어 정치를 지배하려는 의도를 가지고 있는 것으로 비쳐지고 있기 때문일 것이다. 그럼에도 삼성이 가장 선망 받는 기업이라는 것은 역설적이다. 이 같은 대중의 이중 심리는 삼성의 영향하에 있는 언론이 만들어 낸 결과로 볼 수 있다.

삼성은 어떻게 영향력을 행사할까? 다양한 방법이 있겠지만 삼성은 자신이 우리 사회에서 가장 성공한 매우 중요한 기업이고, 삼성이 흔들리면 나라가 흔들린다는 인식을 확산시킴으로써 삼성에 유리한 정책을 이끌어 낸다. 삼성의 선택과 정부의 결정을 동기화시키는 것이다. 여기서 삼성의 존재에 대한 사회의 인식이 중요한데, 삼성을 절대적 존재로 부각시키는 데 언론의 역할을 빼놓을 수 없다. 『시사저널』 시절 삼성 관련 기사로 경영진과 갈등을 겪던 동료들과 함께 편집권 독립 투쟁을 벌이다가 결국 독립 언론의 창간으로 방향을 틀어 『시사IN』을 창간하는 데 참여했던 안은주 기자는 삼성이 언론을 길들이는 방법은 다양하고 치밀하다고 말한다(안은주 2008, 55-56). 즉 삼성은 비판적인 기사가 나올 때만 반짝 움직이는 것이 아니라는 것이다. 사실 이런 기사 막기는 은밀하게 이루어지기도 하지만 대부분 관련자들이 쉽게 알아챌 수 있고 어디선가 파열음을 만들 가능성이 있기 때문이다. 이보다는 평소 꾸준하게 광고비와 협찬금을 지원하는 식으로 언론을 관리함으로써 비판 기사보다는 '미담'(우호적) 기사를 양산하도록 유도하는 방식을 선호한다. 삼성 직원들은 입사 초기부터 삼성 미담 기사를 생산하는 방법을 교육 받는다. 미담 기사는 물론 삼성의 성과를 거대하게 포장해 전달하고, 삼성이 한국 사회에 미치는 영향력 등을 부각시키는 기사를 포함하는 개념이다. 따라서 대중의 머리에는 자기도 모르는 사이에 삼성의 존재가 각인되고 삼성 없는 대한민국을 불안하게 생각하게 되는 것이다.

언론은 왜 삼성에 대한 미담 기사를 내보낼까? 가장 직접적으로는 막강한 자본력을 바탕으로 가장 많은 광고비를 지출하는 광고주이기 때문일 것이다. 그리고 이런 요인을 바탕으로 홍보 요원들이 호의적인 대언론 관계를 유지하기 때문이다.

삼성만의 문제는 아니다. 우리 사회는 자본 영역에서도 양극화가 심각하게 진행되고 있다. 그 결과 대기업이 광고 시장에서 차지하는 비중이 커지고, 이에 따라 언론이 대기업에 의존할 수밖에 없는 관계가 형성된다. 국내 광고 시장의 주요 광고주는 이른바 재벌로 불리는 대기업이다. 신문광고는 상위 20개 광고주가 전체 시장의 30%를 차지하는데 이들 대부분이 재벌 계열사이다(『미디어오늘』 2010/02/03). 신문사들이 광고 수익을 높이려면 이들 대기업에 의존하지 않을 수 없는 것이다. 방송 또한 다르지 않다. 단지 방송 시장은 과거 지상파가 주도했으며, 방송광고에 대한 기업의 수요가 공급을 초과하고 있었기 때문에 그 영향이 적었을 뿐이다. 하지만 이명박 정부 시기에 추진한 방송 산(상)업화의 결과 방송과 광고주의 관계는 역전되고 있다고 봐야 한다.

조직들 사이의 관계는 서로 주고받기 때문에 유지되는 것, 즉 서로 제공하는 자원이 있기 때문에 관계를 유지할 필요를 느끼는 것인데, 이때 자원 교환의 주도권을 쥐는 쪽이 상대 조직에 대한 통제력을 가질 수 있다. 과거 그 수가 적거나 수용자를 과점하던 매체들이 절대 강자로 존재하던 시절에는 매체가 광고주의 영향력으로부터 상대적으로 자유로울 수 있었지만, 지금과 같은 다매체 환경에서는 기본적으로 광고주가 우위에 설 수밖에 없다. 더군다나 소수 대기업들이 광고 시장을 주도할 때 매체가 광고주와 우호적인 관계를 포기하면서 비판적 기사를 게재하기란 쉽지 않다. 대기업 중에서도 삼성이 지출하는 광고비의 비중은 절대적이라는 점에 문제의 본질이 놓여 있다.

그런데 앞서 지적한 대로 매체에 영향력을 행사할 수 있는 광고주가 직접 광고를 앞세워 비판적 기사 막기를 시도하는 것은 최후의 수단이다. 광고를 통해 매체를 통제하는 것은, 불리한 기사를 막기 위해 영향을 행사하는 계기가 누적될수록 역으로 그 힘이 감소하기 때문이다. 따라서 기업은 광고주로서의 영향력을 배경으로, 매체도 선호할 만한(외견상 문제없는) 기사 거리를 제공하거나 또는 심지어 사실상 기사 자체를 제공함으로써 관계를 유지한다. 즉 홍보성 기사의 생산을 매개로 외견상 매체 우위의, 실질적으로는 광고주 우위의 관계를 강화하고 유지한다.

삼성 이건희 회장은 유난히 기업의 홍보를 강조한다. 기업의 생존을 위해서는 대중의 인식 속에 어떤 이미지로 자리 잡을 것인지가 매우 중요하다는 것을 정확히 인식하는 '통찰력(?)'이 있기 때문일 것이다. 이건희 회장은 "홍보를 기업 안보 차원에서 기업 생존 전략의 하나로 봐야 한다"고 발언했다(정윤태 1993, 143).

사실 전면 광고의 효과보다는 기업에 대한 몇 단짜리 호의적인 기사가 수용자에게 미치는 영향이 더 크다. 광고는 송신자의 의도가 명백히 드러나지만, 기사는 언론을 매개로 정보 제공자의 의도를 숨기기 때문이다. 물론 그렇다고 언론이 모든 주체가 제공하는 홍보성 정보를 기사화하지는 않을 것이다. 선택의 과정은 필수적이다. 여기에는 언론사의 수입을 좌우하는 주요 광고주의 영향력이 작동하고 있음은 물론이다. 권력의 이동 즉 기업의 PR 실무자들 및 광고 부서에 의해 기업 관련 언론 보도가 식민지화되었다는 분석들이 나온다(Harro-Loit & Saks 2006; 최인호 외 2011, 249에서 재인용). 언론의 광고 의존도가 높은 이상 언론과 광고주의 관계는 유착될 수밖에 없고, 이를 제어하는 통제 장치 또는 보호 장치가 없는 한 언론의 보도에 광고주가 영향을 미치는 것을 막을 수는 없다. 그래도 지상파 영역에서는 방송사가 방송광고 시간을 광고주에게 직접 파는 것을 막는 미디어렙 제도가 있다. 반면 종합편성채널(약칭 종편)은 직접 판매라는 특혜를 받아 광고주와 직거래함으로써 광고 판매 시장을 매우 혼탁하게 만들었다.[1]

광고주와 매체 사이의 이 같은 관계 설정은 언론의 활동에 지대한 영향을 미칠 수밖에 없다. 언론사 기자들은 자유로운 언론 활동을 제약하는

---

1_미디어렙 도입 이전 종편은 광고 영업을 직접 하면서 시청률에 연동하지 않는 과도한 광고 수입을 올렸다. 광고주가 효과와 관련 없이 광고비를 지출했다면 비합리적이나, 광고주를 비합리적으로 만드는 요인이 있었다고 봐야 할 것이다. 광고계에는 종편이 프로그램별 광고 판매가 아닌 방송사 또는 기업별 광고 판매를 하고 있다는 말이 있었다. 즉 기업별로 연간 광고액을 협상하는 방식이 이루어졌다는 것이다. 또 광고주로서는 시청률에 연동하지 않는 광고비 집행을 하다 보니 종편 4개 사에 대한 광고비 지출에서 별 차이를 두지 않았다고 한다. 즉 n분의 1 식 나눠주기 광고비 집행을 했다는 것이다. 사실 여부를 떠나 전문가들 사이에 또는 종편 방송업자들 사이에 비정상적인 광고 영업이 이루어지고 있다는 인식이 존재했음이 중요하다.

광고주의 압력이 과거보다 더 커지고 있다고 생각한다. 즉 1989년부터 격년으로 진행한 언론연구원(현 언론진흥재단)의 '언론인 의식조사'에 따르면 1997년부터 언론의 자유를 직·간접으로 제한하는 요인으로서 '광고주 압력'의 순위가 오르기 시작하더니 1999년부터는 '사주'를 제치고 가장 큰 영향을 미치는 요인으로 인식되고 있다(안은주 2008, 59).

이 글에서는 과거 모기업 방어를 위해 언론을 직접 소유했던 삼성이 정치·경제적 요인으로 인해 직접 소유를 포기하고 광고와 홍보, 그리고 언론인 관리를 통해 언론을 지배하는 현상을 설명하고자 한다.


## 2. 언론 직접 소유에서 간접 지배로

삼성은 1964년 5월 9일 라디오 서울(동양라디오 전신)을 개국하고 그해 12월 7일에는 중앙텔레비전 방송을 개국했다. 또 1965년 9월 22일 『중앙일보』를 창간했다. 이로써 삼성은 신문·라디오·텔레비전을 겸영하는 첫 언론기관이 됐다. 즉 삼성이 당시로서는 주요 언론 매체를 모두 가지게 된 것이다.

라디오 서울은 '주식회사 중앙방송'을 거쳐 1966년 1월 25일 중앙텔레비전과 합병해 그해 7월 16일 '주식회사 동양방송'으로 개칭했다. 1974년부터는 신문과 방송의 법인도 통합해 '주식회사 중앙일보 동양방송'으로 변경했다. 세칭 동양매스컴이 완성된 것이다.

『중앙일보』는 출발부터 무가지 배포, 경품 제공 등 시장을 장악하기 위해 상업지로서 확실한 면모를 보였으며, 1978년 12월에는 발행부수 1백만 부를 돌파했다고 발표할 만큼 경영상 성공을 거뒀다. 동양방송은 서울과 부산에서만 방송했지만 그 인기가 높았다. 하지만 당시로서는 가장 상업적이고 선정적인 방송을 했다는 비판도 받았다.

그러나 가장 큰 문제는 '삼성 방송', '삼성 일보' 역할을 했다는 사실이다. 후술할 소위 사카린 사건이 대표적인 예다. 삼성의 부정과 비리를 다루지 않거나 역으로 두둔하는 내용을 내보내 사회의 지탄을 받았다. 이 당시 삼성 소유 언론의 행태는 두고두고 언론 오욕의 역사로 인용되고 있다.

1980년에는 전두환 정권이 저지른 언론 통폐합 조치에 따라 KBS가 동양방송의 텔레비전과 라디오를 흡수해 신문만 남게 되자, 1981년 1월부터 '주식회사 중앙일보'로 변경했다. 삼성은 1997년 외환 위기 이후 IMF 관리 체제에 들어가자 대기업으로서 신문을 소유하고 있던 현대가 『문화일보』를, 한화가 『경향신문』을 분리시킨 것과 마찬가지로 1999년 『중앙일보』를 분리시켰다. 이병철의 사위이자 이건희의 처남인 홍석현의 소유로 이전한 것이다. 이로써 삼성은 공식적으로 언론을 직접 소유하지는 않게 된 것이다.

하지만 계열 분리로 『중앙일보』가 삼성으로부터 진정 독립한 것은 아니라는 시각이 지배적이다(『한겨레신문』 1999/03/24). 즉 분리 과정을 보면 재벌이 직접 소유한 신문이 '친재벌 족벌 신문'으로 거듭 났다고 보는 시각이 우세했다. 언론계는 분리 과정에서 보여 준 거래 방식에 의문을 제기한다. 『중앙일보』는 서울 순화동 및 가락동 사옥을 삼성생명에 2,940억 원에 판 뒤, 다시 순화동 사옥 4~7층과 지하 1~4층을 평당 1,195만 원과 477만 원씩의 임대 보증금을 내고 빌렸다. 이것은 부동산 경기가 회복되지 않은 상황에서 일반 시장에서는 이뤄지기 힘든 거액 거래인데다가, 당시 인근 시세보다 싼 수준으로 사옥을 빌렸다는 점에서 특혜성 지원으로 봐야 한다. 물론 당시 공정거래위원회는 부당 지원 행위로 보지 않는다고 밝혔지만 다른 신문사들은 삼성이 분리 과정에서 『중앙일보』에 사실상 거액을 지원함으로써 불공정 경쟁이 이루어지게 됐다고 주장했다.

또한 소유 지분을 정리하는 방식을 보면, 대기업이 소유했다는 점에서 상황이 비슷했던 『문화일보』나 『경향신문』과 달랐다. 국가가 IMF 관리 체제에 들어갔을 당시에는 대기업 중심의 방만 경영에 대해 사회적 비판이 있었는데, 대기업이 매년 적자를 감수하고 직접 신문사를 소유하는 것이 방만 경영의 대표적 사례로 꼽혔다. 따라서 한화나 현대는 『경향신문』과 『문화일보』에 사원 지주제 방식을 도입해 지분을 나눠주는 등 적어도 형식적으로는 독립 언론의 모습을 갖게 하면서 분리시켰다.

그러나 분리된 『중앙일보』는 이건희의 처남인 홍석현이 36.8%, 홍석현이 이사로 있는 유민재단이 20%의 지분을 소유하는 구조로, 이는 사회적 비난을 모면하기 위해 직접 소유는 포기하지만 처남을 통해 간접 지배를 시도했다는 평가를 받을 수도 있는 지점이다. 설령 재벌 신문의 틀을 벗었다고 인정하더라도 족벌 신문으로 전환한 것에 불과하다는 비판 또한 간과할 수 없다. 당시 사주 또는 사주 일가가 대다수 주식을 소유해 대표적 족벌 신문이었던 『조선일보』, 『동아일보』 등의 경우 사주의 전횡으로 언론의 왜곡 보도가 심각하고 내부의 언론 자유가 훼손되고 있다는 비판이 비등했다. 이로 인해 전국언론노동조합연맹, 한국기자협회와 한국방송프로듀서연합회 등은 1996년 족벌 신문 해체를 언론 개혁의 과제로 설정해 놓은 상태였다(언론개혁정책위원회 1996, 27-28). 그런데 『중앙일보』는 재벌 신문에서 친재벌 족벌 신문으로 전환한 것이다.

# 3. 삼성과 광고

자본력이 가장 큰 삼성이 언론에 영향을 미치는 또 다른 방식은 광고를 통해 언론을 우호적으로 만드는 것이다. 현재 언론사 대부분이 광고 수입에 의존하지 않고 기업을 운영할 수 없는 상황이며, 그런 현실이 비판과 감시라는 언론의 기본적인 활동을 제약할 수 있다는 점을 우려하기보다 매출액을 중심으로 언론의 성공 여부를 따지는 사회로 변화하고 있다. 따라서 광고주는 언론이 필요로 하는 자(재)원을 제공하는 대신, 언론이 제공할 수 있는 자원(기사)을 요구하는 거래 관계를 형성하려 하고, 언론은 이런 요구가 언론의 존재 조건에 위배된다는 것을 알지만 거부할 수 없는 현실에 놓이게 된다. 그중에서도 삼성이 가장 많은 광고비를 지출하는 기업인 만큼 언론에 대한 통제력도 그만큼 크다고 가정할 수 있다.

더군다나 우리 경제에 심각한 충격을 주었고 우리 사회를 신자유주의적으로 재편했던 IMF 관리 체제 시기에 언론 역시 위기를 맞았으며 광고주의 영향력이 더욱 증대되는 시기였다고 할 수 있다. 최대 광고주로서 삼성의 언론 통제력 또한 더욱 증대됐다고 하겠다.

## 광고와 언론 기업

언론 기업은 제작물과 서비스를 파는 두 개의 독립된 시장에 참여한다(피커드 1992, 33-37). 그러나 이 별개의 시장은 그 성과에 있어 상호 연동된다. 제작물 시장은 우리가 흔히 말하는 언론 상품 판매 시장이다. 신문으로부터 방송 프로그램까지 다양한 제품이 생산되고 소비자는 이들을 구매하기 위해 비용을 지불한다. 1차 비용은 재화이다. 하지만 소비자는 재화만 지불하는 것이 아니고 이용하기 위해 시간을 지불한다. 그리고 이 시간의 사용은 내용에 대한 주목이라는 비용도 포함하는 것이다. 이런 소비자, 즉 수용자의 지불 행태는 자연스럽게 수용자가 지불하는 '시간과 주목'이라는 상품을 구매하는 광고 시장으로 이어진다. 언론 기업은 광고주들에게 신문과 잡지의 지면을 판매한다고 말할지 모르지만 엄밀하게 보면 광고주들이 수용자들에게 접근할 수 있는 권리를 판다고 봐야 한다. 즉 수용자가 지불한 시간과 주목을 광고주에게 파는 것이다. 따라서 합리적 시장 구조에서는 제작물 판매 시장과 광고 시장이 별개이면서 동시에 상호 연동하는 구조를 갖는다. 판매 수입의 증대는 광고 수입의 증대와 직결되는 것이다.[2]

하지만 경제 규모의 성장과 더불어 광고 시장의 절대 규모가 증대하는 것과는 별도로, 수익 전체에서 작용하는 두 수입의 구성비 가운데 광고 비중이 높아지는 경향이 있다. 판매 수입은 부수적 재원으로 전락하는 것이다. 물론 한국만 그런 것은 아니다. 하지만 신문에서 한국처럼 광고 의존도가 높은 경우는 발견하기 쉽지 않다.[3]

광고 의존도가 높은 한국 시장에서 삼성의 언론 통제력이 높을 것이라는 점은 쉽게 짐작할 수 있다. 물론 이런 경향은 한국 또는 삼성만의 사

---

2_한국만 그런 것은 아니겠지만 특히 한국의 신문 시장 구조는 판매 수지가 적자라서 판매 증대는 광고 수입을 키우기 위한 투자의 의미에 불과하다. 따라서 신문의 광고 수입 의존도는 절대적이다. 지상파 방송 역시 사실 상 판매 수입이라는 것이 미소하기 때문에 광고 수입이 절대적이다.

3_이번 주제에 직접 관련되지는 않지만 한국은 판매 시장을 질적 경쟁보다는 판촉 경쟁으로 키워 왔기 때문에 판매 수입의 구성비를 일정 정도 유지하기 어려운 측면이 있다. 한국의 신문 단가는 서구 국가들에 비해 낮다. 하지만 지금의 단가 수준에서도 신문 구독자 수가 감소하고 있는데 판매 수입 비중을 높이기 위해 신문 단가를 상향 조정할 수는 없을 것이다.

례라기보다는 광고 의존도가 높은 언론의 일반적인 경향이다. 주어진 환경에서 조직 간의 의존관계는 상호 제공할 수 있는 자원의 특성에 의해 좌우된다. 따라서 자원의 제공 능력에서 발생하는 불균등은 권력 불균등으로 이어질 수밖에 없다.

자원의 특성으로 다음 세 가지를 고려할 수 있다. 중요성, 통제와 재량, 집중성이다(배정근 2012, 270).

자원의 중요성은 주로 두 가지 측면에서 의존관계를 결정한다. 첫째는 해당 자원이 조직의 정상적인 활동이나 생존을 위해 얼마나 절대적으로 필요한 것인지의 여부이다. 예를 들어 전력은 누구나 당연히 주어지는 것이라고 생각하지만 전력이 제대로 공급되지 못한다면 어느 조직도 정상적으로 운영될 수 없는 필수적 자원이다. 둘째는 교환이 이뤄지는 자원의 상대적 규모이다. 한 가지 자원을 주고받는 관계는 다양한 자원을 주고받는 관계에 비해 의존성이 높아질 수밖에 없다. 한 가지 제품을 판매하는 기업은 다양한 제품을 판매하는 기업보다 고객에 대한 의존도가 높다.

자원의 통제 및 재량권은 해당 자원을 누가 소유하고 배분하는지, 자원에 대한 접근과 사용을 통제하는 결정권이 누구에게 있는지를 의미한다. 자원에 대한 통제권은 대개 소유주가 행사하지만 해당 자원의 수요에 따라 소유주가 갖는 통제권은 달라진다. 수요가 많은 자원일수록 자원 소유주의 통제권은 강력해진다. 또한 자원에 대한 접근 및 사용은 소유주의 의사보다 사회의 법적·제도적 시스템에 의해 통제되는 경우도 흔하다.

자원의 집중성은 조직이 필요로 하는 자원이 특정 자원 제공자에게 집중되어 있거나 다른 자원이나 공급원에 의해 대체될 수 있는지의 여부이다. 자원 공급이 특정 조직에 의해 전적으로 통제되고, 다른 자원 제공자를 찾을 수 없다면 조직의 의존도는 높아진다. 따라서 집중성은 자원 제공자의 대체 가능성과 같은 의미이다.

그렇다면 대기업 광고주와 언론 사이에, 양자가 지닌 자원의 관계는 어떨까. 역사적으로 보면 시기에 따라 달랐다. 중요한 요소는 매체의 수와 광고주의 수요일 것이다. 한국에서 매체의 수가 시장에 따라 자동으로 증감한 적은 거의 없다. 초기에는 정치적 요인으로 인해 그 수가 제한적이었다. 따라서 언론이 광고주에 비해 우월한 위치를 점했다. 더군다나 경제 성장에 따라 광고주의 수나 광고 수요는 증대해 왔다. 언론의 절대적 우위가 존재했다. 하지만 1987년 민주화의 결과 매체 설립이 원활해지면서 매체의 수가 증가했다. 매체와 광고주의 관계가 역전되기 시작한 것이다. 게다가 시장이 집중되면서 광고주의 광고비 지출, 광고 능력의 양극화 현상이 발생했고, 이에 따라 대기업의 광고 통제력도 높아졌다. 이 매체 수, 광고 수요, 광고비 집중 등의 요인이 변동하는 것에 따라 언론 기업과 광고주 사이의 자원 속성이 달라지고 상대 조직에 대한 통제력에 변화가 발생했다고 할 수 있다. 지금은 전체적으로 광고주가 우월한 상황이다.

어느 한쪽이 우위를 점할 때 불균등 교환이 발생할 수밖에 없고, 교환은 중지될 수 있다. 이 교환을 이어가기 위해서는 결국 비교 열세에 있는 쪽이 새로운 자원을 투입해 균형을 맞출 수밖에 없다.

앞에서 말한 대로 언론 기업은 판매 시장 능력(수용자 수)에 기반해 광고 시장을 견인해야 하는데, 판매 시장 능력에서 열악한 언론 기업은 광고 통제력을 지닌 대기업에 새로운 자원을 제공해야 거래를 유지할 수 있다. 여기서 등장하는 것이 언론의 본질적 기능으로부터 발생하는 언론 권력을 제공하는 것이다.

즉 언론사는 언론 권력을 이용해 기업에 유리한 지형을 만들어 줌으로써 부족한 자원을 대체하는 것이다. 미디어가 특정 기업을 많이 보도할수록 공중이 그 기업을 더 긍정적으로 인식하고, 그 기업의 특정 속성을 더 중요하고 긍정적으로 보도할수록 공중도 그렇게 인식할 것이라는 의

제 설정 효과(차희원 2006, 301)에 대한 연구 결과는 언론이 기업과 어떻게 자원을 교환하는지에 대해 생각해 볼 계기를 던져 준다. 기업은 기업에 영향을 미칠 수 있는 사람들에게 기업 조직의 행위를 정당화해 설명하고, 기업이 사회의 좋은 구성원으로 행동하고 있음을 끊임없이 증명하고 보고해야 하는데, 이때 언론은 이를 위한 가장 효과적이고 필수적인 도구이다(차희원 2006, 300).

자원 의존 이론이 설명하듯이 신문사의 대기업 광고 의존도는 단순히 양적 다과에 따라 결정되는 것이 아니라 자원의 중요성과 통제 및 재량권, 자원의 집중성(대체 가능성)에 의해 복합적으로 결정된다. 즉 단순히 신문사의 매출에서 광고가 차지하는 비중이 높다고 광고 의존도가 높고, 광고주의 영향력이 강력하다고 단정할 수 없다는 것이다. 광고의 중요성 외에도 광고 자원을 통제하는 권한이 전적으로 광고주에게 있고, 광고 자원이 특정 광고주에게 집중되어 있거나 이를 대체할 다른 광고주가 없는 경우에 광고주의 영향력은 극대화된다(배정근 2012, 276). 이는 현재 대기업의 광고 비중이 높은 우리 현실과 크게 다르지 않다.

## IMF 관리 체제와 광고의 통제력 강화

외환 위기는 사회 전반의 체질을 변화시켰다. 언론이라고 예외는 아니었다. 1990년 대 초반 신문사들은 소위 '무한 경쟁'이라 불리는 신문 시장 쟁탈전 시기에 무분별한 투자를 했다. 그 결과 일반 기업보다 부채비율이 두 배 이상 높아져 신문사 경영은 외환 위기 당시 직격탄을 맞았다. 그 결과 가운데 하나는 재벌 신문이라 불리던『문화일보』,『경향신문』,『중앙일보』의 계열 분리 독립이었다. 다른 하나는 광고가 급격히 감소하고, 경영난이 심화됨에 따라 감량 경영이 이루어졌다.

IMF 체제 이후 기자들 사이에서는 '위축'과 불안감이 팽배했다. 그도 그럴 것이 먼저 1만여 명이나 되는 언론계 종사자가 직장을 떠나야 했다 (김교준 1999, 22-23). 믿기 어려운 숫자이나 추론이 가능한 수치이다. 언론 노동조합연맹(약칭 언노련)이 1999년 1월 산하 58개 사업장을 대상으로 조사한 결과 8,491명이 실직한 것으로 드러났다. 조사 대상에 포함되지 않은 사업장 수를 더하면 1만 명을 상회할 수 있다고 보는 것이다.

사상 최대의 감원 바람은 단기간에 집중적으로 불어닥쳤다. 물론 이들 가운데 스스로 나간 사람은 거의 없다. 그리고 퇴직자 가운데 기자가 1천여 명 이상이라는 것이 비공식 집계다. 1998년 8월 언노련에서 자체 조사한 바로는 퇴직 기자 수가 신문 527명, 방송은 78명으로 6백 명을 넘었다고 한다. 이때 언론계 퇴직자 수는 5천여 명이었으며 그 후 일부 지방사는 아예 회사가 문을 닫기까지 했다. 따라서 1천 명을 넘었다는 것은 타당한 추론이라고 할 것이다.

1만여 명의 감원, 1천여 명에 달하는 기자가 퇴출당하면서 언론계도 언론의 본질적 기능만을 앞세울 수 없는 상황이 됐다. 기자들이 체감하는 위기감은 이전 상황이라면 기자로서 감당하기 힘들었을 광고 영업까지 받아들이게 했다.

한국기자협회가 외환 위기 직후인 1997년 말에 전국의 기자 310명을 대상으로 조사한 결과에 따르면 응답자의 96.5%가 'IMF 시대를 맞아 언론사가 부도날 가능성이 크다'고 우려했다(이창섭 1998, 25). 부도 위험성을 앞세운 경영진들의 요구는 1987년 이후 소위 언론 민주화 투쟁을 통해 확보했던 편집권들을 포기하는 상황까지 치닫게 했다. 각 신문사 노조들이 쟁취한 편집국장 추천제, 임명 동의제 등은 사라지고, 노조 활동은 침체기로 접어들었다.

편집권 수호의 핵심 세력이라 할 노조 책임자들조차 편집권보다 생존권을 더 우위에 놓고 있을 정도로 일선 기자들이 느끼는 위기감은 상당했다(강상현 1998, 10). 문제는 위기감 그 자체가 아니라 위기감에 따른 언론인들의 눈치 보기와 보신주의에 있었으며, 경영진은 기자들에게 광고 영업을 하도록 지시하는 공문을 내려보내기까지 했다(강상현 1998, 13). 외환 위기 이전에도 기자들이 광고 영업을 하지 않았던 것은 아니지만 노골적으로 요구하는 상황은 아니었다. 기자가 상업적 이윤 추구에 직접적인 수단으로 이용되는 극한 상황에 내몰리게 되자 "내가 기자인지 광고국 직원인지 생각할 때가 한두 번이 아니었다"(이동국 1999, 37)는 어느 기업 담당 기자의 고백이 일반적인 상황에 이르렀다고 할 수 있다. 게다가 무조건 살아남아야 한다는 생존 지상주의는 사내 동료 기자들 간의 경쟁을 불러왔고 이런 경쟁 구도는 연봉제의 도입으로 제도화되었다(김교준 1999, 24).

외환 위기로 인해 언론사 내에서 편집권이 약화되고 기자들이 자긍심을 잃게 되었지만 그중에서도 경제부 기자들의 고난이 가장 컸다고 할 수 있다. 상당수 회사에서 경제부 기자들이 광고 부담에 시달렸다고 한다(김교준 1999, 30). 취재가 아니라 광고를 구하기 위해 돌아다녀야 했다. 물론 과거에도 편집국이 광고국과 '협조'해야 했던 관행이 없었던 것은 아니나 경제부 기자들은 당시 상황을 스스로 '사이비 기자'와 다를 것이 없다고 생각했을 정도다. 광고를 '구걸'하는 상황에서 감시견으로서 언론의 본질적 기능은 기대하기 어려웠을 것이다.

언론 기업과 광고주의 관계가 역전되는 것이 이즈음이라고 할 것이다. 물론 외환 위기는 형식적으로 해소되고, 언론 기업의 경영 수지가 일시적으로 좋아졌지만 치열한 경쟁, 새로운 매체의 등장, 언론에 대한 대중의 신뢰도 저하 등등 악재는 더욱 심화됐을 뿐이다. 즉 광고주의 통제력이 우위에 서는 경향은 구조화됐다.

## 삼성과 광고

대기업 중심의 경제력 집중은 광고비 지출에서도 역시 대기업 집중 현상을 수반할 수밖에 없다. 특히 4대 재벌이 전체 광고비에서 차지하는 비중이 12~13%에 달할 정도로 광고 자원이 대기업에 집중됐다(배정근 2012, 287).

외환 위기 이후에는 삼성이나 현대자동차 같은 그룹이 글로벌 거대 기업 수준으로 도약하면서 광고주로서의 위상도 크게 강화됐다. 특히 국내 최대 광고주인 삼성그룹의 경우 2005년 『시사저널』의 조사에 따르면 종합 일간지 광고 매출에서 차지하는 비중이 조·중·동의 경우 5~6%, 나머지 종합 일간지들은 15~17%에 달했다고 한다(『시사저널』 2005, 830/831호). 조·중·동이 아닌 신문사들은 거래하는 광고주 수가 적기 때문에 삼성의 비중이 상대적으로 더 높고 그만큼 의존도 역시 높은 것이다. 이런 특정 기업에 대한 광고 의존도의 심화는 특정 기업의 요구에 취약해지거나, 거부할 경우 경영 위기를 맞는 것으로 나타난다. 그 적절한 사례가 『경향신문』과 『한겨레신문』에 대한 삼성의 광고 중단이다. 삼성은 2007년 11월, 김용철 변호사의 비자금 의혹 폭로 이후 두 신문에 대한 광고를 중단했다가 2010년 무렵 재개했다.[4] 『한겨레신문』의 매출은 2008년 764억 원에서 2009년 675억 원으로 감소했다가 2010년 811억 원으로 급증했다. 이런 매출 등락이 전적으로 삼성 때문만은 아니지만 상당한 영향을 미쳤을 것으로 추정된다(한국언론진흥재단 2011, 192). 또한 대기업들은 신문

---

4_물론 재개했더라도 그 이전에 비해 광고 물량은 급격히 축소됐다. 일각에서는 기사의 논조가 바뀌지 않은 신문에 대해 광고를 제공하기는 어려우나, 역으로 불편한 관계를 지속적으로 유지하기도 어려워 협찬을 통해 지원하고 있다는 관측도 있다.

표 14-1 | 각 신문사별 삼성그룹의 광고비 현황

단위: 천 원

|  | 경향신문 | 동아일보 | 조선일보 | 중앙일보 | 한국일보 | 한겨레신문 |
|---|---|---|---|---|---|---|
| 2007년 1월 | 350,221 | 663,757 | 550,474 | 518,491 | 466,642 | 356,045 |
| 2월 | 421,867 | 518,913 | 469,419 | 423,876 | 306,367 | 365,792 |
| 3월 | 439,785 | 617,978 | 827,678 | 820,591 | 896,265 | 495,473 |
| 4월 | 329,271 | 663,081 | 581,145 | 666,146 | 411,968 | 466,880 |
| 5월 | 268,000 | 482,495 | 767,048 | 388,104 | 256,581 | 350,941 |
| 6월 | 255,495 | 360,621 | 611,579 | 623,054 | 252,266 | 311,921 |
| 7월 | 402,390 | 587,311 | 443,131 | 478,854 | 419,710 | 343,676 |
| 8월 | 373,611 | 396,500 | 531,882 | 331,281 | 323,411 | 311,921 |
| 9월 | 293,240 | 895,524 | 1,049,251 | 1,073,785 | 317,373 | 408,778 |
| 10월 | 417,889 | 637,092 | 718,985 | 712,562 | 398,473 | 448,535 |
| 11월 | 140,531 | 614,984 | 647,756 | 482,116 | 321,545 | 33,683 |
| 12월 | 0 | 614,876 | 1,093,690 | 458,860 | 233,718 | 0 |
| 2008년 1월 | 14,153 | 550,081 | 541,184 | 555,352 | 307,795 | 0 |
| 2월 | 0 | 409,275 | 306,145 | 230,102 | 270,810 | 0 |
| 3월 | 0 | 559,410 | 889,015 | 721,415 | 428,430 | 0 |
| 4월 | 0 | 625,575 | 513,475 | 421,058 | 207,570 | 0 |
| 5월 | 0 | 489,440 | 524,340 | 468,453 | 354,810 | 4,050 |
| 6월 | 0 | 403,545 | 530,490 | 387,483 | 353,490 | 0 |
| 7월 | 0 | 438,360 | 441,353 | 339,193 | 358,560 | 0 |
| 8월 | 0 | 352,080 | 540,668 | 338,163 | 336,540 | 0 |
| 9월 | 0 | 520,800 | 496,335 | 819,980 | 284,050 | 0 |
| 10월 | 0 | 412,402 | 408,473 | 239,720 | 245,370 | 0 |
| 11월 | 0 | 411,120 | 469,053 | 411,938 | 169,830 | 0 |
| 12월 | 2,520 | 319,920 | 360,060 | 193,853 | 71,730 | 1,890 |
| 2009년 1월 | 0 | 352,238 | 339,281 | 307,473 | 109,098 | 0 |
| 2월 | 0 | 279,169 | 249,019 | 127,840 | 138,582 | 0 |
| 3월 | 0 | 361,744 | 751,431 | 625,232 | 139,716 | 0 |
| 4월 | 0 | 732,417 | 537,248 | 442,525 | 291,624 | 0 |
| 5월 | 0 | 321,562 | 312,230 | 382,475 | 245,497 | 0 |
| 6월 | 0 | 368,212 | 465,357 | 401,964 | 346,452 | 0 |
| 7월 | 0 | 1,003,912 | 1,020,048 | 917,700 | 409,092 | 0 |
| 8월 | 0 | 823,001 | 853,808 | 826,846 | 409,058 | 0 |
| 9월 | 7,258 | 773,991 | 1,026,929 | 1,063,002 | 370,692 | 0 |
| 10월 | 11,988 | 783,678 | 1,084,840 | 850,027 | 300,690 | 11,988 |
| 11월 | 0 | 743,755 | 1,215,109 | 1,065,981 | 266,130 | 0 |
| 12월 | 0 | 1,331,722 | 1,553,632 | 1,242,149 | 396,348 | 0 |
| 2010년 1월 | 10,323 | 457,549 | 633,576 | 416,374 | 226,440 | 0 |
| 2월 | 0 | 686,989 | 838,344 | 1,030,783 | 465,402 | 0 |
| 3월 | 40,759 | 1,160,363 | 1,488,369 | 1,695,988 | 455,598 | 40,759 |
| 4월 | 0 | 1,669,602 | 1,766,516 | 1,472,170 | 501,594 | 0 |
| 5월 | 27,173 | 1,078,213 | 670,020 | 865,613 | 615,228 | 67,932 |
| 6월 | 30,569 | 570,646 | 1,195,607 | 981,687 | 445,320 | 0 |

자료: 이승희(2010, 20-21).

사의 광고 요청이 있을 경우 광고 대신 기사나 문화 행사에 대한 협찬 형식으로 은밀하게 거액을 지원하는 경우가 많아 실제 대기업 의존도는 더 높다고 보아야 한다(배정근 2010).

참여연대 경제개혁연구소는 재벌들의 언론 지배에 관해 구체적인 수치를 제공하며 그 문제점을 지적하는 보고서를 내고 있다. 이에 따르면 재벌 총수들과 관련한 재판과 광고 물량의 변동 사이에 관련이 있음을 발견할 수 있다(이봉수·제정임 2007; 이승희 2010, 18-19에서 재인용). 재판 중에는 광고가 늘고, 재판이 끝나면 감소하는 현상이 반복되는 것이다. 즉 재판 중 불리한 보도를 줄이고 유리한 보도를 이끌어 내려는 것이다.

그중에서 삼성의 경우 2003년 5월부터 2004년까지는 삼성에버랜드 사건과 광고량 변화 간에 의미 있는 상관관계가 발견되었으나, 2005년 이후에는 그런 경향이 나타나지 않았다. 그러나 앞서도 말했듯이, 김용철 변호사가 비자금 의혹을 폭로한 2007년 10월과 11월에 삼성그룹은『경향신문』과『한겨레신문』에 대해 광고 물량을 대폭 줄인 것으로 확인된다.

중앙 일간지에 대한 삼성의 광고비 지출 변동 추이를 보면 문제점을 명확히 인식할 수 있다.

〈표 14-1〉에 따르면 평시(2007년 1~10월) 조·중·동이『한국일보』,『한겨레신문』,『경향신문』에 비해 약 1.6배 정도 광고를 수주하고 있었음을 알 수 있다. 하지만『한겨레신문』과『경향신문』은 2007년 11월부터 급격한 변동을 보이고 2007년 12월부터는 0으로 떨어진다. 조·중·동과『한국일보』가 큰 변동을 보이지 않는 것과 대조적이다. 이는 김용철 변호사 폭로 건의 영향이라고 봐야 할 것이다.

또 하나 주목할 점은 2009년 7월 이후로 동년 12월에 이르기까지 조·중·동의 광고 수입은 수직 상승한 반면,『한국일보』의 광고비는 큰 변동이 없다는 점이다. 이들 양자 간의 격차는 2.8배로 크게 벌어졌다. 왜 그런 것일까. 이승희는 이 기간 중 2009년 8월 14일에는 삼성 특검 사건의 최종심 선고가 있었고, 2009년 12월 29일에는 이건희 회장이 특별사면 되었기 때문이라고 한다(이승희 2010, 23). 형사재판이 마무리되는 시점부터 특별사면 때까지 3개 유력 보수 일간지에 광고 물량이 집중된 것이다.

이승희는 이를 전체적으로 광고 물량을 조금씩 늘리되 유력 일간지에 물량을 집중하는 '물량 공세 차별화' 전략, 그리고 신문사별로 취급을 달리 하는 확실한 '선택과 집중/배제' 전략을 쓰고 있다고 본다(이승희 2010, 24). 이전에는 필요 시 모든 매체에 대해 광고 물량을 늘려 언론을 통제하는 전략을 써오던 삼성이 선택과 집중/배제 전략을 쓰는 이유는 무엇일까? 『한겨레신문』과 『경향신문』의 비판적 논조가 변하지 않는다는 판단 때문이겠지만, 광고주로서 삼성의 영향력이 극대화되었기 때문이다. 즉 자원 불균등이 심화되었기 때문에 스스로 순응하는 언론에는 당근을, 불응하는 언론에는 채찍을 쓸 수 있는 확고한 지위를 확보했다고 판단하는 것이다. 이런 상황에서 『한겨레신문』나 『경향신문』이 삼성으로부터 자유로운 논조를 유지하는 것이 정말 어려울 것이라 우려하지 않을 수 없다.

경제 집중이 심화되면서 삼성의 광고비 점유율은 더욱 높아지고 있다.

"삼성전자가 1년간 영업활동을 하면서 쓰는 광고선전비가 2조8천 억 원에 육박해 국내 전체 법인이 쓴 비용의 14%를 웃도는 것으로 나타났다. 27일 〈재벌닷컴〉에 따르면 지난 2011~2012년 법인세 신고 기업의 감사 보고서(개별 기준)상 '광고선전비 내역'을 조사한 결과 2012년 삼성전자의 광고선전비가 2조7,727억 원에 달하는 것으로 집계됐다. 이는 같은 해 법인세 신고 기업 48만2,574개 사가 한해 지출한 광고선전비 19조2,366억 원의 14.41%에 달하는 것이다"(『연합뉴스』 2014/01/27). 물론 법인세 미신고 기업 부분도 고려해 조정이 될 여지가 있고, 다른 광고 지표들로 수정할 여지가 있으나 삼성의 영향력이 더욱 커지고 있다는 사실은 논쟁의 여지가 없다. 이는 삼성의 경제 지배력이 증가하는 것과 정비례하고 있는 것이다.

# 4. 삼성과 언론인

삼성이 언론을 통제하는 방식 가운데 하나는 삼성에 우호적인 언론인을 만들어 내는 것이다. 이학수 부회장 관련 기사를 막으려고 인쇄소까지 달려갔던 『시사저널』 금창태 사장의 행태는 기업의 언론인 관리가 무엇을 겨냥하고 있는지를 전형적으로 보여 주는 사례라고 하겠다. 삼성의 언론인 관리는 공식적이고 공개적으로 혜택을 줌으로써 우호적인 관계를 맺는 것과 비밀 관리 등 두 가지 형태로 나눠 볼 수 있을 것이다.

## 삼성의 일반적 언론인 관리

삼성은 언론 재단을 설립해 언론인 또는 언론 학자들에게 혜택을 주고 있다. 지원 분야를 보면 삼성 언론상, 국내 연수, 해외 연수, 해외 어학연수, 저술 지원, 연구 모임 지원, 외국 언론인 초빙 연수 등이 있다.[5]

『프레시안』은 삼성에 관한 참여연대 경제개혁연구소의 두 번째 보고서인 '엑스파일이 언론에서 사라진 이유'를 다루면서 "삼성언론재단이 1996년부터 2004년까지 지원한 237명의 수혜자 가운데 90%인 214명이 전·현직 언론인이었다. 수혜 언론인을 세부적으로 살펴보면 현직 언론사 간부는 145명(68%)이었는데, 특히 이건희 총수 일가의 경영권 승계와 밀접하게 관련이 있는 부서에 재직 중인 간부도 83명(57%)에 이른다. 언론사별로는 『중앙일보』가 21명으로 가장 많았고, 다음으로 KBS 19명,

---

5_삼성언론재단 홈페이지, http://www.ssmedianet.org/front//main.php.

표 14-2 | 삼성언론재단 수혜자 소속 언론사별 내역(1996~2007년)

단위: 명

| | | | | | |
|---|---|---|---|---|---|
| 경향 | 12 | 시민의 신문 | 1 | 대구방송 | 1 |
| 광주일보 | 1 | 연합뉴스 | 12 | CBS | 1 |
| 국민 | 11 | 월간 중앙 | 1 | EBS | 1 |
| 국제 | 1 | 전자신문 | 3 | KBS | 21 |
| 내일 | 2 | 조선 | 17 | MBC | 17 |
| 동아 | 18 | 중앙 | 27 | PSB | 2 |
| 매일경제 | 9 | 중앙일보 시사미디어 | 4 | SBS | 13 |
| 매일 | 1 | 코리아헤럴드 | 1 | YTN | 12 |
| 문화 | 14 | 파이낸셜 뉴스 | 1 | 이타임즈 | 1 |
| 부산 | 3 | 한겨레 | 13 | 기타 | 6 |
| 새전북신문 | 1 | 한국경제 | 17 | | |
| 서울경제 | 6 | 한국 | 14 | | |
| 서울 | 11 | 헤럴드경제 | 3 | | |
| 세계 | 8 | 헤럴드미디어 | 1 | | |
| 스포츠조선 | 1 | | | 수혜자 합계 | 289 |

MBC 16명, 『동아일보』 15명, 『조선일보』 13명, 『문화일보』·『한국일보』 12명 순이다"라고 전한다. 삼성은 매년 주요 언론사에 삼성에 호의적인 (최소한 비호의적이지는 않은) 언론인들을 늘려 가고 있는 셈이다.

2008년 보고서에 나타난 결과 역시 다르지 않다(경제개혁연구소 2008, 3-4; 5).

○ 11년간(1996~2007년) 삼성언론재단의 다섯 가지 주요 사업(삼성언론상 제외)의 수혜자 분포와 현황을 조사한 결과는 다음과 같다.
- 1996년부터 2007년까지 삼성언론재단의 수혜자는 총 315명.
- 이 가운데 언론인이 283명으로 전체의 89.9%. 신문사 출신이 214명(67.9%)으로 가장 많고, 다음이 방송사 68명(21.6%) 순임.
- 학자들의 경우는 총 26명으로 전체의 8.2%에 해당
○ 언론사별로 보면,
- 중앙일보가 27명으로 가장 많고, KBS 21명, 동아일보 18명, 조선일보, 한국경제신문, MBC가 각각 17명 순임(자세한 내용은 〈표 14-2〉 참고).

『중앙일보』가 가장 많다는 점에서 삼성과 『중앙일보』 사이의 실질적인 심리적 거리를 관측할 수 있으며, 삼성언론재단에서 관리하는 언론의 면모를 파악할 수 있다.

삼성의 언론 인맥 관리는 이렇게 단발적 혜택을 주는 것에 멈추지 않는다. 따라서 삼성의 광범위한 인적 네트워크 관리에 주목할 필요가 있다(박문규 2005, 113). 5급 이상 공직자나 법조·언론인을 축으로 삼성의 외부 인사 영입 현황을 분석한 결과 전체 외부 영입 인사는 278명이었다. 경력별로는 관료가 101명(34.4%)으로 1순위였고, 학계 87명(29.6%), 법조인 59명(20.1%), 언론인 27명(9.2%) 등의 순이었다. 삼성이 문제가 생겼을 때 다양한 여론 주도층을 공략하는 전위대라고 봐야 할 것이다.

상용차 사업 진출이나 생보사 상장 방안 및 〈금융산업의 구조개선에 관한 법률〉 개정을 둘러싼 핵심 정책 결정 과정에 이들이 과거 경험을 살려 정부 정책에 직접 영향력을 행사하는 로비스트의 역할을 맡고 있다는 얘기다. 법률가를 중심으로 한 '방패막이'와 언론인을 축으로 한 친삼성 분위기 조성도 이들 영입 인사의 주된 몫이라고 하겠다.


## 비공식 관리

천주교정의구현사제단(약칭 사제단)은 2007년 10월 29일 기자회견을 통해 삼성그룹 전략기획실 법무팀장을 지낸 김용철 변호사의 '양심 고백'을 공표했다. 삼성이 김 변호사의 명의를 도용한 차명계좌를 통해 수십억 원에 이르는 비자금을 조성·관리해 왔다는 내용이다. 김 변호사의 양심 고백에 따르면 자신 외에 삼성의 다른 전·현직 임원의 차명계좌까지 포함할 경우 삼성이 관리하는 차명계좌가 1천여 개에 이를 것이라고 했다. 이런 비자금의 용도는 물론 각계각층의 유력 인사들을 우호 집단으로 포섭하기 위한 것이다. 정확히 밝혀진 바는 없지만 일부 언론인도 여기서 예외라고 할 수는 없을 것이다.


## 5. 삼성 관련 보도의 왜곡

삼성이 사회 공익에 기여하고자 언론 기업을 설립했다고 믿는 사람은 없다. 중앙일보, 동양방송 등은 당시 사회적 기준에서 가장 상업적이고 선정적인 언론으로 평가받았다. 하지만 단지 상업적이었기 때문에 삼성이 소유했던 언론들이 비판을 받는 것은 아니다. 삼성은 자사 소유 언론을 모기업인 삼성에 유리한 여론을 형성하는 데 악용했기 때문이다. 즉 언론을 사유화했던 것이다. 사기업인 언론을 사유화했다는 것은 형용모순일까? 수용자가 언론을 소비할 때는 설령 사기업이 언론을 소유하더라도 언론의 보도는 공정하고 독립적일 것이라는 전제가 있다. 즉 소유 형태와 무관하게 언론의 활동은 공적인 것이며 사적 이익을 위해 사용되지 않을 것임을 기대하는 것이다. 그리고 이런 공적 기능을 보장하기 위해 헌법이 언론의 자유를 기본권으로 보장하고 있는 것이다. 그러나 언론들은, 언론의 자유에 따라 사실에 근거해 현실에 대해 다양한 견해를 밝힐 수 있음을 의미하는 '경향성'을 사주의 개인적 세계관과 동일시하는 우를 범하고 있다. 나아가 모기업을 방어하는 도구로 신문을 악용하기도 한다.

1966년 11월, 삼성 그룹 산하 한국비료의 사카린 밀수 사건은 편집권 문제에 큰 파장을 일으킨 것으로 언론 사유화의 문제를 보여 주는 전형적인 사례다. 이 사건이 일어나자 전국의 언론은 이를 비판적으로 보도했지만 삼성그룹이 운영하던 동양방송과 중앙일보는 언론의 비판적 보도를 역으로 비판하기 시작했다. 동양방송과 중앙일보의 노골적인 삼성 비호 행위는 언론의 사회적 책임을 망각한 채 모기업인 재벌의 이익에 봉사하는 도구로 전락했다는 비난을 받기에 충분했다. 즉 삼성의 방패를 자처한 것이다. 이에 정부는 언론을 재벌 소유에서 분리한다는 취지의 담화를 발표하고 이어 〈언론의 공익 보장을 위한 법률안〉을 발의했지만 언론의 반발로 입법되지는 못했다. 이 법안은 편집의 독립을 구체적으로 조문화했다는 점에서 편집권 독립을 제도화하려는 시도의 효시로 보기도 한다(유재천 1988, 259-260; 장호순 2001, 74).

앞에서도 말했듯이, 삼성은 언론 통폐합 시기에 방송을 KBS로 보내고, 외환 위기 직후 신문을 분리시킴으로써 삼성이 직접 소유한 언론은 없다고 하겠다. 그럼에도 삼성이 언론으로부터 불이익을 당한다고 보는 사람은 없다. 외려 간접적인 통제를 통해 훨씬 교묘하게 언론의 삼성 감싸기에 성공하고 있다.

먼저 2007년 10월 29일 김용철 변호사가 삼성의 비자금을 폭로한 사건이 발생했을 때, 언론들은 삼성에 대한 태도를 분명히 드러냈다(박진형 2007, 131-134). 사건 발생 초기에 『한겨레신문』를 제외한 신문들은 김 변호사의 주장과 삼성의 '반박'을 '공방' 내지 '논란' 수준으로 각 1건씩만 보도하는 데 그쳤고, 사건의 진실을 파헤치려는 심층적 노력이 전혀 보이지 않았다는 점에서 대동소이했다. 단지 기사의 분량과 배치 등 편집상 약간의 차이가 있었을 뿐이다. 반면 『한겨레신문』는 기자회견이 있기 전인 27일 이미 김용철 변호사와 인터뷰를 했고, 이 내용과 사제단의 기자회견 내용 등을 토대로 30일 모두 13건의 기사에서 '삼성 비자금' 의혹에 대한 구체적인 실태를 충실히 전달했으며, 삼성과 우리은행의 반응과 입장, 향후 전망 등을 심층적으로 보도했다.

『한겨레신문』는 31일 거의 모든 언론이 침묵으로 외면했을 때도 "검찰 '수사 의뢰가 들어오면 ……' 이번에도 몸 사리나"를 통해 검찰의 소극적인 수사 의지를 비판했다. 또한 "삼성, 2002년 대선 자금도 비자금서 제공"에서 '2002년 대선 자금이 삼성의 회사 비자금에서 나왔고, 1997년 대선 자금 역시 그럴 가능성이 크다'는 김용철 변호사의 새로운 주장을 상세히 전했다. 이 기사 또한 2003~04년에 걸쳐 진행된 검찰의 '2002년 대선 자금' 수사가 '선거 자금이 이 회장 개인 돈에서 나온 것으로 종결됐다'며 김 변호사의 새로운 증언에 따라 이 회장을 '횡령·배임죄'로 처벌할 수 있게 되었으므로 수사가 다시 진행되어야 한다는 불가피성을 강조했다.

2007년 12월 7일에 발생한 삼성중공업-허베이 스피릿 호 원유 유출 사고에 대해서도 삼성에 유리한 보도들로 채워졌음을 알 수 있다. 이 사건과 관련해 언론이 자원봉사에 지나치게 주목해 온정주의적이고 애국주의적인 이미지를 확대재생산함으로써 사고 발생의 근본 원인과 책임 소재를 은폐하는 데 일조했다는 비판도 있지만(권혁범 2008; 이창현 2008; 이창현·김성준 2008), 자원봉사자들이 위험에 노출되는 상황이라는 사실이 제대로 전달되지 못했다는 지적도 있었다(윤순진·박효진 2011, 10).

문제는 자원봉사자가 당시에 겪었을 수도 있는 위험은 누구나 알 수 있는 객관적·가시적인 것이 아니라는 점이다. 실제로 위험이란, 그것의 종류를 새롭게 사회적으로 정의하고, 이를 대중에게 알리며, 위험을 가능한 한 방지하고 통제하기 위한 법적·제도적 기제를 마련해야 비로소 위험으로 인식되는 '사회적 구성물'이다. 여기서 언론의 역할이 주어지는 것이다. 그런데 당시 언론들은 자원봉사자가 처한 위험을 위험으로 구성해 내지 못했다. 이것은 위험에 대한 과학적 관심보다는 국민적 정서를 자극하는, 자원봉사에 대한 미담 기사를 필요로 했기 때문이다. 결과적으로 원유 유출 사고의 책임이라는 쟁점이 자원봉사 미담에 묻히게 된 것이다. 그리고 이를 가장 원했던 존재는 책임의 한 당사자였던 삼성이었다. 『중앙일보』의 경우 사건 관련 전체 기사의 수는 『조선일보』, 『한겨레신문』, 『대전일보』 가운데 가장 적었지만, 자원봉사 관련 기사의 비중은 가장 높았다. 삼성중공업이 사건에 연관되어 있기 때문에 보도 기사의 수를 되도록 줄이면서 자원봉사와 관련된 기사를 주로 다룸으로써, 사건의 원인이나 해결 과정, 책임 문제 등 더 중요한 쟁점으로부터 독자의 관심을 돌린 것으로 해석할 수 있다(윤순진·박효진 2011, 16; 30).

삼성에 불리한 기사 보도를 둘러싼 언론 내부의 갈등을 극명하게 드러낸 사건은 『시사저널』 사태다. 당시 기자였던 안은주는 '청와대는 기사를 뺄 수 없어도 삼성은 뺄 수 있다'는 말로 삼성이 언론에 미치는 영향력을 정리했다(안은주 2008, 55; 57). 놀라운 것은 삼성은 김용철 변호사 사건이 터지자 『시사IN』에까지 손을 뻗었다는 점이다. 『시사IN』은 『시사저널』에서 삼성 이학수 부회장 관련 기사로 진통을 겪고 나서 편집권 침해에 참을 수 없었던 기자들이 나와 독립 언론으로 탄생시킨 시사 주간지다. 이학수 부회장 관련 기사에 비하면 2007년 10월, 『시사IN』이 김용철 변호사(전 삼성 구조조정본부 법무팀장)의 양심 고백을 통해 보도한 '삼성 비자금 문제'는 삼성 그룹에는 '태풍' 같은 기사였을 것이다. 파급력이 큰 기사인 만큼 삼성 그룹은 이 기사가 나가기 전에도 『시사IN』 편집국을 찾아가 집요하게 괴롭혔다고 한다. 삼성그룹은 '김용철 변호사의 정신 상태가 이상하다', '김용철 명의의 차명계좌가 존재하는 것은 사실이지만 회사 비자금이 아니라 그룹의 한 임원이 재무팀에 돈을 불려 달라고 맡긴 돈'이라고 주장하며 기사가 나가는 것을 막으려 했다. 나중에는 '기사를 일주일만 연기해 주면 무슨 요구든 다 들어 주겠다'고까지 했다. 이 기사가 게재되던 때는 국정감사가 진행되던 시기였다. 안은주는 삼성그룹은 국정감사를 피하면서 어떻게든 '물타기'나 대응할 방법을 찾을 요량이었을지 모른다고 평가했다.

사실 삼성과 관련해 크고 작은 사건들이 꾸준히 발생하고 있고, 그때마다 삼성은 그동안 맺었던 관계를 활용해 기사 삭제, 내용 수정, 제목 바꾸기 등의 언론 조작을 해왔다. 『미디어오늘』은 『연합뉴스』, 『뉴시스』, 『뉴스1』이 삼성전자 부회장 이재용의 아들이 영훈중학교에 입학할 당시 주관적 영역 평가 성적을 고친 것과 관련해 인터넷 판에 보도했다가 일제히 삭제했다고 보도했다(『미디어오늘』 2013/10/04). 2013년 9월 26일 영훈중학교 입학 부정 사건과 관련한 공판 도중 모 교사는 사회적 배려 대상자 전형에 지원한 이 부회장의 아들의 주관적 영역(자기 개발서 등의 평가를 포함한) 평가를 만점으로 고친 평가표를 교감에게 전달했고, 이를 받아 본 교감과, 성적을 조작했음에도 합격권에 들지 못했다는 점을 지적하는 대화를 나눴다는 점을 인정했다. 그리고 전술한 세 뉴스 통신사들이 이를 일제히 보도했다. 그러나 이후 시간 차이는 있지만 이들 통신사 모두 기사를 삭제했다. 세 뉴스 통신사의 뉴스를 제공받은 많은 언론사들도 게재했던 뉴스를 삭제했다고 한다. 『아시아경제』, 『노컷뉴스』, 『이투데이』, 『서울신문』, 『한국일보』 등에서 삭제한 사실을 발견할 수 있었고 이들 신문은 삭제 이유를 밝히는 것을 거부하거나, 부정 입학 사건 관련 보도량이 많았기 때문에 또는 최종 확정 이후 보도하기 위해서라고 변명했다. 하지만 아예 다루지 않은 것이 아니라 이미 게재했다가 삭제한 것에 대한 설명으로는 설득력이 없다. 따라서 기사 삭제와 관련해 삼성전자 홍보실이 관여했다는 의혹이 제기됐지만 홍보실 측은 그 사실을 부정했다. 특정 언론사도 아니고 다수의 언론사들이 기사 게재와 삭제라는 동일한 행태를 보였다는 점에서 각사의 자발적 결정에 의한 우연이라고 보기는 어렵다.

삼성 집안 형제의 상속 다툼인 이맹희·이건희 재판과 관련해 언론사들의 기사 삭제 사건이 연이어 일어났다. 2012년 7월 이맹희가 재판에서 '이건희 도둑놈 심보'라고 언급했다. 이는 곧 언론에서 기사화됐다. 하지만 『아시아경제』에서는 기사를 삭제했고, 『국민일보』와 『이데일리』는 제목을 바꿔 버렸다(『미디어오늘』 2012/07/02). 2014년 1월 14일 항소심 결심 공판에서 이맹희는 서면으로 최후진술을 했고 30여 개가 넘는 많은 언론들이 이를 온라인 인터넷 판에 전문을 게재했다. 하지만 뒤늦게 보도한 몇 개의 아주 작은 언론을 제외하고는 대부분 삭제됐다(『미디어오늘』 2014/01/17). 공판 이후 전문이 집중적으로 보도되면서 삼성이 발 빠르게 움직였고, 오히려 광풍이 지나간 이후 전문을 게재한 작은 언론사는 관리 대상에서 벗어나는 상황이 벌어진 것이다.

삼성 반도체에서 근무하면서 백혈병 등의 직업병에 걸린 노동자들의 산재 처리 투쟁을 그린 영화 〈또 하나의 약속〉과, 같은 소재를 다룬 다큐멘터리 영화 〈탐욕의 제국〉 등이 상영관을 잡기 위해 고군분투했던 사례에서, 삼성이 문화 산업까지 전 방위로 영향을 미치고 있음을 알 수 있다. 개봉 전부터 많은 관심을 받았던 〈또 하나의 약속〉은 상영 시작 전부터 약속했던 상영관 수가 줄거나, 상영관을 배정받았더라도 심야 시간대나 교차 상영으로 관객들이 선택하기 어려운 조건으로 출발했다. 주목할 만한 점은 상영 첫날부터 관객 점유율이 1위로 시작해 계속 점유율 1위를 기록하는 동안에도 상영관 수가 거의 늘지 않았다는 것이다(『오마이뉴스』 2014/02/10). 경제적 논리로만 생각하면 극장 업자들의 행태는 이해하기 어렵다. 오직 삼성의 존재로만 설명할 수 있다. 〈탐욕의 제국〉은 결국 사람들의 관심에도 불구하고 독립 영화 전용 극장에서만 상영관을 확보할 수 있었다.

〈또 하나의 약속〉은 비교적 대중의 관심을 많이 받았기 때문에, 삼성으로서는 이와 관련된 기사들을 삭제하거나 줄이는 것이 과제였을 것이다. 그리고 삼성과 언론사와의 관계를 잘 보여 주는 사건이 『프레시안』에 의해 폭로됐다. 인터넷 경제 신문사인 『뉴데일리』의 사장이 삼성의 전무에게 보내는 문자가 실수로 『프레시안』 기자에게 전달됐다. 이를 통해 밝혀진 내용은 삼성의 모 차장이 『뉴데일리』의 영화 〈또 하나의 약속〉 관련 기사에 대해 사장에게 서운함을 표현했고, 사장은 기사 삭제 지시를 하고 나서 이를 삼성전자 전무에게 알리고 좋은 관계의 유지를 부탁하는 것이었다(『프레시안』 2014/02/19). 그 일부만 인용하면 "어제 박○○차장과 얘기해 보니 지난달 뉴데일리에 〈또 하나의 가족〉 기사가 떠 서운했다고 하기에 돌아오는 즉시 경위를 알아봤고, 제 책임하에 바로 삭제 조치시켰습니다. …… 물론 칼럼니스트가 특별한 의도를 갖고 쓴 것은 아니었고, 간부들도 전혀 인지하지 못했던 것으로 확인됐습니다."라는 내용이었다. 당시 기사는 연예인들이 추진했던 극장 집단 관람을 다룬 것이었다. 그리고 다른 언론들에 이미 기사화된 것이었다. 하지만 『뉴데일리』 사장은 삼성 간부가 서운함을 표시한 것만으로 기사를 삭제하고 해명 문자를 보낸 것이다.

## 6. 맺음말

거대 자본 삼성은 시한폭탄 같은 존재다. 삼성의 위기는 곧 한국 경제의 위기일 수 있기 때문이다. 삼성은 언론의 우호적인 기사들을 통해, 결정적인 시기에 지도자(이병철·이건희)의 탁월한 선택으로 거대 자본으로 성장한 신화적 존재로 미화되고 있다. 하지만 백번 양보해 이를 그대로 받아들인다 할지라도 삼성 지도자의 잘못된 선택은 역으로 삼성을 위기로 빠뜨릴 수 있다는 것이고, 삼성이 한국 경제에서 차지하는 위치로 볼 때 삼성의 위기는 한국 경제의 위기로 전화될 수 있다.

가장 큰 문제는 이런 위험이 존재하고, 이를 지적하는 목소리가 있음에도 불구하고 이를 전달해야 할 언론이 앞에서도 서술했듯이 미담 기사만 만들어 내고 있다는 점이다. 간혹 삼성 비판 기사가 있어도 부분적인 오류를 지적할 뿐 전체 구조가 내포하는 위험성은 전달하지 못하고 있다.

이는 언론이 삼성과 관련해 제 기능을 하지 못하고 있기 때문이다. 우리 언론은 소수 언론을 제외하고 이미 정치·경제·언론 권력이라는 삼각동맹의 일부가 되어 있다. 그러나 이런 표현은 자본의 절대적 우위 속에 정치와 언론이 편입되고 있는 현실을 지나치게 평면적으로 묘사하는 것일 수도 있다. 언론은 이제 거대 자본이 제공하는 광고에 의존하고, 거대 자본들과 직간접적인 연관 속에서 생존할 수밖에 없는 존재로 전락하고 있다. 거대 자본의 광고, 홍보, 인맥 관리 등은 언론이 헤어날 수 없는 자본의 통제 그물망이 되고 있다. 앞에서 살펴본 것처럼, 그중에서도 삼성은 경제 집중력에서 여타 대기업을 압도하고 있는 만큼 언론에 미치는 영향 또한 타 대기업의 추종을 불허한다.

그러나 이런 문제가 진지하게 지적되고 위기에서 벗어날 수 있는 언론 환경을 만들기란 일견 난망해 보인다. 이미 언론 자체가 권력화하고 있고, 자본 권력에 편입되어 있는 주요 언론들은 물론, 공익성을 담보해야할 공영 언론들조차 자본의 이해를 대변하는 정권의 영향력 아래에 있기 때문이다. 그리고 이들이 구성하는 헤게모니로 인해 정치·경제 변혁을 위한 실천 의지를 형성하는 것이 쉽지 않기 때문이다.

이처럼 분명한 한계에도 불구하고, 삼성의 영향력 그물망에 포섭된 언론의 현실을 살펴보는 것은 그런 한계를 명확히 인식하는 것으로부터 탈출구에 대한 고민이 시작된다고 보기 때문이다. 우리는 한편으로 주요 언론, 특히 공영 언론을 개혁해 언론이 제 기능을 수행하도록 함으로써 헤게모니 정치·경제적 변혁을 이루어야 한다고 생각한다. 이것이 이명박·

박근혜 정부의 언론 장악을 경험하고 있는 2014년 현재, 언론 개혁 운동이 지향하는 바다. 대다수의 수용자가 여전히 주요 언론의 수용자에 머물고 있는 상황을 고려할 때 우선적으로 고려할 수 있는 중요한 전략이다.

하지만 주요 언론을 개혁하기 위해서라도 대안 언론에 대한 고민과 대안 언론 수용(소비) 운동이 필요하다. 자본 통제의 그물망에서 벗어나 있는 대안 언론의 존재가 소중하다고 생각하는 사람들조차 대안 언론을 수용하기보다는 기존 언론을 소비하는 현실에서는 대안 언론이 기존 언론의 각성 또는 변화를 촉발해 낼 수 없기 때문이다.

가장 주목해야 할 대안 언론은 〈뉴스타파〉이다. 뉴스타파는 무엇보다도 재원에서 자본으로부터 자유롭다는 것이 강점이다. 2014년 7월 현재, 3만6천여 명 회원들의 회비로 운영되는 〈뉴스타파〉는 성역 없는 비판이 가능하다. 또한 〈뉴스타파〉는 탐사보도 저널리즘을 지향한다는 점에서 차별화가 이루어진다. 협동조합 방식을 선택해 자본으로부터 자유로워지려는 『프레시안』이나 〈국민TV〉 역시 거대 자본에 구속되는 문제점을 극복하고자 노력하고 있다. 고급 정보를 지향해 온 『프레시안』은 말할 것도 없고, 노종면을 앵커로 하여 정통적이고 차분한 뉴스를 중심으로 정보를 제공하려는 〈국민TV〉 등이 품질 면에서 기존 언론에 떨어지지 않는 대안 매체로 기능할 수 있다. 문제는 소비다. 수용자들이 대안 매체를 적극 소비하지 않는 한 대안 매체는 생존할 수 없다. 기존 언론의 개혁과 더불어 기존 언론 변화의 견인차 기능을 할 수 있는 대안 언론에 대한 고민이 절실하다.

# 15장

# 삼성 광고의 변천으로 살펴본
# 한국 사회 지배 담론의 변화

전승우·지주형·박준우

## 1. 들어가는 말

이 글은 삼성(주로 삼성전자)의 텔레비전 광고를 분석함으로써 한국의 사회 변화를 파악하고 이를 통해 다시 한국 사회에 대한 삼성의 이데올로기적 개입을 보여 주려고 한다. 삼성과 같은 지배적 대자본의 상품 광고 및 기업 PR 광고는 단순히 상품의 판매를 촉진하고 기업의 이미지를 제고하는 기능만 하는 것이 아니라 사회 변화를 반영하는 동시에 사회 변화를 주도하는 역할을 한다. 왜냐하면 대자본은 단순히 노동을 착취하고 상품을 판매할 뿐만 아니라 이런 자본축적 과정을 정당화하고 효율화하도록 사회의 지원을 이끌어 내고 권력을 행사함으로써 자본축적을 안정화하고 수익성을 높이기 때문이다.

이를 위해 우리는 먼저 삼성 광고 전략의 배경이 되는 한국 사회의 변화를 경제발전, 민주화, 신자유주의, 그리고 이에 따른 이데올로기적 변화를 중심으로 개괄한다. 그리고 삼성 경영의 변화와 광고의 변화를 이런 맥락 속에 위치시킨다. 다음으로 삼성전자의 광고를 구체적으로 분석한다. 삼성전자의 광고는 초기에는 주로 정부 정책과 한국 사회의 변화를 반영하는 편이었으나 1997년 경제 위기 이후 한국이 자본 주도의 신자유주의 체제로 전환된 이후부터는 (성공적이든 아니든) 적극적으로 한국 사회의 트렌드를 주도하(려)는 모습을 보인다.

## 2. 한국 사회와 이데올로기의 변동

분석의 편의를 위해 우리는 한국 사회의 발전 단계를 다음과 같이 시기 구분한다. 첫째, 1961~87년은 이른바 개발 군부독재 시기로 국가 주도적 경제 운영을 통해 고도성장을 이룩한 시기이다. 핵심적 가치들로는 조국 근대화(물질적 삶의 개선), 산업 발전, 수출 입국 등이 있다. 이 시기를 지배한, 그리고 현재까지도 내려오고 있는 주요 경제 이데올로기로 수출주의와 기술주의를 들 수 있다.

둘째, 1987~97년은 자유주의적 민주화 이후 국가 주도 경제에서 자본 주도의 신자유주의 경제로 이행하는 과도기로 이해할 수 있다. 이 시기는 한편으로는 중산층의 확대와 물질적 풍요, 다른 한편으로는 한계에 도달한 개발 국가적 성장 방식을 특징으로 한다. 이에 따라 세계화와 규제 완화와 같은 신자유주의적 국가정책으로의 전환이 일어난다. 위기 상황에 대한 인식은 노태우 정부 시기의 '총체적 위기', 김영삼 정부 시기의 '세계화'와 '국가 경쟁력 강화' 담론으로 이어졌다.

셋째, 1998년부터 2008년에 이르는 시기는 IMF 구제금융과 신자유주의적 구조조정에 의해 규정된 시기이다. 외화를 확보하기 위해 자본시장을 개방하고 수출을 지원한 결과 외국자본의 국내 진출, 국내 대기업의 해외 진출과 수출이 비약적으로 증가했다. 다른 한편으로는 구조조정에 따른 정리 해고, 비정규직 증가, 중산층 감소, 청년 실업, 부채 증가 및 신용 불량자 증가 등으로 무한 경쟁의 분위기/담론이 확산되고 가족주의의 강화와 함께 전통적 핵가족이 위기에 봉착하게 된다.

넷째, 2008년 세계 금융 위기 이후 2014년 현재까지는 자산과 소득의 양극화 등 신자유주의의 여러 문제점들이 사회적으로 널리 인식되면서도 여전히 신자유주의적 대안과 해법만이 지배적인, 모순적 시기라고 규정할 수 있다. 사회적 삶 또한 양극화되고 계급 간 불평등이 심화되고 있기 때문에 한편에서는 전통적 핵가족의 해체가 가속화되고 개인화가 심화되고 있으며, 다른 한편으로는 이주 노동자를 한국에 동화시키려는 왜곡된 '다문화주의'와 좀 더 적극적인 서구화를 통해 국적을 초월하는 세련된 문화적 세계화가 동시에 확산되고 있다. 이처럼 불평등이 심화된 사회는, 모든 국민의 지지를 받는 대신에 핵심 보수 계층의 지지를 추구하는 '두 국민' 전략과, 모든 내수 소비자 대신 부유층과 수출을 타깃으로 하는 '두 소비자' 전략을 통해 유지되고 있다고 할 수 있다(Jessop et al. 1988).


# 3. 삼성그룹 경영의 변동

삼성그룹의 경영과 삼성전자 광고의 변화도 이런 한국 사회변동의 맥락

속에서 살펴볼 수 있다. 물론 여기에는 거시적인 사회 변화뿐만 아니라 삼성그룹 자신의 특수성 또한 반영된다.

첫째, 개발독재의 시기(1961~87년)에 삼성은 정권과의 유착을 통해 비약적으로 발전했다. 일제 강점기로부터 이승만 정권기에 이르기까지 '사업보국, 인재제일, 합리추구'와 같은 원칙을 세우고 공개 채용 제도(1957년)와 기획 조정 기능을 하는 비서실 설립(1958년) 등 경영 혁신을 선도했던 삼성은 개발독재기 중화학공업화 정책의 혜택을 받으며 본업인 섬유와 식품 외에도 전자·석유화학·중공업·건설·조선업·반도체·항공·컴퓨터·통신 등으로 사업 영역을 크게 확대해 국내 굴지의 대기업으로 성장했다(송재용·이경묵 2013). 그러므로 이 시기 삼성의 광고 또한 경제성장, 수출, 첨단 산업 육성 등 정부 정책에 부합한 것이었다(신철호 외 2009, 96-98).[1]

둘째, 1988년에서 1997년에 이르는 과도기 동안 이건희 2대 회장의 취임과 더불어 삼성은 1987년 제2의 창업 선언, 1993년 신경영 선언 등을 통해 기업 경영의 전환을 모색했다. 제2의 창업 선언은 세계 초일류 기업을 목표로 자율 경영, 인간 존중, 기술 중시를 신경영 정신으로 내세웠으며 이는 반도체 산업 성공의 기틀이 되었다(송재용·이경묵 2013). 특히 1993년 신경영 선언으로 삼성 경영과 광고는 분기점을 맞이한다. 삼성은 신경영 선언을 통해 세계 초일류 기업이라는 목표를 달성하는 수단으로 경영 목표를 자산·매출·시장점유율 등 '양'에서 상품·인재·경영의 '질'로 전환했다. 이에 따라 삼성 제품의 디자인과 품질을 세계 일류 수준으로 끌

---

1_이 글에서는 1980년대 이후의 광고만 분석한다.

어울리기 위해 위기의식을 고취시키고 7·4제, 라인스톱제, 불량 제품 화형식, 글로벌화(해외 생산)를 단행하는 등 여러 개혁이 시도되었다(송재용·이경묵 2013).

셋째, 1998년 이후의 삼성은 1998~2003년의 구조조정 시기와 2003년 이후 소프트 경쟁력 강화 시기로 나누어 볼 수 있다. 1998년 IMF 구제금융으로 절체절명의 위기에 빠진 삼성은 과감한 사업 및 인력 구조조정에 나서, 삼성자동차를 르노에, 삼성중공업 건설 중장비 부문을 볼보에 매각하고 분사와 인력 감축을 단행했다. 또한 신자유주의적인 성과주의 보상 체계를 확립하고 글로벌경영 체제를 강화해 초국적 기업화했다. 지지부진했던 신경영이 비로소 과단성 있게 실천될 수 있는 기회를 만난 셈이었다. 이 시기 삼성은 브랜드 가치와 순위가 급속도로 상승하면서 반도체, 텔레비전, 휴대폰 등을 중심으로 명실상부한 글로벌 기업으로 자리매김했다. 그리고 2003년 이후 삼성은 마케팅, 디자인, 브랜드, 연구개발 등 소프트 경쟁력 강화에 역점을 두는 한편 '10년 뒤 먹고살 성장 엔진'에 대한 고민으로 제약, 바이오, 의료 장비 등 신산업 분야에도 진출했다(송재용·이경묵 2013). 정부 정책에 대한 삼성의 영향력 또한 강화되어 삼성경제연구소의 제안은, '삼성 공화국'으로 불리기도 한 노무현 정부 시기 한미 자유무역협정, 신성장 동력론, 혁신 주도형 경제론 등으로 발전하기도 했다(지주형 2011, 369).

넷째, 삼성 비자금 사건과 글로벌 금융 위기가 터진 2007/2008년부터 2014년 현재까지 삼성은 아이러니하게도 매해 최고 실적을 갈아 치우며 승승장구해 왔다. 여기에는 여러 이유가 있다. 하나는 그간의 내부 개혁이 성과를 거둬 신속 실행 능력과 융합 역량을 통해 스마트폰 경쟁에서 애플 다음의 자리를 차지할 수 있었다는 점이고, 다른 하나는 삼성의 사회적 지배력을 통한 노동 착취와 하도급 업체 착취가 심화되었다는 점이다

(송재용·이경묵 2013; 곽정수 2012). 또한 이명박 정부 시기 한미/한-유럽연합 자유무역협정 체결 및 고환율정책 또한 삼성의 수출경쟁력 강화에 도움이 되었다. 이를 통해 삼성의 사회적 헤게모니와 초국적 기업화는 한층 더 강화되었다.

다음 절에서는 이런 한국 사회 및 삼성 그룹의 변화에 따른 삼성그룹 및 삼성전자 광고의 변화를 구체적으로 분석하도록 하겠다.

# 4. 광고와 이데올로기 분석

자본주의사회에서 광고는 한 사회의 다양한 지배적 담론을 내포하고 있을 뿐만 아니라 그것들을 확대재생산하는 데 중요한 역할을 한다(Stearns 2001; Williams 1980). 광고를 통해 확대, 재생산되는 담론은 정치적 이데올로기(Cohen 2004; McGovern 2006; Zhao & Belk 2008)를 비롯해 소비주의(Thompson 2004)나 생태주의(Kilbourne 1995)와 같은 소비문화의 주요한 가치들에 이르기까지 다양하다. 국내에서도 여러 연구들이 신문광고 또는 텔레비전 광고에 어떤 사회정치적 담론들이 포함되어 있는가에 대해 분석했다(박영원 2008; 백선기 외 2010; 백수연·이견실 2010; 서성란·이견실 2010; 이수범 외 2004).

이 연구들은 주로 롤랑바르트의 신화 모델Model of Myth 또는 '2단계 의미 작용 모델'(Barthes 1972; Zhao & Belk 2008, 232; 박영원 2008)을 분석 틀로 사용해 광고에 함축되어 있는 기표·기의·의미·신화 등을 밝힌다. 롤랑 바르트는 일상적·문화적 기호와 텍스트를 분석해 사회생활에서 부르주아 이데올로기가 재생산되는 구조를 규명하려 했다(Barthes 1972).

**표 15-1 | 바르트의 2단계 의미 작용 모델**

| 1. 기표 | 2. 기의 | | |
|---|---|---|---|
| 3. 기호 <br> I. 기표 | | II. 기의 | |
| III. 기호 <br> 의미 작용 | | | |

언어

신화

자료: Barthes(1993, 115).

그에 따르면, 특정한 기표에 특정한 기의가 연결되어 의미가 생성되는 기호화 또는 의미 작용signification 과정은 두 단계로 이루어진다. 먼저 하나의 기표는 외연적이고 표층적인 의미meaning와 연결된다. 예를 들면 한 잡지의 표지는 흑인이 제복을 입고 오른손을 높이 들고 있는 사진을 담고 있다. 이 기표에 1차적으로 연결된 의미, 즉 기의는 명백하게 프랑스 흑인 병사의 경례이다. 그러나 의미 작용은 여기에 그치지 않는다. 그것은 내포적이고 심층적이며 보다 풍부한 의미concept, 즉 2차 기의를 담고 있다. 그것은 사진에서 보듯이 프랑스는 위대한 제국이고 피부색을 차별하지 않으며 식민주의에 대한 비판은 근거 없다는 신화myth이다(Barthes 1972, 116). 다시 말해 신화란 하나의 기표signifier가 그것이 문자 그대로 나타내는 것을 넘어서 새로운 의미를 가진 기의signified를 나타냄으로써 현실을 왜곡하고 당연한 것으로 만드는 것을 의미한다. 〈표 15-1〉은 바르트 스스로가 제시한 기호화의 모델로서, 방금 설명했듯이 기표와 기호의 결합이 두 차례 이뤄진다는 것을 보여 준다.

1단계 의미 작용에서 기표(1)은 표층적이고 외연적인 기의(2)와 연결된다. 하지만 이 기호(3, I)는 여기에 그치지 않고 좀 더 심층적이고 내포적인 기의(II)와 연결되는 2단계 의미 작용을 함으로써 신화(III)를 만들어 낸다.

표 15-2 | '태극 마크' 광고의 의미 작용 방식

| 1. 기표 | 2. 기의 | |
|---|---|---|
| 휘날리는 태극기 | 금메달리스트 | |
| 3. 기호 = I. 기표 | | II. 기의 |
| 대한민국 금메달리스트<br>한마음으로 응원하는 국민과 삼성 | | 하나 되어 응원하는 국민이 진정한<br>금메달리스트 |
| III. 의미작용 | | |
| 금메달리스트 기업, 삼성 | | |

자료: 백수연·이견실(2010, 417).

백수연·이견실(2010)은 바르트의 의미 작용의 방식으로 "두근두근 Tomorrow, 두근두근 대한민국"이라는 광고를 분석했다. 〈표 15-2〉는 위의 광고를 바르트의 의미 작용(신화 구조)의 방식에 대입한 예이다. 이 광고에서 1차적 기표(1)는 '태극 마크를 가슴에 단 선수들'이다. 이것의 1차적 기의(2)는 '대한민국 국가 대표 선수'이다. 이 두 가지가 결합되어 '동계 올림픽에 출전한 국가 대표 선수'라는 의미를 갖게 된 이 1차 기호(3) = 2차 기표(I)는 '함께 응원하는 대한민국'이라는 2차 기의(II)와 결합된다. 그리고 이 2차 기호(3, I, II)는 다시 '국민과 함께하는 기업, 삼성'이라는 신화를 만들어 낸다고 분석했다. 결국 이 광고를 접한 사람들은 삼성을 국민과 함께 대한민국 국가 대표를 응원하는, 우리 곁에 항상 함께하는 친근한 기업으로 인식할 수 있다는 것이다. 이렇게 광고는 한 사회에서 수많은 신화를 생산해 낸다. 또한 신화는 사회 구성원의 행동에 가이드라인이 되기도 하고, 더 나아가서 지배 이데올로기를 유지·발전시키는 데 중요한 역할을 한다.

백선기 외(2010)는 삼성 래미안 아파트 광고를 분석해 이 광고들이 만들어 내는 한국 사회 중산층의 신화를 분석했다. 래미안 광고는 아파트에 살면서 남편은 가장으로 직장에서 열심히 일하고 주부인 아내는 가정에서 아이들을 잘 돌보는 것이 한국 중산층의 전형적인 삶으로 묘사하고 있다. 이 연구자들은 래미안 아파트 광고들에 '가족 중심 이데올로기', '중산층 중심의 물적 토대 이데올로기' 및 '가부장제 이데올로기' 등이 내재되어 있음을 주장한다.

서성란·이견실(2010)은 삼성카드 광고를 분석해, 삼성카드가 사람들이 하고 싶을 것을 가능하게 만드는 힘이 있는 것처럼 묘사되고 있다고.주장한다. 이들은 광고가 삼성카드에 신비로운 신화적 요소를 부여할 뿐 아니라 자유주의, 개인주의, 외모 지상주의, 개방주의, 남성 우월주의, 물질 만능주의 등과 같은 우리 사회의 지배 담론을 확대재생산하는 데도 기여한다고 본다.

외국에서도 광고가 생산하는 신화와 지배 담론에 대한 연구는 많이 이루어졌다. 자오와 벨크는 1979년부터 2003년까지 『인민일보』에 실린 다양한 제품들의 인쇄 광고들을 분석해, 1980년대 이후 중국 사회에서 소비주의 담론이 확대재생산되는 방식을 보여 주었다(Zhao & Belk 2008). 레이메너시는 아프리카의 베네통 광고에서 백인은 주는 사람, 그리고 흑인은 받는 사람으로 묘사되고 있다고 말한다(Ramanurthy 2003; Zhao & Belk 2008, 239에서 재인용). 이런 광고들은 아프리카에서 식민주의를 계속 재생산하는 데 여전히 큰 기여를 하고 있는 것이다.

## 5. 삼성전자 광고 분석

이 절에서는 앞에서 나누었듯이 1980년 이후 시기를 크게 4개로 구분해 각 시기 삼성전자 광고들의 특징들을 이 광고들이 만들어 내는 신화들을 중심으로 살펴볼 것이다. 현실적으로 삼성이 만든 모든 광고를 분석할 수 없기 때문에 시기별로 주요 마케팅 커뮤니케이션 슬로건을 담고 있는 광고들을 뽑아 분석에 사용했다.

### 1기(1980~88년): 휴먼 테크

이 시기는 전두환 개발독재 시대로 나중에 3저 호황 시대를 맞아 경제가 급속히 발전하는 시기이다. 이 당시 삼성 역시 이병철 회장의 지배 아래 삼성전자를 기반으로 회사가 급속히 발전했다. 특히 개발의 성과가 물질적으로 가시화되었던 1980년대 후반 삼성의 '휴먼 테크' 광고(1986년)는 인간과 호흡하는 기술을 강조함으로써 과거의 기술주의를 인간 존중과 결합했다(신철호 외 2009, 101). 좀 더 구체적으로 '휴먼 테크' 광고는 우주·우주선·인간의 형상을 한 로봇 등과 같은 기표를 자주 사용하고 있다. 이런 기표들은 진화된 첨단 기술 또는 산업화 노력의 결실과 같은 기의를 만들어 낸다. 그리고 결론적으로 삼성의 기술 발전이 인간 사회를 풍요롭게 하는 데 기여할 수 있다는 신화를 생산한다. 이렇게 생산된 신화는 국민 모두가 기술 입국과 산업 발전을 위해 열심히 일해야 한다는 그 당시 국가 이데올로기를 그대로 반영한다.

다음으로 1987년 민주화, 3저 호황, 중산층의 성장, 주택 보급의 증가를 배경으로 한 삼성전자의 광고는 텔레비전, VTR, 세탁기, 냉장고 등 자사 전자 제품을 중산층과 편리한 중상층적 삶의 상징으로 제시했다. 1988년 최진실 씨가 출연해 큰 인기를 누린 삼성VTR 광고를 보면 당시 주요 사회 담론 가운데 하나인 물질주의나 가부장제 이데올로기를 쉽게 엿볼 수 있다. 이 광고에서는 똑똑하고 야무진 가정주부, 가족의 저녁 시간 활동 등을 기표로 사용해 전자 제품이 화목한 가정을 만드는 데 기여할 수 있다는 점을 강조한다. 즉 전자 제품이라는 물질적 상품이 행복한 가족을 만들 수 있다는 신화가 탄생한 것이다. 이 광고에서 가정주부로 묘사된 아내는 VTR로 축구 경기를 녹화해 놓고 귀가하는 남편을 맞이하면서 축구 경기 녹화가 남편의 빠른 귀가를 만들었다는 확신에 찬 표정으로 "남자는 여자 하기 나름이에요"라고 말한다. 이 역시 그 당시 사회에 확고하게 뿌리박힌 '가부장적 가정주의'를 그대로 드러내고 있다.

### 2기(1988~97년): 세계 일류

이 시기는 1987년 6월 항쟁 이후 사회 각 방면에서 정치적 민주주의가 발전해 가는 민주화 시기라 할 수 있다. 이 당시 삼성은 이건희 그룹 회장이 '신경영 선언'을 하면서 세계 일류를 부르짖으며 새로운 도약을 모색했다. 이런 노력은 1993년에 취임한 김영삼 정부의 경제협력개발기구OECD 가입 (1995년), 국제경쟁력 강화 및 신자유주의적 세계화의 구호와 맥을 같이했고 세계 일류는 삼성전자 광고의 주된 콘셉트가 되었다. 이에 따라 이 시기 삼성 광고는 삼성을 '월드 베스트'(1994년)로 칭하고 일종의 국가 대표로 표상했으며 경쟁과 프로페셔널리즘을 강조했다.

예를 들면 1995년에 방영된 '세계 일류 최초'편은 세계 최초의 발명가나 탐험가들을 광고의 전유물로 사용해 세계 최초가 갖는 가치를 극대화하고 있다. '아무도 2등은 기억하지 않는다'라는 슬로건이 이 광고가 만들어 내고자 하는 신화를 잘 말해 준다. 신철호 외(2009, 102-103)는 이 광고가 "2등이라는 이유로 사람들의 기억 속에서 잊힌 역사적 인물을 제시해 '세계 일류'를 우리 시대의 '생존 원리'로 표현"했다고 지적한다. 비록 이 광고는 지나친 경쟁주의를 불러일으킨다는 사회적 비판을 받게 되어, 이후 인간미나 도덕성을 강조한 광고들(예를 들어, 세계 일류 기본편)도 제작·

방영되었지만, 그럼에도 신자유주의적 무한 경쟁의 이데올로기를 선취했다는 점에서 큰 의미를 지닌다. 이런 의미에서 정부 정책에 부합하거나 편승했던 개발 독재기와 달리 사회적 권력의 균형이 재벌로 기울기 시작한 민주화 및 자유화 이후, 특히 1990년대부터 삼성의 경영과 광고는 독자성을 가지고 사회적·경제적 변화를 선도하려 했다고 평가할 수 있다. 실제로 이 시기 이건희 회장은 "정치는 5류"라는 발언을 내뱉었다가 곤혹을 치르기도 했던 것이다.

한편 이 당시 삼성 광고들은 삼성은 '대한민국 대표 선수' 또는 '국가 대표 브랜드', 나아가 '대한민국의 자부심'이라는 신화를 끊임없이 만들어낸다. 그 대표적인 예가 1997년에 방영된 '세계를 향한 집념의 결실' 편인데, 이 광고에서는 세계 최초 256메가 디램 개발이 국가적으로 경축할 일로 묘사된다. 또한 이 최초의 개발을 '한국의 긍지'로 직접적으로 연결시킨다. 1995년도에 제작·방영된 삼성 VTR 위너 광고에서는 "세계 VTR 10대 중 1대는 삼성이 만듭니다"라는 구호로, 세계 여러 나라로 수출되는 삼성 VTR를 자랑스러워한다. 1991년, '삼성 위브 VTR' 광고에서는 이런 급속한 수출 성장과 최고 기술의 도전을 올림픽 제패에 비유해 설명하고 있다. '세계 일류'에 대한 신화는 그 당시 국가에서 주도한 '국가 경쟁력 강화' 이데올로기와 직접적으로 연결된다. 이 당시 삼성뿐만 아니라 많은 광고들이 광고 제품을 세계적 스포츠 대회에서 선전하는 한국 대표팀과 비유했다. 그 대표적인 예가 '삼성프린트 파워 엔진'(1997년)이다. 이 광고는 당시 국가에서 주도적으로 전파한 '개인의 세계적 경쟁력을 갖춘 실력 배양'이라는 이데올로기와 상당 부분 그 맥을 같이 한다. 즉 국민 하나하나는 세계 최고가 되기 위해 노력해야 하며 이것이 국가에 애국하는 길이며 행복한 선진국으로 가는 지름길이라는 것이다.

## 3기(1997~2007년): 또 하나의 가족

이 시기는 1997년 경제 위기로 특히 서민들의 생활이 매우 어려웠던 시기이다. IMF 구제금융 프로그램이 실행되면서 긴축정책과 일자리 축소로 서민들은 경제적인 어려움을 크게 겪었고 이로 인해 많은 사람들이 가족 해체의 고통을 경험하기도 했다. 그리고 2000년대 초반, IMF가 극복될 즈음부터는 경쟁과 개방을 핵심으로 신자유주의 시대가 본격적으로 시작되었다. 특히 2000년대 중반에 들어 '삼성 공화국'이라 불릴 만큼 삼성 주도로 신자유주의적 전환이 이뤄지는 속에서 삼성의 광고는 점점 더 제품 기능보다는 이미지, 소비주의(소비자 정체성), 개인주의를 강조하게 되었다. 특히 당시 삼성 광고는 신자유주의의 중요한 특징인 경쟁의 강화를 묘사하기도 한다. 2003년 삼성 센트 캥거루 광고는 휴일도 잊은 채 출근하는 일중독 상태의 사무 노동자를 그리고 있다. 이 광고는 삼성 노트북 센스는 가벼워서 휴대가 편리해 어디서든 쉽게 업무를 볼 수 있다는 신화를 만들어 내며, 경쟁에서 살아남기 위해서는 쉬지 않고 일해야 한다는 당시의 사회 담론을 잘 반영하고 있다.

그러나 이 시기 삼성 광고가 내세운 것은 개인주의적 소비주의도 신자유주의적 경쟁도 그렇다고 과거의 기술혁신이나 세계 일류도 아니었다. 그것은 오히려 가족이었다. 삼성 광고는 이미 추한 현실이 되어 버린 신자유주의 사회를 멋지게 표상하기보다는, '또 하나의 가족'(1997년)이라는 신화로 우회하고 은폐했다. 이는 1990년대 중반까지 확립된, 일등만 추구하는 이기적이고 경쟁적이고 차가운 삼성의 이미지를 쇄신하기 위한 것이었다(신철호 외 2009, 110; 삼성전자주식회사 2010, 434-435). IMF 구제금융 이후 대량 실업, 경쟁 심화, 중산층 몰락에 따라 동시에 진행된 전통적 핵가족의 해체와 (개인의 경쟁을 뒤에서 지원하는) 가족주의의 강화라는 현실 속에서, 전통적 가족과 기술과의 결합을 표상한 '또 하나의 가족'은 중산층과 서민에게 위로를 제공하고 큰 호응을 이끌어 내어 선거 불법 자금 제공 의혹에도 불구하고 이 시기 삼성에 대한 호감도를 상승시켰다. 2000년 이후, 본격적인 신자유주의 시대를 맞이해 사람들은 IMF 직후 더 많이 경쟁해야 했고, 이 과정에서 더 큰 좌절과 아픔을 경험했다. 경쟁의 고통은 사람들로 하여금 '따뜻한 가족'에 애착을 갖게 만들었는데, 현실이 아닌 상상 속에나 있을 법한 화목한 가족의 전형적 모습을 그린 광고가 큰 인기를 누린 것은 이 때문일 것이다.

화목한 가족과 정이 있는 이웃의 전형적인 모습을 사용한 광고의 대표적인 예가 '또 하나의 가족'이다. 1997년에 최초로 제작된 '또 하나의 가족' 광고는 큰 인기를 끌면서 2007년까지 지속적으로 제작되었다. 2000년 중반 이후 '훈이네 가족 이야기'라는 속편이 출현했다. 이 광고 시리즈는 현대 중산층 가족의 전형과 중산층 가정에서 자식을 키우면서 흔히 경험할 수 있는 에피소드들을 전유물로 사용한다. 삼성은 '또 하나의 가족'이라는 시리즈를 통해 소비자들에게 "가족처럼 친근하고 소중한 기업"(박영원 2010, 103)이라는 기업 이미지를 전파하고 있다.


### 4기(2007~2014년 현재): How to Live Smart

4기는 외환 위기 이후 한국 사회에서 신자유주의가 어느 정도 안정화 단계로 들어선 시대라 할 수 있다. 이 시기에 삼성은 반도체와 스마트폰의 매출 성장으로, 2013년 세계 브랜드 가치 순위 8위에 오르는 등 글로벌 브랜드로서의 지위가 더욱 확고해졌다. 삼성은 이제 한국의 대표 브랜드라는 지위를 넘어서서 애플·코카콜라·구글과 같은 초국적 글로벌 기업을 지향한다. 그러므로 광고 속에서 삼성은 더 이상 국가 대표로 표상되지 않는다. 또한 외국인들이 삼성 제품을 사용하고 있는 모습이 자랑스럽게 그려지지도 않는다. 그것을 대신해, 국적을 넘어선 신자유주의 시대의 편리한 개인의 일상을 보여 준다.

최근 삼성 광고를 보면 알 수 있듯이, 초국적 글로벌 기업을 지향하는 삼성전자의 광고에는 더 이상 외국인 모델이나 "How to Live Smart"나 "Designed for Humans"라는 영어 표현들이 어색하지 않다. "How to Live Smart" 광고는 스마트 기술과 일상이 결합된 '스마트'한 개인의 삶을 강조한다(예를 들면 가족 전체의 시점이 아니라 남편, 아내 등 개인의 시점에서 광고는 전개된다). 외국인 일반 모델들 또한 세련되고 편리한 삶을 사는 개인으로 표상된다. 이들은 한국의 소비자들과 동등한 수준에 있는 소비자로서 삼성 제품을 사용하는 글로벌화되고 세련되고 편안한 일상생활의 라이프스타일을 나타낸다. 전통적 핵가족의 해체와 개인화로 '또 하나의 가족'이 전달했던 가족 신화의 효력이 떨어지자 개인의 신화로 대체한 것이다. 2012년에 제작·방영된 '낙천주의 엄마' 광고는 가족의 구성원으로서 엄마의 역할을 강조하지만 개인의 라이프스타일도 중요하게 묘사한다. 삼성 제품이 가족에서 엄마의 역할과 자신의 라이프스타일 모두를 추구하는 데 도움을 줄 수 있다는 신화를 만들어 낸다.

시청률이 상대적으로 높은 한 지상파 8시 뉴스 시보광고에서도 외국인 모델과 영어가 광고에서 전유물로 사용되고 있다. 최근 삼성 광고에서 외국인들의 모습은 삼성이 과거 '세계 일류'를 외칠 때 어색하게 삼성 제품을 들고 서있던 외국인들과 매우 다르다. 삼성 브랜드는 외국인들에게 더 이상 낯선 브랜드가 아니다. 삼성 스마트폰은 외국인 소비자들에게도 생활의 필수품이며 자신이 원하는 라이프스타일을 향유하는 데 큰 도움을 주는 브랜드로 묘사된다. 이 광고들은 삼성은 더 이상 한국인의 브랜드가 아니며 애플이나 구글처럼 국적을 초월한 범세계주의적인 브랜드라는 신화를 만들어 낸다. 정부도 여러 국가들과 자유무역협정을 체결하면서 이제 세계에 경제적 국경은 없다는 이데올로기를 지속적으로 전파하고 있다. 최근 삼성 광고가 추구하는 범세계주의는 이런 국가 이데올로기와 일맥상통한다.


## 6. 맺음말

광고는 현실의 어두운 면을 가리고 아름답게 치장하는 기능을 수행한다. 그러므로 삼성이 매 시기 광고를 통해 보여 주는 모습과 전파하는 이데올로기의 이면에는 삼성의 어두운 모습이 항상 자리 잡고 있기 마련이다. 그리고 그 문제점들이 축적되고 터져 나오면서 매 국면 삼성의 위기를 발생시키고 삼성의 변화 움직임과 상호작용을 일으킨다.

삼성의 제1기가 끝날 무렵인 1980년대 후반 삼성은 한국 사회의 발전에 따라 새로운 문제, 즉 노동조합의 출현이라는 문제에 직면하게 된다. 1987년 6월 민주화 운동에 뒤이은 노동자 대투쟁은 삼성에게도 예외는 아니었다. 1987년부터 1989년까지 3년간 삼성중공업 창원 2공장 및 거제 조선소의 노동자들은 노조 결성 및 근로조건 개선을 위한 투쟁을 거듭했다. 그러나 삼성은 "내 눈에 흙이 들어가도 노조는 안 된다"는 이병철 회장의 유명한 말을 금과옥조처럼 떠받들면서 유령 노조 설립, 그룹 내 경비 업체인 세콤(현 에스원) 및 구사대를 통한 납치와 폭력 등 노조 파괴 공작을 통해 결국 노동조합 건설 시도를 무력화했다. 당시 삼성의 구호였던 '휴먼 테크'를 빗댄 '휴먼 테러'라는 표현은 삼성의 폭력적인 반노조 경영을 상징하는 표현이 되었다.

1990년대 초반 신경영을 내세우고 국가 대표를 자임한 삼성 또한

1997년 IMF 위기에서 자유롭지 못했다. 문어발식 경영이라는 재벌의 후진국적 행태가 IMF를 초래한 핵심 원인의 하나로 지목되는 와중에, '세계 일류'라는 슬로건이 무색하게도 이건희 회장의 개인적 관심에 따라 설립된 삼성자동차가 1998년 2조5천억 원에 달하는 손실을 남기고 법정관리에 들어가게 되었다. 또한 1995~98년 사이에 경영권 불법 승계를 위해 소위 '에버랜드 전환사채 저가 배정 사건'을 일으켰다가 2000년 전국 법대 교수 43명에게 고발당하게 된다.

1990년대 후반의 구조조정 시기를 견뎌 낸 삼성은 2000년대 초반 소위 '삼성 공화국'이라고 불릴 만큼 영향력이 커졌다. 그러나 2005년 이후 그 어두운 이면이 속속 드러나기 시작한다. 2003년 12월 공소시효 마감을 하루 앞두고 시작된 에버랜드 전환사채 사건 수사가 2005년 1심에서 유죄판결을 받았고, 아울러 그해 7월 소위 삼성 엑스파일 녹취록이 보도되었다. 급기야 2007년 10월 전 삼성 법무팀장 김용철 변호사가 천주교 정의구현사제단과 함께 삼성의 비자금 조성 및 전 방위적 로비 실태를 폭로하면서 특검 수사를 받는 지경에까지 이르게 된다. 한편 2007년 초에는 삼성1호-허베이 스피릿 호 충돌로 인한 원유 유출 사건이 발생했으나 삼성에서 책임을 인정하지 않아 비판의 대상이 되기도 했다.

아울러 이 시기에는 삼성의 고질적 문제점인 무노조 경영이 다시 한번 여론의 비판을 맞았다. 삼성SDI 등에서 노조 설립이 시도되자 도청 및 위치 추적 등을 했던 사실이 드러나고 삼성일반노조 김성환 위원장을 비롯한 노조원들에 대한 탄압이 이슈가 되었다. 특히 이 시기에 삼성 반도체 기흥 공장을 비롯한 여러 공장에서 백혈병 등 산재가 대규모로 발생했으나 이를 은폐하고 인정하지 않음으로써 이후 '또 하나의 가족'이라는 슬로건이 두고두고 패러디되었다.

게다가 서브프라임 사태에서 촉발된 전 세계적 경제 위기, 그리고 애

**표 15-3 | 시기별 주요 이데올로기와 삼성 광고의 신화**

| 시대 구분 | 연도 | 정치 이데올로기적 주요 특징 | 삼성의 주요 특징 | 주요 마케팅 커뮤니케이션 슬로건 | 주요 광고 주제 | 주요 전유물 | 주요 광고 |
|---|---|---|---|---|---|---|---|
| 1기 | 1980~ 87년 | • 개발 독재 시대<br>• 3저 호황 | • 이병철 시대 | • 휴먼 테크 (1986년~ ) | • 산업화<br>• 물질주의 | • 중산층 가족<br>• 우주선<br>• 외계인 | • 삼성 기업 PR 휴먼 테크(1986년)<br>• 삼성VTR: 남자는 여자 하기 나름이에요(1988년) |
| 2기 | 1988~ 97년 | • 민주화<br>• 세계화<br>• OECD 가입 | • 이건희 취임<br>• 신경영 선언 (1993년) | • 세계 인류 (1994~96년) | • 세계화<br>• 국가 경쟁력<br>• 대한민국 대표 선수 | • 국가 대표 선수 및 코치<br>• 최고의 배우, 모델 | • 삼성전자 기업 PR 광고: 세계 일류 최초 편(1995년)<br>• 삼성전자 기업 PR 광고: 세계를 향한 집념의 결실(1997) |
| 3기 | 1997~ 2007년 | • IMF구제금융<br>• 신자유주의 본격화<br>• 무한 경쟁 시대 | • 삼성 브랜드 가치 증대<br>• 글로벌 브랜드 | • 또 하나의 가족 (1997~ 2007년) | • 가족의 중요성<br>• 인간미 중시<br>• 불굴의 의지 | • 가족<br>• 정<br>• 일상<br>• 위기 극복<br>• 일중독 | • 또 하나의 가족- 홍수환(2000년)<br>• 또 하나의 가족- 훈이네(2007년) |
| 4기 | 2007~ 14년 현재 | • 글로벌 금융 위기<br>• 초국적 시장경제 확대(FTA 시대) | • 세계 최강의 브랜드로 자리매김 | • How to Live Smart (2011년~ ) | • 초국적화(다문화)<br>• 개인화(라이프스타일)<br>• 인간과의 상호관계<br>• 힐링 | • 외국인 모델<br>• 영어<br>• 이국적 배경<br>• 개인적 일상<br>• 라이프스타일 | • 삼성전: 낙천주의 엄마(2012년)<br>• 갤럭시 노트3+기어(2013년)<br>• 갤럭시 S4: 배낭여행(2013년) |

플의 아이폰 등장으로 휴대폰 시장의 판도가 변화됨에 따라 창사 이래 최대의 위기라 할 만큼 삼성의 위기가 가중되었고, 결국 2008년 이건희 회장이 경영 일선에서 일시 퇴진하기에 이른다.

2010년 이후 삼성은 'how to live smart'라는 구호 아래 글로벌한 라이프스타일, 스마트한 라이프스타일을 내세우고 있다. 그러나 스마트한 삼성의 이면에는 가혹한 근무 조건에서 시달리는 비정규직 AS 노동자들이 있었음이 최근 삼성전자서비스노동조합의 투쟁을 통해 드러나고 있다.

〈표 15-3〉에 시기별 주요 정치 이데올로기, 삼성의 특징, 주요 마케팅 커뮤니케이션 슬로건, 주요 전유물, 주요 광고 주제, 주요 광고들을 정리했다. 요약하면 사회와 정치경제의 변화 속에서 삼성 광고는 1980~90년대의 산업주의, 기술주의와 같은 개발주의 신화에서 1990년대의 능력주

의, 경쟁주의, 2000년대 이후의 가족주의, 심미적 소비주의, 초국적/탈민
족주의, 개인주의를 내용으로 하는 신자유주의 신화로 이행해 왔다. 특히
1990년대 이후 삼성의 광고는 사회적 트렌드를 일정하게 주도하는 역할
을 했고, 한편으로는 신자유주의를 은폐하면서도 다른 한편으로는 신자
유주의적 문화 변동을 주도해 왔다고 할 수 있다.

　우리는 이 연구를 통해 광고가 여러 형태의 신화를 생산하며 그렇게
만들어진 신화는 지배 담론과 밀접한 연관이 있다는 사실을 다시 한번 확
인할 수 있었다. 이 글에서는 삼성 광고만을 분석했는데 현대자동차, LG,
SK 같은 국내 다른 대기업 광고들과 노키아나 애플과 같은 해외 글로벌
기업의 광고들을 비교 분석해 보면 한국 사회에서 삼성 광고가 갖는 역할
이 좀 더 명확해질 것이라 기대한다.

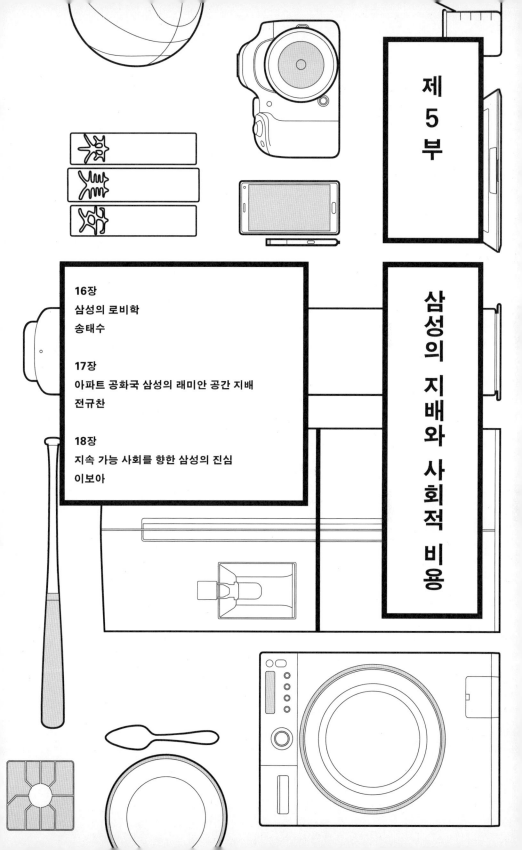

제 5 부

삼성의 지배와 사회적 비용

제5부는 삼성의 지배로 인한 사회적 비용을 검토한다. 삼성이 그룹 계열사들의 이윤 축적을 극대화하기 위해 의료 민영화를 주도하고 부동산 개발로 도시 주거 문화를 파괴하며 전력 다소비 체계를 구축함으로써 삼성 성장의 비용을 사회화하고 우리 사회의 지속 가능성을 위협하는 과정을 분석한다.

16장 송태수의 "삼성의 로비학"은 정부 정책 및 입법 등에 영향력을 행사해 의료 민영화와 유u헬스케어 체제를 구축하는 과정을 중심으로 삼성의 로비학을 분석한다. 삼성은 의료 민영화의 밑그림 작업부터 공적 의료보험을 대체하는 포괄적 민영 보험 체제 구축이라는 최종 목표 달성까지 일관된 로드맵을 따라 일찍이 2003년부터 일관된 계획을 집행하고 있다. 이와 동시에 유헬스케어 체제 구축을 위한 프로젝트도 일관되게 추진하고 있다. 이런 프로젝트는 삼성에 고유한 로비에 의해 가능한 것이다. 삼성의 로비학은 인적 네트워크를 기본적인 방식으로 하며, 가능한 모든 수단이 동원되는데, 최종적인 수단으로 '삼성인'Samsung's man으로 만드는 것을 들 수 있다. 최대한 '친親삼성맨'('진학반')으로 관계를 유지해 활용하다가 최후의 수단으로 '삼성인'('취업반')으로 만드는 것이다.

삼성생명은 2003년 "민영 건강보험의 현황과 발전 방안"을 내놓았고, 2005년에는 내부 전략 보고서 "민간 의료보험 확대 전략"에서 미국식 민간 의료보험 체계 구축을 최종점으로 하는 공적 보험 체계 대체 프로젝트 로드맵을 상세히 제시했다. 이미 2002년 재정경제부 과장 출신 곽상용이 삼성생명의 상무로 입사했으며, 마찬가지 재정경제부 과장 방영민이 2003년 삼성증권 상무로 입사했다. 재정경제부 출신의 '삼성 취업반'인 이들은 2009년부터 삼성생명 부사장으로 승진해 의료보험 포괄적 민영화 프로젝트에서 핵심 기업의 중책을 맡고 있다.

삼성경제연구소(SERI)가 2007년 발표한 "유헬스 시대의 도래"와 "유헬스의 경제적 효과와 성장 전략"은 원격 의료 체제를 기반으로 유헬스케어 체제 구축의 구체적 로드맵을 제시하고 있다. 삼성은 자신만이 가지고 있는 강점과 IT·전자 부문 기술을 토대로 원격 진료를 결합한 '유헬스 원격 진료 체계'를 구축하는 데 필요한 솔루션을 개발하여 이를 세계시장에 판매하려는 거대 프로젝트를 진행 중이다.

또한 삼성의 강점과 잠재 역량을 지원하는 것이 정부의 산업정책으로 자리 잡았다. 이명박 정부에서부터 의료 서비스를 '미래 한국을 이끌 신성장 동력'으로 정하여 다각적으로 지원하고 있다. 정부는 유헬스케어를 위한 인프라 구축에 많은 예산을 투자하고 있다. 의료 민영화와 유헬스케어 인프라 구축은 명백하게 삼성의 중장기 프로젝트 사업임에도 불구하고 국가의 산업정책이자 '도서 벽지 어르신들'의 건강을 증진하기 위한 공공 지원 사업인 양 포장해 홍보하는 정부의 모습은 소위 '삼성 공화국'의 민낯을 제대로 보여주는 사례이다.

17장 전규찬의 "아파트 공화국 삼성의 래미안 공간 지배"는 뉴타운 계획에 편승해 아파트 공화국의 건축을 선도하는 삼성물산의 래미안 아파트 건축에 관한 일종의 르포르타주이다. 다가올 아름다움과 편안함의 추상성을 내세우고 재개발에 앞장서는 삼성 자본의 아파트/부동산 개발에 관한 비판적 저널리즘이다. 축적의 욕망과 입주의 갈망이 합작될 때 빚어지는 무리無理와 폭력에 대한 고발이며, 그에 반발하고 대항하는 소수자, 약자, 주변부인들의 연합적 움직임에 관한 보고서이다. 그 모순과 갈등의 현실을 서울 동북부 어느 빈난한 지역에서 탐사해 본다. 구체적으로, 삼성물산이 서울 외곽 석관동·이문동 일대에 지어 올리고자 하는 아파트 공화국, 시멘트 블록의 역사와 그 것이 빚어내는 모순에 관해 살펴본다.

　래미안이라는 고부가 상품을 내세운 토지 장악, 부동산 투기의 활동을 통해 삼성은 중심부 권력의 공간을 지배한다. 래미안은 단순한 아파트 브랜드가 아니라 삼성물산의 주력 상품으로서, 부동산 개발과 도시 공간의 지배에 나선 독점자본 삼성의 실체를 생생하게 드러낸다. 의료와 교육, 미디어 분야와 더불어 대중의 삶, 즉 대중문화 전반에 대해 지배력을 관철시키고 있는 삼성의 위상을 정확하게 보여 주는 모순된 현실이다. 그것이 모순적인 것은, 삼성 자본의 지배가 불가피하게 거주의 권리를 박탈당하는 인구, 주거 공간에서 삭제되지 않을 수 없는 계급, 그렇기에 저항할 수밖에 없는 집단을 만들어 내기 때문이다.

　한국 사회 내 삼성 공화국의 입지는 래미안 아파트라는 주거양식·건축양식을 통해 잘 나타난다. 삼성은 아파트 공화국이다. 래미안은 도시 곳곳에서 삼성 공화국을 건축적으로 현현시키며, 삼성은 래미안을 통해 도시의 문화를 지배한다. 래미안은 투자가치 높은 '명품' 아파트를, 그리고 이들 상품이 내포한 환상과 신화, 이데올로기, 판타스마고리아적 성격을 대표한다. 삼성(물산)은 자신의 축적·재생산을 위해 아파트를 건축하고 도시를 개발하며, 생태를 파괴하지 않으면 안 되는 거대 자본을 상징한다. 이는 삼성(물산) 래미안의 특별한 서사이자 재개발 토건 자본 일반의 이야기가 된다.

　18장 이보아의 "지속 가능 사회를 향한 삼성의 진심"은 삼성전자의 성공과 그에 대한 한국 경제의 높은 의존도가 한국 사회의 지속 가능성에 큰 위협으로 작동하는 메커니즘을 분석한다. 전기·전자 업종이 제품의 소비 단계에서 소비자들의 전력 소비를 전제로 하지만, 생산단계에서도 철강·조선·석유화학 등과 맞먹는 전력 다소비, 에너지 다소비 업종이라는 점에서 에너지의 수입의존도가 절대적인 한국에 걸맞지 않은 산업구조를 고착화시키고 있다.

전력 다소비 기업 삼성의 성장 배경에는 전력 다소비 기업에게 절대적으로 유리한 산업용 전기요금 제도가 있다. '삼성'은 경제협력개발기구OECD 최저 수준이며, 유류 등 1차 에너지보다도 싼, 그리고 전기를 더 많이 쓸수록 유리하도록 설계된 한국 산업용 전기요금의 최대 수혜자이다. 더 큰 문제는 이처럼 삼성을 키워 준 전기요금 체계가 에너지 시스템의 왜곡을 가져왔다는 점이다. 1차 에너지원을 투입해 생산되는 2차 에너지 '전기'는 사용하기에는 편리하나 그 자체로 에너지 비효율적이다. 그러나 값싼 산업용 전기요금은 가열·건조와 같이 전기를 사용하지 않아도 되는 용도마저 전기를 사용하도록 왜곡함으로써 세계적으로 유례없는 전력화電力化와 전력 소비의 급증을 초래했고, 점점 더 에너지 수입국에는 어울리지 않는 구조를 만들고 있다. 또한 삼성의 전기·전자 업종은 인력과 인프라가 갖춰진 수도권을 중심으로 최근 충남 천안·아산에 이르는 전기·전자 생산 벨트를 구축함으로써 또 다른 전력 수급의 위기도 초래하고 있다. 2011년 9·15 정전 사태 이후로 공학적 관점에서 수도권에 밀집된 수요와 포화된 전력망은 블랙아웃의 가장 큰 위협 요인으로 지적되고 있으며, 밀양 송전탑 반대 투쟁과 같은 사회 갈등의 핵심 요인으로 작용하고 있다.

한국의 에너지 시스템은 그 인식의 사회적 확산 여부와 상관없이 이미 위기를 맞고 있으며, 산업구조를 에너지 저소비형으로 전환하고, 중앙 집중형 대규모 공급 시스템에서 분산형 에너지 자립 시스템으로 전환해야 하는 시급한 과제를 안고 있다. 그러나 삼성의 현재와 같은 전기·전자 업종 위주의 전략과 이를 통한 한국 경제·사회 지배력은 이런 사회적 전환을 가로막고 있다. 즉 애초에 지속 가능 사회를 향한 삼성의 진심 따위는 없다.

# 16장

# 삼성의 로비학

## 의료 민영화와 유(U)헬스케어를 중심으로

송태수

## 1. 들어가는 말

의료 민영화의 밑그림을 그리는 작업에서부터 그 구체적 추진 과정에 삼성이 깊숙이 개입해 있다는 것은 일찍이 알려진 바이다. 하지만 삼성이라는 거대 재벌 기업이 의료 민영화에 강하게 집착하는 것을 이상하게 생각해 왔던 사람들에게 배경과 맥락을 분명히 이해할 수 있도록 하는 사건이 있었다. 2014년 4월 9일 중국 '보아오博鰲 포럼'[1]에서 이재용 부회장의 발

---

언이 그것이다. 즉 삼성은 의료·헬스케어 사업을 성장세가 둔화되는 스마트폰을 대신할 새로운 성장 동력으로 육성하겠다는 것이다.

이 부회장이 이처럼 공식적으로 의료·헬스케어를 신성장 동력으로 지목한 것은 최근 스마트폰 시장 성장 둔화세가 두드러지고 있기 때문이다. 이 부회장은 이날 [보아오 포럼_필자] 강연에서 '지난 7년 간 스마트폰 시장은 컴퓨터와 통신의 두 가지 혁신 기술을 합쳐 전례 없는 성장세를 보였지만 앞으로는 이전과 같은 성장세를 유지하기는 어려울 것'이라고 진단했다. [이재용 부회장에 따르면_필자] 삼성은 그간 '의료 및 헬스케어 분야에서 새로운 가능성을 발견하기 위해 많은 연구개발R&D 자원을 투입'했으며, 특히 삼성의 강점인 IT·모바일 기술을 활용한 의료·헬스케어 사업의 발전 가능성에 주목한다는 것이다. '모바일 기술을 기반으로 병원과 의사, 환자를 실시간으로 연결하거나 자가 진단할 수 있는 새로운 응용 기술을 개발하는 데 주력하고 있다'고 설명했다"(〈머니투데이뉴스〉 2014/04/11).

실제로 삼성전자는 혈당과 심박 수 체크 등 간단한 진단은 물론, 복잡한 건강 이상 징후 확인까지 병원에 가지 않고도 휴대용 스마트 기기로 언제 어디서나 가능하도록 하는 기술 개발에 집중하고 있다.[2] 이재용 부회장은 "고령화 문제에 직면한 많은 국가들의 의료비 지출이 급격히 늘어

---

부회장은 2013년부터 보아오 포럼 이사로 활동하고 있다.

2_2014년 2월 스페인 바르셀로나에서 열린 'MWC 2014'에서 건강관리 기능이 탑재된 웨어러블 기기 '삼성 기어 핏'을 공개하기도 했다. 삼성은 2020년까지 의료·헬스케어 분야에 1조2천억 원을 투자해 연 매출 10조 원 규모로 키울 방침이다.

각국 경제에 큰 부담으로 작용하고 있다"며 "의료비를 낮출 수 있는 솔루션을 찾아낼 수 있다면 엄청난 기회가 생길 것"이라고 강조했다(〈머니투데이뉴스〉 2014/04/11).

노무현 정부 이후 삼성은 '2만 달러 시대'에서 거꾸러지지 않고 지혜롭게 넘어서 성장하기 위해 새로운 성장 동력 산업을 발굴·지원·육성하는 정책이 제시돼야 한다며 '서비스 산업 선진화'를 들고 나왔으며 이명박 정부와 박근혜 정부에 이르기까지 일관된 입장을 견지해 왔다. 박근혜 정부가 선거 때 '국민적 바람'이라며 힘주어 주창하던 경제민주화 주장도 잠시, 선거가 끝나자마자 경제민주화 주창자들은 경제 사령탑에서 사라지고 이전 정부의 경제정책 곳간에 있던 것들이 재포장돼 모습을 드러내고 있다.

이명박 정부는 반反노무현으로 당선되고 집권 기간 내내 반노무현 정부로 일관했지만, '서비스 산업 선진화'라는 노무현 정부의 정책을 고수해 왔고, 현 박근혜 정부도 '서비스산업'을 경제성장 동력 산업으로 들고 나왔다. 지난 10여 년 동안 '금융 허브', '동북아 금융 중심지' 등으로 이름만 조금씩 바뀌었을 뿐 노무현·이명박 정부는 일관되게 금융·서비스산업 육성 정책들을 추진해 왔고, 그 하위 범주에는 의료 민영화가 포함되어 있었다. 이 기획은 금융·경제 부문에 한정되는 것이 아니라 공공·사회 부문에도 근본적인 구조 개혁을 가져오는 국가 개조 의성격을 보인다. 서비스 산업을 전략산업으로 첨단화해서 세계자본주의에 깊숙이 편입하려 했던 노무현 정부는 서비스산업 선진화를 통한 경제 발전을 추진했다. 그리고 그 일환으로 2004년 10월에 〈경제자유구역법〉을 제정해 외국 의료기관의 내국인 진료를 허용함으로써 영리법인화를 부분 허용했고, 건강보험 당연지정제 폐지의 가능성을 열었다. 의료 민영화의 시발이었다.

이 글에서는 의료 민영화 프로젝트의 추진 과정을 살펴봄으로써 사회적 의제 설정, 정책 생산 및 결정 과정, 정부부처 및 고위 관료들의 발언 및 변신 등을 '의료 민영화'와 유헬스 체제 구축 과정을 중심으로 '삼성 공화국'의 구체적 작동 과정·방식과 그 문제점을 살펴본다. 본 논의는 『한국 사회, 삼성을 묻는다』(2008년)에서 이어진다. 먼저 2절에서는 필자가 앞의 책에 쓴 글 "삼성의 사회·정치적 지배와 그 의미"에서 밝혔던 '삼성의 로비학'을 간단히 살펴본 후,[3] 3절에서는 이런 '삼성 로비' 방식이 의료 민영화와 유헬스케어 체제 구축 프로젝트에서 구체적으로 어떻게 작동하는지, 그리고 그 문제점은 무엇인지 살펴본다.

## 2. 삼성의 로비학 : '친삼성맨' 관리와 '삼성인'으로 영입

우리 사회에서 인적 네트워크가 갖는 의미는 매우 특별하다. 특히 이런 성향은 상류층으로 올라갈수록 더욱 강하게 나타나, 상류층 내부는 인적 네트워크의 폭과 깊이에 따라 권력의 강도가 결정되는, 기본적으로 네트워크 사회이다. 삼성의 인적 네트워크는 세 가지 기능을 수행하고 있는데(참여연대 2005), ① 삼성그룹의 이해에 직간접적으로 영향을 미칠 정책 사안

---

3_"삼성의 사회·정치적 지배와 그 의미"에서 필자는 다른 재벌 기업과 차별적인 삼성의 독특한 로비 방식을 밝혔다. '삼성 식' 로비를 통해서 삼성은 자신의 사회·정치적 지배력을 확대하는데, 한편으로 삼성의 정치적 지배력 확대가 우리 사회의 민주주의 발전에 미치는 부정적 영향을, 그리고 다른 한편으로 삼성의 사회적 지배가 우리 사회를 '식민화된 기업 사회'로 변화시키는 문제점을 분석하고 있다.

에 대한 로비스트의 기능, ② 위기 시, 특히 불법행위 혐의와 관련된 법률적 위험에 대한 '방패막이'의 기능, ③ 일상생활의 영역에서 삼성의 이해관계와 가치를 사회 전체의 바람직한 모델 내지 유일한 모델로 포장하고 이를 대변하는 기능이다.

삼성의 로비학은 인적 네트워크를 기본적인 방식으로 하며, 가능한 모든 수단이 동원되는데, 최종적으로는 '삼성인'으로 만드는 것도 포함된다.[4] 인적 네트워크의 형성에서 핵심 인물은 '삼성인'으로 만든다는 것이다. 최대한 '친삼성맨'('진학반')으로 관계를 유지해 활용하다가 최후의 수단으로 '삼성인'('취업반')으로 만드는 것을 준비하고 있는 것이다. '신화'적인 기업 '삼성'에 취업하고 싶은 욕구는 비단 대학 졸업 취업자에만 해당되지 않는다. 금융감독원 안에 '진학반-취업반 우스갯소리'가 있다고 할 정도이다. 즉 "내부 직원들에게는 진학반과 취업반 두 가지 유형이 있는데, '진학반'은 윗선과 삼성에 잘 보여 승진하는 것을 목표로 하는 사람들이고, '취업반'은 평소 삼성에 잘 보였다가 기관을 그만두면 삼성에 취업하는 것을 목표로 하는 사람들"이라고 한다. 핵심적인 경제부처 공무원 중에서도 능력 있고 기회만 주어진다면 '취업반'이나 '입시반' 중 어디든 편입을 준비한다는 것이다(곽정수 2005).

삼성이 중앙 부처 공무원을 본격적으로 영입하기 시작한 것은 1993, 94년부터이다(『조선비즈』 2014/02/21). 당시 이건희 회장은 1993년 독일 프랑크푸르트에서 '신경영'을 선언한 후,[5] 파장을 일으켰던 '한국 정치 4

---

4_삼성인이란 삼성의 조직원을 일컫는 말로, 삼성에 우호적인 '친삼성맨'(men for Samsung)과는 구분해서 사용한다. 이른바 '삼성 장학생'은 대표적인 친삼성맨이다.

5_경제부처 과장 출신 삼성 상무에 따르면 "1990년대 그룹 자체 진단 결과 삼성은 공채 출

류, 정부 3류, 기업 2류' 발언이 나온 시점과 겹친다. 삼성은 이때부터 통상산업부(현 산업통상자원부), 재정경제부(현 기획재정부) 등 경제부처 고위 공무원을 본격 영입했다. 그리고 2000년을 전후로 재정경제부 출신 고위 직의 영입이 두드러졌다. 이건희 회장이 '2류 수준에 머물고 있는 기업' 삼성의 대규모 혁신을 단행하는 과정에서 '3류 수준' 정부의 인재 영입에 박차를 가했다는 것인데, 이는 매우 역설적이다. 이들 고위직 공무원의 영입은 정부 정책 및 법제정에 대한 영향을 위한 것이다. 『조선비즈』 기사의 지적대로 "전 직장에 남아 있는 선·후배를 통해 각종 정책 관련 정보를 수집하거나, 업무에 입김을 불어 넣"기 위한 것이다. 이 기사는 이들 고위 공직자의 영입 과정과 영입 후 삼성의 요구와 역할을 다음과 같이 전하고 있다.

삼성은 공무원 인력을 대규모로 데려오는 만큼 영입 작업에 심혈을 기울였다. 영입 대상 공무원은 비서실이 비밀리에 접촉했다. 업계 경력직을 영입할 때 계열사가 접촉하는 것과 달랐다. 일부 영입 대상은 이건희 회장이 직접 면담한 것으로 전해졌다. '이직이 성사되기 직전 오찬을 겸해 이건희 회장과 면담이 있었다. 가벼운 식사 자리인 줄 알았는데 세 시간 이상 날카로운 질문을 쏟아 내더라. 삼성의 신사업과 관련해 성사 가능성을 묻는 질문이 대부분이었다.' 검증에 재검증을 거친 인재 영입이었지만 모두가 전무 이상 고위 임원까지 승승장구한 것은 아니다. 고시 출신 중앙 부처 과장이 삼성그룹에서는 신임 임원

신을 중심으로 한 순혈주의가 너무 공고하다는 결론이 나왔다. 이 탓에 삼성과 관련이 없는 외부 인사 영입이 추진됐다. 고위 공무원 영입은 그 일환이었다"는 것이다(『조선비즈』 2014/02/21). 하지만 이 주장을 곧이곧대로 믿을 사람은 거의 없다.

인 상무로 영입됐다. 2~3년을 버티지 못하고 도태되는 경우도 적지 않았다. 1995년 이후 중앙 부처에서 삼성으로 자리를 옮긴 공무원은 최소 2백여 명이 넘는 것으로 추산된다. 이들 중 전무 이상 고위직에 오른 케이스는 손에 꼽는다. 전직 공무원들이 삼성그룹에서 가장 먼저 부딪히게 되는 벽은 '실적 지상주의 문화'였다고 입을 모은다. 매년 사업 계획을 수립하고 달성 여부에 따라 자리보전 여부가 결정되는 사기업에서 생존이 녹록치 않았다. 재정경제부 출신 인사는 '공무원일 때는 큰 시스템 안에서 내 역할만 하면 됐지만, 삼성에서는 목표 이상 성과를 내야 한다는 압박감이 심했다'며 '직장 생활 20년 만에 실적 압박을 처음 받다 보니 버티지 못하는 경우가 많았다'고 말했다(『조선비즈』 2014/02/21).

이건희 회장이 직접 인터뷰를 하면서 3시간 이상 신사업과 관련한 성사 가능성을 확인함과 동시에 그 능력에 따라 지위, 연봉 및 스톡옵션 등의 수준이 정해졌을 것이다. 물론 성사시키면 당연히 보상이 따른다. 삼성전자의 주력 상품인 스마트폰의 성장세가 침체되는 것을 대신해 새로운 성장 동력으로 정하고 발전시키려는 의료·헬스케어 산업화와 그 육성을 위한 환경의 조성, 제반 법·제도적 장애를 제거하기 위한 노력은 꾸준히 그리고 강하게 추진되어 왔다. 아래에서 살펴보듯이 의료 민영화는 매우 계획적인 중장기 로드맵에 따라, 법 제정·개정을 통해 제도적 장애 요인을 제거하거나, 그 촉진을 위한 제반 연관 산업 지원 정책의 수립 및 솔루션 개발의 시범 사업 지원 등을 통해 추진되고 있는 프로젝트이다.

의료 민영화 과정에서 제반 장애물을 제거하거나 유헬스 및 원격 진료 체계를 구축하기 위한 인프라 확충 등 중장기 프로젝트는 일찍이 노무현 정부에서부터 꾸준히 일관된 방향으로 진행되어 왔다. 그리고 이를 위한 정부 정책 수립에 영향력을 행사하거나 관철하기 위한 물적 및 인적 인프라와 법제도 정비 등에서 결정적인 역할을 할 '힘 있는' 부처 고위직 공무원 영입 또한 두드러진다. 곽상용 전 삼성생명 부사장은 재무부와 재정경제원, 재정경제부의 요직을 두루 거친 정통 경제 관료이다. 서울대학교 경제학과를 졸업하고 1983년 27회 행정고시에 합격, 2002년 재정경제부 국제금융국 국제기구과장을 끝으로 삼성생명에 자산PF운용팀 상무로 입사한 인물이다. 이후 삼성그룹 구조조정본부 재무팀 상무와 전략지원팀 전무, 삼성생명 법인영업본부장 등을 거쳐 부사장을 역임했다. 곽상용 부사장 후임으로 현재 삼성생명 부사장인 방영민은 행정고시 25회 출신으로 재정경제부와 대통령 비서실을 거쳐 2003년 삼성증권 상무로 영입된 인물이다. 삼성에 입사한 후 삼성증권에서 경영전략 담당 임원, 투자은행 사업본부장 등을 거쳤다.

삼성생명은 2003년 "민영 건강보험의 현황과 발전 방안"을 내놓았고, 2005년에는 내부 전략 보고서 "민간 의료보험 확대 전략"에서 미국식 민간 의료보험 체계 구축을 최종점으로 하는 공적 보험 체계 대체 프로젝트 로드맵을 상세히 제시하고 있다. 의료보험 민영화의 최종 벤치마킹 모델로 설정하고 있는 미국식 의료 체계 구축에서 관건적인 역할을 하는 민영 보험회사 삼성생명은 민영화 프로젝트의 중심적 회사이다. 주도적 역할을 할 삼성생명의 부사장은 2009년부터 재정경제부 과장 전력의 곽상용이었고, 그 후임 부사장에 임명된 방영민도 재정경제부 과장 출신이었다. 이들의 역할은 충분히 미루어 짐작할 수 있다.[6] 민영의료보험 체계의 구축 및 전면화를 위한 '삼성' 프로젝트는 미국식 의료 체계를 벤치마킹해

---

6_2009년부터 삼성생명은 네 명의 부사장 체제로 바뀌었고, 방영민 부사장은 그중 한 명이다.

구축하는 것에 머물지 않는다. 2007년 삼성경제연구소(SERI)가 잇달아 발표한 두 개의 문건, "유헬스 시대의 도래"(강성욱 외 2007)와 "유헬스의 경제적 효과와 성장 전략"(강성욱·이성호 2007)에서 유헬스 활성화를 위해 〈의료법〉 개정을 요구하고 나섰는데, 이것이 삼성 의료 민영화 프로젝트의 종합판이다. 삼성은 자신만이 가지고 있는 강점인 IT·전자 부문 기술을 토대로 원격 진료를 결합한 '유헬스[7] 원격 진료 체계'를 구축하는 데 필요한 솔루션을 개발해 이를 세계시장에 판매하려는 프로젝트를 진행 중이다. 현재 한국 사회 의료 체계 전체는 삼성의 이런 솔루션 개발의 시험장이 되고 있는 것이다.

우리가 이미 2008년 『한국 사회, 삼성을 묻는다』에서 살펴본 대로 '삼성의 로비학'이 다른 재벌 그룹과 비교해 특징적인 것은 전 방위적이며, 치밀하게 계획되고, 환경에 적응할 뿐만 아니라 필요시에는 자신에게 유리한 환경으로 바꾸어 내고, 이 과정에서 삼성 자신이 스스로 규칙을 만들려 한다는 점이다. 그리고 이를 위해 삼성은 모든 가능한 권력기관과 여론주도 집단을 '관리'한다. 김용철 변호사의 지적처럼 10조 원의 비자금이 관리되었다는 데에서 그 재원 규모의 방대함을 알 수 있다(김용철 2008, 418). 이보다 더 강력한 로비 방식은 영향력 있고 중요한 인사들을 아예 '삼성맨'으로 '취업'시킨다는 것이다.[8] 이런 주도면밀한 계획의 수립과 총

---

7_유헬스(ubiquitous health) 서비스는 인터넷·모바일 등의 정보통신(ICT) 기술을 이용해 언제, 어디서나 이용자에게 건강에 대한 정보를 제공해주는 개인별 건강관리서비스를 말한다. 즉 건강-의료 정보 네트워킹이라고 말할 수 있다.

8_예를 들어 재정경제부 과장에서 삼성생명으로 이직해 10여 년 만에 부사장으로 승진한 이들은 연봉 약 10억 원 외에 성과에 따른 스톡옵션을 부가적으로 받고 있으리라 추정된다.

괄은 구조본의 몫이었다. 재정경제부 과장 출신의 곽상용 전 삼성생명 부사장은 삼성그룹 구조본 재무팀 상무와 전략지원팀 전무, 삼성생명 법인 영업본부장 등을 거쳤다는 점에서, 매우 핵심적인 역할을 수행했을 것으로 추정된다.

## 3. 의료 민영화

### 한국 의료보험제의 변화와 현주소

의료보장제도가 정착되는 1980년대까지 우리나라의 의료 현실은 매우 열악했다. 1961년 『의사신문』은 사설에서 군사정권에 '보건 의료에 관한 10개 항'을 제의했는데, 그중 제9항에 "거리의 병객을 일소하라"는 요구가 포함되었을 정도이다. 1967년 10월 보건사회부 사회보장심의위원회가 서울, 광주, 전남 담양의 1천2백 가구를 대상으로 국민 건강 실태를 조사한 바에 따르면, 병들어도 병원에 가지 못하는 사람이 발병자의 48.9%이며, 농촌의 경우 이 수치는 98.7%로 높게 나타났다. 1977년 의료보험과 의료보호 제도를 실시하고 12년 후인 1989년 전 국민 의료보험이 실현되었다.

　1987년 6·29 선언에서 대통령 직선제 개헌을 약속한 후, 12월 대선과 1988년 봄의 총선을 앞두고 당시 노태우 대통령 후보는 농어촌 지역 주민과 도시 자영업자까지 포함하는 전 국민 의료보험을 단계적으로 실시하는 '정치적 선택'을 감행했다. 이는 1987년 당시 민주주의와 복지에 대한 시민사회의 요구를 수용한 측면도 있었으나, 노태우 정권의 '정치 전략적 선택'이라는 측면이 컸다(Wong 2004; 이상이 외 2008, 64 재인용). 1988년 1

그림 16-1 | 국민 의료비 대비 본인 부담률 추이

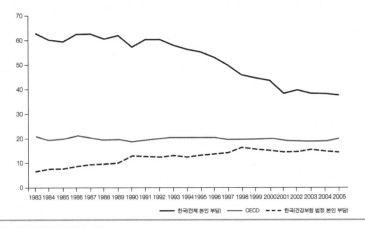

자료: 국민건강보험공단(2007, 125).

월 농어촌 지역 의료보험 실시는 기존의 직장 조합 중심의 의료보험 제도에 138개의 지역 의료보험 조합을 추가하는 방식으로 추진되었고, 1989년에는 도시 자영업자를 위해 117개 지역 의료보험을 추가하는 방식으로 개혁이 이루어졌다. 당시 정권은 완전 통합형 의료보험 제도와 같은 근본적 개혁을 추진할 의사는 없었고, 다수의 조합에 의해 운영되도록 하는 조합주의의 개혁에 머물렀다. 그 결과 1990년대 초 약 420개 조합으로 구성된 분산적 조합 방식으로 유지되었고, 본인 부담이 매우 높았다. 1991~97년까지의 건강보험 본인 부담률은 50~60%대 수준이었으며(그림 16-1), 조합주의의 단점으로 지적되는 조합 간 보험료 부담 및 급부의 불형평이 심했다. 보험자가 수백여 개의 조합으로 분리되어 운영되던 관리 체제를 국민건강보험공단이라는 단일 조직으로 통합해, 통합 의료보험 제도를 완성하게 되는 것은 1998~2000년 김대중 정부에서이다.[9] 그리고 마침내 2003년에는 그동안 분리해서 계리해 온 지역 가입자와 직장 가입자의 재정도 통합되었다(신언항 2007). 의료보험 방식이 사회 연대성의 원칙을 따르고 본인 부담이 낮아져 건강보험제도가 효율성과 형평성에서 크게 향상되는 등 근본적인 전환이 이루어진 것이다.

이런 재정 통합 등의 노력에도 불구하고 2003년 현재, 국민 1인당 환자 부담액은 450달러로 우리와 비슷한 1인당 국민소득 수준(1만8천~2만4천 달러) 국가들 중에서 그리스 다음으로 높았다(OECD 30개국 중 8위로 높은 수준). 개인별 총 의료비 지출액 가운데 환자 본인 부담률은 41.9%로 OECD 회원국 중 멕시코(50.5%), 그리스(46.5%)에 이어 3위에 달했다(권순만 외 2007). 건강보험의 본인 부담률은 참여정부에서 지속적으로 하락해 2004년 38.7%, 2005년 38.5%, 2006년 35.5%, 2007년 35%였다. 이후 이명박 정부에서 계속 상승해, 2008년 37.4%, 2009년 35.0%를 기록한 이후 2010년 36.4%, 2011년 37.0%, 2012년 37.5%를 기록했다.[10] 결국

---

9_'분산적 조합주의' 방식으로 운영되면 의료 서비스 이용에는 높은 본인 부담이 따르고 서민들은 의료 서비스를 이용하기 위해서 높은 본인 부담을 감수해야 한다. 다수의 보험자인 조합주의에서 단일 보험자인 통합주의로 변경된 것은 세계적으로도 흔치 않다. '통합주의'는 폭넓은 풀링(pooling)을 통한 재정 안정과 소득 이전 효과가 있고, 보험료 부담과 급부에 있어 조합 간의 불형평성을 어느 정도 시정하는 것이 가능하다.

10_건강보험 보장률은 전체 의료비 가운데 공적 건강보험이 부담하는 급여비가 차지하는 비율이다. 법정 본인 부담률은 건강보험이 적용되는 의료비 가운데 공단이 부담하는 부분을 제외한 나머지 부분이 전체 의료비에서 차지하는 비율을 가리키며, 비급여 본인 부담률은 건강보험이 적용되지 않아 환자가 100% 부담한 의료비의 비율을 뜻한다. 2012년 건강보험 보장률은 62.5%로, 환자 본인이 부담한 비율은 37.5%이다. 본인 부담률 가운데 법정 본인 부담률은 20.3%, 비급여 본인 부담률은 17.2%이다.

산정식 : $\frac{건강보험 급여비}{건강보험 급여비 + 법정본인부담금 + 비급여본인부담금} \times 100 \rightarrow$ "100 - 건강보험보장률 = 본인 부담률"(국민건강보험공단 2014). 이명박 정부에서 본인 부담은 2008년 연초부터 늘기 시작, 입원 환자 식대의 본인 부담 비율이 20%에서 50%로 인상되고, 6세 미

건강보험 본인 부담률은 노무현 정부가 '건강보험 부담률 70%'를 목표로 세워 하락하던 추세에서 이명박 정부 들어 다시 상승하기 시작해 2000년대 초기 수준으로 되돌아온 것이다. 2000년대 초반 약 40%대의 과중한 본인 부담 의료비를 배경으로 2001년부터 민영의료보험이 의료 분야 '시장'에 진출하게 되었다(손해보험사는 2001년부터, 그리고 생명보험사는 2008년부터 진출함).

1989년 전 국민건강보험 적용 이후 의료비 부담 절감으로 보건 의료 부문 시장은 크게 넓어졌다. 그러나 의료 공급에 국가나 공적 부문이 직접 개입하지 않는 상태에서, 1989년 아산의료원, 1994년 삼성병원 등 재벌 자본이 진출한 이후 대형 병원의 병상은 급격하게 늘어나기 시작, 사립 병원의 비율은 늘고 공립 병원의 비중은 더욱 줄어들었다. 우리나라 총 의료비에서 공적 재원이 차지하는 비중이 지속적으로 증가한 것(1980년 약 20%, 2008년 약 55%)과는 달리, 공공 병원의 비율은 계속 감소해 왔다.[11] 공공 병원의 점유율을 보면, 2003~08년 사이에 기관 수 기준 7.2%에서 6.3%로 감소했고, 병상 수 기준 14.0%에서 11.1%로 감소했다(건강보험심사평가원 자료).[12] 이것은 공공 병원의 수가 줄었기 때문이 아니고 민간 병원의 수가 더 빨리 증가했기 때문이다.

---

만 입원 아동들에게 부과하지 않던 법정 본인 부담도 10%로 바뀌었다(이상이 외 2008, 190-191).

11_의료의 공공성을 평가하는 방법은 재원과 서비스에서 공공 부문이 얼마나 차지하는가를 살펴보는 것이다(정혜주 외 2011, 136). 이런 측면에서 우리 보건 의료는 공공성이 낮은 특징을 갖는다.

12_서울삼성의료원은 병상 수 2,072개, 환자 점유율 6.1%로 한국 제2위의 대형 의료원이다.

보건 의료 분야에서 신자유주의적 정책이 전 세계적으로 확산된 것은 1970년대 후반부터이다. 이런 변화의 핵심 요소들로는 ① 소비자 선택 user choice, ② 민간 부문의 역할 확대, ③ 시장, 분권화, 새로운 인센티브 등을 통한 공공 부문 내부 구조와 운영 방식 변화, ④ 공공 부문의 역할 제한, ⑤ 보건 의료 부문 재정 운영 방식의 변화(특별히 조세 기반 방식에서 본인 부담금 또는 사회보험 방식과 같은 개인 기반 방식으로의 전환)가 꼽힌다 (Collins et. al., 1999; 신영전 2010, 57-58). 즉 보건 의료 서비스 분야에서 공공 부문을 축소하고 내부 구조 및 운영 방식을 변화하는 것과 동시에, 민간 부문의 역할을 확대함으로써 소비자의 선택 폭을 넓혀 주고, 보건 의료 재정 운영에서도 본인 부담금 또는 사회보험 방식과 같은 개인에 기반한 운영 방식으로 변화해야 한다는 것이다. 1970년대 말부터 경제성장이 정체되면서 서구 복지국가의 재정 적자가 누적되는 것을 계기로 확산되기 시작한 신자유주의 정책은 개발도상국과 중진국에도 영향을 미치기 시작했다.

## 참여정부 시기 의료 민영화

참여정부는 출범 초기 공공 의료를 강조하기는 했지만 우리나라 의료 체계의 근본적인 문제를 극복하기 위한 실질적인 노력을 기울이지 않았다 (이상이 외 2008, 69-70). 공공 병상을 확충해 의료 공급의 공공성 비율을 높이거나 의료의 공공성을 강화하는 등의 의지는 보이지 않은 채, 일부 지방공사 의료원을 민간 위탁하는 등 오히려 공공성 수준을 더욱 저하시켰다. 참여정부를 포함해 역대 모든 정권에서 관철되는 시장주의 의료 정책에 힘입어 이윤이 안정적으로 보장되는 상태에서 민간 의료 부문은 지속적으로 성장하고 투자는 확대되어 왔다. 대기업들이 의료 사업에 뛰어드는 현상은 한국에 고유한데, 이는 의료 부문 시장에 대한 투자가 높은 위험을 감수하지 않고도 이윤을 낼 수 있기 때문이다. 현대아산병원(1989년), 삼성생명의 삼성의료원(1994년), 대우의 아주대학교병원(1994년), 한진재단의 인하대학교병원(1996년) 개원이 대표적인 예이다.

한국 보건 의료 분야에서 신자유주의적 정책 변화가 공식 천명된 것은 2004년 1월 14일 노무현 대통령이 신년 연두 기자회견에서 "금융·의료·법률·컨설팅 같은 지식산업도 집중 육성해 가겠다"고 발표하면서부터라고 할 수 있다. 노무현 대통령은 1년 뒤 2005년 연두 기자회견에서도 "교육·의료 등 고도 소비사회가 요구하는 서비스도 선진국 수준으로 키워서 국민의 삶의 질을 한층 끌어올리고, 세계적 경쟁력을 갖춘 전략산업으로 만들어야 한다"고 발표했다. 이후 2005년 10월부터 국무총리 산하에 '의료산업선진화위원회'가 설치되었으며, 본격적으로 다양한 의료 산업화 정책들을 만들어 내고, 2006년 12월 12일 관계 부처 장관 회의에서 '서비스산업 경쟁력 강화 종합 대책'으로 그 구체적인 내용의 완결판을 내놓았다.

의료 민영화 초기부터 참여정부가 내놓은 의료 민영화의 기초적인 자료와 논리는 삼성(생명)이 제시한 것과 거의 대부분 일치한다. 2003년 2월 들어선 참여정부는 집권한 지 채 1년도 지나기 전에 공공성 강화 및 사회경제적 균형성장 등의 담론과는 정반대의 입장을 내놓기 시작했다. 이른바 '2만 달러 시대'라는 성장주의 담론이 청와대의 핵심부에서 흘러나온 것이다. 이런 '2만 달러 시대' 담론은 오래전부터 삼성의 것이자 삼성이 원작자이다. 삼성경제연구소가 2004년 1월 8일 발표한 "국민소득 2만 달러로 가는 길"이라는 보고서에 따르면, 우리나라가 선진국 대열에 합류하기 위해서는 늦어도 '2010년까지 2만 달러 시대를 열어야' 하며, 이를 위해서는 국제 경쟁력을 갖춘 10개 산업과 10개 기업을 육성하는 '글로벌 10-10

전략'을 구사, 국내총생산GDP을 1,050조원 규모로 확충해야 할 것이라는 주장이다.[13] '2만 달러 시대' 담론은 "10년 뒤 우리나라는 무엇을 가지고 먹고 살아야 하나?"라는 삼성 측의 논리와 바로 연결된다. 즉 2만 달러 시대를 맞아 급변하는 세계시장에서 지혜롭게 대처해야 한다며 '새로운 성장 동력'을 찾아내야 한다는 것이다. 그리고 찾아냈다는 것이 이른바 '의료 서비스 산업화론'이다. 황우석 교수의 줄기세포 연구 성과는 의료 산업의 새로운 가능성에 대한 거대한 희망을 우리 사회에 안겨 주는 하나의 상징이라고 할 수 있다.[14]

"소득 2만 달러 시대, 새로운 성장 동력을 찾아야 한다!"는 담론을 던진 삼성은 길을 안내하는 역할도 맡고 나섰다. 삼성은 이미 '삼성생명'이라는 "중요한 길 하나를 손에" 쥔 채로 주도적 방향 제시자 역할을 맡은 것

---

13_삼성경제연구소는 2만 달러 시대를 열기 위한 양적 성장 규모에 대해서 구체적으로 목표 수치까지 제시하고 있는 바, 2010년까지 국민소득 2만 달러를 달성하려면 2002년 GDP보다 454조 원의 GDP가 증가해야 하며, 당시의 추세로 기존 산업이 신규 창출할 수 있는 GDP는 279조 원에 불과하므로 175조 원의 부족분은 기존 산업의 획기적인 경쟁력 제고나 신산업 개발이 없이는 불가능하다는 것이다. 즉 국제경쟁력을 갖춘 10개의 성장 동력과 10개의 '글로벌 존경받는 기업'이 필요하다고 주장, 1등 상품 19개를 보유한 삼성전자와 같은 글로벌 우량 기업이 10개 이상 생겨야 달성할 수 있다는 것이다.

14_황우석 교수와 얽혀 있던 줄기세포 연구의 혁혁한 공로자들은 하나같이 의료 산업의 중요성을 자본 유치를 위한 투자처 마련의 제도화를 역설했다. 그리고 그중 일부는 당시 만들어진 의료선진화위원회의 장관급 위원으로 참여했다. 황우석 박사 사건이 터진 것이 2006년인데, 황우석 박사는 2005년 국가 이미지 홍보 대사로 위촉될 정도로 전 국가적 사업으로 추진되었다. 황우석 박사는 2005년 8월 세계 최초 복제 개 스너피 생산에 성공했다. 사건 이후 언론 보도에 따르면, 당시 청와대 정보과학기술보좌관 박기영도 이들을 권력의 핵심부와 연결하는 통로 역할을 맡았을 뿐 아니라 스스로도 의료 산업화를 주장하는 대열에 합류했다고 한다(이상이 외 2008, 74).

이었다(이상이 외 2008, 74). 외환 위기 이후 빠른 속도로 국내시장에 진출한 외국계 보험사가 시장을 점유해 감에 따라 보험 시장이 포화되는 상황에서 보험업계는 난국을 헤쳐 나갈 적극적인 방안의 하나로 건강보험 '시장'에 진출하는 것을 적극 추진하고 있었다. 앞서 언급했듯이 삼성생명은 의료 민영화를 통한 건강보험의 시장화 전략 관련해 두 개의 중요한 보고서를 내놓았다. 2003년의 "민영 건강보험의 현황과 발전 방안"과 2005년의 내부 전략 보고서 "민간 의료보험 확대 전략"이 그것이다. 특히 2005년의 보고서는 민간 의료보험의 최종 목표 달성을 위한 로드맵이 구체적으로 체계화하고 있는데, 궁극적으로는 현재의 공공 보험을 대체하는, 포괄적인 민간 의료보험 체계를 구축하겠다는 전략을 노골적으로 드러내고 있다.

삼성생명은 이를 실행하기 위해 치밀한 준비를 해왔다. 보고서는 우리나라 의료 민영화 발전 과정을 다음과 같은 6단계로 구분하고 있다.

1단계: 정액 방식의 암보험
2단계: 정액 방식의 다질환 보험
3단계: 후불 방식의 준실손의료보험
4단계: 실손의료보험
5단계: 병원과 연계된 부분 경쟁형 의료보험
6단계: 정부 보험을 대체하는 포괄적 의료보험

이 보고서는 당시의 상황을 실손의료보험이 도입된 제4단계로 구분하고, 실손의료보험제를 매개로 정부의 공공 의료 체계와 연계 관계를 형성한 이후, 병원과 연계된 부분 경쟁형 단계(5단계)를 지나 정부 보험을 대체하는 단계(제6단계)로 전면 민영화시키겠다는 것이다(그림 16-2).

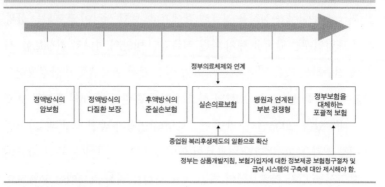

그림 16-2 | 삼성생명의 민간 의료보험 확대 전략

정부의료체제와 연계

| 정액방식의 암보험 | 정액방식의 다질환 보장 | 후액방식의 준실손보험 | 실손의료보험 | 병원과 연계된 부분 경쟁형 | 정부보험을 대체하는 포괄적 보험 |

종업원 복리후생제도의 일환으로 확산

정부는 상품개발지침, 보험가입자에 대한 정보제공 보험청구절차 및 급여 시스템의 구축에 대안 제시해야 함.

주: 현재 4단계까지 일부 실행된 상태임.
자료: 삼성생명 전략 보고서(2005/09); 보건의료단체연합, "참여정부의 의료 산업화 정책 = 삼성 의료 공화국 구축 지원 정책" 보고서(2005/09) 재인용.

기존의 공적 보험과 의료 전달 체계를 대체하려는 삼성 의료 체계의 구축은 삼성생명과 서울삼성병원을 중심으로 추진되었고, 삼성SDS가 의료 정보 체계 구축을 지원하고 있다. 이를 위한 단계별 추진 전략은, 1단계에서 민간 의료보험의 확산을 위한 토대를 구축하고, 2단계에서 병·의원 네트워크 구축을, 그리고 3단계에서 국민건강보험을 대체하는 포괄적 삼성 의료 체계를 구축한다는 것이다. 이런 추진 전략을 이행하기 위해서 삼성은 구체적으로 사업을 실행에 옮기고 있다. 삼성생명은 2004년 상반기 기준 전체 생보사 의료보험 판매 실적의 30%에 달할 정도의 실적을 올려, 의료 서비스 시장 확대를 위한 토대를 실질적으로 구축하고 있었다. 그뿐만 아니라 민간 보험사가 공공 보험 자료를 활용할 수 있도록 요구하고 민간 의료보험에 대한 세제 혜택의 확대를 요구했다. 2단계 삼성생명과 서울삼성병원 중심의 병·의원 네트워크 구축 및 확대는 이미 2005년 8월 현재, 서울 소재 병원의 약 20%, 의원의 6.6%가 삼성병원과 연계 병·의원으로 확보되어 있고, 전국 주요 대형 병원에 삼성생명 상담 창구를 설

그림 16-3 | 삼성생명의 민간 보험-병원 직접 연계 방안

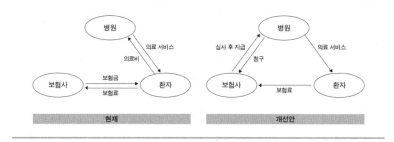

치하고 있었다. 3단계에서 삼성생명은 직속 의료 시설을 확충해 궁극적으로는 '병원-보험 가입자-보험회사'가 직접 연결되는 자기 완결적 미국식 관리 의료 체계 구축[15]을 목표로 의료보험 체계를 발전시켜 나갈 계획인 것이다. 관리 의료 체계에서 민간 보험이 병원과 직접 연계되는 방식을 도식화하면 〈그림 16-3〉과 같다.

2005년 8월 〈보험업법〉 개정을 계기로 손해보험사만 팔 수 있던 실

---

15_미국의 관리 의료 체계에서 보험 가입자는 자신이 가입한 보험회사와 계약을 맺은 병의원을 이용하고, 해당 병의원에 보험회사가 진료비를 지불하는 자기 완결적인 민간 의료 체계가 형성된다. 미국 국민의 50%가 이 같은 관리 의료 체계의 적용을 받고 있는데, 이런 체계의 형성 과정은 1970년대에 리퍼드 닉슨이 민영 보험회사와 병원의 계약을 장려, "영리 병원들은 의사들과 계약을 맺어 주식을 살 수 있는 기회를 제공했고, 의사들은 병원의 이익을 위해 입원 기간을 연장하고 검사를 하는 만큼 경제적 대가를 제공받았다." 1981년 제도적 기반이 마련된 이후 레이건 시대에 들어 영리 병원이 성장하자 비영리 병원이 영리 병원을 따라가게 되었고, 민영 보험회사-병원 복합체가 급속히 확대, 1990년대 주식시장으로부터 대규모 영리자본이 유입되기 시작되었다는 점을 상기하면, 영리 의료보험 체제의 형성에 그리 오랜 시간이 소요되지 않는다는 것을 알 수 있다(우석균 2010, 332).

손의료보험 상품을 생명보험회사도 판매할 수 있게 되었다.[16] 〈보험업법〉이 개정된 지 3년이 되는 2008년 중반부터 둑 터진 봇물처럼 실손의료보험 상품들이 쏟아져 나왔다. 그리고 생명보험 업계와 정부 경제부처는 줄기차게 국민건강보험공단이 보유하고 있는 국민의 질병 정보를 민간 보험회사들과 공유하자고 요구해 왔다. 실손의료보험 상품을 민간 보험의 원리에 따라 돈벌이가 되는 방식으로 판매하기 위해서는 질병의 발생 가능성이 높은 고위험 가입자를 골라내거나 혹은 이들에게 고액의 보험료를 부과하는 등의 방법으로 가입자를 선택하기 위해 전 국민의 질병과 건강 정보가 필요하기 때문이다. 이를 위해 보험회사는 '주민등록번호가 달려 있는' 개인별 질병 정보를 요구하는 것이다. 그러나 민간 보험회사의 영업을 위해 공공 보험 기관이 갖고 있는 개인별 질병 정보를 공유하는 나라는 지구상에 없다.[17] 보험회사들도 — 이런 요구가 무리해 단기간 내 실현성 가능성이 없다는 것을 아는지 — 2005년부터 보험공단에서 공유하고 있는 건강보험 가입자 관련 정보를 활용해 2008년 5월부터 나름

---

16_생명보험은 인간의 생명을 담보로 하는 다양한 상품을 판매할 수 있는 보험회사이다. 이에 비해 손해보험은 인간의 물질적인 손해를 보상해 주는 것이다. 생명보험에서는 실질적인 손해에 해당하는 자동차, 화재, 병원 의료비나 타인에게 입힌 신체 또는 물건에 대한 피해(배상 책임)는 판매되지 않는다. 손해보험은 실비를 기준으로 특정 비율의 부족분(손해)을 보장해 주는 것이 가장 기본이 된다. 이에 반해 생명보험은 종신보험 등에서부터, 인간의 생명을 담보로 하는 다양한 상품을 팔 수 있다. 2005년 8월 〈보험업법〉 개정 이후 2008년 5월부터 삼성생명과 교보생명이 실손의료보험 상품을 출시하고 대한생명 및 중소 생명보험사들이 실손의료보험 상품을 연달아 출시했다.

17_"공공 보험의 개인 정보를 영리 목적의 민영 보험회사에 넘겨준 사례는 지금까지 전 세계적으로 어느 나라에서도 없었다"(〈MBC 9시 뉴스〉 2008/3/27; 이상이 외 2008, 173 재인용).

의 실손의료보험 상품 판매 전략을 수립·개발해 판매하고 있다.[18]

의료 민영화 프로젝트의 일련의 과정들은 삼성의 계획대로 추진되어 왔던 것이다. 삼성 측이 의료 산업화의 필요성을 집중적으로 제기한 이후 참여정부의 의료 산업화 정책은 본격 추진되기 시작했다. 즉 먼저 삼성이 정책을 제안하고, 그 정책은 정부의 검토 대상으로 채택되고, 이를 근거로 삼성의 추가적인 요구와 자체적인 실행으로 이어지는 관계가 형성되는 것이다. 비단 정책의 내용뿐 아니라, 정책 추진의 근거와 표현 방식까지 흡사한 형태로 구성되는가 하면, 국무총리실 산하 규제개혁기획단에 삼성생명의 직원을 직접 참여하게 함으로써, 삼성 의료보험 체계 구축의 핵심이 되는 공공 보험 자료 활용이 가능해졌다.[19]

의료 산업화 정책을 추진하는 핵심 인사들이 제시하는 의료 산업화의

---

18_국민건강보험공단은 매년 7백 쪽에 가까운 통계 연보를 발간하고 있다. 주민등록번호가 달려 있지 않은 상태의 정보이기는 하지만, 여기에는 약 4천8백만 명에 해당하는 건강보험 가입자의 지역·연령 등에 대한 정보와 보험 재정에 관한 정보, 그리고 각 질병별로 환자가 몇 명이고, 연령과 성별 분포가 어떻게 되며, 그들이 몇 일간 병원을 이용했고, 어느 정도의 의료비가 발생했는지 등에 대한 상세한 정보가 담겨 있다. 보험회사들은 이런 정보를 활용해 보험 상품을 개발해 왔다(이상이 외 2008, 163-4). 이런 정보 공유에도 불구하고 보험회사들은 이후 이명박 정부 들어서 '주민번호가 달려 있는 개인별 질병 정보'를 요구했다. 국민건강보험 질병 정보를 공유하자는 민간 보험 업계와 경제부처의 요구는 앞으로도 수그러들지 않을 것이다. 국민건강보험을 대체하는 민간 의료보험 체계를 구축하겠다는 궁극적 목표를 달성하기 위해 전 국민의 질병 정보가 절대적으로 유용하기 때문이다.

19_민간 보험사가 공공 보험의 통계자료를 활용하는 것은 민간 의료보험이 성숙한 선진국뿐 아니라 전 세계 어느 나라에서도 전례를 찾기 힘든 조치이다. 규제개혁기획단의 건강보험TF는 총 4명으로 구성되었는데, 그중 2명은 공무원, 나머지 2명은 삼성생명과 대한생명의 직원으로, 이들 민간 보험사는 건강보험TF에서 국민건강보험 통계 활용을 강력하게 요구했다.

**표 16-1 | 삼성과 참여정부의 의료 서비스 산업화 정책**

| 일자 | 삼성 | 정부 |
|---|---|---|
| 2004년 1월 14일 | | •대통령 : "금융·의료·법률·컨설팅 같은 지식산업도 집중 육성해 가겠다."(신년 연두 기자회견) |
| 5월 | •삼성생명 연구비 지원으로 BIG 4 병원 진료비 분석 연구 실시 | |
| 6월 | •삼성SDS 헬스케어 사업팀 신설(상반기)<br>•대형 병원 정보화 사업 본격 진출(2004년 매출 목표 2조 원) | |
| 8월 | | •노동부, 연 2천억 원 규모 외국인 근로자 보험 사업, 삼성화재에 독점권 부여 |
| 9월 13일 | •의료 시장 조기 개방<br>•외국 영리 병원 국내 진출 허용<br>•의료 서비스 관광 상품화<br>•서비스산업 육성 필요성 제기<br> - 삼성경제연구소, 경제 재도약을 위한 10대 긴급 제언 | |
| 11월 3일 | •의료 산업화 촉구<br> - 삼성서울병원 이종철 원장(개원10주년 기자회견) | |
| 12월 29일 | | •의료, 보육 등 고도 소비사회가 요구하는 수준의 서비스가 충분히 제공되지 못해 소비와 내수 부진, 나아가 고용 부진이 야기될 수 있는 분야의 집중적인 육성이 필요하다.<br> - 대통령, 경제민생점검회의 및 국민경제자문회의 |
| 2005년 1월 13일 | | •대통령 : 개방과 경쟁을 통해 금융과 회계, 디자인, 컨설팅 등 지식 기반 서비스산업과 교육과 의료 등 고도 소비사회의 서비스산업을 키워, 선진경제로 도약한다는 비전 재천명 (신년 연두 기자회견) |
| 2월 25일 | | •우수한 인재가 의대로 몰린다고 한탄만 할 게 아니라 의료 산업을 전략산업으로 육성해 해외로부터 의료 산업에 돈이 들어오게 하고, 이를 통해 일자리를 만들어야 한다.<br> - 대통령, 취임2주년 국회 국정 연설 |
| 3월 | | •복지부 보건 의료 서비스 산업 육성 TF 구성 |
| 3월 8일 | | •의료기관에 대한 자본 참여 활성화<br>•민간 의료보험 활성화(세제 혜택 확대)<br>•병원 해외 진출 지원, 외국 병원 유치<br>•고령 친화 산업 육성<br> - 서비스산업 관계 장관 회의 |
| 4월 30일~<br>5월 1일 | | •영리법인 병원 설립 허용 적극 검토<br> - 국무위원 재원 배분 회의 |
| 5월 | •민간 보험사의 공공 보험 통계 활용<br>•민간 의료보험 세제 혜택 확대<br>•요양 기관 당연지정제 폐지<br> - 삼성생명 내부 전략 보고서 | |
| 5월 12일 | | •의료기관에 대한 자본 참여 활성화<br>•병원 개설 기준 완화, 프리랜서 진료<br>•병원의 해외 진출 지원<br>•민간 의료보험 역할 설정 |

| | | •의료 클러스터 조성 |
| --- | --- | --- |
| | | •보건 의료 정보화(e-health) 기반 마련 |
| | | - 의료 서비스 육성 검토 과제 |
| 5월 13일 | | •보건복지부 산하 의료 서비스 육성 협의회 구성 (자본참여전문분과협의회, e-health 전문분과협의회, 의료클러스터전문분과협의회) |
| 5월 18일 | •KAIST와 삼성서울병원, 의과학 분야 연구 공동체 협약 체결(BT와 의료 산업 접목 확대) | |
| 5월 23일 | •영리법인의 의료기관 개설 허용 촉구 - 삼성경제연구소, 경제 포커스 | |
| 6월 29일 | •영리법인의 의료기관 개설 허용 •의료기관 규제 완화 : 광고, 외국인 의사 고용 규제 완화 •민간 의료보험 활성화 •국내 병원·의료인 해외 진출 지원 •첨단 의학 복합 단지 조성 •의료 서비스를 관광 상품으로 개발 •IT·BT와 의료 산업의 접목 확대 - 삼성경제연구소, 국회 시사 포럼 주최 정책 발표회 | |
| 7월 21일~ 8월 2일 | | •의료인의 프리랜서 진료, 전문 병원과 종합병원의 종별 구분 폐지로 전문 병원의 영리 병원화 용이화 •외국인 의사의 국내 거주 자국인 진료 허용 •의료 정보화(e-Health) 지원 - 의료 서비스 경쟁력 강화를 위한 의료 제도 개선 방안(서비스산업 관계 장관 회의, 보건복지부) |
| 8월 3일 | •2005년 6월 29일 발표 내용과 동일 - 삼성경제연구소, 전략 서비스산업의 경쟁력 강화 방안 | |
| 8월 30일 | | •건강보험공단 자료 활용 제고 -국무총리실 규제개혁기획단 |
| 9월 | | •대통령 직속 의료산업선진화위원회 설치 예정(의료산업발전소위원회, 보건의료서비스제도소위원회) |
| 10월 5일 | | •총리실 산하 의료산업선진화위원회의 설치(제1차 회의 개최) |
| 12월 12일 | | •관계부처장관회의에서 '서비스산업 경쟁력 강화 종합대책' 발표 |

자료: 보건의료단체연합, "참여정부의 의료산업화 정책=삼성의료공화국 구축 지원 정책" 보고서(2005/09월); 필자 보완.

필요성과 근거는 그동안 삼성에서 제시한 내용을 그대로 채택하고 있었
다. '우수한 의대생을 활용한 의료 서비스 산업화의 필요성'[20]이 대통령의
2005년 연두 기자회견에서 그대로 언급된다거나, 청와대 정책실장 김병
준이 시민단체와의 면담에서 "이 회장님 말씀처럼 …… 10년 후에 우리는

무엇을 먹고 살 것인가?"[21]라면서 '의료 산업화가 바로 이를 위한 것'이라고 언급하는 등의 행태는 삼성의 이해관계나 논리, 심지어는 논법 등이 국정에 관철되는 과정을 잘 보여 준다.

참여정부는 한미 자유무역협정 추진 이전부터 이미 적극적인 의료 산업화 정책을 추진해 왔다. 외국자본에 한해 외국인 전용 영리 병원 설립 허용(경제자유구역법 제정, 2002년 12월) → 외국 병원의 내국인 진료 허용(경제자유구역법 개정, 2005년 1월) → 외국 병원의 영리 법인화 및 내국인 진료 허용(제주도특별자치도법 제정, 2006년 2월) → 외국 병원의 국내법인 합작 투자 허용(경제자유구역법 개정, 2006년 7월 입법 예고) 등이 바로 그런 예이다(『프레시안』 2006/08/22). 참여정부의 의료 서비스 산업화 정책 추진을 위한 각종 주요 발언 및 정책을 삼성의 사업 추진 일정 및 각 시기별 주요 요구 사항과 비교해 정리하면 〈표 16-1〉과 같다.

참여정부의 보건 의료 부문 산업화 정책은 "서비스산업 경쟁력 강화 종합 대책"에서 총괄적으로 정리되고 있다. 이를 살펴보면, 먼저 보건 의료의 산업화를 위한 재원 조달은 외국자본과 국내 유동자금을 동원하며, 그 중요한 수단 중의 하나로 채권 발행 방식을 추진한다는 것이다. 또한 외국자본과 대규모 유동성 자본이 의료 서비스에 관심을 갖도록 하기 위해 경제자유구역 내 외국 병원 설치 허용 및 내국인 진료 허용, 의료기관에 수익 사업 허용, 병원경영지원회사Management Service Organization(MSO) 허용, 의료기관 유인 알선 금지 조항 완화, 의료 광고 허용, 의료기관 네트워

---

20_삼성경제연구소 정구현 소장(『한국경제신문』 2004/07/09).
21_이건희 삼성 회장(삼성 금융계열사 사장단 회의, 2002년 5월).

크화, 병의원 인수·합병을 용이하게 하는 법률 개정, 다양한 수가 체계 마련, 영세 의료기관 구조조정, 의료 관광 활성화를 위한 제도 개선 등 대자본의 이해에 맞추어 의료를 상업화하기 위한 각종 조치들을 모두 포함하고 있다. 이 종합 대책은 서비스산업 육성 총괄 부처로서 의료 서비스 '산업화' 정책 수립의 책임적 위치에 있었던 재정경제부가 수립한 것이다.[22] 종합 대책에는 영리법인 병원의 허용만 빠져 있을 뿐, 이명박 정부가 추진했거나 현재 박근혜 정부가 추진하는 거의 모든 의료 민영화 정책 과제들의 초안이 참여정부에 의해 만들어졌음을 알 수 있다. 그리고 더욱 두드러지는 점은 이런 정책 과제들이 삼성생명 내부 전략 보고서와 삼성경제연구소의 보고서에서 제시하고 있는 정책안들과 거의 일치한다는 것이다.

삼성생명 내부 전략 보고서와 삼성경제연구소의 연구 보고서(고정민 외 2005; 강성욱·고정민 2007)가 공공 보험을 대체하는 포괄적 삼성 의료 체계 구축을 위해 제시하고 있는 정책 방안을 보면 다음과 같다.

---

22_2006년 12월 12일 발표된 "서비스산업 경쟁력 강화 종합 대책"에 따르면, "지금까지 수출 위주의 제조업 주도로 성장했으나 최근 고용과 성장률이 점차 둔화되는 추세"를 해결하는 방안으로 "고용 흡수력이 높은 서비스업과 제조업, 내수와 수출의 균형 있는 발전을 통해 '고용을 동반하는 성장'으로 경제구조"를 전환할 필요에 근거한다는 것이다. 1990~2005년간 제조업에서는 67만 개 일자리(연 4만)가 감소한 반면, 서비스산업에서는 약 640만 개 일자리(연 42만)가 증가했다고 한다. 고학력 청년 실업 문제 해결, 급증하는 해외 소비 수요 국내 전환과 한·미 FTA 등 대외 개방에 대비해 국내 서비스산업의 국제경쟁력 강화 필요성에 근거한 종합 대책으로, 2006년 8월부터 "주요 경제 단체(전경련, 무역협회, 중소기업중앙회), 관련 업계, 지자체 및 소관 부처로부터 서비스산업 경쟁력 강화를 위한 정책 건의를 다각적으로 수렴, 관계 부처 간에 협의해" 온 것을 총괄해 제시하고 있다.

- 국민건강보험공단 DB 활용: 상품 개발 및 가입자 선별 수단으로 활용하기 위한 자료[23]

- 병의원과의 직접적인 청구 심사 체계 구축(EDI 체계 도입)

- 관리 의료 체계 운영을 위한 자체적 보수 지불 제도 마련(포괄수가제, 총액 예산제)

- 삼성 의료 체계에 대한 정보 제공 체계 구축: 보험료, 본인 부담, 의료의 질

- 민영의료보험에 대한 세제 혜택 확대

- 요양 기관 당연지정제 폐지, 자유계약 제도로의 전환

- 영리 의료법인 설립 허용

- 의료기관 운영 관련 규제 대폭 완화 : 광고 제한, 외국인 의사 고용 제한 완화

- 국내 병원과 의료인의 해외 진출 지원

- 첨단 의료 복합 단지 조성 및 해외 자본 유치

- 의료 서비스를 관광 상품으로 개발

- IT, BT와 의료 산업의 접목을 통해서 e-Health 등 새로운 서비스 영역 개발


삼성생명과 삼성경제연구소의 정책 제안이 참여정부 모든 부처가 공동으로 작성한 정책안과 일치하는 이유를 이해하기 위해서는 다음 진술들을 통해 그 맥락을 살펴볼 필요가 있다. 윤석규 대선 캠프 상황실장에 따르면,[24] 노무현 대통령은 일찍이 초선 의원 시절부터 대통령 재임 기간

---

23_ 보험 가입자들을 선별해 개인별로 차등화한 보험료를 부과하기 위해서 그리고 병의원의 진료에 대해 직접적인 청구 심사 체계를 구축하기 위해서는 '주민등록번호 달린' 개인별 질병 정보가 필요한 것이다.

24_ 윤석규는 2002년 대선 기간 동안 노무현 후보의 대선 캠프 '금강'에 몸담은 후, 대선 기

내내 삼성과 특별한 관계를 맺고 있었다. 이학수 삼성 부회장은 대통령 후보와 부산상고 선후배 사이로 일찍이 초선 의원 시절부터 도움을 주고받았다. 삼성경제연구소가 출간한 책『국가 전략의 대전환』이 2002년 대선기간 중 공약에 반영되도록 대통령의 최측근 이광재가 영향력을 행사하고 있었고, 이후 대통령 당선 후 2개월 동안 인수위의 활동 결과를 묶은 국정 운영 백서와 별개의 국정 운영 백서(삼성경제연구소 작성)가 당선자에게 전달되었으며, 이광재 의원이 대통령 측근 출신 의원 몇 사람을 중심으로 원내에 결성·운영했던 의정연구회가 삼성경제연구소와 공동 세미나를 개최했다고 한다(윤석규 2010). 노무현 정부에서 청와대 국민경제비서관을 지낸 정태인의 진술에 따르면, "(청와대 386 정책 참모인) 이 모 씨의 생각은, 대통령의 태스크포스라고 하는 사람의 생각은 '삼성과 연합해야 된다, 삼성의 지지를 받고 삼성의 정책을 반영해야 된다'는 생각을 처음부터 가지고 있었다"는 것이다. 2003년 삼성이 만들었던 '국민소득 2만 달러' 보고서가 반복적으로 등장하는 배경으로는 이미 그 이전부터 "이 모 의원은 삼성·중앙일보 예외론이라는 걸 만들었고, 재벌에서도 삼성은 예외고, 조·중·동에서 중앙일보는 예외고, 중앙일보 인사를 주미 대사로 보내는 것도 그 라인에서 일어났다"는 주장에서 확인할 수 있다(『자보』 2010/04/15). 삼성은 박정희 정권이나 전두환 정권에서 해왔던 것과 유사한 방식으로 노무현 정부에서도 권력 핵심에 영향을 행사함으로써 국정에 적극 개입해 왔음을 알 수 있다.[25]

_____

간 중 정책 특보를 거쳐 선거 캠프의 선임 팀장 격인 상황 실장을 맡아 일했던 핵심 인물 중 한 명으로, 그의 진술은 매우 신빙성 있는 것이다.

25_박정희·전두환 정권 핵심 실세들과 직접적인 관계를 통해 기업의 이권을 관철시키는

노무현 대통령은 2005년 5월 16일 청와대 기업인 간담회에서 "이미 권력은 시장으로 넘어간 것 같다"고 발언했고, 발 빠른 정부부처, 특히 경제부처는 삼성 벤치마킹에 나섰다. 재정경제부는 2005년 5월 26~27일, 용인 삼성인력개발원에서 '간부 혁신 프로그램'을 진행했다. 국가적으로 엘리트 중의 엘리트 집단임을 자임하는, 경제정책 최고 전문가들이 모여 있다는, 경제정책 총괄 부처 재정경제부 간부들이 삼성인력개발원에서 교육을 받고 자책성 발언들을 쏟아 냈다고 한다. 급변하는 사회에서 혁신의 노력 없이는 존립 자체가 어렵다는 위기의식의 발로였다고 한다. 경제정책 총괄 부처 재정경제부 간부들이 삼성그룹의 교육을 받고 난 후 토론에서는 혁신의 필요성뿐만 아니라, '재정경제부가 망하는 최악의 시나리오'가 제시되기도 했다고 한다(『국민일보』 2005/05/28). 일찍이 20여 년 전 이건희 회장의 "정치는 4류, 행정은 3류, 기업은 2류"라는 지적은 이렇게 현실화한 것이다(송태수 2008, 65).

## 이명박 정부 이후 의료 민영화[26]

이명박 정부의 집권은 '의료 민영화'의 정치적 맥락을 변화시켰을 뿐이다. 정권 내부에 이견은 없었다. 그리고 재정경제부를 위시한 경제부처가 설정하는 정책 목표는 가장 우선적으로 달성돼야 하는 것이고, 이에 걸림돌이 되는 '전봇대'는 제거해야 하는 것일 뿐 재고의 여지가 없었다. 같은 맥

---

다양한 방식에 대해서는 이용우(2012) 참조.

26_이에 대해서는 신영전(2010, 62-66), 송이은(2012), 참여연대 사회복지위원회(2008)를 참조.

락에서 진보적 시민단체의 주장은 무시되었다. 그리고 경제성장에 즉각적으로 도움이 되지 않는 보건복지부의 의료보험 공공성 강화 등의 가치 또한 고려될 여지가 없었다. 입법부와 행정부를 장악하고 주요 보수 언론의 지지를 얻었던 이명박 정부는 참여정부가 만들어 낸 의료 산업화와 의료 민영화 정책들을 가지고 이제 고속도로를 달리기만 하면 되는 상황이었다. 이명박 대통령은 일찍이 후보 시절부터 대표적인 의료 민영화론자이규식 연세대 교수 외 다수 민영화론자들이 참여하는 '청메 포럼' 주최 간담회 연설에서 "의료를 경쟁력 있는 비즈니스로 함께 만들어 보자"라고 역설한 바 있다(『시사IN』2011/08/08).

2008년 3월 10일 기획재정부는 대통령 업무보고 "7% 성장 능력을 갖춘 경제 세부 실천 계획"에서 영리 의료법인 도입 검토, 민간 의료보험 활성화(공사 보험 정보 공유 추진), 해외 환자 유치 활성화 안을 발표했다. 당시 기획재정부가 2008년 10월까지 구체적인 추진 계획을 마련하겠다고 발표한 내용은 삼성경제연구소의 2007년 보고서 "의료 서비스 산업 고도화와 과제"(강성욱·고정민 2007)와 유사한 것이었다. 기획재정부는 2008년 3~4분기에 구체적인 방안을 제시하고 〈의료법〉 개정을 추진하겠다고 했다. 〈의료법〉 개정 등은 전통적으로 보건복지 담당 부서의 사안임에도 불구하고 기획재정부가 직접 나서서 구체적인 개정안을 제시하고 법 개정 추진 의지까지 밝혔다는 점에서 이례적이었다.

의료 민영화와 관련해 이명박 정부에서 두드러지는 점은 정부 부서 간의 권력 이동이 극명하게 드러났다는 점이다. 보건복지부는 기본적으로 의료의 공공성을 내세운다. 이에 비해 경제부처 관료들은 의료 서비스 국제경쟁력 강화, 해외 환자 유치를 통한 부의 창출, 의료 서비스 산업 고용 창출, 유동자금의 투자처 제공, 서비스 질 향상, 경쟁을 통한 의료 비용 감소를 근거로 의료 민영화를 추진하고 있다. 지향과 성격이 확연히 다른 두 부서 간 힘 겨루기에서 의료 민영화와 관련해서 보건복지부는 점차 경제부처의 논리에 종속되는 양상을 보일 수밖에 없다.[27] 보건복지부는 의료 민영화에 대해 소극적·방어적임에도 불구하고 기획재정부가 주도하는 정책의 실무적 방안을 개발하는 작업을 해왔다(신영전 2010). 보건복지부는 이명박 정부 초기에는 공공성 훼손 등을 이유로 의료 민영화에 반대 입장을 보이다가, 2010년 이후에는 중립으로 노선을 변경했다. 경제부처와 보건 부처의 의견이 대립하던 상황에서 결국 경제부처의 입장이 관철된 것이다.

2008년 이른바 '광우병 사태'로 '촛불 시위' 등 국민적 저항이 거세지자 이명박 정부는 정책의 집행 속도를 늦추었고, '촛불'로 상징되는 시민 공간은 '의료 민영화' 반대를 중요한 구호로 만들어 냈다. 광범한 국민적 저항에 당황한 정부는 2008년 5월 21일 '당연지정제'를 폐지하지 않을 것이며 '건강보험 민영화'는 없다고 공식 발표하기에 이르렀다. 그러나 의료 민영화와 관련한 정책은 그대로 추진되었다. 2008년 5월 12일 생명보험사의 실손형 민영의료보험 상품 판매가 개시되었고, 5월 30일 한 토론회에서는 보건복지부 김강립 담당 정책 과장이 영리법인 허용과 민간 의료보험에 대해 검토 중임을 공식적으로 밝혔다. 또한 6월 3일에는 한승수 국무총리 주재로 개최된 제주특별자치도 지원위원회에서 의료 개방 선진

27_노무현 정부에서도 성장 동력으로 서비스산업을 강화해야 한다는 논리에 힘을 실은 재정경제부가 중심이 되었고, 이에 반대하는 보건복지부에 재정경제부가 압력을 가해 결국 뜻을 관철시켰다. 2005년 당시까지도 보건복지부는 민영화에 찬성하는 입장이 아니었음에도 불구하고 이후 공공 의료를 확대하는 조건으로 경제자유구역 내 영리 병원의 내국인 진료 허용에 동의하게 되었던 것이다(이상이 외 2008; 송이은 2012, 217).

화 테스트베드[28](외국 영리 병원 설립 운영 규제 완화, 방송 매체를 통한 의료 광고 허용, 국내 영리 병원 허용 검토 등)를 다루었다. 또한 6월 10일에는 외국인 환자 유치를 위한 유인 알선 행위의 허용과 의료법인 간 합병을 허용하고, 부대사업 범위를 보건복지가족부 장관령으로 하는 〈의료법〉 개정안을 발표하기도 했다.[29]

2009년 1월 12일 발표된 '미래 한국을 이끌 3대 분야 17개 신성장 동력 선정'에 고부가 서비스산업 부분 중 '글로벌 헬스케어'가 포함되었고, 그 사이 환자에 대한 유인 알선을 허용하는 〈의료법〉이 국회를 통과해 2009년 5월 1일자로 시행되었다. 또한 5월 8일 이명박 대통령 주재 '서비스산업 선진화를 위한 민관 합동 회의'에서 비영리 의료법인의 의료 채권 발행 허용, 의료기관 합병 근거의 마련, 의료기관경영지원회사MSO 활성화, 경제 자유 구역에 외국 기관 유치 허용, 건강관리 서비스의 산업화, 의료 분쟁 조정 제도[30]를 마련하겠다고 발표했고, '내국인 영리법인 병원'의

---

28_테스트베드(test bed)란 기술 개발 과정에 있어 기술이 활용·소비되는 실제와 동일한 환경 또는 결과 예측이 가능한 가상환경을 구축해 개발 기술의 적합성을 테스트 해보는 환경을 의미한다. 즉 장비들을 갖춰 실제 과정에 적용 가능한 테스트를 실시할 수 있도록 구성한 환경을 말한다.

29_2008년 7월 10일 전재희 보건복지가족부장관 내정자는 영리 의료법인 허용과 관련해 "원칙적으로는 반대하지만 제주특별자치도에서 국내 영리 법인의 병원 설립 허용이 논의되고 있는 만큼 그곳의 추진 내용을 보고 진지하게 평가할 필요가 있다"고 밝혔고, 같은 날 이상영 보건 의료 정책관은 "제주도민들이 영리 의료법인 허용을 원한다면 복지부로서는 반대하지 않을 것"이며, "(영리 병원)이 결과가 좋게 나타나고, 다른 지역에서도 허용 요구가 있다면 그때 가서 확대할 수 있을 것"이라고 밝혔다.

30_의료 분쟁 조정 제도에는 조정 전치, 의사의 형사처벌특례, 환자에 대한 무과실 보상, 독립 조사 기구 설치 등을 포함시켜, 연내 통과를 목표로 추진되었다.

표 16-2 | 의료 민영화 관령 정책의 주요 추진 경과(이명박 정부)

| 일자 | 주요 내용 |
|---|---|
| 2008년 3월 10일 | • 기획재정부 업무보고 : 영리 의료법인 도입 검토, 민간 의료보험 활성화(공사 보험 정보 공유 추진), 해외 환자 유치 활성화, 2008년 3, 4분기에 구체적인 제도 개선 방안 제시 및 〈의료법〉 개정 추진 |
| 4월 28일 | • 정부 17개 부처 합동 회의 : "성장 동력 확충과 서비스 수지 개선을 위한 서비스산업 선진화 방안" 발표 |
| 5월 12일 | • 기획재정부 '2단계 서비스산업 선진화 방안' 착수 발표<br>- 주식회사형 영리 의료법인 허용 실손형 민간 의료보험 상품 도입 |
| 5~7월 | • 미국산 쇠고기 수입을 계기로 촉발된 시위에서 '의료 민영화' 반대 이슈화<br>- 5월 21일 정부는 '당연지정제'를 폐지하지 않고 '건강보험 민영화'는 없다고 공식 발표 |
| 5월 12일 | • 생명보험사의 실손형 민영의료보험 상품 판매가 개시됨. |
| 5월 30일 | • 한 토론회에서 담당 정책과장(김강립)이 영리법인 허용과 민간 의료보험에 대해 검토 중임을 공식적으로 밝힘. |
| 6월 3일 | • 한승수 국무총리 주재로 개최된 제주특별자치도 지원위원회에서 의료 개방 선진화 테스트베드(외국 영리 병원 설립 운영 규제 완화, 방송 매체를 통한 의료 광고 허용, 국내 영리 병원 허용 검토 등)를 다룸. |
| 6월 10일 | • 외국인 환자 유치를 위한 유인 알선 행위의 허용과 의료법인 간 합병을 허용하고, 부대사업 범위를 보건복지부장관령으로 하는 내용을 골자로 하는 〈의료법〉 개정안 발표 |
| 7월 10일 | • 전재희 보건복지가족부장관 내정자는 영리 의료법인 허용과 관련해 "원칙적으로 반대하지만 제주특별자치도에서 국내 영리법인의 병원 설립 허용이 논의되고 있는 만큼 그곳의 추진 내용을 보고 진지하게 평가할 필요가 있다"고 밝힘.<br>• 같은 날 이상영 보건의료정책관은 "제주도민들이 영리 의료법인 허용을 원한다면 복지부로서는 반대하지 않을 것"이며, "(영리 병원)이 결과가 좋게 나타나고, 다른 지역에서도 허용 요구가 있다면 그때 가서 확대할 수 있을 것"이라고 밝힘. |
| 2009년 1월 12일 | • "미래 한국을 이끌 3대 분야 17개 신성장 동력 선정"에 고부가 서비스 산업 부분 중 '글로벌 헬스케어'가 포함됨. |
| 5월 1일 | • 외국인 환자에 대한 유인 알선을 허용하는 〈의료법〉이 국회를 통과해 2009년 5월 1일자로 시행이 이루어짐. |
| 5월 8일 | • 이명박 대통령 주재 '서비스산업 선진화를 위한 민관 합동 회의'<br>- 비영리 의료법인의 의료 채권 발행 허용, 의료기관 합병 근거의 마련, 의료기관경영지원회사(MSO) 활성화, 경제 자유 구역에 외국 기관 유치 허용, 건강관리 서비스의 산업화, 의료 분쟁 조정 제도를 마련: 조정 전치, 의사의 형사 처벌 특례, 환자에 대한 무과실 보상, 독립 조사 기구 설치 등을 포함시켜 연내 통과를 목표, '내국인 영리법인 병원'의 허용은 11월경에 결정하기로 함. |
| 5월 26일 | • 재정전략회의 '신성장 동력 종합 추진 계획' 확정<br>- 3대 분야 17개 신성장 동력에 향후 5년간(2009~13년) 24.5조 원 규모의 재정을 투입하기로 잠정 결정 |

자료: 신영전(2010, 67).

허용은 11월경에 결정하기로 했다. 대통령 주재 합동 회의 며칠 후 5월 26 일 재정 전략 회의에서는 '신성장 동력 종합 추진 계획'을 확정했으며, 여 기에서 3대 분야 17개 신성장 동력에 향후 5년간(2009~13년) 24조5천억 원 규모의 재정을 투입하기로 잠정 결정했다.

이명박 정부 '의료 민영화' 정책의 구체적인 추진 계획은 2009년 5월

26일 발표한 '신성장 동력 종합 추진 계획'에 잘 요약되어 있다. 특히 그동안 잘 알려져 있지 않았던 내용들도 포함되어 있는데, 해외 환자 유치 차원에서 국가 인증 제도의 전환과 의료 분쟁 조정법의 개정, 의료 관광 비자의 신설 등 구체적인 내용과 함께, 국내 보험사의 해외 환자 유치 허용, 외국 정부 및 외국계 보험회사와의 환자 송출 계약 추진 등이 담겨 있다. 아울러 유헬스의 해외 의료 서비스 시장 진출 계획도 포함돼 있다.

이명박 정부 '신성장 동력 종합 추진 계획' 중 보건 의료 분야 세부 추진 과제(11개)

① 병원 서비스 산업 활성화를 위한 제도 정비(1개 과제)
- 비영리 의료법인의 의료 채권 발행 등을 통한 의료기관 자본조달 경로 다양화 등 추진 방안은 5월 8일 "서비스산업 선진화 방안"에서 발표

② 외국인 환자의 인지도와 접근성 제고 및 사후 관리 강화(5개 과제)
- 국제 기준에 입각한 의료기관 국가 인증제를 도입하고, 국내 의료기관의 국제 인증(JCI 등) 획득을 지원
  ※ 기 국제 인증 의료기관의 인증 획득 경험 전수, 국제 인증 관련 정보 제공 등
- 시장 상황을 고려해 유치 업자 범위를 확대(보험회사, 보험중개사 등 포함)하고 개도국 의료 인력 국내 연수 프로그램을 확대
- 외국인 환자 전용 의료 관광 비자 신설과 유치 업자의 출입국 업무 대리 허용 등 외국인 환자 출입국 제도를 개선
- 외국인 환자 전담 서비스 인력(의료 통역사, 국제 진료 코디네이터 등)을 양성하고 민간 의료기관에 경쟁국 진료 가격 등 시장조사 정보를 제공
- 외국인 환자 사후 관리를 위한 메디컬 콜센터를 설치하고 외국인 환자 유치 병원에 대해서는 의료사고 배상책임보험을 유도
  ※ 책임보험 가입을 외국인 환자 유치 병원 협회 가입 조건으로 하는 등 자율 규제 방안 검토
- 중앙의료심사조정위원회에 중재 기능을 부여하고 〈의료법〉상 분쟁 제도를 외국인 환자 분쟁에도 적용

③ 의료 분야 R&D 확충(1개 과제)
- 선진국 수준의 임상 인프라를 구축하고, 연구 중심 병원을 중심으로 산학연이 기

초연구에서 실용화까지 연계된 메디클러스터를 구축

※ 2010년까지 선도형 연구 중심 병원 6개 지원 → 의료 클러스터 기반 조성

　2012년까지 특화형 기술 개발 연구 중심 병원 15개 지원 → 특화 기술 브랜드 병원 창출

　2010~18년까지 줄기세포 치료 산업 선점을 위한 '재생의학연구병원' 집중 육성

④ 유헬스 활성화와 해외 진출 지원(4개 과제)

- 의료 취약 지역 등을 중심으로 시범 사업을 조기 실시하고 이후 만성질환에 대해서는 원격 관리 서비스를 전국으로 확대
- 민간 참여 활성화를 위한 법·제도 정비 및 '유헬스 활성화 종합 계획' 수립

　※ 의사-환자 간 원격 진료 허용, 의약품 배달 판매 허용, 의료사고 책임 주체 명확화 등

- 유헬스 원천 기술 개발, 표준·인증제 도입, 국제 표준화 지원과 전략 분야(질병 원격 모니터링, 조기 진단, 건강관리) 상용화 모델 발굴 지원
- 해외 거주 국민과 해외 환자에 대한 원격 의료 서비스 제공


## 원격 의료 서비스 유헬스케어

유헬스 및 원격 진료와 관련해 삼성경제연구소는 일찍이 2007년 "유헬스 시대의 도래"(강성욱 외 2007)와 "유헬스의 경제적 효과와 성장 전략"(강성욱·이성호 2007) 등을 통해 유헬스 활성화를 위한 〈의료법〉 개정을 정부에 요구해 왔다. "유헬스 시대의 도래"에서는 유헬스의 활성화를 위해 "의료기관의 영리 행위 금지(의료법 시행령 제18조) 및 의료인의 서비스 독점(의료법 제33조) 등 의료 관련 기존 국내 제도"와 "현 의료법(제49조)상으로는 의료법인의 부대사업이 제한적이어서 비의료 기업과의 협력도 힘든 상황"으로, "원격지의 의료인이 화상으로 환자에게 직접 의료 서비스를 제공하는 것도 불법으로 규정"하고 있는 것과 관련, 제도적 개선을 선결 요건으로 제시했다. 이어서 발표한 "유헬스의 경제적 효과와 성장 전략"

보고서는 "의료기관의 영리 행위 허용과 원격의료 확대 등 의료법 정비", "정부 주도의 건강 정보의 표준화", "정부 예산 및 의료비 절감의 주요 수단으로 활용", "유헬스 서비스를 국민건강보험에서 적극적으로 흡수"할 것 등을 제언하고 있다.

이명박 정부는 2009년 5월 26일 "신성장 동력 종합 추진 계획"에서 유헬스 관련 정부 지원 방안을 구체적으로 제시했다. ① 의료 취약 지역 등을 중심으로 유헬스 시범 사업을 조기에 실시하고 이후 만성질환에 대해서는 원격 관리 서비스를 전국으로 확대하겠다는 방침을 정한 것이다. 그리고 ② 민간 참여 활성화를 위한 법·제도를 정비하고 "유헬스 활성화 종합 계획"을 수립하며, ③ 유헬스 원천 기술 개발, 표준·인증제 도입, 국제 표준화 지원과 전략 분야(질병 원격 모니터링, 조기 진단, 건강관리) 상용화 모델을 발굴해 지원하고, ④ 해외 거주 국민과 해외 환자에 대한 원격 의료 서비스를 제공할 수 있도록 하겠다는 것이다. 마침내 2013년 10월 29일 보건복지부는 '의료법 일부 개정안 입법 예고'를 통해 '원격의료' 도입 입장을 밝히기에 이르렀다. 원격의료는 그 안전성과 비용 효과성 면에서 꾸준히 문제가 제기되어 이명박 정부가 적극적으로 추진했음에도 불구하고 도입되지 못했던 것이다. 하지만 박근혜 정부는 이런 문제 지적에도 불구하고 이명박 정부에 이어 강력히 밀어붙이고 있다.

원격의료는 무엇보다도 기술 발전이 성숙되지 않아 원격 진료의 안전성이 입증된 바 없으며, 둘째, 방대한 비용이 투여되지만 그 효과는 불분명하다는 점과 그로 인해 의료비가 크게 상승할 수 있다는 문제점이 지적됨에 따라 사업이 정체되어 왔던 것이다. 그럼에도 불구하고 2009년 11월 보건복지부는 5억 원이라는 돈을 들여 삼성경제연구소와 "미래 복지 사회 실현을 위한 보건 의료 산업 선진화 방안"이라는 연구 과제를 수의 계약으로 체결했다. 이 연구 과제는 삼성 IT산업의 기술력을 '의료 서비스' 영역으로 확대시켜, 기기 및 솔루션, 바이오 및 제약 분야가 합쳐져 HT Health Technology로 융화하고, 이를 특히 병의원 서비스와 건강관리, 원격의료 등 의료 서비스와 직접적인 연관을 갖는 서비스의 산업화 추진 계획 수립 목적이 명백하다. 정부의 이 연구 과제 지원은 원격의료와 이를 중심으로 한 의료 산업화를 의도적으로 적극 지원하는 것에 다름 아니다. 이 보고서는 '정보화'를 HT의 유망 산업으로 지목하고 개인 질병 정보를 데이터베이스화해 정부와 영리기업이 공유하자는 기업 측의 의도까지 제안하고 있다. 이명박 정부는 이런 정책 보고서에 기초해 2010년 정기국회에서 건강관리 서비스의 시장화를 위한 〈건강관리서비스법〉의 제정 입법과 원격의료를 전면 허용하는 〈의료법〉 개정안을 강력히 밀어붙였지만 시민사회단체와 대한의사협회의 반대에 직면해 국회에서 표류하다가 결국 폐기되었다.

삼성전자는 2009년 창립 40주년 기념으로 '비전 2020'을 추진하고 있음을 밝혔는데, 여기에서 의료·바이오 분야에서 경쟁력을 갖추겠다면서 '에이치엠이 HME 사업팀'을 만들었을 뿐만 아니라 바이오칩을 몸속에 심어 몸 상태 정보를 실시간으로 수집하고 스마트폰을 통해 원격의료 서비스를 제공하는 '유헬스' 분야를 중심으로 사업을 추진할 예정이라고 밝혔다. 2010년 삼성그룹은 오는 2020년까지 바이오산업과 헬스케어(건강관리 서비스) 등에 2조1천억 원을 투자해 연 매출 10조 원 규모의 사업으로 육성할 계획임을 밝혔다. 삼성전자는 2010년 국내 1위 의료기기 업체 메디슨을 인수하면서 본격적으로 의료기기 사업에 뛰어들어, 2백 명이 넘는 인력을 갖춘 의료기기 사업팀을 별도로 꾸리고 있으며, 지난 수년간 의료기기 신제품을 개발해 허가를 받아오고 있다.[31] 2013년 11월, 삼성전자는 사물인터넷(IoT) 및 웨어러블 wearable 컴퓨팅 기기에 적용될 소프트웨어 플랫폼 'SAMI' Samsung Architecture for Multimodal Interactions 개발 프로젝트를 진

그림 16-4 | 삼성전자의 웨어러블 컴퓨팅 프로젝트 SAMI

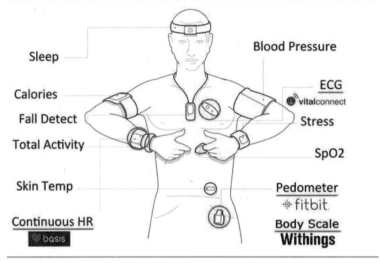

자료: 『디지털데일리』(2013/11/15).

행하고 있다고 밝힌 바 있다.

　　최근 원격의료는 박근혜 정부에서 창조 경제의 핵심 사업으로 추진되고 있으며, 지난 이명박 정부에서 개정에 실패한 〈의료법〉 개정안을 국무

---

31_삼성전자가 2009년 12월 식품의약품안전처로부터 제조 품목 허가를 획득한 '혈액 검사용 기기'는 음반CD 크기의 혈액 검사용 디스크에 소량의 혈액을 주입한 후 혈액검사기에 삽입하는 간단한 프로세스만으로 당뇨·간·콜레스테롤·심장·신장 질환 등 총 19개 검사 항목을 진단할 수 있다고 한다. 2011년 8월에는 융복합 의료기기인 '카드형 혈압계'의 품목 허가를 획득했고, 2013년에도 '휴대형 의료 영상 전송 장치' 제품의 허가를 받았다. 이 제품은 의료 영상 저장 전송 장치에 저장된 의료 영상을 의료진의 스마트폰 등 이동 장치로 전송해 확대·축소·조회하는 기능이 구현되는 소프트웨어로 정부가 입법 예고한 원격의료 허용 법안과 딱 맞아떨어지는 기능이다.

회의를 통과해(2014년 4월 2일) 또다시 국회에 제출한 상태이다(우석균 2013). 기획재정부 서비스경제과장 강종석은 '서비스산업발전기본법안' 관련 토론회에서 법안이 조속히 제정되어야만 기본 계획을 마련할 수 있고, 그에 따른 정책 효과가 나타날 것이라면서, "빠른 시일 내에 서비스 산업의 경쟁력을 끌어올리기 위해서는 기본 법률 제정과 같은 특단의 대책이 필요하다."는 정부의 입장을 확인할 수 있다.[32]

앞에 살펴본 대로 삼성은 의료 민영화의 밑그림 작업에서부터 그 구체적인 추진 과정에까지 깊숙이 개입해 오고 있다. 삼성이 오랫동안 집요하게 개입해 온 배경은, 최근 이재용 부회장의 발언에서 확인하듯이, 성장세가 둔화되는 스마트폰을 대신할 새로운 성장 동력으로 의료·헬스케어 사업을 육성하겠다는 의도이다. 특히 삼성의 강점인 IT·모바일 기술을 활용한 의료·헬스케어 사업의 발전 가능성에 주목하고 있다는 것이다. 이재용 부회장의 발언대로, "고령화 문제에 직면한 많은 국가들의 의료비 지출이 급격히 늘어 각국 경제에 큰 부담으로 작용하고 있"는 현실에서 "의료비를 낮출 수 있는 솔루션을 찾아낼 수 있다면 엄청난 기회가 생길 것"임에 분명하다(〈머니투데이뉴스〉 2014/04/11). 유헬스 체제의 의료 산업이 '스마트폰을 대체하는 삼성의 차세대 먹거리'가 될 수 있을지는 삼성의 핵심 관심사이고 삼성이 판단할 몫이다.

---

32_새누리당 정책위 부의장으로 기획재정위원회 간사를 맡고 있는 나성린(비례대표) 의원은 일자리를 창출하기 위해 할 수 있는 모든 수단을 써야 한다며, 이를 위한 경제 활성화 관련 법안으로 서비스산업발전법, 관광진흥법개정안, 분양가 상한제 탄력 적용 등을 꼽고 있다. 새누리당은 이 법안들이 2014년 연내에 "꼭 통과돼야" 한다고 주장하고 있다(『이코노미스트』 2014/02/24).

하지만 문제는 여기에서부터이다. 정부가 원격의료를 포함하는 유헬스 체제가 "도서 벽지의 나이든 어르신들을 위해서 꼭 필요"한 것이라고 주장하고 있다는 사실이다. 즉 의사가 컴퓨터나 스마트폰을 통해 환자를 진찰하고 약까지 처방할 수 있도록, 이른바 '핸드폰 진료'를 가능하도록 하는 〈의료법〉 개정 취지가 '도서 벽지 어르신들을 위해서'라는 것이다. 정부의 주장에 따르면 가정에 있는 컴퓨터나 스마트폰을 통해 원격의료를 할 수 있기 때문에 '비용도 거의 들지 않을 것'이라고 한다. 하지만 정부의 이런 주장은 '대부분 거짓'임이 드러났다. "방송통신위원회 자료를 보면 2013년 연말 기준으로 50가구 미만의 농어촌 광대역 통신망 구축률은 53%에 지나지 않는다." 실제로 언론사 〈뉴스타파〉의 취재에 따르면 어르신을 포함한 '도서 벽지'의 주민들은 "정부가 컴퓨터나 스마트폰을 사줘도 사실상 이용이 불가능한 노인들이 대부분"이었다. 헬스케어 시장의 반응도 정부의 주장과 전혀 상반된다.

고급 헤어숍이 밀집해 있는 서울 강남 한복판에는 이미 서울대병원 의사들과 함께 두피를 원격 진료로 관리해 준다고 광고하는 뷰티숍이 등장했다. 최첨단 원격 진료 두피 모발 관리 서비스 1회 비용이 16만5천 원이었고, 8회 기준 1백만 원이 이 업체가 내세우는 할인 가격이었다. …… 올 9월 송도에 새로 입주할 한 아파트에는 대당 시가 990만 원짜리 소형 카메라를 설치해 원격 진료를 실시할 예정이라고 선전하고 있었다. …… 원격의료를 통해 장비 업체들은 기기를 팔아서 이득을 얻고, 통신사나 헬스케어 운용 업체들은 월 사용료로 수익을 챙기는 구조가 시장에서 형성되고 있는 것이다. 이들 헬스케어 서비스 업체들은 의료법 개정안이 통과되면 원격 의료 시장이 크게 확장될 것이라는 기대감도 숨기지 않고 있다(〈뉴스타파〉 2014/04/11).

정부가 주장하는 것과 달리, '도서 벽지' 주민들의 거의 절반은 광대역 통신망에서 배제되어 있을 뿐만 아니라 이들 대다수 주민은 컴퓨터나 스마트폰을 사용할 줄 모르며 사용하고 있지도 않다. 현실에서는, 도서 벽지 주민들의 건강을 관리하기 위한 용도가 아니라, 서울 강남 한복판에서 두피·피부 관리 등에만 이런 원격 관리 방식 '헬스케어'가 시장을 형성해가고 있다. 즉 정부가 발표한 것처럼 원격 관리 체제가 '도서 벽지' 주민들의 건강관리에는 현실적으로 거의 활용되지도 않으며, 활용될 수도 없으며, 활용 시 건강관리 효과도 거의 없다는 것이다. 산업통상자원부의 355억 원 시범 사업 프로젝트는 현실적으로는 이런 미용 사업 확장에 필요한 원격 관리 시범 사업에 지나지 않는다는 것이다.[33]

〈뉴스타파〉가 입수한 정부 출연 기관 한국보건산업진흥원의 "스마트 케어 시범 서비스 통합 분석"(2013년 12월)에 따르면, 정부가 계획하는 원격 진료를 위해서는 삼성전자 등이 만드는 게이트웨이(원격의료용 셋톱박스)라는 원격의료 장비를 반드시 설치해야 한다. 정부 개정안에 따라 주로

---

33_이명박 정부는 이른바 융합 신산업이라는 유헬스 산업을 육성하기 위해 세계 최초로 대규모 시범 사업이라며 산업통상자원부(약칭 산자부)가 사업비 355억 원을 투입해 진행했다. 이 시범 사업에는 SK텔레콤(SK텔레콤, 삼성전자, 인성정보, 삼성생명, 인포피아)과 LG전자(LG전자, LG유플러스, 바이오스페이스, 오성전자, 넷블루, 대진기술정보) 등 2개 컨소시엄을 최종 선정해 추진했으며, 건강관리 서비스 시행 주체로 녹십자헬스케어와 ㈜에임메드가 참여했다. 산자부는 사업 초기에는 36개월 동안 '세계 최대' 규모인 만성질환자 1만2천 명을 대상으로 총 521억 원 규모의 사업을 진행할 계획이었으나, 최종 결과는 겨우 3,447명의 환자만 모집했으며, 사업비는 355.4억 원으로 줄었다. 대한의원협회의 평가에 따르면 "이 정도의 사업이라면 355억 원이 아니라 30~50억 원 정도의 사업비로도 충분했을 것"이라고 한다(대한의원협회 보도자료 2013/11/13).

고혈압이나 당뇨병, 정신질환 환자를 원격의료 대상으로 추정할 경우, 현재 이 질환을 앓고 있는 환자 7백여만 명에게 시중가 42만 원 상당의 게이트웨이 장비를 팔면 최대 약 3조 원의 시장이 열린다는 계산이 나온다고 한다. 즉 대한의원협회의 주장에 따르면, 정부의 원격의료 법안은 "현실적이지도 않고, 비용이 결코 적게 드는 것도 아니"고, "무엇보다 정부 개정안대로 원격의료가 실시될 경우 오진이나 의료사고 등의 부작용이 빈발할 수 있다"고 한다.

스마트 케어 서비스 시범 사업은 결국 "겉으로는 원격의료를 의원급에 한정한다면서도 속으로는 의료 산업의 핵심인 의사와 개인 의원을 깡그리 무시하고 대학병원, 대기업, IT 헬스케어 기업, 민영 건강보험 회사, 건강 관리 회사 등을 지원하기 위해 쓸개까지 빼줄 듯이 행동하는 정부"(대한의원협회 보도자료 2013/11/13)의 사업에 지나지 않는다. 그리고 이 사업의 가장 큰 수혜자가 삼성이라는 사실에 이의를 제기할 사람은 없다. 삼성은 그간 "의료 및 헬스케어 분야에서 새로운 가능성을 발견하기 위해 많은 연구개발R&D 자원을 투입"했으며, "모바일 기술을 기반으로 병원과 의사, 환자를 실시간으로 연결하거나 자가 진단할 수 있는 새로운 응용 기술을 개발하는 데 주력하고 있다"고 한다(〈머니투데이뉴스〉 2014/04/11).

2013년 11월 산업통상자원부는 스마트 케어 서비스 시범 사업(만성질환 원격 서비스)의 최종 결과마저 왜곡해서 발표했다. "고혈압, 당뇨, 대사증후군 등 만성질환 재진 환자를 대상으로 원격 의료 서비스를 제공하는 경우 단순 약물 복용하는 환자들에 비해 치료 효과 개선이 있으며, 향후 원격의료 허용 시 만성질환 관리 방안으로 활용할 가치가 충분하다고 결론지었다. 이를 기반으로 바이오 융합을 통한 '헬스케어 신시장 창출 전략'을 전격적으로 발표했다"(『중앙일보 헬스미디어』 2013/11/14). 그러나 스마트 케어 서비스 시범 사업에 참가한 전문가 단체 '대한의원협회'는 보도자료에서 "산자부 스마트 케어 시범 사업은 실패작"이라고 정반대의 결론을 내리고 있다. 대한의원협회는 "355억 원이라는 천문학적인 사업비가 투입된 것에 비해 사업 수행 성적이 너무 초라하다"며 "보건복지부가 입법예고한 원격의료 개정안을 지지할 정도의 충분한 의학적·기술적·경제적 타당성 근거를 제시하지 못했다"고 평가한다. 대한의원협회는 스마트 케어 서비스 시범 사업의 의학적 타당성과 관련해, 산자부의 보도자료에서 제시한 임상적 효과는 "임상적으로 아주 미미한" 것에 지나지 않으며, "시험군에 막대한 사업비가 투자된 것을 감안하면 이 사업은 거의 효과가 없다"고 주장하고 있다.[34] 이 사업은 대한의원협회 주장대로 "주먹구구식 사업"이었다. 그뿐만 아니라 산자부의 스마트케어서비스 시범사업은, 2013년 5월 기획재정부가 수행한 2012년 정부 재정 사업에 대한 자

---

34_전체 사업 중 일부인 대구에서 3년간 130억 원을 들인 원격의료 시범 사업 결과에서도 정부의 주장이 '부실 엉터리'였음이 확인되었다.

"보건복지부는 제출한 의료법 개정안에서 '원격의료를 먼 거리, 즉 섬이나 산골 마을 등과 의료 사각 지대를 없애기 위해 추진하고, 동네 의원을 중심으로 하되, 특별한 기계를 구매하지 않아도 집에서 컴퓨터와 스마트폰으로 진찰 가능하며, 큰 대형 병원으로 환자가 몰릴 것에 대한 우려는 불필요하다고 선전했다. 그러나 이번 시범 사업은 보건복지부의 주장과 정 반대로 추진되었다. …… 정부의 주장처럼 원격의료 대상 의료기관인 1차 동네 의원은 고작 5곳에 28명의 환자만 원격의료를 받은 것으로 드러났다. 보건복지부는 동네 의원을 중심으로 원격의료를 추진한다고 했지만, …… 대학병원 외래 이용 환자를 대상으로 실시된 것이다. 대구에서는 경북대병원, 영대병원, 동산병원이 참여했고, 서울에서는 서울대병원과 세브란스병원이 참여했다. 이는 상급 종합병원 중심의 원격의료 구축 계획을 염두에 둔 조치'였다. 따라서 이번 시범 사업의 목적은 'IT 및 의료기기 기업과 관련 재벌 및 대형 병원들의 돈벌이 수단으로 기기 판매 등을 목적으로 한 의료 산업 활성화에 있는' 것이지, '정부 주장처럼 시민의 건강 증진에 목적이 있'지 않다는 것이다"(대구 우리복지시민연합, http://www.wooriwelfare.org, 검색일: 2014/04/20).

율 평가에서, '원격 진료 실시를 위한 법적 기반이 미비할 뿐더러 복지부에 유사 사업(건강관리 서비스 시범 사업)이 존재하고, 성과 측정 및 사업 평가가 제대로 이루어지지 않는 등 사업 수행에 대한 관리·점검이 미흡'하다며, 대표적인 미흡 사례로 선정되었다(대한의원협회 보도자료 2013/11/13). 그러나 이런 전문 단체 및 기획재정부의 평가와 달리, 산자부는 '원격의료 허용 시 만성질환 관리 방안으로 활용할 가치가 충분하다고 결론' 내리고, 이를 기반으로 바이오 융합을 통한 '헬스케어 신시장 창출 전략'을 전격 발표했다(『중앙일보 헬스미디어』 2013/11/14).

## 4. 맺음말

지금까지 살펴본 대로, 삼성의 의료 민영화 프로젝트는 원격의료를 기반으로 하는 유헬스케어 체제의 구축으로 종합 완성되는 것이다. 한편으로 의료 민영 보험 체제가 공적 보험을 대체하는 민영 완결판 체제에서는 보험회사가 가입자들이 납입하는 보험료 수준에 따라 받을 수 있는 진료의 내용과 질을 정해 주게 된다. 다른 한편으로 유헬스케어 체제가 완성되면 의료 서비스 가입자들은 집집마다 40여만 원 상당의 원격의료용 셋톱박스(게이트웨이)를 설치해 스마트폰으로 측정한 자료 등을 제공하고 그에 따라 처방을 받게 된다. 이렇게 모아진 정보들은 보험회사에 전달되어 보험 납입금 수준은 재획정되고 모든 개인은 마치 자동차보험 가입 시 보장 내역, 보장 수준, 보험료 등이 획일적으로 통제되는 것과 같은 보장 보험을 가입하게 될 것이다. 보험료 납입 수준에 따라 진료의 내용과 질이 정해지기 때문에 납입금을 적게 내는 가입자는 실제 받을 수 있는 진료의 내용과 질이 매우 낮은 수준일 수밖에 없다. 그런데 이런 유헬스케어 체제에는 결정적인 결함이 있다. 그 의료적 효능에 대해 여전히 검증된 바 없다는 것이다. 심지어 전문 의료인 단체는 "현실적이지도 않고, 비용이 결코 적게 드는 것도 아니"며, "무엇보다 정부 개정안대로 원격의료가 실시될 경우 오진이나 의료사고 등의 부작용이 빈발할 수 있다"는 우려를 표명하고 있다. 그럼에도 불구하고 산업통상자원부는 '원격의료 허용 시 만성질환 관리 방안으로 활용할 가치가 충분하다고 결론' 내리고, 이를 기반으로 바이오 융합을 통한 '헬스케어 신시장 창출 전략'을 전격 선포했다. 355억 원을 들여서도 의료적 효능이 검증되지 않은 시범 사업을 이제 온 나라에 확대하겠다는 것이다. 그뿐만 아니다. 유헬스케어 체제에서 의료 서비스를 받기 위해서는 농어촌 광대역 통신망을 구축해야 한다. 그리고 피부나 두피 등 뷰티 케어 서비스 시장만 확대될 것이다. 하지만 분명한 것은 돈을 낸 만큼만 서비스를 제공받는다는 것이다.

이런 의료 체제의 변화는 왜 필요한가? 그리고 누구에 의해서 이런 의료 체제 변화가 '도서지역 어르신들'을 위한 것이라고 주장되는 것인가? 이것이 '삼성 공화국'의 실태이고, 그로 인한 문제가 무엇인지를 보여 주는 사례다. 이재용 부회장의 발언대로 성장세가 둔화되고 있는 스마트폰을 대신할 새로운 성장 동력 산업으로 떠오른 것이다. 삼성이 세계시장에 진출할 유헬스케어 체제의 솔루션 개발을 위해 우리나라 국민 의료 체제 전체가 시험장이 되어야 한다. 그리고 더 이상 '주민등록번호가 달린' 개인 의료 정보도 필요로 하지 않다. 개인별 병력과 모든 병의원 진료 정보가 완벽하게 수집되기 때문이다.

삼성의 정치적 지배가 확대됨에 따라 우리 사회의 민주주의는 부정적인 결과를 경험하고 있는데, 먼저 삼성이 경제적 이익을 창출하는 과정에서 돈(자본)과 인적 네트워크를 동원한 로비를 주요 수단으로 삼고 있다는 점 때문이다. 일찍이 1960년대 중반부터 "공룡처럼 커버린 삼성은 돈이면 안 되는 것이 없었다." 그리고 삼성은 이런 방식에 너무 익숙해져 있으며, 그 로비 대상인 정치인들이나 정부 관료들 또한 이런 삼성의 로비학에 익숙해져 있다. 삼성의 로비학은 매우 독특한데, 다른 기업들과 달리 규칙의 수용자가 아니라, 스스로 규칙 제정자가 될 뿐만 아니라 정책 변경에 필요한 유리한 환경을 조성하기 위해 국가정책 운용 방향에 결정적인 의제를 제안하고, 이를 토대로 제반 여건을 숙성시켜 추동한다. '10조 원 규모의 비자금' 관리와 '진학반' 및 '취직반' 인센티브 시스템을 통해 관료 집단, 특히 경제부처 고위 관료 집단을 움직인다. 1993/94년 '신경영'을 선언하는 동시에 이들 '삼성 취직반'을 줄 세웠던 것처럼 말이다.

정치(인)에 대한 이건희 회장의 불신은 오래된 것이다. 고 이병철 회장은 일찍이 '사카린 밀수 사건' 사건에서 박정희(정부)로부터 배신당한 후, 장남 이맹희에게 "정치 한다는 사람들 믿지 말라"고 했다 한다(이맹희 1993, 160; 이용우 2012, 84). 정치권과 정치에 대한 이건희의 강한 불신은 '4류 정치' 발언에서도 분명히 드러난다. 하지만 우리 정치 및 행정 권력의 문제는 '4류 정치'에 원인이 있는 것이 아니고, '삼성의 로비학' 때문에 정부는 '3류'로 그리고 정치는 '4류'로 전락한 것이다. 2005년 9월 정기국회의 〈금융산업의 구조개선에 관한 법률〉(약칭 〈금산법〉) 개정안 논의를 앞두고 국회 주변에는 '삼성 로비 경계령'이 내려졌다고 할 정도이다. "하나의 유령이 의원회관을 떠돌고 있다. 삼성이라는 유령이 …… 17대 국회 들어 〈금산법〉 논의뿐 아니라 부당노동행위 등 삼성그룹에 대한 문제 제기가 빈번해지면서 '삼성맨'들의 로비가 갈수록 은밀·정교해지고 있기 때문"이었다는 것이다(『세계일보』 2005/07/18). 영향력이 막강한 부처의 고위 공무원들은 '취직반'에 진입하기 위해 '진학반'에서 열심히 삼성을 위한 입법 및 정책을 수립하고, 그것이 '전 국민'을 위한 정책이라고 포장한다.

355억 원을 들어부어 삼성의 솔루션 개발 사업을 지원해 주고, 그 지원이 '도서지역 어르신들'의 건강관리(헬스케어)를 위한 사업이라고 우겨댄다.

고 이병철 회장은 생전에 막내아들(이건희)을 후계자로 선정하면서 이렇게 강조했다.

> 내가 삼성을 창업하고 발전시켜 온 것은 사실이다. 그러나 삼성이 나 개인의 것이라고는 결코 생각지 않는다. 주주가 누구이든 회장과 사장이 누구이든 삼성은 사회적 존재이다. 그 성쇠는 국가 사회의 성쇠와 직결된다. 이 계승이 삼성의 확고부동한 새로운 발전의 계기가 되고 기틀이 되기를 간절히 바란다(이용우 2012, 297).

경영권을 승계한 이건희 회장 역시 거대 기업집단으로 성장한 '삼성'을 일컬어 "한 개인이나 가족의 차원을 넘어 국가적 존재인 국민 기업"이라고 했다. 이병철 회장은 '사업보국'을 외쳤고, 이건희 회장은 '국민과 함께'라는 슬로건을 경영 철학으로 삼았다. 그는 평소 "기업을 경영하면서 단 하루도 국가와 국민을 잊어 본 적이 없다"고 말하기도 했다. 그러면서 "삼성이 국민과 사회에 대한 헌신적인 봉사와 분배를 위해 도덕적 기반을 강화해야 국민들로부터 신뢰를 받고 국민 기업으로 성장할 수 있다"고 강조해 왔다(이용우 2012, 297-8).

약속을 지키지 않는 정치인을 탓할 일이 아니다. '삼성 공화국' 수장의 발언도 정치인들이 남발해 오던 '공약'空約과 별반 차이가 없다. 대한민국을 더 이상 4류 삼성 공화국에 묶어 두어서는 안 될 것이다. 대한민국이 '4류' 정치와 '3류' 정부로 머물러 있다면, 그 책임은 삼성에 있다 할 것이다.

# 17장

# 아파트 공화국 삼성의
# 래미안 공간 지배

전규찬

## 1. 들어가는 말: 삼성(물산)이라는 래미안의 건축 주체

1995년 한국에 문화 연구라는 것이 막 태동하고 있을 무렵, 문화평론가 황동길은 다른 문화 연구자들과 함께 서울 공간 문화를 논하면서, "서울의 외곽에서 서울의 내부로 걸어 들어"가 보자"고 제안했다(황동길 1995, 107). 중심의 신화와 중심을 지배하는 자본/권력의 논리에서 벗어나 주변/바깥에서 공간의 탐사를 시작해 보자는 것이다. 이 제안은 신자유주의 도시 개발의 패러다임이 지배하는 2014년 현재도 유효하다. 신화가 아닌 현실의 문화, 지배적 자본에 의한 삶의 고통, 그리고 무엇보다 권력에 맞서는 저항하는 도시 인민 대중들의 목소리와 몸짓은 서울 주변부 외곽에서 더욱 생생하게 실감할 수 있는 듯하다. 이 글은 바로 그 외곽에서 축조

중인, 한 명품 아파트에 관한 이야기이다. 도취되기 쉬운 환상의 이미지를 지닌 브랜드 아파트에 관한 르포타주이다.

아파트는 이제 "한 세대 만에 가장 보편적인 주거 형태로 자리 잡은" 가장 도시적인 주거 형태다. 그러면서 동시에 "기존의 공동체, 커뮤니티를 파괴하고 '자연적으로 쾌적한' 거대한 단지를 만들겠다는" 자본/국가의 개발 상품이 된다(이경훈 2011, 164). 도시 내 토지의 증식을 통해 축적을 도모하려는 부동산 자본의 개발 현장이다. 행복한 삶을 보장하고 부유한 생활을 표현하는 이데올로기, 신화적 스펙터클 공간. 대도시 아파트 개발의 현장은 이제 국가의 후원을 등에 업고 나선 독점자본의 거대한 집장사 장소, 부동산 투기 공간에 다름 아니다. 소비자의 입장에서는 물론이고 생산자의 입장에서 볼 때도, 아파트는 부동산 가치 증식을 위한 투자 상품이다.

이 글은 뉴타운 계획에 편승해 아파트 공화국의 건축을 선도하는 삼성물산의 래미안 아파트 건축에 관한 르포르타주이다. 다가올 아름다움과 편안함의 추상성을 약속하며 아파트/부동산 (재)개발에 앞장서는 삼성 자본의 아파트/부동산 개발에 관한 비판적 저널리즘이다. 축적의 욕망과 입주의 갈망이 합작할 때 빚어지는 무리無理와 폭력에 대한 고발이며, 그에 반발하고 대항하는 서울이라는 대도시 주변부 주민들의 연합적 움직임에 관한 보고서이다. 그 모순과 갈등의 현실을 서울 동북부 어느 빈난한 지역에서 탐사해 본다. 구체적으로, 삼성물산이 서울 외곽 석관동·이문동 일대에 지어 올리고자 하는 아파트 공화국, 시멘트 블록의 역사와 그것이 빚어내는 모순에 관해 살펴볼 것이다.

이 도시 주변부에서도 확인할 수 있는 것은, 삼성(물산)이라는 중심부 권력의 공간적 지배 양상이다. 래미안이라는 고부가 상품을 내세운 재벌의 토지 장악, 부동산 투기의 활동이다. 래미안은 단순한 아파트 브랜드가 아니다. 삼성물산의 주력 상품으로서, 부동산 개발과 도시 공간의 지배에 나선 삼성의 실체를 생생하게 드러낸다. 의료와 교육, 미디어 분야와 더불어 대중의 삶, 즉 대중문화 전반에 대해 지배력을 관철시키고 있는 삼성의 위상을 입증해 주는 모순 현실이다. 그것이 모순적인 이유는, 삼성 자본의 지배는 불가피하게 거주의 권리를 박탈당하는 인구, 주거 공간에서 삭제될 수밖에 없는 계급, 그렇기에 저항할 수밖에 없는 집단을 만들어 내기 때문이다.

한국 사회 내에서 삼성 공화국의 입지는 래미안 아파트라는 주거 양식·건축양식을 통해 대도시 전반에 걸쳐, 일반 대중의 구체적인 생활 현장에서 비로소 그 위력이 실체적으로 드러난다. 삼성은 아파트 공화국이다. 래미안은 도시 곳곳에서 삼성 공화국을 건축적으로 현현시키며, 삼성은 래미안을 통해 도시의 문화를 지배한다. 이 글에서 래미안은 투자가치 높은 '명품' 아파트를, 그리고 이들 상품이 내포한 신화적·이데올로기적인 성격을 대표한다. 계급적 신분 상승을 보증하는 환상적 건물로 그려지며, 행복한 가족의 삶을 보장해 주는 스펙터클한 건축으로 간주된다. 마찬가지로 삼성(물산)은 자신의 축적·재생산을 위해 아파트 건축과 도시 개발, 생태를 파괴하지 않으면 안 되는 거대 자본을 상징할 것이다. 그래서 이 글은 삼성(물산) 래미안의 특별한 이야기이자 재개발 토건 자본 일반의 이야기가 된다.

이 글은 글쓴이가 속한 지역에서부터 시작된다. 그렇게 석관동·이문동의 천장산·의릉·한국예술종합학교를 둘러싼 래미안 벨트 구축의 의미를 정리하면서, 한편으로 주민 자율주의 전선의 공간 문화정치를 기록에 남기는 게 이 글의 또 다른 목적이 될 것이다. 낡고 오래된 집들을 허물고 아파트를 지어 행복한 도시 생활을 가능하게 만들겠다는 자본/국가의 환상은, 뉴타운이 생활의 몰락과 인구의 추방만 가속화시킬 것이라는 주민들의 냉정한 현실 인식과 충돌한다. 강북의 구도심을 아파트 숲으로 바꾸겠다는 뉴타운 정책은 분리와 슬럼화의 길을 예상하는 사람들과 모순을 빚는다. 래·미·안이라는 삼성물산의 판타스마고리아는 왜 이문동과 석관동에서도 갈등을 빚지 않으면 안 되는가?


## 2. 삼성(물산)의 아파트 공화국, 삼성(물산)의 내수 귀환

한국 사회에서 자본의 문제는 재벌의 문제로 환원된다. 그리고 이 재벌의 역사는 삼성이라는 이름에 응축된다. 삼성은 한국에서 자본을 대표한다. 삼성 이건희 일가의 '재벌'과 삼성은 일정하게 구별된다. 삼성은 한국이라는 민족국가의 경계로 환수될 수 없는 초국(가)적 자본이다. 전 지구적 활동 반경을 지닌 세계 몇 위의 복합 기업체conglomerate, Konzern에 해당한다. 일반에게는 '그룹'이라는 표현으로 보다 친숙한데, 그룹이라는 말로는 그 수직적 지배와 교차적 조합의 구성과 규모 및 활동 반경을 기술하기가 사실상 불가능하다. 삼성전자, 삼성화재 등 각각이 하나의 거대한 그룹에 해당하며, 이 글에서 주요하게 다룰 삼성물산도 그 자체를 하나의 거대 그룹으로 봐야 한다.

주식회사 삼성물산은 이건희의 아버지이자 전 삼성 회장인 이병철에 의해 1951년 1월 11일에 설립되었다. 삼성의 모태 기업은 1938년 3월 자본금 3만 원으로 설립된 삼성상회였다. 해방 후 이병철은 상회의 사업 규모를 수도권으로 확장하는데, 1948년 11월 종로 한복판에 삼성물산공사를 세웠다. 그리고 다음해에는 국내 무역업계 1위에 오를 것이며, 한국전쟁 중이던 1951년에 삼성물산으로 상호를 변경했다. 1969년에 에티오피아에 군복을 수출하고 1970년에는 댄디Dandy 신사복을 만드는 제일복장 (주)을 수립했다.

박정희에 의한 근대화가 정점에 달했던 1975년 국내 최초의 종합무역상사로 지정 받는다. 이는 '제일정신'을 기업 모토로 한 이병철이 매년 초 도쿄를 방문해 '구상'이라는 이름으로 학습한 일본 대기업 활동의 모델을 그대로 국내에 옮겨온 것이었다. 그렇게 해서 모든 것을 가져다 팔고 또 들여오는 종합무역상사의 시대가 국내에서도 개막하게 되었으며, 삼성물산은 해외 수출과 국내 수요 상승의 바람을 타고 규모를 크게 늘리게 되었다. 한편 그룹 내에서도 삼성물산은 해외무역의 창구로서 거의 모든 수출입을 도맡아 하고 있었다.

이 같은 안팎의 조건을 바탕으로 삼성물산은 탄탄대로 성장을 거듭했으며, 1975년 제1회 수출의 날에는 '2억 불 수출의 탑'을 수상했다. 그러나 그때까지만 해도 삼성물산의 주요 수출품은 섬유류였다. 이듬해인 1976년에도 1억1백만 달러의 섬유 군복류를 수출해, 국내 최대 규모를 기록한다. 수많은 인명이 희생되었고 한국도 참전했던 베트남전쟁이 막을 내린 상황에서, 그 많은 군복들은 과연 어디로 수출되고 있었을까? 놓치지 말아야 할, 보다 중요한 대목이 있다. 삼성은 1970년대 들어 섬유산업으로부터의 사업 다변화를 지속적으로 모색하고 있었다는 점이다.

구체적으로, 삼성코닝(1973년), 삼성전기(1973년), 삼성중공업(1974년), 삼성석유화학(1975년), 삼성조선(1977년), 삼성항공(1977년)을 잇따라 설립했으며, 1977년에는 한국반도체를 인수했다. 그 결과 삼성물산의 수출 품목도 다변화되어 1978년에는 리비아에 삼성중공업 거제조선소가 만든 병원선 12척을 수출하기도 했다. 아울러 이때는 중동을 중심으로 해외 건설 붐이 폭발했는데, 삼성물산도 빠르게 움직여 1977년 삼성종합건설주식회사를 설립했다.

국내외 사업 환경이 변화하고 삼성 및 삼성물산의 동시적인 사업 확장에 힘입어, 삼성물산의 수출액은 1977년 들어 5억 달러를 돌파하게 된다. 그리고 3년이 지난 1980년에는 10억 달러로 증가해 두 배의 성장을 기록했는데, 삼성물산이 1977년에 설립한 삼성종합건설이 큰 역할을 했다. 1981년 리비아 석유 저장 플랜트를 7천5백만 달러에 수주한 삼성종합건설은 1982년 해외 공사 수주 10억 불 탑을 수상했다.

그리고 다시 6년이 지나, 삼성물산의 수출액은 매년 거의 두 배가 증가했다. 구체적으로, 1988년 삼성물산은 국내 기업 최초로 50억 달러 수출의 금자탑을 이룬다. 1994년 11월 제31회 무역의 날에 '1백억 불 수출의 탑'을 수상하게 되는데, 이는 2억 달러 탑을 쌓은 1975년부터 시작해 정확히 20년 만에 이룬 성과였다. 1995년 12월, 삼성물산은 자본금이 3,187억 원에 이르는, 삼성건설로 이름을 바꾼 삼성종합건설을 흡수합병한다. 그리고 1997년에는 울진 원전5호기 공사 수주로 원전 사업에도 진출했다.

삼성물산이 국내로 눈을 돌리기 시작한 것도 이때쯤인 것으로 파악된다. 1997년 11월에는 삼성플라자 분당점을 오픈하면서 백화점 사업에 뛰어들었으며, 주목할 만한 점은 주력인 건설 부문과 함께 '주택 개발 부문'을 신설했다는 것이다. '건설'이 아닌 '개발'development이라는 표현을 사용하고 있는 것이 매우 흥미롭다. 이는 도시 재개발 계획과 일맥상통하는 명칭으로 볼 수 있는데, 수요에 맞춰 주택을 공급하는 것이 아니라, 주택 건설에 따른 수요의 생산이라는 방향을 염두에 둔 것은 아니었을까?

수출도 꾸준히 늘어 1998년에는 150억 수출의 탑을 수상했다. 2004년 5월에는 타이완에 최고층 빌딩인 타이베이 금융센터를 세웠으며, 기술력을 인정받아 같은 해 12월 당시 세계 최고층 빌딩인 버즈 두바이 수주에 성공했다. 삼성물산의 수출은 그 사이에도 계속 늘어났을까? 흥미로운 것은 2000년대 들어 수출 급성장을 홍보하는 기록을 삼성 홈페이지에서 찾아보기 힘들다는 사실이다. 대신에 2001년 '세계 최초 3차원 자정식 현수교 영종대교 준공', 2005년 '국내 최장 인천대교 수주' 등을 볼 수 있다.

이제 삼성물산은 해외로만 눈을 돌리지 않는다. 유통과 금융, 에너지, 자동차 판매, 영상 사업, 그리고 건설에 이르기까지 사업 영역을 문어발식으로 확장했다. '상품 종합 도매업'이라는 공식적인 표현은 삼성물산의 실체를 담아내지 못한다. 철강 제품과 화학 제품, 전자 재료, 석유, 가스, 석탄, 플랜트 공사, 빌딩 건축 공사, 도로공사 그리고 아파트 공사를 주요 품목으로 하는 삼성물산은 '물산'物産 이상의 재산財産을 창출하는 삼성의 핵심 부문이 되었다.

특히 1천2백조 원에 이르는 세계 거대 시장인 "원전은 회사의 미래 전략 사업이다"(『한국일보』 2010/01/28). 삼성은 아랍에미리트 등 중동으로의 진출을 서두르면서 동시에 국내시장도 놓치지 않았다. 삼성물산은 1998년 울진 원전 5·6호기 시공에 참여하는 것을 시작으로 국내 원전 건설에 참여했으며, 2004년과 2005년 5호기와 6호기를 각각 준공했다. 이를 통해 '한국 표준형 원전'을 최단 기간에 완성하는 기술력을 보였다. 이후 신월성 발전 1·2호기 건설 사업에서도 국내 업체들과 공동 수주, 용접 등 새로운 공법을 선보였으며, 신월성 2호기는 역대 최단 기간 공사 기록을 새롭게 갱신했다.

삼성물산은 그 자체로 거대한 자본이다. 2013년 현재, 삼성물산의 자산은 25조4,659억 원에 이른다. 국내는 물론이고 50개국 133개의 거점에서 사업을 전개해, 2013년 삼성물산이 올린 매출액은 무려 28조4,334억 원으로, 2011년의 21조5,455억 원에 비해 7조가량이나 늘어난 액수다. 이를 통해 2,664억 원의 순이익을 남겼다고 공식 홈페이지에서 밝혔다.[1] 이 가운데 건설 사업, 나아가 래미안 아파트를 건설해 올린 수익이 어느 정도인지는 파악하기 힘들지만 삼성물산이 래미안 아파트를 포함해 국내 건설에 진력 중임을 엿보기란 그리 어렵지 않다. 아래에서 구체적으로 살펴보겠지만 주택 사업은 건설 부문을, 그리고 건설 부문은 삼성물산이라는 자본을 결정적으로 확대재생산한다. 따라서 삼성물산은 국내 건설과 아파트 양산에 주력하고 있으며, 도시 거주 생활양식의 절반 이상을 차지하는 아파트 문화에 대한 지배는 경제·수익적인 차원 이상의 의미를 갖는다.

2010년 현재, 삼성물산의 최대 주주는 삼성SDI로 주식의 7.18%를 소유하고 있으며, 그 다음인 삼성화재보험은 4.65%를 소유하고 있다. 따지고 보면 12% 정도밖에 안 되는 지분율의 순환출자를 통해 이건희 일가가 삼성물산을 지배하고 있는 셈이다. 이 삼성물산이 국내 건설 사업에 참여하고 도심 개발을 주도하며 전국 각지에 아파트 공화국 래미안을 지어 올린다. 그리고 래미안은 지자체/정권의 뉴타운 개발과 접합해 서울이라는 공간을 완전히 새롭게 구축하고 있다.

## 3. 서울/강남, 래미안 '명품' 단지 구축의 특별한 장소

2014년 현재, 삼성물산은 크게 두 부문으로 나뉘어 있다. 첫 번째는 상사 부문으로, 철강과 화학 등 산업 소재는 물론이고 태양광이나 풍력 등 신재

---

1_삼성물산 홈페이지(http://www.samsungcnt.co.kr) 참조.

생 에너지 발전, 석유 및 가스 광구 탐사 등에도 참여하고 있다. 좀 더 주목할 두 번째는 건설 부문인데, 건축 사업과 토목 사업, 플랜트 사업, 주택 사업 등 4개의 사업 부문으로 다시 나뉜다. 현존하는 세계 최고 빌딩인 말레이시아 페트로나스 빌딩과 함께 인천국제공항터미널 교통센터, 서울 도곡동 타워팰리스는 대표적인 성과에 해당한다.

이 글이 다루고 있는 주택 사업을 살펴보자. 삼성물산의 공식 홈페이지에는 "국내 최초로 아파트에 래미안 브랜드를 도입, 삼성물산은 래미안을 통해 변화하는 시대에 맞는 새로운 주거 문화를 제시하고 있습니다. 또한 주거와 상업 시설이 복합된 트라팰리스 시리즈로 주거 문화의 트렌드를 주도하고 있습니다"라고 적혀 있다. 새로운 상품 개발과 전략적 마케팅, 고객 커뮤니케이션을 자랑하는 것이다. 또한 지속적이고 차별적인 서비스로 브랜드 부가가치를 올릴 것이며, "주거 문화의 리더로서 성장과 발전을 계속할 것"이라고 밝힌다.[2]

잠실 갤러리아팰리스, 목동 트라팰리스, 용산 파크타워, 반포 래미안 퍼스티지 등을 대표 실적으로 올려놓고 있는데, 이 가운데 갤러리아팰리스는 아파트 741세대와 오피스텔 720세대로 구성된, 지하 5층 지상 46층의 초고층 주상복합 건물로 '지주 공동' 상품에 해당한다. 49층인 목동 트라팰리스는 미국의 유명 건축가 프랭크 윌리엄스F. Williams가 외관을 설계했다. 2009년 『매일경제』가 뽑은 주상복합 부문 '살기 좋은 아파트 최우수상'을 차지했다. 또한 파크타워는 용산 한강로 주변에 세워진 최초의 재건축 주상복합 파크타워이다.

---

2_삼성물산 홈페이지(http://www.samsungcnt.co.kr) 참조.

이렇듯 삼성물산은 여러 다양한 초고층 최고급 '궁전'(palace)들을 시내 곳곳에 건축한다. 도곡동의 타워팰리스와 더불어 앞으로 더욱 많이 들어설 삼성의 궁전들은 한국 대도시 서울의 부르주아 '주거 문화'를 말 그대로 선도할 것이 분명해 보인다. 동시에 삼성은 고부가 브랜드 가치를 자랑하는 래미안 아파트의 공사도 게을리 하지 않는다. 궁전에 입성할 수 없는 훨씬 많은 수의 도시 중산층들을 '다가올 아름다움과 편안함'(來未安)의 공동체 내부로 꾸준히 흡수·유인하는 것이다.

사실 삼성물산 래미안 아파트는 명실상부 국내 최고의 아파트이다. 2008년 7월 국가고객만족도(NCSI) 조사에서 9년 연속 종합 1위에 올랐으며, 그 명성은 2013년 지금까지도 이어져 15년 연속 1위의 자리를 고수하고 있다. 이런 평가는 래미안의 경제적 가치를 더욱 고양시키고, 이 아파트에 특별한 사회적 의미를 부여하며, 여타 아파트와 차별화되는 문화적 정체를 부여한다. 래미안의 고유한 브랜드파워는 일정한 자격을 갖춘 소유주·입주자들의 경제력과 결합하면서, 이 아파트의 공간적 팽창을 더욱 부추긴다.

아파트를 구입하거나 아파트에 살고 싶어 하는 많은 사람들이 여타 아파트들과 차별화된 래미안을 소유하고자 욕망하고, 울타리로 외부와 구분된 단지 내 '다가올 미래의 평안'이라는 환상을 갈망한다. 래미안에 입주하는 것은 중산층으로 신분 상승을 꿈꾸는 수많은 시민 대중이 지닌 희망의 목적지이며 아파트 생활의 신화적 대상이자 이상향이다. 외벽에 밝게 새겨진 '래미안'이라는 이름은 이 아파트가 단순히 물질적 건축물만이 아니라 환상이자 스펙터클 그 자체임을 도시 전체에 보여 준다.

『공간의 시학』에서 바슐라르G. Bachelard는 집에 대해, 모든 특별한 가치들을 집약한 일종의 근본적 가치의 공간으로 설명한다. '본원적 조개껍질'original shell인 것이다. 그는 인간의 사고와 기억 그리고 꿈을 통합하는 가장 큰 힘이며, 이 통합을 낳는 일차적 원칙이 다름 아닌 백일몽 혹은 몽상daydream이라고 정의를 내린다. 삼성 공화국에 다름 아닌 대한민국에서 이제 가족의 환상과 가정의 공상, 그리고 이상적인 집의 몽상은 고적한 지하실이나 혼자만의 은신처인 다락방에서가 아닌, 바로 이런 일상의 신화와 보편화된 스펙터클을 통해 '자연스럽게' 재생산된다.

삼성이 가족을 호명한다면, 래미안은 이상적인 가정/집이 된다. 래미안은 이런 욕망의 덩어리이자 물신화된 상품이며, 환상 자체이다. 그래서 래미안의 이데올로기는 단순히 기업의 이윤 축적이라는 의도로만 환원되지 않는다. 이는 '국민' 인구 전체를 상대로 하는 국가의 생명 권력/통치와 밀접하게 결속되어 있고, 시민사회 내부의 전통적이고 지배적인 가족주의, 가부장주의, (반)여성주의 등과도 치밀하게 결부되어 있다. 생태주의, 자연주의 등과의 통합은 이런 신화의 구축을 더욱 '자연스럽게' 은폐하는 데 유용하다.

래미안을 향한 대중 소비자·소유자의 욕망이 만들어지고 또 그 욕망이 실제 상품으로 충족·공급되며, 이를 통해 브랜드의 가치와 '명품'의 담론이 더욱 확대된다. 바로 이런 과정을 거치면서 삼성물산은 전국 각지와 서울 전역에 래미안의 닫힌 커뮤니티를 확대·팽창시켜 나간다. 좀 더 정확하게 말하자면, 싼값에 땅을 구입해 아파트를 짓고 그것을 팔아 이윤을 남기는 자본의 지속적인 운동을 통해 삼성물산은 지금의 20조 원 자산, 21조 원 매출을 기록하게 되었다.

여기에서 흥미로운 사실은, 먼저 첫째, 래미안 아파트는 단지의 형태로 존재한다는 것이다. 그 만큼 규모가 크며, 그 정도의 땅을 사들일 수 있고 보유하고 있다는 의미가 된다. 삼성물산이 래미안이라는 이름으로 전국에 걸쳐 갖고 있는 대지는 얼마나 될까? 중요한 점은 래미안 단지가 서울과 수도권에 집중해 있다는 사실이다. 서울에 무려 51개 단지, 그리고 경기도에는 그 절반인 24개 단지가 분포한다. 후자의 경우, 용인 신도시에 7개 단지로 래미안 아파트가 가장 많다.

삼성물산은 서울의 유일한 강남권인 위래 신도시에서도 적극적이다. 사실 위래 신도시에 대한 래미안의 참여는 삼성물산의 공간 점유 전략을 잘 드러낸다. 지하철 교통과 생활 편의 시설, 녹지 환경이라는 주거의 세 가지 요소를 고루 갖춘 이른바 '휴먼링'H-Ring 안에 위치함으로써 위래 신도시 핵심 특화 계획의 혜택을 그대로 누리는 것이다. 아파트의 투자가치는 이른바 '프리미엄'을 통해 부가적으로 창출되는바, 바로 이런 핵심 특화 계획을 활용함으로써 삼성물산은 차별성을 부각시키고 시장에서 지배력을 강화시킨다.

흥미로운 점은 경기도 밖의 지역에는 래미안이 거의 없다는 사실이다. 래미안은 수도권에 집중되어 있고, 그 바깥에서는 소수 대도시에만 한정된다. 대구에 5개 단지, 울산에 4개 단지, 대전에 1개 단지를 찾아볼 수 있을 뿐이다. 부산, 인천, 광주와 같은 광역시에서조차 찾아보기 힘들다. 부산의 경우, 고층·고평수의 '래미안 해운대' 745 가구가 2011년 최초로 분양되었는데, 총 7개동 최고 32층에 이르는 단지였다. 2014년 5월 입주를 완료했다. 인천 또한 1,381가구, 지하 3층, 지상 33층 '래미안 부평'에 2014년 9월 현재, 입주가 한참 이루어지고 있을 것이다. 이런 지역적 편차를 어떻게 이해할 수 있을까?

삼성물산이 수도권 바깥의 '지역'을 의도적으로 배제했다고 보기에는 무리가 있을 수 있지만, 부인하기 힘든 것은 래미안이 서울 내부와 그 주변에 집중 분포한다는 사실이다.[3] 고가 '브랜드'의 서울 집중은 대중의 집단적인 소망과 아파트 투자 열기가 맞물리면서 고질적인 서울 중심주의를 강화할 수밖에 없다. 서울 공화국과 래미안 공화국의 등치는 이미지/신화 차별화 전략이 거둔 주효한 효과라고 봐야 할까?

## 4. 강북 뉴타운 재개발 프로젝트와 래미안 개발 사업

앞에서도 말했듯이 래미안은 서울에 많다. 그리고 서울에서도 강남구와 서초구로 대표되는 소위 강남 지역에 래미안 단지가 가장 많이 개발되어 있다. 먼저 서초동을 중심으로 서초구에 4개 단지가 있다. 여기에 역삼동·삼성동·도곡동을 중심으로 9개 단지가 들어선 강남구를 덧붙이면, 강남은 분명 래미안의 중핵 지대이다. 강남에 속한 총 13개의 래미안 단지들은 모두가 2000년대에 들어 집중 건설된 것들이다. 2001년 732세대의 도곡 삼성 래미안이 299세대의 서초 삼성 래미안과 함께 들어선 뒤, 2006년을 전후로 해서 서초동과 삼성동에는 2차, 3차 아파트들이 잇달아 들어섰다.

유토피아의 아파트, 아파트의 유토피아 래미안. 반포 2단지 아파트를 재건축한 래미안퍼스티지를 살펴보자. 이곳은 반포동 최고의 아파트 단지다. 16만3,747평방미터의 연면적에 공사 대금 2,444억 원의 대규모 재건축 상품이다. 2006년부터 대략 3년의 공사 끝에 완공되어, 2009년 입주가 시작되었다. 지하 3층과 지상 32층, 총 28개 동의 아파트에 2,444의 세대가 입주해 있다. 1천 세대를 넘으면 대단지 아파트라고 하는데, 그 두 배에 해당하는 자타 공인 반포의 '랜드마크 아파트'다. 10억 원대의 26평형에서 35억 원을 호가하는 81평형까지 있는 서초동 최고가 아파트이다.

18평과 22평형 주공아파트로 직조되었던 반포의 풍경은 30년이라는 시간을 거치면서 탈골 쇄신한 풍치를 이루게 되었다. 부동산 투기와 재산

---

3_이상의 자료와 다음의 데이터는 포털사이트 네이버의 '부동산' 정보를 검색을 하여 얻은 것으로, 정확하게 실제와 일체하는지는 확인하기 어렵다.

의 지역적 편중은 래미안을 이전 아파트 단지와는 크게 다른, 출입이 통제되고 외부인 감시가 엄격한 일종의 '외부인 출입 제한 주택지'[4]로 만들어 놓았다. 물론 그 내·외부의 폐쇄성이, 역시 삼성물산이 건축한 도곡동 타워팰리스처럼 절대적이지는 않을지라도, 대형 평수로 구성된 아파트 단지는 외부인의 접근을 쉽게 허락하지 않는다. 강남의 래미안은 도시 절단, 내·외부 구획, 공간 분할의 무의식을 은밀하게, 집단적으로 이끌어낸다. 그런 공간적 분리로서 계급 구분의 의식까지도 강화·재생산시킨다.

래미안은 강남을 더욱더 강북과 분할된 공간으로 만든다. 바로 그런 구별의 능력으로 가치를 평가받는 것이다. 강남에서 래미안은 말 그대로 미래다. 반포 등 여러 곳에 '명품' 아파트의 입지를 미리 정해 놓고 있다. 17개 동 1,608세대의 래미안 대치 청실이 대표적인데, 공사 금액 3,975억 원의 재건축 상품으로, 2009년 9월부터 공사가 시작되어 2015년 완성을 목표로 한다. 20개 동 1,020세대의 강남 래미안 힐즈도 2012년 공사에 착공해, 2014년 8월 이미 입주를 시작했다. 이렇듯 래미안은 말 그대로 미래형 아파트로서 강남의 대지를 파고들고 있다. 그럼으로써 자신과 주변 공간의 가치를 더욱 올려놓을 것이다.

스스로 특별화한 브랜드 래미안과 서울 속 심리적·지리적으로 차별

---

4_외부인 출입 제한 주택지(gated community)란 내·외부를 담장으로 엄격하게 분할하고 정문을 철저하게 통제함으로써 내부 공간 전체에 대한 외부인의 출입 가능성을 엄격하게 차단하는 일종의 폐쇄적 주거 단지를 가리킨다. 요새화한 중세적 성 체계의 포스트모던적인 변종이라고 할 수 있겠다. 미국에서 1990년대 후반 대도시 교외 상류층 주택 단지를 중심으로 나타난 주거 양식으로서, 내부 거주자들은 이중으로 차단된 문을 통해 외부 세계로부터 격리된다. 보안과 안전을 내세운 이 감시와 폐쇄의 공간 운영 방식은 국내에서도 최근 서울 강남의 주상복합 아파트, 고급 아파트 단지 등지에서 쉽게 발견된다.

화된 공간인 강남의 접합. 이 두 주도적 신화 및 지배적 이데올로기의 결부는 아파트의 자산 가치와 투자 욕망, 신화적 이미지를 더욱 고양시킬 것이다. 실제로 부동산 시장에서 래미안은 인근 여타 아파트와 비교해 상대적으로 비싼 가격으로 거래된다. 앞서 언급한 반포 래미안퍼스티지의 경우, 33평형을 기준으로 매매가가 12억 원을 훌쩍 넘어, 반포는 물론이고 남한에서 시세가 가장 높다. 편리한 교통,[5] 학군[6] 등의 주변 환경과 함께 래미안이 형성·창출한 이미지의 가치 때문일 것이다. 삼성물산이 말하는 전략적 마케팅, 마케팅 전략인 셈이다.

이와는 대조적으로 서울에서도 강남 바깥의 상대적으로 넓은 도시 공간에 래미안은 드물다. 특히 중랑구·노원구·금천구·광진구·관악구·강서구·강동구에는 래미안 단지가 단 한 개도 없다. 종로구도 마찬가지로 단지가 없고, 중구에는 한 개가 있지만 도심이라는 공간적 특성에 비춰볼 때 충분히 이해할 만하다. 그에 반해 서울의 주변부인 중랑구 등 많은 지역에 래미안이 단 하나도 없다는 사실을 어떻게 설명할 수 있을까? 은평구에 2개인 단지는 강북에 3개, 성동구와 서대문구와 영등포구에 각각 4개, 도봉구에서도 5개에 그친다.

---

5_반포래미안퍼스티지의 경우, 정문 앞 도보로 채 1분도 되지 않은 거리에 9호선 신반포역이 있고, 걸어서 5분 거리에는 3, 7, 9호선이 모두 통과하는 고속버스터미널역이 있다. 도곡동의 타워팰리스가 입주민들이 거의 이용하지 않는 지하철역을 끼고 있다는 사실과 함께, 삼성물산 건설과 대중교통 구축의 정치경제학은 매우 밀접하게 연동되어 있음을 쉽게 확인할 수 있다.

6_마찬가지로 반포래미안퍼스티지도 학군이 탁월하다. 전국에서 학생들이 모여드는 사립 계성초등학교를 끼고 있다. 또한 세화고등학교, 세화여고 등 사립학교가 근처에 있어서, 학군을 따지는 강남 학부모들에게 반포래미안퍼스티지로의 이주는 일종의 필수 사항으로 꼽힐 정도다.

사당동과 상도동을 포함하는 동작구에도 래미안 단지가 6개가 들어서 있다. 한편 마포구는 15개로 서초구와 더불어 서울에서 래미안 단지가 가장 많은 지역에 해당한다. (신)공덕동 쪽에 거의 절반이 몰려 있다. 그리고 동쪽으로 가면, 성북구와 동대문구에 각각 12개와 9개의 단지가 있다. 요컨대 강남을 제외하고는, 아파트 개발이 불가능한 도심으로부터 상대적으로 가까운 지역에 래미안이 집중해 있음을 알 수 있다. 이 지리적 분포를 어떻게 읽어 내야 할 것인가?

이곳들은 강남에 비해 땅값이 상대적으로 저렴하면서도 여전히 지하철 대중교통이 편리한 지역이다. 도심에서 가깝고 주변 환경이 양호하며, 대학 등 교육기관이 많은 편이다. 그렇지만 무엇보다도 이명박, 오세훈으로 이어지는 서울시의 일방적 뉴타운 재개발 프로젝트가 집중된 곳이었다. 앞서 언급한 공덕동의 경우에도 재개발 붐이 한창 일어난 곳이었다. 뉴타운 재개발과 삼성물산 래미안 사이의 선후를 따지기 쉽지 않을 만큼 밀접한 연관성, 지자체 권력과 자본의 사업적 밀착. 삼성물산의 주택 사업은 사실상 강남의 차별적 공간 구축, 강북 뉴타운 재개발 사업과의 연계라는 투 트랙two-track 전술을 택하고 있었던 셈이다.

강북 중의 강북에 해당하는 서울 동북부 지역에서 삼성물산과 뉴타운 프로젝트, 래미안과 재개발 계획의 연계를 금방 확인할 수 있다. 서울시의 뉴타운 계획에 편승해 재개발에 지정된 지역의 땅을 싸게 구입하고, 그곳에 래미안이라는 아파트를 지어 '브랜드'의 명성으로 높은 수익을 올리는, 지극히 단순하지만 경제적 채산성이 높은 방식으로 삼성물산은 이 지역을 파고든다. 그리고 그렇듯 집요하게 들어선 래미안의 건축물들은 강북의 공간 지형, 주변 경관을 완전히 바꿔 놓는 것이다. 총 21개의 래미안 단지가 빼곡하게 들어선 성북구와 동대문구는 가히 래미안 클러스터cluster라고 할 수 있다.

먼저 동대문구를 살펴보도록 하자. 청량리 민자 역사가 건설되는 것과 시점을 같이 하여, 전농과 답십리 지역에는 일찌감치 뉴타운 사업이 추진되었다. '전농답십리재정비촉진사업'이라는 이름으로, 90만 평방미터에 걸쳐 이루어지는 거대한 사업이었다. 2003년 11월 시작해 2016년에 끝날 이 뉴타운 사업을 통해 1만3,856세대의 아파트가 청량리 뒤편, 서울시립대학과 신답역 사이에 들어서게 된다. 삼성물산은 2013년 4월 이 뉴타운 안에 2,397세대의 거대한 래미안 전농 크레시티 입주를 완료했다.

2014년 8월 입주를 시작한 총 2,652세대의 답십리 래미안위브까지 합치면, 이 뉴타운에서 삼성물산의 아파트/상품이 차지하는 비중은, 세대를 기준으로 할 때 3분의 1(36%)을 넘어선다. 대단한 비중이다. 삼성(물산)을 위한 뉴타운 재개발의 전형이라 하지 않을 수 없다. 한편 삼성물산은 인근 장안동에 2003년 이미 첫 번째 래미안, 즉 558세대의 장안래미안 1차를 지었으며, 4년 후 같은 장안동에 1,786세대 래미안 2차를 추가로 세웠다. 용두동 등지에도 래미안의 거대한 성벽이 들어섰다. 말 그대로 래미안이 뉴타운의 핵심을 차지하고, 삼성물산이 재개발의 주역을 담당하는 꼴이다.

다음과 같은 질문을 던지지 않을 수 없다. 삼성물산은 어떻게 뉴타운 재개발의 상당 사업을 떠맡는 주체가 되었는가? 달리 말해, 이명박에서 오세훈으로 이어진 서울 강북 뉴타운 프로젝트는 어떻게 해서 삼성물산을 중심으로 추진되고 있는가. 삼성물산은 어떤 전략과 안목으로 뉴타운 개발 지역 주변에 이미 래미안을 짓기 시작했으며, 서울시는 어떤 이유로 삼성물산이 미리 주목한 동네를 뉴타운 개발 지역으로 선정했는가? 우연인지 필연인지, 선후는 또 어떻게 되는 것일까. 삼성(물산)-이명박/오세훈-뉴타운/재개발의 삼각동맹, 그 결과물로서의 래미안.

삼성(물산)이 결정했는지, 서울시가 판단했는지, 아니면 양자가 공의

共議한 결과인지는 알 수 없다. 그러나 자연스럽게 의혹이 제기되는 지점이며, 적절한 조사와 분명한 해명이 필요하나 지금까지 전혀 이루어지지 않고 있다. 국가와 자본은 개발의 프로젝트, 뉴타운의 프로그램에서도 이처럼 긴밀하게 연합한다. 확실한 것은, 전농답십리 뉴타운 내 삼성물산의 래미안 아파트들이 모두 '주택 재개발 추진'을 통해 지어졌다는 사실이다. 즉 재개발위원회의 구성과 기존 대지 및 보유자들을 상대로 한 로비, 사업 승인을 대가로 한 일정 보상, 회유와 겁박, 퇴거와 철거의 과정을 치른 것들이었다.


## 5. 장위·이문 뉴타운 계획과 의릉 주변의 래미안 벨트

오랫동안 그곳에 있던 가난한 삶들이 축출된다. 도심을 떠돌며 노동하고 이를 통해 생계를 유지해야 하는 다수의 노동 빈민들이 희생자다. 홀로 독거하는 노인이나 슬럼의 생활을 강요받는 실업자, 무직, 잉여 청년들이 마찬가지로 피해를 입는다. 빈민·노동계급 거주지였던 청량리 일대의 다세대·다가구 세입 인구들 다수가 오랜 혹은 일시적 거주의 터로부터 쫓겨나 지하 단칸방으로 스며들거나 '고시원'으로 옮겨 갔으며 서울 바깥의 더 싼 지역으로 밀려났다. 이렇듯 낡은 집과 빈난한 생계 그리고 빈곤한 가구의 구축驅逐을 전제로 구축構築된 것이 저 화려한 뉴타운의 안온해 보이는 래미안인 셈이다.

그렇다면 분양가 4억 원에서 7억8천만 원을 호가하는 이 초거대 건축 뉴타운 래미안을 사들일 수 있는 구매자는 누구일까? 흥미롭게도 2011년에 분양이 시작된 전농답십리뉴타운 내 삼성물산이 지은 답십리래미안위브(총 2,652세대 가운데 80세대)와 래미안전농크레시티(총 2,397세대 가운데 10세대) 둘 다 극소수이기는 하지만 2013년 5월 현재, 미분양 상태였다. 부동산 경기가 침체된 탓이 크고, 아파트 투자·투기열이 냉각되었기 때문이겠지만 그만큼 고가의 아파트를 구매할 수요와 능력이 이 지역에는 별로 없다는 현실을 반증하는 것은 아닐까?

삼성/래미안은 성북구의 지형을 완전하게 바꾼 길음/뉴타운과 역사를 같이 한다. '길음'과 '뉴타운', '래미안'은 사실상 같은 의미로 통용된다. 동일한 공간 대상을 지시하는 기표들인 것이다. 길음에만 삼성물산은 무려 8개의 래미안 단지를 조성해 놓았다. 2003년 1,125세대 1차 래미안에서부터 2010년의 1,254세대 9단지 래미안에 이르기까지, 삼성물산은 총 5,533세대의 아파트를 길음뉴타운 지역에 건축했다. 과연 이들 강북 뉴타운에 지어진 '명품' 브랜드 아파트 단지의 실 구매자·수요자는 누구일까? 뉴타운/삼성물산/래미안은 새 아파트를 필요로 하는 도시 인구의 수요를 좇는 것일까, 아니면 투자 능력을 갖추었거나 무리하게 투기해 결국은 경매에 내놓게 되는 투자자들의 욕망과 환상을 부추기고 있는 것일까?

서울시의 일방적인 뉴타운 정책이 토목 자본에게는 분명 특혜가 되고 소수의 투자자들에게는 '대박'의 꿈이었겠지만, 많은 이들에게는 생활의 고통과 가구의 해체로 이어지는 악몽이었다. 마찬가지로, 바로 그 뉴타운 내 고가 아파트들도 능력 있는 소유자나 세입자들에게는 '다가올 미래의 평안'이라는 환상 그 자체였겠지만, 많은 사람들에게는 바로 지금 자신들의 생활에 들이닥친 악몽의 현실이지 않았을까? 폭력적인 주택 사업, 무력의 건축 프로그램. 말 그대로 빈곤 퇴출을 위한 스펙터클한 주거 바리케이드. 그것이 혹시 뉴타운/재개발이자 그 핵심 주체인 삼성/래미안은 아닌가?

삼성 래미안 건축의 일방주의는 서울시 뉴타운 재개발의 전제주의를 그대로 빼닮았다. 서울시의 토목 프로젝트를 삼성물산이 건설로 구현하는 식이기 때문에, 이는 전혀 놀라운 일이 아니다. 사실상 서울시/삼성물산, 뉴타운/래미안은 동체同體라고 해도 과언은 아니다. 대지를 주변 공간으로부터 절단하고 그것을 수직적 건물, 무형의 자본과 연결시키는 이 거대 기계는 박원순 시장으로 정권이 교체되거나 경기침체와 같은 조건에도 불구하고 지치지 않고 작동 중이다. 이런 외부 조건으로부터 방해를 받지 않기 위해 무서운 속도전을 펼친다. '작전'이나 '전략'이라는 표현이 전혀 생경하지 않다.

이들은 구체적으로, 땅값이 비교적 싼, 그렇지만 교통이나 학교 등 주변 환경이 좋아 투자 수요가 보장된 지역을 주목한다. 고려대학교와 동덕여대, 한국과학기술연구원, 한국예술종합학교, 한국외국어대학교, 경희대학교, 한국개발연구원 등의 대학들로 일종의 환環 형태를 이루는 성북구 석관동과 동대문구 이문동은 그 대표적인 지역이다. 6호선과 1호선이 환승하는 석계역을 기점으로 해서, 1호선 방향으로는 이문동 재개발 계획이, 6호선을 따라서는 장위동 뉴타운 프로그램이 추진되었다.

구체적으로, 서울시는 2005년 8월 29일 동대문구 이문·휘경동 31만여 평과 성북구 장위동 55만3천 평을 서울 3차 뉴타운 후보지에 추가했다. 당시 이문·휘경 지역에는 주택 5천5백여 동에 1만4천 가구의 주민이 거주하고 있었다. 장위동에는 그보다 많은 7천6백여 동의 주택에 무려 2만8천여 가구가 다세대·다가구 형태로 밀집해 있었다. 두 지역을 합하면 총 4만2천 가구다. 한 가구당 4인 가족으로 산정할 때, 두 곳에 뉴타운이 만들어지면 대략 16만 명의 거주·생활에 큰 변화를 가져오게 될 것이었다.

사실 동대문구 이문·휘경동과 성북구의 장위·석관동은 서울의 전형적인 '강북' 지역이었다. 오랫동안 노동계급 및 빈민의 거주지로 성장해왔다. 특히 1960~70년대 전라도 등지에서 상경한 인구가 일찌감치 청량리 시장이나 경동시장, 동대문시장과 비교적 가까운 이들 지역에 터를 잡았다. 가난이 이 공간의 삶을 공통했다. 월곡에는 최근까지도 서울 도시 대중의 문화를 상징하는 달동네가 자리 잡고 있었다. 이 싼 주택 공간을 가치 높은 아파트촌으로 변화시키려는 것이 바로 뉴타운 계획이었다. 삼성물산은, 노동자·빈민들이 오랜 기간에 걸쳐 자리를 잡고 주거지를 일군 땅을 사실상 탈취해, 부동산 투기의 대지로서 그 가치를 새롭게 발굴·축조하고자 했던 것이다.

그럼으로써 도시 내부로부터도 축적을 도모한다. 장위뉴타운은 2005년 12월 16일 3차 뉴타운 지구 지정 고시를 받는다. 조합이 결성되고, 전체 15개 구역 중 12개의 시공사 선정도 마친 상태였다. 그렇지만 사업 시행 인가를 받은 곳은 장위 1구역뿐이고, 나머지 구역은 향후가 불투명하다. 2009년 조합 설립 인가가 난 12구역의 경우, 조합원 571명 중 52.7퍼센트의 해산 동의서를 받아 2014년 1월 인가를 취소시키기도 했다(『아주경제』 2014/7/25) 사실 박원순 서울시장은 2008년 사업 시행 인가를 받지 못한 모든 구역을 해제 대상으로 지목했다. 그리하여 추진위원회가 구성되지 않은 곳에서는 주민의 30%, 나머지 지역에서는 주민의 50%가 반대하면 뉴타운 재개발은 사업이 중지될 수도 있는 상황이다.

한편 이문뉴타운의 경우, 2006년 1월에 최종적으로 지구 지정 고시를 받았다. 서울시는 "낡은 주택 등이 많고 도로 등 기반 시설이 열악했던" 신이문역과 한국외국어대학교 주변을 '녹색 문화 도시'로 개발하고자 했다(『문화일보』 2007/12/14). 2008년 1월 '재정비 촉진 구역'으로 지정된 7개 지역에는, 재개발 방식을 통해, 총 1만1,618가구의 '친환경 주거 단지'가 조성될 계획이었다. 원래 거주하던 2만8천 가구 중 무려 1만6천4백 가구를 뺀 수치이다. 이는 결국 기존 주민들 중 절반 이상은 살던 곳에서 쫓겨나야 한다는 것을 의미했다. 2만8천 가구가 살던 동네가 1만6천4백 가구의 아파트 단지로 바뀌게 되는 것인데, 하비D. Harvey가 말한, '탈취에 의한 축적'[7]은 바로 이를 두고 한 말이 아닐까 싶다(이경훈 2011, 90).

빈곤한 대다수의 세입자는 물론이고 몇 억 원을 들여 입주할 능력이 없는 상당수 거주민이 방출·추방되는 것을 전제로 하는 뉴타운 재개발이었다. 노동자·빈민 주택의 슬럼은 자본주의 건축의 폐쇄적 콜로니colony로 미화되며, 이 과정에 인구의 체계적 배제 현상이 발생한다. 그 구조적 모순이 이곳에서도 똑같이 반복되었다. 사업 시행 인가를 받은 이문·휘경 재정비 촉진 지구 이문1구역에서도 그러했다. 이곳에는 건폐율 19.75%, 용적률 225.13%를 적용 받아 지상 4~25층 아파트 36개 동이 지어질 예정이었다. 임대 4백 가구를 포함한 총 2,262가구가 입주하게 되는데, 주민들이 반대로 돌아섰다.

2012년 박원순 시장은 토지 등 소유자의 30% 이상이 해제를 요구하고 아울러 추진위원회도 아직 구성되지 않은 신설동 89번지와 함께 이문동 264-271번지 지역의 해제를 공식 가결시켰다. 한국예술종합학교 미술원 후문 담과 한국외국어대학교 후문 사이에 걸쳐 있는, 낡은 국민주택·판잣집들이 저렴한 다세대·빌라들과 뒤섞여 있는, 이문 1구역의 절반에

---

7_탈취에 의한 축적(accumulation by dispossession)은 신자유주의 시대 독점자본의 사사화(privatization) 문제를 설명하기 위해 이 개념을 발명한다. 값싼 임노동자들을 위해 마련된 복지 차원의 각종 공적 지원책들이나 시민들의 복지를 위해 조성된 각종 공적인 시설·공간들을 이윤의 축적을 위해 상업적으로 철거해 나가고 사적인 목적으로 전유·변용해 나가는 과정을 일컫는다. 대학에 상업적인 시설이 들어서고 지하철이라는 공적인 공간이 자본의 시장으로 변질되는 게 그 대표적 사례다. 요컨대 사회 공통적인 공간을 사적 독점의 공간으로 빼내는 활동이며, 달동네라는 공유지에 정착해 이를 가치 있는 일종의 공유지로 개발해 온 주민들을 쫓아내고 그곳을 뉴타운 재개발하고자 하는 자본의 프로젝트도 넓게 보자면 (공간의) 탈취에 의한 자본축적에 해당한다고 할 수가 있다.

해당하는 지역이다. 나머지 절반 구역의 주민들도 반대표 50%를 규합해서 뉴타운 재개발 반대에 나섰다.[8]

그 결과 이문동의 뉴타운 프로젝트는 장위동에서와 마찬가지로 원안처럼 수월하게 일방적으로는 추진되지 않는 형세다. 박원순이라는 만만찮은 지자체 '레짐'regime이 등장한 것이다. 이에 기대어 자기 목소리를 내기 시작한 원 거주민들의 여론 바리케이드에 맞닥뜨린 셈이다. 현재는 이처럼 시·주민 연합의 저지 세력과 자본·추진위 합동의 추진 권력이 팽팽하게 대처하면서 기싸움을 벌이는 중이다. 정전이나 휴전이 아닌, 냉전의 상태라고 하는 게 옳겠다.

2014년 지자체 선거를 통한 연임으로 무산된, "박 시장의 남은 임기는 2년 정도이다. 2년 뒤 시장이 바뀌면 정책이 또 달라질 수 있다"(『한국경제신문』 2012/02/12)라는 소망은 단순히 부동산 업계의 욕망인 것만은 아니었기 때문이다. '개발을 통한 축적'을 생명선으로 하는 토목·아파트 건설 자본의 입장에서도 뉴타운, 재개발은 결코 쉽게 포기할 수 있는 것이 아니다. 래미안의 뉴타운 개발을 통해 축적을 도모해야 하는 삼성물산의 입장에서 볼 때도, 이문·장위 두 곳의 재개발은 언젠가는 반드시 관철시켜야할 프로젝트로 남는다. 실제로 삼성물산은 박원순 시장이나 50%의 반대 여론보다 현실 정치에서 더 큰 힘을 갖고 있다. 지방자치 선거가 단순히 지자체장을 선발하는 데 그치지 않고, 도시 재개발의 미래와도 밀접하게 연루되는 것은 이 때문이다.

---

8_한국예술종합학교 반대편의 래미안석관과 인접한 석관동의 일부 주민들도 50%의 지지를 얻어 뉴타운 반대 의사를 밝히고 나섰다.

## 6. 한예종·외대 사이/공간의 계속되는 공간 정치

이문동과 석관동에서의 현상은 훨씬 중대한 현실을 내포한다. 한때 국가 정보기관이 터를 잡았고, 최근 유네스코 세계문화유산으로 지정된 의릉懿陵이 있으며, 그 둘레에 가난한 이주민들이 주거해 온 석관동과 이문동. 사실 삼성물산에게 이 지역은 낯선 곳이 아니다. 뉴타운과 상관없이, 혹은 그 계획을 정확하게 고려한 상태에서, 삼성물산은 이 지역에 이미 몇 개의 래미안 아파트 단지를 지어 놓았다. 구체적으로, 이문동이 뉴타운 지역으로 고시되기도 훨씬 전인 2001년, 한국외국어대학교와 한국예술종합학교 사이의 구舊삼익연립 자리에 이문삼성 래미안 1차 단지를 지었다. 8개 동 379세대인데, 래미안 단지로서는 매우 작은 규모이다.

2009년에는 새롭게 캠퍼스를 단장한 한국예술종합학교 바로 뒤편에 14개 동 총 580세대의 래미안 석관이 완공되었다. '청량 근린공원 조성', '우이천 생태 하천 복원', '꿈의 그린웨이Green-Way 조성'을 약속하면서, '맞춤형 도시 개발 추진' 계획에 따라 들어선 단지다. 이 단지는 한국예술종합학교를 중정中庭으로 취하면서, 의릉 주변을 근린공원으로 두고 있다. 층수가 낮은 건물들로 구성되어 있고 학교 건물들과도 색채 및 디자인 측면에서 잘 어울리며, 강북 지역에서는 쉽게 찾아볼 수 없는 세련된 분위기를 이루고 있어서, 차별적 투자 가치를 높이고 있다. 한편 천장산 반대편에는, 앞서 말한 월곡 달동네를 밀어내고 2007년에 들어선 787세대의 월곡래미안루나밸리가 있다.

이렇듯 래미안은 뉴타운 계획이 발표되기에 앞서 석관·이문의 공간을 재개발하면서 그곳에 들어섰다. 방향으로 봤을 때, 이미 래미안은 천장산의 동쪽·북쪽·서쪽에 터를 잡고 있었고, 유일하게 남은 것은 남쪽이었으므로, 삼성물산에게 석관동과 이문동은 결코 새로운 투자처가 아니라 기존의 터를 더욱 확산하는 의미를 갖는다. 이미 투자·개발이 시작된, 포기할 수 없는 건설의 현장이었다. 삼성물산은 이렇듯 자신이 가치를 발견한 이 지역에 더욱 확대된 형태의 단지를 조성하고자 했다. 대량으로 토지를 구매하고 고급 아파트 콤플렉스를 대거 축조함으로써 석관동·이문동의 공간을 더욱 높은 이윤 축적의 지대로 만들고자 했던 것이다.

따라서 서울시가 공식적으로 해제를 선언한 이문1지역을 제외한 이문·휘경 뉴타운 지역은 여전히 삼성물산의 전략적 사업 지역이다. 이문1지역의 경우에도 사업을 완전히 철수했다고 볼 수는 없다. 앞서 말했듯이, 정권의 교체와 여론의 동향을 면밀히 살피고 있는 것이다. 이명박과 오세훈 등 뉴타운 추진 세력들이 물러난 상황에서도, 재개발 현장에서 삼성물산은 여전히 실질적 추진 주체로서 그 권력을 발휘한다. 잠재와 실재의 현실을 오가는 삼성물산은 명백히 뉴타운·재개발의 현장에 현실적으로 존재한다. 먼저 개발이 추진될 곳은 3-1구역과 3-2구역이다. 이곳에 먼저 삼성의 아파트들이 거대한 숲처럼 들어서게 될 것이다. 아파트의 거대 스타디움이다.

먼저 지하철 신이문역과 외대앞역을 중심으로 한 이문3-1 구역의 경우, 앞에서 말했듯이, 2017년까지 지하 5층, 지상 2~50층 건물 18개 동이 들어선다. 총 4,292가구가 입주할 예정이다. 이곳에는 이미 KCC의 웰츠타워가 들어섰고, 이마트가 입점한 상태다. 만약 이곳에 대단위 아파트 단지가 조성되면, 외국어대학교와 외대앞역 사이의 풍경은 지금과는 완전히 달라질 것이다. 자본이 욕망하는 바대로, 삼성물산이 뜻하는 것처럼, 이곳은 래미안의 숲으로 변모할 것이다. 강남에서 흔히 볼 수 있는 '외부인 출입 제한 주택지'의 꼴은 아니겠지만, 여전히 그 고급 아파트 단지의 출현은 주변 경관은 물론이고 생활 지리를 급격히 변화시킬 것이다.

다세대·다가구·빌라라는 전형적인 노동계급 주거 형태가 대량 삭제되면서 상당수의 전세입자들이 현 공간에서 불가피하게 축출된다. 대학가 앞의 저렴한 음식점, 술집들이 사라지게 될 것이며, 동시에 대학생들이 싸게 입주할 수 있는 월세·전세 집도 크게 줄어들 것이다. 과거 대학가 근처에서 봤던 '하숙방'과 같은 거주 행태도 점차 찾아보기 힘들어질 것이다. 대학 공동체는 더욱 심각한 주거 문제를 겪게 될 것이다. 이에 대해 서울시는 1~2인 가구가 급증하는 최근의 동향을 반영하고 대학생 주거 문제를 해결하기 위해 750가구는 임대주택, 도시형 생활 주택, 원룸형 오피스텔 방식으로 공급할 것이라고 설명했다(『연합뉴스』 2011/07/20). 그 결과 지역 대학생 청년들의 주거 불안은 해소될 수 있을까?

아울러 주목해 볼 것은, 한국예술학교 미술원·전통원과 의릉의 서면 경계를 따라 천장산 방향으로 깊숙하게 들어가 있는 이문3-2구역이다. 크게 넓은 공간은 아니지만, 의릉과 바로 붙어 있고 천장산으로 이어진다는 점에서 고급 주거지 재개발의 입지로서는 매우 매력적이다. 과거 중앙정보부 요원들을 위한 주택이 쭉 들어서 있던 이 지역 바로 옆에는, 1970년대 서울 중산층을 위해 전원 주택지로 개발된 아늑한 분위기의 삼익주택이 있다. 삼성 래미안1차 4개동과도 이웃한다.

2011년 확정된 재정비 촉진 계획안에서 용적률은 기존 90%에서 75%로 내려갔다. 고도 제한을 받아 지상 4층 규모의 공동주택 7개 동에, 기존보다 48가구가 줄어든 152가구가 들어설 것이다. 거대 건설 자본이 눈독을 들이기에는 꽤 작은 구역이다. 훨씬 규모가 큰 단지 형태로 래미안을 짓던 삼성물산은 과연 이 '빈 공간'을 내버려 둘까? 관심 있게 지켜봐야 할 공간이다.

아파트 건설 즉 도시 재개발을 포기할 수 없는 삼성(물산)이나 공간 민주주의와 주민 자율주의의 관점에서 도시를 (재)설계해야 하는 시민의 입장에서 모두 특히 주목해야 할 곳은 이문1지역이다. 동대문구 이문동

257-42번지 일대의 슬럼slum이다. 이곳은 한국외대와 한국예술종합학교 사이/공간에 남은, 서울의 마지막 달동네 중 하나이다. 바로 이곳에서 삼성물산이 추진하는 공간 (재)개발의 계획과 이에 맞서 생활을 보호하려는 주민들 간에 중대한 공간 투쟁(공투空鬪)이 벌어지게 된다. 이는 재개발위원회를 앞세운 삼성이 주민들로부터 토지를 매입해 단지를 조성하고자 하며, 재산의 가치를 보존하려는 일부 주민들이 비대위를 조직해 저항하면서 빚어지는 구조적 충돌, 구조화된 갈등이다.

2011년 4월 이 지역의 재정비 촉진 계획안은 도시재정비위원회의 자문을 통과했다. 삼성물산은 이 지역을 아파트로 도배하는 거대한 청사진을 발표한 바 있다. 계획에 따르면, 지하 4층~지상 26층 아파트 38개 동이 예술학교와 한국외대 사이/공간에 들어서게 된다. 건립 가구 수는 원래의 2,262에서 2,429로 늘어날 것이다. 서울시는 225.13%였던 기존 용적률을 239.8%로 높여 주는 대신에, 서민 주택 167가구를 더 짓도록 하는 조건을 붙였다. 또한 서울시는 "이 중 56.7%인 1,378가구를 늘어나는 1~2안 가구와 서민 주거 안정을 위해 전용 60제곱미터 이하 소형 아파트로 구성했다"고 설명했다(『한국경제신문』 2011/04/24). 삼성물산이 이문동에 야심차게 건설할 또 하나의 래미안 단지인 것이다.

이 대규모 래미안 단지가 완성된다면, 삼성은 천장산과 의릉의 동서남북을 하나의 거대한 띠로 삥 둘러쌀 수 있게 된다. 유네스코 문화유산으로 지정된 의릉을 중심으로 삼성이 설계한 아파트 스타디움이 구축되며, 한예종과 외대 사이/중간 공간을 꽉 채운 거대한 시멘트 블록이 조성된다. 자연스럽게 천장산과 의릉, 그리고 그 안에 속한 예술학교는 이 래미안 벨트를 위한 중앙 공원의 역할을 맡게 될 것이다. 그야말로 환상적인 모습이다. 어느 단지도 제공하기 힘든 최고의 풍치이자 최상의 전망이다. 21세기 서울 강북은 물론이고 강남에서조차 쉽게 찾기 어려운 이상향적

인 아파트 조감도로, 말 그대로의 '미래의 다가올 아름다움이자 평안함'이
다.

삼성물산은 인근의 중랑천·천장산 등 자연환경과 연계된 '녹색 문화
도시'를 약속한다. 또한 래미안은 경희대·한국외대·한국예술종합학교 등
과 연계한 '교육 문화 도시'를 제공할 것이다. 고등학교와 공공 부지, 공원,
도로 등 기반 시설이 확충될 것이며, 2016년 계획대로 아파트가 완공되면
이 사이/공간에 있던 달동네 판잣집들과 노후한 빌라들, 다세대들은 현실
에서 완벽하게 청소될 것이다. 1960년대부터 호남 등지에서 사람들이 몰
려들어 논밭이던 곳이 노동자·빈민 집단 거주 지역으로 변모되었던 공간
의 역사가, 그리고 그 역사를 구성하는 다기한 이야기들이 사라져 버릴 것
이다. 이 동네에 들어서 있던 점집이나 '방석집'들도 과거 연탄 공장의 기
억과 함께 아파트의 균질 공간에서 찾아보기 힘들어질 것이다.

고부가 가치의 아파트 상품 공간 내에 거주 자격을 갖추기는 사실상
불가능하기 때문이다. 원주민 가운데 불과 소수만이 입주권을 갖게 될 것
이다. 멋진 신세계다. 기존의 복잡다기하고 불량하며 가치 없던 주거 형
태들은 래미안이라는 균질의 투자가치 높은 거주 형식uniform으로 변환된
다. 복잡하고 좁고 더러운 골목길을 따라 계획 없이 달라붙어 있던 다양하
고 이질적인 삶들은 넓고 깨끗한 아스팔트 도로를 따라 건축된 단일한 아
파트 생활로 환수될 것이다. 구질구질한 동네가 사라진 곳에 구축될 아름
다운 아파트 커뮤니티다. 골목이라는 공동점유의 공적 공간은 철저하게
구획된 사적 공간의 편의 시설로 대체된다.[9] 집집마다 내놓았던 채소나

---

9_마이크 데이비스는 이를 '공적 공간의 파괴'(destruction of public space), '건축적 공적
영역의 사사화'(privatization of the architectural public realm)라고 이름 붙일 것이다

꽃을 키우는 '바께스', '다라이'들도 관상용 꽃들로 가득한 미니 정원으로 바뀔 것이다.[10]

집집마다 있던 낡은 철재 대문을 대신해 '래미안'으로의 입성을 환영할 커다란 게이트가 세워질 것이며, 그 아래를 자동차들이 미끄러지듯 오가고 그 옆을 행복한 표정의 주민들이 산책할 것이다. 뾰족뾰족 유리병 조각을 꽂은 시멘트 담벼락은 전혀 위협적으로 느껴지지 않도록 낮은 나무로 덮인 경계선과 눈에 잘 뜨이지 않는 CCTV에 의해 대체될 것이다. '주거의 이방 공간', '길이 없는 도시의 섬'이 생겨나는 것이다(김성홍 2011, 265-267). 가난한 이웃을 대신해 환상의 공동체가 들어설 것이다. 이것이 2016년에 완공될 미래의 현실이며, 바로 이런 미래의 현실을 통해서만 삼성물산의 미래가 약속될 것이다. 뉴타운 재개발 계획이 발표되기 훨씬 이전부터 삼성이 인근에 래미안을 축조하기 시작한 이유이다.

그런데 문제가 발생한다. 국가가 나서서 후원한 자본의 개발 사업에 브레이크가 걸렸다. 원주민의 다수가 이 미래의 현실, 미래의 약속에 반대하고 나선 것이다. 그 결과 공간의 미래를 둘러싼 전투가 개시되었다. 50% 이상의 주민이 뉴타운·재개발에 반대하면서 삼성물산의 래미안 벨

---

(Davis 1990, 226-228).

10_카시아 보디는 (탈)현대 도시 대중들이 화분에 꽃을 가꾸는 행위(potting)나 '창틀의 정원'(window gardens)을 두고, 가정과 거리, 실내와 외부, 집과 도시 사이의 상징적 상호작용의 공간으로 풀어낸다(Boddy 2010, 213-231). 이런 사이/공간을 통해 실내의 사적인 일상은 거리로 나오고, 반대로 외부 거리의 공적인 풍경은 개인의 처소로 스며든다. 이런 감각적 상호 겹침의 공간이 풍성할수록 도시 생활에 여유가 생기며, 그 폐쇄나 배제는 도시 공간을 삭막하게 만든다. 우리가 이런 저런 꽃이나 채소들을 많이 키우는 가난한 동네를 산책할 때 더 많은 '정'을 느끼는 이유도 여기에 있다.

트 설치 계획을 방해하기 시작했다. 물리적으로 철거할 수 없는 주민 반대 여론과 이를 인정하지 않을 수 없는 시정·법원의 판단이 삼성물산에 결정적인 걸림돌로 작용한다. 그리하여 삼성물산이 약속한 미래의 조감도가 계획처럼 2016년에 완공될 가능성은 현재로서는 거의 없어 보인다. 그렇다고 삼성의 계획이 완전히 무산된 것도 아니기 때문에, 현재의 공투는 말했듯이 냉전 상태에 있다는 게 맞다.


## 7. 맺음말: 쟁투 공간의 바리케이드와 문화 연구

서울 동대문구, 성북구에 이문동과 석관동이라는 낡은 장소가 있다. 그곳에서는 삼성(물산)이라는 골리앗과 현지 슬럼 주민들의 연합이라는 다윗 사이에, 다른 재개발 지역에서와 같은 운명의 모순이 벌어지고 있다. 사소한 일상의 삶을 통해 도시 서울의 의미를 쓰는 사람들과 도시 재개발 자본이라는 거대한 자본 사이의, 미래가 내다보이는 싸움이다. 다수 거주 인구의 삭제, 원주민의 축출을 전제로 한 자본의 도시 개발, 재개발, 뉴타운 일방 프로젝트에 맞서 자신의 재산권과 주거권을 보존·유지하려는 자율적 시민 공동체 사이의 불가피한 충돌이다. 그리하여 석관동, 이문동은 단순히 서울 주변부라는 지리적 장소의 차원을 넘어 결정적 모순의 공간적 의미까지도 갖게 된다.

오랫동안 주거해 온 생활의 공동 공간을 탈취해 거대한 아파트 단지를 세우고 그럼으로써 지대의 가치를 끌어올리고 자본의 증식을 꾀하고자 하는 부동산 자본 삼성에 맞서는 저항적 공간의 실천이다. 석관동·이문동의 천장산 둘레 곳곳에서 부동산 자본의 일방통행에 바리케이드를

치는 집합적 저항이 직조되고 있는 것이다. 삭제할 재개발 자본 권력과 자기 보존적 주민 역능 간의 비대칭적 교전은 긴장과 잠복의 상태를 거듭한다. 실재성과 잠재성의 주기를 거듭할 것이다. 분명한 것은, 싸움은 결코 끝난 게 아니며 오직 지연되고 있을 따름이라는 사실이다. 우리가 바로 이 국지적 현실/현상에 지속적으로 관심을 가져야 하는 것은 이 때문이며, 본인이 글쓰기라는 실천으로 개입하려는 것도 여기에서 비롯된다.

거주지 보존에 나선 도시 주변부 주민들과 아파트 단지 개발을 통해 축적을 도모하는 자본의 피할 수 없는 전형적인 신자유주의 대치 국면, 바로 그 지연전(선)의 중심에 신고서점이라는 오래된 서점이 있다는 사실은 매우 흥미롭다. 헌 책방의 늙은 주인이 반대파 50%의 획득을 주도하는 위원장으로 나섰다. 개인적인 동시에 집단적인 삶의 재난을 막기 위해서이다. 후미진 대학촌의 평범한 책방 주인이 일방적인 뉴타운 재개발과 자본의 독재에 맞서는 쟁투의 포인트로 변환된 셈이다. 책의 수집과 교환, 매매를 위한 일개 헌 책방이었던 곳이 의식의 수집, 정보의 교환, 관계의 매개를 위한 정치적 스테이션 기능까지 수행한다. 문화적이면서 동시에 정치적인 미디어가 된다.

요컨대 신고서점은 미디어·문화의 공간이자 기억·기억의 보관소로서만 소중한 게 아니다. 삼성물산과 같은 거대 자본이 추방할 문화가 무엇이고, 특정한 인구의 생활에 어떤 고통이 따를지, 그리고 삶의 보존을 위해 어떤 저항과 연합이 가능한지를 보여 주는 현실 인식의 포인트이다. 우리가 중요한 역사의 시간 속에 위치하고 있다는 것을 알려주는 학습 채널이다. 또한 구체적인 행동 요청의 스테이션이자 다양한 활동 결집의 플랫폼이며, 생기 있는 (반자본) 교전의 비트beat가 된다. 재개발 정권과 부동산 자본 그리고 신자유주의의 선전 매체의 강력한 삼각 동맹 구조에 맞서, 이곳에서 생계를 꾸리거나 거주할 곳을 찾지 않으면 안 되는 소상인, 주민, 학생, 소수자·약자 연대 블록이 구성될 지점이다.

이문동·석관동 뉴타운 재개발이라는 모순을 집약한 모나드monad 중 하나인 신고서점. 부동산 가치 증식에 나선 래미안/삼성물산/자본/신자유주의의 연쇄에 저항해, 주거공간·생활공간·생계공간의 가치 보전을 도모하는 가난한 주민과 불안한 상인 그리고 (잉여)청년 학생들의 접소接所로 만들어 낼 수 있을까? 이 조그만 헌 책방을, 레베카 솔닛의 다음과 같은 경고를 떠올리며, 이문동이 지닌 노동과 빈곤의 오랜 공간의 기억을 되짚으며, 석관동의 역사를 수집할 지적 네트워크의 결집 포인트로 만들어 낼 수는 없을까? "도시에 관해 알고 있는 사람들, 그 많은 수를 빠르게 잃어버리는 것은, 마치 그 도시의 도서관을 불태워 버리는 것과 같다"To lose the people who know a city, to lose a lot of them quickly, is like burning its library(Solnit & Schwartzenberg 2000, 143).

이 글에서 본인은 부동산 투자, 아파트 개발의 물산 활동에 열중하는 삼성의 실체를 서울 한 외각에서부터 들여다보고자 했다. 삼성 공화국의 위치를 도시 공간적 측면, 주거 양식적 차원에서 실체적으로 조망해 보고자 했다. 삼성은 아파트 공화국이다. 삼성 자본의 지배력은 래미안 아파트를 통한 공간의 지배, 문화의 포획을 통해 재생산된다. 래미안은 한국 사회 내 삼성의 지배를 관철시키는 결정적인 지점이다. 부동산 가치라는 지점에서 중상층 계급과의 담합·합작 관계를 도모하는 삼성의 핵심 투자처다. 거주권이 박탈되고 입주의 능력이 없는 노동자·빈민을 대가로 한 삼성의 공간 지배. 부동산 제국, 아파트 공화국 삼성의 실세. 바로 지금 서울 어느 후미진 동네에서 진행 중인 '대한민국'의 보편 현상, 공통 현실이다. 주변 대학 및 예술학교의 작가, 문화연구자들은 이 첨예한 공간정치의 모순점에 어떻게 개입할 것인가? 삼성 자본이 빚어낸 인근의 사태를 어떻게 읽고 표현해 낼 것인가? 도심의 구체적인 현장으로부터 눈 돌린

채 아무리 마르크스의 『자본론』을 읽어 봐야 소용없다는 마샬 버먼의 지적은, 삼성이라는 현실의 자본과 분투할 우리에게도 유효한 교훈이 된다 (버먼 2001).

# 18장

# 지속 가능 사회를 향한
# 삼성의 진심

### 전력 다소비 산업의 대표 삼성은
### 친환경 기업이 될 수 있는가?

이보아

## 1. 들어가는 말: 토건과 독성 경제의 주인공 삼성

한국은 토건 국가이다. 우리나라 건설투자의 국내총생산GDP 대비 비중은
외환 위기 이후 큰 폭으로 하락했고 2000년대 후반부터 하락세를 나타내
고 있음에도 불구하고 여전히 OECD 평균보다 5.2%p(2005~10년 현재)
높은 수준이다. 이는 1인당 실질 GDP가 현재 우리나라(2008~11년)와 비
슷했던 시기의 주요국 건설투자 비중과 비교해 보아도 OECD 평균
(1997~2001년, 7.9%)을 훨씬 상회한다(김태정·이정익 2013). 특히 1990년
대에는 GDP 대비 비중이 20%를 넘기는 전성기를 누렸으며, 토건 산업의
경기가 위축되면 경제의 총체적 위기를 우려할 정도로 한국이라는 토건
국가는 이미 구조화되어 있다. 한쪽으로 투자가 쏠리면 더 가치 있는 곳에

재원이 투자되지 못하는 것은 당연하며, 과잉 성장된 토건 경제를 유지하기 위해 다시 대규모 투자가 필요하고, 결국 악순환에 빠지게 된다. 이 가운데 국토는 되돌릴 수 없이 망가지고, 생명은 파괴되고 있다. 잘 알려져 있듯이, 토건 재벌의 직접적 이해 당사자가 정권을 획득한 이명박 정부에서 이 문제는 절정에 달했는데, 그 핵심에 22조 원이 투입된 4대강 사업이 있다. 2013년 9월, 이 4대강 사업의 입찰 과정에서 11개 건설사와 임직원 22명이, 들러리 업체를 내세워 경쟁 입찰인 것처럼 가장하고 입찰 가격을 담합한 혐의로 기소됐다. 기소된 11개 건설사의 면면은 이렇다. 현대건설·삼성물산·대우건설·대림산업·GS건설·SK건설·포스코건설·삼성중공업·금호산업·쌍용건설. 보기만 해도 우리나라 굴지의 건설 업체가 총망라되어 있음을 알 수 있다. 우리나라 상위 10대 그룹은 모두 토건 업체를 소유하고 있고, 그중에서도 현대건설과 삼성물산은 시공 순위 1, 2위를 다투는 기업이다. 그렇다. 여기, 우리가 잊은 삼성이 있다. 삼성은 현대와 더불어 40여 년간 한국의 가장 오래된 재벌 가운데 하나로서, 직접적이고 대규모로 환경을 파괴해 온 '토건 기업'이다.

또한 삼성의 가장 널리 알려진 어두운 이면에, 나라를 먹여 살린다는 반도체를 만들다가 백혈병으로 죽어 간 노동자들이 있다. 아파도 왜 아픈지 모르던 노동자들은 2007년이 되어서야 그것이 독을 품고 있는 공장 때문임을 알게 되었다. 지역에서는 삼성 반도체 공장이 들어온다고 하면 경제가 살아나고 고용이 늘어날 것을 기대할 뿐 그것이 지역사회를 죽음으로 몰고 갈 수 있다고 생각하는 사람은 거의 없었을 것이다. 2013년 1월에는 구미에서 불산 누출 사건이 일어나 온 국민을 놀라게 했으며, 사태가 진정되기도 전에 경기도의 삼성 반도체 화성 사업장에서 또다시 불산 누출 사고가 발생했다. 바로 삼성 반도체 백혈병 산재 투쟁이 처음 시작된 기흥 사업장과 맞붙은 곳이다.

세계 최악의 산업재해로 기록된 1984년 인도 보팔의 유독가스 누출 사고는 2시간 만에 사망자 6천9백 명, 중경상자와 성장이 멈춰 버린 어린이 등 50여만 명이 피해를 입었다. 사고 발생 후 30년이 지났지만 아직도 주변 지역의 오염은 완전히 정화되지 않았고 손해배상에 관한 법정 공방이 지속되고 있다. 그 얼마 후 1987년에는 미국 텍사스 주에서 불산 24톤이 누출되어 8백 미터 내 주민들이 대피하고 1천여 명이 병원 치료를 받기도 했다. 인간이 죽어나는 곳에서 환경이 살아남을 리 없다. 우리는 삼성전자의 화려한 실적 때문에 중요한 사실을 보지 못했다. 노동자들의 백혈병과 불산 누출, 그리고 얼마 전 이산화탄소 질식으로 인한 노동자 사망까지, 삼성의 또 다른 면모는 독성 경제의 유발자라는 것이다.

그뿐만이 아니다. 이 토건 기업으로서의 삼성과 독성 경제 유발자로서의 삼성이 이제는 결합되고 있다. 바로 인류 최악의 독성이라는 방사능을 뿜어내는 핵발전 산업에 진출해 눈부신 성과를 거두기 시작한 것이다. 삼성은 1990년부터 핵발전소 건설 참여를 준비해 울진 5, 6호기와 신월성 1, 2호기 등 국내 다수의 핵발전소 건설에 참여했다. 특히 한국형 핵발전소의 최초 해외 수출이라며 떠들썩했던 아랍에미리트 핵발전소 1~4호기 건설 공사에도 참여하고 있다. 그뿐만 아니라 방사성폐기물 저장 시설, 복합 모듈 개발 사업, 해외 시장 개척을 위한 용역 사업 등 사업 영역을 폭넓게 확장했으며, 2012년 1월에는 삼성물산이 국내 민간 건설사 최초로 핵발전소 설계 시장에 진출한다. 이로써 삼성물산은 국내에서는 유일하게 핵발전소의 시공뿐만 아니라 설계와 조달을 아우르는 종합설계시공 Engineering, Procurement, Construction(EPC) 수행 능력을 갖추게 되었다. 2013년 6월 삼성전자가 베트남 옌퐁 공단에 1조1천억 원을 추가로 투자하기로 결정하고, 8월 삼성 이건희 회장이 베트남을 직접 방문한 것도 베트남의 제3핵발전소 5, 6호기에 대한 예비 타당성 조사를 앞둔 포석임이 공공연히 알려졌듯이 삼성은 핵 발전 산업에 깊숙이 진입해 있다. 한 달 뒤인 9월에는 박근혜 대통령이 베트남을 방문해 지원 사격에 나서기도 했다(〈한국경제TV〉 2013/08/09; 『한국일보』 2013/09/10). 삼성을 비롯한 토건 기업들이 침체된 건설 경기를 핵발전소 해외 수주를 통해 타파하고, 아랍에미리트에서 이명박 정부가 그랬던 것처럼 박근혜 정부가 이를 전격 지원하고 있는 것이다.

이렇듯 삼성에 의해 주도되는 환경 파괴는 그 규모와 중요성에 비해 주목을 지나치게 덜 받아 왔다. 삼성은 환경 파괴에 있어서도 초일류 기업의 면모를 보이고 있다. 사고 후 7년째인 2014년 현재까지 보상조차 마무리되지 않고 있는 태안 앞바다의 '삼성-허베이 스피릿 호 기름 유출 사고'는 빙산의 일각이다.

국제사회에서도 삼성의 환경 파괴는 삼성 반도체 노동자들의 집단 백혈병으로 이제 막 알려지기 시작했을 뿐이다. 그린피스 스위스와 스위스 시민단체인 '베른 선언'이 2012년 스위스 다보스 포럼 공식 기자회견을 통해 전 세계 악덕 기업 순위를 선정하는 '공공의 눈'public eye에서 삼성이 이 사건으로 2위를 차지했다. 그린피스와 삼성에 얽힌 에피소드를 잠시 살펴보면, 세계적으로도 삼성을 바라보는 혼란스러운 시각을 읽을 수 있다. 이제는 많은 이들의 기억에서 사라졌지만 삼성전자는 2008년 그린피스가 발표한 '녹색 전자 기업' 순위에서 10점 만점에 7.7점을 얻어 도시바와 함께 1위를 차지한 바 있다. 삼성의 각종 전자 제품은 뛰어난 에너지 효율 등급을 자랑하고 있으며, 일찍이 『지속가능보고서』 등을 통해 착실한 친환경 포트폴리오를 구축해 왔기 때문이다. 다만 그린피스에도 일종의 전제는 있었다. 삼성이 녹색 전자 기업 가이드에서 높은 평가를 받았던 데에는 2004년 암 직업병 유발물질로 알려진 폴리염화비닐(PVC)과 브롬계난연제(BFRs)를 모든 작업장에서 폐기하겠다고 약속했기 때문이다. 그러나 삼성은 이를 지키지 않았으며, 오히려 삼성 반도체 공장에서 일하다가 백혈병 등으로 희생된 노동자들의 산재조차 인정하지 않음으로써 지탄을 받게 되었다. 결국 2010년 그린피스 활동가들은 삼성 유럽 본사 건물에 올라 "삼성=약속을 파기하다"Samsung=Broken Promises라는 글씨를 유리창에 붙이고 고공 시위를 벌이기도 했다(『프레시안』 2010/03/17). 이후 녹색 전자 기업 가이드에서도 삼성전자는 당연히 상위에 오르지 못했다. 그러나 이런 혼란은 아직 완전히 사라지지 않아서, 삼성전자는 2014년을 전후로 10위권을 유지하고 있다.

이 글은 가려진 삼성의 이면 중에서도 특히 알려지지 않은 에너지 시스템에 대한 영향을 살펴보려고 한다. 삼성의 사회적 지배력은 그것이 어떤 과정을 거쳐 형성되었는지도 중요하지만, 현재 그 지배력이 한국 사회에 어떤 위험을 드리우고 있는지 또한 묻고 답할 수 있어야 한다. 특히 삼성전자의 비중이 확대되면서, 경제 전체나 금융시장의 각종 지표에 착시 현상이 유발되고, 특정 기업의 영업 성과가 경제 전체 시스템을 좌우하는 위험이 초래되는 동시에, 한국 에너지 시스템에도 위험이 조성되고, 그 위험을 극복하는 길을 가로막고 있기도 하다. 기후변화로 인한 이상기후가 세계적으로 점점 더 많은 피해를 낳고, 2011년 3월 발생한 후쿠시마 핵 사고의 위협이 언제 수습될지도 막연한 상황에서, 글로벌 석유 기업도 아닌 삼성이 어떻게 한국의 에너지 시스템 왜곡에 기여하고, 문제의 극복을 방해하고 있는지 일면을 보여 주는 것이 이 글의 목적이다.

## 2. 특혜로 성장한 전력 다소비 기업 삼성

**삼성의 주력품이 곧 국가의 주력품**

2014년 현재, 삼성의 핵심 주력 업종은 단연 전기·전자 업종이다. 송원근 (2008)에 따르면 삼성 재벌을 하나의 거대 기업으로, 각 계열사를 하나의 사업부로 간주해 업종별 진출 구조를 볼 때, 2004년 반기 매출액을 기준으로 '삼성' 기업은 전기·전자 50.5%, 금융 23.6%, 유통 8.7%, 석유화학·비금속 6.7%, 건설 0.2% 등으로 구성되어 있다. 사업 구조의 가장 큰 특징은 총자산의 경우에는 금융 업종이, 매출액에서는 전기·전자 업종이 차지하는 그룹 내 비중이 크다는 점이었다. 특히 삼성 재벌의 경제력 확대에서 삼성전자의 영향력은 절대적이었다. 삼성전자는 1969년 설립 이래 텔레비전이나 냉장고 같은 가전제품으로 성장 기반을 마련하고, 1974년 12월 6일 한국반도체 인수를 통해 일대 전기를 마련했다. 이어 1988년 11월에는 삼성 반도체통신을 통합해 오늘날의 삼성전자가 되는 길을 열었다. 삼성전자는 반도체 사업 이외에도 디지털 미디어 사업, 휴대전화 등 정보통신 사업, LCD사업, 생활 가전 등의 사업부로 구성되어 있는데, 특히 반도체 사업부는 1994년부터 우리나라 수출의 10% 이상을 차지하며 1980~90년대 고속 성장을 이끌었다. 2004년을 기준으로 할 때 삼성전자에서 매출의 82.6%는 수출이 차지하고 있는데, 다시 전체 수출액의 35.6%는 반도체 사업부를 통해 달성되었다(송원근 2008, 39). 1980~90년대를 기억해 볼 때 마치 김연아 선수를 연상시키듯이 삼성 반도체가 세계 최초, 세계 최고를 갱신했다는 뉴스를 쉽게 떠올려 볼 수 있을 것이다.

　이런 내용의 뉴스에 거의 빠짐없이 등장하는 단어는 디램DRAM이었다. 디램은 우리나라 반도체 산업의 주류를 이루며 반도체 사업에서 비중이 매우 큰 제품으로, 디램 산업은 1980년대 초 국가 성장을 주도할 기간산업으로 인식되어 민간 기업과 정부가 공동으로 노력해 전략산업으로 육성했다. 이를 위해 정부는 1983년 반도체 산업 육성 계획을 발표하고 반도체 산업에 대한 지원[1]을 개시했으며, 1985년에는 한층 더 강화된 지원 내용을 담은 반도체 산업 종합 육성 대책[2]을 마련했다. 1986년에는 반도체 산업에서 독자적인 기술 능력 확보와 국내 기술 원천을 마련하기 위해 범정부적인 후원 아래 한국전자통신연구소와 삼성·금성·현대 등 국내 주요 전자 기업들이 공동으로 연구개발 체제를 운영했다. 이 공동 연구개발을 통해 1988년 2월 9일 4메가 디램 회로 설계 및 공정 기술 공동 개발에 성공했으며 이 연구 성과로 157건의 특허를 출원했다. 이런 성공을 바탕으로 전자 대기업들은 4메가 디램의 기초 기술을 습득하고 양산에 진입할 수 있는 기반을 마련해, 세계시장에서 주요 생산자로 등장했다. 4메가 디램 개발 이후 정부는 16메가 디램과 64메가 디램도 공동 개발하기로 계획을 세웠고, 개발 목표는 예정보다도 빨리 이루어져, 1992년부터 다시금 시작된 범부처적 국가 전략 기술 개발 사업인 선도 기술 개발 사업을 시작했다. 선도 기술 개발 사업 역시 목표로 삼았던 256메가 디램급 이상 초고집적 반도체를 예상했던 것보다 빠른 1994년에 끝내 버렸는데, 이 사업

---

1_지원 내용은 직접 지원 성격을 갖는 저리 자금 대출과 기업의 연구개발 투자 확대를 위한 우대 세제 도입, 그리고 간접적인 성격을 갖는, 공공 연구 기관에 대한 기술 개발 지원 활동 등이었다(〈정보통신 20세기사 사이버역사관〉 사이트, http://20c.itfind.or.kr).

2_종합 육성 대책의 주요 내용은, 기술 개발촉진법에 따라 초대형집적회로(VLSI) 연구조합을 결성하고 반도체 기술 인력에 대한 병역 특례 혜택 확대, 자기자본 지도 비율 인하 조정, 국민투자기금 지원 규모 확대와 반도체 부문 별도 지원, 반도체 및 관련 부품 생산 전용 시설재 및 연구용 시설재 관세 경감률 상향 조정, 연구 시험용 설비투자 세액공제율 상향 조정 등이었다(〈정보통신 20세기사 사이버역사관〉).

추진 기간 중인 1994년 8월 삼성전자는 '256메가 디램 동작 샘플' 개발에 성공, 1994년 12월에 256메가 디램 엔지니어링 샘플을 개발해 미국 컴퓨터 업체인 휴렛 팩커드에 제공함으로써 세계 최초로 수요 업체에 전달하는 성과를 올렸다. 이 차세대 반도체 기반 기술 개발 사업은 전체 연구비 규모 1,954억 원으로 정부에서 914억 원을 조달하고 나머지 1,040억 원을 참여 기업들이 조달했다.[3]

반도체가 과거 삼성전자를 먹여 살렸다면, 2010년을 전후로 삼성전자의 주력 품목은 스마트폰이다.[4] 삼성의 스마트폰, 휴대폰 사업의 시작에도 국가의 전폭적 지원이 있었다. 여기에서 키워드는 코드분할다중접속(CDMA) 이동 통신 기술 개발 사업이다. 1990년 1월 체신부는 국민경제 성장과 산업 발전으로 이동 통신 수요가 급증함에 따라 정보를 신속하게 교환할 수 있는 고도 통신시스템이 필요하며, 이를 기존 아날로그 이동 전화 시스템에서 디지털화하고 새로운 서비스를 개발하는 것이 필요하다고 판단했다. 이에 체신부는 1988년부터 한국전자통신연구소(ETRI)에서 추진하던 '디지털 무선통신 시스템 개발 과제'를 '디지털 이동 통신 시스

---

3_ 〈정보통신 20세기사 사이버역사관〉 2004~13년 참조.

4_ "삼성전자(133만5천 원 ▽1만5천 원 −1.11%)는 2014년 1분기 매출액, 영업이익이 각각 53조6천8백억 원, 8조4천9백억 원을 기록했다고 29일 밝혔다. 이번 경영 성과에서 사업별 실적(영업이익 기준) 기여도는 IT·모바일(IM) 부문이 75.8%로 가장 높았고, 부품(DS) 부문 22.0%, 소비자 가전(CE) 부문 2.2% 등의 순이었다. 부문별 영업이익은 IT·모바일 부문 6조4천3백억 원, 부품 부문 1조8천7백억 원, 소비자 가전 부문 1천9백억 원이다. 특히 2014년 1분기에는 삼성전자 전체 영업이익 가운데 IT·모바일 부문이 차지하는 비중이 급상승했다. 스마트폰 수익 쏠림 현상에 대한 지적이 나온 지난해 3~4분기 IT·모바일 부문의 매출 비중이 약 66%인 점을 고려하면 우려할 만한 수준이다"(『이투데이』 2014/04/29).

템 개발 과제'로 확대 개편했다. 연구개발 목표도 기지국과 단말기 개발에서 이동 통신 교환기까지 포괄하는 전체 시스템을 개발해 1997년 상용 서비스를 제공하는 것으로 바뀌었으며, 연구개발 기간은 1990~96년까지 7년으로 연장되었다. 휴대 공중전화, 휴대 무선전화, 개인 휴대전화의 개발이 포함되었다. 이 CDMA 개발 사업은 연구개발비 약 996억 원이 소요되고 연인원 1,042명이 투입되었으며, 체신부의 정보통신진흥기금 출연과 한국통신과 한국이동통신의 출연 비용, 그리고 공동 기술 개발에 참여한 국내 기업의 출연 기금 등으로 조성되었다. CDMA 디지털 이동 통신 시스템 개발 사업 추진체와 기관별 역할은 한국전자통신연구소가 주관했고, 핵심 기술은 퀄컴과 한국전자통신연구소의 국제 공동 기술 개발을 통해 제공받았으며, 한국전자통신연구소·삼성전자·금성정보통신·현대전자·맥슨전자 등 4대 국내 공동 개발 업체가 시스템 개발과 상용화, 그리고 수요자인 이동 통신 사업자로부터 기술 지원을 받기로 했다. CDMA 이동 통신 시스템 개발 사업은, CDMA 기술을 적용한 대용량 디지털 이동 통신 시스템을 개발하고 1996년 세계 최초로 상용 서비스를 개시함으로써 성공적으로 마무리되었다. CDMA 이동 통신 시스템 개발 성공의 산업적 성과는 1999년부터 본격적으로 개화하기 시작해, 삼성전자가 미국의 루슨트Lucent, 모토롤라Motorola 등과 경쟁해 1999년 2월 호주 허치슨 사와 CDMA 장비 납품 계약에 성공한 것을 필두로 1999년도 CDMA 단말기 및 시스템의 해외 수출은 2조3천4백억 원에 달했다. 당시 전체 수출액 중 단말기 분야가 2조2천억 원 규모이며, 시스템 분야가 1천3백억 원에 이르렀다.[5]

살펴보았듯이, 삼성전자의 성장을 뒷받침하는 데에는 정권의 교체도, 행정부·입법부도 영향을 미치지 않았다. 심지어 참여정부 시절 IT 정책의 사령탑은 삼성 신화의 주역이자 전 삼성전자 부사장 진대제 정보통신부 장관이었다. 2004년 정기국회에서 641만 원짜리 프로젝션 텔레비전, 1,140만 원짜리 PDP 텔레비전의 특별소비세 폐지 논란 중 특소세가 부과되어야 하는 사치품이라는 주장에 대해 결국 "고급 텔레비전 시장을 이끄는 삼성을 위한 조세 지원"임을 실토했다는 비화는 아주 작은 에피소드일 만큼 국회 입법 과정에서 삼성의 전 방위적 로비는 널리 알려진 사실이다.[6] 또한 삼성 친화적 정책과 지원의 결과 공직자들은 퇴직 후 삼성으로 간다. 2001년에서 2013년 5월까지의 기간 동안 퇴직한 공직자들 가운데 그룹으로 보면 삼성에 가장 많은 182명(전체의 10%), 주로 5급 이상 고위 및 간부급 정부부처와 공공기관 출신들이, 기업으로 보면 삼성전자에 가장 많은 33명의 퇴직 공직자들이 재취업했다(『한겨레신문』 2014/02/11).

'녹색 성장'의 전도사 이명박 정부의 대형 연구개발 사업인 미래 산업 선도 기술은 이른바 '대형 먹거리'를 개발한다며 2011년부터 시작되었는데, '조기 성과 창출형 과제'와 '신시장 창출형 과제' 등 모두 10개 세부 과제에 3~6년에 걸쳐 4,995억 원을 투입하기로 했다. 그리고 '조기 성과 창출형 과제' 다섯 가지 가운데 2개가 삼성에게 돌아갔다.[7] 고효율 대면적 박막태양전지는 삼성에스디아이(SDI), 코리아 마이크로 에너지 그리드는 삼성물산이 총괄 주관 기관으로 참여한 것이다. 모두 삼성의 친환경 에너

---

5_〈정보통신 20세기사 사이버역사관〉 참조.

6_양문석(2006, 24)에서 2005년 10월 11일 민주노동당 심상정 의원 국정감사 보도자료 재인용.

7_'조기 성과 창출형 과제' 다섯 가지 가운데 나머지도 모두 대기업이 차지했다. 글로벌 선도 천연물신약은 동아제약, 정보통신 융복합 기기용 핵심 시스템 반도체는 엘지전자, 차세대 전기차 기반 그린 수송 시스템은 현대자동차가 주관 기관이다.

지 시장 진출의 주요 상품이다. '신시장 창출형 과제' 5개[8] 중에는 인쇄 전자용 초정밀 연속생산 시스템의 주관 기관이 삼성전자에게 돌아갔다. 2008~12년까지 5년간 국가 연구개발 사업 연구비를 받은 상위 10위권 기업(연구 금액 기준)은 18개 대기업이 돌아가며 독점했는데, 삼성 계열사 4곳(삼성전자, 삼성에스디에스, 삼성테크윈, 삼성전기)으로 가장 많았다. 그러나 기업들이 반드시 나랏돈만 바라보는 것은 아니다. 대기업의 국책 과제 수행은 자신들의 사업적 목표와 국가의 정책적 목표를 일체화하는 과정이다(『한겨레신문』 2014/02/03). 실제로 삼성전자는 2008년부터 3년 연속 연구개발비 규모에 있어 과학기술 분야에서 압도적인 1위를 차지하며, 매년 매출액 대비 9% 이상을 연구개발비로 쏟아 붓고 있다. 삼성전자뿐만 아니라 10위권에 포함된 나머지 삼성 계열사도 삼성SDI, 삼성전기 등 모두 IT 계열이다(『한경Business』 2010/12/22).[9] 국책 과제 수행이 꼭 돈이 부족해서는 아니라는 뜻이다.

이렇듯 국가의 정책적·재정적 특혜는 삼성을 포함한 극소수의 대기업에게 집중되었으며, 특히 그 최대 수혜자는 말할 것도 없이 삼성, 그중에서도 삼성의 전기·전자 업종이다. 삼성은 국가 지원을 바탕으로 또는 직접적 계기로 이후 한국 경제에서 전기·전자 업종만으로도 독보적인 위치를 차지할 수 있게 되었다.

---

8_투명 플렉시블 디스플레이는 엘지디스플레이, 심해 자원 생산용 친환경 해양 플랜트는 현대중공업이 주관 기관이 되었다.

9_이후로 대한민국 100대 싱크탱크는 연구소만을 대상으로 선정해 기업은 빠지고 기업 연구소만 포함되었다.

## 전력 다소비 기업, 삼성

그리고 삼성의 전기·전자 업종은 전력 다소비 업종이다. 전기·전자 제품이 전력을 많이 소모하기 때문이냐고 묻는다면, 반은 맞다. 반도체뿐만 아니라 가전제품과 통신 제품, 그리고 디스플레이 제품 등 곳곳에서 높은 시장점유율을 차지하고 있는 삼성의 전기·전자 제품을 사용하며 수많은 소비자들이 전력을 더 많이 소비하고 있다. 앞에서 보았던 삼성전자의 대표적인 상품, 반도체 혹은 대용량 기억장치와 휴대폰에서 스마트폰, 태블릿 등으로 이어지는 모바일 기기만 보아도 그렇다.

2011년 5월부터 2012년 4월까지 국내 데이터센터(이하 DC)는 약 31억2천만kWh의 전력을 사용했다. 그보다 한 해 앞서 업계가 파악한 국내 DC 개수와 전력 사용량은 각각 1백여 개, 20억kWh였다. 불과 1년 만에 11개 DC가 늘어나고 64% 전력 소비가 증가했다는 얘기다. DC 업계가 자사 전력 소비량을 영업 기밀로 간주하고 공개를 꺼리는 현실과 방송통신위원회 집적 정보통신 시설로 분류되지 않은 소규모 DC까지 감안하면 실제 전력 사용량은 이를 크게 상회할 것으로 보인다. 보통 국내 대형 DC 한 곳의 연간 전력 소비량은 1백만kW급 원전 1기가 이틀 동안 생산하는 4천만kWh의 전력을 소비하고, 일부 대형 DC는 인구 22만 명의 충주시 연간 전기 사용량(2억6천만kWh)을 넘어서고 있다. 단순 계산으로도 110개 DC의 전력을 충당하기 위해 원전 1기가 220일간 쉼 없이 가동돼야 한다는 뜻이다. 여기에 DC는 24시간 무중단 가동되는 시설로 전력 피크 기간에도 10% 의무 절전 대상이 아니며, 수도권 이외의 지역에 소재한 DC는 지식 서비스산업 특례 대상에 포함돼 전기료가 저렴하다. 하지만 국내 DC의 약 80%는 수도권에 집중돼 송전손실과 전력 계통 병목현상을 부추기고 있다.[10]

DC의 데이터를 실시간으로 사용하며 막대한 트래픽을 유발하는 모바일 기기의 폭발적 증가도 전력 수요 증가에 한몫하고 있다. 부품 업체인 인텔에 의하면 서버 1대가 운용 가능한 모바일 기기 대수는 스마트폰 6백 대, 태블릿 PC는 120대에 불과하다. 모바일 기기가 늘수록 DC 확충도 불 가피하다. 스마트폰의 경우 국내 가입자 수는 2012년 3천만 명을 돌파했고, 매년 30% 이상 무선 트래픽이 증가하고 있다. 더욱이 이런 요인 외에 수시로 충전이 필요한 스마트폰 전기 소모량은 통계에 잡히지도 않는다. 스마트폰 1대를 완충하는 데 평균 3시간이 걸리고, 충전기 소비 전력을 가전기기 대기 전력 수준인 3Wh로만 잡아도 국내 가입자가 하루 1회 충전에 사용하는 전력은 27만kWh나 된다는 계산이 나온다.[11]

이는 그 제품이 최고의 에너지 효율 등급을 자랑한다고 해도 달라지지 않는다. 효율 등급이 높은 전기·전자 제품이 기존에는 전기·전자의 힘을 빌리지 않았던 영역까지 잠식해 들어감으로써 전력 소비가 증가하거나, 혹은 효율 등급이 높다 하더라도 동시에 대형화되기 때문에 총 전력 소비는 증가한다. 예를 들어, 삼성전자의 또 다른 대표 상품으로 텔레비전은 에너지 효율 등급에서 매우 우수한 성적표를 받고 있다. 에너지관리공단은 2013년 가전기기 에너지소비효율 기준을 강화했는데, 같은 해 삼성전자가 출시한 텔레비전 가운데 42개 모델 62%가 이 새로운 기준에 따른 에너지 효율 1등급 제품인 것으로 나타나 국내 텔레비전 업계에서 가

---

10_전 세계 DC의 전력 사용량은 원전 30~50기 분량의 전력을 소비하는 것으로 알려져 있다. IT업계는 오는 2020년이면 전체 데이터 총량이 현재의 50배로 늘어날 것으로 보고 있다(『이투뉴스』 2012/12/17).

11_한국IT서비스산업협회로부터 제공받은 국내 DC 운영 실태 조사 결과와 전력 판매량, 스마트폰 보급 대수로 유추한 충전용 소비 전력을 토대로 이들 기기의 전력 소비량을 분석한 결과(『이투뉴스』 2012/12/17).

장 많은 1등급 제품을 보유하게 되었다. 그리고 2013년 상반기 국내시장에서 삼성전자의 50형 이상 대형 텔레비전은 전년 동기 대비 2.5배 판매가 증가했으며, 그중 에너지소비효율 1등급을 획득한 50/55형 제품은 지난해 상반기 대비 판매가 3배 증가하며 대형 텔레비전 시장의 성장을 견인하고 있다(『환경일보』 2013/07/31). 또한 유럽과 북미 시장에서도 대형 디스플레이 시장을 주도하고 있다. 그런데 여기에서 에너지소비효율 등급은 텔레비전 화면 면적당 소비 전력을 뜻하는 것이기 때문에 대형화와 함께 전체적인 전력 소비는 더욱 증가하고 있다.[12]

그러나 삼성에 의한 전력 소비 증가는 이렇게 간접적인 제품 소비 단계에 국한되지 않으며, 에너지 효율 등급과 같이 화려한 광고에 가려진 것은 제품뿐이 아니다. 사람들이 종종 잊고 있지만 전기·전자 업종은 제조업, 그중에서도 에너지 다소비 제조업이다. 삼성도 전기·전자 제품의 '생산단계'에서 직접적으로 어마어마한 전력을 소비하고 있다.

우리는 흔히 지식사회, 네트워크 사회라 부르며 기존의 산업 패러다임을 넘어섰다고들 말한다. 그러나 과연 그러할까? 빛나는 컴퓨터 스크린과 관련 기기들은 세상이 엄청난 양의 정보를 바탕으로 진보하고 있다는 착각을 불러일으킨다. 하지만 얼핏 에너지 보존 및 관리의 경이로운 업적으로 보이던 디지털 하드웨어의 급증은 에너지 거품 현상에 다름 아니었다. 1백 년에 가까운 기간 동안 산업계는 석유 1파운드를 태워서 플라스

---

12_삼성전자는 지난 해 2013년 텔레비전 시장 연간 점유율에서 평판 텔레비전 26.8%, LCD 텔레비전 25.6%, PDP 텔레비전 46.0%로 주요 시장에서 모두 1위를 이어나갔으며, 그중에서도 60인치 이상 대형 프리미엄 텔레비전 시장에서 40.0%라는 독보적인 점유율로 시장을 장악한 것으로 나타났다(『소비자가만드는신문』 2014/02/27).

틱이나 금속 제품 1파운드를 얻어 일반적인 물자를 제조해 왔다. 가령 자동차는 길 위에서 달리는 동안 사용하는 석유보다 자동차를 만드는 데 드는 연료가 더 적었다. 그런데 디지털 혁명이 이런 에너지 방정식을 완전히 뒤집어 놓았다. 노트북 컴퓨터의 1파운드를 만들기 위해서는 석유 26.5파운드가 필요하다. 대부분의 노트북 컴퓨터가 3년 이상 사용되지 않는다는 점을 감안하면 컴퓨터에 들어간 총에너지 중 대부분은 장시간 노동으로 노동자들의 수명을 단축시키고 있는 제조과정에서 소모된다고 볼 수 있다. 컴퓨터는 또 다른 에너지 집약적 과정인 반도체에 의존한다. 매사추세츠공과대학교(MIT) 티모시 구토우스키는 반도체 생산을 위해 필요한 에너지로 평면 텔레비전을 42일에서 114일까지 켜놓을 수 있다고 계산했다. 다시 말해서 컴퓨터 산업은 1파운드의 반도체를 생산하기 위해 화석연료 8백 파운드를 필요로 한다는 뜻이다. 지금 세상은 10억 개의 개인용 컴퓨터와 30억 개의 휴대폰을 두들기고 클릭하고 있다(니키포룩 2013, 217-218). 아니 매년 그 숫자는 놀라운 속도로 증가하고 있으니, 당신이 이 책을 읽고 있는 순간에는 훨씬 더 많은 컴퓨터와 휴대폰이 사용되고 있을 것이다. 그리고 그 노트북과 휴대폰, 반도체를 만들어 글로벌 기업으로 성장한 것이 바로 삼성전자다. 삼성전자는 제품의 연구·개발과 유통·판매뿐만 아니라 생산단계에서도 '전력 다소비 기업으로서는 이보다 좋을 수 없는 정부의 전력 정책' 속에 성장해 왔다.

## 전기요금 걱정해 본 적 없는 삼성

하지만 전력 다소비 기업 삼성은 그렇게도 수많은 전기·전자 제품을 생산하면서도 전기요금을 걱정할 필요가 없었다. 국가가 나서서 깎아 줬기 때문이다. 한국은 1970년대 중반까지만 해도 정전이 잦을 정도로 설비 예비

그림 18-1 | OECD 주요국 산업용 전기요금 비교

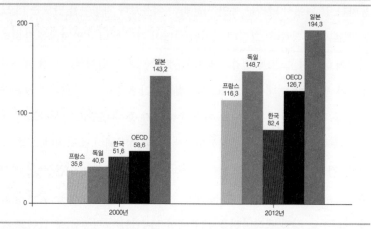

단위: 달러 / MWh

자료: OECD IEA Energy Prices & Taxes 2013, World Energy Outlook 2013(석광훈 2013 재인용).

율[13]이 부족했다. 그러나 핵발전소를 비롯한 대규모 발전 시설이 가동되기 시작하던 1980년대 초부터 설비 예비율이 안정화로 접어들었고, 당시 심각한 인플레이션을 해결하기 위해 마련했던 정부의 물가 안정 정책에 전기요금 인하도 포함할 수 있게 되었다. 또한 이 같은 전기 공급에 대한 자신감과 전기요금 인하가 곧, 앞서 살펴보았던 전기·전자 제품에 대한 국가와 산업계의 투자 배경이 되기도 했다. 1987년 심야 전력에 대한 29.7% 인하를 포함해 1980년대에만 총 아홉 차례에 걸쳐 전기요금 인하를 단행했고,[14] 전력 다소비 업종 중심의 산업구조 고착화와 함께 산업용

---

13_전력예비율은 총 전력 공급 능력에서 최대 전력 수요를 뺀 것을 최대 전력 수요로 나누어 산출한 수치로, 전력의 수급 상태를 나타내는 지표이다. 여기에서 전력 공급 능력에 가동하지 않는 발전소의 공급 능력까지 더해 산출한 것을 설비 예비율이라 한다.

전기요금은 OECD 국가 중 최저가 되었다. 2000년까지만 해도 프랑스나 독일 등에 비해 높았던 산업용 전기요금은 한때 OECD-유럽연합 국가들 대비 40.8% 수준까지 내려갔으며, 2012년 현재에는 2개 국가는 물론이고 OECD 평균의 65% 수준이 되었다.

그리고 이 낮은 산업용 전기요금은 전력 다소비 대기업들에게 특히 유리했다. 강창일 의원에 따르면 2008년에서 2010년까지 3년 동안 전기 사용량 상위 10위 사업체들은 전기를 산업용 평균 판매 단가보다도 6~9원씩 더 싸게 공급 받았던 것으로 나타났다. 그뿐만 아니라 2010년 한전의 평균 판매 단가는 87원, 총괄 원가는 96원으로 전력 다소비 대기업들은 판매 단가보다 20원, 총괄 원가보다는 30원이나 싸게 전기를 공급받았다.

이렇게 전력 '다소비' 기업들에 대한 평균 판매 단가가 오히려 산업용 평균 판매 단가보다 싼 이유는 업종별 교차 보조 및 저렴한 산업용 경부하 요금 때문이다. 2010년 전기요금 용도별 원가 보상률을 살펴보면, 산업용 전기요금 원가 보상률은 89%에 불과한 반면, 주택용 및 일반용은 95%대에 달했다. 이는 주택용 및 일반용 전기 사용자가 산업용 전기 사용자의 전기요금을 교차 보조해 주는 것으로 대기업은 업종별 교차 보조에 따른 특혜를 받고 있는 것이다. 또한 산업용 계절별, 시간대별 차등 요금제라는 것이 있는데, 정부는 이 요금제가 전력 최대 수요를 분산·억제하기 위한 것이라지만 실질적으로는 대기업의 과도한 심야 전력 소비를 부추기고 정책의 효과도 전기 사용량이 많은 대기업에 혜택이 집중되고 있다. 전기 다소비 상위 10위 사업체의 시간대별 전력 사용 현황을 보면 전력 다

---

14_에너지경제연구원 통계 데이터베이스(www.kesis.net) 참조.

표 18-1 | 2010년 전력 사용량 상위 10위 사업체 시간대별 전력 사용 현황

단위: 천Kwh

| | 경부하 | 중간 부하 | 최대 부하 |
|---|---|---|---|
| 현대제철 당진 공장 | 2,330,833 | 1,283,287 | 751,423 |
| (주)포스코 | 2,262,371 | 1,003,938 | 582,446 |
| (주)한주 울산 지점 | 1,587,778 | 930,807 | 546,750 |
| 엘지디스플레이 파주 지점 | 1,418,788 | 677,393 | 360,578 |
| 현대제출 제물포 지점 | 2,078,788 | 236,654 | 138,140 |
| (주)포스코 광양 지점 | 1,053,259 | 628,463 | 359,012 |
| 삼성전자 용인 지점 | 1,010,318 | 600,592 | 353,102 |
| 하이닉스 이천 지점 | 960,410 | 579,117 | 322,300 |
| 삼성전자 아산 지점 | 916,658 | 541,397 | 316,936 |
| 삼성전자 서수원 지점 | 1,296,760 | 764,126 | 450,549 |
| 합계 | 14,915,963 | 7,245,774 | 4,181,236 |

자료: 한국전력공사(강창일, 2011 재인용).

소비 대기업들의 전력 사용량이 전기요금이 가장 싼 경부하 시간대에 집중돼 있음을 알 수 있다(강창일 의원실 2011/09/16). 그렇다면 이 전기요금 할인 혜택의 최대 수혜자는 어디일까? 이낙연 의원에 따르면 2009~11년까지 3년간 전기를 가장 많이 소비하고, 또 전기요금의 할인 혜택을 가장 많이 받은 곳은 삼성전자(법인 단위)로 모두 3,140억 원에 달했다(이낙연 의원실 2012/06/19).

놀라운 것은 세계 초일류 기업 삼성, 그중에서도 가장 많은 수익을 창출하는 삼성전자가 이런 각종 특혜로도 부족해 불법을 저질러 왔다는 점이다. 김제남 의원(정의당)에 따르면, 2004~13년까지 10년간 산업용 전기를 일반용으로 위반해 사용하다가 적발된 대기업이 납부한 위약금이 293억 원이다. 그런데 그중에서 세계 초일류 기업 삼성이 납부한 위약금이 291억 원, 99.3%를 차지한다. 특히 270억 원은 삼성전자가 차지하고 있다. 2008년부터 2013년 8월 현재까지 용도별 계약 종별 위반 사례의 상위 1, 2, 3위도 모두 삼성그룹 계열사이다. 삼성은 제조 설비 이전 후 연구 시설, 사무실 등의 일반 용도로 사용하거나 제조 시설 내의 연구 시설 등을

표 18-2 | 주요 기업의 2001~13년 8월까지 계약종별위반(산업용 → 일반용) 사례

단위: 천 원

| 기업명 | 위약금(천 원) | 위반 내용 |
|---|---|---|
| 삼성전자(수원) | 27,001,260 | 제조 공장 이전 후 연구 시설에 사용 |
| 삼성SDI | 1,113,650 | 제조 및 연구·사무실 분리 계약하지 않고 일괄 사용 |
| 제일모직(안양) | 921,930 | 본사 및 연구개발 센터에 사용 |
| LG디스플레이 | 31,990 | 직원용 기숙사에 사용 |
| CJ건설 | 18,120 | 경기도 해슬리 골프장에 사용 |

자료: 한국전력공사(강창일 의원실, 2011 재인용).

신고하지 않고 산업용 전기를 그대로 사용하는 등의 수법으로 용도별 전기 사용을 위반했다.

이중의 특혜에 불법까지 저질러 온 결과, 삼성전자의 경우 제조원가에서 전기요금이 차지하는 비중이 1% 미만이 되었고, 산업용 전기요금이 10% 가까이 인상된다고 해도 원가에 미치는 영향은 0.1% 내외에 불과하다는 것이 한국전력 측 추산이다(『신동아』2009/06/01).

## 3. 한국 에너지 시스템의 문제와 삼성

### 전기요금 구조와 에너지 시스템 왜곡

그러나 삼성전자와 삼성을 키운 전기요금 구조는 한국의 에너지 시스템에는 독이 되었다. 한국의 산업용 전기요금은 이미 10년 전인 2001년부터 1차 에너지원인 유류의 가격보다 낮아져, OECD 국가 중 유일하게 1차 에너지 가격이 2차 에너지 가격보다 비싼 국가가 되었다. 이 때문에 과거 경유·등유 등 유류를 사용하던 모든 제조 업종에서 투입 에너지를 유류에서 전기로 바꾸는 이른바 전력화電力化 추세가 급격히 일어나게 된다.

그림 18-2 | 국내 제조업 에너지원별 소비 추세(석탄·원료유 제외)

단위: 백만 톤

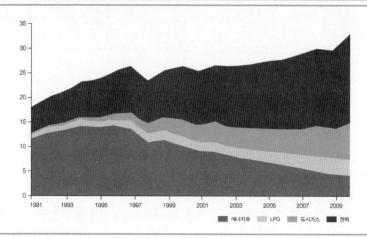

자료: 에너지경제연구원, 『에너지통계연보 2011년』(석광훈 외 2012 재인용).

　20여 년간 국내 전 부문의 에너지 소비 추세를 보면 1997년을 기준으로 유류 소비의 감소와 전력 소비의 증가가 뚜렷이 대비된다. 이런 현상은 국제적 기준에서 비교적 낮은 전기요금과 1990년대 후반부터 시작된 유류 세제 인상, 2000년대의 국제 유가 상승이 맞물리며 수송 부문을 제외한 모든 부문에서 발생하고 있다. 그리고 국내의 전력화 추세는 세계적으로 유례가 없을 정도로 급속도로 진행되어 최근 전력 수급 위기의 핵심 원인이 되고 있다. 특히 국내 전력 소비의 53%를 차지하는 제조업에서 급속한 전력화 현상은 심각하다(석광훈 외 2012 재인용).

　지난 2000년대 기간 동안 국내 제조업의 전력 소비 추세를 보면 동력용은 감소하거나 정체된 반면, 가열/건조용 전력 수요가 급격히 늘어났다. 특히 가열/건조용 전력 수요는 2001년 17.8TWh[15]에서 2010년 70TWh에 이르러 같은 기간 약 293%가 증가해 산업용 전력 수요 전체의 증가를 주도했다.[16] 가열/건조 공정은 정밀주조 같은 공정과 달리 유류로 충당 가능한 열 수요로서, 이 공정의 급격한 전력화 추세는 국가적으로 비효율적인 에너지 소비 구조가 고착화되고 있음을 의미한다. 즉 1차 에너지에서 전기로 바꾸면 필연적으로 에너지의 추가 손실이 발생하는데, 세금으로 보전해 주면서 낮게 유지한 전기요금 때문에 전기를 쓰지 않아도 되는 용도마저 전기를 쓰게 되고, 결과적으로 전기 생산을 위해 우리가 쓰기도 전에 버려지는 에너지는 계속 늘어나는 비효율적인 시스템이 되어 버린 것이다. 1차 에너지 기본 계획의 수요 전망을 기준으로 볼 때, 한국은 에너지 손실량이 최종 에너지의 증가량보다도 더 많아질 것으로 예상된다.

## 전력 수급 위기와 삼성 주력 산업단지의 공간적 집중

또한 삼성의 전기·전기 업종 사업장, 즉 전력 다소비 사업장은 특히 경기도에서 충청남도까지 공간적으로 매우 집중되어 있는데, 이것이 전력 수급 위기와 연계된다.

먼저 〈그림 18-3〉에서 보듯이 경기 지역의 전력 수요는 수도권의 소비 증가를 주도하며 급격히 증가하고 있다. 경기 지역에서는 산업용 전력소비가 큰 비중을 차지하는데 48%가 제조업에서 소비하고 있고, 제조업의 3분의 1 이상은 영상 음향 IT 분야가 차지하고 있다. 특히 영상 음향 IT는 연평균 20.8%씩 가장 급격하게 전력 소비가 증가하고 있다. 그리고 여

---

15_TWh = Tera Watt hour = $10^{12}$ Watt hour.

16_2010년 전력 소비량은 한국전력통계(211TWh)와 약 31TWh의 오차가 있으며 이는 해당 기관 간의 조사 및 집계 방식의 차이에서 비롯된다(석광훈 외 2012).

그림 18-3 | 행정구역별 전력 소비 증가 추세(2011년)

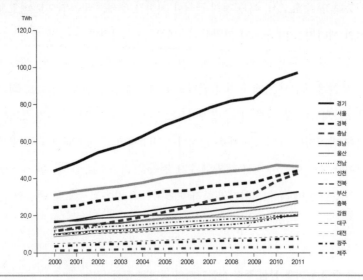

자료: 한국전력통계(2012); 석광훈 외(2012) 재인용.

기에 각각의 개별 사업장 하나가 1.5~2.5TWh가량의 전력을 소비해 전국 전기 소비량 상위인 삼성전자와 삼성디스플레이, 삼성SDI 등 삼성의 전기·전자 주요 사업장이 포진해 경기 지역의 영상 음향 IT 분야 전력 소비를 주도하고 있다. 경기지역 외에 전기소비량 상위인 삼성의 관련 사업장은 충남 천안, 아산에 위치하고 있다. 결정적으로 평택 고덕에는 2015년까지 120만 평의 세계 최대 규모 삼성전자 산업단지가 들어설 예정이다. 이는 수원·용인·화성의 삼성전자 부지 전체와 맞먹는 규모로, 여기에서 사용되는 전력만 충당하기 위해서라도 화력발전소이든 핵발전소이든 1기를 더 지어야 할 실정이다. 물론 그동안에도 나머지 전기·전자 사업장은 꾸준히 전력 소비량을 증가시킬 것이기 때문에, 이런 경향을 획기적으로 제어하지 못한다면 수원에서 천안·아산을 잇는 삼성의 전자 벨트만을

그림 18-4 | 경기도 내 영상 음향 IT 제조업의 전력 소비 증가 추세

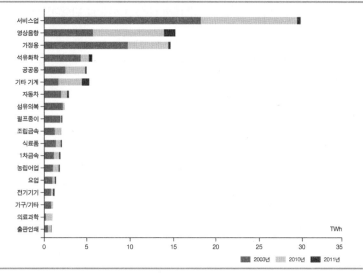

자료: 한국전력통계(2012); 석광훈 외(2012) 재인용.

위해 대규모 발전소와 초고압 송전망이 추가되어야 하는 상황이다.

문제는 이것이 전력 수급 위기, 그것도 블랙아웃이라는 막대한 사회적 비용과 피해를 가져올 수도 있는 위기의 핵심 원인 중 하나라는 것이다.

보통 공학적 관점에서 블랙아웃의 가능성을 높이는 주요 원인은 크게두 가지이다. 첫째, 수요에 비해 공급이 부족할 경우, 둘째, 전력망 사고의파급으로 전체 망이 연쇄적으로 붕괴하는 경우이다. 그런데 한국은 첫째보다 오히려 수도권에 밀집된 수요와 포화된 전력망의 상황으로 볼 때 둘째의 가능성이 더 우려된다는 것이 전문가들의 지적이다. 2013년 현재,발전설비가 부족한 수도권의 경우 부족한 전력을 외부 송전망에서 융통을 하고 있다. 구체적으로는 2개의 765kV 초고압송전선(당진석탄-신서산-신안성, 울진원전-신태백-신가평)과 4개의 345kV 고압송전선(아산-화성선,

신제천-곤지암선, 신온양-서서울, 신안성-신진천)이 수도권의 전력 수요를 감당하고 있다. 그러나 단일 송전선로에서 다양한 이유로 단락이 발생할 경우 수도권 계통 전체에 충격을 줄 수 있는 위험으로 인해 각 송전선로의 송전 전력량에는 제약이 주어지고 있는 상황이다. 예를 들어, 2010년 현재, 신서산-신안성(765kV) 구간의 송전 제약은 34%(실제 이용률 33%), 신태백-신가평(765kV) 구간의 송전 제약은 21%(실제 이용률 19%)이다. 쉽게 말해 8차선 도로를 만들어 놓았으나, 통행이 집중될 경우 도로가 붕괴될 수 있기 때문에, 8차선 도로에서 2차선씩만 쓰면서 이런 8차선 도로를 4개 만드는 격이다.

한국은 그동안 밀집된 산업단지와 대도시의 전기수요 공급을 위해 전력 계통이 수요지 중심으로 집중하는 소위 중앙집중식 전력 시스템을 구축해 온 결과 전반적인 전력 계통이 극도로 불안한 상황이다. 전력 생산지와 소비지가 멀리 떨어지다 보니 전기 수송 과정에 문제가 발생할 여지도 크다. 수도권에서 가동 중인 6개 송전선로 어느 하나만 정지되어도 수도권 계통의 전압 안정성이 취약해져 대규모 광역 정전이 발생할 수 있다. 이 때문에 2011년 9월 15일 전국 정전 사태 이후, 공학자들조차 입을 모아 중앙집중식 대규모 발전·송전 시스템의 문제점에 대해 우려하고, 수요 및 공급의 분산을 강조하고 있다.

또한 송전계통에 문제가 발생하는 경로는 하나 더 있는데, 발전 단지의 집중이다. 발전 단지에 대규모 용량이 밀집하면 불시 정지에 의한 정전 위험이 증가한다는 것이다. 마지막 쟁점은, 그간 중앙집중식 전력 시스템의 폐해로 신규 송전망 건설의 정당성과 사회적 수용성도 현저히 떨어졌다는 점이다. 밀양 송전탑 반대 투쟁은 이를 대표적으로 보여 준다. 그러나 이미 보았듯이 삼성만으로도 수도권의 수요는 더 집중될 전망이고, 이에 따라 발전 단지의 집중화도, 포화 직전 수도권을 포함한 송전 설비의 증가도 예정되어 있다.


# 4. 아직 우리도 찾지 못한 답

이 글은 삼성이 환경 파괴와 기후·에너지 위기의 주범으로서 활약한 구체적인 정황을 담기도 했지만, 그것이 삼성을 키우고, 삼성을 치켜세우며, 삼성에 의존해 우리 사회가 함께 수행한 것임을 이야기했다. 또한 이 글은 삼성의 불법적이거나 바람직하지 못한 행위에 대해 간접적으로 시정의 요구를 담고는 있으나, 삼성의 시정만으로 한국 에너지 시스템의 위기가 해소될 수 있다고 보지 않는다.

송원근이 지적하고 있는 삼성과 삼성 공화국의 특징, 즉 "'삼성 공화국' 내에서 삼성은 기업 환경을 스스로 결정하고, 그에 따라 환경 변화에 적응할 필요가 있음을 자각하지 못할 만큼 위험한 상황"이고, "우리 국민경제 전반의 발전 동력을 잠식"하며, "게임의 규칙을 지키는 행위자여야 함에도 불구하고 '경기 규칙'을 자신의 필요에 따라 바꿀 수 있는", 그래서 "'삼성 공화국'은 삼성을 위시한 재벌 기업의 특수한 존재만을 중심으로 경제구조를 재편"해 "결국 전 사회적으로 달성해야 할 국가적 목표로부터 멀어지게" 한다는 특징들은 에너지 시스템에 있어서도 거의 그대로 대입 가능하다(송원근 2008, 42-67).

삼성은 전력 다소비 기업으로서 그에 적절한 가격정책, 즉 세계적으로 유례가 없는 낮은 산업용/경부하 전기요금이 유지되도록 결정할 수 있는데, 여기에는 퇴임 후 삼성 행을 원하는 공직자들이 기여한 바도 있겠지만 점점 더 삼성전자의 성적에 좌우되는 경제구조가 오히려 더 강력한 무언의 압력으로 작용하고 있다.

또한 삼성은 1993년 신경영 선언에서부터 친환경을 주요 경영 이념으로 내세우고 『지속가능보고서』를 발간하고 친환경 제품들을 내놓고 있지만, 실은 전 지구적인 기후·에너지 위기나 핵 위협 확산을 막기 위해 적응할 필요성을 느끼기보다 이를 시장 확대의 기회로 활용하고 있을 뿐이다. 본질적으로 삼성은 전기·전자 제품을 최대한 많이 생산해 판매하고 이윤을 남겨야 하며, 이를 위해 생산단계에서도 더 많은 전력을 쉽게 소비할 수 있어야 하는 전력 다소비 기업이다. 게다가 수익성 악화로 고전을 면치 못하고 있는 토건 분야에서 아시아의 핵 확산은 핵 발전 플랜트 산업 수출을 위한 놓칠 수 없는 기회이다.

한편 삼성 공화국은 에너지의 수입의존도가 90% 이상임에도 불구하고, OECD에서 에너지 소비와 전력 소비가 가장 급격하게 증가하고 있는 이상한 나라이다. 정부는 용인하는 수준을 넘어 오히려 급격한 전력과 에너지 소비가 장기적으로도 지속될 것임을 전제하며 발전소를 더 많이 짓고, 한편으로 사실상 한국 사회와 경제를 지배하고 있는 삼성과 재벌 기업들의 전력 다소비 산업이 경쟁력을 상실하지 않도록 물심양면으로 지원한다.

그러는 사이에 삼성 공화국의 산업구조는 국제시장의 흐름과 유리되어 장기 경쟁력이 점점 약화되고 있다. 유럽의 경우 거의 대다수가 현재의 전력 소비 추세를 꺾어 절대적인 소비를 감축하는 방향을 잡고, 환경 세제 중심의 대대적인 세제 개편을 실행하고 장기적으로 산업구조의 개편을 준비하고 있다. 그러나 1차 에너지인 화석연료보다도 값싼 전기를 편하게 쓸 수 있는 한국의 기업들은 화석연료 고갈과 같은 심각한 정세가 피부에 와 닿지 않으므로, 전 세계적인 흐름에 맞춰 사업과 사업장을 바꾸는 작업을 하지 않는다. 국가 전체적으로는 전력과 에너지 다소비형 산업의 비중을 줄이고 산업구조를 고도화하거나 녹색 경제로 개편하는 길이 가로막혀 있다.

이 글의 논지대로 다시 정리하자면 이렇다. 첫째, 삼성은 지나치게 낮은 전기요금과 정부의 각종 지원 속에 전력 다소비 업종을 중심으로 세계 초일류 기업으로 성장했다. 둘째, 삼성을 키운 공급 중심적 전기요금 정책은 대표적으로 전력화와 같은 왜곡을 통해 전력 수급의 위기를 유발시키고 있다. 셋째, 삼성전자 등의 전력 다소비 사업장은 인력과 인프라가 갖춰진 수도권을 중심으로 공간적으로 집중되어 있으며, 그 자체가 거대한 전력 수요지로서 중앙 집중형 대규모 에너지 시스템 그리고 지역적으로 불평등한 에너지 시스템을 구성하고 있다. 넷째, 이런 전력 수요지의 집중은 송전망 포화와 함께 전력 수급 위기의 또 다른 국면을 형성하고 있다. 다섯째, 한국의 지속 가능한 발전을 위해서는 산업구조를 에너지 저소비형으로 전환하고, 중앙 집중형 대규모 공급 시스템에서 분산형 에너지 자립 시스템으로 전환해야 하지만, 이런 방향은 전력 다소비 기업이자 수도권―충남 전자 벨트를 거점으로 삼는 삼성이 동조하거나 한국 사회가 이를 강제하지 않는 한 앞으로도 요원할 것이다.

업계 최초, 국내 최초의 지속 가능 경영 보고서를 발간하며 녹색 경영을 내세우고 있는 삼성은, 지속 가능성을 표방하면서도 우리에게 지속 불가능한 에너지 시스템과 지속 불가능한 사회를 안겨 주었다. 애초에 지속 가능 사회를 향한 삼성의 진심 따위는 없다. 우리가 전력 다소비 산업의 대표 삼성을 친환경 기업이라고 부르는 것 자체가 어불성설이다.

특히 마지막 대목은 중요하다. 거의 전적으로 에너지를 수입하고 핵발전소와 핵발전소 주변 지역의 인구 밀도가 세계 최고인 한국에서, 전기를 많이 써야 이윤을 남기는 기업이 경제와 사회를 지배해서는 안 된다. 한국이 바람직하게, 아니 살아남을 수 있게 지속 가능한 사회로 전환하기 위해서는, 현재의 삼성이 원하지 않는 방향으로 틀어야만 한다. 그리고 이를 위해서는 삼성이 망하면 한국 경제가 망한다는 이데올로기로부터 국민 대다수가 탈출해야 한다. 그렇지 않으면 삼성의 전력 다소비 산업이 추구하는 방향에서 벗어난 정책은 수립되지 못할 것이다.

한국 사회는 에너지의 절대적 감축이 필요하지만, 삼성은 에너지 효율 등급이 높거나 에너지 효율을 높여 주는 상품은 만들지 몰라도 전력 소비를 감축시키는 정책은 받아들이지 못한다. 공간적으로 집중된 삼성의 전기·전자 사업장에서, 자가발전을 해 좋은 가격으로 한전에 되팔거나, 삼성 에스디아이의 전력 저장 장치(ESS)를 설치해 (전력화의 주범인) 싼 심야 전력을 저장했다가 피크 시간대에 비싸게 되파는 것은 기꺼이 받아들이겠지만, 사업장을 분산시키는 것은 반대할 것이다. 그리고 우리가 삼성이 받아들일 수 있을 만큼의 정책만을 수립하고 집행하는 동안, 우리의 지속 가능한 미래는 점점 힘들어질 것이다.

# 부록

# 삼성 반도체 백혈병 등
# 산재 인정 투쟁

## 직업병 제보, 산재 신청 현황을 중심으로

이종란

## 1. 고 황유미의 죽음과 아버지의 투쟁

'반올림' 활동의 시작은 영화〈또 하나의 약속〉을 통해서도 널리 알려진
것처럼, 19살에 삼성 반도체 공장에 입사해 불과 2년 만에 백혈병이 발병
해 2007년 3월 6일, 스물세 살의 나이로 세상을 떠난 고 황유미 씨의 죽음
을 '산업재해'로 인정받고자 했던 그녀의 아버지 황상기 씨의 외로운 투쟁
으로부터 시작되었다.

내 딸이 삼성 반도체 공장에서 화학약품을 취급하는 일을 하다가 2년째 되던
해에 백혈병이 걸렸어요. 그런데 함께 2인 1조로 일하던 동료 이숙영 씨도 똑
같이 백혈병에 걸렸고 둘 다 죽었어요. 그런데 삼성은 이게 개인 질병이고 우

연의 일치라고 합니다. 또 이 둘 만이 아니라 제가 알기로는 백혈병에 걸린 사람이 여섯 명쯤 됩니다. 백혈병이 감기도 아니고. 한 회사에서 여럿이 백혈병에 걸렸는데 이게 산업재해가 아니면 뭐가 산업 재해이겠습니까.[1]

당시의 황상기 씨는 큰 방송사와 정당들에 제 아무리 호소를 해도 '산업재해 증거를 가져올 것'을 요구하거나 회피했을 뿐, 이 문제에 나설 사람들을 만나지 못했다고 했다. 그러나 다행스럽게도 아버님의 호소를 통해 월간 『말』, 『수원시민신문』과 같은 작은 언론사에서 취재를 했고, 언론사 기자들의 연결로 '건강한노동세상', '다산인권센터', '민주노총경기본부', '한국노동안전보건연구소', '산업재해노동자협의회' 등 19개 노동 시민사회단체들이 힘을 규합해 2007년 11월 20일 고 황유미 씨가 생전에 일했던 삼성 반도체 기흥 공장 앞에서 대책위원회(현재의 반도체노동자의 건강과인권지킴이, 반올림)가 조촐하게 출범을 했다.


## 2. 대책위원회(반올림)의 출범

2007년 11월 '삼성 반도체 집단 백혈병 진상 규명과 노동기본권 확보를 위한 대책위원회'(약칭 대책위원회) 출범 기자 회견문에는 문제의식과 목표가 잘 드러나 있다.

---

1_2007년 11월 20일 '삼성 반도체 백혈병 진상규명 대책위' 발족 기자회견 시, 고 황유미 씨 아버지 황상기 씨의 발언 내용임.

오늘 우리는 '삼성 반도체 집단 백혈병 진상규명과 노동기본권 확보를 위한 대책위원회'의 발족을 알리기 위해 모였다.

우리가 모여 있는 이 곳, 삼성전자반도체 기흥 공장에서 지난 7년간 최소한 여섯 명의 노동자가 백혈병으로 쓰러졌고, 다섯 명이 목숨을 잃었다. 이들이 백혈병으로 고통 받게 만든 원인이 무엇인지, 그리고 지난 20여 년 간 이 공장을 거쳐 간 수만 명의 노동자들 중 얼마나 많은 이들이 똑같은 고통을 받아야 했는지는 아직 아무도 모른다.

그러나 우리는 분명히 알고 있다.

수십 수백 가지의 유해 물질을 사용하는 반도체 산업에서 자연유산과 암의 위험이 높아진다는 외국의 경험을 우리는 알고 있다. 그 원인을 명확히 파헤치기 위한 연구들이 이루어지기도 전에, 반도체 산업은 더 값싼 노동력과 더 느슨한 환경 규제 지역을 찾아 국제적으로 이동해 왔다. 노동자의 안전과 생명에 신경쓸 여지조차 남기지 않고 이윤을 찾아 질주하는 신자유주의 세계화의 어두운 그림자가 반도체 산업에 얼마나 짙게 드리워져 있는지를 우리는 잘 알고 있다. 정확히 어떤 물질이 어떻게 작용했는지를 입증하기 어렵더라도, 일터에서 건강과 목숨을 잃은 노동자들은 최소한의 치료와 보상을 받을 권리가 있다는 것을 우리는 알고 있다. 산재보험 제도는 이런 권리를 보장하기 위해 만들어진 제도이며, 이들의 질병이 업무와 관련되지 않는다는 확실한 증거를 찾지 않는 한, 근로복지공단은 지체 없이 산업재해로 인정하고 보상해야 한다는 것도 우리는 잘 알고 있다.

또한 한 공장 안에서 여러 명의 노동자들이 같은 질병에 걸렸다면, 사업주는 최소한 그 공장의 작업 환경에 무슨 문제가 있는지를 찾아내고 해결하기 위해 노력할 책임이 있다는 사실을 우리는 알고 있다.

그러나 삼성은 사업주로서의 책임을 다하기는커녕 병든 노동자에게 퇴사를 종용하고, 현장에 한 발짝도 들어설 수 없는 유족들에게 작업환경의 문제점을 찾아낼 테면 찾아내 보라며 이중 삼중의 고통을 안겨주었다. 우리는 이런 고통이 수십 년 동안 고수해 온 무노조 경영 방침 아래 노동삼권을 짓밟힌 채 지내온 수많은 삼성 노동자들의 고통과 다르지 않다는 것을 알고 있다.

그리고 이처럼 최소한의 윤리적 책임조차 거침없이 외면하는 삼성의 모습은, 온갖 비리의 온상이 되어 썩은 내가 진동하는데도 공권력조차 손대지 못하는 절대 권력에 대한 자신감이라는 사실도 알고 있다. 건강하게 일할 권리, 인간답게 일할 권리를 되찾기 위해서는 반노동 기업 삼성, 절대 권력 삼성에 맞서 싸울 수밖에 없다는 사실을 우리는 너무도 잘 알고 있다.

따라서 우리 "삼성 반도체 집단 백혈병 진상 규명과 노동기본권 확보를 위한 대책위원회"는 산재 은폐에 맞서 삼성전자반도체 노동자들의 백혈병 발생에 대한 진상을 규명할 수 있도록 싸울 것이다. 또한 삼성의 노동자들이 삼성 자본의 무노조 경영 방침에 맞서 노동기본권을 되찾기 위한 투쟁을 조직하고 연대할 것이다. 그리고 그동안 '세계화 시대의 첨단 산업', '국가 경제의 일등 공신'으로 미화되기만 했던 반도체 산업의 뒷면에 숨겨진 '직업병과 환경오염의 세계화'에 대해 세상에 알리고, 이에 맞서 싸울 것이다.


# 3. 직업병 제보

반올림이 출범한 이후 삼성 반도체 백혈병 이슈가 언론 보도를 통해 조금씩 알려지면서 직업병 제보가 반올림으로 끊임없이 이어져 왔다. 병명은 매우 다양했다. 백혈병과 악성림프종과 같은 림프조혈계 암뿐만 아니라, 뇌종양·흑색종·유방암·난소암·폐암·융모암과 같은 다양한 암과 재생불량성빈혈·다발성경화증·다발성신경염증·루게릭 등 중증 희귀 난치성 질환 피해자들의 제보가 이어졌다. 2014년 8월 현재까지 반올림에 제보

표 1 | 반도체·전자산업 직업병 전체 피해 제보 현황

**표 1 | 반도체·전자산업 직업병 전체 피해 제보 현황**

단위: 명

| 분류 | 제보 | 사망 |
|---|---|---|
| 삼성전자 계열사 | 233 | 99 |
| 하이닉스, 매그나 칩, ATK, 중소 하청 반도체 전자 회사 | 56 | 21 |
| 총계 | 289 | 120 |

자료: 2014년 8월말 현재까지 반올림(cafe.daum.net/samsunglabor)에 제보된 피해자 수.

**표 2 | 삼성전자 계열회사 직업병 제보 현황**

단위: 명

| 회사 | 생산 제품 | 제보 | 사망 |
|---|---|---|---|
| 삼성전자 | **반도체** | 138 | 59 |
| | LCD | 26 | 11 |
| | 휴대폰, 기타 전자 부품 | 18 | 10 |
| | 소계 | 182 | 80 |
| 삼성전기 | PCB, 전자부품 | 13 | 9 |
| 삼성SDI | 텔레비전 브라운관, LCD, PDP 등 | 33 | 9 |
| 삼성테크윈 등 | 영상, 로봇, 정밀 기기 등 | 5 | 1 |
| 총계 | | 233 | 99 |

자료: 2014년 8월 말 현재까지 반올림에 제보된 피해자 수.

된 반도체, LCD 등 첨단 전자 산업 직업병 피해 제보는 모두 289명, 이 가운데 120명이 사망했다.

젊은 나이에 암에 걸릴 확률은 매우 낮음에도 불구하고 제보된 이들 대부분이 겨우 20~30대였다. 특히 전체 289명의 피해 제보 가운데 삼성의 전자 계열회사(삼성전자·삼성SDI·삼성전기 등)에서 들어온 제보는 모두 233명(사망 99명)으로 대부분을 차지했다.

반도체와 LCD를 생산하는 삼성전자의 경우는 182명(사망 80명)으로 단일 회사로서는 피해자 제보가 가장 많았다. 그중에서도 반도체 노동자는 138명이나 된다. 이는 반도체 공장에서 수백 가지의 화학물질과 방사선 등이 사용되는 데도 불구하고 안전관리를 소홀히 했기 때문이다.

〈표 2〉의 현황은 반올림에 들어온 제보를 통해 파악된 피해 규모이므

로 반올림에 제보되지 않은 피해자까지 감안하면 전체 직업병 피해자는 훨씬 더 많을 것이다. 따라서 삼성을 비롯한 기업주들 그리고 정부는 반도체 전자 산업 질병 피해자 규모가 정확히 어느 정도인지부터 투명하게 밝혀야 한다. 그리고 사용하는 화학물질의 인체 유해성 정보를 공개해야 한다.

참고로, 미국의 노동통계사무국Bureau of Labor Statistics, U.S. Department of Labor (2003년)은 모든 부상과 질병 중에서 노동 손실을 일으킨 직업병 비율을 발표했는데, 2001년 현재, '모든 제조업'의 직업병 비율은 6.3%, '전자기기와 그 부속들과 관련한 산업'은 9.5%, '반도체와 그 연관 장치와 관련한 산업'의 직업병 비율은 15.4%로 모든 제조업 대비 반도체 산업이 가장 높은 직업병 비율을 가진 산업이라고 발표했다. 반면 우리나라의 경우 최근 10년간 한국 경제성장에 가장 크게 기여한 업종 1위가 '반도체 및 전자 부품' 업종임에도 불구하고 반도체 산업 노동자들에 대한 직업병 발병과 관련한 통계조차 내놓고 있지 않다.

암과 희귀 질환이 중심이 된 반올림의 피해 제보 현황(표 1, 표 2)에 포함되지는 않았지만, 매우 중요한 질병 피해가 '생식 독성' 피해자들이다. 즉 생리불순이나 불임, 유산, 기형아 출산 등의 피해를 말하는데, 이는 암과 희귀 질환보다 훨씬 많고 흔했다.

2013년 민주당 은수미 의원과 시민건강증진연구소에서 반도체 여성 노동자들의 건강보험 이용 내역서를 분석해 본 결과, 반도체 여성 노동자들의 경우 일반 직장 여성보다 30대에서 최대 94%나 더 많은 자연유산 진료를 받았고, 월경 이상 치료 경험도 최대 54%나 많았다. 이는 해외 반도체 산업 직업병 피해 사례처럼 반도체를 생산하는 데 사용되었던 화학물질 중 생식 독성 물질에 노출되었기 때문으로 보인다.

## 4. 삼성전자 안전관리의 심각성

질병 피해를 호소해 온 삼성 반도체 노동자들은 근무 당시 화학물질에 노출된 경험이나 가스 누출 사고를 종종 겪어 왔지만 방독면을 착용한 적이 없고, 화학물질 관련 안전보건교육을 받아 본 적도 없다고 했다. 심지어 생산 효율을 위해 안전장치(인터록)를 풀고 작업하는 경우도 많았다고 한다.

삼성이 화학물질 등의 안전관리를 소홀히 했다는 증거는 이런 노동자들의 증언뿐만이 아니다. 2009년 서울대 산학협력단이 실시한 "반도체 사업장 위험성 평가 자문 보고서"에 따르면, 삼성전자 반도체 기흥 공장 5라인에서 99종의 화학제품을 사용하고 있는데 이 물질들의 성분에 대해 삼성이 자체적으로 확인한 제품은 하나도 없고 오로지 물질 공급 업자가 제출하는 물질안전보건자료(MSDS)에 의존하고 있었다. 화학물질의 경우 이력 관리가 매우 중요함에도 불구하고 삼성은 사용 화학제품의 60%는 언제부터 쓰이기 시작했는지조차 파악하지 못했다. 83종의 단일 화학물질 중 삼성이 작업 환경 측정 대상에 포함시키는 물질은 24종밖에 되지 않았고 10종은 영업비밀을 이유로 제조사의 성분 자료조차 재대로 밝히지 않았다. 해당 보고서에서는 2009년 2~7월까지 기흥 공장 5라인에서 46건의 가스 검지기 경보가 울렸는데, 일부 가스 누출의 경우 95분 가까이 지속됐지만 대피 등 현장 노동자들에게 적절한 조치를 취하지 않았다고 지적했다.

2013년 삼성 반도체 화성 공장의 불산 누출로 인한 사망 사고도 삼성이 안전조치를 제대로 하지 않아 발생한 인재였다. 삼성이 라인 가동을 멈추지 않은 채 정비 작업을 하게 하여 다량의 불산 증기에 노출되어 결국 사망에까지 이른 것이다. 이 사고로 실시된 고용노동부 특별 근로 감독 결과, 삼성전자는 무려 1,934건의 〈산업안전보건법〉을 위반했던 것으로 드러났다.


## 5. 산재 신청 및 소송 현황

삼성 반도체 백혈병 사망 노동자 고 황유미 씨의 아버지 황상기 씨가 2007년 6월에 반도체 직업병 피해로는 최초로 근로복지공단에 산재(유족급여 등) 신청을 한 뒤 2008년에는 반올림을 통해 6명의 삼성 반도체 백혈병 노동자가 집단 산재 신청을 했다. 산재 신청은 계속 이어져서 2014년 3월 현재까지 43명의 피해 노동자 및 유족이 근로복지공단에 산업재해 신청을 했다.

그 결과 2014년 8월 현재까지 총 4명(삼성 반도체 유방암 사망 1명, 재생불량성빈혈 사망 및 투병 각 1명, 매그나칩반도체 백혈병 사망 1명)이 근로복지공단으로부터 산재 승인을 받았다. 이렇게 승인된 4명 중 3명은 삼성 반도체 노동자이다. 아직 근로복지공단에 계류 중인 사건도 17건이나 된다. 승인된 경우에 비해 불승인된 경우가 23명으로 훨씬 더 많다. 불승인율이 높은 이유는 노동자가 산재임을 증명해야 하는 까다로운 현행 법제도의 문제에 더해, 삼성이 화학물질 정보 등 관련 자료에 대해 은폐하고 왜곡해 왔기 때문이다.

불승인된 노동자와 유가족 15명은 근로복지공단을 상대로 행정소송을 제기했다. 이렇게 제기된 행정소송에 삼성전자는 보조참가 신청을 하고 방대한 분량의 서면과 증빙자료로 유가족 및 피해자의 주장을 반박했다.

| 결과 | 사업장 | 상병명 | 처리 기간 |
|---|---|---|---|
| 취하 1 | 삼성전자 반도체 | 백혈병 | - |
| 불승인 23 | 삼성전자 반도체 17<br>삼성전자 LCD 5<br>삼성전자 DVD 1 | 백혈병 7<br>뇌종양 4, 다발성경화증 3, 재생불량성빈혈 2,<br>웨게너 육아종, 유방암, 루게릭, 난소암,<br>확장성 심근병증, 림프종, 종격동암 각 1 | 평균 428일 |
| 승인 4 | 삼성전자 반도체 3<br>매그나칩 반도체 1 | 재생불량성 빈혈 2, 백혈병, 유방암 각 1 | 평균 486일 |
| 계류 중 17 | 삼성전자 반도체 12<br>삼성전자 LCD, QTS 각 2<br>삼성전기 1 | 유방암 6, 폐암 4, 백혈병 3,<br>림프종, 뇌종양, 갑상선암, 융모상피암 각 1 | |

자료: 반올림(cafe.daum.net/samsunglabor).

행정소송 재판을 통해 산재 인정 판결을 확정받은 사람은 삼성 반도체 백혈병 사망 노동자인 고 황유미, 고 이숙영 씨 두 명이다. 아직까지 많은 분들이 오랜 시간 소송을 통해 산재를 인정받기 위해 싸우고 있다.

# 6. 백혈병 산재 인정 판결의 의미

2011년 6월 23일 서울행정법원(1심)은 "삼성전자 반도체 노동자 고 황유미, 고 이숙영씨가 백혈병으로 사망한 것은 벤젠 등 여러 유해화학물질과 전리방사선 노출의 상호작용으로 인한 산업재해"라고 판결을 내렸다. 이는 반도체 노동자로서 최초의 산재 인정 판결이 되었다(2011.6.23.선고, 2010구합1149판결)

이런 판결 결과에 대해 피해자들은 근로복지공단을 상대로 '4년이나 걸려 산재 인정을 받았는데 제발 항소만은 하지 말아 달라'고 농성을 하고 싸웠다. 그러나 이런 간절한 호소에도 불구하고 근로복지공단은 항소를 제기했다. 그리고 1심에 이어서 2심에서도 삼성전자측은 대형 로펌 변호사들을 고용해 근로복지공단의 보조참가인으로 소송에 적극 참여해 방대한 서면과 증거들을 제출하면서 산재가 아니라고 적극적으로 방어해 왔다.

그러나 손바닥으로 하늘을 가릴 수 없듯이 삼성 반도체 백혈병 산재 인정의 증거들은 시간이 지날수록 조금씩 더 드러났고, 3년간의 긴 항소심 변론을 마치고 2014년 8월 21일 마침내 서울고등법원(2심)은 1심과 마찬가지로 '고 황유미, 고 이숙영 씨의 백혈병 사망은 벤젠 등 여러 유해화학물질 노출에 의한 산업재해'라고 판결했다(2014.8.21.선고, 2011누23995 판결). 그리고 근로복지공단은 대법원에의 상고를 포기했다. 이로써 7년간 논란이 되어온 삼성 반도체 백혈병은 '산업재해'라는 것이 최종 확정되었다.

억울하게도, 함께 소송을 제기했던 다른 세 명의 피해자는 산재 인정을 받지 못해 현재 대법원에 상고 중이다. 또한 아직도 근로복지공단과 법원을 통해 산재 인정 여부를 다투는 피해자들이 수십 명이 된다. 노동자가 산재임을 증명해야 하는 부당한 법제도와 삼성의 자료 은폐와 왜곡 등 방해, 노동자가 증명하기 위한 수단이 거의 보장되지 않는 현실 속에서 산재 인정 싸움은 어려움이 계속 남아 있을 수밖에 없지만, 고 황유미 씨 등 최초의 삼성 반도체 백혈병 산재 인정 판결은 큰 의미가 있다.

이런 판결 결과는 무엇보다 삼성 측이 단호히 주장해 왔던 점, 즉 '삼성 백혈병은 직업병이 아니다. 삼성 반도체 공장의 모든 화학물질은 안전하게 관리되고 있고 발암물질에 노출되지 않는다'는 주장이 사실과 다르다는 점을 법원이 공식 인정한 것이다.

또한 7년이라는 길고 긴 시간 동안 피해자들이 삼성 측의 온갖 회유와 방해에도 굽힘 없이 싸워서 만들어 낸 값진 승리다.

| 삼성 반도체 백혈병 산재 신청 주요 경과 |

2007년 6월  고 황유미 씨 유족, 근로복지공단에 산재 유족급여 신청

2007년 11월  대책위원회(반올림) 발족

2008년 4월  삼성 반도체 백혈병 피해자 5명, 근로복지공단에 집단 산재 신청

2009년 5월  근로복지공단 전원 불승인 처분

2010년 1월  원고 6명 행정소송 제기

　　　　　　삼성전자의 보조참가 신청(대리인: 법무법인 율촌)

2010년 4월  원고 고 박지연 씨 유족 소송취하

2011년 6월  서울행정법원, 고 황유미, 고 이숙영 산재 인정

2011년 7월  항소하지 말 것을 호소하며 공단 앞 농성 돌입

　　　　　　근로복지공단의 항소, 삼성도 보조참가 신청, 삼성 측의 인바이런 조사 결과 발표(백혈병은 업무와 무관)

2014년 5월  권오현 대표이사 사과 및 삼성전자 측 소송 보조참가 취하서 제출

2014년 8월  고등법원 항소심 판결(2명 승소, 3명 패소)

2014년 9월  고 황유미, 고 이숙영 판결 확정 (공단의 상고 포기), 원고 3명은 대법원 상고

## 7. 마치며

반올림의 산재 인정 투쟁은 단지 피해자를 위한 보상 투쟁에 그치지 않는다. 산재 인정 투쟁은 결국 산재를 예방하고 건강한 일터를 만들기 위한 것이다. 죽음의 반도체 공장을 건강한 일터로 바꾸기 위해서는 현장의 노동자들이 잠재적 위험을 미리 알 수 있어야 하고, 위험한 현장을 실제로

통제할 수 있어야 한다. 그러기 위해서는 민주적이고 힘 있는 노동조합이 필요하다.

그러나 여전히 삼성은 무노조 정책을 고수하고 노동삼권을 박탈하고 있다. 이런 삼성의 불법적이고 반노동자적 행태를 바꾸기 위해서는 더 많은 사람들의 힘이 필요하다. 평범한 많은 사람들이 삼성이라는 화려한 이미지에 더 이상 속지만 말고 삼성의 잘못을 비판하고 바꿔 내기 위해 한목소리가 되어야 한다. 조직된 노동자들의 연대의 힘도 중요하다. 국제사회의 압력 또한 삼성을 바꾸는 데 큰 힘이 될 것이다.

아직까지 삼성전자 노동자들의 노동조합 조직화는 가시화되지 않았으나 고 황유미 씨의 아버지를 비롯한 삼성 직업병 피해자들의 산재 인정 투쟁, 삼성에버랜드 노동자들의 노동조합 인정 투쟁, 삼성전자서비스지회의 조직화 사례 등을 보면서 머지않은 미래에 삼성전자 노동자들도 민주 노조를 건설할 수 있으리라 기대해 본다.

**영화 〈또 하나의 약속〉 상영과 관련한 불공정 행위에 대한 기록**

# [참여연대 보도자료]

(2014년 2월 19일)

〈또 하나의 약속〉에 대한 횡포는 재벌들의 이심전심인가.

또하나의가족제작위원회·개인투자자모임·반올림·한국영화프로듀서조합·참여
연대·민변, 롯데시네마 불공정 행위 공정위에 신고.

1. 영화 〈또 하나의 약속〉이 영화 상영 시장을 독점한 3개 사에 의해 당하는 각종
   불이익은 이미 다수 언론에서 보도되었습니다. 평범한 사람들의 시각에서는 영
   화관이 예상되는 수익을 포기하면서까지 영화 광고와 상영관을 대폭 축소하고,
   발권까지 된 예매를 취소하는 사태를 도무지 납득하기 어렵습니다. 〈또 하나의
   약속〉에 모티브가 된, 반도체 제작 노동자로서 산업재해 판정을 받은 백혈병으
   로 사망한 고 황유미 씨가 국내 최대 재벌그룹의 일원인 삼성전자에서 근무했던
   노동자가 아니었다면 이런 기상천외한 일들이 벌어졌을까요?

2. 영화 〈또 하나의 약속〉을 만든 '가족'과도 같은 단체들과 시민사회단체는 상영
   관 메이저 3사 중에서 이 영화에 극단적인 불이익을 부과한 롯데시네마를 〈공
   정거래법〉상 불공정거래행위로 공정거래위원회에 신고하는 기자회견을 진행
   합니다. 오늘 기자회견은 롯데시네마의 행위가 불공정 행위에 해당하여 신고한
   다는 것이지만, 제 단체들이 진짜 제기하고 싶은 것은 한 재벌 기업의 단순한
   〈공정거래법〉 위반의 문제가 아닙니다. 제 단체들은 오늘 기자회견이 수준급

예술조차 마음대로 즐기지 못하는 이유가 무엇인지, 우리 사회에서 '재벌 독재'의 해악이 어느 수준에 이르렀는지 생각하는 계기가 되기를 바랍니다. 롯데시네마가 삼성전자와 공모하여 이 같은 횡포를 부렸다는 증거가 있는 것은 아닙니다. 그러나 최소한 '재벌 그룹 사이의 이심전심'이 아니고서는 이 같은 사태를 논리적으로 설명할 수 없습니다. 제 단체들은 또한 영화를 사랑하는 시민들에게 여러 악조건에도 불구하고 이 영화를 지키는 싸움에 동참해 주시기를 호소합니다. 이 영화의 제작이 시민들의 사랑이 일군 기적이었듯, 이 영화가 결실을 맺는 데도 기적과도 같은 시민들의 사랑이 필요합니다.

3. 오늘 기자회견은 또하나의가족제작위원회와 개인투자자모임, 반도체 노동자의 인권 지키기 활동을 펼쳐온 반올림, 한국영화프로듀서조합, 참여연대 시민경제위원회, 민변 민생경제위원회의 제 관계자들이 참석했습니다. 이들 단체들은 오늘 공정위 신고 이후에도 〈또 하나의 약속〉에 대한 불공정 행위를 바로잡고 이 영화를 지키기 위한 싸움을 계속해 나갈 것입니다.

4. 롯데시네마의 〈또 하나의 약속〉에 대한 불공정 행위 신고서 요약

○ 영화 상영 업자가 영화 상영관 등을 배정하는 방식
영화 상영 업자는 시사회 평가, 인터넷 포털사이트 검색 순위, 영화 예매 사이트 차트, 동영상 조회 수, 개봉작 예매율 등을 종합하여 영화의 흥행성을 판단하고 개봉관 수와 스크린 배정을 결정

○ 〈또 하나의 약속〉이 받은 불이익
가. 상영관 등 배정에서의 불이익
  • 〈또 하나의 약속〉은 개봉 2주 전인 2014년 1월 넷째 주에 개봉 예정작 예매율 1위, 포털사이트 네이버 검색 순위 1위, 2월 4일 영진위 통합 전산망

실시간 예매율(상영 중 영화 포함) 3위, 금주 개봉 예정작 8편 중 1위 등 높은 흥행 가능성 확인

- 통상 이와 같이 흥행 가능성이 높은 영화의 경우 전국 5백 개 상영관에서 개봉하는 것이 업계 관행
- 그러나 개봉일인 2월 6일 전국 상영관 배정 현황에서 롯데시네마가 〈또 하나의 약속〉에 배정한 상영관은 21개에 불과. 이는 2월 4일 기준 예매율 9위 영화 〈피 끓는 청춘〉에 92개 상영관을 배정한 것과 현저히 대비
- 서울 지역 멀티플렉스는 총 60개 중에 〈또 하나의 약속〉은 19개에서만 상영 중이고, 서울 10개 구에서는 피신고인 회사를 포함하여 CGV, 메가박스 어느 곳도 상영관을 배정하지 않음
- 〈또 하나의 약속〉이 개봉된 이후 2014년 2월 10일, 13일 개봉 예정작인 〈관능의 법칙〉, 〈로보캅〉은 피신고인, CGV, 메가박스 모두 티켓 판매를 시작한 상태인데 〈또 하나의 약속〉은 〈관능의 법칙〉보다 예매율이 높지만 피신고인은 단 한 곳도 티켓 판매를 허용하지 않음.
- 피신고인은 상영 시간 배치에 있어서도 〈또 하나의 약속〉은 피크 타임을 벗어난 오전, 오후 시간이나 늦은 밤 시간대에 집중 배정

나. 단체 관람 예매 거절 및 대관 거절

- 피신고인은 전관 예매가 수익에 훨씬 유리함에도 금속노조 삼성전자 서비스지회 포항분회 관계자가 2014년 2월 4일 전관 예매를 하고 영화표까지 발권한 시사회 전관 예매에 대해 2월 5일부터 수차례 전화하여 거듭 예매 취소를 요구하다가, 소비자가 최종적으로 법적 대응 의사를 밝히자 포기했음
- 서울대 로스쿨 인권법학회 산하 '산소통'(산업재해노동자와 소통하는 모임) 관계자가 개봉 3주 전부터 단체 관람을 피신고인 상영관에 문의했고, 상영관 매니저는 2014. 2. 3. 오전 서울대입구역 지점에서 상영 확정되어

단체 관람 가능하다고 연락했으나, 다음 날 오전 산소통 관계자에게 연락하여 상영이 취소되어 단체 관람이 불가능하다고 통보함. 그러자 산소통은 영화사 측에 대관이라도 가능한지 문의했고, 이에 영화사는 피신고인 롯데시네마에 문의를 했으나 롯데시네마는 '개봉하지 않는 영화는 상영할 수 없다'고 통보.

다. 광고 거절
- 영화사의 영화 배급을 맡고 있는 배급사 OAL은 피신고인 측에 영화 광고 청약을 하여 광고 게재 약 1개월 전에 광고 합의가 어느 정도 이뤄졌음
- 광고 게재일 약 10일 전에 피신고인은 갑자기 직원 실수라는 이유를 대며 래핑 광고는 물론 스크린 광고에 대해 광고를 할 수 없다고 거절함. 이 광고 거절은 같은 시기의 영화 중에서 유독 〈또 하나의 약속〉에 대해서만 이뤄진 것임.


○ 〈공정거래법〉 위반 사항
상영관 수, 상영 시간대에서 불이익
〈공정거래법〉 제23조 제1항 제1호 거래 조건 차별에 해당하는 불공정 행위,
〈공정거래법〉 제23조 제1항 제4호 거래상 지위 남용에 해당하는 불공정 행위
- 대관 및 예매 거절
〈공정거래법〉 제23조 제1항 제4호 거래상 지위 남용에 해당하는 불공정 행위
- 광고 거절
〈공정거래법〉 제23조 제1항 제1호 거래 거절에 해당하는 불공정 행위


___또하나의가족제작위원회·개인투자자모임·반올림·한국영화프로듀서조합·
참여연대 시민경제위원회·민변 민생경제위원회 일동

# 삼성 왕국의 완결,
# 충남 삼성 자율형 사립 고등학교

박준영

## 1. 삼성 왕국의 이웃으로 살기

"이젠 직업도 세습되는 거야?"

충남 삼성 자율형 사립고등학교(약칭 삼성 자사고)에 대한 얘기가 나오자 한 학부모가 한 말이다. 옆에 있던 다른 학부모는 조심스럽게 얘기한다.

"갈 수 있다고 하더라도 보내고 싶지 않아. 삼성 안에서도 협력 업체 직원들에 대한 멸시와 차별이 대단한데, 학교에서도 그 꼴을 보라고?"

삼성 자사고가 아산시 탕정면 삼성 산업단지 안에 건립되면서 아산 시민 사이에서는 논란이 많다. 삼성 임직원 자녀 70% 전형이 알려지면서 '그들만의 리그'를 만든다는 인식이 커졌기 때문이다.

탕정면 삼성 산업단지 근처에 사는 학부모들의 속은 더 복잡하고 조심스럽다. 삼성 산업단지 근처는 삼성을 따라 이전한 1·2·3차 협력 업체 직원들이 많이 사는데, 그들은 삼성에 대해 말하는 것을 꺼려한다. 이웃으로 삼성 직원들이 많이 살기 때문이기도 하고, 듣는 귀가 많은 것을 우려하기 때문이다.

"우리 애는 아빠가 삼성에 다녔으면 좋겠다고 하더라고."

삼성과 전혀 상관없는 직장을 다닌다 하더라도 삼성 직원 가족들과 어울려 살다 보면 종종 선망과 위화감을 동시에 느낄 때가 있다. 삼성은 직원 가족 행사를 할 때에도 소위 톱스타를 초청한다. 심지어 삼성 산업단지가 속해 있는 탕정면사무소에서 행사를 할 때에도 유명 연예인이 오기도 한다. 그래서 어린 아이들조차 삼성 정직원 아빠가 있는 친구를 부러워한다. 같은 지역, 같은 학교를 다니는데도 부모의 직장에 따라 다른 세상을 경험할 수 있다는 것을 이 동네 아이들은 일찍부터 깨우치게 되는 것이다.

탕정면 삼성 산업단지 혹은 그 근처에서 살아가는 이웃들은 그렇게 삼성에 대한 반감과 선망을 동시에 품은 체, 삼성 임직원 및 그 가족들과 같은 시공간을 살아간다.

## 2. 왜 하필 자사고야?

탕정면 삼성 산업단지 내에 일반 고등학교가 아니라 자율형 사립고등학교(약칭 자사고)가 2014년 3월에 개교한다는 것이 확정되자 탕정 트라팰리스아파트(약칭 트라 아파트)에 사는 대다수 학부모들의 반응은 썩 좋지 않았다. 자사고는 성적이 우수해야 지원할 수 있는 학교이다. 또한 등록금이 일반 학교의 세 배가 넘고 웬만한 일반 대학보다 높다. 삼성 임직원 자녀 70% 전형이지만, 성적이 좋지 않으면 삼성 임직원 자녀라도 들어갈 수 없는 것이다. 아산 지역의 일반 주민들이 삼성 임직원 자녀 70% 전형이라는 부분에서 반감을 가졌다면, 삼성 산업단지 내 트라 아파트에 사는 삼성 임직원들은 자사고라는 부분에 대해 불만을 표출했다.

삼성이 아산 지역에 산업단지를 조성한 곳은 포도로 유명한 탕정면으로, 농경지와 구릉지가 대부분이다. 이곳에 산업단지를 위해 개발을 했지만, 일상을 영위하는 데 필요한 문화 및 교육 등의 기반 시설은 턱없이 부족했다. 그러나 삼성은 그런 조건들이 어느 정도 갖춰지기 전에 직원들의 거주를 위해 산업단지 내에 트라 아파트를 시공했다. 포도밭과 공장만이 가득한 허허벌판에 고가[1]의 아파트를 분양했던 것이다. 탕정 산업단지에서 근무하는 직원들은 울며 겨자 먹기로 아파트를 구매할 수밖에 없었다.

삼성이 학교를 만들 것이라는 소문이 돌면서 트라 아파트에 사는 삼성 임직원들은 자녀 교육의 어려움이 해소되고, 내심 아파트의 가치가 올라갈 것이라는 기대를 가졌다. 그러나 자사고라는 것이 드러나면서 기대는 낮아졌다. 2014학년도 3월에 개교한 삼성 자사고에는 아산 지역 합격자가 정원 350명 중에 152명이다. 트라 아파트에 사는 학생들이 다니는 탕정중학교의 3학년생이 250명이었던 것을 감안하면, 약 반 정도만이 합

---

1_삼성에서 분양한 탕정 트라팰리스 아파트는 평당 8백만 원이 넘었다. 당시 아산의 시내권과 비슷하거나 높은 분양가였고, 이는 주변 여건을 고려하면 폭리에 가까웠다. 실제로 탕정 근처의 또 다른 대기업에서 시공한 아파트는 평당 분양가가 5백만 원 선이었다. 탕정 트라팰리스 아파트는 초기에 삼성 임직원들에게만 분양되었다.

격한 것으로 추측해 볼 수 있다. 나머지 학생들은 또다시 먼 곳으로 고등학교를 다녀야 하는 처지가 된 것이다.

그러나 삼성은 삼성 자사고가 탕정 산업단지에서 일하는 직원들을 위한 불가피한 조치였다고 강변한다.

"충남삼성고가 위치한 천안아산 지역에는 삼성디스플레이, 삼성에스디아이, 삼성전자의 직원 3만6천 명이 근무하고 있습니다. 그러나 삼성아산 산업단지가 위치한 아산시 탕정면 지역에는 지난해까지 특수목적고(약칭 특목고)인 충남외국어고등학교(약칭 충남외고) 외에 일반 고등학교가 없습니다.

이로 인해 많은 지원들이 가족과 떨어져 생활하거나 어린 자녀들을 원거리 통학시키고 있습니다. 지난 수년간 충남도교육청에 공립 고등학교 설립을 요청했으나, 충남도교육청은 예산 부족 등의 이유로 공립 고등학교 대신 기업 출연의 자사고 설립을 제안했고, 고심 끝에 충남삼성고를 설립하게 된 것입니다."[2]

삼성 자사고에 대해 지역 내에서 비판적인 여론이 확산되고 전국적인 쟁점으로 부각되자, 직접 입장을 밝힌 것이다. 언뜻 들으면 타당해 보이는 이 논리는 대다수 학생들의 보편적인 혜택을 침해하는, 자사고라는 특권 학교 성격 때문에 그 의미를 상실한다. 자사고에 합격하기란 중하위권 학생에게 어려운 일이기 때문이다. 또한 탕정 지역에 특목고인 충남외고밖에 없어서 삼성 임직원 자녀들이 고통을 받았다면서 자사고를 만든 것은 모순이다. 삼성은 교육적 여건에서 소외된 천안아산 삼성 임직원 자녀

---

2_〈삼성디스플레이〉 블로그(http://blog.samsungdisplay.com/)에 2014년 3월 11일자로 게재된 글이다.

들을 위해 학교를 세운다면서, 정작 충남 전체를 지원 가능한 지역으로 설정했다. 또한 삼성 임직원 자녀들을 성적에 따라 줄 세우고 상위권만 특혜를 주는 특권 학교를 만들었다. 삼성 자사고 설립의 주안점은 삼성 임직원 자녀들보다는, 명품 특권 학교를 만드는 데 있었던 셈이다.

삼성 자사고는 삼성 임직원 자녀 70% 전형 중에서도 계열사에 따라 A군, B군[3]으로 구분해 선발한다. 이에 대해 삼성은 A군, B군은 지역이 다르고 자녀 수도 다른 현실적 여건을 고려한 것이라고 말한다.[4] 즉 현실을 반영해 구분했을 뿐이라는 것이다. 통상 대부분의 사람들은 특별한 이유가 없는 한 근처 학교를 보낸다. 외부의 개입이 없어도 학교와 가까운 곳에 거주하는 사람들이 구조적으로 유리하기 때문에 이런 구분은 무의미하다. 그렇다면 삼성은 왜 삼성 임직원 자녀 내의 입학 전형을 굳이 A군, B군으로 구분했을까?

삼성 임직원 자녀들 간에서도 경쟁이 치열할 것으로 예상되기 때문이다. 실제로 2014학년도 임직원 자녀 전형(70%)은 245명 모집에 431명이 응시해 2 대 1의 경쟁률을 보였다. 중하위권 성적의 임직원 자녀들이 지

---

3_임직원 자녀 전형.

- 임직원 자녀 전형 A군 ① 입학 전형 공고일 기준(2013.09.16)으로 1년 이상 재직한 임직원 중 삼성디스플레이, 삼성에스디아이, 삼성코닝정밀소재, 삼성전자(TP센터 또는 온양 사업장 소속에 한정)에서 근무 중인 자의 자녀. ② 입학 전형 공고일 기준(2013.09.16)으로 1년 이상 재직한 교직원 중 학교법인 충남삼성학원의 직원 및 학교법인 충남삼성학원 산하 교육기관의 교원인 자의 자녀.
- 임직원 자녀 전형 B군 ① 입학 전형 공고일 기준(2013.09.16)으로 1년 이상 재직한 임직원 중 '임직원 자녀 전형 A'에 해당하지 않는 계열사의 충남 지역 사업장에서 근무하는 자의 자녀

4_〈삼성디스플레이〉 블로그에 2014년 2월경에 실린 글에서 밝히고 있다.

원조차 못한 것을 염두에 두면 대단히 높은 경쟁률이다.

초일류 기업 삼성이 만드는 자사고. 삼성이라는 브랜드 하나만으로도 절대적인 스펙을 누릴 수 있고, 정부가 자사고에 준 특혜마저 얹혀졌다. 삼성 자사고는 학교라기보다는 거대한 특권의 장이다. 이를 두고 각축전이 벌어질 것임은 쉽게 예상할 수 있다. 따라서 위계가 필요했던 것이다. 학교의 위치 선정에서부터 서열이 작동할 수밖에 없는 구조인 셈이다. A군에 속한 사업장이 B군에 비해 수익성이 높은 사업장이라는 것은 우연이 아니다.

또한 이 사회가 쉽게 간과하는 부분이 있는데, 바로 기업이 사업장을 이전할 때 직원들의 삶의 여건을 얼마나 고려하는가이다. '직원들이 가족과 떨어져 생활하거나 자녀들을 원거리 통학시키는 고통을 줄이고 싶어서 고심 끝에 삼성 자사고를 설립했다'는 삼성에 제안하고 싶다. 다음에는 사업장을 이전하고 허허벌판에 고가의 아파트를 짓기 전에, 직원들의 삶을 위한 최소한의 기반 시설을 구축하라고. 경제 논리에 따라 산업단지를 조성하고, 그에 따른 불편을 직원들에게 떠넘긴 것은 삼성이다.

# 3. 내 돈 가지고 맘대로 한다는데 무슨 상관이야?

삼성 산업단지가 조성되면 삼성 직원과 가족들이 이사를 가야 한다. 그뿐인가? 1·2·3차 협력 업체의 직원들과 가족들의 대규모 이동도 불가피하다. 그리고 삼성 직원과 협력 업체 직원들의 편의를 제공하는 각종 숙박 및 음식점업, 서비스업 등에 종사하는 사람들이 주위에 몰려든다. 또한 그곳은 지역의 경제 발전을 위해 삼성 산업단지에 고향땅을 내준 원주민

**표 1 | 대기업 설립 자사고 현황**

| | 학교 규모(명) | 임직원 자녀 전형 비율(%) | 지역 |
|---|---|---|---|
| 현대청운고 | 176 | 15 | 울산 |
| 광양제철고 | 385 | 70 | 광양 |
| 포항제철고 | 455 | 60 | 포항 |
| 충남삼성고 | 350 | 70 | 아산 |
| 하나고 | 200 | 20 | 서울 |
| 하늘고 | 225 | 44 | 인천 |

**표 2 | 대기업의 자사고 추진 현황**

| 기업 | 학교 규모(명) | 임직원 자녀 비율 | 지역 |
|---|---|---|---|
| 포스코건설 | 720 | 30% 예상 | 인천 |
| 현대제철 | 300~450 | (미정) | 당진 |
| 한국수력원자력 | 360 | 40% 예상 | 경주 |

들의 터전이기도 하다. 지역민들은 삼성 산업단지에 주어진 세금 감면과 각종 혜택을 감수한다. 한마디로 삼성 산업단지를 포함한 그 일대는 삼성을 위해 서로가 유기적이고 중층적인 관계를 형성하며 가동된다. 한 기업이 발전하고 그 지역이 사람이 살만한 공간으로 변모하는 것은 삼성만으로는 절대로 불가능한 일인 셈이다.

그런데 모두가 어울리고 서로서로 기여하는 이곳에 삼성 임직원 자녀만을 위한 학교가 생겼다. 앞으로 이 산업단지에 삼성 임직원만을 위한 병원, 삼성 임직원만 이용할 수 있는 도로가 생기지 않는다는 보장이 있을까? 직원들의 자녀를 위한다는 명목으로 포장된 삼성의 논리 속에는 공공재조차 사유화하려는 그들의 지독한 자사 이기주의가 도사리고 있는 것이다.

삼성 직원의 가족과 대화를 할 기회가 생길 때마다 삼성 자사고의 임직원 전형 70%에 대해 질문을 던졌는데, 그들의 한결같은 대답은 "삼성 돈으로 만들었으니, 삼성 맘대로 해도 된다"는 식이었다. 지역사회와 함께 일군 이윤을 사회에 환원해도 부족할 판에 '그들만을 위한 학교'를 만들겠다는 지독한 삼성 이기주의가 삼성 임직원들에게도 팽배하다는 것이 안타깝다.

삼성 자사고는, 뒷받침은 전 사회적으로 하지만 결실은 그들만이 누려야 하는 것을 당연시하는 삼성 정신의 완결판이다. 초일류 기업이라는 삼성이 글로벌한 덩치에 비해 동네 가게보다 못한 기업 정신을 가지고 있다는 것은 한국 사회의 비극이다.

최근 대기업을 중심으로 자사고 설립 움직임이 본격화되고 있어 우려가 커지고 있다. 기업형 자사고는 삼성 자사고와 마찬가지로 일반 자사고의 특혜에 더하여 기업 임직원 자녀들을 일정 비율로 뽑을 수 있다. 이제 대기업에게 교육은 더 이상 성역이 아니다.

## 4. 집 근처에 고등학교가 두 개나 있는데, 갈 수 있는 학교가 없어요

아산시 음봉면 주민들은 자녀를 고등학교에 보내기 위해 많은 통학 비용을 지불해야 한다. 아산 지역의 교통 인프라가 열악하기 때문이기도 하고, 결정적으로 갈 수 있는 학교들은 모두 멀리 있기 때문이다. 그래서 같은 아산권인데도 기숙사를 이용하는 경우도 많다. 6킬로미터 내에 두 개의 고등학교가 있지만, 이들에게는 '그림의 떡'이다.

탕정면 삼성 산업단지 내에 위치한 삼성 자사고와 충남외국어고등학교가 바로 근처의 학교들이다. 삼성 자사고는 삼성 임직원 자녀 입학 전형이 70%이기 때문에 감히 꿈도 못 꾼다. 2014학년도에는 일반 아산 학생

**표 3 | 특목고·자사고 지역별 상황(2013년)**

| | 서울 | 경기 | 광주 | 대구 | 대전 | 부산 | 울산 | 인천 | 강원 | 경북 | 경남 | 전북 | 전남 | 충북 | 충남 | 제주 | 계 |
|---|---|---|---|---|---|---|---|---|---|---|---|---|---|---|---|---|---|
| 자사고 | 25 | 2 | 3 | 4 | 2 | 2 | 2 | 1 | | 1 | 2 | | 3 | 1 | 1 | | 49 |
| 외고 | 6 | 8 | | 1 | 1 | 3 | 1 | 2 | 1 | 1 | 2 | 1 | 1 | 1 | 1 | 1 | 31 |
| 국제고 | 1 | 3 | | | 1 | | 1 | | | | | | | | | | 7 |
| 과학고 | 2 | 2 | 1 | 1 | 1 | 1 | 1 | 1 | 2 | 1 | 2 | 2 | 1 | 1 | 1 | 1 | 21 |

주: 충남 지역은 2013년 현재, 3개의 특권 학교가 있는데 2014년에 개교하는 삼성 자사고를 포함하면 총 4개가 된다. 그중의 2개가 아산 탕정면 삼성 산업단지 내에 있다.

이 고작 13명이 선발되었다. 충남외국어 고등학교도 충남 전 지역을 입학 전형으로 하고 상위권 학생만이 갈 수 있는 학교이기 때문에 사정이 크게 다르지 않다. 충남 지역은 아산 탕정면 삼성 산업단지 내에 특권 학교가 몰려 있다(표 3).

사정이 이렇다 보니, 음봉면 주민들 사이에서는 "우리 지역에도 고등학교가 있어야 하는 거 아니야?", "버스라도 자주 있던지" 등의 불만이 높다. 음봉면은 삼성 산업단지를 따라 연고를 뒤로하고 온 협력 업체 임직원들이 많이 사는 곳이다. 그래서 음봉면의 인구는 급격하게 증가하고 있는 추세인데, 2014년 3월 현재, 약 1만7천 명이 거주하고 있고, 2016년 초에는 2천 세대 규모의 대단지 아파트에 입주가 시작된다. 탕정면의 인구가 약 2만3천 명인 것을 감안하면 적지 않은 수이다.

하지만 근처에 고등학교 두 곳이 있어, 음봉면에는 일반 고등학교가 설립될 가능성이 적다. 음봉면의 평범한 학생들의 공교육 기회가 원천적으로 차단된 것이다. 음봉면에 사는 삼성 협력 업체 직원들은 사업장에서는 삼성의 불공정거래와 차별로 고통 받고, 그들의 자녀는 특권 학교에 따른 차별과 공교육 기회의 축소를 감내해야 하는 처지가 되었다. 경제적 종속관계가 교육적 차별로까지 이어지는 사회, 이것이 신분 사회와 무엇이 다른가?

## 5. 삼성 자사고 때문에 우리 아이들 버린 거 맞죠?

2014학년도 아산 지역 고등학교 입시에서 81명의 학생이 지역 고등학교를 불합격하는 초유의 사태가 벌어졌다. 아산 지역은 고교 비평준화 지역이기 때문에 고등학교도 입시를 통해 들어간다. 하지만 이렇게 많은 수의 학생이 지역 학교에 들어가지 못한 경우는 없었다.

이에 대해 충남교육청은 "천안 지역 학생들이 아산의 신설 고등학교에 몰리면서 벌어진 일"이라고 해명했다. 하지만 학부모들은 삼성 자사고 때문에 지역 학생들이 탈락했다며 반발했다. 충남교육청은 "교통비를 지원하겠다"는 식의 대책을 내놓았지만, 논란은 쉽게 가라앉지 않았고 아산 지역 학부모들이 촛불 문화제를 하며 사태 해결을 촉구하는 일까지 벌어졌다.

사태가 일파만파 커지자 급기야 박동건 삼성디스플레이 사장이 이와 관련해 "지역 주민들이 (삼성 자사고에) 못 들어가서 그런 건데, 사실 우리 직원들 자녀 절반도 못 들어가고 있다"는 입장을 밝히기도 했다.

이 같은 사태가 초래된 것은 충남교육청이 2013년에 비해 아산 중학교 졸업 예정자가 139명이나 증가했음에도, 2014학년 일반 인문계 고등학교 정원을 240명(약 13%)이나 줄였기 때문이다. 하지만 총 정원은 증가했는데, 그 이유는 일반 인문계 고등학교 정원을 줄이고 삼성 자사고 정원을 350명 확대했기 때문이다. 삼성 자사고는 충남이 모집 단위이고, 70%를 삼성 임직원 자녀를 입학 대상으로 하기 때문에 대부분의 아산 학생들은 들어갈 수 없는 학교이다. 따라서 이 학부모들은 "일반 인문계 정원을 줄이고, 삼성 자사고 인원을 확대했지만 삼성 자사고에는 아산 학생(삼성 임직원 자녀 포함)이 152명밖에 합격하지 않아서 발생한 문제였다"고 주장했다(표 4 참고).

**표 4 | 충남 아산 지역 고등학교 신입생 정원 비율 비교**

| | | | 특목고(충남외고) | 특성화고 |
|---|---|---|---|---|
| 2013년 | 일반 인문계 2,865명(92%) | | 175명(6%) | 74명(2.4%) |
| 2014년 | 일반 인문계 2,625명(79%) | 삼성 자사고 350명(11%) | 특목고(충남외고) 175명(5%) | 특성화고 170명(5%) |

충남교육청과 학부모들의 입장이 맞서는 가운데, 한 언론이 "충남교육청이 삼성 자사고를 정당화하기 위해 일반 고등학교의 학급당 학생 수를 조정했다"는 것을 밝혀냈다(『한겨레신문』 2014/02/24). 충남교육청이 2013학년도까지 40명이었던 학급당 학생 수를 2014학년도에는 35명으로 급격히 낮춰 잡으면서 신설 학교의 필요성을 주장했고, 이는 삼성 자사고의 설립을 허가하는 근거가 됐다는 것이다.[5] 인접 지역인 천안 지역이 학급당 인원수가 38명인 것을 감안하면, 아산 지역의 학급당 인원수를 35명으로 갑자기 낮춘 것은 여러 가지로 의심을 부추기는 것이 사실이다.

결과적으로 충남교육청은 억지를 써가며 일반 인문계 학생 수를 낮춰 삼성 자사고에 설립 근거를 마련해 줬지만, 삼성 자사고에는 아산 지역 학생들이 50%도 들어가지 못하면서 81명의 애먼 지역 학생들이 피해를 입어야 했다.

2013년 10월 24일 충남교육청 국감에서 삼성 자사고에 대한 '불법 설립'과 '특혜 의혹'이 불거졌다. 삼성 자사고 부지를 국가기관에서 무상 증

---

5_충남교육청이 삼성 자사고의 허가를 심사하던 2012년 9월부터 허가가 난 이후인 2013년 2월까지 김성기 전 충남교육청 교육정책국장이 삼성고 재단인 충남삼성학원 이사로 활동했다. 이와 관련해 '삼성 자사고의 일반고 전환을 위한 아산지역대책위원회'는 김성기 전 충남교육청 교육정책국장을 '직무유기'로 고소했다.

여를 했을 뿐만 아니라, 준공 인가도 받지 않은 상태에서 학교법인이 교지를 이미 확보한 것으로 신고했다는 것이다. 또한 이 부지 외 나머지 교지가 대부분 삼성디스플레이 소유로 등록돼 있어, 교지의 소유자를 학교법인 명의로 하지 않으면 설립 인가를 내줄 수 없다는 법 규정의 위반 여부가 의혹으로 제기된 배경이다.

이에 대해 '삼성 자사고의 일반고 전환을 위한 아산지역대책위원회'는 삼성 자사고의 인가를 담당한 담당 공무원에 대해 2013년 12월 17일 '직무유기'와 '배임죄'로 고발한 상태이다.[6]

이 모든 정황은 삼성 자사고의 설립 근거가 대단히 빈약했다는 사실을 반증한다. 하지만 삼성 자사고는 결국 2014년 3월에 개교했다. 이 억지 속에서 81명의 일반 학생들과 그 가족들이 고통을 겪었고, 이제 법적·사회적 비용을 지불해야 한다.

## 6. 헌법 정신과 삼성 정신

"서울대를 비롯한 명문대에 진학하는 학생 수가 늘어나면, 교육적으로 낙후된 도시라는 이미지를 벗게 된다", "낙수효과처럼 주변 학교에서도 교육 수준이 향상되어 모두가 윈-윈 하는 효과가 발생할 것이다" 삼성 자사고 때문에 아산 지역에 더 많은 이득이 있을 것이라며 설립을 반기는 사람

---

6_이 고발 건은 2014년 6월 26일 현재, 검찰로부터 무혐의 처분으로 통보받았다. 집필할 당시와 책이 출간되는 시점이 차이가 나면서, 현재를 충분히 반영하지는 못했다.

들의 목소리다.

　삼성 자사고는 아산 지역의 교육 관련 지표에 큰 영향을 줄 것으로 예상된다. 소위 명문대에 합격하는 학생들이 많아지면, 삼성 자사고는 비교가 불가능한 명품 특권 학교로 발돋움을 하게 된다. 그러면 삼성 자사고가 있는 아산 지역은 교육도시라는 후광을 누리게 된다.

　그러나 대다수의 아산 지역 주민들과 학생들이 체감하는 교육 환경은 이런 전망이나 지표와는 다른 양상을 보인다. 삼성 자사고는 삼성이 만들었다는 것만으로도 거대한 특권을 누릴 수 있는 학교이다. 대학과 기업을 소유하고 있는 삼성만이 가능한 특권이다. 하지만 아산 지역의 대다수 학생들은 이런 모든 특권에서 소외된다. 삼성 임직원 자녀가 아니면 애초부터 접근할 수도 없다. 근거리에 사는 학생들은 가까운 학교를 놔두고 비용을 지불해 가며 먼 거리의 학교를 다녀야 한다. 서열이 거의 없었던 아산 지역의 고등학교들은 삼성 자사고가 설립되며 자연스럽게 2등, 3등 학교가 된다.

　교육에 있어서만큼은 모두에게 평등하고 균등한 기회가 주어져야 한다는 사회적 통념이 무너지고 있는 것이다. 부모의 직업과 경제력에 따라 자녀들의 미래까지 결정되는 교육 환경과 시스템이 전면화되고 있다. 삼성 자사고가 바꿔 놓고 있는 오늘, 우리의 현실이다.

　2013년 초 이재용 삼성 부회장 아들이 입시 성적을 조작해 영훈국제중학교에 들어갔다는 뉴스로 세상이 떠들썩했다.[7] 이재용 삼성 부회장의

---

7_대규모 입시 비리로 사회적 물의를 일으킨 영훈국제중학교는 국제 특성화 학교로 지정되자마자 첫 신입생 선발 때부터 성적 조작 등 비리를 저질렀다. 2012년 11월 삼성전자 이재용 부회장의 아들이 비경제 사회적 배려 대상자 전형에 지원하자, 주관식 점수를 만

아들이면 삼성 왕국의 황태자이며 후계자이다. 국내 대기업들은 세습 경영을 하기 때문에 학벌에 상관없이 황태자의 미래는 정해져 있다. 그런데 왜 굳이 그 학교에 보내려고 했을까? 한국 사회가 학벌 사회이기 때문이다. 황태자에게도 학벌은 필요하다. 왜냐하면 학벌은 세습 경영자들의 금권력을 정당화시키기 위한 명분이 되고, 인맥과 연줄을 형성해 그들만의 특권적인 네트워크를 구축할 수 있기 때문이다.

삼성 자사고의 출현은 몇 세대에 걸쳐 영향을 미치는 교육이, 이제 입시 성적 조작을 통해서라도 특권을 강화하려고 하는 대기업의 합법적인 수단이 되었음을 의미한다. 정부와 지자체는 이를 위해 교육 분야에서 성역을 해체해 줬다. 삼성이 펼칠 교육의 질이, 키워 낼 인재가 이 사회에 어두운 그림자를 드리울 것임은 쉽게 예상할 수 있다. 세대를 넘어 영향력을 갖는 교육의 성격을 생각한다면 디스토피아적인 전망까지 하지 않을 수가 없다.

2014년 2월 24일, 아산 지역 학생과 학부모들은 삼성 자사고 때문에 평등권과 교육권을 침해당했다며 헌법소원을 냈다. 사회적 신분에 의해 차별받지 않고 균등하게 교육받을 권리를 보장하는 헌법 정신과, 경제 논리와 특권 의식으로 무장한 삼성 정신이 격전을 벌이게 된 것이다. 따라서 삼성 자사고를 일반고로 전환하라고 요구하는 것만으로는 부족하다. 만인을 위한 교육을 세대에 걸쳐 파탄 낼 삼성 자사고의 인가는 취소되어야 한다.

---

점으로 고쳤고 이들보다 성적이 높았던 지원자 13명의 점수를 낮게 조작해 불합격 처리를 했다.

| 부록 3 |

# 삼성 관련 사건 일지 .

## 조대환

**2008년 5월 15일** | '삼성 비자금 의혹 관련 특별검사'(약칭 삼성 특검)가 기소한 이건희 삼성그룹 회장에 대한 법원 절차 시작. 15일 공판 준비 기일을 시작으로 삼성에버랜드 전환사채 헐값 발행 사건 재판에 들어감.

**2008년 5월 22일** | 이재용 삼성전자 전무 CCO(최고고객경영자) 사임 후 해외시장 개척 업무를 맡음. 삼성 특검으로 인한 이건희 회장 퇴진, 전략기획실 해체 등의 쇄신 방안의 연장선으로 분석됨.

**2008년 5월 25일** | 삼성전자 1차 하청 업체로 LCD 제조에 필요한 편광 필름을 납품하는 동우화인켐(평택 포승공단 위치)에 비정규직 노동조합이 설립됨. 조직 대상 8백여 명에 조합원 4백 명 가입. 동우화인켐은 노조 활동 보장, 클린룸 내 유독가스 유해 물질 성분 공개 및 유해 물질 사용 중단, 반인권적 화장실 출입증, 화장실 체크 표 철회, 100% 강제 잔업-100% 강제 특근 중단, 강제적인 교대 근무제 중단, 사내 하청 업체 계약서 공개 등을 요구함. 5월 25일 설립 신고, 5월 28일 설립 기자회견 개최.

당시 노조는 '삼성이 노조 설립 사실을 먼저 알고 하청 업체에 알려줬다'고 주장하며 원청인 삼성의 개입 의혹 제기.

**2008년 5월 30일** | 삼성증권, 현대자동차에 대한 보고서에서 "현대차가 최근 성공적으로 노조를 길들이고 있다"고 표현해 물의를 일으킴. 삼성그룹의 무노조 경영 이념이 삼성증권에서 노조를 길들일 대상으로 보게 했다는 비판 잃.

**2008년 5월 30일** | 서울 태평로 삼성본관 앞 집회 신고 불허에 대한 헌법소원 결과, 위헌으로 판정. 한국합섬 노동자들이 태평로 삼성본관 앞 집회 신고를 했다가 경찰이 자의적으로 불허 통보한 것은 위헌이라는 판결을 받음. 서울 남대문 경찰서는 삼성생명 앞 건물에서 삼성이 신고한 집회가 있어, 양측이 충돌 우려가 있어 양쪽 모두 집회를 불허해 왔음. 이에 한국합섬 노동자들은 헌법소원을 제기해 경찰이 중복 집회를 무조건 거부하는 것은 위헌이라는 판결을 받음.

**2008년 6월 4일** | 경영권 불법 승계, 조세 포탈 혐의로 기소된 이건희 회장에 대한 첫 공판 열림. 서울 중앙지법 형사 23부는 4일 이건희 전 회장 등 삼성그룹 임원 8명에 대한 4차 공판 준비 기일을 열어, 6월 12일 첫 공판을 열기로 함.

**2008년 6월 12일** | 경영권 불법 승계 및 조세 포탈 혐의로 기소된 이건희 회장에 대한 첫 공판 열림. 이번 공판은 조준웅 특검이 기소한 삼성에버랜드 전환사채 및 삼성SDS 신주인수권부사채를 저가 발행해 회사에 손해를 끼치고 불법적으로 경영권을 승계했는지, 차명계좌를 통해 자금을 관리하면서 조세 포탈과 증권거래법을 위반했는지가 쟁점. 이건희 회장이 법정에 서면 1995년 노태우 전 대통령에게 뇌물 제공 혐의로 법정에 선 지 13년 만에 다시 법정에 서게 되는 것임.

**2008년 6월 20일** | 삼성 특검 사건 3차 공판 열림. 삼성 그룹 비서실 김인주 전 사장, 유석렬 삼성카드 사장 피고인 신분으로 심문.

**2008년 7월 1일** | 이건희 이재용 부자, 법정에 나란히 섬. 이건희 회장과 이재용 부자가 삼성 특검이 기소한 삼성에버랜드 전환사채 헐값 발행 및 조세 포탈 사건에 대해 이재용을 삼성전자 전무를 증인으로 채택해 두 사람이 함께 법정에 서게 됨.

**2008년 7월 10일** | 이건희 전 삼성그룹 회장에 징역 7년 구형. 조준웅 특별검사 팀은 〈특정경제범죄가중처벌법〉상 배임과 조세 포탈, 증권거래법 위반 등 3개 혐의로 기소된 이건희 전 회장에 대해 징역 7년을 구형. 이학수 전 부회장, 김인주 전 사장은 각각 징역 5년이 구형됨. 이 밖에 삼성에버랜드 전환사채 헐값 발행 사건으로 기소된 유석렬 삼성카드 사장, 현명관 전 삼성물산 회장, 삼성SDS 신주인수권부사채 헐값 발행을 주도한 김홍기 전 삼성SDS 대표이사, 박주원 전 삼성SDS 경영지원실장에게는 각각 징역 3년을 구형함.

**2008년 7월 16일** | 경영권 불법 승계 및 조세 포탈 혐의로 기소된 이건희 전 삼성그룹 회장, 일부 유죄판결. 서울중앙지법 형사합의23부는 이건희 회장에 대해서 삼성에버랜드 전환사채 편법 증여 혐의에 대해서는 무죄를, 삼성SDS 신주 인수권부사채 저가 발행 혐의는 공소시효가 지났다며, 면소판결을 내림. 또한 차명 주식 거래를 통한 조세 포탈 혐의는 일부 유죄로 판단해 징역 3년에 집행유예 5년, 벌금 1천1백억 원을 선고 함.

재판부는 삼성에버랜드 전환사채 편법 증여건은 '주주 실권을 미리 알고 배정한 것이라도 이것을 주주 배정으로 봐야 한다'며 이는 범죄에 해당하지 않는다고 밝힘. 또 삼성SDS 신주인수권부사채건과 관련해서는 주당 7,150원으로 신주인수권을 책정한 것이 적정한가 여부가 쟁점이라면서, 특검이 공소장에서 밝힌 주당 5만5천 원이 정상가격이라는 것은 입증 사실이 부족하다고 판결.

조세 포탈 혐의에 대해서는 1999년 이전과 1999년 이후로 나눠, 1998년 이전 취득은 범죄에 해당되지 않는다고 판결. 반면 1999년 이후 취득 분은 부정행위에 해당된다면서 조세 규정을 위반한 행위라고 밝힘.

**2008년 7월 17일** | 조준웅 특별검사팀이 이건희 회장의 삼성에버랜드 전환사채 저가 발행에 대한 무죄 선고에 대해 항소 입장 밝힘. 특검은 공소장 변경 없이 항소하겠다는 입장.

**2008년 8월 29일** | 국가인권위원회 삼성전기 직원 이은의 씨가 제기한 성희롱 및 왕

따 진정 사건에 대해서 회사 쪽의 잘못을 인정해 차별 시정 권고 결정을 내림. 국가인권위원회는 피해자가 "2005년 유럽 출장에서 엉덩이를 친 것 외에도 업무 시간에 머리카락을 만지는 등 이 씨의 소속 부서장인 박 아무개 부장의 성희롱 사실이 인정된다"며 "피해자가 회사에 이를 고지했음에도 회사는 성희롱에 대해 불철저하게 조사한 점도 인정된다"고 밝힘.

**2008년 9월 4일** | 반도체노동자건강과인권지킴이, 반올림(약칭 반올림)은 삼성 반도체 노동자 20여 명 급성백혈병 발병 사실 폭로. 반올림은 삼성 반도체 온양 공장, 기흥 공장 등에서 일하던 노동자 13명이 백혈병으로 숨지거나 투병 중이라고 밝힘. 이외에도 희귀 질환을 앓고 있는 노동자의 수는 전체적으로 20여 명에 달할 것으로 알려짐. 이날 투병 사실을 공개한 사람 가운데 삼성 반도체 온양 공장에서 근무 중인 박지연(여, 22세)은 2004년 입사해 불량 선별 검사 업무를 담당하다 2007년부터 구토와 어지럼증을 호소하다 급성골수성백혈병 진단을 받았다고 밝힘.

반올림은 반도체 산업에서 사용하는 아르신(Arsine) 등 4~15개의 가스, 약품 성분이 유해한 발암물질로 나타났다고 주장.

**2008년 9월 9일** | 반올림의 "삼성 반도체 노동자 직업병 진상 규명과 건강권 확보를 위한 경기 지역 토론회" 개최. 반올림은 삼성 반도체 노동자의 직업병 사례를 폭로하고, 반도체 산업의 노동자 직업병 발병 및 피해 사례를 보고하는 한편, 미국·영국의 해외 사례와 비교해, 반도체 산업 노동자들의 건강권 확보 방안을 모색함.

**2008년 10월 10일** | 이건희 회장에 대한 항소심에서도 무죄 선고. 서울 고등법원 형사 1부는 이건희 전 회장에게 조세 포탈 혐의만 일부 유죄로 인정해 징역 3년에 집행유예 5년, 벌금 1천1백억 원을 선고.

**2008년 10월 13일** | 삼성SDI 울산 공장 노동자 17명 금속노조 울산 지부에 개별 가입. 삼성SDI는 울산 공장 MD 사업부 전체 1천여 명을 삼성SMD로 전직시키는 작업 중이었고, 이에 고용 불안을 느끼고 전직 동의서를 제출하지 않은 노동

자들이 주로 노동조합에 가입 함.

15명의 노동자에게 사측은 천안 공장으로 발령을 통보한 상황. 해당 노동자들은 13일 금속노조 울산 지부에 가입 이후 14일부터 천안 공장으로 출근함.

**2008년 10월 31일** | 금속노조에 가입한 삼성SDI 노동자 17명 가운데 11명 금속노조 탈퇴 확인. 사측이 노조 가입자를 대상으로 징계위원회에 회부하며 압박하자 노동조합을 탈퇴한 것.

**2008년 12월 29일** | 한국산업안전공단 역학조사 결과 발표. 한국산업안전공단은 삼성전자 반도체 공장 노동자들의 암 발병은 직무와 연관성이 없다는 조사 결과 발표. 산업안전공단은 삼성전자, 하이닉스반도체 등 6개 사 29개 협력 업체에서 일한 전 현직 노동자 22만9천여 명의 고용 보험 자료 및 사업장 인사 자료를 토대로 9개월간 역학조사를 벌였다고 밝힘.

안전공단은 벤젠·셀로솔브·에틸렌글리콜·아르신 등을 측정한 결과 노출 기준을 초과하지 않았다며, 백혈병 사망률에 대해서도 통계적으로 유의미한 결과를 얻지 못했다고 주장. 반면 여성 노동자들이 비호지킨림프종 발병률이 일반인에 비해 현저하게 높다는 점은 인정함. 이에 대해 반올림 측은 조사 기간 동안 삼성이 작업장의 물량을 줄이고 화학물질을 치우는 등 대대적인 청소를 해 조사 결과에 영향을 미쳤다고 비판.

**2009년 1월 1일** | 삼성에버랜드 노동자들 삼성노동조합 설립준비위원회 결성.

**2009년 5월 19일** | 근로복지공단이 삼성 반도체 백혈병 피해자 5명의 산업재해 신청에 대해 전원 불승인 처분함.

**2009년 5월 29일** | 2009년 5월 29일 대법원, 삼성그룹의 삼성에버랜드 전환사채(CB) 헐값 발행 사건(1996년)에 대해 무죄 선고. 대법원은 삼성그룹이 삼성에버랜드 전환사채를 헐값으로 발행을 통해서 경영권을 불법 승계하려 한 혐의에 대해 무죄를 선고하고, 1·2심에서 유죄판결을 받았던 삼성 전직 대표 이사들에 대해서도 무죄 취지로 파기환송함. 이건희 전 회장 혐의에 대해서 무죄

를 확정함.

반면 삼성SDS 신주인권부사채(BW) 헐값 매각 사건에 대해서 하급심 무죄 선고를 깨고 유죄를 인정함. 이에 따라 삼성그룹의 편법 상속 논란이 13년 만에 마무리됨.

**2009년 6월 11일** | 언론소비자주권국민캠페인(약칭 언소주) 삼성전자, 삼성화재, 삼성생명, 삼성증권, 삼성에버랜드 등 삼성그룹 5개 계열사에 대한 불매 운동 시작. 언소주는 조·중·동 편중 광고 기업에 대한 2차 불매운동의 일환으로 삼성 5개 계열사를 지목하고 11일부터 불매운동에 돌입.

**2009년 7월 13일** | 금속노조가 삼성전자 협력 업체인 동우화인켐을 상대로 낸 업무방해 금지 가처분 신청이 일부 승소함. 금속노조는 삼성전자 협력 업체인 동우화인켐이 금속노조 간부와 노조 활동을 하다 해고당한 비정규직 노동자의 출입을 막자 소송을 제기. 7월 12일 서울중앙지방법원은 금속노조 간부의 출입을 제한하는 것은 특별한 사정이 있는 경우에만 가능하다고 판시. 반면 해고 노동자들의 출입과 관련해서는 출입을 제한해서는 안 된다고 판결함.

**2009년 7월 16일** | 삼성 협력 업체 동우화인켐 비정규직 노동자들, 노동조합 활동 보장을 요구하며 삼성본관 앞에서 기자회견 개최.

**2009년 7월 21일** | 반올림, 삼성반도체충남대책위원회, 피해자 가족들은 21~23일까지 반도체노동권을향해달리다(약칭 반달) 공동 행동을 진행함. 삼성 반도체, 하이닉스반도체, 페어차일드코리아 등 여섯 곳의 반도체 공장 앞에서 선전전을 진행하는 한편, 23일 삼성 반도체 온양 공장 앞에서 고 황민웅 씨 사망 4주기 문화제를 개최함.

**2009년 7월 29일** | 이건희 회장과 부인 홍라희 씨를 비롯한 직계가족이 보유한 상장사 주식 지분 가치가 29일 종가 기준으로 5조147억 원을 기록. 이로써 이건희 회장 가족은, 한국에서 처음으로 주식 지분 가치 5조 원을 넘어선 재벌가에 이름을 올림.

**2009년 7월 29일** | 삼성SDS 신주인수권부사채 헐값 발행 사건, 파기환송심에서 이건희 회장에게 징역 6년 구형.

이번 재판은 대법원에서 신주인수권부사채를 시가보다 현저하게 불공정한 가액으로 제3자에게 신주 등을 발행하는 행위는 이사의 임무 위배 행위에 해당한다며, 손해액을 다시 산정하라는 유죄 취지로 서울고법으로 돌려보내 이뤄짐. 만일 손해액이 50억 원을 넘지 않으면 공소시효가 7년에 그쳐 처벌할 수 없음. 손해액이 50억 원 이상으로 산정된다면 공소시효는 10년으로 유죄 처벌이 불가피함.

**2009년 7월 30일** | 이건희 회장의 삼성SDS 신주인권부사채 헐값 발행 사건에 대한 파기환송심 결심공판에서 검찰이 징역 6년, 벌금 3천억 원을 구형함. 검찰은 이건희 회장이 경영 지배권을 아들에게 넘기려고 삼성SDS 신주인권부사채를 헐값 발행해 회사에 손해를 끼친 점을 인정함.

**2009년 8월 14일** | 이건희 회장의 삼성SDS 신주인권부사채 헐값 발행 사건에 파기환송심 결과 이건희 회장에 징역 3년에 집행유예 5년, 벌금 1천1백억 원이 선고됨. 서울 고등법원은 이건희 회장이 1,128억 원의 세금을 포탈하고, 227억 원의 손해를 끼친 혐의를 인정.

**2009년 8월 21일** | 삼성에버랜드 전환사채 및 삼성SDS 신주인수권부사채 사건 관련 특별검사팀이 대법원 재 상고를 않기로 한 데 이어 삼성도 대법원에 재 상고 않기로 결정. 양쪽 모두 재 상고를 포기함에 따라 두 사건의 재판이 모두 마무리됨.

**2009년 9월 3일** | ISO26000 기업 부문 규격 이행 총괄 책임자 마르틴 노이라이터(Martin Neureiter) 교수는 삼성이 "유럽 등 세계시장에서 계속 물건을 팔고 싶다면 노동조합을 허용해야 할 것"이라고 주장. ISO26000은 기업 등이 경영 과정에서 노동·환경·인권 등의 사회적 책임을 어떻게 이행하는지를 규정한 국제표준으로 한국 및 91개국이 가입한 상태.

**2009년 9월 8일** | 동우화인켐 비정규직 노동조합과 금속노조 삼성의 무노조 정책 철회를 요구하는 기자회견 개최. 2009년 9월 8일 동우화인켐 비정규직 분회와 금속노조는 서초동 삼성본관 앞에서 "하청 업체의 노조 활동까지 방해하는 삼성의 무노조 정책을 철회하라"고 촉구함.

**2009년 9월 15일** | 이부진 호텔신라 전무가 삼성에버랜드 경영전략 담당 전무로 선임됨. 삼성에버랜드는 15일 발표를 통해 이부진 호텔신라 전무를 삼성에버랜드 경영전략 담당 전무로 영입했다고 밝힘. 이에 따라 이부진 전무는 호텔신라, 삼성에버랜드 업무를 겸직하게 됨.

**2009년 10월 23일** | 삼성 반도체를 포함한 3개 회사의 6개 공장에서 벤젠 검출. 홍희덕 민주노동당 의원, 김상희 민주당 의원 등이 서울대학교 산학협력단이 시행한 삼성전자, 하이닉스, 앰코테코놀로지 등의 "산업 안전 위험성 평가 조사 결과 보고서" 내용을 토대로 발표. 보고서에 따르면 삼성전자의 '포토 레시스터' 공정 사용 물질에서 6건 가운데 1건, 하이닉스의 포토 페지스터에서 4건 가운데 1건에서 벤젠 검출 보고. 벤젠은 1급 발암물질로 극소량이라도 장시간 노출되면 조혈기계 암을 유발하는 것으로 알려짐.
이는 앞서 반올림 등 삼성 반도체 백혈병 피해자들의 문제 제기로 반도체 공장의 역학조사에 나섰던 한국산업안전보건공단이 벤젠이 검출되지 않았다고 보고한 내용을 정면으로 뒤집는 것임.

**2009년 10월 30일** | 반올림은 반도체의 날을 맞아, 삼성 본사 앞에서 "반도체의 날 딴지 시상식" 개최. 이날 행사는 삼성전자에서 일하다가 직업병에 걸린 피해자를 삼성이 외면하고 있는 현실을 비판하기 위해 열림. 특히 반도체 생산과정에서 발암과 생식 독성 물질인 트리클로로에틸렌(TEC)과 1급 발암물질 벤젠을 사용한 점을 널리 알리기 위해 삼성 반도체에 "벤젠 사랑상"을 수여하기로 함.

**2009년 12월 15일** | 삼성 사장단 인사에서 이재용 전무는 삼성전자 부사장으로 승진함.

**2009년 12월 16일** | 이서현 제일모직 상무는 전무로 승진함.

**2009년 12월 17일** | 전국경제인연합회, 한국경영자총협회, 대한상공회의소를 비롯한 경제 다섯 단체에서 이건희 전 삼성 회장을 포함한 경제계 인사 70여 명의 사면을 청와대에 공식 요구함. 경제 다섯 단체는 평창올림픽 유치에 이건희 회장이 앞장설 것이라며 사면을 요구. 이에 앞서 이건희 회장은 삼성SDS 전환사채 헐값 발행 사건으로 징역 3년에 집행유예 5년을 선고받은 바 있음.

**2009년 12월 29일** | 반올림의 상임활동가 이종란 씨, 집시법 위반 혐의로 경찰에 강제 연행 후 7시간 만에 석방. 이종란 씨는 삼성 반도체 백혈병 사망 노동자 고 황민웅 씨 추모제를 집회 신고 없이 개최했다는 이유로 서울 종로경찰서로 연행.
이종란 씨가 연행된 29일은 이건희 삼성그룹 회장에 대한 특별사면이 발표된 날임.

**2009년 12월 30일** | 이건희 삼성그룹 회장, 배임 및 조세 포탈죄에 대해서 특별사면 받음. 이건희 회장은 2009년 8월 배임과 조세 포탈죄로 징역 3년에 집행유예 5년, 벌금 1천1백억 원을 선고 받았으나 평창동계올림픽 유치 활동을 이유로, 단 4개월 만에 사면 받음. 헌정 사상 초유의 1인 특별사면으로 기록.

**2010년 1월 1일** | 삼성 SNS와 삼성SDS 합병. 2009년 10월 15일 합병을 결정하기로 한 두 회사가 통합 법인으로 출범. 이번 합병으로 삼성SNS 지분 45.69%를 가지고 있던 이재용은 삼성SDS 지분율을 8.81%에서 11.26%(870만7,784주) 까지 올려 이재용 부회장의 그룹 승계 구도에 유리한 위치를 점함.

**2010년 1월 11일** | 삼성 반도체 백혈병 피해자 및 유족 행정소송 제기. 삼성 반도체에서 일하다 백혈병에 걸려 사망한 노동자의 유족 및 피해자들이 근로복지공단으로부터 산업재해 불승인을 받자, 재심사 청구 대신 행정소송에 들어간 것.

**2010년 2월 25일** | 대전 MBC 〈시사플러스〉 결방 논란. 반올림, 삼성반도체백혈병충남대책위는 2월 25일 대전 MBC 사옥에서 "삼성은 취재 불가능한 성역! 대

전 MBC 취재 허하라"는 기자회견을 개최. 대전 MBC가 〈시사플러스〉에 방송 예정으로 취재 중이던 삼성 반도체 백혈병 집단 발병 사건에 대해 취재 중단 결정을 내린 것에 항의.

대전 MBC 측은 취재가 완전히 끝나기 전에 불공정 방송으로 규정해 방송을 불허.

**2010년 3월 24일** | 이건희 회장 경영 복귀. 삼성그룹 사장단은 2월 24일 이건희 회장에 경영 복귀 요청을 했고, 한 달 후 이건희 회장이 이를 수락하는 모양새로 경영 일선에 복귀.

**2010년 3월 31일** | 삼성 반도체 온양 공장에서 일하다 백혈병을 얻어 투병 중이던 박지연(23세) 씨 사망. 박지연 씨는 반도체 공장에서 일한 지 3년 만인 2007년 9월 백혈병 진단을 받고 투병 중이었음.

**2010년 4월 12일** | 삼성전자 반도체 생산라인 공개 선언. 삼성전자는 반도체 생산라인의 근무 환경 의혹을 투명하게 밝히기 위해 기흥 공장 반도체 생산라인을 4월 15일 언론에 공개하겠다고 밝힘. 반면 삼성전자가 공개하겠다고 밝힌 곳은 반도체 5라인과 S라인인데, 이곳은 자동화 설비가 거의 완비된 상태이며, 백혈병 피해자가 집중된 1~3라인은 이미 없어진 상태임. 따라서 이번 생산라인 공개 목적이 의혹과 불신을 봉합하려는 임기응변이라는 비판이 제기됨.

**2010년 4월 15일** | 삼성전자 반도체 기흥 공장에서 제조 공정 설명회를 갖고, 제한적인 생산라인 공개. 그동안 집단 직업병 발병 의혹을 낳았던 삼성전자 반도체 공장이 공개됨.

**2010년 4월 15일** | 삼성전자 중국 하청 공장에서 청소년 노동 착취 의혹이 제기됨. 미국 소비자단체 NLC는 삼성전자의 하청 업체로 중국에 공장을 가진 대만 기업이 공장에서 중고생들에게 열악한 환경에서 노동하도록 강요했다고 폭로.

**2010년 4월 15일** | 삼성전기에 다니다 직장 내 성희롱 문제를 제기한 이은의 씨, 1심 승소. 4월 15일 수원지방법원 성남지원 민사합의1부는 삼성전기가 이은의

씨가 직장 내에서 성희롱 피해를 당했음에도 불구하고 그에 대한 적절한 조치를 취하지 않고 오히려 불이익한 조치를 취해 원고가 정신적 고통을 입게 되었다며, 가해자에게는 250만 원, 삼성전기에는 3,750만 원을 각각 원고에게 배상하라고 판결.

이은의 씨는 사내 성폭력 문제를 2005년 5월 회사에 제기했으나, 받아들여지지 않아, 2007년 국가인권위원회에 제소하고, 2008년에는 민사소송을 제기한 바 있음.

**2010년 5월 12일** | 삼성생명 상장. 삼성생명은 공모가 11만 원에 시가총액 22조 원. 이건희 회장의 지분 가치는 4조5,671억 원으로 산정. 애초 삼성생명 최대 주주는 삼성에버랜드(19.34%)였으나, 이건희 회장은 삼성 특검으로 차명 주식을 실명으로 전환해 삼성생명 1대 주주(20.76%)가 됨.

**2010년 5월 14일** | 반올림은 2010년 5월 13일 삼성 직업병 피해자 증언 대회를 개최하고 지난 15일 삼성이 언론에 공개한 기흥 반도체 공장의 모습은 과거 수동식 작업장 환경과 다르다며, 삼성의 사과와 진상 규명을 요구함. 이와 함께 반올림은 박지연 씨 사망 이후 접수된 피해 제보자 20여 명의 사례를 포함한 피해자 45명을 새롭게 공개.

**2010년 6월 28일** | 삼성 백혈병 자료를 은폐했다는 의혹이 제기됨. 삼성전자에서 일하다 백혈병으로 사망하는 노동자가 급증하며 사회적 논란이 커지자, 삼성은 4월 15일 기흥 공장을 공개하며, 국내외 공신력 있는 연구 기관, 학술단체와 조사를 실시해 의혹을 해소하겠다고 밝힌 바 있음. 그러나 이미 삼성이 자체 모니터 시스템을 갖추고, 희귀 암 등을 발병시키는 원인 물질 등 인체에 유해한 화학물질을 찾기 위해 관련 자료를 축적해 온 것으로 확인됨. 해당 자료는 기흥 공장에 설치된 ACM(Air Composition Monitor)이 측정한 자료로 대기 중에 노출된 6백 종류의 각종 가스와 유기화합물을 감지하고 데이터를 축적한 것임. 5년 이상 축적된 자료로 직업병 원인을 규명하는 데 중요한 자료로 평가됨. 반올림은 삼성이 백혈병 문제 해결의 진정성을 보이려

면 해당 자료를 공개해야 한다고 주장.

**2010년 8월 15일** | 이학수 전 삼성 경영전략실장, 8·15 특별사면. 2008년 삼성 특검으로 이건희 회장과 함께 퇴진했으나 8·15 광복절을 기념해 노건평, 이학수, 서청원 등의 정치인과 함께 사면됨. 이외에 김인주 전 삼성 전략기획실 사장, 김홍기 전 삼성SDS 사장, 최광해 전 삼성전자 부사장 등이 함께 사면됐음.

**2010년 9월 13일** | 삼성전자 화성사업장 10라인 1층에서 불산 누출. 화성 공장 10라인 1층 중앙 화학물질 공급 시스템 탱크룸에서 불산이 누출돼, 공급 배관 테스트 작업을 하던 협력 업체 노동자가 불산에 노출, 귀밑·목·팔·허벅지 등에 화상을 입음.

**2010년 10월 30일** | 이건희, '젊은 조직론(인재론)' 언급. 창의적인 조직 문화를 위해 정신적인 나이와 함께 물리적인 나이도 젊어져야 한다고 강조. 이를 두고 이재용 삼성전자 부사장 등 삼성가 3세들이 본격적으로 경영 전반에 나설 것이라는 분석이 제기됨.

**2010년 10월 15일** | 삼성에버랜드 희망퇴직 실시. 인력 구조조정을 이유로 4천 명 직원 중 2~3%에 해당하는 80여 명의 인원을 희망퇴직 시키기로 함.

**2010년 10월 15일** | 국회 환경노동위원회 국정감사에서, 근로복지공단이 경인지역본부에 보낸 공문이 공개돼 파장이 일게 됨. '소송지휘 요청에 대한 회신'이라는 해당 공문에서 근로복지공단은 "소송 결과에 따라 사회적 파장이 클 것으로 판단되는 사건임을 감안하라"는 내용을 전달. 이 공문은 피해자들이 행정소송을 낸 직후 작성됨. 공문이 작성된 1월 22일 이후 삼성전자가 법무법인 율촌을 내세워 피고 보조참가인 자격으로 소송 참가 신청을 냈음. 이는 이해당사자인 삼성전자가 근로복지공단을 돕기 위해 소송에 참가한 것임.

**2010년 10월 19일** | 반올림 가족들은 지난 10월 15일 공개된 '근로복지공단의 소송지휘 요청에 대한 회신' 공문 내용에 대해 항의하고자 근로복지공단 이사장과의 면담을 요구. 피해 가족들은 만 하루 동안 근로복지공단에서 농성 후, 10

월 20일 오전 10시 신영철 근로복지공단 이사장과 면담 후 해산.

**2010년 11월 3일** | 삼성전자에서 일하는 박종태 대리, 사내 전산망에 노동조합을 만들자는 제안 글을 올렸다는 이유로 해고. 그동안 박종태 씨는 한가족협의회 위원으로 활동하면서 여성 노동자 유산 사건에 대해 문제를 제기하는 등 회사에 바른 말을 하다가 집중 감시를 당하고, 전환배치와 강제적인 해외 발령, 따돌림 등 탄압을 받아왔음.

**2010년 11월 9일** | 삼성 그룹은 삼성화재, 삼성증권, 삼성카드 등 금융 계열사를 중심으로 희망퇴직 신청을 받기 시작함. 규모는 1백여 명 안팎으로 대리급에서 부장급까지 해당. 이건희 회장의 '젊은 인재론' 발언 이후 진행된 금융 계열사의 인력 구조조정은, 이미 비금융권 계열사의 희망퇴직 등과 함께, 이재용 부사장 등 삼성가 3세들의 승진 인사를 위한 포석으로 비쳐짐.

**2010년 11월 9일** | 반올림 활동가 공유정옥 씨, 미국 공중보건학회가 주는 국제산업안전보건상 수상. 공유정옥 씨는 삼성 반도체 노동자들의 백혈병 및 회귀 질환 피해자와 그 가족을 위해 활동한 공을 인정받아 수상.

**2010년 11월 11일** | 이건희, 젊은 삼성에 대한 강조에 이어, 연말 사장단 인사를 아주 넓게 하고 싶다고 밝힘. "승진할 사람은 승진해야 한다"는 말로 파격적인 인사를 강조.

**2010년 11월 12일** | 삼성카드가 보유 중인 삼성증권·삼성정밀화학·삼성엔지니어링 지분을 전량 매각 함. 이와 함께 삼성화재 지분 2백만여 주를 매각함. 삼성카드는 이 매각을 통해 6천억 원 이상의 시세 차익을 올렸음.

**2010년 11월 15일** | 국세청이 삼성에버랜드에 대해 세무조사를 실시함. 2005년 이후 5년 만에 실시된 세무조사에 대해 삼성 측은 5년마다 돌아오는 정기 조사라고 밝힘. 삼성에버랜드 이외에도 삼성토탈, 제일기획, 삼성생명, 삼성화재, 삼성증권 등 주요 그룹 계열사에 대한 세무조사도 실시됨.

**2010년 11월 19일** | 삼성그룹 내 미래전략실 설치. 과거 삼성 계열 전반의 인사와 재

무 전략을 수립하던 전략기획실이, 미래전략실로 부활함. 미래전략실은 과거 전략기획실 이미지를 털어 내고 미래 신성장 사업 발굴, 다른 계열사 지원을 목표로 설치.

**2010년 12월 3일** | 삼성 승진 인사 실시. 삼성은 이재용 삼성전자 부사장을 삼성전자 사장으로, 호텔신라 대표이사 사장 겸 삼성에버랜드 경영전략 담당 사장 겸, 삼성물산의 상사 부문 고문으로 이부진 호텔신라 전무를 발령. 이는 두 단계 승진이 한 번에 이루어진 파격이며, 이부진 전무는 삼성 최초 여성 사장을 역임하게 됨.

**2010년 12월 27일** | 삼성전자 해고자 박종태 씨, 해고 무효 소송 제기. 박종태 씨는 삼성전자 사내 전산망에 노조 설립 필요성을 주장하는 글을 올렸다가 허위 사실 유포 및 회사 명예 실추를 이유로 해고당한 바 있음.

**2010년 12월 8일** | 이서현 제일모직 전무 겸 제일기획 전무가 제일기획 부사장으로 승진. 이에 따라 삼성가 3세의 3남매가 모두 승진, 3세 경영 체제 전환에 속도가 붙기 시작함.

**2010년 12월 9일** | 삼성 그룹 2010년 임원급 인사 결과 사장단 평균 연령은 51.3세로 전년도에 비해 2살이 낮아짐. 그러나 이재용(42세), 이부진(40세)을 제외한 나머지 임원의 평균 연령은 53.7세로 나타나 오히려 작년보다 0.6세 높아진 것으로 파악. 이로 인해 이건희 회장이 역설한 '젊은 조직'론이 결국 세 자녀의 승진을 위한 사전 포석이라는 비판이 제기.

**2010년 12월 21일** | 법조·의료·인권·여성·학계 인사 534명, "삼성 직업병 문제 해결을 촉구하는 사회 인사 선언" 진행. 사회 각계 인사 534명은 삼성은 백혈병 등 피해 인정과 사회적 책임을, 정부에게는 신속한 산재 인정 및 진상 조사를, 국회는 산업재해 및 화학물질 관리에 대한 제도 개선에 적극적으로 나설 것 등 세 가지 주요한 요구 조건을 제시 함.

**2011년 1월 11일** | 천안 삼성전자 탕정사업장 기숙사에서, 이 회사 노동자 김주현 씨

가 투신자살함.

**2011년 1월 14일** | 삼성백혈병 충남대책위, 반올림 등은 14일 순천향대학교 천안병원에서 기자회견을 열어 삼성전자 탕정 공장에서 자살한 김주현 씨 사건에 대해서 진상 규명과 삼성의 사과를 요구. 유족은 삼성전자 쪽에 방진 작업복 착용과 화학 용제 취급에 따른 부작용에 대해 어떤 조처를 취했는지, 하루 12시간 이상 근무와 잦은 특근이 회사의 강압에 의한 것은 아닌지, 3개월 추가 약물 치료가 필요하다는 의사의 소견서가 있는데도 곧바로 근무 배치를 한 이유 등을 해명할 것을 요구함.

**2011년 1월 27일** | 충남 아산 삼성전자 탕정 사업장 기숙사에서 투신자살한 김주현 씨 유족과 정당 시민사회단체 등이 삼성 쪽에 공개 사과와 진상 규명, 재발 방지 대책 마련 촉구.

**2011년 2월 24일** | 호텔 신라는 24일 공시를 통해 3월 18일 정기 총회에서 이부진 사장을 등기이사로 선임할 계획이라고 발표. 이재용 삼성전자 사장, 이서현 제일모직 부사장 등 3남매 중 등기이사로 선임된 것은 이부진 사장이 처음.

**2011년 2월 25일** | 삼성의사회적책임을촉구하는시민모임(약칭 삼사모)은 광주 금남로 5가 삼성생명 앞에서 기자회견을 갖고 삼성그룹의 불법 경영 승계, 노동조합 설립 탄압, 노동자 사망 등과 관련해 삼성그룹의 사회적 책임을 촉구.

**2011년 2월 28일** | 이건희 삼성전자 회장, 삼성에버랜드 전환사채 헐값 발행에 대해 제일모직 주주 3명이 낸 주주대표소송에서 패소함. 법원은 이건희 회장에게 130억 원을 배상하라고 판결. 배임이나 횡령이 형사소송인 데 반해 주주대표소송은 민사소송으로 경영진의 결정으로 회사에 손해가 발생한 경우 0.01% 이상을 가진 주주가 제기할 수 있도록 하고 있음.

**2011년 4월 8일** | 삼성전자 뇌종양 등 직업병 의심 노동자 4명이 근로복지공단에 요양 불승인 처분 취소 청구 소송 제기. 이는 지난 1월 1차 소송에 이은 2차 소송으로 소송을 제기한 한혜경 씨는 1995년 입사해 6년 동안 LCD모듈과에

서 납땜 업무를 하다 2001년 8월 건강 악화로 퇴사. 2005년 뇌종양 진단을 받고 근로복지공단에 요양 급여를 신청했으나 거절당하고 소송을 제기했음.

**2011년 4월 15일** | 삼성SDI 직원, 같은 회사에서 일하다 해고된 김갑수 씨를 불법적으로 미행하고 감시하다 덜미 잡힘. 김갑수 씨는 노동조합을 건설하려다 2000년 해고된 뒤 복직 투쟁 및 노조 설립 운동을 해오고 있던 상태였음. 불법 미행을 한 직원들은 신조직문화사업국 소속으로 밝혀짐.

**2011년 4월 17일** | 삼성전자 탕정 공장에서 일하다 투신자살한 김주현 씨의 장례가 사망 97일 만에 치러짐. 김주현 씨는 과도한 업무로 인한 스트레스로 우울증을 앓아 오다 1월 11일 기숙사에서 투신자살했음. 삼성전자 LCD 사업부 간부 3명이 빈소 찾아 조문. 이들은 김주현 씨의 유가족을 만나 고인의 죽음에 위로와 사과를 전하고 재발 방지 대책을 약속함.

**2011년 5월 23일** | 반올림의 침묵 행진에 대해 불법 시위 판결이 내려짐. 반올림이 백혈병 삼성 반도체 사망 노동자들을 추모하기 위해 진행한 침묵 행진에 대해 법원이 불법 시위로 판결.

**2011년 6월 23일** | 삼성에버랜드노조 설립 신고증 수령. 복수노조 허용을 앞두고, 민주 노조가 설립되기 전에 회사 관리자 등을 중심으로 한 노동조합이 설립 신고필증을 받음.

**2011년 6월 29일** | 삼성에버랜드노조 단협 체결. 친사노조인 삼성에버랜드노조는 노조설립신고증 수령 6일 만에 단체협약을 체결. 7월 이후 설립될 민주 노조가 단체 협상을 요구할 근거를 사전에 차단함.

**2011년 6월 24일** | 삼성전자 백혈병 사망자에 대한 산업재해 첫 인정. 서울행정법원 행정 14부는 23일 삼성전자 반도체 공장에서 일하다 백혈병으로 사망한 황유미 씨와 이숙영 씨 유족이 근로복지공단을 상대로 제기한 유족 급여 및 장의비 지급 거부 처분 취소 소송에서 원고 일부 승소 판결함. 이에 따라 반도체 생산 공정과 백혈병의 산업재해가 인정된 것.

**2011년 7월 1일** | 복수노조법 개정안 시행에 따라 사업장 단위 복수노조가 허용됨. 유령 노조에 가로 막혀 있던 삼성 그룹 내 민주 노조 설립 가능성이 커짐.

**2011년 7월 12일** | 삼성노동조합 설립 총회. 삼성에버랜드에서 일하는 노동자를 주축으로 삼성노동조합이 7월 12일 민주노총에서 설립 총회를 열어 삼성그룹 내 민주 노조를 설립 함.

**2011년 7월 13일** | 삼성노동조합 서울남부고용노동지청에 노조 설립 신고서 제출.

**2011년 7월 13일** | 삼성에버랜드, 7월 13일 삼성노동조합 간부인 조장희 부위원장에 대한 감사 진행.

**2011년 7월 13일** | 삼성노동조합은 노동조합 설립을 전후해 삼성에버랜드가 벌인 부당노동행위에 대해 노동부에 진정함.

**2011년 7월 14일** | 삼성에버랜드 징계위원회 개최. 징계위원회를 개최해서 조장희 부원장에 대한 징계 논의.

**2011년 7월 14일** | 삼성 기자 브리핑을 통해 인바이런 사의 연구 결과, "삼성 반도체 공장은 안정하며, 노동자의 백혈병은 업무와 관련성이 없다"고 발표. 연구 조사 결과의 신뢰성에 문제가 제기되자, 삼성은 영업비밀을 제외한 모든 보고서 자료를 투명하게 공개하겠다고 밝힘. 인바이런 사는 1997년 필립 모리스 담배 회사를 위해서 간접흡연과 폐암의 연관성을 부정하는 주장을 하고, 고엽제와 베트남 참전 군인의 건강 문제가 무관하다는 주장을 하는 등 기업의 이해를 일방적으로 대변했던 연구 기관으로 알려짐.

**2011년 7월 18일** | 삼성그룹 내 최초 민주 노조인 삼성노조(삼성에버랜드) 설립 신고필증 발부.

**2011년 7월 18일** | 삼성노조 설립필증 교부와 함께 노동조합 부위원장 조장희 해고.

**2011년 7월 19일** | 삼성노동조합 설립 경과보고 기자회견 개최. 심성노동조합은 노동조합 설립 및 경과보고에 대한 내용을 설명하는 기자회견을 진행함.

**2011년 9월 14일** | 삼성카드가 보유하고 있던 삼성에버랜드 지분 25.64% 중 20.64%를 2012년 4월까지 매각하기로 발표. 이는 금융 산업의 구조 개선에 관한 법률에 따른 것으로 금융사는 비금융사의 지분율을 5% 이상 보유하는 것을 금지하고 있음. 이에 따라 삼성에버랜드 → 삼성생명 → 삼성전자 → 삼성카드 → 삼성에버랜드로 이어지는 순환출자 구조가 삼성에버랜드 → 삼성생명 → 삼성전자 → 삼성카드의 수직 구조로 바뀌게 됨. 이런 변화는 삼성카드를 중심으로 하는 순환출자 구도가 시작된 1996년 이후 15년 만에 벌어진 일임. 이에 따라서 삼성에버랜드를 지주회사로 전환할 가능성이 높아짐.

**2011년 11월 21일** | 삼성 브라질에서 노동권 침해 혐의로 기소 당함. 브라질 상파울로주 노동 담당 검찰, 삼성전자 깜빠나스 휴대전화 생산 공장에서 일하는 노동자들이 비인간적인 처우를 받았다고 호소해 이에 대한 조사를 벌였다고 밝힘. 담당 검사는 조사 결과 과도한 노동과 폭언, 심리적 모욕, 생산성 향상 압박 등이 있었으며, 이로 인해서 우울증과 근골격계 질환을 호소하는 노동자가 있었다고 보고함. 또한 이런 현황을 인터뷰한 삼성전자 현지 근로자가 해고된 상황도 있다고 전함.

이에 대해 삼성 측은 브라질 검찰의 기소를 인정하면서도, 사회복지 기금으로 한화 3억2천만 원 정도를 기부하는 것으로 사건을 마무리했다고 밝힘.

**2011년 12월 12일** | 삼성카드는 12일 공시를 통해 삼성카드가 보유 중인 삼성에버랜드 지분 25.64% 가운데 17%를 주당 182만 원에 KCC에 매각한다고 발표. 매각 대금은 7,739억 원에 이를 것으로 예상. 이에 따라 9월 발표한 삼성에버랜드 주식 매각 계획이 실제 성사되면서 삼성에버랜드를 지주회사로 하는 삼성 지배 구도로 변화 가능성이 더욱 커지게 됨.

**2011년 12월 13일** | 삼성 정기 임원 인사에서 이명박 대통령의 첫째 사위인 이상주 삼성전자 해외 법무 담당 상무가 전무로 승진함. 2003년까지 검사로 일하던 이상주 씨는 2004년 삼성화재에 상무보로 입사한 후 2008년 삼성전자로 옮겨 일해 왔다. 삼성 내에서 지금까지 40세에 전무 자리에 오른 사람은 이재

용·이부진·이서현 등 이건희 회장 3남매와 이 회장의 둘째 사위의 김재열 삼성엔지니어링 사장 등이 전부였음.

**2012년 1월 6일** | 삼성에버랜드 비정규 노동자 김주경 씨 패혈증으로 사망. 김주경 씨는 삼성에버랜드에서 비정규직 사육사로 일했으며, 한 달 평균 240시간, 성수기에는 최대 270시간까지 일했다는 주장이 제기되며, 업무상 과로로 패혈증이 걸렸거나 악화됐을 것으로 보인다는 주장이 제기됨.

**2012년 1월 13일** | 반올림의 "삼성 인바이런 연구 보고서 열람 제한 규탄 기자회견" 열림. 반올림은 삼성이 2012년 삼성이 발표한 인바이런 사의 연구 결과를 투명하게 공개하겠다고 했지만, 실제 학술 목적을 가진 개인이 하루 2시간 두 차례 이상 열람할 수 없도록 제한했다며 비판. 또한 홈페이지에 영어로만 12월 1일부터 12월 31일까지 열람하게 제한함으로써 투명하게 공개하겠다는 약속을 무색하게 만들었다고 비판함.

**2012년 1월 26일** | 삼성 노조 고 김주경 사망 사건에 대한 규탄 기자회견 진행.

**2012년 1월 26일** | 환경 단체 그린피스와 스위스 시민단체 '베른 선언'이 인간과 환경에 가장 많은 해를 끼친 기업에게 주는 상인 '공공의 눈'(Public eye) 상에서 삼성이 최종 1만9,014표로 3위에 올라. 주최 측은 삼성전자가 유독성 물질을 노동자에게 알리지 않고 사용해 노동자 140명이 암 진단을 받고 그중 50여 명이 이미 사망했다고 소개함.

**2012년 3월 8일** | 삼성그룹은 삼성에버랜드의 상장 계획이 향후 몇 년간 이루어지지 않을 것이라고 밝힘. 이와 함께 삼성SDS도 상장 계획이 없다는 입장을 강하게 밝힘.

**2012년 3월 15일** | 삼성 노조 고 김주경 사망 사건 진상 규명 및 산재 신청 기자회견 진행.

**2012년 5월 22일** | 공정거래위원회, 삼성전자에 과징금 조치. 공정거래위원회는 삼성전자가 하도급 업체에 위탁한 주문을 부당하게 취소하거나 물품 수령을 늦춘 사실을 적발하고 시정 조치 및 과징금 16억 원을 부과함. 삼성전자가 하

도급 업체에 발주를 취소한 금액은 643억8천3백만 원에 달함.

**2012년 5월 23일** | 중앙노동위, 삼성에버랜드 사측의 부당노동행위를 일부 인정. 2011년 8월 26일, 27일 노동조합의 노보 배포를 회사가 경비원을 동원해 막은 행위에 대해서 부당노동행위가 맞는다는 판결을 내림.

반면 2011년 9월 9일, 16일에 있었던 노보 배포 방해 행위에 대해서는 부당노동행위로 인정하지 않았다. 중앙노동위는 9월 사건은 노조 이외에 시민단체가 참여했기 때문에 부당노동행위로 인정하지 않았다고 밝힘.

**2012년 6월** | 위영일, 삼성전자서비스 동래센터 노사협의회 근로자 위원장에 당선.

**2012년 6월 11일** | 삼성에버랜드 사측은 징계위원회를 열어 박원우 삼성노동조합 위원장에게 3개월 감급 조치를 함.

**2012년 6월 29일** | 삼성노동조합에 대한 사측의 부당노동행위 행정소송을 접수함.

**2012년 7월 2일** | 중앙노동위원회가 사측의 부당노동행위로 결정한 노보 배포 방해 행위에 대해서 사측의 행정소송 제기.

**2012년 7월 18일** | 삼성노동조합은 서초동 삼성본관 앞에서 삼성노동조합 출범 1주년 경과보고 및 반사회적 기업 삼성 규탄 기자회견을 개최하고 1년 동안 있었던 삼성의 노동조합에 대한 탄압을 폭로.

**2012년 8월 7일** | "중국노동감시" 보고서를 내고 삼성전자의 중국 협력 업체 HEG 전자에서 아동노동이 있었다고 폭로. 해당 회사는 삼성전자에 납품하는 휴대전화 부품을 생산하고 있었으며, 열여섯 살 미만의 미성년 노동자 일곱 명이 있었다고 보고함. 미성년 노동자들은 하루 11시간씩 주 6일을 일하며 시간당 한국 돈 1천4백여 원을 받으며 관리자들의 폭력에 시달린다고 보고함.

한편 이 보고서에 대해 삼성전자는 2012년 2번의 현장 조사를 벌였으나 해당 사실을 적발하지 못했고, 문제가 있다면 시정 조치하겠다는 입장을 밝힘.

**2012년 9월 12일** | 삼성에버랜드 전환사채 헐값 발행 사건에 대한 제일모직 주주 3명

의 주주대표소송에 대해서 이건희 회장이 상고를 포기. 8월 22일 대구 고등법원은 원심과 동일하게 이건희 회장에게 업무상 배임이 인정되며, "이건희 회장 등이 직접 또는 비서실을 통해 제일모직에 전환사채 인수를 포기하도록 지시하지 않았다는 주장은 받아들이기 힘들다"며, 130여억 원을 배상하라고 판결하며, 피고의 항소를 기각한 바 있음. 이에 대해 상고 기간은 12일까지 이건희 회장 측이 상고하지 않음에 따라 2심 판결이 확정됨.

제일모직 주주 3명은 주주대표소송을 통해 이건희 회장이 삼성에버랜드 전환사채를 헐값에 발행함에 따라 삼성에버랜드 지분 14.4%로 2대 주주였던 제일모직이 전환사채 배정분을 실권해 지분율이 5%로 낮아졌다며 소송을 제기했음.

**2012년 9월 17일** | 삼성전자 중국 협력 업체 공장의 아동노동 의혹에 대해서 네덜란드 공무원 연기금을 운용하는 APG 자산 운용 관계자는 중국 내 삼성전자 하청 업체 HEG전자의 아동노동 의혹에 대해 사실 관계를 문의하고, 아동노동이 사실로 드러나면 투자를 철회할 것을 밝힘.

**2012년 9월 28일** | 삼성전자, 백혈병 피해자와 관련해 대화 의사가 있음을 반올림에 전달함.

**2012년 10월 16일** | 삼성이 백혈병 피해자 유가족 및 반올림과 대화로 직업병 문제를 풀 의지가 있다는 내용(9월 28일 삼성이 대화 의사 표명)이 처음으로 언론에 보도됨.

**2012년 10월 19일** | 한국 인권 시민단체, 삼성의 중국 내 아동노동 의혹에 대해 비판 성명을 발표. 공익법센터 어필, 공익변호사그룹 공감, 공익인권변호사모임 희망을 만드는 법, 국제민주연대, 다산인권센터, 민주주의법학연구회, 반도체노동자의건강과인권지킴이 반올림, 사회진보연대, 삼성일반노조, 서울인권영화제, 에너지기후정책연구소, 전국민주노동조합총연맹, 전북평화와인권연대, 좋은기업센터, 지구지역행동네트워크참여연대, 환경정의 등(총 17개 단체)은 "삼성은 아동노동에 대해 사과하고 하청 공장의 비참한 노동환경을 개선하라"는 성명을 통해 아동노동을 비롯한 인권침해에 사과할 것, 모든

하청 업체 노동환경을 직접 관리 조사하고 전자산업시민연대(EICC) 기준에 부합하도록 개선할 것, 노동자들이 인간답게 일할 수 있도록 노조 탄압을 중단하고 안전조치 강화 및 직업병 발생 책임을 인정할 것 등을 요구함.

**2012년 10월 25일** | 서해안 유류 피해 주민 단체 '태안 유류 피해민 총연합회' 삼성본관 앞 규탄 집회 개최. 2007년 태안 앞바다에서 있었던 삼성중공업 소속 해상 크레인과 유조선 충돌 사건으로 피해를 입은 태안 주민들은, 사고 5년이 되도록 제대로 된 보상이 이뤄지지 않자, 삼성본관 앞에서 집회를 개최하고 삼성의 공개 사과, 삼성 그룹 차원의 책임 있는 보상을 요구함.

**2012년 11월 27일** | 삼성, 반올림과 대화 의지가 있다는 확인을 서한으로 보냄. 삼성전자는 김종중 DS부문 사장을 통해서 공식 대화를 제안함.

**2012년 12월 5일** | 삼성그룹 정기 사장단 인사를 통해서 이재용 삼성전자 사장을 부회장으로 승진시킴.

**2012년 12월 20일** | 반올림, 삼성이 제안한 백혈병 문제 해결을 위한 협상을 수용하겠다는 의사 전달 및 실무 협의를 제안함.

**2013년 1월 7일** | 반올림, 삼성에 협상 백혈병 문제 해결을 위한 협상을 수용하겠다고 밝힌 것에 대한 답변 및 실무 협의 제안에 대해서 답변할 것을 촉구하는 서한을 발송. 이는 삼성이 협상에 임하겠다고 발표하고, 반올림이 제안한 실무 협상 논의에 시간을 끌며 답변을 늦추는 것에 대해 질의한 것.

**2013년 1월 11일** | 삼성 반올림의 질문에, 실무 협의를 조속히 개최하자는 서한을 보내옴.

**2013년 1월 14일** | 삼성그룹 노동자 금속노조 최초 집단 가입. 2011년 삼성에버랜드에 민주 노조를 설립해 활동하던 삼성 노조가 민주노총 금속노조에 집단 가입함. 이에 따라 삼성 노조는 삼성그룹 전체를 조직 대상으로 하는 금속노조 삼성지회로 전환함.

**2013년 1월 22일** | 반올림은 삼성본관 앞에서 기자회견을 열고 삼성전자의 대화 제의를 공식적으로 수용한다고 밝힘. 반올림은 앞으로 삼성전자 직업병 문제에 대해서 삼성과 대화해 나갈 것임을 발표.

**2013년 1월 28일** | 삼성전자 화성 사업장에 불산이 누출되어 1명이 사망하고 4명이 부상당함. 삼성은 불산 누출 사고 발생 25시간이 지나서야 소방 당국에 신고해 축소 은폐 의혹을 받음. 또한 사고 현장에 50여 명의 직원들이 있었음에도 대피 명령을 하지 않았음.

**2013년 2월 1일** | 삼성가 형제 간 유산 분쟁 사실상 종결. 이건희 회장과 형인 이맹희 씨 사이의 상속 다툼에서 이건희 회장의 승리로 1심 마무리. 법원은 2008년 삼성 특검으로 이건희 회장과 삼성에버랜드 명의로 변경된 차명 주식이 1987년 이병철 회장의 주식이 상속되던 시기 차명 주식과 같은 것으로 판단함. 이에 따라 이건희 회장이 이맹희 전 회장에게 돌려줄 주식은 없다고 판단한 것임.

**2013년 2월 21일** | 범삼성가 정용진 신세계 그룹 부회장, 신세계 이마트 등기이사 사임. 정용진 부회장은 그동안 이마트 노조 설립을 방해하기 위해 직원을 사찰해 오다 서울지방고용노동청과 검찰의 수사를 받아 왔음.

**2013년 2월 14일** | 삼성에버랜드가 한국장학재단으로부터 삼성에버랜드 지분 4.25%를 다시 사들임. 이 주식은 2006년 이건희 삼성전자 회장이 삼성에버랜드 전환사채 증여 문제로 8천여억 원을 사회에 헌납하기로 한 약속을 지키고자 한국장학재단과 삼성꿈장학재단에 기부한 것임. 당시 삼성은 이건희 일가의 삼성에버랜드 주식 지분 8.37% 중 4.25%는 한국 장학재단에, 4.12%는 삼성꿈장학재단에 기부함. 그러나 7년 만인 2013년 삼성에버랜드가 한국장학재단이 보유한 삼성에버랜드 주식 10만6,194주를 매입하기로 결정함에 따라, 이건희 회장에 사회에 기부하기로 한 돈이 결국 삼성 지배 구조의 정점에 있는 삼성에버랜드로 돌아온 셈.

이 지분 매입으로 삼성에버랜드의 자사주 비율은 15.25%로 이재용 부회장

(25.1%) KCC(17%)에 이어 세 번째가 됨.

**2013년 2월 21일** | 업무상 배임 혐의로 기소된 삼성노조(삼성에버랜드) 조장희 부위원장에 대해 법원이 무죄를 선고. 조장희 부위원장은 노조 설립에 대비해 회사의 전자 세금계산서와, 임직원의 이메일 연락처 등을 2011년 4월까지 본인 이메일로 전송했다는 이유로 기소되었음. 수원지방법원 형사 13단독부는 "피고인이 회사 임직원 개인 신상정보를 유출했으나, 이 정보를 제3자에게 제공한 혐의는 찾지 못했다"며 정보를 빼낸 목적도 "노조 활동에 필요하다는 노조 측의 주장에 타당성이 있다"면서 무죄를 선고함.

**2013년 2월 21일** | 반올림, 울산인권연대, 울산지역노동자건강권책위, 삼성일반노조 등은 울산시청 프레스센터에서 기자회견을 열고 삼성SDI 울산 공장 전 현직 노동자 18명의 암, 백혈병 등 직업병 의심 질환 발생 사실을 공개하고 공식적인 문제 제기함. 또한 향후 집단 산재 신청 및 진상 규명 운동 계획을 발표 함.

**2013년 2월 26일** | 프랑스의 비정부기구(NGO)인 국민연대, 셰르파-인데코사 CGT 등 프랑스 3개 단체는 삼성전자 중국 협력 업체 공장들이 어린이 노동력을 이용해 소비자를 속이고 있다며 소송을 제기.

**2013년 3월 5일** | 삼성과 반올림 사이에 첫 번째 실무 협상이 진행됨. 실무 협상의 주요 내용은 대화 의제와 범위를 협의하는 것이었음.

**2013년 4월 16일** | 삼성중공업 노동자를 대상으로 하는 일반노동조합 결성. 삼성중공업 해고자 김경습 씨가 주축이 되어 초기업단위 노조인 거제 지역 삼성중공업 일반노동조합 결성함.
해당 노동조합은 2013년 3월 11일 거제지역일반노동조합으로 설립 신고를 제출해 14일 신고필증을 받았으며, 4월 16일 임시 총회를 열어 규약을 개정하고 삼성중공업일반노동조합으로 명칭을 변경함.

**2013년 5월 2일** | 삼성전자 화성 공장 불산 누출 사고 발생. 5월 2일 11시 30분 삼성전자 화성 사업장에서 근무하던 성도이엔지 소속 노동자 3명이 배관 철거 작

업 중 불산이 누출돼 작업 중이던 노동자들이 병원으로 이송됨. 해당 공장에서는 1월에도 불산 누출 사고가 있었음.

**2013년 5월 8일** | 삼성전자 메모리 반도체 사업부 사장, 불산 누출 사고 대책을 묻는 질문에, "돈만 벌면 된다"고 발언해 물의를 일으킴.

**2013년 5월 16일** | 민주당 한정애 의원, 1월 28일 발생한 삼성전자 화성 사업장 불산 누출 사고 당시 삼성전자가 불산 누출량을 축소 은폐했다는 의혹을 제기함. 한정애 의원은 삼성전자가 2~3리터의 불산이 누출되었다고 밝혔지만, 고용노동부 자료에 근거하면 불산 누출량이 60리터에 달할 것으로 추정된다고 주장.

**2013년 6월 12일** | 삼성전자서비스 동래센터 위영일·신장섭에 해고 통보. 노사협의회에서 활동하던 위영일·신장섭이 〈근로기준법〉 준수 요구 등을 계속하자 해고를 통보함.

**2013년 6월 19일** | 네이버 〈밴드〉 앱에 삼성전자서비스노동자 커뮤니티 개설.

**2013년 6월 22일** | 삼성전자서비스지회 준비위원회 발족(삼성전자서비스 지역센터 대표자회의 1차회의).

**2013년 6월 24일** | 삼성전자서비스 AS노동자들, 위장 도급과 〈근로기준법〉 위반 고용노동부에 진정 및 고발장 접수.

**2013년 6월 24일** | 고용노동부, 삼성전자서비스 본사와 AS센터 지점 등 열 곳을 대상으로 수시 근로 감독에 돌입.

**2013년 6월 26일** | 삼성전자서비스지회, 고용노동부에 부당노동행위 고발장 접수.

**2013년 7월 11일** | 삼성전자서비스 노동자들, 삼성전자서비스를 상대로 근로자 지위 확인 집단소송 제기.

**2013년 7월 14일** | 금속노조 삼성전자서비스 지회 출범. 금속노조 삼성전자서비스지회는 40개 센터 386명이 참석한 가운데, 서울 대방동 여성 플라자에서 설립 총회를 열고 금속노조 삼성전자서비스 지회로 가입함. 전체 조합원 7백여 명.

**2013년 7월 22일** | 삼성전자서비스 노동자들, 고용노동부에 부당노동행위 추가 고발.

**2013년 8월 13일** | 브라질 정부, 삼성전자 마나우스 지역 공장의 노동조건을 조사한 후 1천2백억 원대 소송. 브라질 노동부는 마나우스 지역의 삼성전자 생산 공장에 대해 2차례 조사 결과 노동조건이 심각한 것을 발견하고 소송을 제기. 삼성전자 브라질 공장 노동자들은 6초 만에 배터리, 충전기, 이어폰과 사용 설명서 등을 포장하는 무리한 업무를 강요받았다고 보고. 또 노동자들이 한 번에 6천8백여 차례 같은 노동을 반복하기도 했다고 보고함. 이를 보도한 BBC는 1명의 노동자가 하루에 약 3천 대의 휴대폰을 포장하며, 한 노동자는 휴대폰 한 대를 조립하는 데 32초, 텔레비전을 만드는 데 65초가 걸린다고 보고함.

브라질 노동부 조사관은 삼성전자가 직업상 건강에 대해 적절한 조치를 취하거나 해결하려는 의지가 없다고 비판함.

**2013년 9월 16일** | 고용노동부, 삼성전자서비스의 위장 도급 불법 파견을 부정함. 고용노동부는 16일 삼성전자서비스에 대한 위장 도급 의혹과 관련한 수시 근로 감독 결과를 발표하면서 "논란의 여지는 있으나 종합적으로 고려할 때 파견법 위반이라고 볼 수 없다"는 입장을 발표. 고용노동부는 협력 업체가 자기자본으로 회사를 설립하고 있고, 각 협력 업체가 자체적으로 노동자를 채용하고 취업 규칙을 제정 운영하며, 협력 업체가 근로자들의 임금 등 근로조건을 결정하고, 협력 업체 이름으로 4대 보험에 가입하고 각종 세금을 납부하는 점을 들었음. 앞서 고용노동부는 삼성전자서비스 본사, 지사 3개소, 지점 3개소, 직영 센터 2개소, 콜센터 1개소, 협력 업체 AS센터 3개소(9개 협력 업체)를 조사한 바 있음.

**2013년 9월 10일** | 부산 지역 시민사회단체 정당들 삼성전자서비스노동자 권리 찾기 지지 기자회견 진행. 부산 지역의 시민사회단체, 정당들은 기자회견을 통해 삼성전자서비스가 20년 동안 AS 업무를 하도급화했고, 1만 명의 서비스 기사를 정규직의 3분의 1의 임금으로 일을 시키는 등 슈퍼 갑의 횡포를 부렸다

고 비판.

**2013년 9월 23일** | 삼성 제일모직, 이사회를 통해 직물·패션 사업 부분을 오는 12월 1일 부로 삼성에버랜드에 양도하기로 했다고 발표함. 총 양도가액은 1조5백억 원 수준. 제일모직은 패션 부분을 양도한 이후 소재 부문에 집중하기로 함.

**2013년 9월 26일** | 반올림과 민주사회를위한변호사모임(약칭 민변)이 유엔 인권이사회 특별 절차에 삼성전자와 정부의 직업병 피해자 인권침해에 대한 진정 서한 제출. 반올림과 민변은 삼성본관 앞에서 기자회견을 열고, 삼성전자 사업 부문에서 지속적인 직업병 피해자가 발생하는데도 삼성이 제대로 된 조사와 조치를 취하지 않고 피해자와 가족의 권리를 침해하고 있다며, 유엔 특별 보고관이 공식 방문해 조사해 줄 것을 요청함.

**2013년 10월 14일** | 일명 "2012년 'S그룹' 노사전략"이라는 이름의 삼성 노조 파괴 문건 폭로. 해당 문건에는 민주 노조 건설을 막기 위해서 노동자들에 대한 감시와 사찰 및 민주 노조를 무력화시키기 위한 알 박기 노조 설치, 노동조합 주동자에 대한 징계해고 방안이 자세하게 기록되어 있음. 해당 문서에는 알 박기 노조를 통해 민주 노조와 단체 협상을 맺지 않도록 지시하고, 노조 설립 움직임이 발견될 시 비상 대책반을 가동시키며, 노동조합 활동가의 친구 관계와 주량까지 파악하도록 하고 있음. 노동조합 설립 움직임이 발견되면 와해시키고, 실패해 노동조합이 설립될 경우 당황하지 말고 끝까지 고사시키라는 내용까지 담겨져 있음.

**2013년 10월 15일** | 심상정 정의당 의원, 삼성의 노조 파괴 문서와 관련해 국정감사에 이건희 회장을 증인으로 출석 요구함. 심 의원은 11월 1일 노동부 국정감사 때 이건희 회장 및 최지성 미래전략실장을 증인으로 요청함.

**2013년 10월 22일** | 금속노조 "2012년 'S그룹' 노사전략" 문서와 관련해 부당노동행위, 개인정보보호법 위반 혐의로 이건희 회장을 서울 중앙 지검에 고소함.

**2013년 10월 24일** | 충남교육청 국정감사에서 삼성 자율형 사립고(약칭 삼성 자사고) 불

법 설립 사실 밝혀짐. 삼성 자사고 부지를 국가기관에서 무상 증여해 줌. 준공인가도 받지 않은 상태에서 학교법인이 교지를 확보한 것으로 신고했음. 해당 부지 외 나머지 부지는 삼성디스플레이 소유였음. 따라서 교지의 소유자를 학교법인 명의로 하지 않으면 설립 인가를 내줄 없다는 법 규정을 위반함.

**2013년 10월 30일** | 전국 금속노조 "2012년 'S그룹' 노사전략"과 관련해 이건희 삼성전자 회장, 최지성 삼성그룹 미래전략실장 등을 추가 고소함. 부당노동행위 혐의로 서울지방고용노동청에 고소함. 금속노조는 이미 22일 서울중앙지방검찰청에 고소한 바 있음.

**2013년 10월 31일** | 삼성의 노동조합 탄압으로 삼성전자서비스 천안 센터 조합원 최종범 자살. 최종범 열사는 "그동안 삼성서비스 다니며, 너무 힘들었어요. 배고파 못 살았고, 다들 너무 힘들어서 옆에서 보는 것도 힘들었어요. 그래서 전 전태일님처럼 그러진 못 해도 전 선택했어요. 부디 도움이 되길 바라겠습니다."라는 유서를 카카오톡에 남기고, 천안시 인근의 도로에서 차량에 번개탄을 피워 자살함. 삼성전자서비스 협력 업체들은 노동조합에 가입한 사람들에게 일을 주지 않아 생활고에 시달리게 하고, 표적 감사를 통해 조합 탈퇴를 유도하는 등 노조 탄압을 벌여 온 것으로 밝혀짐. 최종범 열사도 자살 전, 노조 조합원이라는 이유로 일감이 줄어들었고, 협력 업체 사장으로부터 심한 욕설을 듣는 등 모욕을 당한 것으로 알려짐.

**2013년 11월 14일** | 민주당 을지로위원회, 삼성전자서비스 박상범 사장과 면담 진행. 을지로 위원회는 삼성전자서비스 박상범 사장과 면담한 결과 협력 업체의 노동조합 파괴 행위에 대한 실태 조사와 근로조건 개선안을 마련하기로 약속함.

**2013년 11월 19일** | 삼성전자서비스 최종범 열사 대책위원회, 삼성전자서비스 및 협력사 각 사업체 대표 등을 검찰에 형사 고발함. 주요 고발 내용은 조합원에 대한 표적 감사로 노동조합 및 노동관계조정법을 위반. 또한 협력사인 삼성 TSP 이제근 사장을 형법상 폭언과 강요죄 혐의로 고발함.

**2013년 12월 3일** | 삼성전자서비스 고 최종범 열사 부인과 금속노조 조합원들, 최종범 씨 죽음에 대해 책임자를 처벌하고 삼성이 사과할 것을 요구하며 삼성본관 앞에서 노숙 농성을 시작함.

**2013년 12월 6일** | 민주노총 금속노조는 국제노총, 국제통합제조노련과 연대해 국제노동기구(ILO) 결사의 자유위원회에 삼성의 노동기본권 탄압 행위에 대해 제소함. 구체적인 제소 내용은 장시간 저임금 노동을 낳고 있는 위장 도급, 건당 수수료, 노조 탈퇴 협박, 표적 감사, 노조 간부에 대한 징계 및 해고 등임.

**2013년 12월 9일** | 아시아다국적기업감시네트워크(ATNC), 아시아 지역 삼성 공장 노동자 실태 조사 사례 보고서 발표. ATNC는 아시아 각국의 노동조합과 시민단체로 구성된 단체 임. 해당 보고서에는 2011~13년 사이 한국 및 인도네시아, 인도, 베트남, 말레이시아, 타이, 타이완 등에 위치한 삼성 아시아 공장에서 일하는 노동자의 노동 실태 및 노동환경 실태가 담겨 있음.

보고서에 따르면 "인도네시아 삼성 공장은 액체 알코올과 접촉하는 노동자들에게 안전장비가 제공되지 않는 점, 2010년, 2012년 해당 구역에서 평균 10년간 일해 온 파견직 노동자 3명이 폐렴으로 사망한 사례, 17~19세 사이의 학생들이 견습생 신분으로 한 달 30달러만 받고, 8시간 이상 초과 근무하는 사례" 등을 소개하고 있음.

또한 2012년 베트남 삼성 공장에서 일하는 여성 노동자들의 유산이 잇달아 5천여 명이 일을 그만두고 돌아갔던 사례와, 심각한 유해 물질 때문에 '화학 물질 냄새와 공기가 끔직했다'는 노동자의 증언도 담고 있음.

인도 삼성 공장 노동자들은 이온화 방사능, 카드뮴·납 등 중금속, 아르신·인산염에 일상적으로 노출되고 있지만 해당 노동자들은 이런 물질의 유해 사실을 모르고 있음. 특히 아르신은 생식기에 악영향을 미치는 물질이고, 매일 1백여 명의 노동자들이 투통 및 열 등을 호소하고 있다고 보고함. 반면 삼성전자 관계자는 언론과의 인터뷰에서 해당 사실들을 전면 부인함.

**2013년 12월 10일** | 삼성에버랜드의 반노조, 노조 혐오, 막말 교육 행태가 드러남. 삼

성은 직원들에게 노조에 대한 혐오감을 주고, 노조를 부정적인 것으로 비춰지도록 하기 위해서 반노조 교육을 진행. 삼성에버랜드는 2011년 7월 6일 사원들에게 '새로운 조직 문화'를 주제로 교육하면서, 민주노총이 조합비를 벌기 위해 대기업 노조 결성을 이끌고 있다고 폄하하고, 민주노총을 '조합비 벌이 단체'로 매도함. 또한 기륭전자 김소연 분회장에 대해 금속노조가 심어 놓고 5백만 원 이상 활동비를 준다는 주장을 하는 등 허위 사실을 유포하기도 함. 이에 대해 금속노조는 10일 삼성에버랜드를 부당노동행위 및 명예훼손 혐의로 서울중앙지방검찰청에 고소함.

**2013년 12월 10일** | 삼성노동인권지킴이 출범. 삼성노동인권지킴이가 서울 명동 가톨릭회관에서 출범식을 갖고 공식 활동에 들어감. 삼성노동인권지킴이는 조돈문(가톨릭대학교 교수), 신승철(민주노총 위원장), 권영국(민주사회를위한변호사모임) 등 3명의 공동대표와 50여 명의 지도자문위원이 참여함.

**2013년 12월 13일** | "다시, 삼성을 묻는다: 삼성과 한국 사회의 선택" 토론회가 열림. 삼성노동인권지킴이와 한겨레사회정책연구소가 12월 13일부터 2월 21일까지 총 6회에 걸쳐 삼성의 문제점을 짚는 토론회를 개최함. 삼성의 지배 구조 문제, 불법 경영권 승계 문제, 무노조 정책 등 노동 인권에 관한 문제, 삼성의 사회적 책임에 관한 문제 등을 중심으로 토론회를 진행함.

**2013년 12월 18일** | 반올림과 삼성전자 협상, 1차 본 교섭 열림. 삼성전자 기흥 사업장에서 반올림과 삼성전자가 백혈병 피해자 보상 및 직업병 문제 해결을 위한 협상을 처음으로 진행. 이는 2012년 말부터 협상이 제안되어, 1년여 동안 다섯 번의 실무 교섭을 통해 가까스로 이루어진 회담이었음. 1년여 다섯 번의 실무 교섭을 거쳐 확정한 1차 본 교섭 의제는 '사과', '보상', '재발 방지 대책'이었음.

그러나 기대와 달리 첫 교섭은 파행으로 끝남. 삼성이 반올림을 교섭 당사자로 인정하지 않으며, 위임장을 받아오라는 요구를 해 대화 자체가 불가능한 상태에 이름.

삼성은 교섭 주체가 피해자 개개인이 되어야 한다는 입장인 반면, 반올림은 교섭의 주체가 반올림이라는 입장으로 대립. 그러나 피해자 당사자와 가족들은 반올림의 일원으로 반올림이 교섭의 주체여야 한다는 입장을 밝혀 왔음. 이 때문에 반올림은 해당 문제가 실무 교섭 내내 확인된 내용이었다는 점에서 삼성이 의도적으로 교섭을 파탄 냈다고 비판.

반올림 교섭단은 황상기·정애정·김진환·송창호·정희수·유영종·김시녀·이종란·공유정옥 등 8명으로 구성되었으며 이종란·공유정옥 2명을 제외하고 모두 피해자 당자사이거나 그 가족이었음.

**2013년 12월 21일** | 금속노조 삼성전자서비스지회 고 최종범 열사 문제 해결. 금속노조와 삼성전자서비스 협력 업체로부터 교섭권을 위임 받은 경총이 6개항의 내용에 합의. 양쪽은 2014년 3월부터 업무 차량 리스 및 유류비 지급, 건당 수수료 및 월급제 문제를 임금단체협약에서 성실히 논의, 노조에 대한 민형사상 책임 묻지 않기, 유족에 대한 보상 등에 합의함.

**2013년 12월 24일** | 금속노조 삼성전자서비스지회 고 최종범 열사 장례 치러짐.

**2013년 12월 27일** | 삼성전자 LCD 사업부에서 6년간 일하다 뇌종양에 걸린 한혜경 씨가 근로복지공단의 산재 불승인 처분을 취소해 달라는 행정 소송에서 패소. 서울행정법원 행정 4단독부 정재우 판사는 원고의 뇌종양이 납에 노출돼 발병됐을 가능성이 현재의 사정만으로는 업무상 질병으로 인정하기 어렵다며 원고 패소 판결.

**2013년 12월 31일** | 국회에서 〈공정거래법〉 개정. 국회는 12월 31일 본회의를 열어, 대기업 집단 계열사 간 신규 순환출자를 금지하는 내용을 확정함. 단 기존 순환출자 고리는 인정함에 따라 삼성그룹은 최대 20조 원 비용을 절감.

**2014년 1월 23일** | 서울행정법원, 삼성에버랜드에서 노동조합 활동을 하다 해고된 금속노조 삼성시회 조장희 부지회장에 대한 해고는 부당하다는 판결을 내림. 서울행정법원은 23일 삼성에버랜드 노동자인 조장희 씨가 중앙노동위원회

를 상대로 낸 부당 해고 및 부당노동행위 구제 재심 판정 취소 소송에서 원고 승소 판결을 내림. 조장희 씨는 삼성에버랜드에서 노동조합 활동을 하다가 해고되자, 노동위원회에 부당노동행위 구제 신청을 제기했으나 받아들여지지 않자, 서울행정법원에 이를 바로잡아 달라는 소송을 제기한 것.

서울행정법원은 판결에서 2013년 10월 공개된 "2012년 'S그룹' 노사전략"이 사실상 삼성그룹이 작성하고 실행해 온 것임을 인정하며, 삼성의 노조 파괴 전략에 따라 노동조합 활동을 방해할 목적으로 노동조합 간부인 조장희 씨를 해고한 것으로 봤음.

**2014년 2월 4일** | 금속노조 삼성전자서비스지회 조합원 전체 파업. 전국 삼성전자서비스센터는 108개 업체이며, 그중 50개 분회 1천3백 명이 금속노조 삼성전자서비스지회 조합원 임. 그중 95%에 달하는 32개 분회가 파업 찬반 투표에 참여해 95%의 조합원들이 합법적 파업을 위한 쟁의권을 확보함.

**2014년 2월 5일** | 금속노조 삼성지회, 삼성노동인권지킴이 등 중앙노동위원회 앞에서 "중앙노동위원회의 삼성 해고자 조장희에 대한 해고 무효 소송 항소는 노동 탄압이다"라는 내용의 기자회견을 진행. 기자회견에서 참가자들은 중앙노동위원회가 노동자들의 권익을 보호하고 합리적인 노사관계를 지원하기 위한 곳이라면, 행정법원이 부당 해고 및 부당노동행위라고 결정한 사안에 불복해서 항소해서는 안 된다고 주장함.

**2014년 2월 6일** | 삼성전자 백혈병 피해자 고 황유미 씨 이야기를 다룬 영화 〈또 하나의 약속〉 개봉.

**2014년 2월 6일** | 서울 고등법원은 6일 고 이병철 회장의 유산인, 삼성생명 주식 425만9천여 주 등 9천4백여억 원을 반환해 달라는 이맹희 씨의 주장을 인정하지 않고, 이건희 회장의 손을 들어 줌. 재판부는 청구 대상 중 삼성생명 주식 12만여 주는 상속재산으로 인정되지만 상속권 침해 후 이 전 회장의 법률상 권리 행사 기간인 10년이 지났으며, 상속재산으로 인정할 수 없다고 판시.

**2014년 2월 26일** | 이건희 회장과 재산 소송을 벌인 이맹희 전 제일비료 회장이 상고를 포기함.

**2014년 3월 1일** | 충남 삼성 자율형 사립고등학교(약칭 삼성 자사고) 개교. 자율형 사립고등학교인 삼성 자사고가 개교하고 삼성 임직원 자녀 70% 전형으로 학생을 받음으로써, 삼성 임직원 자녀를 위한 특권 학교, 귀족 학교라는 비판이 제기됨. 아산시 음봉면은 근처에 충남외국어고등학교에 이어 삼성 자사고 설립으로 일반 고등학교 설립 가능성이 낮아짐. 일반 고등학교에 통학하기 위해 원거리 등교나 기숙사 생활을 하고 있는 실정.

**2014년 3월 19일** | 삼성전자서비스의 노조 방해 및 파괴 행위를 담은 문서가 폭로됨. 민주당 을지로위원회, 금속노조, 삼성바로잡기운동본부 등은 3월 19일 국회 정론관에서 기자회견을 열고, 삼성의 조직적 노조 파괴 문건을 폭로. 해당 문건은 삼성전자서비스 양천센터 협력 업체 박 모 사장이 작성한 노동조합 가입 현황표와 노조 가입 방지 활동을 담고 있음. 기자회견 참가자들은 해당 문서가 삼성의 지시로 작성되었다며, 배후로 삼성을 의심하고 삼성에게 법적 책임을 묻겠다고 밝힘.

**2014년 3월 23일** | 삼성SDI 울산 공장 노동자들, 노동조합 설립 총회를 열어 노동조합 결성. 삼성SDI노동자들은 민주노총 울산지역본부에서 설립 총회를 열고 12명이 참여한 가운데 민주노총 금속노조 울산 지부 삼성SDI지회로 노동조합을 설립함.

**2014년 3월 25일** | 금속노조, 삼성전자서비스(주)를 〈산업안전보건법〉 위반 고발 및 안전 실태 조사 결과를 발표. 금속노조는 삼성전자서비스(주)가 〈산업안전보건법〉 21만여 건을 위반했다고 주장하며, 고용노동부가 불법행위에 대해 즉각 처벌하라고 요구함.

**2014년 3월 31일** | 삼성SDI와 제일모직 합병을 선언. 각각 1 대 0.4425의 비율로 합병. 삼성SDI가 신주를 발행해 제일모직의 주식과 교환함으로써 흡수합병하

는 방식으로. 이로써 삼성그룹의 모태 기업으로 출발한 제일모직은 60년 만에 사라지게 됨.

**2014년 3월 31일** | 삼성전자서비스 아산센터 폐업에 항의하는 집회에 경찰이 과도한 폭력을 행사. 3월 31일 금속노조 삼성전자서비스지회 조합원 등은 삼성전자서비스의 아산센터 폐업에 항의하는 집회를 개최. 금속노조는 경찰이 최루액을 난사하고 수갑을 채워 연행하는 등 과도한 폭력을 행사했다고 주장. 경찰은 불법 시위 및 미신고 물품인 천막을 설치하려 했다는 이유를 댔으나, 집회 참가자들이 저항하거나 폭력을 행사하지 않았음에도 사람들을 바닥에 누르고 팔을 꺾어 수갑을 채우는 등 경찰 장구 사용이 과도했다고 주장. 특히 연행된 이후에도 경찰서에서 의자에 수갑을 채워 놓고 조사를 하는 등 반인권적 행위가 있었다고 밝힘.

**2014년 4월 4일** | 삼성전자서비스 아산센터 폭력 사태와 관련해 진상 조사단 구성. 삼성바로잡기운동본부가 주축이 된 진상조사단에는 권영국(민변노동위원장), 류하경(변호사), 송영섭(금속노조 법률원 변호사), 이호중(서강대학교 법학전문대학원 교수), 박진(다산인권센터) 등이 참여함.

진상조사단은 4일 경찰청 앞에서 기자회견을 열고 경찰 인권침해 행위를 규탄하는 한편, 국가인권위원회에 제소하겠다는 입장을 발표함.

진상 조사단은 아산센터 앞 과잉 폭력 진압에 대해 사과, 경찰 폭력행위에 대한 진실 공개 및 책임자 가담자 처벌, 과도한 계구 사용에 대한 방지 재발 방지 대책 마련 등을 요구함.

**2014년 4월 7일** | 삼성전자서비스 아산센터 폭력 사태 진상 조사단, 아산시청에서 피해자 면담 조사 실시.

**2014년 4월 9일** | 정의당 심상정 의원, 국회에서 "삼성전자 반도체 사업장 직업병 피해자 및 유족의 구제를 위한 결의안" 발표. 결의안에는 ① 삼성전자반도체 사업장에서 근무하다 직업병으로 의심되는 중증 질환에 걸려 투병 중이거나 이미 사망한 피해자와 그 가족들에게 공식적으로 사과할 것, ② 삼성전자는

직업병 피해자 및 그 가족들과의 합의하에 공정하고 객관적인 제3의 중재 기구를 구성하고, 중재 기구에서 마련한 합당한 방안에 따라 보상할 것, ③ 삼성전자는 전문성과 독립성을 갖춘 제3의 기관을 통해 반도체 사업장에서의 화학물질 취급 현황, 안전보건관리 현황 등에 대한 종합 진단을 실시하고, 그 결과를 토대로 직업병 재발 방지 대책을 수립해 시행할 것, ④ 정부는 백혈병 등 난치성 중증 질환에 시달리고 있는 수많은 반도체 노동자들이 직업 환경의 유해성과 질병의 의학적 발병 원인을 파악하기 어렵다는 이유로 치료비조차 보장받지 못하고 있는 문제를 해결하기 위해 산업재해 인정 기준을 완화하도록 할 것 등을 담고 있음.

**2014년 4월 14일** | 삼성전자, "반도체 백혈병 가족 측 제안에 대한 삼성전자 입장"을 발표. 삼성전자 김준식 부사장이 삼성 서초 본관 기자실에서 삼성전자 반도체 사업장에서 근무하다 산업재해로 의심되는 질환으로 투병 중이거나 사망한 직원의 가족과 반올림, 정의당 심상정 의원 측에서 제안한 삼성전자의 공식 사과와 제3의 중재 기관을 통한 보상안 마련 등을 공식 접수한다면서 빠른 시일 내 공식 입장을 제출하겠다고 밝힘.

**2014년 4월 14일** | 반올림은 삼성이 밝힌 제3의 중재 기구를 통한 백혈병 등 직업병 문제 해결 방안에 대해서, "제3의 중재 기구"에 대해서 동의한 바 없다는 입장 발표. 반올림은 '제3의 중재 기구는 반올림과 심상정 의원이 합의한 내용이 아니라는 사실을 밝힘. 반올림은 일관되게 삼성이 반올림과 성실하게 교섭해야 한다는 입장을 강조함.

**2014년 4월 16일** | 제3의 중재 기구 안에 합의한 바 없다는 반올림의 입장에 대해, 삼성은 혼란스럽다는 입장으로 반올림을 공격. 삼성은 반올림이 마치 약속을 어긴 것으로 표현함. 반면 반올림은 당일인 16일은 삼성과 반올림이 진행해 오던 교섭이 열리기로 한 날이었다며, 삼성이 반올림의 입장을 확인하고자 했다면, 16일 예정된 교섭에서 문의하거나, 사전 이메일 등을 통해서 충분히 소통할 수 있었다고 주장. 15일 삼성이 일방적으로 일정 연기를 통보했다고 밝힘.

**2014년 4월 17일** | 반올림이 삼자 중재 기구에 대해서 합의한 바 없다는 입장을 밝히자, 16일 삼성은 '반올림의 입장 변화 때문에 혼란스럽다'는 내용의 보도자료를 배포함. 반면 반올림은 2013년 1월 삼성전자와 대화를 수용한 이후 한 번도 변한 적이 없음을 강조하며, 반올림의 입장이 바뀐 것이 아니라 삼성의 해석이 잘못된 것이라는 입장을 밝힘.

반올림은 삼성이 제3의 중재 기구를 검토 중이라고만 했는데도 언론이 마치 삼성이 모든 문제를 다 해결한 것처럼 보도했다고 비판. 가장 중요한 것은 이미 협상 중인 상황에서 중재 기구를 둘 것이냐가 중요한 것이 아니라, 기존의 협상에 성심을 다하는, 성실 교섭이 먼저라는 입장을 발표.

삼성이 언론을 통해 반올림이 약속을 파기하는 집단으로 매도하는 행위를 중단하고 성실히 교섭에 임할 것을 촉구.

**2014년 5월 8일** | 삼성SDS 상장 결의. 5월 8일 삼성SDS는 이사회를 통해서 2014년 안에 유가증권시장 상장을 추진하기로 결의함. 이에 따라 11.25%(870만 4,312주)의 주식을 가진 이재용 부회장은 주당 17만 원 기준으로 1조4797억 원의 지분을 소유하게 됨. 이를 통해서 이재용 부회장은 5조 원에 이르는 상속세를 위한 자금 확보가 용이해졌다는 분석이 제기됨.

**2014년 5월 11일** | 삼성그룹 이건희 회장, 심근경색으로 10일 밤부터 호흡곤란 증세를 보여, 자택 인근 순천향대학교 병원 응급실로 이송된 이후 일원동 삼성병원으로 옮겨 스탠드 삽입 수술 등을 받은 것으로 전해짐.

**2014년 5월 14일** | 삼성전자 권오현 부회장은 삼성 서초동 본관에서 "백혈병 피해자 가족의 아픔과 어려움에 대해 저희가 소홀한 부분이 있었다"며 사과함. 또한 "진작 이 문제를 해결했어야 하는데 그렇지 못한 점 마음 아프게 생각하며, 이 자리를 빌려 진심으로 사과 드린다"고 밝힘. 이와 함께 4월 9일 제안한 내용을 전향적으로 수용하고, 당사자와 가족에게 합당한 보상을 할 것임을 약속함.

**2014년 5월 14일** | 반올림은 삼성전자의 반도체 직업병 문제와 관련한 사과와 배상

발표에 환영 입장 밝힘. 반올림은 14일, 삼성이 "산업재해로 의심되는 질환으로 투병 중이거나 사망한" 노동자들의 존재를 인정하고, 그들의 아픔과 어려움에 삼성이 소홀했음 또한 인정한 점, 직업병 피해자들과 정부 사이의 산재 인정 소송에 개입해 왔던 것을 철회한다고 밝힌 점, 보상뿐만 아니라 재발 방지 대책도 수립하겠다고 한 점 등을 들어 삼성의 발표를 환영함.

이와 함께 지난 5개월간 중단된 협상을 삼성이 성실히 임할 것을 요구하며, 제3의 중재 기구는 여전히 반올림의 주장이 아니라는 사실을 다시 한번 확인했음.

**2014년 5월 17일** | 금속노조 삼성전자서비스지회 양산센터 분회장 염호석 자결. 염호석 열사는 5월 17일 정동진에서 차량 안에 번개탄을 피워 놓고 숨진 채 발견됨. 염호석 열사는 삼성전자서비스지회 양산센터 분회장을 맡고 있었음. 유서에서 "조합원의 힘든 모습도 보지 못하겠기에 절 바친다"는 내용을 남기며, 삼성전자서비스지회의 투쟁 승리를 염원하는 내용을 남김.

**2014년 5월 18일** | 삼성전자서비스 염호석 열사의 시신을 동료들이 수습해 서울에 위치한 서울의료원으로 옮김. 이 과정에서 부친을 만나 모든 장례 절차를 노조에 위임하기로 합의함. 그러나 얼마 후 노조에 위임한 것을 철회하고 시신을 인도해 가겠다는 입장을 밝힘.

뒤이어 경찰이 영안실로 진입해 시신을 강제로 탈취함. 이 과정에서 폭력 사태에 당황한 열사 아버지가 경찰 진입 중단을 요구했고, 열사의 친모가 시신 인도에 반대했음에도 경찰은 친모와 조문객들에게 최루액을 쏘고, 연행하는 폭력을 행사하기도 함. 당일 현장에서 삼성전자서비스지회 라두식 수석부지회장이 연행, 구속 수감됨.

**2014년 5월 19일** | 금속노조 삼성전자서비스지회는 17일 사망한 염호석 열사 정신 계승과 노동탄압 분쇄, 민주 노조 사수를 위한 무기한 총파업을 선포하고, 서초동 삼성본관 앞에서 기자회견을 개최함. 이와 함께 삼성전자서비스 지회는 19일부터 전국 조합원들이 상경해 서초동 삼성본관 앞에서 노숙농성 및

서울 시내 주요 거점 선전전, 수원 삼성전자서비스 본사 앞 노숙 농성을 전개 함. 19일 이후 6월 28일까지 서초동 삼성본관 앞에는 8백여 명의 조합원이 노숙농성을 진행했음.

**2014년 5월 23일** | 국제노총(ITUC)은 3차 총회를 열고, 최악의 경영자 온라인 투표를 진행. 투표 결과, 이건희 삼성그룹 회장이 1위에 올랐다고 발표.

**2014년 5월 24일** | 금속노조 삼성지회 조장희 부지회장이 제8회 '들불상' 수상. 삼성의 무노조 신화에 맞서 싸운 점을 높이 평가 받아 수상자로 선정됨.

**2014년 5월 28일** | 삼성과 반올림 2차 교섭 진행. 2013년 12월 말 이후 중단되었던 삼성과 반올림 사이의 교섭이 다시 진행됨. 이 교섭은 12월 18일 1차 교섭 이후 중단되어 오다 2014년 5월 14일 삼성의 사과와 함께 교섭이 재개되었음. 이날 대화를 통해서 양 측은 "사과 및 보상, 그리고 재발 방지 대책"에 대해서 동시에 논의해 나갈 것을 약속하는 한편, 회사가 제기한 고소건 해결을 해결하기로 함. 또 6월 중 3차 교섭을 진행하는 일정 확정하고 계속 대화하기로 함.

**2014년 6월 3일** | 삼성카드가 보유 중인 제일모직 지분 244만 9,713주(4.67%)를 전량 삼성전자에 매각하기로 공시함. 매각 단가는 6만 9천 원으로, 전체 매각 금액은 1,690억 원 규모.

**2014년 6월 3일** | 삼성에버랜드는 이사회를 통해 2015년 1분기 이내에 상장을 추진키로 결의함. 이로써 이재용은 7천 7백 원에 인수한 삼성에버랜드 주식과 7,150원에 인수한 삼성SDS 주식을 각각 187만 원(예상), 18만 원에 상장 처분 가능해짐. 이로써 5~6조 자본이득을 취할 수 있게 됨. 현재 삼성에버랜드 지분은 이건희 회장이 3.72%, 이재용 부회장 25.1%, 이부진 호텔신라 사장, 이서현 삼성에버랜드 사장이 각각 8.73%를 보유하고 있음. 상장 후 이건희 회장 일가의 지분 가치는 2조 724억 원에 이를 것으로 추정.

**2014년 6월 24일** | 삼성바로잡기운동본부 등은 삼성전자서비스지회 노동자들의 투쟁을 지지하고, 삼성에 대해 문제 해결을 촉구하기 위해 삼성본관 앞에서 기

자회견을 열고 무기한 농성에 돌입하고, 농성단을 시민사회 전체로 확대해 나가겠다고 밝힘.

**2014년 6월 25일** | 반올림과 삼성전자 3차 협상 진행. 삼성은 보상 문제를 최우선 현안으로 처리하겠다고 밝힘. 이를 위해 대상 질병과 보상 기준을 정할 보상위원회 설치를 제안함.

**2014년 6월 28일** | 금속노조 삼성전자서비스지회와 경총 사이에 단체 협상 기본 협약안 체결됨. 금속노조는 사측과 염호석 열사 죽음에 대한 삼성의 유감 표명, 기본급 120만 원 보장에 건당 성과급 2만5천 원을 기본 골자로 하는 임금체계, 노동조합 활동 보장, 폐업 센터 문제 해결 등의 내용을 담은 쟁점 합의안을 작성하고 이를 기본으로 한 기본 협약서를 만들어 조합원 총회에 안건 상정함. 총회에서 87.5%로 가결됨.

이에 따라 노동조합은 투쟁을 종료하고, 염호석 열사의 장례 절차에 돌입하기로 함. 금속노조와 경총의 단체 협상은 사실상 원청인 삼성이 결정하지 않으면 실행할 수 없는 내용들로서, 삼성과 단체 협상을 맺은 것으로 보는 시각이 지배적임.

**2014년 6월 30일** | 염호석 열사의 장례가 6월 30일~7월 1일 이틀 동안 진행됨. 염호석 열사의 장례는 6월 30일 삼성본관 앞에서 영결식을 진행한 후, 고인의 유언에 따라 정동진에서 노제를 열고 양산으로 이동해 7월 1일 양산 솔밭산 묘역에서 하관식을 진행.

**2014년 7월 2일** | 고용노동부가 대기업의 간접 고용 실태 공개. 삼성전자는 간접 고용 비율이 21.3%에 달하는 것으로 나타남.

고용노동부가 7월 1일 공개한 자료에 따르면 삼성전자는 12만3,570명의 노동자 중 간접 고용 비율이 21.3%에 달하는 2만6,304명인 것으로 집계. 삼성 SDS는 29.2%, 삼성디스플레이는 17.4%의 노동자를 간접 고용하고 있는 것으로 나타났음.

**2014년 7월 14일** | 금속노조 삼성전자서비스지회는 7월 14일 노조 설립 1주년을 맞이해, 삼성본관 앞에서 기자회견을 열고 1주년을 기념하는 한편, 삼성전자서비스에서 일하는 1만여 서비스 노동자를 조직해 나갈 계획을 발표.

**2014년 7월 16일** | 삼성노동인권지킴이, 금속노조삼성지회, 금속노조 삼성전자서비스지회는 기자회견 열고, 삼성 노동자 2단계 조직화 선언. 삼성노동인권지킴이 등은 금속노조 삼성지회가 설립된 지 3주년, 금속노조삼성전자서비스지회가 설립된 지 1주년이 흘렀으며, 삼성전자서비스지회가 단체 협상을 체결함으로써, 무노조 삼성은 사실상 끝났으며, 앞으로 전체 삼성 노동자들로 노동조합을 확대 조직하기 위한 2단계 실천에 들어갈 것임을 선언.

이날 기자회견에는 삼성지회, 삼성전자서비스지회 노동자를 비롯해서, 삼성SDI 해고 노동자, 삼성중공업 해고 노동자 등이 참여했음.

**2014년 7월 20일** | 삼성전자서비스 부산 광안센터에서 일하던 서비스 기사가 생활고로 자살함. 삼성전자서비스 기사인 정 모 씨가 8월 19일 숨진 채 발견. 정 모 씨는 삼성전자서비스지회 노조 결성에 함께 참여했으나 이후 노조를 탈퇴했음. 그러나 노조 활동에 동의해, 노조 파업 기간 중 함께 일을 쉬는 등 노조 활동에 대한 지지를 보여 왔음.

**2014년 7월 22일** | 전국건설노동조합, 삼성본관 앞에서 삼성물산 규탄 집회 개최. 삼성물산은 지난 2014년 2월경, 경기도 부천시 중동 삼성 래미안 건설 현장에서 일하던 노동자 2명을 노조에 가입했다는 이유로 해고했고, 이에 노동자들은 부당 해고를 철회할 것을 요구하며, 공사 현장 타워 크레인을 점거하는 농성을 벌인 바 있음. 20여 일 후 노조와 삼성물산이 민형사상 소송을 하지 않는다는 내용을 포함한 합의안을 작성 후 농성을 풀었음. 그러나 이후 삼성물산은 무려 1억1백 원에 해당하는 손해배상을 청구해 물의를 일으킴.

**2014년 7월 27일** | 삼성전자서비스 이천센터는 2014년 3월 일방적으로 폐업해 노동조합 탄압을 위한 위장폐업 의혹을 받아왔고, 노동조합에서는 지속적으로 재개장 요구를 해왔음. 6월 28일 삼성과 삼성전자서비스지회의 교섭이 마무

리되면서 재개장함.

**2014년 7월 29일** | 삼성SDS는 29일 임시 주주 총회를 열어 주식 발행 한도를 1억2천만 주에서 2억 주로 늘리는 한편, 우선주를 3천4백만 주에서 5천만 주로 늘릴 수 있도록 정관을 변경.

**2014년 7월 30일** | 반올림과 삼성전자 사이에 5차 협상이 별 진전 없이 끝남. 삼성전자 직업병 문제에 대해, 사과 보상 재발 방지 등을 논의하고 있는 양측은 6월 25일 3차 협상 이후 7월 14일과 30일 각각 협상을 벌였으나 별다른 합의점을 찾지 못함.

**2014년 8월 1일** | 삼성전자 온양 공장에서 일하던 이범우 씨(46세)가 급성림프성백혈병으로 사망함. 이범우 씨는 삼성 반도체 부문 사업장에서 설비 유지보수 업무 공정에서 23년간 일해 왔음. 반올림은 이범우 씨가 일해 온 설비 유지보수 업무는 장기간 유해 화학물질에 노출될 위험이 있다고 밝힘.

**2014년 8월 6일** | 삼성전자 불법 아동 고용 혐의가 있는 중국 신양엔지니어링과 거래 재개. 중국 신양 엔지니어링은 삼성전자 휴대폰 부품 납품 업체로 2013년 7월 16세 미만 노동자를 5명 고용한 사실이 밝혀져 물의를 일으켰음. 아동노동 의혹이 일자 삼성전자는 신양엔지니어링과 거래를 일시 중단했으나 다시 재개한 것임. 삼성전자는 신양엔지니어링이 고의로 불법적인 아동 고용을 한 것이 아니라, 현지 노무 파견 회사가 불법 신분증을 이용한 행위였다는 사실을 확인했다고 밝힘. 단 감독 책임을 물어 거래량을 2013년보다 30%가량 줄이는 조치를 취했다고 밝힘.

**2014년 8월 6일** | 위장폐업 의혹을 받던 삼성전자서비스 아산센터 재개장. 삼성전자서비스 아산센터는 2014년 3월 31일 폐업 이후 약 4개월 만에 재개장. 당시 삼성전자서비스는 노동조합을 설립하고 노사가 첨예하게 대립하고 있는 상황이었으며, 아산센터는 노동조합 활동이 적극적이었던 곳으로 노동조합과 지역 시민사회에서는 노동조합 탄압을 위한 위장폐업이라는 의혹을 제기해 왔음.

**2014년 8월 11일** | 삼성전자서비스지회, 원주센터 앞에서 노조 탄압 중단을 요구하는 집회를 개최함. 삼성전자서비스지회는 6월 28일 삼성과 기준 단체 협약을 체결하면서, 1주일 안에 각 센터별로 개별 협상을 마무리 짓기로 합의했음. 그러나 각 분회 협력 업체 사장들이 교섭을 거부하거나 노조를 탄압하는 태도를 보이는 상황에 항의하는 집회를 개최한 것.

**2014년 8월 13일** | 삼성과 반올림 6차 협상 진행. 삼성과 반올림 여전히 의견 차이를 보이는 와중에 교섭단으로 참여한 5명이 삼성이 요구한 우선 보상 교섭을 받아들이기로 함. 그동안 반올림은 협상단 8명 외에 산업재해를 신청한 33명에 대한 보상 논의를 해야 한다고 밝혀 왔음.

**2014년 8월 18일** | 반올림 서초동 삼성본관 앞에서 기자회견을 열고, 삼성 직업병 문제 해결을 위한 협상에 더 성실하고 적극적으로 임하라고 요구함. 이와 함께 반올림은 삼성이 주장하고 있는, 협상 참여자 우선 보상안을 수용할 수 없다는 뜻을 거듭 밝힘. 반올림이 밝힌 현재까지 삼성 직업병 의심 사망자 신고는 70명, 피해 제보자는 164명 임.

**2014년 8월 21일** | 서울고등법원 행정9부는 삼성 반도체에서 일하다 사망한 황유미 씨, 이숙영 씨에 대한 산업재해 인정 여부 항소심에서, 두 사람의 산업재해를 인정. 이로써 항소심에서도 두 사람의 산업재해가 인정됨. 재판부는 두 사람이 벤젠과 전리방사선 등 유해 물질에 노출됐을 개연성이 높다고 판단함.

**2014년 8월 25일** | 반올림은 서초동 삼성본관 앞에서 기자회견을 개최. 이들은 21일 법원이 황유미, 이숙영 두 사람에 대한 산업재해를 인정한 만큼 삼성은 백혈병에 대한 산업재해를 인정하고, 반올림과의 협상에 성실히 임하라고 요구함.

**2014년 9월 3일** | 반올림과 삼성 7차 교섭 진행함. 일부 가족(6명)이 반올림과 별개로 삼성직업병가족대책위원회를 구성해, 별도의 협상을 가질 것을 밝힘.

**2014년 9월 18일** | 반올림과 삼성의 8차 교섭 진행. 이 자리에서 삼성직업병가족대책위원회는 삼성과 조정위원회 구성에 합의함. 반올림은 이에 반대한다는 입

장을 밝힘. 가족대책위원회는 협상이 평행선을 달리고 있어 협상을 절충해
줄 위원회 구성이 필요하다고 주장함.

**2014년 9월 26일** | 삼성노동인권지킴이, 참여연대, 한국노동사회연구소, 한국산업노
동학회, 비판사회학회 등이 '삼성을 감시하다'라는 주제로 토론회를 개
최. 이날 토론회에서는 삼성의 노사관계에 대한 비판과 자본의 축적 방식 및
승계 과정의 불법에 대해서 고발했음.

**2014년 10월 8일** | 반올림과 삼성 9차 교섭 진행됨. 9차 교섭에서 교섭 의제 논의 없
이. 조정위원회에 대한 논의로 마무리됨. 반올림은 계속해서 조정위원회를
반대한다는 입장을 밝힌 가운데, 조정위원장으로는 김지형 변호사(전 대법
관)가 선임됨.

**2014년 10월 10일** | 반올림 조정위원장으로 내정된 김지형 변호사에게 공개 서한 발
송. 반올림은 공개 서한을 통해서, 조정위원회는 삼성의 면피용 도구로 전락
할 수 있다고 알림. 직접 교섭을 원하는 피해 가족들의 바람을 담아, 심사숙
고해 줄 것을 요청함.

**2014년 10월 15일** | 시민사회단체는 반올림 지지하며 삼성에 성실 교섭을 촉구하는
기자회견 개최. 삼성노동인권지킴이, 삼성바로잡기, 금속노조삼성전자서비
스지회 등은 서초동 삼성본관 앞에서 기자회견을 열고, 삼성이 조정위원회
를 설립해, 반올림과의 협상을 회피하고 있다고 비판. 삼성은 사회적 약속을
지키고 반올림과 성실히 교섭해야 한다고 주장. 또한 조정위원회는 당사자
간 직접 책임 교섭과 어긋나는 것으로 조정위원회를 폐기하고, 삼성이 직접
교섭할 것을 요구.

**2014 10월 19일** | 황상기 씨를 비롯한 삼성 직업병 피해자 37명은 반올림 협상 요구
안에 대해 지지 의사 표명. 37명은 삼성이 성실하게 교섭하고 제대로 된 사
과와 보상, 재발 방지 대책을 세울 것을 요구함.

**2014년 10월 20일** | 삼성전자서비스 동대전센터 내근직으로 20여 년간 일한 이현종

씨 산업재해 신청. 삼성전자서비스 동대전센타에서 20여 년 일한 이현종 씨가 열악하고 안전하지 못한 업무 환경에 의해서 '루게릭병'에 걸렸다며, 산업재해를 신청함. 이에 시민사회단체는 근로복지공단 남부지사 앞에서 기자회견을 열고, 산업재해 인정과 삼성전자서비스 작업환경 개선을 촉구함.

**2014년 10월 21일** | 한국천주교주교회의 정의평화위원회가 '새로운 독재와 국가'라는 주제로 정기 세미나를 개최. 이날 세미나에서는 새로운 독재로, 오늘날의 경제체제를 지목했으며, 특히 삼성의 권력을 집중적으로 비판함. 삼성노동인권지킴이 조돈문 대표외 반올림의 황상기·이종란 활동가 등이 참여해, 삼성권력의 문제점을 비판함.

**2014년 10월 21일** | 삼성은 반올림에 대해서 조정위원회 흠집 내기를 중단하라고 공식 요청함. 삼성은 자사 공식 블로그 〈삼성투모로우〉(www.samsungtomorrow.com)에 "조정위원회 출범에 즈음해"라는 글을 올리고 이를 통해 반올림이 조정위원회를 흠집을 내고 가족들을 분열시키고 있다고 비판함. 또한 삼성은 협상 참여자뿐만 아니라 기준에 해당되는 모든 사람을 보상하겠다고 주장함. 이에 대해 반올림은 성명을 내고, 삼성은 기준을 한 번도 제시하지 않았음을 강조하면서, 조정위원회 뒤에 숨지 말고, 적극적으로 협상에 임하라고 반박함.

**2014년 10월 24일** | 금속노조 삼성지회, 삼성노동인권지킴이 등 노동조합 선전 활동 진행. 에버랜드 근무자를 대상으로, 노동조합의 활동 소식을 전하는 선전 활동을 진행. 삼성전자서비스에서는 내근 수리직들이 환기 시설도 제대로 갖춰지지 않은 공간에서 유해한 유기용제에 노출된 채 납땜 작업을 하면서 하루 14시간가량 노동하고 있는 것으로 보고됨.

## | 참고문헌 |

### | 1장 |

강준만. 2005. 『이건희 시대』. 인물과사상사.

경제개혁연구소. 2005. "법원에서 확인된 삼성 경영권 승계과정의 불법성." 보도자료. 10월 4일.

공정거래위원회. 2013. "2013년 대기업집단 주식소유현황 및 소유지분도 분석 결과." 보도자료. 5월 30일.

김상조. 2013. "공정거래법상 일반지주회사 및 금산분리 제도의 개선 방안." 국회경제민주화포럼
　　　　지주회사제도와 금산분리 토론회 자료. 4월 26일.

김성홍·우인호. 2003. 『이건희 개혁 10년』. 김영사.

김영욱. 2000. "한국재벌 통제조직의 기능과 권한: 삼성과 현재를 중심으로." 이선 외 엮음. 『한국기업지배
　　　　구조의 현재와 미래』. 미래개발연구원.

김진방. 1999. "5대 재벌의 소유구조." 참여사회연구소 편. 『5대 재벌백서』. 나남.

김혜용. 2013. "Apple vs. 삼성전자/LG전자." 우리투자증권 투자리포트. 9월 4일.

다테이시 야스노리. 2011. 『굿바이 소니』. 길주희 옮김. 골든북미디어.

메리츠증권. 2010. "지주회사." 『Industry Report』. 1월 25일.

박승록. 2012. "한국 재벌그룹의 순환출자 해소비용과 착한 정책." 착한자본주의연구원 보고서.

삼성그룹 비서실. 1988. 『삼성 50년사』.

　　　　　　　　. 1998. 『삼성 60년사』.

삼성그룹. 2012. "'순환출자 해소+3세 상속' 연립방정식 해법이 관건." 『한경비즈니스』 90호.

서상원. 2011. 『스마트 삼성』. 스타북스.

성화용. 2005. 『2015년 이재용의 삼성』. 월간조선사.

송원근. 2008. 『재벌개혁의 현실과 대안 찾기』. 후마니타스.

　　　. 2012. "경제민주화를 위한 재벌개혁의 과제." 경제발전학회 발표문. 10월 26일.

송원근·이상호. 2005. 『한국의 재벌: 재벌의 사업구조와 경제력 집중』. 나남.

송재용·이경묵. 2013. 『이건희 경영학 Samsung Way』. 21세기북스.

송태수. 2008. "삼성의 사회·정치적 지배와 그 의미." 조돈문·이병천·송원근 엮음. 『한국 사회, 삼성을
　　　　묻는다』. 후마니타스.

신용인. 2009. 『삼성과 인텔』. 랜덤하우스코리아.

신장섭·장성원. 2006. "삼성 반도체 세계 일등 비결의 해부: '선발주자 이점' 창조의 전략과 조직." SERI
　　　　연구에세이, 삼성경제연구소.

윤종용. 2004. 『초일류로 가는 생각』. 삼성전자.

이수정·이창헌. 2012. "2012년 19대 정기국회 개혁입법과제 2: 경제력 집중 억제를 위한 지주회사행위 규제 강화." 『경제개혁리포트』 5월 9일.

이유미. 2013. "삼성과 애플, 이것 하나는 닮아도 너무 닮았다." 『프레시안』 8월 20일.

이은정. 2004. "삼성에버랜드의 금융지주회사법 위반을 통해 본 삼성그룹 소유구조의 문제." 좋은기업지배구조연구소.

임원혁. 2005. 『재벌개혁과 경영권 방어』. 코리아연구원.

장세진. 2008. 『Sony vs Samsung』. 살림Biz.

조돈문·이병천·송원근 엮음. 2008. 『한국 사회, 삼성을 묻는다』. 후마니타스.

조승현. 2008. "삼성의 경영권 세습과 조직적 불법행위." 조돈문·이병천·송원근 엮음. 『한국 사회, 삼성을 묻는다』. 후마니타스.

조현재·전호림·임상균. 2005. 『디지털 정복자, 삼성전자』. 매일경제신문사.

참여사회연구소. 1999. 『5대 재벌백서』. 나남.

참여연대. 1999. "이건희 회장과 이재용 씨의 삼성생명 위장지분 소유 및 탈세혐의에 대한 조사 촉구 기자회견." 보도자료. 7월 6일

_____. 2001. "이재용 등과의 거래로 인한 제일기획, 삼성SDI의 주가영향." 보도자료. 4월 2일.

_____. 2005. "삼성그룹 주요계열사 이재용씨의 부실 인터넷 기업 떠안아 380억 원대 손실 부담." 보도자료. 7월 13일.

천경훈. 2013. "기업지배 구조관련 상법개정안을 둘러싼 논란-쟁점과 전망." 금융경제연구원 세미나 발표문. 11월 5일.

최승재. 2013. "수직계열화된 계열회사 간의 거래는 금지되어야 할 행위인가." 한국경제연구원 KERI Brief, 13-15. 5월 24일.

최윤식. 2013. 『2030 대담한 미래』. 지식노마드.

한국수출입은행. 2013. "창조경제 활성화를 위한 ICT산업 파급효과 제고 방안." 중점연구, 2013-2.

한정화·이춘우. 2007. 『혁신형 중소기업의 성장단계별 조직관리와 인적자원조달 관리 방안』. 중소기업청 용역보고서.

한지원. 2012. "전자 산업: 생산, 공급사슬, 노동조건의 특징." 노동자운동연구소 연구보고서, 2012-2호.

KBD대우증권. 2014. "삼성의 위기와 미래 성장 전략." 1월 27일.

SK증권. 2012. "지주회사, 기업들의 새로운 투자: 자기주식 매입." 2012년 10월 분석 보고서.


Elson, Diane and Ruth Pearson. 1980. "Nimble Fingers Make Cheap Workers: An Analysis of Women's Employment in Third World Export Manufacturing." *Feminist Review*, Spring.

Johnson, S., R. A. Porta, F. Lopez-de-Silanes and A. Shleifer. 2000. "Tunneling." *American Economic Review* 90-2.

Levy, S. 2011. *In the Plex: How Google Thinks, Works, and Shapes Our Lives*. New York:

Simon & Schuster.

Michell, T. 2010. *Samsung Electronics and the Struggle for Leadership of the Electronics Industry*. John Wiley & Sons.

Wall Street Journal. 2013. "Samsung Plays Catch-Up on Software."


| 2장 |

강두용·이상호. 2012. "한국 경제의 가계 기업 간 소득성장 불균형 문제: 현상 원인 함의." 『이슈페이퍼』 296호. 산업연구원.

강병구. 2014. "삼성전자와 재벌대기업의 세제 혜택." 삼성노동인권지킴이 주관. "다시 삼성을 묻는다 제3차 토론회." 1월 10일.

권애라. 2013. "국내 휴대폰 부품산업 환경악화 가능성과 대응방안." 『산은조사월보』 686호.

김덕식. 2010. "애플 혼하이를 통해 본 제조모델 변화의 바람." LGERI리포트. 5월 5일.

김동준 외. 2013. 『초일류 삼성의 성공엔진』. 한울.

김윤균 외. 2011. "제조전문기업의 부상과 시사점: EMS/OMD산업을 중심으로." 정보통신산업진흥원.

김주일. 2008. "삼성SDS의 하도급 관계: 상생인가, 살생인가?" 조돈문·이병천·송원근 엮음. 『한국 사회, 삼성을 묻는다』. 후마니타스.

김혜용. 2013. "Apple vs. 삼성전자/LG 전자." 우리투자증권. 9월 4일.

박형준. 2013. 『재벌, 초국적 자본』. 책세상.

삼성전자 40년사 편찬팀. 2010. 『삼성전자 40년, 1969~2009』.

성현석. 2008. "삼성전자 협력 업체의 반란, 이유는?" 『프레시안』 5월 12일.

송원근. 2008a. "삼성의 경제력과 성장의 그늘." 조돈문·이병천·송원근 엮음. 『한국 사회, 삼성을 묻는다』. 후마니타스.

_____. 2008b. "삼성의 내부거래와 그 폐해." 조돈문·이병천·송원근 엮음. 『한국 사회, 삼성을 묻는다』. 후마니타스.

_____. 2014. "삼성 재벌의 지배구조 변화와 이재용 시대." 『사회경제평론』 44호.

송재용·이경묵. 2013. 『이건희 경영학』. 21세기북스.

신장섭·장성원. 2006. 『삼성 반도체 세계 일등 비결의 해부』. 삼성경제연구소.

이병천. 2008. "삼성과 한국 민주주의." 조돈문·이병천·송원근 엮음. 『한국 사회, 삼성을 묻는다』. 후마니타스.

_____. 2011. "외환 위기 이후 한국의 축적체제." 『동향과 전망』 81호.

_____. 2012a. "한국경제 97년 체제의 특성에 대하여." 『동향과 전망』 86호.

_____. 2012b. "정글자본주의에서 참여자본주의로." 조흥식 편. 『대한민국 복지국가의 길을 묻다』. 이매진.

_____. 2013. "'노조 파괴 문건' 삼성이 사회책임경영? 한겨레, 왜?"『프레시안』10월 31일.

이유미. 2013. "삼성과 애플, 이것 하나는 닮아도 너무 닮았다."『프레시안』8월 20일.

장세진. 2008.『삼성과 소니』. 살림.

정준호·이병천.2007. "한국의 탈추격시스템 어디로 가는가." 제4회 사회경제학계 공동학술대회.

조돈문·이병천·송원근 엮음. 2008.『한국 사회, 삼성을 묻는다』. 후마니타스.

희정. 2013a. "승승장구 휴대전화의 이면(상): 35세 권태영 씨의 죽음."『프레시안』7월 4일.

_____. 2013b. "승승장구 휴대전화의 이면(하): 대기업 성장의 비법은 하청."『프레시안』7월 11일.


服部民夫. 2005.『開發の經濟社會學』, 文眞堂[『개발의 경제사회학』, 유석춘·이사리 옮김, 전통과 현대, 2007].

| 3장 |

경제개혁연구소. 2012. "재벌승계는 어떻게 이루어지나."『경제개혁리포트』2012-18호.

_____. 2013a. "대규모기업집단의 순환출자 형성과정과 배경."『경제개혁리포트』2013-17호.

_____. 2013b. "일감 몰아주기에 대한 공정거래법 규율의 실효성 제고방안."『경제개혁리포트』2013-5호.

_____. 2014. "재벌 및 대기업으로의 경제력 집중과 동태적 변화분석, 1987~2012."『경제개혁리포트』2014-2호.

김상조. 2007. "삼성그룹의 경제적 지배력과 사회적 지배력." 민주언론운동시민연합 주최 토론회 발표문. 12월.

김서중. 2014. "삼성의 언론지배." 삼성노동인권지킴이. "다시, 삼성을 묻는다: 삼성과 한국사회의 선택." 심포지움 자료집. 2월.

김윤정. 2013. "대기업집단의 부당지원행위 규제제도 개선방안 연구." 한국법제연구원 연구보고서. 9월.

김진희. 2014. "21세기 디지털 시대의 현 주소: 삼성전자 여성 노동자들과 노동권의 실종." 삼성노동인권지킴이. "다시, 삼성을 묻는다: 삼성과 한국사회의 선택." 심포지움 자료집. 1월.

박갑수. 2014. "삼성X파일 사건을 통해 본 삼성의 사회적 지배." 삼성노동인권지킴이. "다시, 삼성을 묻는다: 삼성과 한국사회의 선택." 심포지움 자료집. 2월.

박정구. 2007. "하도급거래의 문제점과 개선방안."『경영법률』17-3호.

송원근. 2008. "삼성의 경제력과 성장의 그늘." 조돈문·이병천·송원근 엮음.『한국 사회, 삼성을 묻는다』. 후마니타스.

_____. 2013. "이재용 시대, 삼성 재벌의 지배 구조." 삼성노동인권지킴이. "다시, 삼성을 묻는다: 삼성과 한국사회의 선택." 심포지움 자료집. 12월.

송태수. 2008. "삼성의 사회·정치적 지배와 그 의미." 조돈문·이병천·송원근 엮음.『한국 사회, 삼성을 묻는다』. 후마니타스.

안은주. 2008. "삼성은 언론은 어떻게 길들이나?" 조돈문·이병천·송원근 엮음.『한국 사회, 삼성을 묻는다』. 후마니타스.

이병천. 2013. "삼성전자의 축적체제 분석." 삼성노동인권지킴이. "다시, 삼성을 묻는다: 삼성과 한국사회의 선택." 심포지움 자료집. 12월.

이영준. 2010.『민법총칙』. 박영사.

이정훈. 2008. "삼성의 언론 지배와 중앙일보." 조돈문·이병천·송원근 엮음.『한국 사회, 삼성을 묻는다』. 후마니타스.

장덕조. 2006. "전환사채의 저가발행과 회사의 손해."『법조』601호.

_____. 2007. "에버랜드 판결의 분석."『민주법학』34호.

조돈문. 2008. "삼성의 인간종중 철학과 무노조 경영." 조돈문·이병천·송원근 엮음.『한국 사회, 삼성을 묻는다』. 후마니타스.

_____. 2014. "삼성의 노동 통제와 노동자 조직화." 삼성노동인권지킴이. "다시, 삼성을 묻는다: 삼성과 한국사회의 선택." 심포지움 자료집. 1월.

_____·이병천·송원근 엮음. 2008.『한국 사회, 삼성을 묻는다』. 후마니타스.

조승현. 2012.『탈법행위론』. 한국방송통신대학교출판부.

지철호. 2011. "최근 개정 하도급법의 쟁점과 전망." 서울대학교 경쟁법센터·중소기업중앙회 공동 세미나. 7월.

황태희. 2012. "하도급 거래에 있어서 수급사업자 보호의 실효성 제고방안에 관한 법적 연구: 시정조치 등 제재를 중심으로."『경쟁법연구』25호.


鳩山秀夫. 1910. 法律行爲乃至時效.

大村敦志. 1991.「脫法行爲」と 强行規定の 適用(上, 下). ジュリスト.

桑岡和久. 2000. 消費者保護法規の脫法行爲とその法的對應(一, 二). 民商.


Benecke. 2004. *Gesetzesumgehung im Zivilrecht.*

Flume, Allgemeiner Teil des. *Buegerichenrechts*, II. 5. Auf.

Hoggings v. California Petroleum and Asphalt Co, et al. 1905.

Larenz, Methodenlehre der Rechtswissenschaft. 1991.

Savigny, System des heutigen roemischen Rechts, Bd. I. 1840.

Teichmann. 1962. *Die Gesetzesumgehung.*

Tipke, Die Steuerrechtsordnung III, Otto Schmidt Verlag, Köln. 1993.

United States v. Lehigh Vally Rail-road Co. 1910.

United States v. milwaukee Refrigertor Transit Co. 1905.

경기지방노동위원회. 2014. "정보 비공개 결정 통지서." 경기지방노동위원회위원장. 2월 26일.

고용노동부. 2013. "삼성전자서비스(주)와 협력 업체에 대한 수시감독 관련: A/S 업무에 대해 파견법
    위반이라고 볼 수 없다고 판단. 시간외 수당 등 1억4천6백만 원 미지급에 대해서는 시정조치."
    보도자료. 9월 16일.

구은회. 2013. "노동부, 위장도급 논란 삼성전자서비스 한 달간 수시감독: 파견법·근기법 위반 여부 집중
    점검 …… '위법행위 신고센터' 운영."『매일노동뉴스』6월 25일.

금속노조. 2013. "삼성 에버랜드 녹취록 관련 대응방안." 전국금속노동조합법률원.

박정미. 2013. "금속노조 삼성전자서비스지회 뜬다: 2일 출범 선언 예정 …… '주 100시간 노동, 산재 본인
    처리'." 참세상. 7월 1일.

삼성전자서비스 공대위. 2013a. "우리는 삼성의 가족이 아니었습니다. 그 2번째 이야기: 삼성전자서비스
    위장도급 피해자 기자간담회." 삼성전자서비스의 불법고용 근절 및 근로기준법 준수를 위한
    공동대책위원회, 국회의원회관 제2세미나실. 8월 6일.

_____. 2013b. "삼성전자서비스와 협력 업체의 부당노동행위 및 백색테러 규탄 기자회견."
    삼성전자서비스의 불법고용 근절 및 근로기준법 준수를 위한 공동대책위원회. 10월 7일.

삼성전자서비스지회. 2013. "담화문: 최종범 열사 투쟁 합의서 타결에 부쳐." 전국금속노동조합
    삼성전자서비스지회. 12월 21일.

삼성지회. 2014. "삼성지회 소송 현황 정리." 전국금속노동조합 삼성지회. 4월.

신정임. 2011. "상대는 '삼성', 이 정도로 치밀해야죠: 조장희 인터뷰, 식당 노동자들이 '무노조 삼성'의 벽을
    깨기까지."『오마이뉴스』9월 18일.

에버랜드. 2012. "(고)김주경 관련 상황보고: 1월 12~16일." 1월.

이정훈. 2011. "삼성노조 잔혹사, 이제는 마침표 찍을까."『한겨레21』871호.

조돈문. 2008a. "삼성의 '인간존중' 철학과 '무노조' 경영: 노동조합 결성 시도와 삼성의 탄압."
    조돈문·이병천·송원근 엮음.『한국 사회, 삼성을 묻는다』. 후마니타스.

_____. 2008b. "삼성이 만드는 '대~한민국 원형감옥'." 조돈문·이병천·송원근 엮음.『한국 사회, 삼성을
    묻는다』. 후마니타스.

_____. 2013. "삼성의 노동 통제와 노동자들의 노동권." 삼성 노동자 노동권 확대를 위한 워크숍.
    수원천주교대리교구청. 9월 28일.

조장희. 2013. "삼성 노조 오래 못 간다? 사측 바람일 뿐."『미디어스』2월 15일.

한지원. 2013. "삼성전자 A/S 이중도급과 삼성식 수탈구조."『매일노동뉴스』7월 17일.

허재현. 2011. "미행·지방발령·가족회유 …… 삼성 치졸한 노조 탄압."『한겨레신문』9월 23일.

S그룹. 2012.『2012년 'S그룹' 노사전략』. 1월.


Etzioni, Amitai. 1975. *A Comparative Analysis of Complex Organizations*. New York: Free
    Press.

Moore, Barrington. 1978. *Injustice: The Social Bases of Obedience and Revolt*. New York: M. E. Sharpe.

Oberschall, Anthony. 1973. *Social Conflict and Social Movements*. New Jersey: Pearson Education.

Olson, Mancur. 1965. *The Logic of Collective Action: Public Goods and the Theory of Groups*. New York: Harvard University Press.

Parkin, Frank. 1979. *Marxism and Class Theory*. New York: Columbia University Press.


• 면담

김갑수. 2013. 삼성SDI 해고자. 2013/09/17;09/21;09/22.

이종란. 2013. 반도체노동자의건강과인권지킴이 반올림 노무사. 2013/09/28.

SEL001. 2013. 에버랜드 노동자. 2013/09/17;09/21;11/17.

_____. 2014. 에버랜드 노동자. 2014/03/30.

SEL002. 2013. 에버랜드 노동자. 2013/09/30;11/03;11/05;11/07.

_____. 2014. 에버랜드 노동자. 2014/03/30.

SEL003. 2013. 에버랜드 노동자. 2013/09/30.

SEL004. 2013. 에버랜드 노동자. 2013/09/30;12/11.

SSV001. 2013. 삼성전자서비스 노동자. 2013/09/16.

SSV002. 2013. 삼성전자서비스 노동자. 2013/09/28.


| 5장 |

공유정옥. 2012. "반도체 산업의 작업환경과 질병의 경험들."『한국산업위생학회지』22-1호.

_____. 2013. "국내 삼성 하청업체 노동자 건강권 문제 사례." 삼성전자 사례로 본 전자 산업 하청노동권 실태 토론회.

김진희. 2006. "뉴딜 단체협상법의 생성과 변형: 와그너 법에서 태프트-하틀리 법까지."『미국학논집』 38-3호.

나현필. 2013. "삼성의 아시아 지역 공장 실태." 삼성전자 사례로 본 전자 산업 하청노동권 실태 토론회.

박동욱·이경무. 2012. "반도체 웨이퍼 가공근로자의 생식독성과 암 위험 역학연구에서 과거 노출 평가방법 고찰."『한국산업위생학회지』22-1호.

박일환. 2009.『삼성반도체와 백혈병』. 삶이보이는창.

박종태. 2013.『환상: 삼성 안에 숨겨진 내밀하고 기묘한 일들』. 오월의봄.

산업안전보건연구원. 2012.『반도체산업 근로자를 위한 건강관리 길잡이』. 산업안전보건연구원.

삼성전자. 2013. 『2013 지속가능경영보고서』.

손정순. 2010. "다층적 하청 구조가 파견 노동자의 임금·고용에 미치는 영향: 전자 업종내 중소 사업장 파견노동을 중심으로." 『산업노동연구』 16-1호.

스미스, 테드 외. 2009. 『세계전자 산업의 노동권과 환경정의』. 공유정옥 외 옮김. 메이데이.

은수미 의원실. 2013. "여성 좋은 일자리, 낙타가 바늘 뚫기보다 어려워." 보도자료 4월 10일.

이유미. 2013. "전자 산업 노동력 구조와 노동인권 현실." 삼성전자 사례로 본 전자 산업 하청노동권 실태 토론회.

이은진. 1998. 『노동자가 만난 유령: 자본과 기술』. 경남대학교출판부.

이진우. 2012. "국경없는 반도체 산업에 의한 직업병과 환경파괴." 『사회운동』 107호.

조돈문. 2008. "삼성의 '인간 존중' 철학과 '무노조 경영': 노동조합 결성 시도와 삼성의 탄압." 『한국 사회, 삼성을 묻는다』. 조돈문·이병천·송원근 엮음. 후마니타스.

조돈문·이병천·송원근 엮음. 2008. 『한국 사회, 삼성을 묻는다』. 후마니타스.

최인이. 2008. "관리의 삼성, 삼성맨 만들기." 조돈문·이병천·송원근 엮음. 『한국 사회, 삼성을 묻는다』. 후마니타스.

한지원. 2011. "전자 산업 생산, 공급사슬, 노동조건의 특징." 노동자운동연구소 연구보고서 2011-2호.

Beller, Andrea H. 1984. "Trends in Occupational Segregation by Sex and Race, 1960-1981." Barbara F. Reskin ed. *Sex Segregation in the Workplace*. Washington D. C.: National Academy Press.

Cobble, Dorthy Sue. 1991. "Drawing the Line: The Construction of a Gendered Work Force in the Food Service Industry." Ava Baron ed. *Work Engendered: Toward a New History of American Labor*. Ithaca: Cornell University Press.

Devinatz, Victor. 1999. *High-Tech Betrayl*. Lancing: Michigan State University.

Dublin, Thomas. 1975. "Women, Work and the Family: Female Operatives in the Lowell Mills, 1830-1860." *Feminist Studies* 3(1/2).

Dulles, Forster Rhea. 1966[1949]. *Labor In America*. New York: T. Y. Crowell Co.

Ewell, Miranda & K. Oanh, Ha. 1999. "High-Tech's Hidden Labor Outside the Eyes of the Law: Silicon Valley Companies Pay Asian Immigrants by the Piece to Assemble Parts at Home." *San Jose Mercury News*. June 27.

Green, Susan S. 1983. "Silicon Valley's Women Workers: A Theoretical Analysis of Sex-Segregation in the Electronics Industry Labor Market." June Nash and Maria Patricia Fernandez-Kelly eds. *Women, Men, and the International Division of Labor*. New York: State University of New York Press.

Gross, James A. 1998. "The Broken Promises of the National Labor Relations Act and the Occupational Safety and Health Act: Conflicting Values and Conceptions of Rights and Justice." *Chicago-Kent Law Review* 73-1.

Hossfeld, Karen J. 1990. "Their Logic Against Them: Contradictions in Sex, Race, and Class in Silicon Valley." Kathryn Ward ed. *Women Workers and Global Restructuring.* Ithaca: Cornell University Press.

Hossfeld, Karen J. 1994. "Hiring Immigrant Women: Silicon Valley's Simple Formula." Bonnie Thornton Dill and Maxine Baca Zinn eds. *Women of Color in U.S. Society.* Philadelphia: Temple University Press.

Kessler-Harris, Alice. 1990. *A Woman's Wage: Historical Meanings and Social Consequences.* Lexington: The University Press of Kentucky.

Lai, Eric & Theresa Viloria. 1995. "Down & Out in Silicon Valley." *A. Magazine: Asian American Quarterly.* November 30.

Lin, Vivian. 1991. "Health, Women's Work and Industrialization: Semiconductor Workers in Singapore and Malaysia." http://gencen.isp.msu.edu/documents/Working_Papers/WP130.pdf

Loth, David. 1958. *Swope of GE.* New York: Simon and Schuster.

McLaughlin, Ken & Ariana Eunjung, Cha. 1999. "Power: Politics and the Workplace Divisions: Segregation Trends Emerge in High-Tech Industry, Experts Say." *San Jose Mercury News.* April 16.

Nash, June ed. 1983. *Women, Men, and the International Division of Labor.* Albany: State University of New York Press.

Schenker, Marc. 1992. "Epidemiologic Study of Reproductive and Other Health Effects Among Workers Employed in the Manufacture of Semiconductors." *Final Report to the Semiconductor Industry Association.* Davis, California: University of Califonia at Davis.


『교차로신문』 2013/04/01. "'월급 70만 원 미만' 70%가 여성."

『동아일보』 2013/12/06. "국내 전자 산업, 수출의 중심에 서다."

『디지털데일리』 2011/07/14. "삼성전자 권오현 사장, 반도체 공정, 벤젠 없다. 있을 수도 있어서도 안 된다."

『미디어오늘』 2013/10/23. "삼성반도체 백혈병 판결 보니 목숨보다 '영업비밀'."

『시사IN』 2010/04/16. "삼성 백혈병 논란 제2라운드 점화."

『시사IN』 2011/07/05. "서울대 역학조사가 삼성을 쏘았다."

『아주뉴스』 2011/04/14. "<삼성전자 주총> 생산직 제외 비율 14.6% 머물러."

『오마이뉴스』 2013/08/12. "뱃속 아기가 암으로 …… 그 심정 아시나요?"

『프레시안』 2010/12/07. "삼성전자에 노조를!, …… 박종태 대리 해고 확정."

『한겨레21』 2010/05/21. "삼성반도체 '발암성 물질' 6종 사용 확인."

『한겨레21』 2010/10/08. "삼성반도체 조사보고서 그리고 거짓말."

『한겨레신문』 2010/09/29. "삼성 반도체 공장, 화학물질 누출됐다."

『호남조은뉴스』 2006/05/22. "삼성 반도체 화성 사업장에 삼성 어린이집 공식 개원."


● 면담

박  진. 2014. 다산인권센터 상임활동가.

이종란. 2013~14. 반도체노동자의건강과인권지킴이 반올림 상임활동가.

SE01. 2013. 전직 삼성전자 기흥 공장 여성 노동자. 7년 근무.

SE02. 2013. 전직 삼성전자 기흥 공장 여성 노동자. 7년 근무.

SE03. 2013. 전직 삼성전자 기흥·화성 공장 여성 노동자. 15년 근무.

SE04. 2014. 전직 삼성전자 기흥 공장 여성 노동자. 11년 근무.

SE05. "수련기"(2000/03/14~2000/03/24). "전직 삼성전자 기흥 공장 여성 노동자. 2003년 백혈병 사망."

| 6장 |

김광숙. 2003. "생산직 기혼여성자의 직무스트레스 및 관련요인."『한국보건간호학회지』2-17호.

김기웅·박신구·김환철·임종한·이승준·전성환·허용석. 2012. "장시간 근로와 자살 생각의 관련성." 『대한직업환경의학회지』24-4호.

김동배. 2006. "성과주의 임금의 도입 실태와 시사점."『노동리뷰』14호. 한국노동연구원.

김성수. 2013. "삼성 신경영과 신인사."『삼성 신경영 20주년 기념 국제학술대회 자료집』.

김성수·박찬희·김태호. 2010.『한국기업 성과급 제도의 변천』. 서울대학교출판문화원.

김재구·임상훈·김동배. 2003. "인사관리시스템과 경영성과가 상호간에 미치는 영향에 관한 연구." 『인사관리연구』27-3호.

김현욱·유태용. 2009. "직무관련 변인이 일-가정 갈등에 미치는 영향과 조직몰입 및 직무열의에 대한 일-가정 갈등의 효과."『한국심리학회지: 산업 및 조직』22-2호.

김형민. 2008.『근로시간 단축을 위한 과제: 특별법 제정을 중심으로』. 한국노총중앙연구원.

노용진. 2013. "초과근로시간의 결정요인."『산업관계연구』23-3호.

민현주. 2010. "기업특성과 가족친화제도 활용 용이성: 여성관리자의 육아휴직 및 본인병가제도 활용을 중심으로."『노동정책연구』10-3호.

박상언. 2000. "성과주의 임금제도와 인적자원관리: 비판적 고찰과 대안적 관점."『산업노동연구』6-1호.

박우성·이병하. 2003. "삼성전자 보상제도의 변천과정과 시사점."『경영교육연구』6-2호.

배규식. 2012. "한국 장시간 노동체제의 지속요인."『경제와 사회』95호.

_____. 2013. "한국의 장시간 노동과 근로시간 단축."『노동리뷰』10월호.

배종석·사정혜. 2003. "인적자원관리와 조직성과에 대한 실증연구."『인사조직연구』11-2호.

삼성경제연구소. 2008.『장시간 근로실태와 개선방안: 제조업을 중심으로』.

엄동욱. 2011. "기업 내 임금격차와 기업성과: 인적자본기업패널을 활용한 잔차임금분산의 효과를 중심으로."『POSRI경영경제연구』11-1호.

이승계. 2013. "성과주의 보상제도의 문제점과 개선방안 연구."『인적자원관리연구』20-3호.

이승협. 2008. "삼성의 신경영과 강제된 동의: 헤게모니적 인적자원관리와 조직 몰입." 조돈문·이병천·송원근 엮음.『한국 사회, 삼성을 묻는다』. 후마니타스.

이유덕·송광선. 2009. "가족친화경영, 직무특성, 가족특성, 그리고 일과 삶의 조화."『인적자원관리연구』16-4호.

이윤경·정혜선·장원기. 2006. "근로시간에 따른 근로자들의 직무스트레스."『한국산업간호학회지』15-2호.

이정아. 2013. "초과노동과 임금결정의 수행성."『경제와 사회』97호.

임효창·이봉세·박경규. 2005. "기혼직장인의 직장-가정갈등의 원인과 결과에 관한 연구."『경영학연구』34-5호.

장은미·양재완. 2002. "직무수행 노력에 있어 외재적 동기요인이 가지는 복합적인 영향에 관한연구."『인사관리연구』26-1호.

정성미. 2012. "임금 및 근로시간 동향."『노동리뷰』11월호.

정연앙·최장호. 2008. "성과급 임금제도와 직무만족도 간의 관계에 관한 연구."『인사관리연구』32-3호.

정진주. 2002. "병원근로자의 직무스트레스 현황과 요인분석."『한국환경위생학회지』28-3호.

정혜선·김우영·장원기·이윤정·김지윤·이복임. 2005.『근로시간 단축이 산업재해에 미치는 영향에 관한 연구』. 한국산업안전공단.

조규식. 2010. "장시간근로 완화를 위한 제도적 개선방안."『원광법학』25-4호.

조돈문·이병천·송원근 엮음. 2008.『한국 사회, 삼성을 묻는다』. 후마니타스.

최인이. 2008. "관리의 삼성, 삼성맨 만들기." 조돈문·이병천·송원근 엮음.『한국 사회, 삼성을 묻는다』. 후마니타스.


Bloom, M. 1999. "The performance effects of pay dispersion on individual and organizations." *Academy of Management Journal* 42-1.

Cowherd, D. & D. I. Levine. 1992. "Product quality and pay equity between lower-level employees and top management: An investigation of distributive justice theory." *Administrative Science Quarterly* 37-2.

Greenhaus, J. H., k. M. Colluns, R. Singth & S. Parasuraman 1997. "Work and family influences on departure from public accounting." *Journal of Vocational Behavior* 50.

Hughes, D. & F. Galinsky. 1994. "Work expenses and marital interaction, elaborating the complexity of work." *Journal of Occupational Behavior* 15.

Kulik, C. T. & M. L. Ambrose. 1992. "Personal and situational determinants of referent choice." *Academy of Management Review* 17.

Lazear, E. & S. Rosen. 1981. "Rank-order tournaments as optimum labor contracts." *Journal of Political Economy* 89.

Levine, D. I. 1991. "Cohesiveness, productivity, and wage dispersion." *Journal of Economic Behavior and Organizations* 15-2.

Mahoney, T. A. 1979. "Organizational hierarchy and position worth." *Academy of Management Journal* 22.

Martin, J. 1981. "Relative deprivation: A theory of distributive injustice for an era of shrinking resources." L. L. Cummings and Barry M Staw eds. *Research in Organizational Behavior* 3. Greenwich, CT: JAI Press.

_____. 1982. "The fairness of earnings differentials: An experimental study of the perceptions of blue-collar workers." *Journal of Human Resources* 17.

Milgram, P. & J. Roberts. 1992. *Economics, organization, and management.* Englewood Cliffs, NJ: Prentice Hall.

Milkovich, G. T. & J. M. Newman. 2010. *Compensation* (10th ed.). Homewood, IL: Irwin.

OECD. 2012. *OECD employment outlook.*

Pfeffer, J. & N. Langton. 1993. "The effect of wage dispersion on satisfaction, productivity, and working collaboratively: Evidence from college and university faculty." *Administrative Science Quarterly* 38.

Spurgeon, A., J. M. Harrington & C. L. Copper. 1997. "Health and safety problems associated with long working hours: A review of the current position." *Occup Environ Medicine* 54.

Wright, P. 2013. "The new management: Transforming Samsung to global leadership." *The Proceeding of 20 Years of Samsung's New Management: An International Symposium.*

| 8장 |

강성태. 2010. "사내하도급 삼부작 판결의 의의." 『노동법학』 35호.

권두섭. 2008. "간접고용 판례로 본 입법과제 필요성." 간접고용 실태 및 법·제도 개선 과제 토론회 발표 자료. 전국민주노동조합총연맹.

권 혁. 2010. "독일에서의 위장도급 판단기준에 관한 논의와 그 시사점." 근로자파견의 판단기준에 대한 토론회 발표 자료. 민주사회를위한변호사모임·한양대법학연구소.

김기덕. 2010. "근로자파견의 판단기준에 관한 검토." 근로자파견의 판단기준에 대한 토론회 발표 자료. 민주사회를위한변호사모임·한양대법학연구소.

김상조. 2011. "하도급 구조의 현황 및 과제." 오마이스쿨.

_____. 2013. "사회양극화 해소를 위한 경제개혁 방향?: 1987년의 질곡과 2012년의 약속." 노사정위원회 워크숍.

김윤식. 2007. "상생경영의 이정표를 찾아서: 대중소기업 상생경영 실천모델 모색." 롯데일 콜로세움.

김종진. 2008. "간접고용 실태 및 해결방향." 간접고용 실태 및 법·제도 개선 과제 토론회 발표 자료, 전국민주노동조합총연맹.

김주일. 2008. "삼성SDS의 하도급 관계: 상생인가 살생인가." 조돈문·이병천·송원근 엮음. 『한국 사회, 삼성을 묻는다』. 후마니타스.

김형동. 2010. "사내하도급 문제의 경과와 향후대책." 『노동리뷰』 9월호. 81-84.

남성일. 2010. "사내하도급 관련 쟁점과 경제적 영향 검토." 국회의원 신지호 주최 '사내하도급 실태와 국가경쟁력 제고' 정책토론회 자료집.

문무기. 2005. "간접고용의 합리적 규율을 위한 법리." 『노동정책연구』 5호.

박제성. 2010. "현대자동차 사내하도급 판결의 의미." 『노동리뷰』 9월호. 70-75.

박제성·노상헌·유성재·조임영·강성태. 2009. 『사내하도급과 노동법』. 한국노동연구원.

박지순. 2010. "사내하도급 관련 쟁점과 경제적 영향 검토." 국회의원 신지호 주최 '사내하도급 실태와 국가경쟁력 제고' 정책토론회 자료집.

박지순·김상호·권혁·전형배·정영훈. 2010. "외국의 사내하도급 파견 현황 및 제도 실태조사." 고려대학교 산학협력단.

손정순. 2009. "금속산업 비정규 노동의 역사적 구조변화: 산업화 이후 금속산업 사내하청 노동을 중심으로." 고려대학교 박사 학위논문.

_____. 2011. "후발산업화와 금속부문 대공장내 사내하청 노동의 도입과 전개: 철강업종의 포항제철 사례를 중심으로." 『산업노동연구』 17권 1호. 177-208.

은수미. 2008. "원청의 노사관계 전략: 제조업 사내하청을 중심으로." 『노동정책연구』 8권 3호. 125-157.

은수미·오학수·윤진호. 2008. 『비정규직과 한국 노사관계시스템 변화: 한·미·일 비교를 중심으로』. 한국노동연구원.

은수미·이병희·박제성. 2011. 『사내하도급과 한국의 고용구조』. 한국노동연구원.

장지연·양수경·이택면·은수미. 2008. 『고용유연화와 비정규직 고용』. 한국노동연구원.

전병유·이시균·김기민. 2010. "사업체 고용구조 조사." 한신대학교 산학협력단.

전형배. 2010a. "대법원 판례와 위장도급의 유형 판단기준." 근로자파견의 판단기준에 대한 토론회 발표 자료. 민주사회를위한변호사모임·한양대법학연구소.

_____. 2010b. "대법원 판례의 위장도급 유형 판단기준." 『노동법학』 36호.

조성재. 2011. "사내하도급 실태와 개선방향." 『노동리뷰』 70호.

조성재·박지순. 2007. 『사내하도급 활용실태 및 개선방안』. 한국노동연구원.

조효래. 2008. "사내하청 노조운동의 발생과 성장에 관한 비교연구." 『산업노동연구』 14-1호.

| 9장 |

고용노동부. 2013. 『2012년 산업재해 현황 분석』.

노동환경건강연구소. 2013. "삼성전자, 구미 화학물질 누출사고 문제점과 지역주민의 알권리 확보를 위한 제도개선의 방향." 2월 6일.

노동환경건강연구소·한명숙-은수미 의원실. 2013. "삼성전자서비스노동자 업무환경 및 정신건강 실태조사보고서."

매일경제신문사. 2013. 『100년 기업의 힘, 타타에게서 배워라』.

민주노총. 2013. "산재사망 처벌 및 원청 책임강화" 자료집. 11월.

이경용. 2012. "규제 순응도와 산업재해 발생 수준간의 관계 분석: 로지스틱 회귀분석과 포아송 회귀분석을 중심으로." 대한안전경영과학회 춘계학술대회 발표문.

임준. 2008. "국가안전관리 전략 수립을 위한 직업안전 연구의 필요성과 배경." 대한직업환경의학회 학술대회 발표문.

장하준. 2012. 『무엇을 선택할 것인가』. 부키.

조돈문·이병천·송원근 엮음. 2008. 『한국 사회, 삼성을 묻는다』. 후마니타스.

최인이. 2008. "관리의 삼성, 삼성맨 만들기." 조돈문·이병천·송원근 엮음. 『한국 사회, 삼성을 묻는다』. 후마니타스.

KBS 사회적 자본 제작팀. 2011. 『사회적 자본』. 문예춘추사.


| 10장 |

강병구·성효용. 2008. "법인세의 경제적 효과분석," 『재정정책논집』 10-3. 한국재정정책학회.

곽노현·윤종훈·이병한. 2001. "삼성3세 이재용." 『오마이뉴스』.

곽정수. 2013. "재벌 '불법 상속 방법' 또 한번 '진화'할까." 『한겨레21』 968호.

국세청. 2013. "'일감몰아주기 증여세' 첫 정기신고 결과." 10월 8일.

국세청·한국조세연구포럼. 2010. 『증여세 완전포괄주의 과세제도 정착을 위한 법령 등 제도개선 연구』.

김용철. 2010. 『삼성을 생각한다』. 사회평론.

김유찬·김진수. 2004. "법인세 감면과 경기활성화." 『세무와 회계저널』. 5-2.

김학수. 2013. 『기업 특성과 법인세 평균 실효세율에 관한 연구』. 한국조세재정연구원.

박원석 의원실. 2013. "2008~2012 삼성 계열사 법인세 현황 분석." 11월 5일.

성낙인·박정훈·이창희. 2003. "상속세 및 증여세의 완전포괄주의 도입방안에 관한 연구." 『서울대학교 법학』 44-4호.

윤영선. 2010. "임시투자세액공제 제도가 설비투자에 미치는 영향에 관한 연구』. 경원대학교 박사 학위 논문.

이은정. 2013. "법인세 실효세율 추이 및 감세·공제감면세액의 귀착효과." 『경제개혁리포트』 2013-9호. 경제개혁연구소.

정세은. 2011. "보편적 복지국가를 위한 세제 개혁 방안." 『사회경제평론』 37-1호.

참여연대 조세재정개혁센터. 2012. "재벌·대기업에게 큰 혜택이 집중되는 현행 법인세제 개편 방향." 이슈리포트 2012-5호.

_____. 2013. "2013년 세법개정안 평가와 제언." 참여연대 이슈리포트. 12월 18일.

채이배. 2011. "회사기회유용과 지원성거래를 통한 지배주주 일가의 부(富)의 증식에 관한 보고서." 『경제개혁리포트』 2011-4호. 경제개혁연구소.

_____. 2013. "일감몰아주기에 대한 증여세, 과세실적 분석." 『이슈&분석』 2013-16호. 경제개혁연구소.

최재성 의원실. 2013. "2012년 10대 기업 실효세율 13%에 불과." 보도자료. 10월 6일.

홍종학 의원실. 2013. "수입금액 100분위별 법인세 주요항목 신고현황(2012년 국세통계연보기준)." 국세청 자료. 4월 26일.


Ascher, M. L. 1990. "Curtailing Inherited Wealth." *Michigan Law Review* Vol.89, No.1.

Bureau van Dijk. 2012. *OSIRIS Database.*

Carnegie, A. 1998. *The Gospel of Wealth.* Applewood Books; Reprinted edition.

Gale, W. G., J. R. Hines Jr. and J. Slemrod. 2011. *Rethinking Estate and Gift Taxation.* Washington, D.C.: Brookings Institution Press.

IFC and The World Bank. 2013. *Doing Business Database.*

| 11장 |

삼성경제연구소. 2011. "기업 사회 공헌의 본질: SPIRIT." 『CEO Information』 809호.

_____. 2013. "사회 공헌의 흐름: '자선'에서 '박애'로." 『SERI 경영노트』 183호.

이승협. 2008. "삼성의 신경영과 강제된 동의: 헤게모니적 인적 자원 관리와 조직 몰입." 조돈문·이병천·송원근 엮음. 『한국 사회, 삼성을 묻는다』. 후마니타스.

_____. 2012. "기업의 사회적 책임과 정부의 역할: 자율주의를 넘어 제도화로." 『산업노동연구』 18-1호.

조돈문. 2008a. "삼성의 '인간 존중' 철학과 '무노조'경영: 노동조합 결성 시도와 삼성의 탄압." 조돈문·이병천·송원근 엮음. 『한국 사회, 삼성을 묻는다』. 후마니타스.

_____. 2008b. "'지속 가능성 보고서'의 이데올로기적 기능과 사회적 책임 경영: 삼성SDI 사례 연구." 조돈문·이병천·송원근 엮음. 『한국 사회, 삼성을 묻는다』. 후마니타스.

조효제. 2008. "인권 경영의 모색: 쟁점과 비판." 『아세아연구』 51-3호.

Burckhardt, Gisela. 2011. Mythos CSR, Unternehmensverantwortung und Regulierungslücken. Bonn.

China Labor Watch. 2012a. Samsung Factory Exploiting Child Labor. Investigative Report on HEG Electronics (Huizhou) Co., Ltd. Samsung Supplier.

_____. 2012b. An Investigation of Eight Samsung Factories in China: Is Samsung Infringing Upon Apple's Patent to Bully Workers?.

Der Spiegel. 1995. Widerspruch unerwünscht. No. 30.

EICC. 2012. EICC(Electronic Industry Citizenship Coalition) Code of Conduct. http://www.eiccoalition.org.

Euro-Betriebsrat. 1996. Voluntary Agreement between the Central Management and the Employee Representatives(2005/07/09).

Fairness-Stiftung. 2013. Fairness Check. http://www.fairness-check.de/Samsung-im-fairness-check.aspx#quellen.

FER(Finance & Ethics Research). 2013. Samsung Electronics Co Ltd. Diex.

Good Growth Fund. 2013. Nachhaltigkeitsreport 2012/2013.

KPMG. 2013. The KPMG Survey of Corporate responsibility reporting 2013.

Oekom Research. 2013. Oekom Corporate Responsibility Review.

| 12장 |

강철원 외. 2013. 『전관예우 비밀해제』. 북콤마.

경제개혁연구소. 2008. 『경제개혁리포트』.

김상조. 2012. 『종횡무진 한국경제』. 오마이북.

김용철. 2010a. 『삼성을 생각한다』. 사회평론.

_____. 2010b. 『삼성을 생각한다 2: 그 이어지는 이야기』. 사회평론.

민경한. 2013. 『동굴 속에 갇힌 법조인』. 나래짓.

이상훈. 2008. "배임 횡령 범죄에서의 바람직한 양형 판단은 무엇인가." '뇌물/배임횡령/성폭력 범죄, 바람직한 양형 판단 기준을 말한다' 토론회 자료집.

이춘재·김남일. 2013. 『기울어진 저울』. 한겨레출판.

임종인·장화식. 2008. 『법률사무소 김앤장』. 후마니타스.

조돈문·이병천·송원근 엮음. 2008. 『한국 사회, 삼성을 묻는다』. 후마니타스.

프레시안 특별취재팀. 2008. 『삼성왕국의 게릴라들』. 프레시안북.

『뉴스토마토』 2013/04/09. "토마토인터뷰: 박범계 의원, '한국은 김앤장 공화국'".
   http://www.newstomato.com/ReadNews.aspx?no=352212 (검색일: ).

『법률신문』 2009/05/30. "이건희 전 회장 에버랜드 CB 저가발행 무죄 확정."

『법률신문』 2012/07/13. "김창석 후보자, '친재벌 성향 판결' 추궁에 곤혹."

『중도일보』 2013/02/28. "새정부 초대 장관 인사청문회 '황교안 로펌월급 1억 전관예우'."

『한겨레21』 720호. "민병훈 판사, 재판 전부터 이건희 무죄 확신".

『한겨레신문』 2009/05/29. "대법 '에버랜드 사건' 이건희 무죄 확정, 'SDS 사건'은 파기환송 '경영권 편법
   승계' 사실상 면죄부."

『한겨레신문』 2009/08/14. "이건희 파기환송심 유죄…집행유예, 벌금 1100억…형량은 안 늘어 법원,
   배임액 227억 산정."

『한겨레신문』 2009/08/27. "'에버랜드 CB' 허태학·박노빈도 무죄."

『The CEOScoreDaily』 2013/05/29. "20대그룹 사외이사 '겸직' 83%가 '권력형' …… 검찰·국세청장
   '상종가'."

| 13장 |

김용철. 2010. 『삼성을 생각한다』. 사회평론.

노회찬. 2012. 『노회찬과 삼성 X파일』. 이매진.

송원근. 2008. "삼성의 경제력과 성장의 그늘." 조돈문·이병천·송원근 엮음. 『한국 사회, 삼성을 묻는다』.
   후마니타스.

윤석규. 2010. "노무현의 불행은 삼성에서 비롯됐다." 『프레시안』 3월 17일.

이상호. 2012. 『진실은 스스로 말하지 않는다』. 동아시아.

장영희. 2007. "삼성은 참여정부 두뇌이자 스승이었다." 『시사IN』 11호.

조승현. 2008. "삼성의 경영권 세습과 조직적 불법행위." 조돈문·이병천·송원근 엮음. 『한국 사회, 삼성을
   묻는다』. 후마니타스.

참여연대. 2005. "삼성의 인적 네트워크를 해부한다." 보도자료. 8월 3일.

| 14장 |

강상현. 1998. "편집권 포기하면 생존권도 없다: 경제난 속의 편집권 위기." 『신문과 방송』 7월호.

경제개혁연구소. 2008. "재벌의 언론지배에 대한 2차 보고서: 재벌의 시대, 기로에 선 한국 언론."

『경제개혁리포트』.

권혁범. 2008. "'태안의 기적'은 불온하다." 『한겨레21』 705호.

김교준. 1999. "달라진 취재 환경." 『신문연구』 70호.

김진웅. 1998. "독일 언론 대기업의 시장 지배 구조." 『신문연구』 68호.

박문규. 2005. "삼성 악재와 언론보도의 변화." 『관훈저널』 97호.

박진형. 2007. "'삼성왕국 지킴이' 자처하는 언론." 『시민과 세계』 12호.

배정근. 2010. "광고가 신문보도에 미치는 영향에 관한 연구." 『한국언론학보』 54-6호.

_____. 2012. "국내 종합일간지와 대기업 광고주의 의존관계 형성과 변화과정: 자원의존이론의 관점에서." 『한국언론학보』 56-4호.

안은주. 2008. "삼성은 언론을 어떻게 길들이는가." 『인물과 사상』 117호.

언론개혁정책위원회. 1996. 『언론개혁 10대 과제』. 전국언론노동조합연맹·한국기자협회·한국방송프로듀서연합회.

유재천. 1988. "언론노조와 편집권." 『신문연구』 겨울호.

윤순진·박효진. 2011. "원유유출 사고를 둘러싼 위험의 사회적 구성과 위험 정보 소통: 삼성중공업-허베이 스피리트 호 원유유출사고 자원 봉사에 대한 언론보도를 중심으로." 『ECO』 15-1호.

이규완·박원기·이상돈. 2000. "우리나라 광고시장 구조에 관한 연구." 『광고연구』 49호.

이동국. 1999. "기자 사회의 변화: 한국기자가 본 IMF 1년." 『신문연구』 70호.

이봉수·제정임. 2007. 『경제저널리즘의 종속성: 한국 신문의 재벌 보도와 광고의 관계』. 한국언론재단.

이승희. 2010. "재벌의 언론지배에 관한 보고서." 『경제개혁리포트』 2010-12호. 경제개혁연구소.

이정훈·김균. 2006. "한국 언론인의 직업 정체성: 샐러리맨화와 역사적 과정을 중심으로." 『한국언론학보』 50권 6호.

이창섭. 1997. "언론지원 재단 늘어났다: 해외연수와 저술출판 지원을 중심으로." 『관훈저널』 66호.

_____. 1998. "줄일 수 있는 건 뭐든지 줄여보자: 언론사 긴축경영 현황과 과제." 『신문과 방송』 2월호.

이창현. 2008. "자원봉사는 태안을 살리고 자원봉사 보도는 삼성만 살렸다." 『신문과 방송』 446호.

이창현·김성준. 2008. "'허베이 스피리트 호' 기름유출사고 언론보도 내용분석 연구." 『허베이 스피리트 호 기름유출사고를 통한 언론의 역할과 사회방제시스템의 분석』. 충청언론학회·환경운동연합·한국언론재단 주최 심층세미나 자료집.

장호순. 2001. "편집권과 경영권은 분리돼야." 『관훈저널』 78호.

정윤태. 1993. "대기업 홍보실의 언론 길들이기." 『사회평론 길』 11월호.

차희원. 2006. "미디어 명성과 이슈 명성이 기업 명성에 미치는 영향." 『한국언론정보학보』 50-5호.

최인호 외. 2011. "신문의 대기업 호의 보도와 광고의 상관관계." 『한국언론학보』 55-3호.

피거드, 로버트 G. 1992. 『미디어 경제학』. 김지운 옮김. 나남.

한국언론진흥재단. 2011. 『한국언론연감』.

Harro-Loit, H. & K. Saks. 2006. "The Diminishing Border between Advertising and Journalism in Estonia." *Journalism Studies* 7-2.


| 15장 |

곽정수. 2012. 『재벌들의 밥그릇』. 홍익출판사.

박영원. 2008. "롤랑 바르트의 이론과 로만 야콥슨의 커뮤니케이션 이론을 중심으로 한 광고의 의미작용 분석: 삼성전자 기업광고 '훈이네 가족이야기'편을 중심으로." 『한국콘텐츠학회논문지』 8-3호.

백선기·봉미선·박병우. 2010. "감성광고의 담론적 구성과 사회적 함축 의미: '레미안' 아파트 광고에 대한 비판적 담론 분석을 중심으로." 『한국광고홍보학보』 12-1호.

백수연·이건실. 2010. "기업이미지 신문 광고의 의미생성 연구: 롤랑바르트와 장 마리 플로슈의 모형을 중심으로." 『디지털디자인학연구』 10-2호.

삼성전자주식회사. 2010. 『삼성전자 40년사: 도전과 창조의 유산』. 삼성전자주식회사.

서성란·이건실. 2010. "광고표현의 이데올로기 담론연구: 신용카드 TV 광고를 중심으로." 『일러스트레이션 포럼』 23호.

송재용·이경묵. 2013. 『글로벌 일류기업 삼성을 만든 이건희 경영학 SAMSUNG WAY』. 21세기북스.

신철호·이화진·하수경. 2009. 『삼성 브랜드는 왜 강한가: 대한민국 1등 삼성의 브랜드 관리 전략』. 김앤김북스.

이수범·신성혜·최원석. 2004. "삼성전자 기업PR광고의 문화적 함의에 관한 연구 : 수용자 코드와 물신주의를 중심으로." 『한국광고홍보학회』 6-3호.

지주형. 2011. 『한국 신자유주의의 기원과 형성』. 책세상.


Barthes, Roland. 1972(1993). *Mythologies*, Selected and Translated from the French by Annette Lavers. London: Vintage.

Cohen, Lizabeth. 2004. "A Consumers' Republic: The Politics of Mass Consumption in Postwar America." *Journal of Consumer Research* 31. December.

Jessop, Bob, Kevin Bonnett, Simon Bromley & Tom Ling. 1988. *Thatcherism : A Tale of Two Nations*. Cambridge: Polity Press.

Kilbourne, W. E. 1995. "Green Advertising : Salvation or Oxymoron?" *Journal of Advertising* 24-2.

McGovern, Charles F. 2006. *Sold American: Consumption and Citizenship, 1890-1945*. Chapel Hill: University of North Carolina Press.

Stearns, Peter. 2001. *Consumerism in World History: The Global Transformation of Desire*. London: Routledge.

Thompson, Craig J. 2004. "Marketplace Mythology and Discourses of Power." *Journal of Consumer Research* 31. June.

Williams, Raymond. 1980. "Advertising: The Magic System." *Problems in Materialism and Culture. London*: Verso.

Zhao, X. & R. W. Belk. 2008. "Politicizing Consumer Culture: Advertising's Appropriation of Political Ideology in China's Social Transition." *Journal of Consumer Research* 35-2.

| 16장 |

강성욱·고정민. 2007. "의료서비스간업 고도화와 과제." 삼성경제연구소『Issue Paper』 2월 8일.

강성욱·이성호. 2007. "유헬스의 경제적 효과와 성장전략." 삼성경제연구소『Issue Paper』 7월 25일.

강성욱·이성호·고유상. 2007. "유헬스 시대의 도래." 삼성경제연구소. 5월 2일.

고정민·이안재·김진혁. 2005. "전략 서비스산업의 경쟁력 강화 방안." 삼성경제연구소『CEO Information』 8월 3일.

곽정수. 2005. "권력은 삼성에게 넘어갔다." '삼성, 대한민국 사회 그리고 언론' 토론회 발표문. 새언론포럼. 6월 28일.

국민건강보험공단. 2007. "국제통계로 본 한국의 보건의료 현황과 전망." 연구보고서.

_____. 2014. "2012년도 건강보험환자 진료비 실태조사 결과." 2월.

권순만 외. 2007. "건강보장제도의 효율성과 형평성: 보건경제학적 접근." 공동학술대회 발표문.

김용철. 2008.『삼성을 생각한다』. 사회평론.

대한의원협회. 2013. "산업통상자원부의 스마트케어서비스 시범사업은 실패한 것이다." 보도자료. 11월 13일.

보건의료단체연합. 2005. "참여정부의 의료산업화 정책: 삼성의료공화국 구축 지원정책." 보고서. 9월.

삼성경제연구소. 2002.『국가전략의 대전환』.

_____. 2004. "국민소득 2만불로 가는 길." 1월 8일.

삼성생명. 2003.『민영건강보험의 현황과 발전방안』.

_____. 2005.『민간의료보험 확대 전략』. 내부 전략보고서.

송이은. 2012. "노무현 정부 이후 진행된 한국 의료민영화의 성격."『한국사회학』 46-4호.

송태수. 2008. "삼성의 사회·정치적 지배와 그 의미." 조돈문·이병천·송원근 엮음.『한국 사회, 삼성을 묻는다』. 후마니타스.

신언항. 2007. "한국 건강보험법 시행 30년의 역사와 과제."『의료법학』 8-2호.

신영전. 2010. "'의료민영화' 정책과 이에 대한 사회적 대응의 역사적 맥락과 전개."『상황과 복지』 29호.

우석균. 2010. "'영리병원 논란의 진실과 한국의 진보."『황해문화』 봄호.

_____. 2013. "서비스산업발전기본법안의 문제점." '보건의료 관점에서 본 서비스산업발전기본법안의 문제점.' 민주당 정책위원회 토론회 발표문. 11월 13일.

윤석규. 2010. "노무현의 불행은 삼성에서 비롯됐다: [삼성을 생각한다] 내가 지켜본 노무현-삼성 관계." 『프레시안』 3월 17일.

이맹희. 1993. 『묻어 둔 이야기: 이맹희 회고록』. 청산.

이상이·김창보·박형근·윤태호·정백근·김철웅. 2008. 『의료민영화 논쟁과 한국의료의 미래』. 밈.

이용우. 2012. 『삼성가의 사도세자 이맹희』. 평민사.

정혜주·변진옥·이광현. 2011. "경제위기와 건강: 한국 사회의 변화에 대한 묘사적 연구." 『아세아연구』 54-2호.

조돈문·이병천·송원근 엮음. 2008. 『한국 사회, 삼성을 묻는다』. 후마니타스.

참여연대. 2005. "참여연대 삼성보고서 I." 8월 3일.

참여연대 사회복지위원회. 2008. "누가, 왜 의료민영화를 추진하는가?" 『복지동향』 9월호.

한국보건산업진흥원. 2013. "스마트케어 시범서비스 통합분석." 12월.


Collins, C. et al. 1999. "Health sector reform and the interpretation of policy context." *Health PoJicy* 47-1.

Wong, Joseph. 2004. *Healthy democracies: welfare politics in Taiwan and South Korea.* Cornell University Press.


| 17장 |

김성홍. 2011. 『길모퉁이 건축』. 현암사.

버먼, 마샬. 2001. 『맑스주의의 향연』. 문명식 옮김. 이후.

이경훈. 2011. 『서울은 도시가 아니다』. 푸른숲.

황동길. 1995. "봉천동, 가난의 문화정치학." 이재현 외. 『공간의 문화정치: 공간, 문화, 서울』. 현실문화연구.


Boddy, Kasia. 2010. "Potting." M. Beaumont & G. Dart. eds. *Restless Cities*. London & New York: Verso.

Davis, Mike. 1990. *City of Quartz: Excavating the Future in Los Angeles*. London & New York: Verso.

Solnit, Rebecca & Susan Schwartzenberg. 2000. Hollow City: The Siege of San Francisco and the Crisis of American Urbanism. London & New York: Verso.

『문화일보』 2007/12/14. "이문·휘경 뉴타운 녹색문화도시로."

『아주경제』 2014/07/25. "서울시 뉴타운 재개발 비대위 '장위 12구역 가압류 기각해 달라'."

『연합뉴스』 2011/07/20. "서울 이문뉴타운에 4천292가구 공급."

『한국경제신문』 2011/04/24. "이문뉴타운 1구역에 2,400가구."

『한국경제신문』 2012/02/12. "장위뉴타운, 구역해제 가능 거의 없어."

『한국일보』 2010/01/28. "신공법 개발 공사 기간 단축."


| 18장 |

강창일 의원실. 2011. "대기업에 지나친 특혜 주는 현행 전기요금 제도 문제점." 보도자료. 9월 16일.

교육과학기술부. 2012. 『원자력백서 2012』.

국무총리실. 2008. "제1차 국가에너지기본계획, 2008~2030."

김제남 의원실. 2013. "10년 동안 전기 불법 사용 9만3천 건, 위약금 1,571억 원." 보도자료. 10월 23일.

김태정·이정익. 2013. "우리나라 고정투자에 대한 평가 및 시사점." 『BOK 경제리뷰』 2013-3. 한국은행.

녹색전력연구회. 2003. "한국의 전력정책 대안을 말한다." 『2015 녹색전력정책』.

니키포룩, 앤드류. 2013. 『에너지 노예 그 반란의 시작』. 김지현 옮김. 황소자리.

문춘걸. 1997. "에너지원간의 대체와 수요행태의 구조적 변화를 고려한 한국의 에너지 수요함수에 관한 연구." 민간출연연구보고서 97-6. 에너지경제연구원.

박광수. 2005. "환경규제에 따른 산업부문의 에너지원간 대체관계 및 온실가스 배출저감 효과 분석." 기본연구보고서 05-13. 에너지경제연구원.

박창수. 2003. "산업부문 내의 에너지 대체효과 분석." 기본연구보고서 03-15. 에너지경제연구원.

산업자원부·에너지경제연구원. 2002a. 『경쟁체제 도입에 따른 전기요금체계 개편방안』.

_____. 2002b. 『전기요금 산정기준 분석 및 적정투자보수율 수준 연구』.

_____. 2003. 『도소매 전력 가격 연계에 있어서 적정 유인 및 규제 방안』.

삼성전자. 2013. 『2013 지속가능경영보고서』.

삼일회계법인. 2009. 『대용량 기업고객 전력공급체계 개선을 통한 친기업 환경조성 방안 연구』. 지식경제부.

석광훈. 2013. "전환기의 에너지수요예측과 개선방안." 제2차 에너지기본계획 수요전망검증 토론회 자료집. 12월 10일.

석광훈·이유진·한재각·이보아. 2012. 『탈핵과 에너지전환을 위한 로드맵 연구』. 녹색당더하기·에너지기후정책연구소.

송원근. 2008. "삼성의 경제력과 성장의 그늘." 조돈문·이병천·송원근 엮음. 『한국 사회, 삼성을 묻는다』. 후마니타스.

766

양문석. 2006. "한국판 프리메이슨 삼성, 국가권력까지 장악하나?" '시사저널 기사 삭제 사태를 계기로 본 삼성과 언론 토론회' 자료집. 7월 31일.

양이원영. 2008. "에너지 위기 대처 방안 없는 국가에너지기본계획과 미래에너지비전." 바른 과학기술사회 실현을 위한 국민연합 제24차 포럼 자료집.

에너지경제연구원. 각년도. 『에너지통계연보』.

원자력문화재단. 2013. 『한국의 원전수출 현황과 전망』.

이낙연 의원실. 2012. "전기요금 인상, 대기업에 국한해야." 보도자료. 6월 19일.

이성인. 2013. 『에너지관리시스템(EMS) 산업 육성 방안』. 에너지경제연구원.

조돈문·이병천·송원근 엮음. 2008. 『한국 사회, 삼성을 묻는다』. 후마니타스.

한국전력거래소. 각 연도. 『전력통계편람』.

홍준희. 2013. "수급안정을 위한 전기요금 설계." '에너지 가격체계 진단과 개선' 토론회 자료집. 9월 24.

Yang-Yi, Won-Young. 2005. "Empirical Study: Correlation between Electricity Demand and Economic Development."

『건설경제』 2012/01/31. "삼성물산, 원자력발전 시공에 설계까지 탑재."

『뉴데일리』 2013/09/08. "박근혜 대통령, 베트남 원전 집중하는 이유는?"

『소비자가만드는신문』 2014/02/27. "삼성전자, 대형 프리미엄 TV 시장 독보적 1위 달성."

『신동아』 2009/06/01. "전력요금체계 개편 논란의 진실."

『이투뉴스』 2012/12/17. "데이터센터·스마트폰이 원전1기 전력 '꿀꺽'."

『이투데이』 2014/04/29. "삼성전자, 스마트폰 의존 급상승에 경고등 켜졌다."

『프레시안』 2010/03/17. "그린피스 '삼성은 약속을 깼다' …… 삼성 유럽본사 시위."

『한겨레신문』 2014/02/03. "연구개발 1곳당 보조금, 대기업 43억·중소기업 3억."

『한겨레신문』 2014/02/11. "12년간 고위 공무원 182명 삼성행 …… 정부의 기업 정책에 '입김'."

『한경Business』 785호. 2010/12/22. "'2010 대한민국 100대 싱크탱크', 삼성전자 '독주' …… 원자력연구원 '주목'."

『한국경제TV』 2013/08/09. "베트남 원전 수주, 삼성이 뜬다."

『한국일보』 2013/09/10. "'100억 달러 이상' 베트남 제3원전 수주 기대감."

『환경일보』 2013/07/31. "삼성TV, 에너지소비효율 1등급 61% 보유 …… 국내최다."

대한상공회의소. 2011. "산업구조의 변천과 정책 과제 보고서." 11월

민주당 은수미 의원. 2013. "반도체 산업 여성, '자연유산' 최대 84%나 많아." 보도자료. 10월.

서울대 산학협력단. 2009 . "반도체 사업장 위험성 평가 자문 보고서."

스미스, 테드 외. 2009.『세계 전자산업의 노동권과 환경정의』. 메이데이.

안전보건공단. 2013. 중대사고사례 연구자료 "반도체공장 불산 누출사고." 9월.


서울고등법원 판결(2011누23995). 2014년 8월 21일.

서울행정법원 판결(2010구합 1149). 2011년 6월 23일.